DAV

SIM

DIVIS

HOM

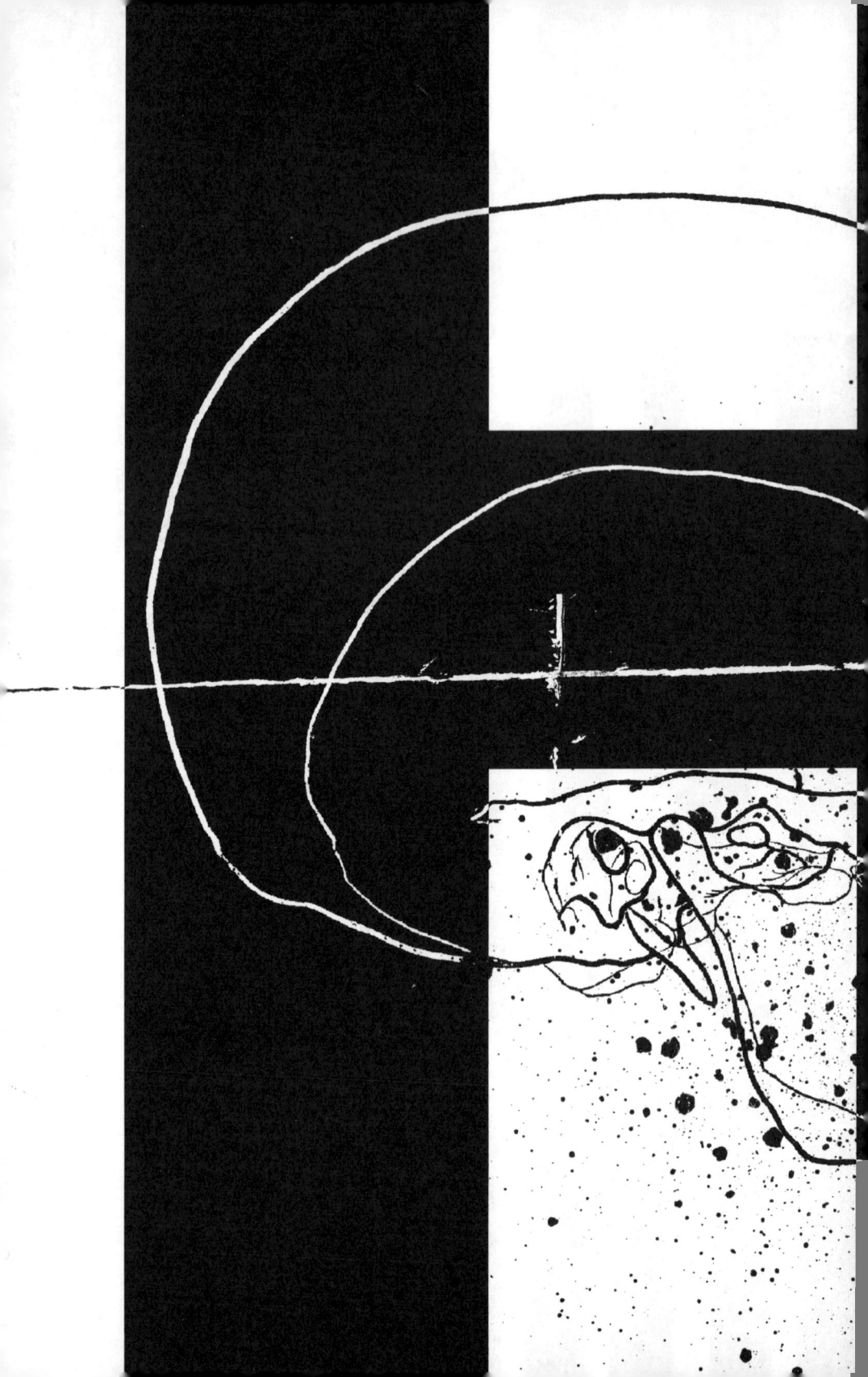

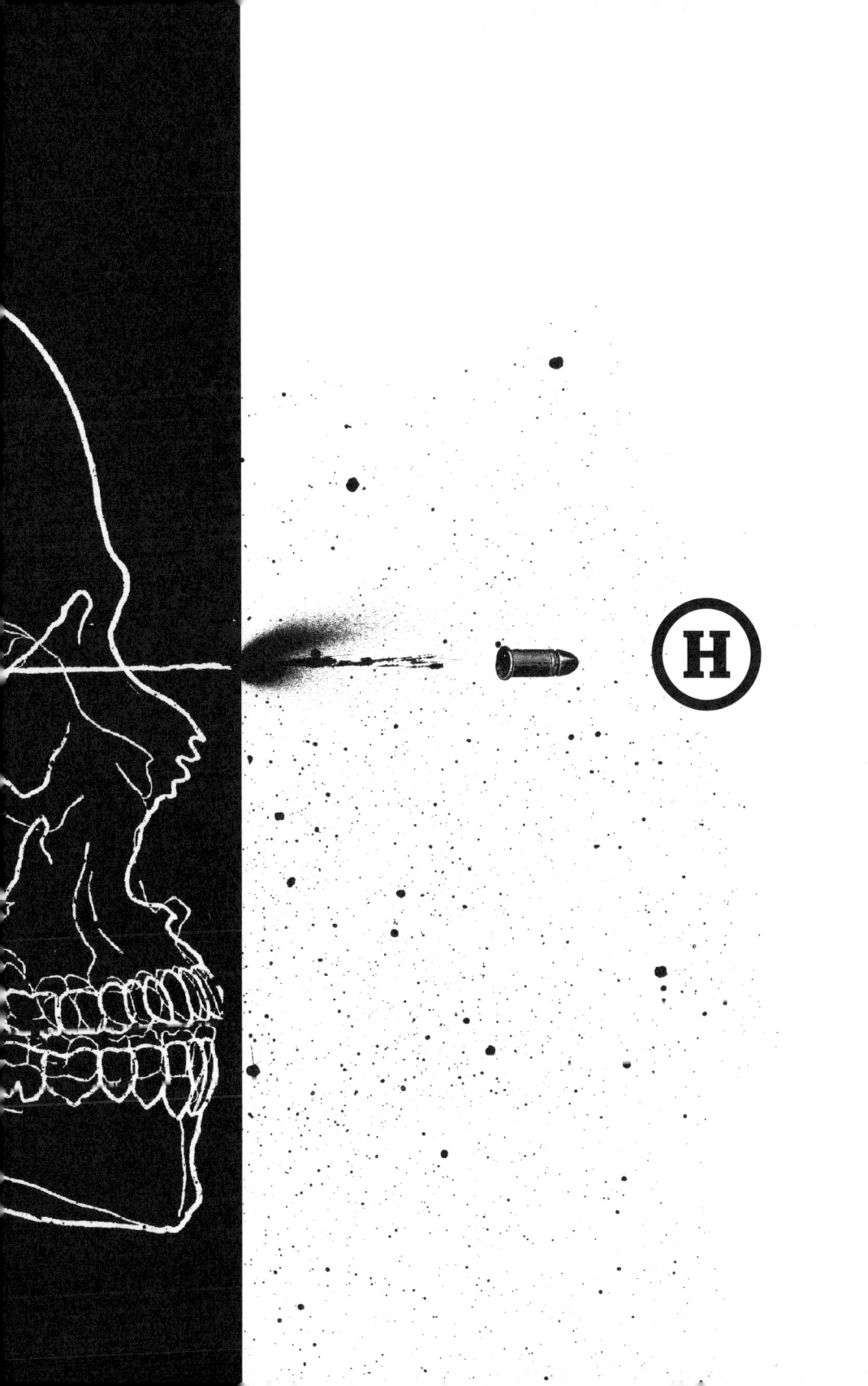

CRIME SCENE®

DARKSIDE

HOMICIDE: A YEAR ON THE KILLING STREETS
© 1991, 2006 by David Simon
"Ante Mortem" © 2006 by Richard Price
"Case Closed" © 2006 by Terry McLarney
Todos os direitos reservados

Imagens © Adobe Stock, © Freepik

Tradução para a língua portuguesa
© Diego Gerlach, 2024

Diretor Editorial
Christiano Menezes

Diretor Comercial
Chico de Assis

Diretor de Novos Negócios
Marcel Souto Maior

Diretora de Estratégia Editorial
Raquel Moritz

Gerente Comercial
Fernando Madeira

Gerente de Marca
Arthur Moraes

Editora Assistente
Jessica Reinaldo

Capa e Projeto Gráfico
Retina 78

Coordenador de Diagramação
Sergio Chaves

Preparação
Vinícius Tomazinho

Revisão
Isabelle Simões
Lucio Medeiros
Retina Conteúdo

Finalização
Sandro Tagliamento

Marketing Estratégico
Ag. Mandíbula

Impressão e Acabamento
Gráfica Geográfica

DADOS INTERNACIONAIS DE CATALOGAÇÃO NA PUBLICAÇÃO (CIP)
Jéssica de Oliveira Molinari - CRB-8/9852

Simon, David
  Divisão de homicídios / David Simon ; tradução Diego Gerlach. ––
  Rio de Janeiro : DarkSide Books, 2023.
  736 p.

  ISBN: 978-65-5598-436-1
  Título original: Homicide: A Year on the Killing Streets

  1. Investigação criminal – Estados Unidos 2. Homicídio – Investigação
  I. Título II. Gerlach, Diego

23-3927   CDD 363.25

Índice para catálogo sistemático:
1. Investigação criminal – Estados Unidos

[2024]
Todos os direitos desta edição reservados à
DarkSide® Entretenimento LTDA.
Rua General Roca, 935/504 – Tijuca
20521-071 – Rio de Janeiro – RJ – Brasil
www.darksidebooks.com

DIVISÃO DE HOMICÍDIOS

DAVID SIMON

TRADUÇÃO
DIEGO GERLACH

DARKSIDE

Para Linda

Quando na terra que te der o Senhor, teu Deus, para possuí-la se achar alguém morto, caído no campo, sem que se saiba quem o matou, sairão os teus anciãos e os teus juízes e medirão a distância até às cidades que estiverem em redor do morto.

Os anciãos da cidade mais próxima do morto tomarão uma novilha da manada, que não tenha trabalhado, nem tenha puxado com o jugo, a trarão a um vale de águas correntes, que não foi lavrado, nem semeado; e ali, naquele vale, desnucarão a novilha.

Chegar-se-ão os sacerdotes, filhos de Levi, porque o Senhor, teu Deus, os escolheu para o servirem, para abençoarem em nome do Senhor e, por sua palavra, decidirem toda demanda e todo caso de violência.

Todos os anciãos desta cidade, mais próximos do morto, lavarão as suas mãos sobre a novilha desnucada no vale e dirão: As nossas mãos não derramaram este sangue, e os nossos olhos não o viram derramar-se. Sê propício ao teu povo de Israel, que tu, ó Senhor, resgataste, e não ponhas a culpa do sangue inocente no meio do teu povo de Israel. E a culpa daquele sangue lhes será perdoada. Assim, eliminarás a culpa do sangue inocente do meio de ti, pois farás o que é reto aos olhos do Senhor.

— Deuteronômio 21:1-9

Em ferimentos de contato, a extremidade da arma é pressionada contra a superfície do corpo... as bordas da perfuração são cauterizadas por gases quentes e escurecidas pela fuligem. Fica tudo entranhado na pele cauterizada e não pode ser completamente removido, nem mesmo lavando ou esfregando com muito vigor o ferimento.

— Dr. Vincent DiMaio em *Ferimentos à Bala*

SUMÁRIO

DIVISÃO DE (H)OMICÍDIOS

ANTE MORTEM

por Richard Price

Jimmy Breslin* escreveu certa vez a respeito de Damon Runyon,** "Ele fez o que todos bons jornalistas fazem — ele ficou por perto". Mas, em *Divisão de Homicídios*, sua narrativa de um ano acompanhando a Divisão de Homicídios do Departamento de Polícia de Baltimore, David Simon não apenas ficou por perto; ele montou acampamento. Tanto como repórter quanto como dramaturgo, Simon teve sempre a convicção de que Deus é um romancista de primeira linha, e *estar presente* quando Ele demonstra suas habilidades é parte não apenas legítima, mas também honorável e integral do que chamamos de "lutar a boa luta". Simon é um grande colecionador e intérprete de fatos, mas é também um viciado, e seu vício é testemunhar.

Digo isso com autoridade (sei reconhecer um semelhante), e o vício funciona assim: o que quer que vejamos na rua — com a polícia, com o pessoal das esquinas, com as pessoas que apenas tentam sobreviver

---

* James Earle Breslin (1928-2017) foi um famoso jornalista e autor norte-americano atuante na imprensa de Nova York. Tornou-se conhecido por escrever matérias que tocavam nos efeitos dos grandes acontecimentos sobre vidas comuns. Em 1986, ganhou o Prêmio Pulitzer de Comentário por suas matérias e colunas consistentemente focadas no cidadão comum. [Todas as notas são do tradutor]

** Alfred Damon Runyon (1880-1946) foi um jornalista e escritor de ficção norte-americano também atuante na imprensa de Nova York. Tornou-se conhecido sobretudo por histórias curtas sobre a Era da Lei Seca (1920-1933). Seu estilo literário coloquial foi empregado em narrativas que retratavam apostadores, vigaristas, criminosos e atores e alcançou tamanho sucesso em sua época que o adjetivo "runyonesco" passou a ser empregado para definir certos tipos e cenários urbanos.

intactas com suas famílias em um mundo que é um campo minado — só aumenta ainda mais o apetite de ver mais, de ficar pra sempre por perto de quem quer que nos acolha em nossa jornada sem fim em busca de algum tipo de Verdade Suprema da urbanidade. Nossa oração antes de dormir: Por favor, Senhor, só mais um dia, mais uma noite, me deixe ver ou ouvir algo, algo que será fundamental, a metáfora de ouro para isso tudo, o que, como qualquer viciado em jogo sabe, é o próximo rolar dos dados. A verdade está depois da próxima esquina, no próximo comentário despreocupado vindo das ruas, na próxima chamada no rádio, na próxima transação onde drogas trocam de mãos, na próxima fita de isolamento sendo desenrolada em uma cena de crime, na animalidade que é Baltimore, Nova York, os Estados Unidos urbanos, feito uma Esfinge insaciável cujos enigmas nem mesmo são compreensíveis e que continua a devorar uma alma benigna após a outra.

Ou talvez seja apenas a nossa incapacidade de cumprir prazos...

Conheci Simon em 29 de abril de 1992, a noite dos tumultos por causa de Rodney King.* Ambos tínhamos publicado Livros Importantes: o de Simon era o livro que você tem em mãos; o meu era um romance, *Clockers*. Nós fomos apresentados por nosso editor em comum, John Sterling. O momento foi quase cômico: "David, esse é Richard; Richard, David. Vocês deveriam ser amigos — vocês têm tanto em comum". Então, é claro que imediatamente atravessamos o rio até Jersey City, um dos locais agitados naquela noite, onde fomos recebidos por Larry Mullane, um investigador de homicídios no condado Hudson e meu formidável Virgílio durante os três anos anteriores de minha vida como escritor. O pai de David foi criado em Jersey City, os Mullane e os Simon provavelmente cruzaram caminhos através de gerações, a vida é assim. Os tumultos em Jersey City se mostraram fugidios, sempre próximos, mas

---

*   Em abril de 1992, a cidade de Los Angeles foi palco de seis dias de distúrbios, protestos, incêndios, saques e assassinatos iniciados após a absolvição de quatro policiais do Departamento de Polícia de Los Angeles (três brancos e um hispânico) em um julgamento no qual eram acusados de brutalidade policial contra um homem negro, Rodney King. Na ocasião da agressão, King ignorou uma tentativa de abordagem da polícia e tentou fugir em alta velocidade, subsequentemente sendo parado e espancado com chutes, golpes de cassetete e choques de taser. O espancamento foi registrado por um morador com uma filmadora, e a brutalidade das imagens repercutiu mundialmente.

fora de vista, e minha principal memória daquela noite é a compulsão de Simon de *estar presente*, o que para mim era o mesmo que encontrar meu gêmeo siamês há muito tempo perdido.

Nosso segundo encontro foi alguns anos depois, quando, após todo aquele horror com Susan Smith** na Carolina do Sul, eu meio que estava em uma "turnê Medeia"*** preparando o trabalho para meu romance *Freedomland*. Tinha ocorrido um caso vagamente parecido em Baltimore: a mãe branca de duas garotas, frutos de um relacionamento inter-racial, tinha colocado fogo na casa geminada enquanto as duas garotinhas dormiam. O motivo alegado por ela foi eliminar qualquer empecilho no caminho de seu amor verdadeiro por um homem branco, que tinha dito a ela que estaria disposto a deixá-la morar com ele e sua mãe, isso se não fosse por "aquelas suas filhas meio crioulas".

Depois de alguns telefonemas, David me colocou em contato com todos os envolvidos disponíveis para entrevistas — os investigadores que fizeram a prisão, a avó triplamente enlutada, o motorista de táxi cujas palavras desprezíveis foram a fagulha para o fogo que matou as duas meninas, e o árabe dono da loja de esquina do outro lado da rua para onde a mãe correu, supostamente para ligar para a polícia. (A primeira ligação dela, segundo o proprietário, foi para a mãe dela, e a segunda para relatar o incêndio.) Jornalisticamente, a história já tinha passado do prazo de validade, mas Simon, em seu afã de descobrir *para mim* a história, reverteu ao "modo de trabalho". Foi a primeira vez que tive que acompanhar o ritmo de um repórter de rua tanto mental quanto fisicamente; além de assegurar todas as entrevistas, isso envolvia também tentar, sem sucesso, enrolar e ludibriar o policial que ainda vigiava a cena do crime; ignorar o fato de termos sido barrados e elaborar uma corrida final rumo ao objetivo; dar a volta no lugar e escalar a cerca dos fundos, até que nos vimos dentro da casa empretecida; e subir o que restava das escadas para entrar no pequeno quarto onde as duas garotinhas haviam morrido devido à inalação de fumaça. Finalmente, estávamos

** Em 1994, Susan Smith, então com 23 anos, jogou o próprio carro em um lago com seus dois filhos no banco de trás. As crianças tinham 3 e 14 meses de idade. Durante dias, Smith alegou à polícia e à imprensa que seu carro tinha sido roubado por um homem negro armado, que teria levado as crianças com ele. Por fim, inconsistências em suas declarações conduziram a polícia à elucidação do caso e a subsequente condenação de Smith à prisão perpétua.
*** Na mitologia grega, Medeia assassina os filhos que teve com Jasão antes de fugir para Atenas e se casar com o rei Egeu.

lá, e era como estar dentro da barriga de um tigre translúcido, nós dois olhando por toda parte — paredes, teto, piso — as estrias carbonizadas deixadas pelas chamas. Um pequeno e devastador pedaço do inferno.

Mas voltemos àquela primeira noite em Jersey City. A certa altura durante a noite, havia rumores de que os baderneiros estavam esticando cordas de piano pelas ruas para decapitar policiais em motocicletas, e Larry Mullane, um ex-policial de rotas de motocicleta, subitamente teve que nos deixar. Acabamos sozinhos em um carro de polícia sem identificação (praticamente uma redundância), eu atrás do volante e Simon no banco do carona. O conselho de Mullane para nós foi, "Se mantenham circulando — e se alguém vier para cima de vocês, tentem fazer cara de mau e pisem fundo". Foi basicamente o que fizemos, o que me leva a uma questão que sempre me atormentou: será que escritores como nós, escritores obcecados por registrar em fatos e ficção os detalhes das trincheiras urbanas dos Estados Unidos, escritores dependentes em grande medida da nobreza dos policiais para vermos aquilo que temos que ver, será que somos (ah, mas que merda...) obcecados pela polícia?

E a resposta na qual passei a acreditar é: não mais do que somos obcecados por criminosos ou civis. Quem quer que nos deixe ficar na sua pele por um tempo, não importa de que lado da lei essa pessoa está, tem nossa inevitável empatia — em resumo, nós nos "emaranhamos". Não é tão sinistro quanto parece, contanto que seu senso de gratidão siga mais ou menos a seguinte lógica: como cronista, vou honrar você com uma reportagem fiel àquilo que vejo e ouço como convidado na morada da sua vida. No que se refere ao retrato feito de você, você cava sua própria cova ou constrói seu próprio monumento sendo quem você é. Então, boa sorte e obrigado pelo seu tempo.

Simon escreve com grande clareza e riqueza de detalhes a respeito da impossibilidade do trabalho de um investigador de homicídios. Para os policiais dessa área, não se trata apenas de lidar com o corpo inerte diante deles, mas também tudo aquilo que carregam nas costas, que é toda a hierarquia de chefes que respondem a outros chefes — o peso da autopreservação burocrática. Apesar da imensa popularidade de avanços forenses à la *CSI*, às vezes deve parecer como se a única ciência confiável para esses investigadores na base da cadeia alimentar fosse a física do carreirismo, que, de modo simples e consistente, dita que, assim que o assassinato chega aos jornais, ou então toca algum "nervo político", a merda sempre desce ladeira abaixo. Os melhores deles — aqueles que, na maioria das vezes, e sob uma enorme e talvez desnecessária pressão, fazem com que os nomes no quadro branco passem de vermelho para preto — acabam com um ar cínico e um orgulho elitista arduamente conquistado.

Divisão de Homicídios é um diário, uma intersecção entre o mundano e o biblicamente hediondo, e o ímpeto e a avidez de Simon em absorver, digerir, *estar lá* e comunicar o mundo diante de seus olhos ao universo para além de si está presente em cada página. Há um amor por tudo que ele testemunha, uma crença implícita na beleza de que simplesmente relatar o que quer que ele veja se desenrolando em tempo real é "A Verdade" de um mundo — é assim que é, é assim que funciona, é isso que as pessoas dizem, como agem, como agem errado, se distanciam, se justificam, onde fracassam, transcendem a si mesmas, sobrevivem, afundam.

Simon também demonstra a habilidade de adentrar a enormidade das pequenas coisas: o aspecto de vaga surpresa nos olhos entreabertos de um cadáver recente, a poesia inefável de um *non sequitur* despreocupado, o balé físico da falta de objetivo nas esquinas, a dança inconsciente da raiva, do tédio e da alegria. Ele registra os gestos, os eufemismos ditos com pesar, a maneira como os olhos comunicam raiva, o modo como bocas se retraem. Captura a civilidade inesperada entre adversários, o humor mórbido que supostamente preserva a sanidade do indivíduo, ou então sua humanidade, ou qualquer que seja a desculpa para se fazer piadas à custa de pessoas recém-assassinadas, a estupidez afoita que incita a maioria das ações homicidas, as estratégias de sobrevivência adotadas por pessoas vivendo nas circunstâncias mais extremas para que consigam vencer mais um dia. Encapsula o modo como as próprias ruas são um narcótico para os policiais e para os soldados do tráfico (e, ocasionalmente, para escritores), todos empolgados com o próximo drama, previsível, mas inesperado, que vai movimentar os dois lados e fazer com que inocentes pegos no meio disso busquem abrigo debaixo da janela do quarto, ou se encolham na banheira supostamente à prova de balas — a família que se joga no chao unida, permanece unida. E, repetidas vezes, aponta o fato de que há pouquíssimo Preto ou Branco por aí, mas um bocado de Cinza.

Divisão de Homicídios é uma história de guerra, e o campo de batalha se estende de casas geminadas devastadas nas zonas Leste e Oeste de Baltimore até os corredores da legislatura estadual em Annapolis. Ele revela com grandes doses de ironia como os jogos de sobrevivência das ruas espelham os jogos de sobrevivência na prefeitura, como todos que se engajam na guerra às drogas vivem e morrem por números — quilos, gramas, pílulas e dividendos de um lado; crimes, prisões, taxas de elucidação de casos e cortes orçamentários do outro. O livro é uma investigação da real política de um município em meio a um distúrbio em câmera lenta, mas, através da firme presença de Simon, *Divisão de Homicídios* nos oferece padrões escondidos em meio ao caos. Baltimore é, na verdade, a própria encarnação da Teoria do Caos.

Com o sucesso da adaptação televisiva deste livro, Simon teve a oportunidade de adentrar as artes dramáticas — a brilhante minissérie baseada em seu livro posterior, *The Corner* (coescrito com Ed Burns) e a série da HBO *A Escuta* [The Wire], praticamente um romance russo. Com esses projetos mais recentes, ele tem a oportunidade de se divertir um pouco, modular e elaborar a verdade em formas levemente mais artificiais para acentuar as questões sociais mais importantes. Porém, mesmo com a liberdade criativa da ficção, seu trabalho continua sendo a exaltação da nuance, uma exploração contínua de como mesmo o menor dos atos pode gerar a maior das revoluções internas — na vida de uma única pessoa marginalizada ou no biorritmo espiritual e político de uma grande cidade dos EUA.

Tudo isso é para dizer que, se a escritora Edith Wharton voltasse dos mortos, desenvolvesse uma predileção por mercadores do poder municipal, policiais, viciados em crack e reportagem, e não se importasse com a roupa que veste para ir trabalhar, ela provavelmente se pareceria um pouco com David Simon.

Richard Price
Escritor e roteirista

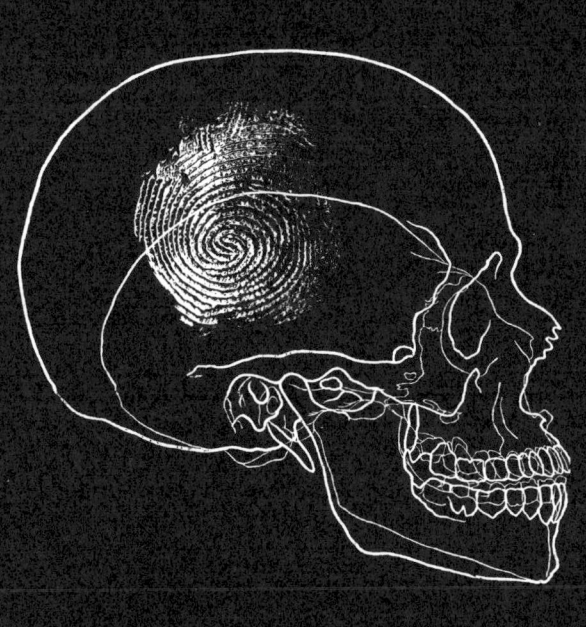

OS PARTICIPANTES

①

O TRABALHO É ESTE

Terça-feira, 19 de janeiro

Tirando uma das mãos do aconchego do bolso, Jay Landsman se agacha para segurar o queixo do homem morto, virando a cabeça para o lado até que o ferimento fique visível, um buraco pequeno e ovalado de onde goteja algo vermelho e branco.

"Tá aí o problema", diz Landsman. "Ele está com um pequeno vazamento."

"Um vazamento?", pergunta Pellegrini, entrando na brincadeira.

"Pequeno."

"Dá pra consertar isso aí."

"Claro que dá", afirma Landsman. "Tem esses kits de reparo caseiro agora..."

"Que nem fazem com pneus."

"Isso mesmo, que nem os pneus", concorda Landsman. "Vem com um remendo e tudo mais que você precisa. Agora, com um machucado maior, como o de um .38, aí você precisa arranjar uma cabeça nova. Essa aqui dá pra consertar."

Landsman olha para cima, seu rosto, o próprio retrato da verdadeira preocupação.

Jesus amado, pensa Pellegrini, nada como investigar assassinatos com um lunático. Uma da manhã, no coração da periferia, meia dúzia de policiais vendo o hálito congelar sobre mais um homem morto — o melhor momento para uma dose do bom e velho Landsman, falando em tom totalmente sério, a ponto de até o comandante gargalhar sob as luzes azuis de emergência. Não que o público do turno da meia-noite no Distrito Oeste seja difícil de agradar; é que não se dirige um carro-patrulha no Setor 1 ou 2 sem cultivar um senso de humor doentio.

"Alguém conhece esse cara?", pergunta Landsman. "Alguém chegou a falar com ele?"

"Porra, não", diz um policial. "Ele já estava dez-sete quando chegamos aqui."

Dez-sete. Código de comunicação da polícia para "fora de serviço", deselegantemente aplicado à vida humana. Lindo. Pellegrini sorri, feliz com a certeza de que nada no mundo pode mudar o temperamento de um policial.

"Alguém vasculhou os bolsos dele?", pergunta Landsman.

"Ainda não."

"Ele tá de cueca por baixo do moletom."

Pellegrini observa Landsman se posicionar com as pernas afastadas sobre o corpo, um pé de cada lado da cintura do homem morto, e começar a puxar com força a calça de moletom. Os movimentos desajeitados fazem o corpo se mover alguns centímetros pela calçada, deixando um fino rasto de sangue emplastrado e massa encefálica por onde o ferimento da cabeça raspou no concreto.

"Cuidado com as agulhas", diz um dos policiais.

"Ei", diz Landsman. "Se alguém aqui pegar aids, ninguém vai acreditar que foi por causa de uma porra de uma agulha."

O sargento tira a mão do bolso direito do homem morto, fazendo com que o equivalente a um dólar em moedas caia na calçada.

"Sem carteira nos bolsos da frente. Vou esperar e deixar pro legista virar ele. Alguém ligou pro legista, certo?"

"Deve estar a caminho", diz outro policial, fazendo anotações na primeira folha de um boletim de ocorrência. "Quantos tiros ele levou?"

Landsman aponta para o ferimento na cabeça e, depois, ergue um dos ombros para revelar um buraco rasgado na parte de cima das costas da jaqueta de couro.

"Um na cabeça, um nas costas." Landsman faz uma pausa, e Pellegrini o observa assumir um ar sério novamente. "Talvez haja mais."

O policial faz anotações.

"É possível", concorda Landsman, tentando ao máximo parecer professoral, "bem possível que tenha sido atingido duas vezes no mesmo buraco."

"Caramba", se espanta o policial, acreditando.

Doido de pedra. Dão a ele uma arma, um distintivo e divisas de sargento, e o botam nas ruas de Baltimore, uma cidade com grande quantidade de violência, sujeira e desespero. Depois, colocam todo um coro de sujeitos sérios e vestidos de azul em volta dele e o deixam fazer o papel do piadista solitário e rebelde que, de algum modo, acabou sendo aceito. Jay Landsman, dono de um sorriso enviesado e de um rosto cheio de cicatrizes de espinhas, que costuma dizer às mães de homens procurados que toda a comoção não é nada com que devam se preocupar, apenas um rotineiro mandado de prisão por assassinato. Landsman, que deixa garrafas de bebida vazias nas mesas de outros sargentos e que sempre acende a luz do vestiário masculino quando algum dos policiais está indisposto. Landsman, que pega o elevador da delegacia com o comissário de polícia e desce reclamando que algum filho da puta roubou sua carteira. Jay Landsman, que, quando patrulhava a região sudoeste, estacionou seu carro entre as ruas Edmondson e Hilton e usou uma caixa de aveia Quaker coberta com papel alumínio como se fosse um radar de velocidade.

"Dessa vez, só estou avisando", fala aos motoristas agradecidos. "Lembre-se, apenas você pode evitar incêndios florestais."

E agora, apesar de Landsman não conseguir mais se manter sério, periga haver um boletim de ocorrência no departamento de correspondência da Central de Registros, número 88-7ª37548, indicando que a referida vítima aparenta ter sido baleada com um tiro na cabeça e duas vezes nas costas, no mesmo buraco.

"Não, aí, estou brincando", comenta, finalmente. "Só vamos ter certeza de alguma coisa depois da autópsia, amanhã."

Ele olha para Pellegrini.

"Aí, Phyllis, vou deixar pro legista virar ele."

Pellegrini abre um sorriso só com o canto da boca. Ele era conhecido pelo seu esquadrão como Phyllis desde aquela longa tarde na Ilha Rikers, em Nova York, quando uma funcionária da prisão se recusou a cumprir o mandado de soltura de uma presidiária para dois investigadores de Baltimore; o regulamento requeria que uma policial fizesse a escolta. Após um longo debate, Landsman pegou pelo braço Tom Pellegrini, um corpulento descendente de italianos mineradores de carvão em Allegheny, e o empurrou para a frente.

"Apresento Phyllis Pellegrini", disse Landsman, assinando a soltura da presidiária. "Ela é minha parceira."

"Como vai?", Pellegrini a cumprimenta sem qualquer hesitação.

"Você não é mulher", disse a senhora.

"Mas já fui."

Com a luz azul do giroscópio batendo no rosto pálido, Tom Pellegrini dá um passo para a frente para avaliar aquilo que meia hora antes era um traficante de rua de 26 anos de idade. O sujeito morto está caído de costas, as pernas na sarjeta, os braços parcialmente abertos, a cabeça voltada para o norte, próximo à porta lateral de uma casa geminada de esquina. Olhos castanhos escuros, imóveis sob pálpebras semicerradas, naquela expressão vaga de reconhecimento tão comum entre pessoas recém-assassinadas repentinamente. Não é um olhar de pânico, consternação ou mesmo sofrimento. Na maioria das vezes, o aspecto derradeiro de um homem assassinado lembra o de uma criança confusa, para quem a lógica de uma equação simples acaba de ser revelada.

"Se você terminou aqui", diz Pellegrini, "vou pro outro lado da rua."

"Qual é o problema?"

"Bom..."

Landsman chega mais perto de Pellegrini e diminui o tom de voz, como se articular a ideia de que talvez houvesse uma testemunha do assassinato fosse uma demonstração constrangedora de otimismo.

"Tem uma mulher que foi pra dentro da casa do outro lado da rua. Alguém disse para um dos policiais que ela estava do lado de fora quando o tiroteio começou."

"Ela viu?"

"Bom, supostamente ela disse que foram três homens negros usando roupas escuras. Eles correram na direção norte após os disparos."

Não é muito, e Pellegrini consegue ler o pensamento de seu sargento: três caras vestidos de preto, uma descrição que inclui metade da porra da cidade. Landsman assente vagamente com a cabeça, e Pellegrini começa a atravessar a rua Gold, caminhando com cuidado sobre as áreas de chão congelado da intersecção. É começo da madruga, 2h30, e a temperatura é congelante. Um vento forte atinge o investigador no meio da rua e atravessa o sobretudo. Do outro lado da Etting, os moradores se reúnem para marcar a ocasião, homens jovens e adolescentes analisam, olhando com atenção o entretenimento inesperado, cada um deles se estica para tentar dar uma olhada no rosto do homem morto do outro lado da rua. Piadas são contadas, e histórias, sussurradas, mas mesmo os mais jovens sabem desviar o olhar e ficar em silêncio assim que a primeira pergunta é feita por um policial. Não existe uma boa justificativa para agir de outra maneira, porque em meia hora o morto vai estar deitado na mesa de algum legista na rua Penn, os homens do Distrito Oeste vão estar bebendo café no 7-Eleven da rua Monroe, e os traficantes vão estar vendendo ampolas com tampas azuis de novo nessa inóspita intersecção da Gold com a Etting. Nada que dissessem mudaria nada disso.

A multidão observa Pellegrini atravessar a rua e o fuzila com os olhos do jeito que apenas a rapaziada nas esquinas da zona oeste sabe fazer. Ele chega a uma escada de pedra e dá três pancadas rápidas na porta de madeira. Aguardando resposta, o investigador observa um Buick detonado indo na direção oeste pela Gold, se deslocando devagar na sua direção e então passando por ele. As luzes do freio se acendem por um segundo quando o carro se aproxima do giroscópio azul do outro lado da rua. Pellegrini se volta para observar o Buick descer alguns quarteirões rumo a oeste pelas esquinas da rua Brunt, onde um pequeno grupo de vendedores e clientes continuam suas transações, vendendo heroína e cocaína a uma distância respeitável da cena do crime. A luz do freio do Buick acende de novo, e uma figura solitária vem da esquina e se inclina na janela do motorista. Negócios são negócios, e o comércio da rua Gold não espera por ninguém, muito menos por um traficante morto do outro lado da rua.

Pellegrini bate à porta de novo e chega mais perto, tentando ouvir movimentos do lado de dentro. Um som abafado vem do andar de cima. O investigador expira lentamente e bate de novo, atraindo a atenção de uma jovem na janela no andar de cima da casa vizinha.

"Olá", diz Pellegrini, "departamento de polícia."

"A-hã."

"Você sabe se Katherine Thompson é sua vizinha?"

"É, sim."

"Ela está em casa?"

"Acho que sim."

Batidas fortes à porta são finalmente atendidas por luzes se acendendo no andar de cima, onde uma janela é súbita e violentamente levantada. Uma mulher obesa e de meia idade — completamente vestida, o investigador observa — coloca a cabeça e os ombros para fora do batente da janela e olha para Pellegrini.

"Quem é que tá batendo na minha porta uma hora dessas?"

"Sra. Thompson!"

"Eu."

"Polícia."

"Políííícia?"

Jesus amado, pensa Pellegrini, o que mais um sujeito branco metido em um sobretudo estaria fazendo na rua Gold depois da meia-noite? Ele puxa o distintivo e ergue na direção da janela.

"Posso falar com a senhora um minuto?"

"Não pode, não", responde ela, cuspindo as palavras musicalmente, de modo lento e alto o suficiente para que a multidão do outro lado da rua escute. "Não tenho nada pra dizer pra você. A pessoa tentando dormir, e você bate na porta a uma hora dessas."

"A senhora estava dormindo?"

"Não preciso dizer o que eu estava fazendo."

"Preciso conversar com a senhora sobre o tiroteio."

"Bom, eu não tenho coisa nenhuma pra dizer pra você."

"Uma pessoa morreu..."

"Eu sei."

"Estamos investigando."

"E daí?"

Tom Pellegrini contém o desejo quase incontrolável de ver a mulher ser arrastada até o camburão da polícia e transportada para a delegacia com o carro passando por todos os buracos no asfalto que encontrasse até lá. Em vez disso, lança um olhar duro para a mulher e encerra com palavras ditas em um tom lacônico, que revela apenas seu cansaço.

"Eu posso voltar aqui com uma intimação judicial."

"Então pode voltar aqui com a droga da intimação. Você vem aqui, a essa hora da noite, me dizendo pra falar com você quando não quero fazer isso?"

Pellegrini se afasta dos degraus da porta da frente e olha para o brilho azul do giroscópio. O rabecão do necrotério, uma van da Dodge com janelas pretas, está estacionada junto ao meio-fio, mas todos os garotos nas esquinas olham para o outro lado da rua, observando a mulher deixar perfeitamente claro para o investigador da polícia que, em hipótese alguma, ela testemunhou um assassinato relacionado a drogas.

"É a sua vizinhança."

"É mesmo", diz, batendo a janela ao fechar.

Pellegrini balança a cabeça de leve, depois volta para o outro lado da rua, chegando a tempo de ver a equipe do rabecão virar o corpo. Em um bolso da jaqueta, encontram um relógio de pulso e chaves. De um dos bolsos de trás da calça, tiram um cartão de identificação. Newsome, Rudolph Michael, homem, negro, data de nascimento 5/3/1961, residente no número 2900 da rua Allendale.

Landsman tira as luvas de látex brancas das mãos, joga na sarjeta e olha para seu investigador.

"Conseguiu alguma coisa?"

"Não", responde Pellegrini.

Landsman dá de ombros. "Que bom que esse caso é seu."

O rosto marcado de Pellegrini se curva em um pequeno e breve sorriso, aceitando o voto de confiança do sargento como o prêmio de consolação que de fato é. Com menos de dois anos na divisão de homicídios, Tom Pellegrini é normalmente considerado o membro mais esforçado no time de cinco investigadores do sargento Jay Landsman. E isso faz a diferença, pois os dois sabem que o décimo terceiro homicídio em Baltimore no ano de 1988, relegado a eles na parte final de um turno da meia-noite, na esquina da Gold com a Etting é um elo fraco: um assassinato relacionado ao tráfico sem testemunhas conhecidas, sem motivos específicos e sem suspeitos. Aquela que talvez fosse a única pessoa em Baltimore que tivesse algum interesse no caso estava sendo carregada em uma padiola. O irmão de Rudy Newsome identificaria o corpo pela manhã, olhando pela porta da câmara fria do necrotério, mas, depois disso, a família do rapaz não diria mais nada. Os jornais da manhã não imprimiriam sequer uma linha alusiva ao assassinato. A vizinhança, ou o que quer que restasse na região da Gold com a Etting que se assemelhasse a uma vizinhança, teria esquecido. A zona oeste de Baltimore é a própria terra do homicídio sem provas suficientes para a denúncia de um crime.

Isso não quer dizer que nenhum dos homens no esquadrão de Landsman não tentaria solucionar a morte de Rudy Newsome uma ou duas vezes. Um departamento de polícia é movido por suas próprias estatísticas, e a resolução de um homicídio — qualquer resolução — sempre rende ao investigador um momento no fórum e alguns tapinhas nas costas. Mas Pellegrini tem seus olhos em objetivos maiores: ele ainda é um investigador tentando provar coisas para si mesmo, faminto por mais experiência e ainda não acostumado à rotina diária. Landsman o viu solucionar casos de assassinato com os quais ninguém se importava. O caso Green no conjunto habitacional Lafayette. Ou então o tiroteio do lado de fora da boate Odell's na avenida North, aquele em que Pellegrini ficou caminhando para cima e para baixo em um beco totalmente destruído, chutando lixo até encontrar um cartucho .38 disparado que solucionou o caso. Para Landsman, o mais incrível é que Tom Pellegrini, um veterano com dez anos de experiência na força, chegou à divisão de homicídios vindo direto do setor de segurança da prefeitura, apenas algumas semanas após o prefeito se tornar o favorito ao governo do estado, tendo ganhado de lavada as eleições primárias do Partido Democrata. Tinha sido uma indicação puramente política, imposta pelo comissário de polícia como se o próprio prefeito tivesse ungido a cabeça de Pellegrini. Todos no departamento presumiram que, em três meses, o novato se revelaria um completo inútil.

"Bom", comenta Pellegrini, sentando atrás do volante de um Chevrolet Cavalier à paisana, "até aqui tudo bem."

Landsman ri. "Esse vai ser difícil, Tom."

Pellegrini lança para Landsman um olhar que é ignorado. O Cavalier passa por quarteirão após quarteirão da periferia de casas geminadas, descendo pela avenida Druid Hill até atravessar a avenida Martin Luther King, e o Distrito Oeste dá lugar ao vazio do começo da manhã no centro da cidade. O frio os mantém dentro do carro; até mesmo os bêbados sumiram dos bancos da rua Howard. Pellegrini reduz antes de passar em cada semáforo, até chegar a um sinal vermelho no cruzamento da Lexington com a Calvert, a poucos quarteirões da delegacia, onde uma prostituta solitária, sem dúvida uma travesti, faz um gesto furtivo na direção do carro, parada na porta de um escritório na esquina. Landsman ri. Pellegrini se pergunta como uma prostituta nessa cidade deixaria passar batido o fato de o Chevy Cavalier ter uma antena de rádio acoplada na traseira.

"Olha esse bonitão desgraçado", fala Landsman. "Vamos encostar e tirar uma onda com ele."

O carro passa pela intersecção e encosta próximo ao meio-fio. Landsman baixa a janela do carona. O rosto da prostituta é duro, lembra o rosto de um homem.

"Ei, senhor!"

A prostituta olha para longe, tomada por um ódio frio.

"Ei, senhor!", berra Landsman.

"Não sou senhor", ralha a prostituta, voltando para a esquina.

"Senhor, teria um momento?"

"Vai se foder."

Landsman ri de modo maligno. Um dia desses, Pellegrini pensa, o sargento vai dizer alguma besteira das grandes para alguém importante e metade do esquadrão vai ter que escrever relatórios por uma semana inteira.

"Acho que você feriu os sentimentos dele."

"É", responde Landsman, ainda rindo, "mas não foi minha intenção."

Alguns minutos depois, os dois homens estacionam em uma vaga no segundo andar da garagem da delegacia. Ao fim da página que descreve os detalhes da morte de Rudy Newsome, Pellegrini escreve o número da vaga de estacionamento e a quilometragem do hodômetro e, por fim, circula os dois números. Assassinatos vêm e vão nessa cidade, mas Deus o livre de se esquecer de anotar a quilometragem correta no seu formulário de atividade ou, pior ainda, se esquecer de anotar a vaga de estacionamento, fazendo com que o próximo policial tenha que passar quinze minutos andando de um lado para outro na garagem da delegacia, tentando descobrir qual Cavalier a chave em suas mãos abre.

Pellegrini segue Landsman pela garagem e pela porta com batente de metal até o corredor do segundo andar. Landsman aperta o botão do elevador.

"Queria saber o que o Fahlteich encontrou na rodovia Gatehouse."

"Foi assassinato?", pergunta Pellegrini.

"Foi. Pelo rádio, pareceu que foi."

O elevador sobe lentamente e se abre em um corredor parecido, com linóleo encerado e paredes azuis como as de um hospital, e Pellegrini segue o sargento pelo longo caminho. De dentro do aquário — uma sala à prova de som, feita de metal e placas de vidro, onde testemunhas ficam sentadas antes de serem interrogadas —, vem o som de garotinhas rindo de leve.

Deus seja louvado. São testemunhas do tiroteio de Fahlteich do outro lado da cidade — testemunhas palpáveis, enviadas pelos deuses direto da cena do décimo quarto homicídio do ano. Mas que diabos, pensa Pellegrini, ao menos alguém no esquadrão teve alguma sorte nesta noite.

As vozes no aquário diminuem conforme os dois homens avançam pelo corredor. Antes de entrar na sala do esquadrão, Pellegrini olha para a porta lateral obscurecida do aquário e vê o brilho laranja de um cigarro e o perfil de uma mulher sentada próxima à porta. Observa um rosto duro, as feições marrom-escuras rijas como granito, os olhos entregando apenas um tipo de desprezo experiente. E também um baita corpo: belos seios, boas pernas, minissaia amarela. Alguém já teria dito alguma coisa se ela não parecesse tão brava.

Confundindo essa olhada com uma oportunidade genuína, a garota sai do aquário, vai até a entrada do escritório e, então, bate de leve no batente de metal.

"Posso fazer uma ligação?"

"Com quem você quer falar?"

"Com a minha carona."

"Não, agora não. Depois do interrogatório."

"E a minha carona?"

"Um dos policiais vai levar você pra casa."

"Já estou aqui faz uma hora", retrucou, cruzando as pernas na entrada. A mulher tem o rosto de um caminhoneiro, mas mesmo assim se esforça ao máximo. Pellegrini não se deixa impressionar. Ele consegue ver Landsman rindo com ar de sacanagem do outro lado do escritório.

"Vamos te levar o mais rápido possível."

Abandonando qualquer tentativa de sedução, a mulher volta e se junta à sua amiga no sofá de vinil verde do aquário, cruza as pernas de novo e acende outro cigarro.

A mulher está ali porque teve o azar de estar dentro de um condomínio no complexo Purnell Village na rodovia Gatehouse, onde um traficante de drogas jamaicano chamado Carrington Brown recebeu outro jamaicano chamado Roy Johnson. Houve alguma conversa preliminar, algumas acusações foram trocadas em um cadenciado sotaque caribenho, e, por fim, houve um bocado de disparos.

Dick Fahlteich, um homem baixinho e careca, veterano do esquadrão de Landsman, recebeu o chamado minutos após o atendente ter mandado Pellegrini e seu sargento para a rua Gold. Ao chegar, encontrou Roy Johnson morto na sala de estar com mais de uma dúzia de tiros distribuídos por todas as partes do corpo. Seu anfitrião, Carrington Brown, estava a caminho do Hospital Universitário com quatro ferimentos no peito. Havia buracos de bala nas paredes e na mobília e cartuchos de .380 automática e mulheres histéricas espalhadas pelo apartamento. Fahlteich e dois técnicos do laboratório criminal passariam as cinco horas seguintes recolhendo provas no local.

Por isso, Landsman e Pellegrini ficam encarregados de fazer a triagem das testemunhas mandadas para o centro. Os interrogatórios começam de maneira relativamente normal; se revezando, os investigadores levam cada testemunha para uma sala separada, preenchem o formulário e escrevem uma declaração de várias páginas para que a testemunha assine e coloque a data. O trabalho é rotineiro e repetitivo; só no último ano, Pellegrini provavelmente interrogou umas duzentas testemunhas, a maioria delas mentirosa, e todas elas relutantes.

O processo adentra abruptamente sua segunda e mais intensa fase meia hora depois, quando Landsman, enfurecido, joga o depoimento de quatro páginas no chão de uma das salas ao fundo, dá um tapa na mesa e grita para que a garota de minissaia amarela caia fora da sala com sua cara feia, mentirosa e drogada. Bom, pensa Pellegrini, escutando no fim do corredor, não levou muito tempo para Landsman ir direto ao assunto.

"VOCÊ É UMA VADIA MENTIROSA", grita Landsman, batendo a porta contra o calço de borracha. "VOCÊ ACHA QUE SOU IMBECIL? ACHA QUE SOU IMBECIL, CARALHO?"

"No que foi que eu menti?"

"Sai daqui, porra. Você vai ser processada."

"Processada pelo quê?"

O rosto de Landsman se contorce com raiva pura.

"VOCÊ ACHA QUE ISSO É PALHAÇADA? ACHA?"

A garota não diz nada.

"Você acabou de ser fichada, seu monte de merda mentiroso."

"Eu não menti."

"Vai se foder, você vai ser processada."

O sargento conduz a mulher até a salinha de interrogatório, onde ela se senta em uma cadeira e espicha as pernas sobre uma mesa de fórmica. A minissaia sobe pela cintura, mas Landsman não está no clima para apreciar o fato de que a mulher não usa nada por baixo da saia. Ele deixa a porta entreaberta e grita para Pellegrini do outro lado do escritório.

"METE O NÊUTRON NESSA VADIA", grita ele antes de fechar a porta à prova de som da pequena sala de interrogatório, deixando a garota se perguntando que tipo de tortura tecnológica a aguarda. Um teste de ativação de nêutrons requer apenas uma coleta indolor com cotonete nas mãos para determinar a presença de bário e antimônio, elementos que se depositam após um disparo de arma de fogo, mas Landsman quer deixá-la remoendo isso, torcendo para que ela fique sentada na sala imaginando que alguém a irradiaria até fazê-la brilhar. O sargento acerta um tapão na porta de metal uma última vez para enfatizar, mas a raiva já passou, e volta até o escritório principal. Uma encenação — típica de Landsman —realizada com ímpeto e sinceridade para a "vadia mentirosa de minissaia amarela".

Pellegrini volta da sala do café e fecha a porta.

"A sua disse o quê?"

"Ela não viu nada", reclama Pellegrini. "Mas ela disse que a sua garota ali viu o que aconteceu."

"Eu sei que viu, porra."

"O que você quer fazer?"

"Pega o depoimento da sua garota", diz Landsman, serrando um cigarro de seu investigador. "Vou deixar ela esperando um tempo, aí vou lá sacanear ela um pouco."

Pellegrini volta à sala do café, e Landsman se joga em uma cadeira. Fumaça de cigarro escapa de um dos lados da boca.

"Que se foda", diz Jay Landsman para ninguém. "Não vou engolir dois casos sem solução em uma mesma noite."

Dessa forma, a desajeitada dança noturna prossegue, com testemunhas se cruzando sob o brilho vago de luzes fluorescentes, cada uma delas escoltada por um investigador impassível e cansado, carregando café preto e formulários em branco suficientes para transcrever a próxima rodada de semiverdades. Páginas são agrupadas, rubricadas e assinadas, copos de café de isopor são reabastecidos, e cigarros são serrados até que os investigadores se reúnam novamente no escritório para comparar as anotações e decidir quem estava mentindo, quem mentiu mais e quem falou mais mentira do que qualquer outra. Em uma hora, Fahlteich retornaria da cena do crime e do hospital com detalhes suficientes para corroborar uma das testemunhas honestas trazidas para a central naquela noite — uma mulher que atravessava o estacionamento e reconheceu dois dos atiradores quando entravam no apartamento. A mulher sabe o que significa falar a respeito de um assassinato ligado a drogas e logo se arrepende de tudo que disse a Fahlteich no local. Enviada imediatamente para a delegacia, ela é mantida separada dos ocupantes do apartamento e é interrogada por Landsman e Fahlteich apenas depois do investigador voltar da rodovia Gatehouse. Ela treme incontrolavelmente quando os investigadores mencionam a possibilidade de um testemunho perante o júri.

"Não posso fazer isso", se desespera, desabando em lágrimas.

"Não há escolha."

"Meus filhos..."

"Não vamos permitir que nada aconteça."

Landsman e Fahlteich saem da sala para conversar em voz baixa no corredor.

"Ela está se cagando de medo", diz Landsman.

"Não brinca."

"Temos que intimar ela amanhã cedo, antes que tenha chance de tirar o time de campo. Temos também que manter ela longe das outras", diz Fahlteich, apontando para as testemunhas no aquário. "Não quero que nenhuma delas veja ela."

Pela manhã, eles teriam o apelido e a descrição geral do atirador fo-ragido e, ao final da semana, seu nome completo, folha de antecedentes criminais, fotos de fichamento e o endereço dos parentes na Carolina do Norte que o estavam escondendo. Em mais uma semana, o rapaz voltaria a Baltimore e seria denunciado por homicídio doloso e porte ilegal de arma de fogo.

A história do assassinato de Roy Johnson era brutal em sua simplici-dade e simples em sua brutalidade. O atirador era Stanley Gwynn, um rapaz de 18 anos de cara redonda que atuava como guarda-costas para Johnson, um atravessador de cocaína de Nova York que tinha armado seu subalterno com uma pistola-metralhadora Ingram Mac-11 calibre .380. Johnson tinha ido até o apartamento na rodovia Gatehouse porque Carrington Brown devia para ele dinheiro da cocaína. E, quando Brown se recusou a pagar, Gwynn encerrou a negociação com uma longa ra-jada da Ingram, uma arma capaz de disparar seis projéteis por segundo.

O tipo de comportamento impulsivo e desajeitado que se esperaria de um adolescente. O ataque foi tão óbvio que Carrington Brown teve tempo mais do que suficiente para agarrar Roy Johnson e usá-lo como escudo. Antes mesmo de o cérebro de Stanley Gwynn registrar o que estava acontecendo, já havia metralhado o sujeito que deveria proteger. O verdadeiro alvo, Carrington Brown, caiu ensanguentado com quatro balas que de algum modo atravessaram o morto, e Stanley Gwynn — que mais tarde aceitaria um acordo de homicídio culposo e seria con-denado a vinte e cinco anos de prisão — fugiu em pânico do conjunto de apartamentos.

Quando os investigadores chegam para a troca de turno às 6h30, o assassinato de Roy Johnson, caso H88014, já está caprichosamente guar-dado em um envelope pardo na mesa do tenente de funções adminis-trativas. Uma hora depois, Dick Fahlteich vai para casa para tomar uma chuveirada rápida antes de voltar ao centro para acompanhar a autóp-sia. Já Landsman vai para a cama às 8h.

Contudo, quando a luz do dia e os sons da hora do rush matinal chegam às janelas do sexto andar, o detrito do caso H88013 — o assas-sinato ocorrido na Gold com Etting — ainda está espalhado diante de Tom Pellegrini, uma assombração movida a café que olha de modo vago para o relatório oficial, para os relatórios suplementares, para os formu-lários de provas anexadas e de custódia do corpo e para os formulários de impressões digitais de Rudolph Newsome. Quinze minutos a mais ou a menos, e Pellegrini teria sido enviado para o tiroteio na rodovia

Gatehouse, onde uma vítima viva e testemunhas vivas aguardavam para solucionar um assassinato e acrescentar mais um número à lista de casos solucionados. Porém, em vez disso, Pellegrini foi parar na Gold com Etting, onde um homem morto de 26 anos o encarava com um olhar de compreensão súbita e silenciosa. Puro acaso.

Depois de Landsman ir embora, Pellegrini continua trabalhando nas margens daquele pequeno desastre por mais dez horas — juntando a papelada, fazendo uma ligação para o promotor-assistente acerca da intimação judicial para a tal mulher Thompson, mandando os pertences da vítima para a unidade de controle de provas no subsolo da delegacia. Mais tarde naquela manhã, um patrulheiro da delegacia do Distrito Oeste liga para a divisão de homicídios para relatar que um traficante de esquina que havia sido preso durante o turno da noite alegava ter informação relacionadas ao assassinato na rua Gold. Parecia que o rapaz estava disposto a falar, caso reduzissem sua fiança por porte de drogas. Pellegrini termina seu quinto copo de café antes de ir até o Distrito Oeste colher uma breve declaração do rapaz, que afirma ter visto três homens fugindo da rua Gold rumo ao norte após os disparos. O rapaz diz conhecer um dos homens apenas como Joe — um depoimento específico o suficiente para bater com os acontecimentos reais e vago o suficiente para ser praticamente inútil para o investigador. Pellegrini se pergunta se o rapaz estava lá mesmo, ou se tinha ouvido algo relativo ao assassinato na rua Gold enquanto tinha ficado preso durante a noite e, depois, tentado barganhar para se livrar de sua acusação.

De volta à divisão de homicídios, o investigador coloca as anotações do depoimento no caso H88013 e, em seguida, coloca a pasta sob o arquivo de Roy Johnson na mesa do tenente de funções administrativas, que tinha saído e voltado ao longo do turno de oito horas. As boas notícias antes das ruins. Então, Pellegrini entrega a um policial do turno das dezesseis à meia-noite as chaves do Cavalier e vai para casa pouco depois das 19h.

Quatro horas depois, está de volta para o turno da meia-noite, pairando feito uma mariposa em torno da luz vermelha da máquina de café. Pellegrini leva um copo cheio para a sala do esquadrão, onde Landsman começa a brincar com ele.

"Aí, Phyllis", chama o sargento.

"E aí, sarja!"

"Seu caso foi resolvido, né?"

"Meu caso?"

"É."

"Qual caso?"

"O novo", diz Landsman. "Da rua Gold."

"Bom", responde Pellegrini, as palavras saindo devagar, "estou prestes a conseguir um mandado."

"Ah, é?"

"É."

"Hummm", resmunga Landsman, soprando a fumaça do cigarro em direção à tela da TV.

"Só tem um problema."

"Qual?", pergunta o sargento, sorrindo.

"Não sei para quem vai ser o mandado."

Landsman ri até que a fumaça do cigarro o faz tossir.

"Não se esquenta, Tom", fala finalmente. "Você vai resolver."

O trabalho é este:

Você senta atrás de uma escrivaninha de metal financiada com dinheiro público no sexto andar de um prédio de dez andares, em uma armadilha de estrutura metálica brilhante e de péssima ventilação, com ar-condicionado defeituoso e amianto o suficiente circulando pelo ar para estofar o casaco do próprio demônio. Come pizza de 2 dólares e 50 centavos e fiambres italianos do Marco's na rua Exeter, enquanto assiste a reprises de *Hawaii Five-O* na televisão de dezenove polegadas de uso coletivo, com a imagem toda chuviscada. Atende ao telefone quando toca pela segunda ou terceira vez, porque Baltimore retornou os equipamentos da AT&T* para cortar despesas, e o novo telefone, em vez de tocar, emite um som que parece vir de uma ovelha de metal. Se um atendente da polícia estiver ligando, anota o endereço, o horário e o número da unidade do telefonista, usando como rascunho o verso do minúsculo cartão de uma loja de penhores.

---

* American Telephone and Telegraph Company, conglomerado de mídia responsável pela maioria dos serviços de telefonia e telegrafia nos EUA, listado entre as dez maiores corporações do país.

Depois, implora ou negocia as chaves de um dos seis Chevrolet Cavaliers, pega sua arma, um bloco de notas, uma lanterna e um par de luvas de látex, e dirige até o endereço onde provavelmente um policial vai estar parado ao lado de um corpo humano que já começa a esfriar.

Olha para o corpo. Observa o cadáver como se fosse uma peça de arte abstrata, observando-o de todos os ângulos imagináveis em busca de significados maiores, nuances. Por que, você se pergunta, esse corpo está aqui? Do que foi que o artista se esqueceu? O que ele resolveu incluir? No que o artista pensava? O que diabos há de errado com essa imagem?

Procura motivos. Overdose? Ataque cardíaco? Ferimentos à bala? Cortes? Será que os cortes na mão esquerda indicam uma tentativa de se defender? Joias? Carteira? Bolsos virados do avesso? O corpo já está em *rigor mortis*? Apresenta lividez? Por que há um rastro de sangue, com respingos apontando para longe do corpo?

Depois, caminha nas margens da cena do crime procurando projéteis disparados, cartuchos, gotas de sangue. Então destaca um policial uniformizado para ir até as casas e pontos de comércio próximos, ou, se quer que a coisa seja feita do modo certo, vai você mesmo de porta em porta fazendo perguntas que os policiais podem nem pensar em fazer.

Em seguida, usa todo seu arsenal na esperança de que algo — qualquer coisa —funcione. Os técnicos do laboratório de criminalística recolhem armas, projéteis e cartuchos de munição para fazerem comparações balísticas. Se for em um ambiente fechado, faz que os técnicos colham digitais das portas e maçanetas, da mobília e dos utensílios. Examina o corpo e seu entorno imediato em busca de fios de cabelo ou fibras, na chance eventual de que o laboratório que analisa as provas consiga solucionar o caso. Procura quaisquer outros sinais de perturbação, qualquer coisa que destoe do ambiente. Se algo chama sua atenção — uma fronha de travesseiro solta, uma lata de cerveja descartada —, você faz com que um técnico leve para o controle de provas também. Depois, faz com que os técnicos meçam as dimensões mais importantes da cena e fotografem tudo de todos os ângulos concebíveis. Você rascunha a cena do crime em seu próprio bloco de notas, usando um boneco de palitos tosco no lugar da vítima e marcando a posição original de cada item de mobília e cada prova recolhida.

Presumindo que os policiais, ao chegarem à cena do crime, tenham sido espertos o suficiente para agarrar qualquer pessoa à vista e despachá-la para a delegacia, você então volta para seu escritório e usa o máximo que sabe da psicologia das ruas com todas as pessoas que encontraram o corpo. Então é sua vez de fazer o mesmo com as outras pessoas que conheciam a vítima, que alugavam um quarto para a vítima, que empregavam a vítima, que treparam, brigaram ou usaram drogas com a vítima. Elas estão mentindo? Claro que estão mentindo. Todo mundo mente. Estão mentindo mais do que normalmente mentiriam? Provavelmente. Por que estão mentindo? As meias-verdades delas batem com aquilo que você sabe da cena do crime, ou é tudo completamente falso? Com quem deve gritar primeiro? O grito mais alto será direcionado a quem? Qual irá escolher para acusar de cúmplice no assassinato? Para quem fazer o discurso relacionado a poder escolher sair da sala de interrogatório como testemunha ou como suspeito? Para quem oferecer a desculpa — A Escapatória —, sugerindo que aquele pobre-diabo merecia mesmo ter sido assassinado, e que qualquer pessoa naquelas circunstâncias o teria matado, que se o interrogado matou o miserável, foi por ter sido provocado a fazer isso, que não tinha a intenção e a arma disparou por acidente, ou que o tiro foi dado em legítima defesa?

Se tudo der certo, acabará prendendo alguém na mesma noite. Caso não dê certo, então você reúne tudo que sabe e tenta ao máximo seguir o caminho mais promissor, desvendando mais alguns fatos na esperança de que algo surja. Quando nada surge, espera algumas semanas até o resultado do laboratório chegar com algum resultado positivo de balística, fibras ou de uma amostra de sêmen. Quando o relatório volta sem informações, espera o telefone tocar. E se o telefone não toca, você permite que uma pequena parte sua morra. E, então, você volta para sua escrivaninha e espera outra chamada do telefonista, que mais cedo ou mais tarde irá mandá-lo dar uma olhada em outro cadáver. Porque, em uma cidade com 240 assassinatos por ano, sempre haverá outro cadáver.

A televisão nos deu o mito da busca frenética, da perseguição em alta velocidade, mas a verdade é que isso não existe; se existisse, Deus sabe que o Cavalier quebraria o eixo depois de percorrer uma dúzia de quarteirões, e você seria obrigado a preencher um Formulário 95 no qual respeitosamente explicaria a seu comandante os motivos pelos quais destruiu um veículo de quatro cilindros de propriedade do município. E não existem brigas corporais ou trocas de tiros em fuga: os dias gloriosos, quando esmurrava alguém em alguma chamada de incidente doméstico, ou disparava um ou dois tiros no calor do momento durante um assalto a um posto de gasolina, ficaram para trás depois que você deixou as patrulhas e foi para a delegacia. A divisão de homicídios sempre chega depois de os cadáveres tombarem, e um investigador de homicídios precisa lembrar a si mesmo de pegar seu .38 na gaveta de cima da escrivaninha. E, com certeza, não existem momentos de perfeita integridade quando um investigador, um gênio científico com incríveis poderes de observação, se agacha para examinar uma poça de sangue em um tapete, quando pinça um tufo de cabelo ruivo caucasoide, quando reúne os suspeitos em uma sala perfeitamente decorada e declara o caso resolvido. A verdade é que restam poucas salas perfeitamente decoradas em Baltimore; e, mesmo que existissem, até os melhores investigadores de homicídios admitem que, em noventa casos a cada cem, a salvação do investigador é a completa predisposição do assassino à incompetência ou, no mínimo, a erros crassos.

Na maioria das vezes, o assassino deixa para trás testemunhas vivas, ou mesmo se gaba para alguém do crime. Em um número surpreendente de casos, o assassino — particularmente aqueles não familiarizados com o sistema de justiça criminal — podem ser manipulados para confessarem nas salas de interrogatório. Em poucas ocasiões, a digital colhida em um copo ou no cabo de uma faca batem com a digital no banco de digitais no computador, mas a maioria dos investigadores consegue contar nos dedos de uma das mãos o número de casos solucionados por trabalho de laboratório. Um bom policial vai até a cena do crime, coleta todas as provas disponíveis, fala com as pessoas certas e, com alguma sorte, descobre os erros mais óbvios do assassino. Mas mesmo nisso há um bocado de talento e instinto.

Se as peças se encaixam, algum cidadão desafortunado acaba em um par de algemas prateadas e ganha uma carona de furgão até uma ala superlotada no Presídio Municipal de Baltimore. Ele aguarda lá enquanto a data do julgamento é adiada por oito ou nove meses, ou pelo tempo necessário para as testemunhas mudarem de endereço duas ou três vezes. Depois, um promotor-assistente, que tem a intenção de manter o índice de condenações acima da média, para que um dia seja contratado por um escritório de advocacia acima da média, liga para você. Ele assegura que esse é o caso de denúncia por homicídio mais fraco no qual já teve o azar de atuar, tão fraco que não consegue nem acreditar que seja algo digno do grande júri,*

---

* No sistema jurídico dos EUA, o grande júri é o corpo de jurados composto por cidadãos que, em etapa anterior ao julgamento de um caso, avaliam se há indícios suficientes de autoria e materialidade do crime para iniciar a ação penal. Vários estados já aboliram o procedimento, adotando uma audiência preliminar como mecanismo substituto, algo empregado na maioria dos países do mundo.

e, por favor, será que você pode reunir todo esse gado descerebrado que chama de testemunhas e trazer para as entrevistas pré-julgamento?, porque, afinal, esse negócio vai a julgamento na segunda-feira. A menos, é claro, que ele possa convencer o advogado de defesa a engolir a acusação de homicídio culposo com uma sentença suspensa** que soma apenas cinco anos.

Se não se chega a um acordo, e o processo não é extinto nem engavetado por um período indefinido de tempo, se, por algum desvio perverso do destino o caso vai a júri popular, você tem a oportunidade de se sentar no banco das testemunhas e recitar sob juramento todos os fatos em torno do caso — um breve momento ao sol que pode ser arruinado pela aparição do supracitado advogado de defesa que, na pior das hipóteses, poderá acusá-lo de estar cometendo perjúrio e uma grande injustiça ou, na melhor, alegar que a investigação foi conduzida de modo tão incrivelmente precário que o verdadeiro assassino ainda está à solta.

Depois dos dois lados terem ruidosamente argumentado a respeito dos fatos do caso, um júri de doze homens e mulheres, selecionado de listas computadorizadas de eleitores registrados de uma das cidades com os piores índices educacionais dos Estados Unidos, vão para uma sala e começam a gritar uns com os outros. Se essas pessoas felizes conseguirem superar o impulso natural de evitar qualquer tipo de juízo coletivo, talvez considerem um ser humano culpado de matar outro. E, então, você pode ir para o Pub da Cher, no cruzamento da Lexington com a Guilford, onde o mesmo promotor-assistente, caso seja dotado de alguma qualidade tipicamente humana, lhe pagará uma garrafa de cerveja de fabricação nacional.

E você a bebe. Porque, em um departamento de polícia contendo cerca de 3 mil almas juramentadas, é um dos trinta e seis investigadores a quem foi confiada a busca da solução daquele que é o mais extraordinário dos crimes: o roubo de uma vida humana. Você fala pelo morto. É quem vinga aqueles que foram perdidos pelo mundo. O seu salário pode até ser pago com o dinheiro dos impostos, mas, que diabos, depois de seis cervejas, você praticamente consegue convencer a si mesmo de que trabalha para Deus em pessoa. Caso você não seja tão bom quanto deveria ser, é mandado embora em um ano ou dois, transferido para a divisão de busca a

_____

** Determinação judicial para que a sentença não seja cumprida e que, em vez disso, o réu fique em liberdade condicional.

foragidos, ou para a de furtos automobilísticos, ou então para a de cheques e fraudes na outra ponta do corredor. No entanto, se for bom o suficiente, nunca mais fará outra coisa como policial que tenha a mesma importância. Homicídio é a Série A, o centro do picadeiro, o show. Sempre foi. Quando Caim acertou uma pedrada em Abel, o Cara Lá de Cima não mandou dois policiais novatos para lavrar o boletim de ocorrência. Não, Ele mandou a porra de um investigador. E sempre vai ser assim, porque a divisão de homicídios de qualquer força policial urbana tem sido, por gerações, o hábitat natural desta rara espécie, o policial pensante.

É algo que vai além de títulos acadêmicos, treinamento especial ou aprendizado por livros, porque toda teoria do mundo não significa nada se você não souber ler as ruas. Mas é também algo que vai além disso. Em cada delegacia na periferia, há patrulheiros veteranos que sabem tudo que um sujeito da homicídios precisa saber, mas de algum modo passam toda a carreira em carros-patrulha detonados, lutando suas batalhas em capítulos de oito horas, se preocupando com um caso apenas até o final do turno. Um bom investigador começa como um bom patrulheiro, um soldado que passou anos limpando esquinas e parando carros, apartando brigas domésticas e checando a porta dos fundos em armazéns, até que a vida da cidade se torna algo instintivo para ele. E esse investigador se aprimora ainda mais como policial à paisana, trabalhando tempo suficiente com roubos e narcóticos, até entender o que significa ficar de tocaia, usar e não ser usado por um informante, escrever mandados de busca e apreensão inteligíveis. E é claro que há também todo o treinamento especial (a base sólida da ciência forense) em patologia, direito criminal, coleta de digitais e fibras, perfis sanguíneos, balística e análise de DNA. Um bom investigador também precisa encher o cérebro com conhecimento relacionado às informações na base de dados existente da polícia — registros de prisão, arquivos penitenciários, registros de armas, informações relativas a veículos motorizados — suficiente para receber créditos extras em ciências da computação. Ainda assim, apesar de tudo isso, um policial da homicídios tem que ter algo mais, algo tão internalizado e instintivo quanto o próprio trabalho policial. Dentro de cada bom investigador, existem mecanismos ocultos — uma bússola que o leva de um cadáver a um suspeito vivo no menor tempo possível, um giroscópio que mantém seu equilíbrio durante as piores tempestades.

Um investigador em Baltimore lida com nove ou dez homicídios ao ano como investigador principal e mais uma meia dúzia como investigador secundário, o dobro do recomendado pelos manuais do FBI.

Ele lida com algo entre cinquenta e sessenta crimes sérios envolvendo disparos por armas de fogo, esfaqueamentos e espancamentos. Investiga qualquer morte suspeita ou questionável que não seja explicada pela idade ou pelo histórico médico da vítima. Overdoses, convulsões, suicídios, quedas acidentais, afogamentos, morte súbita de bebês, asfixias eróticas — tudo isso recebe a atenção de um mesmo investigador que normalmente tem em sua mesa os arquivos de três homicídios em aberto. Em Baltimore, as investigações de todos os tiroteios envolvendo oficiais de polícia são realizadas por investigadores de homicídios, em vez do pessoal da corregedoria interna; um sargento e um esquadrão de investigadores são designados para investigar cada um desses incidentes e apresentar um relatório detalhado ao alto escalão do departamento e ao Ministério Público na manhã seguinte. Qualquer ameaça a um policial, promotor ou funcionário público é encaminhada para a divisão de homicídios, assim como qualquer tentativa de intimidação de testemunhas.

E tem mais. A habilidade comprovada da divisão de homicídios de investigar qualquer incidente e documentar toda a investigação significa que ela também vai ser provavelmente convocada para lidar com investigações de caráter politicamente sensível: um afogamento em uma piscina pública que pode resultar em processo, uma série de telefonemas ameaçadores feita para o chefe da equipe do prefeito, uma investigação extensa a respeito das afirmações de algum legislador que bizarramente alega ter sido sequestrado por inimigos misteriosos. Em Baltimore, a regra geral é que, se alguma coisa parece uma tempestade de merda, cheira como uma tempestade de merda e tem o gosto de uma tempestade de merda, é encaminhada para a divisão de homicídios. É o que a cadeia de comando do quartel-general demanda.

Considere o seguinte:

Quem comanda os dois turnos da divisão de homicídios, com 18 investigadores e sargentos investigadores, são dois tenentes com extensa experiência que respondem a um capitão no comando da divisão de crimes contra pessoas. O capitão, que gostaria de se aposentar recebendo uma pensão de major, não quer ver seu nome associado a qualquer coisa que incomode o coronel no comando do Departamento de Investigação Criminal. Isso não é apenas porque o coronel é bem visto, inteligente e negro, e tem boas chances de ser promovido a um cargo de vice-comissário ou superior em uma cidade com um novo prefeito negro e uma população majoritariamente negra que tem pouca confiança ou respeito por seu departamento de polícia. O coronel é poupado de qualquer dor de cabeça porque o que quer que possa contrariá-lo necessita passar pelo comissário adjunto de operações Ronald J. Mullen, posicionado sobre o Departamento de Polícia de Baltimore, que exige ser informado a respeito de qualquer coisa cinco minutos após ela ocorrer.

Para os supervisores de médio escalão, o comissário é Grande Mullen, um homem cuja consistente ascensão na hierarquia começou após um breve período nas patrulhas do Distrito Sudoeste e continuou até que ele chegasse ao oitavo andar da central de polícia. Foi lá que Mullen se instalou por quase uma década como o vice-comandante do departamento, mantido a salvo em seu posto graças à cautela inabalável, a bons instintos políticos e a habilidades administrativas genuínas. Comissários vêm e vão, mas Ronald Mullen permanece em seu posto para descobrir quem varreu qual sujeira para debaixo de qual tapete. Cada elo da cadeia de comando, do sargento para cima, está ciente de que o comissário sabe quase tudo que acontece no departamento e é capaz de adivinhar o resto. Com uma ligação, ele pode descobrir o que não sabe e não consegue adivinhar. Portanto, o comissário adjunto Mullen é uma dor de cabeça para qualquer policial nas ruas, além de um recurso inestimável para o comissário de polícia Edward J. Tilghman, um policial veterano que passou trinta anos reunindo capital político suficiente para angariar junto ao prefeito um mandato de cinco anos. E, em uma cidade com um único partido, como é o caso de Baltimore, o gabinete do prefeito é um local de poder político absoluto atualmente ocupado por Kurt L. Schmoke, negro, graduado na Universidade de Yale, que obtém o respeito e a escuta de uma metrópole predominantemente negra e democrata. Evidentemente, o comissário só pode respirar após atender às necessidades do prefeito, para quem a reeleição se torna mais fácil caso seu departamento de polícia não lhe proporcione escândalos ou humilhações, o sirva do modo apropriado e combata o crime em nome do bem coletivo, e isso tudo mais ou menos nessa ordem.

Sob essa enorme pirâmide de autoridade se encontra o investigador de homicídios, trabalhando de modo anônimo no caso de alguma prostituta espancada até a morte ou de algum traficante transformado em peneira, até que um dia o telefone dele toca duas vezes e o corpo estendido no chão é de uma garotinha de 11 anos de idade, ou de um atleta consagrado na região, ou de um padre aposentado, ou algum turista vindo de fora do estado que acabou se perdendo nos conjuntos habitacionais com uma câmera Nikon pendurada no pescoço.

Crimes notáveis. Assassinatos que importam.

Nesta cidade, um investigador triunfa ou se enrasca com base nos casos que deixam claro quem manda na cidade e aquilo que esperam do departamento de polícia. Majores, coronéis e comissários adjuntos que nunca deram um pio enquanto pessoas morriam em Lexington Terrace durante a guerra do tráfico no verão de 1986, passam a espiar por cima do ombro de um sargento investigador, prestando atenção nas letras miúdas. O comissário quer ser informado. O prefeito quer ser atualizado. O pessoal do Canal 11 aguarda na linha 2. Algum babaca do *Evening Sun* está esperando na linha para falar com Landsman. Quem é esse tal de Pellegrini investigando o caso? Cara novo? Nós confiamos nele? Ele sabe mesmo o que está fazendo? Será que precisamos de mais pessoal? Mais horas extras? Você entende que esse caso é prioritário, certo?

Em 1987, dois funcionários de um estacionamento foram assassinados às 4h na garagem do Hotel Hyatt, no Porto Inner — o reluzente empreendimento imobiliário no qual Baltimore apostou seu futuro —, e na parte da tarde o governador de Maryland já estava gritando com o comissário de polícia. Homem impaciente e dado a súbitos ataques histéricos, William Donald Schaefer normalmente é considerado o governador mais irritadiço do país. Eleito para o principal cargo estadual em grande parte por ter restaurado o apelo simbólico da zona portuária, Schaefer deixou claro em um breve telefonema que pessoas não podem morrer no Porto Inner sem sua permissão e que o crime precisava ser resolvido imediatamente — o que, de fato, foi basicamente o que aconteceu.

Um caso notável significa turnos de vinte e quatro horas e relatórios constantes enviados a toda cadeia hierárquica; pode se tornar algo prioritário, com investigadores sendo tirados de seus turnos normais e com outras investigações postergadas de modo indefinido. Se os esforços resultam em uma prisão, então o investigador, seu sargento e o tenente do turno podem ficar tranquilos até que o próximo caso importante surja, seguros de que o capitão não vai tomar um esporro do coronel, que já não está preocupado em deixar o comissário adjunto na mão, que nesse exato momento está ao telefone falando com a prefeitura, dizendo a Hizzoner que tudo está em ordem no porto da cidade. Mas um caso notável não resolvido cria o movimento oposto, com coronéis chutando majores que chutam capitães até que um investigador e seu sargento de esquadrão estejam soterrados em relatórios, explicando ao coronel por que alguém que ele considera um suspeito não foi mais questionado a respeito de alguma declaração inconsistente, ou por que uma denúncia oferecida por algum informante retardado não foi considerada, ou por que os técnicos não foram instruídos a procurarem digitais até mesmo no próprio cu.

Um investigador de homicídios sobrevive aprendendo a interpretar a cadeia de comando do mesmo modo que uma mística interpreta folhas de chá. Quando o alto escalão está fazendo perguntas, ele se torna indispensável, com respostas. Quando procuram por um motivo para a cabeça de alguém rolar, escreve um relatório tão preciso que ficam achando que dorme abraçado em uma cópia do manual operacional. E, quando querem alguém como sacrifício, aprende a se tornar invisível. Se um investigador é habilidoso o bastante para continuar de pé depois de um eventual caso prioritário, o departamento lhe dá algum crédito por sua inteligência e o deixa em paz para atender ao telefone e olhar cadáveres.

E há um bocado para se ver, começando com corpos severamente espancados com pedaços de pau e tacos de beisebol, ou então esmagados por chaves de roda e blocos de concreto. Corpos com ferimentos enormes causados por facas ou por espingardas disparadas tão de perto que o cartucho do projétil acaba alojado nas profundezas do ferimento. Corpos nas escadas de conjuntos habitacionais, com a seringa ainda enfiada no braço e um aspecto de calma patética no rosto; corpos içados do porto com caranguejos azuis relutantes agarrados às mãos e aos pés. Corpos em porões, corpos em becos, corpos em camas, corpos em porta-malas de Chryslers com placas de fora do estado, corpos em macas atrás da cortina azul da sala de emergência do Hospital Universitário, com tubos e cateteres ainda enfiados nas carcaças, como se caçoassem dos melhores esforços da medicina. Corpos e pedaços de corpos que caíram de sacadas, de telhados, de guindastes de cargas em terminais marítimos. Corpos esmagados por maquinário pesado, sufocados por monóxido de carbono ou enforcados com um par de meias na cadeia pública no Distrito Central. Corpos em berços cercados por bichinhos de pelúcia, pequenos corpos nos braços de mães devastadas que não entendem que não há um motivo, que o bebê simplesmente parou de respirar.

No inverno, o investigador pisa sobre a água e as cinzas e sente aquele cheiro inconfundível enquanto os bombeiros removem os escombros de cima dos corpos de crianças deixadas para trás quando o aquecedor do quarto entrou em curto-circuito. No verão, ele se vê em um apartamento de terceiro andar, sem janelas e com má ventilação, observando os auxiliares do legista moverem a carcaça inchada de um aposentado de 86 anos que morreu na cama e lá permaneceu até que os vizinhos não aguentassem mais o cheiro. Ele dá um passo para trás quando rolam o corpo do pobre-diabo, sabendo que o torso está cheio de gases e pronto para estourar, sabendo também que o cheiro fica nas fibras de sua roupa e nos pelos do seu nariz pelo resto do dia. Observa os afogamentos que ocorrem no primeiro dia quente da primavera e os tiroteios sem sentido em bares, que são como um ritual durante a primeira onda de calor de julho. No começo do outono, quando as folhas caem e as escolas abrem as portas, passa alguns dias na região sudoeste, ou no lago Clifton, ou em alguma escola de ensino médio onde adolescentes precoces de 17 anos vão para a aula com armas .357 carregadas e terminam o dia arrancando com um tiro os dedos de algum colega no estacionamento da escola. E, em algumas manhãs especiais, durante o ano todo, fica parado próximo à porta de uma sala azulejada, no porão de um prédio público na esquina da Penn com a Lombard, observando um patologista treinado abrindo cadáveres.

Para cada corpo, ele dá tudo que pode e nada mais. Analisa cuidadosamente a quantidade necessária de energia e emoção, fecha o arquivo e parte para a próxima chamada. E, mesmo após anos de chamadas e corpos e cenas de crimes e interrogatórios, um bom investigador ainda atende ao telefone com a crença obstinada e implícita de que, se fizer seu trabalho, a verdade será sempre revelada.

Um investigador de homicídios persiste.

Segunda-feira, 18 de janeiro

O Grandão está sentado com as costas voltadas para a divisória de metal verde que separa os escritórios das divisões de homicídios e furtos, olhando de modo abstrato para o horizonte da cidade através da janela de canto. A mão direita segura uma caneca de vidro no formato de globo terrestre, cheia até o Círculo Ártico com bile marrom vinda das profundezas da cafeteira do departamento. Na mesa a sua frente está uma pasta-arquivo vermelha e espessa com a indicação H8152 impressa na capa. Ele se afasta da janela e olha a pasta com malevolência. A pasta o encara de volta.

É um turno das dezesseis à meia-noite, e Donald Worden — o Grandão, o Urso, o único investigador nato remanescente nos Estados Unidos — está em seu primeiro dia de volta, após um longo fim de semana que não mudou em nada seu temperamento. O resto do seu esquadrão sente isso e lhe dá amplo espaço, entrando na sala do café apenas para dar algum recado.

"Aí, Donald", diz Terry McLarney durante uma dessas visitas. "Como foi o fim de semana?"

Worden dá de ombros para o sargento.

"Fez alguma coisa?"

"Não", responde Worden.

"Tá bom", devolve McLarney. "Bom papo."

O motivo disso é o tiroteio na rua Monroe, que o deixou ilhado em uma escrivaninha no canto da sala de café feito um encouraçado com casco de metal encalhado em águas rasas, esperando uma maré que talvez nunca chegasse.

Passadas cinco semanas e não tendo chegado mais perto de uma solução do que na manhã posterior ao assassinato, a morte de John Randolph Scott em um beco na rua Monroe, na zona oeste de Baltimore, permanece sendo a principal prioridade do departamento de polícia. Relatórios escritos por Worden e seu parceiro são enviados não para seu sargento ou tenente, como nas demais investigações, mas para o tenente administrativo e para o capitão no comando da divisão de crimes contra pessoas. De lá, os relatórios são enviados para o coronel no outro lado do corredor e, em seguida, para o comissário adjunto Mullen, dois andares acima.

Os relatórios sugerem pouca coisa que possa ser chamada de progresso. E, em cada conversa com um superior, o senso de paranoia é palpável. Donald Worden quase pode sentir a cadeia de comando se agitando nervosamente. E, mesmo no cérebro de Donald Worden, o caso da rua Monroe é como uma caixa de fogos, esperando apenas o ativista comunitário certo ou o pastor de fachada ouvir falar nele para sair gritando algo relacionado a racismo, brutalidade policial ou acobertamento, alto o suficiente e por tempo o suficiente para que o prefeito ou o comissário de polícia comecem a pedir a cabeça de alguém. Worden se pergunta com frequência por que isso ainda não aconteceu.

Olhando pela janela da sala do café na direção oeste, Worden observa o céu invernal se tornar azul escuro conforme a luz rosa-alaranjada do sol poente some no horizonte. O investigador termina sua primeira xícara de café, caminha lentamente até o cabide de metal e tira um charuto de dentro do bolso do sobretudo bege. Sua marca de preferência é a Backwoods, um charuto preto e imponente vendido nos melhores 7-Elevens.

Um fino anel de fumaça pungente segue Worden enquanto volta até sua mesa e abre a pasta-arquivo.

H8152
Homicídio/Tiroteio policial
John Randolph Scott N/H/22
3022 Avenida Garrison, Apt. 3
CC# 87-7L-13281

"Que bela merda isso virou", Worden comenta com calma, folheando o relatório em frente ao arquivo. Inclinando-se na cadeira, coloca uma perna sobre a mesa e abre uma segunda pasta contendo uma série de fotografias coloridas, com duas grampeadas em cada divisória de papel pardo.

John Randolph está caído de costas no meio do beco. Seu rosto é liso e jovem; parece ter menos de 22 anos. Olhos estáticos e vazios fitam a lateral de tijolos vermelhos de uma casa geminada. Suas roupas são as mesmas dos garotos em qualquer esquina: jaqueta de couro preta, jeans azul, camisa bege, tênis brancos. Outra foto mostra a vítima sendo rolada de lado, a mão enluvada de um investigador apontando para o pequeno buraco na parte de trás da jaqueta de couro. Um buraco de entrada, com a saída correspondente visível no lado esquerdo do peito. Em cima de um dos olhos do jovem, havia uma contusão ensanguentada causada pela queda na calçada.

O legista, mais tarde, determinou que a bala que matou John Randolph Scott tinha atravessado o coração vinda de um ângulo ligeiramente baixo, consistente com a inclinação do beco em que o corpo foi encontrado. Os legistas concordavam que Scott tinha morrido quase instantaneamente, baleado pelas costas enquanto fugia de policiais do Departamento de Polícia de Baltimore.

A princípio, o caso de Scott tinha sido considerado não um assassinato, mas um tiroteio com o envolvimento da polícia — um péssimo tiroteio com a polícia que exigiria um relatório cauteloso para que um policial não fosse reduzido a pedaços pelo grande júri, mas nada que alguém fosse considerar um crime.

A vítima era um dos dois jovens em um Dodge Colt que dois policiais em um carro-patrulha do Distrito Central identificaram como roubado e perseguiram pela avenida Martin Luther King descendo pela I-170 até a avenida Raynor, onde Scott e um cúmplice de 21 anos desembarcaram e correram em direções diferentes pelos becos da periferia de casas geminadas. Quando os dois policiais uniformizados do Distrito Central desceram do carro-patrulha e começaram uma perseguição a pé, um dos policiais, Brian Pedrick, de 27 anos, tropeçou e disparou um tiro com sua arma. Pedrick depois contou aos investigadores que o tiro tinha sido um acidente, um tiro desastrado disparado quando perdeu o equilíbrio saindo do carro. Pedrick acreditava que sua arma estava apontada para baixo e que a bala tinha acertado o asfalto à sua frente; de todo modo, o tiro não pareceu produzir qualquer efeito no suspeito que perseguia, já que desapareceu em um labirinto de becos. Pedrick perdeu o rapaz de vista, mas, a essa altura, outros carros vindos da Central e dos distritos Oeste e Sul circulavam pelas ruas laterais e becos próximos.

Minutos depois, um sargento do Distrito Central chamou uma ambulância e uma unidade da homicídios ao achar um corpo em um beco da rua Monroe, a cerca de três quarteirões de distância de onde Pedrick havia disparado. É um tiroteio envolvendo a polícia?, a central perguntou. Não, respondeu o sargento. Contudo, quando Pedrick chegou ao local, admitiu ter feito um disparo. O sargento acionou o rádio de novo. Correção, afirmou, que há envolvimento policial.

Worden e seu parceiro, Rick James, chegaram ao local minutos depois, olharam o sujeito morto, falaram com o sargento do Distrito Central e então inspecionaram o revólver de Pedrick. Uma bala havia sido utilizada. O patrulheiro teve a arma recolhida e foi levado à divisão de homicídios, onde reconheceu ter feito um disparo, mas se recusou a dar qualquer outra declaração antes de falar com um advogado do sindicato dos policiais. Worden sabia o que isso significava.

O advogado do sindicato tem uma resposta padrão para quando o investigador precisa interrogar um policial como parte da investigação criminal. Caso seja obrigado a depor, o policial pode entregar um relatório explicando suas ações durante o incidente; do contrário, não faz declaração alguma. Se esse relatório é escrito como resposta a uma ordem direta, não se configura em um depoimento voluntário e, portanto, não pode ser usado em juízo contra o policial. Nesse caso, o promotor de plantão naquela noite se recusou a solicitar o relatório, e, como consequência do impasse legal, a investigação optou pelo curso de ação óbvio: provar que o policial Brian Pedrick — veterano com cinco anos de experiência, sem registro prévio de brutalidade ou uso excessivo de força — tinha baleado um homem em fuga pelas costas com seu revólver.

Por doze horas, a investigação da rua Monroe parecia assegurada e coesa e teria permanecido assim se não fosse por um fato crucial: o policial Pedrick não tinha baleado John Randolph Scott.

Na manhã seguinte ao assassinato, a equipe de legistas despiu o corpo de Scott e encontrou um projétil de .38 ainda alojado nas roupas ensanguentadas. A bala foi comparada no laboratório de balística naquela tarde, mas ela não tinha vindo do revólver de Pedrick. Na verdade, a bala que matou Scott era um projétil de ponta redonda de 158 gramas, um tipo de munição comum da Smith & Wesson, que já não era usado pelo departamento de polícia havia mais de uma década.

Worden e vários outros investigadores, então, retornaram ao local da perseguição durante o dia e vasculharam cuidadosamente o beco onde Pedrick acreditava ter disparado sua arma. Revirando o lixo no beco próximo à avenida Raynor, encontraram uma marca no concreto que parecia ter resíduos de chumbo deixados pelo ricochete de bala. Os investigadores seguiram a provável trajetória da bala pelo beco e chegaram a um terreno baldio vizinho onde, inacreditavelmente, um morador estava recolhendo o lixo naquela manhã. De todos os terrenos abarrotados de lixo em periferias no mundo todo, Worden pensou, esse cara tem que limpar justo o nosso. Quando os investigadores estavam prestes a esvaziar cada um dos seis sacos de lixo recolhidos pelo último Bom Samaritano na zona oeste de Baltimore,* encontraram o cartucho de .38 disparado, ainda parcialmente enterrado no solo do terreno baldio. Os técnicos de balística, então, confirmaram que o cartucho era da arma de Pedrick.

Mas se Pedrick não era o atirador, quem era?

Worden não tinha apreço pelas respostas óbvias. Era um policial e passou toda sua vida adulta na irmandade dos policiais — em delegacias e viaturas, nos corredores de fórum e penitenciárias. Ele não queria acreditar que alguém usando uniforme seria estúpido a ponto de balear alguém e fugir, deixando o corpo em um beco, feito qualquer outro assassino desgraçado. Porém, ainda assim, não conseguia abstrair o fato de que John Randolph Scott tinha sido morto com um tiro de .38 enquanto fugia de dois homens armados com revólveres .38. Em qualquer

---

* A zona oeste é uma enorme área da cidade de Baltimore dividida em incontáveis bairros e conhecida por tráfico de drogas e crime violento, além de sua cultura e comércio únicos, com inúmeras ruas com casas geminadas e degraus de mármore, bem como por sua grande concentração de parques.

outra investigação, não haveria debate a respeito de onde e como o investigador de homicídios deveria começar. Em qualquer outro caso, o investigador começaria pelos homens que portavam as armas.

Worden sendo Worden, fez exatamente isso, incentivando mais de vinte policiais de três distritos diferentes a submeterem suas armas à divisão de controle de provas em troca de armas reservas. No entanto, a cada .38 analisado, o relatório de balística correspondente indicava que a bala fatal não tinha vindo das armas de serviço dos policiais. Outro beco sem saída.

Será que algum policial carregava uma segunda arma, outro .38 que já teria sido descartado no píer Canton? Ou talvez o rapaz tivesse tentado roubar outro carro enquanto fugia da polícia e foi baleado por algum cidadão enraivecido que desapareceu noite adentro. Isso era muito improvável, Worden tinha de admitir, mas naquele bairro nada era impossível. Uma hipótese mais provável era que o rapaz havia sido baleado com a própria arma, um .38 tirado dele enquanto lutava com o policial que tentava prendê-lo. Isso explicaria por que o projétil disparado não seguia o padrão do departamento, assim como explicaria os botões arrancados da camisa dele.

Worden e Rick James tinham encontrado quatro desses botões em cima ou ao lado do corpo da vítima. Um dos botões parecia não pertencer à vítima; três deles tinham sido determinados como pertencentes à camisa do homem morto. Dois deles tinham sido achados próximos ao corpo e estavam ensanguentados; o terceiro foi encontrado próximo à entrada do beco. Tanto para Worden como para James, os botões arrancados indicavam que a vítima tinha se envolvido em uma luta, e a presença de um botão próximo à entrada do beco sugeria que a luta tinha começado a apenas alguns metros de onde a vítima tinha caído. Mais do que um disparo feito por um suspeito civil, a hipótese sugeria uma tentativa de prisão, uma tentativa de agarrar ou deter a vítima.

Para Donald Worden, a morte de John Randolph Scott tinha se tornado um trabalho desagradável, com uma possível resposta mais desagradável que a outra.

Se o assassinato permanecesse sem solução, pareceria um acobertamento feito pelo departamento. Mas, se um policial fosse denunciado, Worden e James se tornariam, como responsáveis pela investigação, párias para os patrulheiros. Os advogados do sindicato dos policiais já estavam dizendo para seus membros não falarem com o departamento de homicídios, que a seção de crimes contra pessoas era o mesmo que a corregedoria. Como diabos investigariam assassinatos com o pessoal das patrulhas trabalhando contra? Mas, de certo modo, a terceira alternativa, a pequena chance de que houvesse o envolvimento de um civil — que John Randolph Scott tivesse sido baleado por um morador quando tentava invadir uma casa ou roubar um segundo carro para despistar os policiais que o perseguiam — era a pior de todas. Worden argumentou que, se chegassem a um suspeito civil, o alto escalão ficaria enlouquecido tentando convencer as lideranças políticas disso, sem mencionar as lideranças na comunidade negra.

Sim. Claro. Sem problema.

Depois de passar vinte e cinco anos no Departamento de Polícia de Baltimore, Worden teria de encerrar sua carreira resolvendo um caso que poderia mandar policiais para a prisão. A princípio, a ideia parecia horrível — Worden se considerava um policial das ruas mais do que qualquer outro no departamento. Tinha chegado à central após mais de dez anos na unidade de operações do Distrito Noroeste, e ainda assim de modo relutante. E agora, por causa de um moleque ladrão com tiro nas costas, patrulheiros de três distritos diferentes paravam com suas viaturas em ponto morto, uns ao lado dos outros em estacionamentos, e cochichavam a respeito de um sujeito que já patrulhava as ruas quando eles ainda faziam campeonato de cuspe no ensino fundamental. Quem é a porra desse Worden? Esse cara realmente vai tentar mandar um policial pro xilindró por causa daquele lance na rua Monroe? Vai mesmo tentar foder outro policial por causa de algum infeliz morto? Devemos considerá-lo como um rato ou coisa assim?

"Oh-oh, Worden está olhando o arquivo sinistro."

O parceiro de Worden está parado na entrada da sala do café, segurando um papel de rascunho. Rick James é dez anos mais jovem que Donald Worden e não tem os instintos ou a experiência do parceiro, mas, por outro lado, poucas pessoas no mundo têm. Worden trabalha com o investigador mais novo porque James sabe lidar com uma cena de crime e escrever um relatório bom e coerente, e, apesar de todas as suas qualidades, Donald Worden preferiria comer a própria arma a ficar sentado por duas horas na frente de uma máquina de escrever. Em seus melhores momentos, Worden considera James um projeto digno, um aprendiz a quem vale a pena transmitir as lições aprendidas em um quarto de século de trabalho policial.

O Grandão ergue os olhos devagar e vê o pedaço de papel nas mãos do jovem parceiro.

"O que é isso?"

"É uma chamada, querido."

"Não era para estarmos aceitando chamadas. Estamos em investigação prioritária."

"Terry disse que temos que atender."

"O que é?"

"Alguém baleado."

"Eu não lido mais com homicídios", diz Worden de modo seco. "Só me passem um por dia dessa porra de crime envolvendo policiais."

"Qualé, amorzinho, vamos lá ganhar uma grana."

Worden toma o resto do café, joga a bituca do charuto no lixo e, por um segundo ou dois, se permite acreditar que há vida após a rua Monroe. Ele caminha até o cabide de casacos.

"Não esquece sua arma, Donald."

O Grandão sorri pela primeira vez.

"Vendi minha arma. Troquei em uma loja de penhores por umas ferramentas elétricas na rua Baltimore. Onde rolou o tiroteio?"

"Greenmount. Quadra 3800."

O sargento investigador Terrence Patrick McLarney observa os dois homens se preparando para partir e assente, satisfeito. Já faz mais de um mês que ocorreu o assassinato na rua Monroe, e McLarney quer seus dois homens de volta à ativa, atendendo a chamadas. O truque é fazer isso gradualmente, de modo a não sugerir para a cadeia de comando que o caso já não é tratado como prioridade. Com sorte, McLarney pensa, Worden vai prender algum assassino nesta chamada, e o tenente administrativo vai deixar ele em paz a respeito do caso Scott.

"Vamos deixar a prioridade de lado, sargento", fala Worden.

Dentro do elevador, Rick James mexe nas chaves do carro e encara seu reflexo desfocado nas portas de metal. Worden observa as luzes que indicam os andares.

"McLarney estava feliz, né?"

Worden não diz nada.

"Você está mais ranzinza do que de costume hoje, Donald."

"Você dirige, babaca."

Rick James revira os olhos e olha para o parceiro. Ele vê um urso-polar de 2 m de altura e mais de cem quilos disfarçado como um sujeito de 48 anos, com um vão entre os dentes da frente e olhos azuis, de cabelo branco rarefeito e pressão alta. Sim, é um urso, mas a melhor parte de trabalhar com Donald Worden é fácil de entender: o sujeito é um policial nato.

"Sou só um garoto branco pobre e burro vindo de Hampden, tentando ganhar a vida antes de adentrar a eternidade", costumava Worden dizer ao se apresentar. Em teoria, parecia ser exatamente isso: nascido e criado em Baltimore, tinha apenas o ensino médio completo, serviu na Marinha alguns anos e tinha um histórico extenso e impressionante como policial, mas nunca fora promovido a mais do que patrulheiro ou investigador. No entanto, nas ruas, Worden era um dos policiais mais inspirados e instintivos da cidade. Acumulava um passado mais de um quarto de século no departamento e conhecia Baltimore como poucos jamais conheceriam. Doze anos no Distrito Noroeste, três na divisão de busca a foragidos, mais oito na unidade de roubos e furtos e, por fim, três anos na divisão de homicídios.

Ele não chegou na unidade sem hesitações. Repetidas vezes, os sargentos dos esquadrões da homicídios o tinham incentivado a seguir adiante, porém Worden era um sujeito da velha guarda, para quem lealdade significava muito. O mesmo tenente que o trouxe para a unidade de roubos queria que permanecesse por lá, e Worden se sentia na obrigação. Seu relacionamento com o parceiro, Ron Grady — uma dupla improvável, formada por um pretenso caipira da região predominantemente branca ao norte de Baltimore e por um policial negro e entroncado da zona oeste da cidade — tinha sido outra razão para que ficasse. Eles eram uma dupla inter-racial de proporções lendárias, e Worden jamais hesitava em frisar para Rick James ou qualquer um na divisão de homicídios que Grady era o único sujeito que considerava um parceiro de verdade.

Porém, no começo de 1985, investigar roubos tinha se tornado uma experiência repetitiva e anestesiante. Worden tinha participado de centenas de investigações — assaltos a banco, a carros-fortes, assaltos com reféns no centro da cidade, roubos de lojas. Nos velhos tempos, costumava dizer aos investigadores mais jovens, um policial perseguia ladrões de um outro tipo; hoje em dia, um assalto a banco na rua Charles provavelmente era o impulso de algum viciado sonolento, e não o trabalho de um profissional. No fim das contas, foi o próprio trabalho que tomou a decisão por ele: Worden ainda se lembra com clareza da manhã que chegou ao escritório e deu de cara com um boletim de ocorrência do Distrito Leste em cima de sua mesa, um assalto a uma loja de bebidas na avenida Greenmount. O boletim tinha sido preenchido como um roubo com emprego de arma letal, o que significava que o ocorrido precisaria de uma investigação secundária, feita por algum investigador do Distrito Central. Worden leu o boletim que dizia que um grupo de garotos tinha pegado um fardo com seis latas de cerveja e tentado fugir da loja. O balconista tentou alcançá-los e foi atingido com um pedaço de tijolo durante a tentativa. Não se tratava de um roubo envolvendo armas; que diabos, nem sequer era algo que não pudesse ter sido resolvido por algum policial uniformizado do distrito. Para Worden, que tinha atuado como investigador de roubos e furtos por quase oito anos, o boletim de ocorrência era o fim da picada. Ele procurou o capitão no dia seguinte com um pedido de transferência para o setor de homicídios.

A reputação de Worden o precedia, e, durante os dois anos seguintes, provou não apenas que estava pronto para lidar com homicídios, mas também que era a peça central do esquadrão de McLarney, o que não era pouca coisa em uma unidade de cinco policiais que incluía dois outros homens com vinte anos de experiência. Rick James tinha sido transferido para a divisão de homicídios em julho de 1985, apenas três meses antes de Worden, e James rapidamente avaliou a situação e formou dupla com o Grandão, sempre o seguindo tão de perto que os outros investigadores tiravam onda com a cara dele. Mas Worden claramente gostava do papel de ancião sábio, e James estava disposto a dar seu melhor, checando com cuidado cada cena de crime e escrevendo os relatórios necessários. Se Worden ensinasse metade do que sabia antes de se aposentar, Rick James ficaria no setor de homicídios por muito, muito tempo.

O ruim de trabalhar com Worden era seu mau humor e sua personalidade geniosa, porque ainda recebia o mesmo salário de patrulheiro, quando já deveria estar recebendo pensão e levando uma vida de lazer como consultor de segurança ou empreiteiro. Worden era estranhamente ciente de que ainda lidava com assassinatos em periferias, quando a maioria dos homens que tinham começado a trabalhar em sua época já estava aposentada, ou trabalhando em uma nova carreira; os poucos que permaneciam na corporação acabavam trabalhando como sargentos em funções burocráticas ou carcereiros, ou então em alguma guarita de segurança no quartel-general, escutando jogos de beisebol no rádio, aguardando por mais um ou dois anos para receber uma pensão mais alta. O tempo todo, sujeitos mais jovens desistiam da carreira e começavam a trabalhar em algo melhor.

Na maioria das vezes, Worden acabava considerando seriamente pedir as contas. Mas grande parte dele não queria sequer pensar em se aposentar; o departamento era sua morada desde 1962 — sua chegada ao setor de homicídios era a porção final de uma longa e graciosa trajetória. Por três anos, o trabalho de Worden na unidade o tinha sustentado e revitalizado.

O Grandão ficava particularmente feliz com seu esforço em treinar os investigadores mais novos em seu esquadrão, Rick James e Dave Brown. James estava aprendendo bem, mas Worden achava que Brown poderia se tornar bom, ou talvez não. Worden nunca hesitava em chamar a atenção deles, submetendo os investigadores mais jovens a um regime de treinamento que poderia ser adequadamente descrito como "educação por meio de insultos".

Sendo o policial menos experiente do esquadrão, Dave Brown tolerava a agressividade do Grandão — principalmente porque sabia que Worden genuinamente se importava em manter Brown como investigador e, em menor medida, porque ele não tinha escolha. A relação entre os dois tinha sido perfeitamente capturada em uma fotografia colorida tirada por um técnico do laboratório de criminalística em uma cena de crime em Cherry Hill. Em primeiro plano, estava o íntegro Dave Brown, coletando latas de cerveja descartadas próximas ao local do assassinato, na expectativa vã e excessivamente otimista de que elas tivessem algo a ver com o assassinato. Ao fundo, sentado nos degraus da entrada de um conjunto habitacional, estava Donald Worden, observando o investigador mais jovem com o que parecia ser um olhar de inequívoco nojo. Dave Brown tinha pegado a foto do arquivo do caso e levado para casa como recordação. Esse era o Grandão que Brown tinha aprendido a amar. Rabugento, irritado, sempre fazendo críticas. O último centurião solitário, que enxergava na nova geração de subalternos e incompetentes tanto seu sofrimento quanto sua motivação.

Na fotografia, o Grandão aparecia em sua melhor forma: rude, confiante, servindo como a consciência irritada para todos os investigadores menos experientes em seu turno. E, é claro, o caso em Cherry Hill foi solucionado, Worden recebeu uma denúncia que o fez descobrir a arma do crime na casa da namorada do criminoso. Mas isso foi quando Worden ainda sentia alguma satisfação em ser um investigador de homicídios. Antes da rua Monroe.

Enquanto entra no Cavalier estacionado no mezanino, James decide tentar puxar conversa mais uma vez.

"Se for um assassinato", diz ele, "eu vou ser o investigador principal."

Worden olha para ele. "Não quer ver primeiro se alguém foi preso?"

"Não, cara. Preciso da grana."

"Você é uma puta."

"Sou mesmo, amor."

James conduz o carro pela rampa da garagem, saindo na Fayette, e então ruma para o norte, indo da rua Gay até a Greenmount, preocupado com os cálculos complicados de sua suposta hora extra. Duas horas na cena do crime, três horas de interrogatório, outras três para preencher a papelada, mais quatro para a autópsia; James pensa em como doze horas com adicional de 50% vão cair bem no seu contracheque.

Mas não é um assassinato na Greenmount; nem sequer é um crime convencional. Os dois investigadores percebem isso após ouvir uma testemunha de 16 anos de idade balbuciar um monólogo incoerente por três minutos.

"Uou, começa de novo. Devagar."

"Derrick entrou em casa correndo..."

"Quem é Derrick?"

"É meu irmão."

"Quantos anos ele tem?"

"Dezessete. Ele entrou correndo em casa e subiu as escadas. Meu irmão mais velho subiu, encontrou ele baleado e ligou para a polícia. Derrick disse que estava no ponto de ônibus e tomou um tiro. Foi tudo que ele disse."

"Ele não sabia quem tinha atirado nele?"

"Não, ele só disse que levou um tiro."

Worden pega a lanterna de James e circula do lado de fora com um patrulheiro.

"Você foi o primeiro policial a chegar?"

"Não", revela o policial uniformizado. "Foi o Rodriguez."

"Cadê ele?"

"Ele foi pra UTI com a vítima."

Worden lança um olhar desaprovador para o patrulheiro e, depois, volta até a porta da frente da casa e aponta a lanterna para o assoalho da varanda. Não há rastro de sangue. Nada de sangue na maçaneta. O investigador olha com cuidado a fachada de tijolos da casa geminada com a lanterna. Sem sangue. Sem danos recentes. Há um buraco, mas é uniforme demais para ser de bala. É provavelmente um buraco antigo feito com furadeira para fixar uma lâmpada.

Worden ilumina a calçada com a lanterna até chegar à rua. Ele volta para dentro da casa e checa o quarto no andar de cima. Ainda nada de sangue. O investigador volta para o andar térreo e fica escutando James interrogar o garoto de 16 anos.

"Para onde o seu irmão correu quando entrou em casa?", interrompe Worden.

"Pro andar de cima."

"Não tem sangue no andar de cima."

O garoto baixa o olhar para os sapatos.

"O que aconteceu aqui?", indaga Worden, botando pressão.

"A gente limpou", revela o garoto.

"Vocês limparam?"

"A-hã."

"Ah", diz Worden, revirando os olhos. "Então vamos lá em cima de novo."

O garoto sobe dois degraus por vez e entra no quarto de adolescente abarrotado e bagunçado, cheio de pôsteres de modelos de biquíni e rappers de Nova York usando moletons caros. Sem precisar pedir, o adolescente puxa dois lençóis manchados de sangue de dentro de um cesto.

"Onde eles estavam?"

"Na cama."

"Na cama?"

"A gente virou o colchão."

Worden vira o colchão. Uma mancha vermelha-amarronzada cobre cerca de um quarto do tecido.

"Que jaqueta o seu irmão estava vestindo quando entrou?"

"A cinza."

Worden pega uma jaqueta estofada cinza de cima de uma cadeira e a olha com cuidado, por dentro e por fora. Nada de sangue. Ele vai até o guarda-roupa e checa todos os outros casacos de inverno, jogando cada um deles na cama enquanto James balança a cabeça lentamente.

"Vou dizer o que aconteceu", disse James. "Vocês estavam brincando com uma arma, e seu irmão levou um tiro. Agora, se você começar a contar a verdade, não vai ser preso. Cadê a arma?"

"Que arma?"

"Meu Deus. Cadê a maldita arma?"

"Não sei de arma nenhuma."

"Seu irmão tem uma arma. Vamos só encontrar essa arma."

"Derrick levou um tiro no ponto de ônibus."

"Teu cu", exaspera James, fumegando. "Ele estava de palhaçada aqui, e você, ou seu irmão, ou alguém mais atirou nele por acidente. Cadê a porra da arma?"

"Não tem arma."

Típico, pensa Worden, olhando para o garoto. Totalmente típico. Um exemplo perfeito da Regra Número Um no manual de investigação de homicídios, a página 1 no vocabulário de um investigador:

Todos mentem.

Assassinos, assaltantes, estupradores, traficantes, usuários de drogas, metade das testemunhas de crimes graves, políticos de todo tipo, vendedores de carros, namoradas, esposas, ex-esposas, policiais com patente acima de tenente, estudantes de 16 anos de idade que acidentalmente baleiam o irmão mais velho e depois escondem a arma — para um investigador de homicídios, a terra gira em um eixo de negação, em uma órbita de falsidade. Diabos, às vezes até mesmo os policiais fazem isso. Durante as seis semanas anteriores, Donald Worden tinha escutado uma longa série de declarações feitas por homens usando uniformes iguais ao que usara por toda uma vida. Ele os escutara enquanto tentavam sustentar suas versões e explicar por que não era possível terem estado próximos da rua Monroe.

James avança em direção à porta do quarto. "Pode contar pra gente o que bem entender", fala de modo amargo. "Quando seu irmão morrer, a gente volta para processar você por assassinato."

O garoto continua calado, e os dois investigadores seguem o policial de uniforme porta afora. Worden mantém a raiva sob controle até o Cavalier começar a fazer o trajeto de volta pela Greenmount.

"Quem diabos é esse tal de Rodriguez?"

"Imagino que você vai dizer umas coisinhas para ele."

"Vou dizer um bocado. O primeiro policial a chegar tem que preservar a cena do crime. E o que eles fazem? Eles vão pro hospital, vão pra central, vão almoçar e deixam o pessoal arruinar a cena. Não sei que utilidade ele teria no hospital."

Mas Rodriguez não está no hospital. E não há qualquer satisfação para Worden em sua breve discussão com a abalada mãe da vítima, sentada com dois outros filhos na sala de espera da UTI, agarrada a um lenço de papel.

"Não sei, sinceramente", desabafa aos investigadores. "Eu estava sentada com meu outro filho, assistindo à TV, e ouvi um barulho, que nem uma bombinha, ou então um vidro quebrando. James, o irmão de Derrick, foi até o andar de cima e disse que Derrick estava voltando pra casa do trabalho e tomou um tiro. Eu falei pra ele parar de brincadeira."

Worden interrompe.

"Sra. Allen, vou ser franco com você. Seu filho foi baleado no próprio quarto, provavelmente por acidente. Exceto pela cama, não havia sangue em lugar nenhum, nem mesmo na jaqueta que ele estava vestindo quando entrou em casa."

A mulher olha para o investigador com uma expressão vazia. Worden prossegue, explicando os esforços dos filhos dela em ocultar a cena do tiro, e afirma que a arma de fogo que mandou o filho para cirurgia provavelmente ainda está na casa.

"Não estamos falando de processar ninguém. Nós somos da divisão de homicídios e, se for um tiro acidental, estamos desperdiçando nosso tempo, só queremos resolver isso."

A mulher concorda com um vago aceno de cabeça. Worden pergunta se ela está disposta a ligar para casa e pedir que os filhos entreguem a arma.

"Eles podem deixar na varanda e trancar a porta se quiserem", explica Worden. "Só estamos interessados em tirar a arma da casa."

A mãe se recusa.

"Prefiro que você faça isso", declara.

Worden volta para o corredor e encontra Rick James, que está falando com um auxiliar de enfermagem. Derrick Allen está em estado crítico, porém estável; provavelmente sobreviverá. E o policial Rodriguez, diz James, está na divisão de homicídios, escrevendo o boletim de ocorrência.

"Vou deixar você na delegacia. Se eu voltar agora, vou avançar no pescoço de alguém", desabafa Worden. "Vou voltar à casa para pegar a arma. Não me pergunte por que me importo com eles entregarem a arma ou não."

Meia hora depois, Worden está novamente checando o quarto de Derrick Allen e encontra um buraco na janela dos fundos e um cartucho na varanda de trás. Mostra o cartucho e a janela para o irmão de 16 anos.

O garoto dá de ombros. "Acho que Derrick foi baleado no quarto dele."

"Cadê a arma?"

"Não sei de arma nenhuma."

É uma verdade divina: todos mentem. E este, que é o mais básico dos axiomas, tem três desdobramentos:

A. Assassinos mentem porque precisam fazer isso.

B. Testemunhas e demais envolvidos mentem porque acham que precisam fazer isso.

C. Todos as outras pessoas mentem pela mera satisfação de mentir e para preservar o princípio de que, em circunstância alguma, você deve fornecer informações corretas a um policial.

O irmão de Derrick é prova viva do segundo desdobramento. Uma testemunha mente para proteger amigos e parentes, mesmo aqueles que, de modo malicioso, derramaram sangue. Mente para negar seu envolvimento com drogas. Ou para esconder o fato de que tem prisões anteriores, ou que é secretamente homossexual, ou mesmo que conhecia a vítima. Porém, acima de tudo, para se distanciar do assassinato e da possibilidade de ter ou não de testemunhar em juízo. Em Baltimore, um policial pergunta o que você viu, e a resposta padrão, uma habilidade motora involuntária surgida no decorrer de gerações, é dita com um lento aceno de cabeça e o olhar desviado.

"Eu não vi nada."

"Você estava do lado do cara."

"Eu não vi nada."

Todo mundo mente.

Worden olha para o garoto com firmeza uma última vez.

"Seu irmão foi baleado neste quarto com a arma que estava brincando. Por que não tirar a arma da casa?"

O adolescente mal se abala.

"Não sei de arma nenhuma."

Worden balança a cabeça. Ele poderia ligar para o laboratório de criminalística e passar umas duas horas revirando o lugar de cima a baixo procurando a droga da arma; se fosse um assassinato, era isso que faria. Mas, no caso de um tiro acidental, de que adiantava? Se removesse a arma da casa, haveria outra no fim da semana.

"Seu irmão está no hospital", lembra Worden. "Isso não significa nada pra você?"

O garoto olha para o chão.

Tá legal, pensa Worden. Eu tentei. Dei uma chance. Pode ficar com a droga da arma de lembrança e, quando você acabar acertando a própria perna ou a irmãzinha, vai ligar pra gente de novo. Por que, se pergunta Worden, eu deveria gastar o meu tempo com a sua palhaçada enquanto tem outras pessoas em uma fila, prontas para mentir pra mim? Por que procurar sua arma de 20 dólares quando tenho aquele verdadeiro atoleiro que é o caso da rua Monroe esperando na minha mesa?

Worden volta para a delegacia de mãos vazias, seu humor está pior ainda.

Quarta-feira, 20 de janeiro

Na parede mais longa da sala do café, fica colado um grande retângulo de papel em branco, cobrindo a maior parte da extensão da sala. Ele é coberto por um acetato e dividido em seis seções por marcações pretas.

Acima das três seções à direita, há uma placa com o nome do tenente Robert Stanton, que comanda o turno da noite da divisão de homicídios. À esquerda, abaixo do nome do tenente Gary D'Addario, ficam as três seções restantes. Abaixo das placas com os nomes dos dois tenentes, afixadas no topo de cada seção, há o nome do sargento investigador: McLarney, Landsman e Nolan no turno de D'Addario; Childs, Lamartina e Barrick sob o comando de Stanton.

Abaixo da placa com o nome de cada sargento, há breves listas de pessoas mortas, as primeiras vítimas de homicídio do primeiro mês do ano. Os nomes das vítimas cujos casos foram solucionados estão escritos em preto; os nomes das vítimas nas investigações em aberto, em vermelho. À esquerda do nome de cada vítima, há o número do caso — 88001 para o primeiro assassinato do ano, 88002 para o segundo, e assim por diante. À direita do nome de cada vítima, há uma letra ou letras — A para Bowman, B para Garvey, C para McAllister — que correspondem aos nomes dos investigadores designados listados no final de cada seção.

Um sargento ou tenente que tentar identificar o investigador principal de um homicídio, ou o contrário disso, pode olhar as seções no retângulo branco e, em uma questão de segundos, determinar que Tom Pellegrini está trabalhando no caso Rudy Newsome. Pode também determinar, ao perceber que o nome de Newsome está em vermelho, que o caso ainda está em aberto. Por esse motivo, os supervisores na divisão de homicídios consideram o retângulo branco um instrumento necessário para assegurar responsabilizações e precisão administrativa. Também por esse motivo, os investigadores da unidade consideram o retângulo uma aflição, uma criação impiedosa que tinha durado muito além das expectativas dos sargentos agora aposentados e dos tenentes há muito falecidos que o criaram. Os investigadores o chamam de "o quadro".

Durante o tempo que a jarra de café leva para se encher, o comandante do turno, tenente Gary D'Addario — conhecido por seus homens como Dee, TD ou Vossa Eminência —, pode se aproximar do quadro feito um sacerdote pagão se aproximando do templo do sol, vislumbrar os escritos hieroglíficos riscados abaixo de seu nome em preto e vermelho e determinar quem, entre seus três sargentos, seguiu seus preceitos e quem se desgarrou. Ele pode, além disso, checar os códigos ao lado dos nomes de cada caso e chegar à mesma conclusão a respeito de seus quinze investigadores. O quadro revela tudo: sobre seu acetato está escrita a história do passado e do presente. Quem tinha prosperado resolvendo assassinatos domésticos testemunhados por meia dúzia de familiares; quem havia definhado em um caso de morte ligada a drogas em uma casa desocupada; qual dos investigadores realizou uma colheita farta de um assassinato seguido de suicídio, completo com um bilhete de confissão; qual deles havia saboreado os frutos amargos de uma vítima não identificada, amarrada e amordaçada no porta-malas de um carro alugado no aeroporto.

O quadro que hoje aguarda o tenente do turno é uma obra sangrenta e miserável, com a maior parte dos nomes abaixo do sargento D'Addario escrita em vermelho. O turno de Stanton tinha começado no Ano-Novo, à meia-noite, somando cinco assassinatos nas primeiras horas do dia primeiro de janeiro. Todavia, desses casos apenas um não era resultado de brigas de bêbados e disparos acidentais, e todos, exceto um, está em preto. Então, uma semana depois, na mudança de turno, com os homens de Stanton trocando para o turno do dia e a equipe de D'Addario assumindo os turnos das dezesseis à meia-noite e o seguinte, acabaram pegando seus primeiros casos do ano. O esquadrão de Nolan colheu seu primeiro assassinato do turno no dia 10 de janeiro, um assalto ligado ao tráfico de drogas, no qual a vítima foi encontrada esfaqueada no banco de trás de um Dodge. O esquadrão de McLarney pegou uma investigação na mesma noite, quando um homossexual de meia-idade foi atingido com um tiro de espingarda ao abrir a porta de seu apartamento na parte baixa do Charles Village. Depois, Fahlteich pegou o primeiro assassinato do ano para o esquadrão de Landsman, um roubo seguido de espancamento em Rognel Heights sem suspeitos, após o qual McAllister deu um descanso para a caneta vermelha com uma prisão fácil na rua Dillon, onde um garoto branco de 15 anos foi esfaqueado no coração por uma dívida de drogas de 20 dólares.

Mas os assassinatos começaram com tudo na semana seguinte, quando Eddie Brown e Waltemeyer foram até um prédio no cruzamento Walbrook e encontraram Kenny Vines caído de bruços em um corredor do andar térreo, com uma poça vermelha e molhada onde seu olho direito costumava ficar. Brown não reconheceu o corpo de imediato, mas tinha conhecido Vines, de 48 anos, alguns anos antes; diabos, todo mundo que já tinha trabalhado na zona oeste conhecia Kenny Vines. Dono de uma funilaria na estrada Bloomingdale, Vines estava envolvido há anos com assassinatos e peças de carro roubadas, mas foi só quando começou a vender um bocado de cocaína que começou a fazer inimigos sérios. O caso de Vines foi sucedido, duas noites depois, pelos de Rudy Newsome e Roy Johnson, o caso azarado da equipe de Landsman, que por sua vez foi sucedido por um duplo homicídio na rua Luzerne, onde um atirador invadiu um depósito de drogas na disputa por território de tráfico e começou a atirar alucinadamente, matando dois homens e ferindo outros dois. Naturalmente, os sobreviventes não estavam muito dispostos a falar.

A soma total chegava a nove corpos, com apenas um caso fechado e em vias de ter um mandado expedido, uma taxa de resolução tão baixa que D'Addario podia ser precisamente descrito como um dos tenentes menos satisfeitos do departamento.

"Não posso deixar de notar, tenente", diz McLarney, seguindo seu superior até a sala do café, "e tenho certeza de que você, em sua infinita sabedoria, também notou..."

"Diga, meu bom sargento."

"... que tem um bocado de tinta vermelha no nosso lado do quadro."

"É, é verdade", concorda D'Addario, estimulando o padrão de diálogo cortês e antiquado, um dos truques prediletos, que seus sargentos sempre acham engraçado.

"Gostaria de uma sugestão, tenente?"

"Você tem minha completa atenção, sargento McLarney."

"Talvez fosse melhor escrever os casos em aberto em preto e os resolvidos em vermelho", sugere McLarney. "Isso enganaria a chefia por algum tempo."

"É uma solução."

"Claro", acrescenta McLarney, "poderíamos sair e prender algumas pessoas."

"Essa também é uma solução."

McLarney ri, mas não muito. Como supervisor, Gary D'Addario é normalmente considerado por seus sargentos e investigadores um príncipe, um autocrata benevolente que exige apenas competência e lealdade. Em troca, oferece ao seu esquadrão apoio e proteção incondicionais contra os piores palpites e rompantes dos comandantes. Um homem alto, com tufos escassos de cabelo grisalho e uma postura quieta e digna, D'Addario é um dos últimos sobreviventes do califado italiano que tinha comandado o departamento após uma longa dinastia de irlandeses. O fim do reinado tinha começado com a ascensão de Frank Battaglia ao posto de comissário e tinha continuado até que a filiação aos Filhos da Itália* havia se tornado um pré-requisito tão importante quanto o exame de sargento. Mas o Sagrado Império Romano durou menos de quatro anos; em 1985, o prefeito resolveu reconhecer a mudança demográfica na cidade e colocou Battaglia em um bem remunerado cargo de consultor, o que assegurou à comunidade negra um lugar no alto escalão do departamento.

Se a troca de maré tinha deixado D'Addario ilhado no setor de homicídios como tenente, os homens sob seu comando deviam muito à ação afirmativa. Introspectivo e de fala mansa, D'Addario era um tipo raro de supervisor para uma organização paramilitar.** Ele tinha aprendido muito tempo antes a suprimir aquele primeiro impulso de comando, que exige que um supervisor intimide seus homens, conferindo cada um de seus movimentos e os direcionando durante investigações. Nos distritos, esse tipo de comportamento normalmente resultava da noção primitiva de algum supervisor iniciante de que a melhor forma de não ser percebido como fraco era se comportar como um tirano mesquinho. Cada distrito tinha um tenente de turno ou sargento de setor que exigia Formulários 95 explicativos de pessoas que chegavam dez minutos atrasadas para a chamada, ou vasculhava os buracos do distrito às 4h na esperança de achar algum pobre policial dormindo na viatura. Supervisores desse tipo ou cresciam em seus trabalhos ou faziam com que seus melhores homens se escondessem e se abrigassem por tempo suficiente para serem transferidos para outro setor.

Na divisão de homicídios, um comandante de turno autoritário é provavelmente ainda mais desprezado por seus investigadores — homens que não estariam no sexto andar do quartel-general se não fossem os dezoito policiais de maior iniciativa própria dentro do departamento. Na divisão de homicídios, as leis da seleção natural se aplicam: o policial que soluciona casos o suficiente permanece lá, o policial que não soluciona é mandado embora. Por conta dessa verdade básica, ninguém acredita na ideia de que um policial teimoso o suficiente para chegar até o departamento e então resolver quarenta ou cinquenta casos precise do dedo do

* Maior e mais antiga fraternidade ítalo-americana dos Estados Unidos.
** Nos EUA, a polícia é composta de civis em seus cargos de comando. A Polícia Militar cuida apenas de assuntos ligados às Forças Armadas.

comandante na sua cara. A hierarquia, é claro, tem seus privilégios, mas um supervisor da homicídios que exercita seu direito divino de dar esporros em cada ocasião possível acaba por criar um turno de sargentos alienados e investigadores demasiadamente cautelosos, incapazes ou sem a disposição necessária para agirem por instinto.

Em vez disso, mediante certo custo para a própria carreira, Gary D'Addario tinha dado a seus homens espaço para manobrar, atuando como uma espécie de amortecedor contra o capitão e aqueles acima dele na cadeia de comando. Seu método era consideravelmente arriscado, e o relacionamento entre D'Addario e seu capitão tinha se desgastado nos últimos quatro anos. Já Bob Stanton, o outro tenente de turno, tinha sido um supervisor mais do agrado do capitão. Um devotado veterano da unidade de narcóticos antes de ter sido escolhido pelo próprio capitão para comandar o segundo turno, Stanton era mais rígido com os sargentos, exercendo controle mais direto sobre seus homens e os investigadores pressionados a maneirar nas horas extras e nos pagamentos por comparecimento no fórum que lubrificavam o sistema todo. Stanton era um bom tenente e um policial sagaz, mas, se comparado à alternativa, sua temperança e sua afeição às regras eram tamanhas que alguns veteranos de seu turno expressaram vontade de se juntar à cruzada de D'Addario na primeira oportunidade.

Para os sargentos e investigadores abençoados pela benevolência de D'Addario, os benefícios eram tanto simples quanto óbvios. Eles tinham que desvendar assassinatos. Deveriam desvendar assassinatos o suficiente para produzir uma taxa de resolução que defendesse Vossa Eminência e seus métodos e, portanto, justificasse seu reinado benigno e glorioso. No setor de homicídios, a taxa de resolução é o teste decisivo, o princípio e o fim de qualquer debate.

O que era motivo suficiente para D'Addario olhar de modo longo e severo para toda a tinta vermelha no seu lado do quadro. O retângulo branco oferecia não apenas comparações imediatas entre os investigadores, mas também a mesma comparação superficial entre os turnos. Neste sentido, o quadro — e a taxa de resolução que representa — dividia o efetivo da divisão de homicídios de Baltimore em unidades separadas, com cada turno funcionando separadamente. Investigadores antigos que experimentaram a vida antes do quadro se lembravam da divisão de homicídios como uma entidade única; investigadores se dispunham a trabalhar em casos que tinham começado ou terminado em outros turnos, sabendo que os créditos pela resolução seriam compartilhados pela unidade toda. Criado para promover coesão e responsabilidade, o quadro na verdade tinha feito os dois turnos — e todos os seis esquadrões — competirem entre si por resoluções com tinta preta e vermelha, como se fossem um bando de vendedores idênticos vendendo carros com desconto em uma revenda da Chevrolet.

Essa tendência tinha começado muito antes da chegada de Stanton, mas os estilos diferentes dos tenentes tinham contribuído para destacar a competição. E, nos últimos anos, investigadores de cada turno tinham interagido com os de outros turnos apenas durante a meia hora da troca de turno, ou nas raras ocasiões em que um investigador que estava fazendo hora extra em algum caso precisava de uma pessoa do turno atuante como testemunha em um interrogatório, ou então para ajudar a derrubar alguma porta. A competição era sempre discreta, mas logo todos os investigadores já contemplavam o retângulo branco, calculando em silêncio as taxas de resolução de outros esquadrões e turnos. Isso era também irônico, pois todos os investigadores da divisão admitiam que o quadro era, por si só, uma medida imperfeita, já que apresentava apenas o número de homicídios no ano. Um esquadrão podia passar três semanas trabalhando na noite, atolados em tiroteios, mortes questionáveis, agressões graves, sequestros, casos de overdose e todos os demais tipos de investigação de mortes. Contudo, nada disso era refletido na tinta preta ou vermelha.

E, em se tratando de assassinatos, muito do que determina a resolução de um caso é puro acaso. O vocabulário da divisão de homicídios reconhece duas categorias distintas de homicídio: "mistérios" e "barbadas". Os mistérios são enigmas genuínos; as barbadas são casos com grande número de provas e um suspeito óbvio. Os mistérios são exemplificados por cenas de crime nas quais um investigador é chamado até um beco em algum cafundó e acha um corpo e quase nada mais. Barbadas são exemplificadas por ocorrências nas quais o investigador, ao passar sobre o corpo no chão, dá de cara com o marido irredutível, que nem mesmo se deu ao trabalho de tirar a roupa coberta de sangue e que demanda questionamento mínimo antes de admitir que "esfaqueou a vadia" e que faria isso de novo, se tivesse a oportunidade. A diferença entre os casos que requerem investigação e casos que requerem pouco mais do que alguma papelada é entendida e aceita por todos os homens na unidade, e mais de um sargento de esquadrão já acusou o outro de mandar um investigador às pressas para atender a uma chamada que, no rádio, soava como se fosse um assassinato doméstico, ou, pior ainda, evitar uma chamada que mostrava os elementos típicos de um bem executado assassinato ligado ao tráfico.

O quadro, é claro, não distingue barbadas resolvidas pelas circunstâncias e mistérios solucionados mediante extensa investigação: a tinta para ambos é preta. Como consequência disso, toda a política por trás de mistérios e barbadas se torna parte da mentalidade, tanto que investigadores veteranos assistindo a algum faroeste antigo na televisão do escritório sempre dizem a mesma coisa quando pistoleiros são abatidos em alguma rua indômita e abarrotada de cidadãos tementes a Deus:

"É, chapa. Esse aí é uma barbada."

Mas, em tempos recentes, as barbadas tinham se tornado mais raras no turno de D'Addario, e a dependência do tenente tanto do quadro quanto da taxa de resolução tinha se tornado mais aguda após a investigação de Worden do assassinato de John Scott na rua Monroe. O capitão tinha tomado a medida extraordinária de remover D'Addario e McLarney da cadeia de comando, ordenando que Worden e James reportassem diretamente ao tenente administrativo. Por um lado, a decisão de remover McLarney fazia sentido, porque ele era muito próximo de vários patrulheiros da zona oeste, alguns dos quais eram suspeitos em potencial do assassinato. Mas D'Addario não tinha qualquer proximidade com aqueles policiais e, após nove anos na divisão de homicídios, já tinha visto casos de alta prioridade o suficiente para saber como a banda toca. A sugestão de que ele continuasse devotando seu tempo a questões rotineiras, em vez de se envolver com uma investigação de caráter sensível como o caso da rua Monroe, só poderia ser entendida como um insulto. Inevitavelmente, o relacionamento de D'Addario com o capitão estava mais prejudicado do que nunca.

Gary D'Addario tinha a reputação de ser um homem que demorava para se irritar, mas o caso da rua Monroe tinha claramente encurtado sua paciência. No começo daquela semana, Terry McLarney tinha datilografado um memorando de rotina solicitando que dois policiais do Distrito Oeste fossem destacados para a divisão de homicídios para ajudar na investigação em andamento; ele havia, então, encaminhado a carta diretamente ao tenente administrativo, passando por cima de D'Addario. Um pequeno deslize na etiqueta da cadeia de comando, porém, naquele momento, na quietude da sala do café, D'Addario traz o assunto à tona, usando de humor e formalidade excessiva para se fazer claro.

"Sargento McLarney", começa, sorrindo, "já que tenho sua atenção, talvez possa inquiri-lo sobre uma questão de caráter administrativo."

"A garrafa de uísque na gaveta de cima não é minha", dispara McLarney, se fazendo de sério. "O sargento Landsman colocou ela lá para atacar minha credibilidade."

D'Addario ri pela primeira vez.

"E", acrescenta McLarney, "gostaria de respeitosamente apontar o fato de que os homens do sargento Nolan têm usado os carros sem assinar no registro de veículos, como treinei o meu esquadrão para fazer."

"É sobre uma outra questão."

"Algo a ver com postura inadequada de um policial?"

"Nada disso. É uma questão de natureza puramente administrativa."

"Ah." McLarney dá de ombros, se sentando. "Você me deixou preocupado por um momento."

"Só estou um pouco preocupado porque um certo memorando redigido por você foi enviado ao tenente deste departamento de polícia, e não para mim."

McLarney percebe seu erro imediatamente. O caso da rua Monroe tinha deixado todos pisando em ovos.

"Não pensei nisso. Peço desculpas."

D'Addario dispensa o pedido de desculpas com um gesto de mão. "Só preciso que você responda a uma pergunta em especial."

"Senhor!"

"Antes de tudo, pelo que sei você é adepto do catolicismo romano."

"Com muito orgulho."

"Ótimo. Então me permita perguntar: você me aceita como seu único e verdadeiro tenente divino?"

"Sim, senhor."

"E não terás outros tenentes que não eu?"

"Não, senhor."

"E para sempre honrarás este voto e não idolatrarás a falsos tenentes?"

"Sim."

"Muito bem, sargento", diz D'Addario, estendendo a mão direita. "Agora pode beijar o anel."

McLarney se inclina em direção ao grande anel da Universidade de Baltimore na mão direita do tenente, simulando um gesto de exagerada subserviência. Ambos riem, e D'Addario, satisfeito, leva uma xícara de café ao voltar para seu escritório.

Sozinho na sala do café, Terry McLarney olha para o longo retângulo branco, compreendendo que D'Addario já tinha esquecido e perdoado o memorando errático. Contudo, a tinta vermelha no lado de D'Addario do quadro — aquilo era motivo de preocupação legítima.

Como a maioria dos supervisores na divisão de homicídios, McLarney é um sargento com coração de investigador e, como D'Addario, seu papel é amplamente protecionista. Nos distritos, os tenentes podem dar ordens para seus sargentos; e os sargentos, para seus homens, e, se tudo der certo, como diz o manual da corporação — a cadeia de comando é adequada às patrulhas. Porém, no setor de homicídios, onde o ritmo de trabalho dos investigadores é ditado tanto por seus instintos e talentos quanto pela carga de trabalho, um bom supervisor raramente faz demandas específicas. Ele sugere, incentiva, pergunta e solicita de modo gentil a homens que sabem exatamente o que precisa ser feito em um caso sem que precise falar. De diversas maneiras, um sargento investigador ajuda melhor seus homens completando toda a papelada administrativa, mantendo o alto escalão a uma certa distância e permitindo que os investigadores façam seu trabalho. É uma filosofia apropriada, a qual McLarney aderia firmemente em nove a cada dez vezes. Mas, às vezes, nessa décima vez, alguma coisa subitamente fazia com que tentasse adotar o comportamento consistente com os tipos de sargento a respeito dos quais você é alertado quando está sendo treinado.

Um sujeito irlandês corpulento com as feições de querubim, McLarney coloca a perna gorducha sobre uma mesa de canto e olha para o retângulo branco e as três entradas em vermelho abaixo do seu nome. Thomas Ward. Kenny Vines. Michael Jones. Três homens mortos; três casos em aberto. Definitivamente, não é o melhor modo de um esquadrão começar o ano.

McLarney ainda está olhando o quadro quando um de seus investigadores entra na sala do café. Carregando a pasta de um caso antigo, Donald Waltemeyer grunhe uma saudação monossilábica e passa pelo sargento, indo para uma mesa vazia. McLarney o observa por alguns minutos, pensando em uma maneira de começar uma conversa que não sente vontade de ter.

"E aí, Donald!"

"E aí!"

"Procurando o quê?"

"Um caso antigo em Mount Vernon."

"O assassinato de um homossexual?"

"Isso, Willlam Leyh, casa número 87. Aquele em que o sujeito foi amarrado e espancado", diz Waltemeyer, vasculhando o arquivo até encontrar as fotos de 13x18 cm coloridas de um cadáver seminu, ensanguentado e amarrado no chão do apartamento.

"Quê que tem?"

"Um patrulheiro estadual me ligou de New Jersey. Tem um sujeito em uma instituição psiquiátrica de lá que diz que amarrou e espancou um sujeito em Baltimore."

"Esse caso?"

"Não sei. Eu, o Dave ou o Donald vamos ter de ir até lá e falar com esse cara. Pode ser bobagem."

McLarney muda de abordagem. "Sempre digo pra todos que você é o sujeito mais trabalhador no meu esquadrão, Donald. Pra todos."

Waltemeyer olha para seu sargento com suspeita imediata.

"Não, é sério..."

"O que você quer, sargento?"

"Por que eu tenho que querer algo?"

"Ei", diz Waltemeyer, reclinado na cadeira, "quanto tempo faz que sou policial?"

"Um sargento não pode mais nem elogiar um dos seus homens?"

Waltemeyer revira os olhos. "Desembucha logo, o que você quer de mim?"

McLarney ri, quase envergonhado por ter sido tão facilmente apanhado bancando o supervisor.

"Bom", pergunta com cautela, "como anda o caso Vines?"

"Devagar. Ed quer trazer Eddie Carey para depor de novo, mas não tem muita coisa além disso."

"Bom, e o caso Thomas Ward?"

"Fala com Dave Brown. Ele é o responsável."

McLarney empurra a cadeira até o lado da mesa de Waltemeyer usando os pés. Sua voz tem um tom conspiratório.

"Donald, temos que fazer algo acontecer em algum desses casos recentes. Dee esteve aqui olhando o quadro uns minutos atrás."

"Por que está me dizendo isso?"

"Só quero saber de você se tem alguma coisa que não estamos fazendo."

"Se tem algo que *eu* não estou fazendo?", pergunta Waltemeyer, se levantando e pegando o arquivo Leyh de cima da mesa. "Você é quem tem que me dizer. Estou fazendo tudo que posso, mas ou o caso ganha corpo, ou não ganha. O que eu deveria fazer? Diz pra mim."

Donald Waltemeyer está prestes a perder a compostura. McLarney percebe isso porque ele começou a revirar os olhos, como sempre faz quando fica agitado. Já havia trabalhado com um cara na Central que costumava fazer aquilo. O cara mais legal do mundo. Bastante paciente. Mas, se algum cara cheio de atitude passasse dos limites, os olhos dele se reviravam feito um caça-níqueis em Atlantic City. Era um sinal claro para qualquer policial que a negociação havia terminado e tinha chegado a hora do cassetete. McLarney tenta deixar essa memória de lado; e continua tentando se fazer entender para Waltemeyer.

"Donald, só estou dizendo que não pega bem começar o ano com todos esses casos em vermelho."

"Então você está querendo dizer, sargento, que o tenente veio aqui, olhou o quadro e deu um chute em você, e agora você vai me chutar."

A verdade pura e simples. McLarney tem que rir. "Bom, Donald, você sempre pode chutar o Dave Brown."

"A merda corre sempre ladeira abaixo, não é, sargento?"

Gravidade fecal. A própria definição da cadeia de comando.

"Eu sei lá", diz McLarney, se distanciando da conversa toda do modo mais educado possível. "Acho que nunca vi merda em uma ladeira."

"Eu entendo, sargento, eu entendo", assente Waltemeyer, saindo da sala do café. "Já faz um bom tempo que estou na polícia."

McLarney se reclina na cadeira, apoiando a cabeça no quadro negro do escritório. Distraidamente puxa uma cópia do informativo do departamento de polícia de cima da mesa e olha a capa. Comissários e comissários adjuntos sorriem apertando as mãos de algum policial que tinha sobrevivido ao último tiroteio. Muito obrigado, filho, por levar um tiro por Baltimore.

O sargento joga o informativo de volta na mesa, levanta e dá uma última olhada no quadro ao sair da sala do café.

Vines, Ward e Jones. Vermelho, vermelho e vermelho.

Bom, diz McLarney para si mesmo, vai ser um ano daqueles.

Terça-feira, 26 de janeiro

Harry Edgerton começa o dia direito, seu mocassim recém-lustrado escapa por pouco de pisar em um pedaço da orelha do morto quando entra pela porta telada de uma casa geminada na região Nordeste de Baltimore.

"Quase pisou na orelha."

Edgerton olha de modo confuso para o patrulheiro de rosto corado encostado em uma das paredes da sala de estar.

"Como é?"

"A orelha dele", explica o policial de uniforme, apontando para o assoalho de madeira. "Você quase pisou nela."

Edgerton olha para baixo e vê um montinho pálido de carne próximo do seu sapato direito. A maior parte do lóbulo e um pedaço curto e encurvado da parte externa, caídos logo ao lado do tapete de "bem-vindo". O investigador olha o homem morto e a espingarda sobre o sofá e, então, vai até o outro lado da sala, observando cuidadosamente seus passos.

"Como é mesmo que dizem?", diz o uniformizado, como se tivesse praticado a semana toda. "Amigos, romanos, compatriotas..."*

"Policial é mesmo uma raça escrota", observa Edgerton rindo e sacudindo a cabeça. "Quem está cuidando desse aqui?"

"Suicídio simples. Foi ela quem pegou."

Um patrulheiro de mais idade aponta para uma pessoa jovem e de uniforme sentada à mesa de jantar. A policial, uma mulher negra de feições delicadas, já está escrevendo o boletim da ocorrência. Edgerton imediatamente deduz que ela é nova nas ruas.

"Olá!"

A mulher cumprimenta com um aceno.

"Você que achou ele? Qual é o número da sua unidade?"

"Quatro-dois-três."

"Você tocou nele ou mexeu em alguma coisa?"

A mulher olha para Edgerton como se ele tivesse acabado de chegar de outro sistema solar. Tocar nele? Ela não quer nem ter de olhar para o pobre-diabo. A mulher faz um gesto negativo e, depois, olha para o corpo. Edgerton olha para o policial de cara rosada, que compreende e aceita a súplica silenciosa do investigador.

"Nós vamos acompanhar ela", diz o mais velho de uniforme em voz baixa. "Ela vai se sair bem."

A academia de polícia já formava policiais mulheres fazia mais de dez anos, e, na opinião de Edgerton, ainda era cedo para um veredito. Muitas mulheres tinham ingressado no departamento com um entendimento razoável do trabalho e com vontade de trabalhar; algumas até eram boas policiais. Mas Edgerton sabia que havia outras nas ruas que eram absolutamente perigosas. Os veteranos as chamavam de secretárias. Secretárias armadas.

As histórias ficavam mais cabulosas a cada vez que eram contadas. Todos no departamento tinham ouvido falar de uma garota da Divisão Noroeste, uma novata que teve sua arma roubada por um lunático em uma loja de conveniência em Pimlico. E havia também uma policial feminina da Oeste que tinha chamado pelo Código 13 enquanto o parceiro dela estava sendo espancado por cinco membros de uma família em uma casa no Setor 2. Quando os carros-patrulha subiram a rua a mil, se

---

* Abertura do discurso de Marco Antônio em Júlio César, de Shakespeare, quando pede a todos que "lhe deem ouvidos".

depararam com a mulher parada no meio-fio, apontando para a porta, como se fosse algum tipo de guardiã dos portões. Esse tipo de história era contada em todas as salas de chamada de cada distrito.

Mesmo quando outras seções do departamento já se familiarizavam, ainda que a contragosto, com a ideia de policiais mulheres, a divisão de homicídios permanecia um bastião de policiamento masculino, um ambiente obsceno feito um vestiário, onde um segundo divórcio era considerado quase que um rito de passagem. Apenas uma investigadora tinha durado algum tempo: Jenny Wehr passou três anos na divisão de homicídios, tempo suficiente para se mostrar uma boa investigadora e uma interrogadora excepcional, mas não ficou tempo suficiente para ser considerada uma tendência.

Fazia apenas duas semanas que Bertina Silver tinha sido transferida para o turno de Stanton na divisão de homicídios, tornando-se a única mulher entre trinta e seis investigadores e sargentos. Na opinião dos investigadores que haviam trabalhado com ela na divisão de narcóticos e em patrulhas, Bert Silver era uma policial de verdade: agressiva, dura, inteligente. Mas sua chegada à homicídios pouco ajudava para mudar a opinião de muitos investigadores, que consideravam a decisão de conceder distintivos para mulheres evidência inequívoca de que os bárbaros já sacudiam os portões de Roma. Para muitos na divisão de homicídios, a realidade de Bertina Silver não contradizia a norma estabelecida, era simplesmente uma exceção. Era uma contorção da lógica injustificável, mas necessária, que a eximia da lógica que diz que policiais mulheres são secretárias, mas a Bert é a Bert. Uma amiga. Uma parceira. Uma policial.

Harry Edgerton seria a última pessoa da unidade a reclamar de Bert Silver, a quem considerava uma das melhores recrutas da unidade. E essa era uma opinião que mantinha apesar das investidas agressivas e constantes de Bert por hegemonia, para poder ocupar ao menos parte da escrivaninha de Edgerton. Após anos com um canto para chamar de seu no escritório de homicídios, Edgerton tinha sido instigado a dividi-la com Bert devido à falta de espaço. Ele concordou a contragosto e logo já estava na defensiva. Uma vez que foi concedido espaço na escrivaninha para fotos de família e a estatueta dourada de uma policial, logo havia escovas de cabelo e brincos largados na primeira gaveta da direita. Em seguida, foi um verdadeiro torpedeamento com batons e a chegada de uma echarpe perfumada que acabava sempre guardada na última gaveta, onde Edgerton mantinha seu arquivo de suspeitos em diversas investigações de tráfico.

"Já chega", disse o investigador, puxando a echarpe para fora da gaveta e enfiando na caixa postal de Bert pela terceira vez. "Se eu não revidar, ela vai acabar colocando cortinas na sala de interrogatório."

Mas Edgerton não revidou, e Bert Silver acabou conquistando metade da mesa. No fundo, Harry Edgerton sabia que era assim que tinha de ser. Por outro lado, aquela coisinha jovem escrevendo o boletim de ocorrência na mesa da sala de jantar não era nenhuma Bert Silver. Apesar das garantias do policial, Edgerton o puxa de lado e fala baixo.

"Se ela é a primeira policial a chegar na cena, ela vai ter que esperar o pessoal do laboratório e depois submeter itens à Central de Controle de Provas."

O comentário é quase uma pergunta em aberto. Mais de uma vez, algum legista tinha transformado um aparente suicídio em assassinato, e sabe Deus que ninguém vai deixar alguém recém-saído da academia bagunçar a cadeia de custódia de cada item submetido para o controle de provas. O uniformizado entende sem que qualquer outra palavra seja dita.

"Não se preocupe. Vamos acompanhar ela", repete.

Edgerton assente.

"Ela vai se sair bem", assevera o policial, dando de ombros. "Diabos, ela é mais atenta que muitos por aí."

Edgerton abre seu pequeno bloco de notas e volta até a sala de jantar. Ele começa a fazer aos uniformizados as perguntas de praxe, anotando a matéria-prima para uma investigação de assassinato.

Na primeira página, com a data de 26 jan. anotada no canto superior direito, o investigador já registrou os detalhes de sua própria notificação por um telefonista da polícia, à uma da tarde: "Hora 1303 / Requisição #76/forte tiroteio/5511 Passeio Leith". Duas linhas abaixo, Edgerton anotou o horário que chegou à cena do crime.

Ele adiciona o nome da policial novata, o número da unidade dela e seu horário de chegada. Pergunta o número do boletim de ocorrência, 4A538811 — 4 representa o Distrito Nordeste, A significa o mês de janeiro, e os números restantes são o número de registro básico — e o anota também. Em seguida, registra o número da unidade da ambulância que atendeu à chamada e o nome do médico que atestou a morte da vítima. Ele encerra a primeira página com o horário do pronunciamento de morte feito pela equipe da ambulância.

"Tá legal", disse Edgerton, se virando para dar a primeira boa olhada no sujeito morto. "Quem é ele?"

"Robert William Smith", diz o policial de cara vermelha. "de 38, não... 39 anos."

"Ele mora aqui?"

"Ele morava, sim."

Edgerton anota o nome na segunda página, seguido de H/B/39 e do endereço.

"Alguém estava presente quando aconteceu?"

A policial responde. "A esposa dele ligou para a polícia. Ela disse que estava no andar de cima, e ele estava aqui embaixo limpando a espingarda."

"Cadê ela?"

"Levaram pro hospital, em choque."

"Falou com ela antes dela ir?"

A mulher fez sinal que sim.

"Escreva o que ela disse para você em um relatório suplementar", pede Edgerton. "Ela disse por que motivo ele poderia ter se matado?"

"Ela disse que ele tem um histórico de doença mental", comenta o policial corado, se intrometendo. "Ele tinha acabado de ter alta do Hospital Springfield, saiu no dia 11. Aqui estão os papéis da internação."

Edgerton pega uma folha de papel verde e amassada da mão do policial e a lê rapidamente. A vítima estava em tratamento para distúrbio de personalidade e — bingo — tendências suicidas. O investigador devolve o papel e anota mais duas linhas em seu bloco.

"Onde você achou isso?"

"Tava com a esposa dele."

"O pessoal do laboratório está vindo?"

"Meu sargento chamou eles."

"E o legista?"

"Deixa eu ver", diz o policial, se afastando para usar o rádio. Edgerton joga o bloco de notas na mesa de jantar e tira o sobretudo.

Ele não caminha direto até o corpo, em vez disso anda pelo perímetro da sala de estar, verificando chão, paredes, mobília. Para Edgerton, tinha se tornado um hábito começar pela área periférica à cena do crime, se movendo em direção ao corpo em um círculo que vai diminuindo. É um método nascido do mesmo tipo de instinto que faz com que um investigador entre na sala e passe dez minutos preenchendo seu bloco de notas com informação bruta antes de olhar o cadáver de verdade. Leva alguns meses para os investigadores aprenderem que o corpo vai ficar lá, parado e intacto, pelo tempo que for necessário para documentar a cena do crime. Mas a cena em si — seja em uma esquina, dentro de um carro ou em uma sala de estar — começa a deteriorar assim que a primeira pessoa descobre o corpo. Qualquer investigador de homicídios com mais de um ano de experiência já passou por uma ou duas ocasiões em que policiais de uniforme pisaram em rastros de sangue ou manusearam as armas encontradas no local do assassinato. E não apenas os uniformizados: mais de uma vez, um investigador chegou ao local de uma morte e encontrou algum major ou coronel vagando por uma cena ainda fresca, tocando nos cartuchos de balas encontrados ou vasculhando a carteira de alguma vítima em um esforço determinado para deixar suas digitais em todas as provas possíveis.

Regra Número Dois no manual de homicídios: a vítima só morre uma vez, mas a cena do crime pode ser assassinada mil vezes.

Edgerton marca a direção dos respingos em relação ao corpo, assegurando a si mesmo de que o jato de sangue e massa encefálica é consistente com um disparo único contra a cabeça. A longa parede branca atrás do sofá e à direita da cabeça da vítima está maculada por um arco rosa-avermelhado que se estende para cima a partir de uns quinze centímetros da cabeça da vítima, até quase a altura do ângulo de visão de uma pessoa parada sob o batente da porta de entrada. É como um dedo longo e curvado de respingos individuais que parecem apontar, em sua trajetória final, para o pedaço de orelha próximo ao capacho de boas-vindas. Um arco menor se estende pelas almofadas de cima do sofá. No pequeno espaço entre o sofá e a parede, Edgerton encontra alguns fragmentos de crânio e, no piso logo à direita do sujeito morto, boa parte daquilo que antes ocupava o interior da cabeça da vítima.

O investigador olha com cuidado cada um dos diversos respingos individuais e fica satisfeito ao ver que o jato de sangue é consistente com o ferimento único, disparado para cima, direto na têmpora esquerda. O cálculo é uma questão de física simples: uma gota de sangue que atinge uma superfície em um ângulo de noventa graus tem de ser simétrica, com tentáculos ou dedos de mesma extensão se estendendo em todas as direções; uma gota de sangue que atinge uma superfície em um ângulo agudo seca com tentáculos mais longos apontando na direção oposta à fonte do sangue. Nesse caso, seria difícil explicar um rastro de sangue ou um pingo com tentáculos apontando em qualquer direção que não a da cabeça da vítima.

"Tá legal", diz o investigador, empurrando a mesa de centro para poder parar bem em frente à vítima. "Vamos ver do que se trata."

O morto está nu, sua porção inferior meio enrolada em um cobertor xadrez. Ele está sentado no meio do sofá, com o que resta da cabeça repousando no encosto. O olho esquerdo olha para o teto; a gravidade fez o outro olho afundar nas profundezas da órbita.

"Essa é a declaração de impostos dele, na mesa", diz o policial de rosto vermelho, apontando para a mesa de centro.

"Ah, é?"

"Dá uma olhada."

Edgerton olha para a mesa e vê a familiar primeira página de um formulário 1040.

"Essas coisas também me deixam doido", comenta o policial uniformizado. "Acho que ele simplesmente perdeu a cabeça."

Edgerton solta um gemido alto. Ainda é cedo demais no dia para esse tipo de humor policial indiscriminado.

"Acho que ele estava pormenorizando os itens."

"Policial", repete Edgerton, "é uma raça escrota."

Ele olha para espingarda entre as pernas da vítima. A calibre .12 repousa com a coronha no chão, o cano para cima, o braço da vítima repousado sobre o cano. O investigador dá uma conferida na arma, mas o laboratório criminal precisa de uma foto, então deixa a arma repousando entre as pernas da vítima. Ele segura a mão do homem morto. Ainda quente. Edgerton se convence de que a morte é recente ao manipular as extremidades dos dedos. De vez em quando, algum marido ou esposa irado/a ganha a discussão atirando no companheiro/a e, então, passa as três ou quatro horas seguintes se perguntando o que fazer. Quando lhes ocorre a ideia de encenar um suicídio, a temperatura do corpo da vítima já caiu, e a rizeza cadavérica fica evidente nos músculos faciais contraídos e nos músculos dos dedos. Edgerton tinha investigado casos em que os assassinos tinham causado um bocado de problemas para si mesmos tentando posicionar os dedos rígidos do (não tão) recém-falecido no gatilho da arma, um esforço que claramente sugere um crime, como um manequim com uma arma cenográfica colada em sua mão boba. Mas Robert William Smith é um pedaço de carne bastante fresca.

Edgerton anota: "V. posicionou arma entre as pernas... cano contra a maçã direita do rosto... Espingarda S&W contra o lado direito da cabeça. Quente ao toque. Sem rigidez".

Os dois uniformizados observam Edgerton colocar o sobretudo e guardar o bloco de notas em um dos bolsos externos.

"Não vai ficar até o pessoal do laboratório chegar?"

"Bom, eu adoraria, mas..."

"Estamos entediando você, né?"

"O que posso dizer?", diz Edgerton, sua voz quase como a de um ídolo de matinê barítono. "Meu trabalho aqui acabou."

O policial de cara vermelha ri.

"Quando o pessoal chegar, diga a eles que precisa apenas de fotos desta sala e diga para tirarem uma boa foto do sujeito com a arma entre as pernas. Vamos precisar da arma e daquele papel verde."

"A papelada de alta."

"Isso, manda pro Distrito Central. Que tal isolar o local? A esposa vai voltar?"

"Ela estava bem abalada quando levaram ela. Acho que vamos dar um jeito de trancar o local."

"Tá, beleza."

"Só isso?"

"Só, valeu."

"Disponha."

Edgerton olha para a mulher de uniforme, ainda sentada à mesa de jantar.

"Como está ficando o boletim?"

"Tá pronto", diz ela, erguendo a primeira página. "Quer ver?"

"Não, tenho certeza de que ficou bom", diz Edgerton, sabendo que um sargento de setor revisaria tudo. "O que está achando do trabalho até agora?"

A mulher olha primeiro para o morto e, depois, para o investigador. "É de boa."

Edgerton assente com um gesto, cumprimenta o policial de cara rosa e sai, desta vez, de modo cuidadoso, evitando a orelha.

Quinze minutos depois, está sentado à frente de uma máquina de escrever no escritório da divisão de homicídios, convertendo o conteúdo das páginas do bloco de notas em um documento de página única cobrindo as vinte e quatro horas anteriores, formulário 78/151 Departamento de Investigação Criminal. Mesmo com suas parcas capacidades de datilografia, os detalhes do relatório final de Edgerton são condensados em um memorando manejável em pouco mais de quinze minutos. Os arquivos de casos são essenciais para a homicídios, mas os relatórios diários se tornam a própria documentação para toda a unidade de crimes contra pessoas. Checando os registros de vinte e quatro horas, um investigador pode rapidamente se familiarizar com um caso em andamento. Para cada incidente, existe um relatório de uma ou duas páginas com um cabeçalho breve e declarativo. Um investigador folheando o registro pode olhar os cabeçalhos para obter um relato cronológico completo da violência em Baltimore:

"... tiroteio, tiroteio, morte questionável, ataque com faca, prisão/ homicídio, tiroteio intenso, homicídio, homicídio/tiroteio intenso, suicídio, estupro/ataque com faca, morte questionável/posse de drogas e overdose, assalto a comércio, tiroteio..."

Morta, morrendo ou meramente ferida, cada vítima na cidade de Baltimore tem um formulário 78/151. Em pouco mais de um ano na divisão, Tom Pellegrini provavelmente havia preenchido os campos de mais de cem relatórios do tipo. Utilizando essa média, Harry Edgerton já preencheu mais de quinhentos relatórios desde que foi transferido para a homicídios em fevereiro de 1981. E Donald Kincaid, o investigador mais experiente no esquadrão de Edgerton e investigador da Homicídios desde 1975, provavelmente já preencheu bem mais de mil.

Mais do que o quadro, que elenca apenas casos de homicídio e suas resoluções, o registro diário é a medida básica da carga de trabalho de um investigador. Se seu nome estiver no fim de um relatório diário, isso significa que você atendeu ao telefone quando o chamado chegou, ou, melhor ainda, se voluntariou quando algum outro investigador ergueu o cartão de visitas verde de uma loja de penhores com um endereço anotado atrás e fez a pergunta mais antiga que o próprio edifício da divisão: "Quem vai?".

Harry Edgerton não se voluntariava com muita frequência, e, entre os outros membros do esquadrão, esse simples fato havia se transformado em uma chaga profunda.

Ninguém no esquadrão duvidava das habilidades de Edgerton como investigador, e a maioria deles admitia que meio que gostava do cara. Mas, em uma unidade de cinco homens, na qual todos os investigadores trabalhavam nos casos uns dos outros e lidavam com qualquer tipo de chamada, Harry Edgerton era meio que um lobo solitário, um sujeito que frequentemente desaparecia em aventuras prolongadas. Em uma unidade onde a maioria dos assassinatos era solucionada ou não nas primeiras vinte e quatro horas de investigação, Edgerton trabalhava em um caso por dias ou mesmo semanas, interrogando testemunhas ou realizando operações de tocaia de acordo com um ritmo muito próprio. Sempre atrasado para a chamada inicial e para a troca de turno noturna, Edgerton muitas vezes podia ser visto montando o arquivo de um caso às 3h, em um turno que tinha acabado à meia-noite. Em geral, ele trabalhava em seus casos sem um investigador secundário, colhendo sozinho depoimentos e fazendo seus próprios interrogatórios, alheio aos problemas do restante do esquadrão. Edgerton era considerado mais um escultor do que um peão de obra, e, em um ambiente no qual quantidade parecia importar mais do que qualidade, sua ética de trabalho era uma fonte de tensão constante.

A história pessoal de Edgerton apenas aumentava seu isolamento. Filho de um respeitado pianista de jazz de Nova York, era um nativo de Manhattan que tinha se juntado ao departamento de polícia de Baltimore por impulso, após ver um anúncio nos classificados. Enquanto muitos dos homens da divisão de homicídios tinham crescido nas mesmas ruas que agora policiavam, o ponto de referência de Edgerton era a parte alta de Manhattan, com memórias de visitas ao Museu Metropolitano depois da escola e noites passadas em boates, onde sua mãe conhecia tipos como Lena Horne e Sammy Davis Jr. Sua juventude tinha sido tão distante de qualquer trabalho policial quanto a vida pode ser: Edgerton poderia ter assistido a Dylan em sua temporada no Greenwich Village e, anos depois, liderou sua própria banda de rock, um grupo com o nome decididamente hippie de Aphrodite.

Uma conversa com Harry Edgerton podia pular de filmes de arte estrangeiros para jazz fusion para a relativa qualidade de vinhos importados da Grécia — conhecimento adquirido por meio de seu casamento, que o colocou no seio da família de um mercador grego de vinhos, que tinha trazido sua família para o Brooklyn após anos de lucrativo comércio com o Sudão. Tudo isso tornava Harry Edgerton, mesmo na definitiva idade dos 40 anos, um enigma para seus colegas. No turno da meia-noite, quando o resto do esquadrão muitas vezes sentava reunido, assistindo a Clint Eastwood acariciar a maior e mais poderosa arma de fogo curta do mundo, Edgerton podia ser encontrado redigindo um relatório na sala do café enquanto escutava uma fita de Emmylou Harris cantando versões de Woody Guthrie.

E, durante o horário do jantar, Edgerton provavelmente estaria enfiado nos fundos de algum mercadinho na zona leste de Baltimore, onde estacionava o carro em frente a algum fliperama e adentrava em um esforço febril para estourar criaturas espaciais multicoloridas com laser mortal. Em um ambiente onde uma gravata rosa já é algo suspeito, Edgerton era visto como totalmente excêntrico. Uma das frases prediletas de Jay Landsman basicamente resumia o sentimento de toda a unidade: "Para um comunista, Harry até que é um baita investigador".

E, apesar de Edgerton ser negro, sua educação cosmopolita, seu pendor intelectual e até mesmo seu sotaque de Nova York confundiam tanto as expectativas dos investigadores brancos que ele era visto como inautêntico, pois estavam acostumados a enxergar negros pelo prisma limitado de suas experiências nos guetos de Baltimore. Edgerton não se encaixava em estereótipos e confundia as noções raciais pré-concebidas da unidade: até investigadores negros com raízes locais, como Eddie Brown, sugeriam com frequência que, mesmo que Edgerton fosse negro, certamente não era "negro e pobre", uma distinção que Brown, que dirigia um Cadillac Brougham do tamanho de um pequeno navio de carga, guardava para si próprio. E, nas ocasiões em que algum investigador branco precisava de alguém para telefonar anonimamente para algum endereço na zona oeste de Baltimore, para verificar se um suspeito procurado se encontrava em casa, Edgerton era rapidamente desencorajado.

"Você não, Harry. A gente precisa de alguém que fale como um cara negro."

O distanciamento de Edgerton do resto da unidade aumentou ainda mais com sua parceria com Ed Burns, com quem tinha sido destacado para a D.E.A.* para uma investigação que durou dois anos. A investigação tinha começado porque Burns tinha descoberto o nome de um traficante de drogas graúdo que tinha ordenado a execução da própria namorada. Sem conseguir comprovar o assassinato, Burns e Edgerton passaram meses fazendo vigilância eletrônica e telefônica e, então, conseguiram condenar o traficante por distribuição de narcóticos a trinta anos de prisão, sem direito à condicional. Para Edgerton, um caso daqueles era um tipo de declaração, uma resposta ao tráfico organizado, que do contrário continuaria encomendando assassinatos com impunidade.

Era um argumento convincente. Estimava-se que cerca de metade dos assassinatos em Baltimore era relacionada à venda de drogas, mas a taxa de resolução de assassinatos ligados ao tráfico era consistentemente menor do que a dos causados por outros motivos. Mesmo assim, essa tendência não tinha alterado a metodologia da divisão de homicídios: os investigadores trabalhavam em assassinatos ligados ao tráfico de modo independente, como em qualquer outro homicídio. Tanto Burns quanto Edgerton argumentavam que boa parte da violência tinha elos

* "Drug Enforcement Administration", agência da Polícia Federal dos Estados Unidos encarregada da repressão e do controle de narcóticos.

entre si e poderia apenas ser reduzida — ou, melhor ainda, prevenida — atacando as maiores organizações de narcóticos da cidade. Segundo esse argumento, a violência frequente dos pontos de venda de drogas na cidade expunha a fraqueza da divisão de homicídios, ou seja, que as investigações eram individualizadas, improvisadas e reativas. Dois anos após aquela investigação inaugural com a D.E.A., Edgerton e Burns novamente provaram seu argumento com a investigação de um ano de uma cadeia de distribuição de drogas ligada a uma dúzia de assassinatos e tentativas de assassinato no conjunto habitacional Murphy Homes. Todas essas execuções tinham permanecido sem solução quando os investigadores seguiram a abordagem tradicional, mas, com a investigação prolongada, quatro das mortes foram desvendadas, e os principais acusados receberam, cada um, duas sentenças de prisão perpétua.

Era um trabalho policial de precisão, mas os outros investigadores não cansavam de lembrar que aquelas duas investigações tinham consumido três anos, deixando dois dos esquadrões da unidade desfalcados durante quase todo esse período. O telefone continuava tendo de ser atendido, e, com Edgerton trabalhando no escritório local da D.E.A., os demais membros de seu esquadrão — Kincaid e Garvey, McAllister e Bowman — tinham de lidar com mais tiroteios, mais mortes questionáveis, mais suicídios, mais assassinatos. Como resultado de sua ausência prolongada, Edgerton tinha se afastado ainda mais dos outros investigadores.

Para não fugir à regra, Ed Burns está, neste exato momento, emprestado para uma gigantesca investigação do FBI relativa a uma organização do tráfico nos conjuntos habitacionais de Lexington Terrace — uma investigação que consumiria mais dois anos. Edgerton tinha inicialmente sido destacado com ele, porém, dois meses depois, tinha sido trazido de volta para a divisão de homicídios, após uma terrível disputa orçamentária entre administradores locais e federais. E o fato de que Harry Edgerton está de volta ao trabalho normal, datilografando um relatório diário a respeito de algo rotineiro e banal quanto um suicídio, é motivo de satisfação para o restante do efetivo.

"Harry, o que você está fazendo na máquina de escrever?"

"Aí, Harry, não vai me dizer que atendeu a uma chamada!"

"Que é isso aí, Harry, uma investigação das grandes?"

"Você vai ser destacado para outra unidade de novo, Harry?"

Edgerton acende um cigarro e ri. Depois de todos os trabalhos em destacamento, já esperava por isso.

"Muito engraçado", comenta, ainda sorrindo. "Vocês são hilários pra caralho."

Levando a papelada para a outra máquina de escrever do escritório, Bob Bowman se inclina e olha o cabeçalho do relatório diário de Edgerton.

"Suicídio? Harry, você saiu para atender a um suicídio?"

"Saí", diz Edgerton, entrando na brincadeira. "Tá vendo o que acontece quando se atende ao telefone?"

"Aposto que você nunca mais vai fazer isso."

"Não se eu puder evitar."

"Não sabia que você podia atender a suicídios. Achei que você só investigava casos grandes."

"Tenho me rebaixado."

"Aí, Rog", diz Bowman para o sargento de seu esquadrão que entra no escritório, "sabia que o Harry foi atender a um suicídio?"

Roger Nolan apenas sorri. Edgerton, às vezes, é um filho problemático, mas Nolan sabe que é um bom investigador e, portanto, tolera suas peculiaridades. Além disso, Edgerton tinha mais do que um mero suicídio em mãos: ele atendeu ao primeiro assassinato do ano no esquadrão de Nolan, um esfaqueamento particularmente brutal na região noroeste, que parecia longe de ser solucionado.

Foi na primeira metade do turno da meia-noite, duas semanas antes, que Edgerton tinha conhecido Brenda Thompson, uma mulher gorda e de rosto triste que tinha encerrado seus 28 anos de vida no banco de trás de um Dodge quatro portas encontrado em ponto morto em uma parada de ônibus, próximo a um orelhão na quadra 2400 da avenida Garrison.

A cena do crime era sobretudo o Dodge, com a vítima amontoada no banco de trás, a camisa e o sutiã erguidos, revelando mais de uma dúzia de punhaladas verticais. No chão atrás do assento traseiro, o assassino tinha jogado o conteúdo da bolsa da vítima, indicando um aparente assalto. Fora isso, não havia qualquer prova material no carro — nada de digitais, fios de cabelo, fibras ou mesmo sangue e pele sob as unhas da vítima, nada. Sem testemunhas, Edgerton esperava uma longa jornada.

Por duas semanas, estava tentando mapear as últimas horas de Brenda Thompson, descobrindo que, na noite do assassinato, a mulher tinha coletado dinheiro de um bando de jovens traficantes de rua que vendiam heroína para o marido dela na avenida Pensilvânia. As drogas eram um motivo, mas Edgerton também não podia descartar latrocínio. Na verdade, naquela mesma tarde, havia visitado a divisão de roubos do Departamento de Investigação Criminal, do outro lado do corredor, e verificado crimes com facas na zona noroeste, atrás da pista mais vaga que fosse.

O fato de Edgerton estar trabalhando em um novo caso de assassinato não significa muito, como também não importa para ninguém em seu esquadrão que tenha atendido à chamada de suicídio sem reclamar. O volume de trabalho de Edgerton continua sendo um ponto de disputa com seus colegas, em especial Bowman e Kincaid. E, como sargento da equipe, Roger Nolan sabe que isso tende apenas a piorar. É responsabilidade de Nolan evitar brigas e, portanto, mais do que qualquer outra pessoa no recinto, o sargento ouve a conversa sabendo que cada comentário é uma alfinetada.

Bowman, por exemplo, não consegue se controlar. "A que ponto chegamos, Harry atendendo a um suicídio."

"Não se preocupe", murmura Edgerton, puxando o relatório da máquina de escrever, "depois deste aqui, encerro o ano."

Com essa, até mesmo Bowman teve que rir.

②

A SANTÍSSIMA TRINDADE

Quinta-feira, 4 de fevereiro

Tudo não passa da ilusão de lágrimas e nada mais, a água da chuva que se acumula em pequenas contas e desce pelo rosto. Os olhos castanho--escuros bem abertos, olhando fixos para o concreto molhado; tranças de cabelo preto emoldurando a pele marrom-escura, maçãs do rosto proeminentes e um nariz arrebitado apontando para cima. Os lábios entreabertos e encurvados formam uma leve e vaga careta.

Ela está caída sobre o quadril esquerdo, a cabeça inclinada para o lado, as costas arqueadas, com uma perna dobrada em cima da outra. O braço direito repousa acima da cabeça, o braço esquerdo totalmente estendido, com dedos pequenos tentando alcançar algo, ou alguém, que já não se encontra no asfalto.

O torso está parcialmente envolto por uma capa de chuva de vinil vermelho. A calça tem estampa amarela, mas está suja e manchada. A parte da frente da blusa e a jaqueta de náilon sob ela estão ambas rasgadas, ambas manchadas de vermelho por onde a vida escapou do corpo. Uma marca única — o relevo profundo de uma corda ou de um fio — cerca toda a circunferência do pescoço, se encontrando logo abaixo da base do crânio. Em cima do braço direito, há uma bolsa de pano azul, posicionada de pé sobre o concreto e cheia de livros da biblioteca, alguns papéis, uma câmera barata e um estojo com maquiagem vermelho-clara, azul e roxa — cores um tanto imaturas e exageradas, sugerindo mais diversão do que sedução.

Ela tem 11 anos de idade.

Entre os investigadores e patrulheiros reunidos em torno do corpo de Latonya Kim Wallace, não há conversa informal, nenhuma demonstração do humor policial crasso ou mesmo de indiferença típica entre os mais experientes. Jay Landsman profere apenas declarações clínicas e enfáticas enquanto investiga o local. Tom Pellegrini está calado na chuva leve, rascunhando o entorno em uma página úmida do bloco de notas. Atrás deles, apoiado na parede dos fundos de uma casa geminada, está um dos primeiros policiais do Distrito Central a chegar à cena do crime, uma das mãos na arma na cintura, a outra distraidamente segurando o microfone de seu rádio.

"Frio", diz, quase que para si mesmo.

Desde o momento da descoberta, Latonya Wallace nunca foi considerada menos do que uma vítima legítima, inocente como poucos dos assassinados nesta cidade são. Uma criança, estudante do quinto ano, tinha sido usada e descartada, um sacrifício monstruoso a um mal inegável.

Worden atendeu à chamada, que veio do despacho sem maiores detalhes além de um corpo encontrado no beco atrás da quadra 700 da avenida Newington, um quarteirão residencial da seção conhecida como Reservoir Hill, no centro da cidade. O turno de D'Addario tinha passado para o turno diurno na semana anterior, e, quando a luz do telefone se acendeu às 8h15, seus investigadores ainda estavam se reunindo para a chamada inicial das 8h40.

Worden rabiscou os detalhes na parte de trás de um cartão de uma loja de penhores e, depois, mostrou a Landsman. "Quer que eu vá até lá?"

"Não, o meu pessoal já está todo aqui", disse o sargento. "Provavelmente é algum bebum ainda agarrado na garrafa."

Landsman acendeu um cigarro, encontrou Pellegrini na sala do café e, em seguida, pegou as chaves do Cavalier com um investigador que estava encerrando o turno da meia-noite. Dez minutos depois, chamou pelo rádio mais homens para a avenida Newington.

Edgerton foi até lá. Depois, McAllister, Bowman e Rich Garvey, o burro de carga do esquadrão de Roger Nolan, seguidos de Dave Brown, da equipe de McLarney, e Fred Ceruti, do esquadrão de Landsman.

Pellegrini, Landsman e Edgerton, todos vasculham o local. Os outros se espalham para longe do corpo: Brown e Bowman caminham lentamente sob a chuva leve pelos terrenos e becos cheios de lixo adjacentes, os olhos fixos no chão em busca de um rastro de sangue, uma faca, um pedaço de corda com espessura de 6 mm que bata com a marca no pescoço, um pedaço de roupa; Ceruti e, depois, Edgerton escalam uma escada de madeira para acessar os telhados das casas geminadas vizinhas de um ou dois andares, à procura de qualquer coisa que não esteja visível do próprio beco; Garvey e McAllister vão para longe da cena para descobrir as últimas movimentações conhecidas da garotinha, primeiro conferem os relatórios de pessoas desaparecidas preenchidos dois dias antes e, em seguida, entrevistam professores, amigos e a bibliotecária da avenida Park, onde Latonya Wallace tinha sido vista com vida pela última vez.

Após entrar pela porta dos fundos do número 718 da rua Newington, a poucos metros do corpo, Pellegrini larga a bolsa encharcada pela chuva em uma mesa de cozinha cercada por investigadores, patrulheiros e técnicos criminais. Landsman cuidadosamente abre a aba superior da bolsa e olha os pertences da estudante.

"Praticamente só livros", diz após alguns segundos. "Vamos examinar isso no laboratório. Não quero mexer nisso aqui."

Pellegrini ergue a bolsa azul da mesa com cuidado e entrega a Fasio, o técnico do laboratório. Em seguida, pega novamente o bloco de notas e revisa os dados brutos da cena do crime — horário da chamada, número da unidade, horário de chegada — antes de sair pela porta dos fundos e observar por mais alguns momentos a criança morta.

O rabecão Dodge preto já está estacionado no fim do beco, e Pellegrini observa Pervis, do Instituto Médico Legal, descendo até o pavimento e chegando ao terreno. Pervis olha brevemente o corpo antes de encontrar Pellegrini na cozinha nos fundos.

"Tudo pronto?"

Landsman olha para Pellegrini, que parece hesitar por um momento. Parado na entrada da cozinha na avenida Newington, Tom Pellegrini sente o impulso passageiro de pedir ao legista que espere, que mantenha o corpo onde está — que desacelere o processo todo e controle a cena de crime que parece evaporar diante de seus olhos. É, afinal de contas, um assassinato de responsabilidade dele. Ele chegou antes de Landsman; ele é o investigador principal. E, embora metade do efetivo estivesse se esgueirando pela vizinhança em busca de informação, seria Pellegrini, sozinho, que resolveria o caso ou afundaria com ele.

Meses depois, o investigador se lembraria daquela manhã em Reservoir Hill com arrependimento e frustração. Ele desejaria que, apenas por alguns minutos, pudesse ter tirado do pátio nos fundos da residência 718 da rua Newington todos os investigadores, policiais de uniforme, técnicos do laboratório e legistas. Ficaria sentado em sua mesa no escritório anexo e imaginaria uma cena silenciosa e estática, com ele nas margens do quintal dos fundos, sentado em uma cadeira, talvez em um banco, examinando o corpo de Latonya Wallace e seu entorno com calma e precisão racional. Pellegrini lembraria também que, nos momentos iniciais, havia reportado aos investigadores veteranos, Landsman e Edgerton, abdicando sua própria autoridade em favor de sujeitos que já tinham passado por aquela situação muitas vezes. Isso era compreensível, porém, depois, Pellegrini ficaria frustrado com a ideia de que nunca esteve realmente no comando do caso.

Mas, na cozinha abarrotada naquela manhã, com Pervis parado na porta, o desconforto de Pellegrini não é nada além de um vago sentimento, sem real razão de ser. Ele esboça a cena do crime no bloco de notas e, junto a Landsman e Edgerton, percorre cada centímetro daquele quintal e a maior parte do beco também. Fasio já tirou fotos e está medindo as dimensões principais da cena. Mais importante, já são quase 9h. A vizinhança começa a se mexer, e, na luz fraca de uma manhã de fevereiro, a presença do corpo de uma criança esvisceradа e caída na calçada molhada, sob um chuvisqueiro lento, começa a ficar cada vez mais obscena a cada segundo. Até mesmo um investigador de homicídios deve saber lidar com o impulso normal e inconfesso de tirar Latonya Kim Wallace da chuva.

"Sim, acho que está tudo pronto", diz Landsman. "Que você acha, Tom?"

Pellegrini faz uma pausa.

"Tom!"

"Não. Tudo pronto."

"Vamos nessa."

Landsman e Pellegrini acompanham o rabecão do necrotério de volta para o centro para se anteciparem quanto ao relatório da necropsia, enquanto Edgerton e Ceruti dirigem em carros diferentes até um edifício de apartamentos minúsculo e deprimente na Druid Lake Drive, a cerca de três quarteirões e meio de distância. Os dois policiais jogam as bitucas de cigarro do lado de fora da porta do edifício e entram rapidamente no andar térreo. Edgerton hesita antes de bater à porta e olha para Ceruti.

"Deixa comigo."

"Aí, é todo seu, Harry."

"Você leva ela até o necrotério, beleza?"

Ceruti assente.

Edgerton bate à porta. Ele puxa o distintivo e inspira profundamente ao ouvir os passos dentro do apartamento 739A. A porta se abre lentamente, revelando um sujeito de vinte e tantos ou 30 anos de idade, de calça jeans e camiseta. Ele entende que se trata de investigadores e os convida a entrar antes mesmo de Edgerton se identificar. O sujeito dá um passo ao lado, e os investigadores entram pela porta. Na sala de jantar, está sentado um garotinho, comendo cereal e folheando um livro de colorir. De um quarto ao fundo, surge o som de uma porta se abrindo e, em seguida, passos. A voz de Edgerton se torna quase um sussurro.

"A mãe de Latonya está em casa?"

Não há tempo para uma resposta. Uma mulher aparece em um roupão de banho na entrada da sala de jantar, ao lado dela uma garotinha, talvez no começo da adolescência, com as mesmas feições imaculadas da garota na avenida Newington. Os olhos da mulher, aterrorizados e insones, se fixam no rosto de Harry Edgerton.

"Minha filha. Vocês acharam ela?"

Edgerton olha para ela, balançando a cabeça, sem dizer nada. A mulher olha para além de Edgerton, fitando Ceruti, e depois para a porta.

"Cadê minha filha? Ela... está bem?"

Edgerton balança a cabeça de novo.

"Ai, meu Deus."

"Eu sinto muito."

A garotinha contém o choro e desaba nos braços da mãe. A mulher segura a criança nos braços e, depois, se vira para a parede da sala de jantar. Edgerton observa a mulher tentar conter uma onda de emoção, o corpo se tensiona, ela fecha os olhos com força por um longo minuto.

O homem fala. "Como foi que..."

"Ela foi encontrada essa manhã", diz Edgerton, em uma voz que mal se ouve. "Esfaqueada, em um beco perto daqui."

A mulher se volta para o investigador e tenta falar, mas as palavras se perdem em um soluço profundo. Edgerton a observa dar meia-volta e retornar até a porta do quarto, onde outra mulher, tia da vítima e mãe do garotinho comendo cereal, estende os braços. O investigador, então, se dirige ao sujeito que abriu a porta, que, embora baqueado, ainda assim parece compreender e assimilar as palavras que lhe são ditas.

"Vamos precisar que ela vá até o Instituto Médico Legal para fazer a identificação. E, depois, se for possível, gostaríamos que vocês todos fossem até a Central, no centro. Vamos precisar do auxílio de vocês."

O sujeito concorda e vai para o quarto. Edgerton e Ceruti ficam sozinhos na sala de jantar por vários minutos, deslocados e desconfortáveis, até que o silêncio é quebrado por um urro angustiado vindo do quarto.

"Odeio isso", murmura Ceruti, falando baixo.

Edgerton vai até algumas prateleiras de louças e pega um retrato emoldurado de duas garotinhas sentadas lado a lado, com fitas de cabelo rosa, posando com esmero em frente a um fundo azul. Sorrisos cheios de dentes, dizendo "xis". Os cabelos delas perfeitamente arranjados em tranças. Edgerton mostra a fotografia para Ceruti, que havia sentado em uma das mesas da sala de jantar.

"É disso", diz Edgerton, olhando por cima da foto, "que esses filhos da puta gostam."

A garota adolescente fecha com cuidado a porta do quarto e caminha com calma até a sala de jantar. Colocando o porta-retratos de volta, Edgerton subitamente a reconhece como a outra garota da foto.

"Ela está se vestindo", explica a garota.

Edgerton assente. "Como se chama?"

"Rayshawn."

"E quantos anos tem?"

"13."

O investigador olha de novo para a foto. A garota aguarda alguns instantes por outra pergunta; como a pergunta não vem, ela volta para o quarto. Edgerton caminha com cuidado pelas salas de jantar e de estar e vai até a pequena cozinha do apartamento. Os adereços são esparsos, a mobília improvisada, o sofá da sala rasgado nos cantos. No entanto, o lugar é bem cuidado e limpo — na verdade, bastante limpo. Edgerton observa que a maior parte das prateleiras era dedicada a fotos de família. Na cozinha, uma pintura feita por uma criança — uma casa grande, céu azul, uma criança e um cachorro sorrindo — está colada à porta da geladeira. Na parede, há uma lista mimeografada de eventos escolares e reuniões do grupo de pais. Pobreza, talvez, mas sem desespero. Latonya Wallace vivia em um lar de verdade.

A porta do quarto se abre, e a mãe, totalmente vestida e acompanhada pela filha mais velha, aparece no corredor. Ela caminha de modo exausto pela sala de jantar até chegar à porta de entrada.

"Pronta?", pergunta Edgerton.

A mulher faz um gesto afirmativo e, então, pega um casaco do cabide. O namorado dela coloca uma jaqueta. A garota de 13 anos hesita em frente à porta do guarda-roupa.

"Cadê seu casaco?", pergunta a mãe.

"No meu quarto, acho."

"Bom, vai lá pegar", pede com calma. "Está frio."

Edgerton conduz a procissão para fora do apartamento e, então, observa a mãe, seu namorado e a irmã se espremerem dentro do Cavalier de Ceruti para o lento trajeto até a rua Penn, onde uma maca de metal os aguarda em uma sala azulejada.

Enquanto isso, no limite da porção sudoeste de Reservoir Hill, Rich Garvey e Bob McAllister traçam os últimos movimentos de Latonya Wallace. A queixa do desaparecimento da criança foi feito pela família por volta das 20h30 do dia 2 de fevereiro, dois dias antes, mas era igual a dezenas de outros boletins preenchidos todos os meses em Baltimore. Os documentos ainda não tinham chegado à divisão de homicídios, e a investigação tinha se limitado às checagens de rotina da unidade de pessoas desaparecidas do Distrito Central.

Os dois investigadores vão primeiro até a escola de Latonya para falar com o diretor, diversos professores e uma colega de 9 anos, além da mãe da colega, pois ambas tinham visto Latonya na tarde de seu desaparecimento. As entrevistas confirmam a essência do boletim de desaparecimento:

Na tarde de terça-feira, 2 de fevereiro, Latonya Wallace voltou para casa da Escola de Ensino Fundamental Eutaw-Marshburn. Ela chegou por volta das 15h e saiu menos de meia hora depois com sua bolsa azul, dizendo à mãe que queria ir até a biblioteca municipal na avenida Park, a cerca de quatro quarteirões do apartamento da família. Latonya, então, foi até o edifício vizinho e bateu à porta do apartamento de sua colega para ver se ela também queria ir até a biblioteca. Quando a mãe da garota decidiu que ela deveria ficar em casa, Latonya Wallace foi sozinha.

Garvey e McAllister retomam a cronologia na biblioteca da avenida Park, onde a bibliotecária do período da tarde se lembra da visita da garota usando uma capa de chuva vermelha. A bibliotecária afirma que a criança ficou apenas uns poucos minutos, escolhendo uma série de livros de modo quase aleatório, sem pensar muito acerca dos títulos ou assuntos. Em retrospecto, a bibliotecária relata aos investigadores, a garotinha parecia preocupada ou incomodada e tinha parado pensativa na porta da biblioteca antes de sair.

Em seguida, Latonya Wallace levou a bolsa cheia de livros até o alvoroço cotidiano de alguma rua de Baltimore e desapareceu, sua morte ocorreu sem qualquer testemunha conhecida. A garota tinha permanecido escondida por um dia e meio antes de ser largada naquele beco. Onde tinha sido levada, o local no qual tinha passado mais de trinta e seis horas — a real cena do crime — ainda era desconhecido. Os investigadores iniciam a caçada ao assassino de Latonya Wallace com pouca prova material além do próprio corpo.

E, de fato, é por onde Tom Pellegrini começa. Ele e Jay Landsman aguardam na sala de autópsia no subsolo do Instituto Médico Legal na rua Penn, observando os bisturis extraírem dados frios e clínicos dos restos mortais de Latonya Wallace. Os fatos inicialmente sugerem um período de cativeiro prolongado: o estômago da vítima contém uma refeição já completamente digerida de espaguete e almôndegas, seguida por um cachorro-quente parcialmente digerido e uma substância cortada em fios, supostamente salada de repolho. Um dos investigadores liga para o refeitório da escola e é informado de que o cardápio do almoço em 2 de fevereiro tinha sido espaguete, e Latonya Wallace não tinha comido nada em casa antes de ir para a biblioteca naquela tarde. Teria o assassino a mantido viva tempo suficiente para lhe oferecer uma última refeição?

Enquanto os investigadores permanecem no perímetro da sala de autópsia fazendo perguntas aos legistas, o mau pressentimento de Pellegrini a respeito da cena do crime começa a ganhar forma: a avenida Newington tinha, de fato, sido liberada cedo demais. Ao menos uma prova tinha sido perdida para sempre.

Ao ser informado da morte da criança, enquanto os investigadores terminavam de verificar a cena do crime, o principal legista do estado, John Smialek, foi às pressas até Reservoir Hill, porém chegou após o corpo já ter sido removido. Smialek tinha perdido a oportunidade de usar um termômetro interno para medir a temperatura do corpo, o que lhe teria permitido estimar o horário da morte com base em um cálculo que considerava o esfriamento gradual do corpo.

Sem uma estimativa do horário da morte com base na temperatura corporal, um legista só pode se guiar pelos estágios de *rigor mortis* (o enrijecimento dos músculos) e de lividez (o acúmulo e a solidificação do sangue no corpo). Mas a velocidade com a qual qualquer fenômeno pós-morte ocorre pode variar bastante, dependendo do tamanho, peso e estrutura corporal da vítima, da temperatura externa do corpo no momento da morte e das condições climáticas na cena do crime. Além disso, o *rigor mortis* ocorre e, depois, se dissipa, ocorrendo novamente nas primeiras horas após a morte; um patologista teria de examinar o corpo mais de uma vez — e com horas de intervalo — para determinar o verdadeiro estágio de *rigor mortis* corretamente. Como consequência, investigadores em busca de estimativas de horários da morte se habituaram a trabalhar com a possibilidade de seis, doze, até mesmo dezoito horas. Em casos em que a decomposição já se iniciou, a habilidade de um patologista de determinar o horário da morte é ainda mais prejudicada, embora a incômoda tarefa de medir os vermes retirados do corpo possa fixar a estimativa dentro de um período de dois ou três dias. A verdade é que os especialistas médicos, às vezes, não podem oferecer mais do que uma estimativa vaga do horário da morte da vítima; legistas capazes de dizer a Kojak que a vítima parou de respirar entre 10h30 e 10h45 sempre foram motivo de piada entre os policiais que assistiam à televisão durante alguma noite lenta.

Quando Pellegrini e Landsman pressionam os patologistas pela melhor estimativa possível, são informados de que a vítima parece estar saindo do estágio inicial de *rigor mortis* e, portanto, já está morta por ao menos doze horas. Com base na ausência de decomposição e na refeição extra no estômago dela, os investigadores formulam a primeira hipótese: Latonya Wallace foi provavelmente mantida em cativeiro por um dia, morta na noite de quarta-feira e, então, largada na avenida Newington nas primeiras horas da manhã da quinta-feira.

O restante da autópsia não tem qualquer ambiguidade. Latonya Wallace foi estrangulada com um pedaço de cabo ou corda e, depois, brutalmente estripada com um instrumento cortante, provavelmente uma faca de pão serrilhada. Ela recebeu ao menos seis cortes profundos no peito e no abdômen, sugerindo um grau de violência que os investigadores consideram excessivo. Embora a vítima tenha sido encontrada vestida, um ferimento vaginal recente sugere algum tipo de abuso, embora testes vaginais, anais e orais não revelem a presença de sêmen. Por fim, os patologistas observavam que um pequeno brinco em formato de estrela está presente em uma das orelhas, mas ausente na outra. A família, posteriormente, confirmaria que a garota tinha ido para a escola usando os dois brincos na terça-feira.

Examinando os ferimentos detalhadamente, Pellegrini e Landsman se convencem de que a área atrás da avenida Newington não foi o local do assassinato. Havia pouco sangue na cena do crime, e os ferimentos na criança eram severos, o que deveria resultar em sangramento profuso. A primeira e mais importante questão para os investigadores está clara: onde a criança havia sido assassinada, se não no beco? Onde era a cena real do crime?

Quando os investigadores se reúnem no escritório da divisão de homicídios naquela tarde para comparar as anotações, Jay Landsman propõe um cenário cada vez mais óbvio para todos os homens presentes:

"Ela foi encontrada entre a biblioteca e a casa dela", diz o sargento, "então quem quer que tenha pegado ela provavelmente mora na vizinhança, e ela provavelmente conhecia ele, já que ele conseguiu tirar ela da rua em plena luz do dia. Ele tem que ter levado ela para dentro de algum lugar. Se tivesse pegado ela na rua, de carro, teria levado ela para algum outro local; ele não traria o corpo de volta para a vizinhança depois de ter matado ela."

Landsman sugere também, para consenso de todos, que a garota provavelmente foi assassinada a um quarteirão ou dois de onde foi largada. Ainda que fossem as primeiras horas da manhã, argumenta, alguém carregando o corpo ensanguentado de uma criança, envolto em uma capa de chuva vermelha, evitaria caminhar na rua por uma longa distância.

"A menos que ele tenha levado ela pro beco de carro", acrescenta Pellegrini.

"Mas aí você tem que perguntar novamente por que o cara, se já conseguiu colocar ela no carro, voltaria e largaria o corpo em um beco onde alguém poderia olhar pela janela e ver ele", argumenta Landsman. "Por que não levar ela para algum lugar no meio de uma floresta?"

"Talvez você esteja lidando com um imbecil", diz Pellegrini.

"Não", discorda Landsman. "A cena do crime é bem no meio da porra daquela vizinhança. Provavelmente foi alguém que vive em uma das casas do quarteirão e que saiu com ela pela porta dos fundos... ou então é uma casa vazia, ou uma garagem, algo assim."

A reunião se fragmenta em grupos menores de investigadores, com Landsman colocando os homens para trabalhar nas partes pequenas e isoladas do todo.

Como investigador principal, Pellegrini começa lendo as principais declarações dos parentes, colhidas por meia dúzia de investigadores mais cedo, digerindo as peças do quebra-cabeça que se apresentaram a outros investigadores. Formulários com os interrogatórios dos familiares e colegas de escola da vítima, do residente de 53 anos do número 718 da rua Newington, que descobriu o corpo enquanto colocava o lixo para fora naquela manhã — Pellegrini olha cada página buscando alguma frase atípica, alguma inconsistência, qualquer coisa fora do comum. Ele esteve presente em alguns dos interrogatórios; outros ocorreram antes que voltasse da autópsia. Agora tenta se inteirar, procurando se manter no comando de um caso que se expande em proporção geométrica.

Enquanto isso, Edgerton e Ceruti estão sentados no escritório ao lado, cercados por uma coleção de sacolas de papel pardo contendo os resquícios da autópsia da manhã: sapatos, roupas ensanguentadas, amostras tiradas das unhas da vítima para possível análise de DNA ou tipo sanguíneo, amostras de sangue e cabelo da vítima para possíveis comparações futuras e uma série de fios de cabelo, tanto aparentemente de pessoas negras e brancas, descobertos junto à vítima e que podiam ou não ter alguma coisa a ver com o crime.

A presença de cabelos alheios é devidamente observada, mas, ao menos em Baltimore, investigadores tinham aprendido a considerar esse o tipo de prova menos valiosa. Por exemplo, o laboratório criminal consegue apenas em raras ocasiões — normalmente quando o cabelo é caucasoide e de cor distinta — determinar sem qualquer sombra de dúvida que um fio de cabelo pertence a um suspeito. Em especial com cabelos escuros, o melhor que a ciência forense pode fazer é declarar que um fio de cabelo encontrado pertence ao mesmo tipo de cabelo do suspeito. A análise genética de DNA, capaz de vincular o indício de modo definitivo a um suspeito, vem sendo utilizada com mais frequência pela polícia, mas o processo funciona melhor com amostras de sangue e células. Para identificar o código de DNA de um cabelo humano como sendo de um suspeito, é necessário ao menos um cabelo inteiro, com a raiz intacta. Além disso, Landsman e muitos dos outros investigadores têm fortes dúvidas relacionadas a possibilidade das provas serem contaminadas no Instituto Médico Legal, onde o número de autópsias realizadas diariamente e em espaço reduzido pode produzir um ambiente não exatamente imaculado. Os cabelos encontrados em Latonya Wallace poderiam muito bem ter vindo da capa plástica da maca, ou de uma toalha usada para limpar a vítima antes do exame interno. Poderiam ser cabelos dos legistas e investigadores, ou dos paramédicos que atestaram a morte da vítima, do último corpo despachado na maca ou depositado na mesa de autópsia.

Edgerton começa a preencher os campos de uma série de formulários do laboratório: uma capa de chuva vermelha, manchada de sangue. Um colete vermelho, manchado de sangue. Um par de botas de chuva azuis. Requisita análise de sangue e de provas residuais. Análise especial de digitais.

Os demais investigadores acrescentam e catalogam os depoimentos de testemunhas no arquivo do caso, ou então usam as máquinas de escrever no escritório administrativo, martelando um relatório após o outro relacionados às atividades diárias. Outros investigadores estão espremidos em torno do computador no escritório, checando possíveis registros criminais de todos os nomes obtidos na varredura preliminar da porção norte do quarteirão 700 da rua Newington — um trecho com dezesseis casas geminadas com os fundos voltados para o beco onde o corpo foi encontrado.

O resultado da checagem no computador é, por si só, uma lição a respeito da vida na cidade, e Pellegrini, após digerir os depoimentos das testemunhas, começa a ler cada uma das impressões. Logo ele se cansa com o trabalho repetitivo. Mais de metade dos cerca de quarenta e oito nomes pesquisados no computador resulta em duas páginas de antecedentes criminais. Assalto à mão armada, agressão dolosa, estupro, furto, porte de armas — em termos de comportamento criminal, parece haver poucas virgens restantes em Reservoir Hill. Para Pellegrini, é de particular interesse a meia dúzia de homens com antecedentes por ao menos um crime sexual.

Entre os nomes indicados pelo computador, há um nome que a família da vítima forneceu à polícia, o nome do dono de uma peixaria na rua Whitelock. Latonya Wallace ocasionalmente trabalhava na loja para ganhar uns trocados, até que o namorado da mãe dela — o sujeito jovem e calado que abriu a porta do apartamento para Edgerton naquela manhã — ficou desconfiado. O Homem do Peixe, como há muito é conhecido na vizinhança, é um homem de 51 anos que mora sozinho em um apartamento de segundo andar bem em frente à peixaria. Um imóvel térreo de uma única sala, próximo da curva da rua Whitelock, na pequena área comercial de Reservoir Hill, a peixaria em si fica a cerca de duas quadras a oeste do beco onde o corpo foi deixado. Esse homem, um sujeito grisalho e acabado, era bastante simpático com Latonya — um pouco simpático demais, na opinião da família da menina. O assunto foi mencionado entre as crianças da escola e também entre os pais delas, e Latonya foi explicitamente instruída a evitar a peixaria na rua Whitelock.

Pellegrini descobre que o Homem do Peixe tem um histórico no computador, que contém todas as prisões efetuadas no município desde 1973. Contudo a ficha do sujeito não indica nada de excepcional, a maioria de suas prisões se deve a agressão, desordem pública e coisa do tipo. Pellegrini lê a ficha com atenção, mas dedica o mesmo grau de atenção aos poucos e leves delitos na folha de antecedentes do namorado da mãe da vítima. A investigação de homicídios induz a uma mentalidade cínica, e um investigador sempre remove os entes queridos da lista de suspeitos com relutância.

O trabalho burocrático se estende para além da mudança de turno às 16h, avançando noite adentro. Seis dos investigadores de D'Addario fazem hora extra apenas por conta do caso, sem se importarem com o contracheque. É um típico caso prioritário e, portanto, recebe a atenção de todo o departamento: a divisão de crimes juvenis designou dois investigadores para darem assistência à divisão de homicídios; o setor tático colocou oito policiais no caso; o departamento de investigações especiais, do outro lado do corredor, mandou dois policiais da unidade de criminosos reincidentes; os distritos Central e Sul enviaram, cada um, dois policiais de sua unidade de operações. O escritório fica lotado com a horda crescente de homens trabalhando — alguns deles envolvidos em aspectos específicos da investigação, alguns bebendo café no escritório do lado, todos dependendo de Jay Landsman, o sargento do esquadrão e supervisor do caso, para receberem ordens e propósito. Quando os investigadores do turno da noite oferecem ajuda, se dão conta da crescente multidão e, gradualmente, vão buscar abrigo na sala do café.

"Dá pra perceber que uma garotinha morreu hoje", diz Mark Tomlin, um dos primeiros do turno de Stanton a chegar, "porque já são oito da noite, e ninguém no departamento de polícia quer ir pra casa."

E nem ficar no escritório. Enquanto Pellegrini, Landsman e Edgerton continuam organizando a informação acumulada do dia e planejando os esforços do dia seguinte, outros investigadores e oficiais recentemente destacados para o caso rumam para Reservoir Hill, até que carros-patrulha e Cavaliers à paisana cruzam cada beco e rua entre a avenida Norte e o lago Druid Park.

Policiais táticos à paisana passam o fim da noite toda dando duras em traficantes de rua na Whitelock e na Brookfield, indo embora e voltando uma hora depois para uma nova dura. Carros-patrulha do Distrito Central circulam por todos os becos, pedindo documentos para todo mundo que se aproxima da avenida Newington. Policiais a pé passam um pente fino nas esquinas da Whitelock entre as ruas Eutaw e Callow, questionando qualquer um que pareça um pouquinho deslocado.

É um desfile impressionante, um desempenho reconfortante para aqueles na vizinhança que precisam ser reconfortados. Mas esse não é um crime envolvendo traficantes de cocaína ou usuários de heroína, ou trombadinhas e desabrigados. Esse é um ato perpetrado por um único homem, sozinho, na escuridão. Mesmo sendo chutada de suas esquinas, a rapaziada da rua Whitelock não se furta em dizer coisas como "Espero que peguem esse veado, cara", "Tem que pega ele, porra", "Tem que trancafiar esse filho da puta".

Em uma tarde de fevereiro, o código das ruas é deixado de lado, e os traficantes e drogados oferecem prontamente à polícia todas as informações que têm, a maioria sem utilidade alguma, e boa parte dela incoerente. Na verdade, as manobras da cavalaria em Reservoir Hill não dizem respeito à investigação em si, mas a uma questão territorial, uma demonstração de intenções. Elas demonstram para os moradores daquela periferia detonada e sitiada que a morte de Latonya Wallace foi levada a sério desde o começo, considerada mais sério que o rotineiro catálogo de pecados e vícios. O Departamento de Polícia de Baltimore, incluindo sua divisão de homicídios, vai mostrar como se faz na avenida Newington.

E, apesar de todo o alarde naquela primeira noite após encontrarem Latonya Wallace, há uma atmosfera oposta e de igual força nas ruas e becos de Reservoir Hill, algo estranho e anormal.

Ceruti é o primeiro a perceber, quando ainda mal dá dois passos para fora de seu Cavalier e algum cretino tenta lhe vender heroína. Então, o mesmo acontece com Eddie Brown, que, ao entrar em um mercadinho coreano na Brookfield para comprar cigarros, é confrontado por um alucinado pedinte de cigarros, bêbado feito um gambá, que tenta empurrar o investigador pela porta dos fundos.

"Não encosta em mim, porra", rosna Brown, jogando o bêbado na calçada. "Tá doido, caralho?"

Meia hora depois, a atmosfera se revela novamente para um carro cheio de investigadores, circulando na área atrás da avenida Newington para dar uma última olhada na cena do crime. Enquanto o carro desce pelo beco apinhado de lixo, o farol do carro ilumina um rato do tamanho de um pequeno cachorro.

"Nossa", diz Eddie Brown, descendo do carro. "Olha o tamanho daquele bicho."

Os demais investigadores saltam do carro para olhar mais de perto. Ceruti pega um pedaço de tijolo e joga a uma distância de meio quarteirão, errando o rato por alguns metros. O bicho olha para o Chevrolet com aparente indiferença, depois segue pelo beco, onde encurrala um gato preto e branco contra um bloco de alicerce.

Eddie Brown não consegue acreditar. "Você viu o tamanho daquele monstro?"

"Olha", comenta Ceruti. "Já vi tudo que tinha que ver."

"Faz muito tempo que moro na cidade", diz Brown, balançando a cabeça, "e nunca vi um rato acuar um gato assim."

Porém, naquela noite, naquele beco, nos fundos daquele trecho de casas geminadas caindo aos pedaços na avenida Newington, o mundo natural havia sido derrotado. Ratos caçavam gatos, e heroína era oferecida a policiais, assim como crianças pequenas eram usadas para satisfação momentânea e, depois, dilaceradas e descartadas.

"Foda-se esse lugar", diz Eddie Brown, entrando no Chevrolet.

• • •

Ao menos em teoria, as prerrogativas de um investigador de homicídios em Baltimore são poucas. Seu conhecimento específico não lhe concede divisas, e, ao contrário de outras cidades nos Estados Unidos, onde graduações ou promoções ao cargo de investigador resultam em aumento no salário e mais autonomia, um investigador em Baltimore carrega um mero distintivo prateado e, na cadeia hierárquica, é considerado um patrulheiro que usa roupas civis, uma distinção que se resume a uma pequena diferença em termos de guarda-roupa. Independentemente de seu grau de treinamento ou de experiência, ele é incluído na mesma faixa salarial dos outros policiais. Ainda que um investigador de homicídios fature — queira ele ou não — um terço ou metade do valor de seu salário em horas extras, a pensão de aposentadoria começa em 29.226 dólares anuais após cinco anos de serviço, 30.666 dólares após quinze anos, e 32.126 dólares após vinte cinco anos.

As regras do departamento demonstram indiferença similar às circunstâncias especiais de um investigador de homicídios. As ordens gerais do manual do Departamento de Polícia de Baltimore — para o alto escalão, um tratado bem argumentado acerca da ordem e autoridade; para o policial nas ruas, um tomo sempre em constante expansão em termos de dor e sofrimento — fazem pouca distinção entre policiais em patrulha e investigadores. A única diferença crucial: um investigador é responsável pela cena do crime.

Quando e onde quer que um corpo caia na cidade de Baltimore, nenhuma autoridade supera a do investigador principal da cena do crime; ninguém pode dizer àquele investigador o que fazer ou não. Comissários de polícia, comissários adjuntos, coronéis, majores — todos estão abaixo da autoridade do investigador dentro do perímetro da cena do crime. Claro, isso não quer dizer que investigadores contrariassem um comissário adjunto com um cadáver ainda na sala. Na verdade, ninguém sabe ao certo o que aconteceria se um investigador fizesse isso, e o consenso geral na divisão de homicídios era que gostariam de conhecer alguém capaz de tentar isso. Donald Kincaid, um investigador veterano da unidade de D'Addario, ficou famoso dez anos antes, quando ordenou que um comandante tático — um mero capitao — caísse fora de um quarto de motel no centro, um ato necessário diante da permissividade do comandante em deixar sua manada de homens circular pela cena do crime ainda não devidamente registrada. O ato desencadeou memorandos e ações administrativas e ainda mais memorandos, cartas de resposta e cartas de resposta às cartas de resposta, até que Kincaid foi convocado a uma reunião no escritório do comissário adjunto, na qual lhe foi assegurado que havia interpretado as ordens gerais de modo correto, que sua autoridade era irrevogável e que utilizou de modo absolutamente certo. Inequivocamente certo. E também que, caso escolhesse levar as acusações até alguma comissão interna, provavelmente ganharia e então seria transferido da divisão homicídios para patrulhar a pé os bairros residenciais ao sul da Filadélfia. Por outro lado, caso aceitasse a perda de cinco dias de férias como punição, poderia continuar como investigador. Kincaid entendeu a mensagem e cedeu; a lógica raramente é o mecanismo que move o departamento de polícia para a frente.

De todo modo, a autoridade concedida ao investigador na pequena área na qual um corpo tomba ilustra a importância e a fragilidade da cena de um crime. Os policiais da divisão de homicídios gostam de lembrar uns aos outros — e qualquer outra pessoa também — que o investigador só tem uma chance na cena do crime. Você cumpre sua obrigação, e só então podem remover a fita amarela de isolamento. Os bombeiros dão uma mangueirada nas manchas de sangue; os técnicos do laboratório atendem à chamada seguinte; a vizinhança ganha de volta um pedaço de calçada.

A cena do crime fornece a maior parte das provas materiais, a primeira parte da Santíssima Trindade do investigador, que atesta que três coisas resolvem crimes:

Provas materiais.

Testemunhas.

Confissões.

Sem um dos dois primeiros elementos, há pouca chance de o investigador encontrar um suspeito e, assim, conseguir o terceiro item. Uma investigação de assassinato, afinal, é uma empreitada limitada pelo próprio fato de que a vítima — ao contrário de vítimas de assaltos, estupros ou agressões sérias — já não tem condições de fornecer qualquer informação.

A trindade do investigador ignora o motivo, que pouco importa para a maioria das investigações. Os melhores trabalhos de Dashiell Hammett e Agatha Christie argumentam que, para achar o assassino, o motivo deve ser estabelecido primeiro; em Baltimore, ao contrário do Expresso do Oriente, a descoberta do motivo pode ser interessante, até mesmo valiosa, mas, mesmo assim, normalmente é desnecessária. Foda-se o porquê, dizem os investigadores; se você descobrir o como, em 90% das vezes descobrimos também o quem.

É um fato que vai contra a percepção geral, e jurados sempre têm dificuldade quando um investigador depõe em um julgamento e declara que não faz a mínima ideia do porquê Tater baleou Pee Wee cinco vezes pelas costas e que, honestamente, está pouco se lixando. No entanto, escuta aqui, tem a arma, as balas, o relatório de balística, duas testemunhas relutantes que viram Tater puxar o gatilho e, então, identificaram o assassino desgraçado em um arquivo de fotos. O que diabos queriam que eu fizesse, interrogasse a porra do mordomo?

Provas materiais. Testemunhas. Confissões.

A prova material pode ser qualquer coisa, desde a digital em um copo de água até uma bala extraída do reboco. Pode ser algo tão óbvio quanto o fato de que a casa foi revirada, ou algo tão sutil quanto um nome listado no pager da vítima. Pode ser a roupa da vítima, ou a própria vítima, quando manchas pequenas e escuras salpicam a pele ou o tecido, mostrando que o disparo foi feito à queima-roupa. Ou um rastro de sangue que mostra que a vítima foi atacada primeiro no banheiro e, depois, perseguida até o quarto. Ou o jogo dos sete erros com a cena do crime, no qual uma testemunha afirma que não havia mais ninguém em casa, mas havia quatro pratos sujos no balcão da cozinha. A prova material na cena de um crime pode também ser obtida pela ausência de algo: a ausência de sinais de entrada forçada na casa; a falta de sangue em um corte profundo no pescoço, sugerindo que a vítima foi morta em outro local; um morto no beco com os bolsos virados do avesso, indicando que o motivo foi roubo.

Existem, claro, aqueles momentos sagrados em que a própria prova identifica o suspeito. Uma bala disparada é recuperada intacta, com pouca deformação, e pode ser comparada balisticamente com uma arma confiscada ou então com cartuchos de mesmo calibre encontrados em outro tiroteio, no qual o suspeito havia sido identificado; uma amostra de sêmen coletada com cotonete vaginal que é vinculada a um possível agressor; uma pegada encontrada perto do corpo na poeira ao lado dos trilhos do trem que bate com o tênis que o suspeito está usando na sala de interrogatório. Tais momentos fornecem indícios claros de que o Criador ainda não engavetou seu plano mestre e que, por um breve momento que seja, um investigador de homicídios é empregado como instrumento da vontade divina.

No entanto, o mais comum é que a prova material colhida na cena do crime forneça ao investigador informações de caráter menos absoluto, mas, ainda assim, essencial. Mesmo que o indício não conduza diretamente ao suspeito, os fatos brutos fornecem um esboço do próprio crime. Quanto mais informações o investigador coleta na cena, mais entende o que é possível e o que não é. E, nos escritórios de investigação, isso conta um bocado.

Dentro dos cubículos à prova de som utilizados na divisão de homicídios, uma testemunha prontamente afirmará que estava dormindo na cama quando o tiroteio começou no cômodo ao lado e manterá a mentira até o momento em que o investigador a confrontar com o fato de que os lençóis da cama não estavam revirados. A testemunha dirá aos investigadores que a troca de tiros não pode ter sido relacionada a drogas, que não sabe nada relacionado a drogas, até o investigador revelar que já encontraram as cento e cinquenta cápsulas de heroína debaixo do colchão dela. Ela afirmará que apenas um único homem estava armado e que não houve troca de tiros, até o investigador esclarecer que cápsulas de .32 e 9 mm foram colhidas na sala de estar.

Sem o conhecimento fornecido pelas provas materiais, o investigador entra na sala de interrogatório sem qualquer vantagem, sem nenhuma ferramenta para arrancar a verdade de suspeitos ou testemunhas relutantes. Os malditos podem mentir até cansar, e os investigadores, incrédulos e frustrados, podem no máximo berrar com eles por terem mentido daquela forma. Sem provas materiais, tudo acaba em impasse.

Além dos que não gostam de falar, as provas materiais confirmam a honestidade dos que se voluntariam a oferecer informação. Em busca de acordos para redução de pena, detentos do presídio municipal frequentemente afirmam ter ouvido outros presos se gabando ou confessando assassinatos, mas os investigadores apenas dão real atenção aos relatos que incluem detalhes da cena do crime que apenas o perpetrador poderia saber. Do mesmo modo, a confissão de um suspeito que contém detalhes de um crime que apenas o assassino poderia saber é inerentemente mais crível no julgamento. Por esses motivos, o investigador volta de todas as cenas de crime com uma lista mental de detalhes essenciais que precisa tentar esconder dos jornais e dos repórteres de TV, que começam a ligar para o escritório da homicídios meia hora depois de o corpo tombar. Normalmente, o investigador mantém em segredo o calibre da arma usada, ou então a presença de um objeto atípico no local. Se o assassinato tiver ocorrido dentro de uma casa, em vez da rua, onde uma multidão se reúne, o investigador pode reter a informação das roupas usadas pela vítima ou o local exato em que o corpo da vítima estava dentro da casa. No caso de Latonya Wallace, Landsman e Pellegrini foram cuidadosos em não mencionar as marcas no pescoço da vítima, ou mesmo que um fio ou corda tinha sido usado no estrangulamento. Eles também ocultaram o indício de agressão sexual, ou ao menos tentaram fazer isso — uma semana após o assassinato, um coronel sentiu a necessidade de revelar o motivo da morte para pais preocupados em um encontro comunitário em Reservoir Hill.

Do ponto de vista do investigador, nenhuma cena de crime é melhor do que um corpo dentro de casa. O assassinato a portas fechadas significa não apenas que os detalhes ficam a salvo de eventuais multidões ou repórteres curiosos, mas também que a própria casa suscita perguntas imediatas. Quem é o proprietário ou inquilino? Quem mora lá? Quem estava na casa no momento do crime? Por que a vítima está dentro dessa casa? Ela mora aqui? Quem a trouxe até aqui? Quem estava visitando? E é melhor ir chamando um camburão, porque todos aqui vão para a delegacia.

Para matar alguém em uma casa, o assassino primeiro precisa obter acesso, seja a convite da própria vítima ou arrombando uma porta ou janela. De todo modo, o investigador ganha algo com isso. A ausência de indícios de entrada forçada sugere que a vítima e o agressor provavelmente se conheciam; uma entrada forçada gera a possibilidade de que o assassino tenha deixado digitais no batente de uma janela ou porta. Após entrar na casa, o assassino pode muito bem ter tocado uma variedade de utensílios e superfícies lisas, deixando mais marcas. Se o assassino disparar alguns tiros, a maioria dos tiros perdidos aparece em buracos nas paredes, no teto e na mobília. Se a vítima resiste e o agressor é ferido, respingos de sangue ou cabelos arrancados podem ser mais facilmente encontrados dentro do perímetro limitado de uma sala de estar. A mesma lógica se aplica a fibras de tecido soltas e outros indícios residuais. Um técnico laboratorial aspira uma casa inteira de três cômodos em menos de uma hora e, depois, entrega o saco do aspirador para os analistas esmiuçarem tudo nos laboratórios do quinto andar.

Mas um corpo na rua oferece menos. Se você assassina um homem enquanto ele caminha até uma loja de bebidas, pode ter certeza de que nenhum funcionário público vai aspirar o detrito do quarteirão 2500 da rua Division. Caso mate um homem na rua, a maioria dos projéteis provavelmente não será encontrada. Tendo praticado o homicídio na rua, a cena do crime provavelmente vai fornecer ao investigador pouco mais do que algumas gotas de sangue e um par de cartuchos vazios. Não apenas as chances de coletar provas materiais são menores, mas também a relação de espaço entre o assassino, a vítima e a própria cena fica obscurecida. Em um assassinato a portas fechadas, o assassino e a vítima podem ambos ter conexões compreensíveis com o local; na rua, um investigador não tem como olhar a conta de luz ou o contrato de aluguel para descobrir os nomes das pessoas associadas à cena do crime.

Ele não pode coletar fotografias e papéis soltos, mensagens telefônicas e anotações feitas em pedaços de jornal que encontra em um assassinato cometido entre quatro paredes.

Claro, o investigador sabe que um assassinato de rua tem vantagens próprias, sobretudo a possibilidade de testemunhas, o segundo elemento da tríade de investigação. Por esse motivo, uma das alternativas tinha há muito se destacado em meio ao catálogo de violência urbana, particularmente em uma cidade de casas geminadas como Baltimore, onde cada quarteirão tem um calçadão nos fundos. Se você mata alguém no beco, minimiza os riscos tanto de provas materiais quanto de testemunhas. Em Baltimore, a notícia de um corpo em um beco provavelmente trará grunhidos e outros sons guturais por parte do investigador de homicídios designado.

Na verdade, existe apenas um cenário que oferece ainda menos esperança do que o beco. Quando o investigador de homicídios de Baltimore é chamado para ir até as matas e espinhais ao longo do longínquo limite oeste da cidade, isso sempre significa que um dos habitantes da cidade fez algo terrível e que fez isso muito, muito bem. Por duas gerações, o Parque Leakin tinha sido o local de desova predileto em Baltimore para aqueles que abandonavam esse plano de existência por meio de tiros ou facadas. Um território selvagem e amplo de mata densa, situada em torno de um arroio conhecido como Gwynns Falls, o parque tinha sido o cenário de tantos enterros ilegais que poderia ser considerado um dos cemitérios da cidade. Em Nova York, usam os terrenos alagados de New Jersey, ou então os rios da cidade; em Miami, usam os pântanos em Everglades; em New Orleans, a baía pantanosa. Em Baltimore, o eventual cadáver inconveniente é frequentemente desovado nos acostamentos sinuosos da Estrada Franklintown. O folclore do departamento de polícia tinha uma história, talvez apócrifa, relacionada a um grupo de cadetes em treinamento que vasculhavam determinado quadrante do parque em busca de uma pessoa desaparecida, quando foram alertados por um comandante do Distrito Sudoeste, de modo bastante irônico, de que estavam em busca de um corpo específico: "Se vocês pegarem todos os corpos que acharem, vamos passar o dia inteiro aqui".

Investigadores veteranos afirmam que mesmo as cenas de crime mais indistintas fornecem alguma informação do crime ocorrido no local. Afinal de contas, basta um corpo no beco para suscitar ao investigador algumas perguntas: O que a vítima estava fazendo naquele beco? De onde veio? Com quem estava? Já um trabalho de desova, no Parque Leakin ou em um beco, em uma casa vazia ou no porta-malas de um carro, não oferece nada. Não diz coisa alguma da relação entre assassino, vítima e a própria cena. Por definição, o trabalho de desova rouba o assassinato de qualquer cronologia significativa e — com exceção de possíveis itens abandonados junto ao corpo — de qualquer prova material.

Independentemente do tipo da cena do crime, o valor dela como pilar para a investigação de assassinato depende inteiramente do investigador — da habilidade dele de barrar os curiosos e manter a cena intacta; de sua capacidade de observação, de contemplar a cena em sua totalidade, em seus componentes, de todos os ângulos possíveis; de sua disposição para realizar todas as tarefas que poderiam possivelmente gerar provas em uma cena específica; seu bom senso em evitar procedimentos que seriam inúteis ou sem objetivo.

O processo é subjetivo. Mesmo os melhores investigadores admitem que não importa a quantidade de provas colhidas na cena de um crime, o investigador sempre volta para o escritório com a sensação desconfortável de que deixou passar algo. Esse é um fato que os veteranos ensinam aos investigadores novatos, um fato que enfatiza a própria natureza fugidia da cena de um crime.

O que quer que aconteça antes de a cena ser isolada não pode ser evitado, e, após um tiroteio ou esfaqueamento, ninguém questiona o comportamento de policiais uniformizados, paramédicos ou transeuntes que modificam a cena do crime na tentativa de se livrar das armas envolvidas ou então auxiliar a vítima. Porém, excluindo essas ações necessárias, o primeiro policial a chegar ao local deve evitar que a cena seja pisoteada, não apenas pelos moradores, mas também por seus colegas policiais. Para o primeiro policial a chegar e para aqueles que chegam depois dele, desempenhar um bom trabalho policial inclui também pôr as mãos em qualquer testemunha em potencial que esteja por perto.

As obrigações do primeiro policial se encerram com a chegada de um investigador da Central, que, se souber fazer seu trabalho, começará a desacelerar o ritmo até quase parar, tornando muito mais difícil para qualquer um expressar sua estupidez de modo significativo. Quanto mais complexa a cena, mais lento o processo, dando ao investigador algum tipo de controle sobre os policiais de uniforme, as testemunhas civis, os transeuntes, os técnicos do laboratório criminal, os legistas, os investigadores secundários, os comandantes de turno e qualquer outro ser humano nas adjacências. Com exceção das testemunhas civis, a maior parte da multidão conhece os procedimentos e sabe fazer seu trabalho, mas, assim como em qualquer questão, a suposição é a mãe dos mais terríveis equívocos.

Antes de o ano acabar, um investigador do time de Stanton chegaria a uma cena de crime e descobriria que um time novato de paramédicos tinha levado uma pessoa morta — uma pessoa bastante morta — para um último passeio até a ala de emergência nas proximidades. Lá seriam informados a respeito da política do hospital de aceitar apenas pacientes que ao menos ainda estivessem lutando pela vida. Os paramédicos afobados resmungariam um pouco e, então, decidiriam levar o corpo de volta para a rua. Após voltarem ao local da morte, o plano seria reticentemente aprovado pelos policiais de uniforme, que imaginariam que a equipe de ambulância soubesse o que estava fazendo. Sem dúvida, os policiais teriam inclusive feito seu melhor para colocar o cadáver na posição original, mas um investigador chegaria e agradeceria o esforço dizendo: "Não, obrigado. Vamos apenas ligar o foda-se e mandar o pobre coitado pra autópsia".

De modo similar, Robert McAllister, um investigador experiente e veterano de centenas de cenas de crimes, logo se encontraria parado em uma cozinha em Pimlico ao lado do corpo ensanguentado de um homem de 81 anos, apunhalado quarenta ou cinquenta vezes em uma brutal invasão de domicílio. Sobre a cômoda em um quarto aos fundos, estava a faca de lâmina curva usada no crime, coberta de sangue seco. Parecia tão absurdo que alguém fosse tocar uma prova tão gritante que McAllister acharia até desnecessário pedir que ninguém fizesse aquilo. Essa omissão criminosa permitiria que uma policial jovem, recém-chegada da rua, entrasse no quarto, pegasse a faca pelo cabo e a levasse até a cozinha.

"Encontrei isso no quarto", diria ela. "É importante?"

Se esse tipo de calamidade puder ser evitado e a cena preservada, o que resta ao investigador é encontrar e extrair todos os indícios possíveis. Isso não se dá aspirando cada cômodo, colhendo digitais de todas as superfícies ou coletando todas as latas de cerveja, cinzeiros, pedaços de papel e álbuns de foto para o controle de provas. Critério e bom senso são tão valiosos quanto a própria diligência, e um investigador incapaz de distinguir probabilidades e possibilidades de palpites pífios e implausíveis corre o risco de sobrecarregar o processo de coleta de provas.

É preciso levar em consideração, por exemplo, que os analistas sobrecarregados do laboratório de balística pedem semanas para comparar projéteis. Quer comparar essa bala de .32 com outros assassinatos cometidos com calibre idêntico naquele ano, ou quem sabe incluir também os do ano anterior? Com os analistas de digitais é a mesma coisa, além de analisar provas de assassinatos em aberto, analisam também digitais de arrombamentos, roubos e meia dúzia de outras variedades de crimes.

Dirá aos técnicos do laboratório para coletarem provas nas superfícies de cômodos que não parecem ter sido tocados e estão afastados da cena, ou pedirá que se concentrem nos objetos que parecem ter sido tocados e que ficam mais próximos do local da morte? Quando uma senhora de idade é estrangulada na cama, manda aspirar todos os demais cômodos da casa, sabendo do tempo que vai levar para o laboratório de análise residual checar todo o pó, fiapos, cabelos e fibras de um quarto? Ou, sabendo que não houve nenhum improvável confronto físico que se estendeu por todos os quartos, em vez disso, pede ao pessoal do necrotério que embale cuidadosamente o corpo em lençóis, de modo a preservar somente pelos ou fibras que tenham se soltado durante o confronto próximo à cama?

Com apenas uns poucos funcionários disponíveis em cada turno para analisar as provas, os técnicos do laboratório são um recurso limitado. O técnico analisando sua cena de crime pode ter sido tirado de um caso de assalto a comércio para ajudar no assassinato e pode ser convocado meia hora depois para trabalhar em um tiroteio do outro lado da cidade. E seu tempo é tão precioso quanto o dele. Em um turno da meia-noite agitado, as horas que um investigador pode passar em uma cena de crime precisam ser distribuídas entre dois homicídios e um tiroteio envolvendo a polícia. E, mesmo no caso de um único assassinato, as horas passadas na cena significam horas que poderiam ter sido empregadas interrogando testemunhas que aguardam na delegacia do centro.

Cada cena é diferente, e o mesmo investigador que gasta vinte minutos em um crime na rua pode passar doze horas analisando duas mortes por esfaqueamento dentro de uma casa geminada de dois andares. Algum senso de equilíbrio é requerido por ambas as cenas, um entendimento do que tem que ser feito e do que pode razoavelmente ser feito para coletar provas. Também é necessária persistência para supervisionar os detalhes essenciais, para se certificar de que o que está sendo feito está sendo feito de modo correto. Em cada turno, há técnicos de laboratório que chegam a cenas de crime complexas e provocam um suspiro de alívio nos investigadores, assim como há outros que não conseguiriam coletar uma boa digital nem se tivessem a mão do suspeito. E, caso queira fotos para mostrar a localização de provas críticas, o melhor é pedir, do contrário, as fotos podem cobrir todos os ângulos possíveis, menos aqueles de que você precisa.

Esses são os requerimentos básicos. Mas há algo mais a respeito de cenas de crimes, algo intangível no fluxo criado entre a experiência e o instinto puro. Uma pessoa comum, mesmo uma pessoa atenciosa, olha para uma cena, detecta a maioria dos detalhes e, então, emite um palpite geral. Um bom investigador olha para a mesma cena e compreende cada peça como parte de um todo maior. De algum modo, consegue isolar os detalhes importantes, para ver quais itens se encaixam na cena, quais parecem conflitar e quais estão inexplicavelmente ausentes. Qualquer um que lance um papo meio "Zen e a Arte da Investigação de Homicídios" ganha uma long neck e é instruído a parar de falar esse tipo de baboseira hippie comunista. Mas parte do que ocorre em uma cena de crime, se não for exatamente irracional, é decididamente algo intuitivo.

É o único modo de explicar como Terry McLarney, ao se deparar com o corpo seminu de uma mulher de idade na cama, já em *rigor mortis* e sem ferimentos aparentes, arrisca corretamente — com base em uma janela aberta e um único pelo pubiano encontrado no lençol — que se trata de caso de estupro e assassinato.

Ou como Donald Worden, caminhando em uma rua vazia na zona leste de Baltimore minutos após um tiroteio que resultou em morte, tenha colocado a mão sobre o capô de um carro estacionado entre vinte outros e sentido o calor do motor — um claro sinal de que o carro tinha recentemente sido ocupado por pessoas que fugiram para não serem identificadas como testemunhas. "O vidro traseiro estava um pouco embaçado", disse, dando de ombros. "E estava estacionado um pouco longe do meio-fio, como se o motorista tivesse estacionado com pressa."

Ou como Donald Steinhice, veterano da equipe de Stanton, inteiramente convencido de que uma mulher encontrada enforcada em seu quarto tinha tirado a própria vida, por algum motivo não conseguia ir embora do quarto até que um último detalhe assentasse em sua mente. Ele ficou sentado sob a sombra da mulher morta por meia hora, olhando para um par de pantufas no chão abaixo do corpo. A pantufa esquerda estava sob o pé direito, a direita sob o esquerdo. Tinha calçado as pantufas trocadas? Ou alguém que teria montado a cena do crime tinha colocado as pantufas ali?

"Era a única coisa na cena que realmente me incomodava e me incomodou por um bom tempo", lembraria mais tarde, "até que pensei em como uma pessoa tira as pantufas."

Steinhice finalmente imaginou que a mulher tinha cruzado as pernas para tirar cada pantufa usando o dedão do outro pé, puxando a pantufa pelo calcanhar — uma manobra comum que deixava as pantufas em posição trocada.

"Depois daquilo", conclui, "pude ir embora."

Sexta-feira, 5 de fevereiro

Sob a luz do sol de uma manhã clara de inverno, os recrutas da academia, no beco atrás das casas geminadas na avenida Newington, não têm qualquer mau pressentimento. Conforme avançam pelas vielas e chutam o entulho, enxergam o beco como qualquer outro.

Vestindo uniformes cor de cáqui da divisão de educação e treinamento, a turma de trinta e dois recrutas inicia o segundo dia da investigação da morte de Latonya Wallace avançando lentamente pelo beco e, depois, pelos quintais nos fundos de cada casa no quarteirão situado entre as ruas Newington e Whitelock, Park e Callow. Analisando um centímetro por vez, avançam apenas após já terem vasculhado tudo, catando cada pedaço de lixo com grande cuidado e colocando de volta com a mesma deliberação.

"Vão devagar. Olhem cada centímetro do pátio", pediu Dave Brown à turma. "Se encontrarem algo — qualquer coisa —, não mexam. Apenas chamem um investigador."

"E não tenham medo de fazer perguntas", acrescenta Rich Garvey. "Não existem perguntas idiotas. Ou pelo menos neste momento fingiremos que não existem."

Mais cedo, observando os recrutas saírem do ônibus do Departamento de Polícia e responderem à chamada do instrutor, Garvey expressou dúvida. Permitir que um bando de recrutas novatos vasculhassem uma cena de crime dava todos os sinais de ser o que investigadores e soldados costumam chamar de rebosteio. Visões de cadetes totalmente alheios pisando em rastros de sangue e chutando pequenas porções de indícios para dentro de bueiros pipocaram na mente de Garvey. Por outro lado, ponderou, um bocado de terreno pode ser coberto com trinta e duas pessoas interessadas, e, nesse momento, a investigação de Latonya Wallace precisa de toda ajuda que puder arranjar.

Após serem despachados para o beco, os recrutas se mostram, como todos esperavam, genuinamente interessados. A maioria deles aborda a tarefa com zelo, checando montes de lixo e de folhas secas com o fervor e a devoção típicos dos recém-convertidos. É uma visão e tanto, o que faz Garvey se perguntar que tipo de força primal da natureza seria necessária para fazer trinta veteranos de patrulha engatinharem em um beco de Reservoir Hill.

Os investigadores dividem os recrutas em pares e designam cada dupla para um quintal na parte de trás do quarteirão 700 da avenida Newington, assim como para os quintais nas avenidas Park e Callow, os limites a leste e oeste do quarteirão em que a criança havia sido encontrada. Não há quintais ou áreas abertas atrás da parte do conjunto voltada para o norte, na rua Whitelock; naquele lado, um armazém de tijolo vermelho tem seus fundos voltados para o beco. A busca leva mais de uma hora, e os recrutas encontram três facas de lâmina, uma faca de manteiga e um utensílio de decoração culinária — todos maculados por mais ferrugem do que poderia ter se acumulado em uma arma de crime de um dia para outro. Também foi recolhida grande variedade de seringas hipodérmicas, um item geralmente descartado pelos habitantes locais e de pouco interesse para os investigadores, além de pentes, contas para cabelo, peças sortidas de roupas e um sapatinho de criança — nada disso relacionado ao crime. Um recruta esforçado recolhe, no quintal dos fundos do número 704 da Newington, um saco plástico transparente cheio até a metade com um líquido amarelo opaco.

"Senhor", pergunta, levantando o saco na altura dos olhos, "isso aqui é importante?"

"Parece ser um saco de mijo", diz Garvey. "Pode largar isso quando quiser."

A busca não encontra o pequeno brinco dourado e em formato de estrela da menina. Nem revela qualquer rastro de sangue, a única pista que poderia indicar o local do assassinato, ou ao menos indicar a direção da qual o corpo tinha sido trazido para os fundos do número 718. Pequenas poças arroxeadas de sangue coagulado salpicam a calçada onde a garotinha foi descoberta na manhã anterior, mas nem os investigadores nem os recrutas conseguiram encontrar mais nenhuma outra gota em nenhum outro lugar do beco. A gravidade dos ferimentos da menina e o fato de que ela foi carregada até o beco envolta em nada além de sua capa de chuva vermelha deveriam ter feito com que o assassino tivesse deixado gotas de sangue, mas a chuva que cobriu a cidade entre a noite de quarta-feira e a manhã de quinta destruiu qualquer indício desse tipo.

Enquanto os recrutas procuram, Rich Garvey caminha mais uma vez pelo quintal aos fundos do número 718 da rua Newington. O quintal em si, de cerca de quatro por quinze metros, era quase todo pavimentado e era uma das poucas áreas no quarteirão 700 fechada por uma cerca de arame. Em vez de desovar o corpo da criança no beco ou em um dos quintais mais acessíveis nas proximidades, o assassino inexplicavelmente teve o trabalho de abrir o portão dos fundos e carregar o corpo pelo quintal, até a entrada dos fundos do número 718. O corpo foi encontrado a apenas alguns metros da porta da cozinha, embaixo de uma escada de incêndio de metal que vai do telhado até o quintal.

Não faz sentido. O assassino poderia ter deixado a garotinha em qualquer lugar no beco, então por que arriscar levar o corpo para dentro do quintal cercado de uma casa habitada? Ele queria que o corpo fosse imediatamente encontrado? Desejava que suspeitassem do casal idoso que morava no número 718? Ou sentiu, afinal, algum senso de remorso perverso, algum impulso humano que o fez deixar o corpo dentro de um quintal cercado, a salvo dos cães de rua e ratos de beco que vagam por Reservoir Hill?

Garvey olha na direção da outra ponta do quintal, onde a cerca encontra o beco, e percebe algo prateado no chão, atrás de uma lata de lixo amassada. Ele vai até lá e encontra um pequeno pedaço de cano de metal de seis polegadas, que ergue cuidadosamente, segurando em uma das pontas. Dentro do tubo, há o que parece ser uma massa espessa de sangue coagulado, além de um tufo escuro de cabelo humano. O cano parece fazer parte de algo maior, e Garvey se permite pensar longe, se perguntando se aquele item poderia ter causado a laceração vaginal. O investigador cuidadosamente entrega o cano a um técnico laboratorial, que o coloca em um saco.

Um cinegrafista de televisão, um dos muitos rondando a avenida Newington naquela manhã, observa a interação e atravessa o beco.

"O que era aquilo?"

"O quê?"

"Aquele pedaço de metal que você recolheu."

"Escuta", explica, colocando a mão no ombro do cameraman. "Precisa nos fazer o favor de deixar aquilo de fora da sua matéria. Talvez seja uma prova, e se você mostrar na televisão, pode foder a gente legal. Beleza?"

O câmera assente.

"Obrigado. De verdade."

"De nada."

A presença de cinegrafistas na avenida Newington nessa manhã — cada um enviado por uma das três emissoras locais — é, na verdade, a outra razão para a busca com os recrutas pelo beco. O tenente de Garvey, Gary D'Addario, compreendeu de modo claro as prioridades da equipe de comando já nas primeiras horas da investigação, quando seu capitão saiu do escritório administrativo para sugerir aos investigadores que mantivessem uma grande repercussão em Reservoir Hill. Talvez, disse, algo pudesse ser mostrado em frente às câmeras de TV. D'Addario não conseguiu conter sua irritação. O caso de Latonya Wallace mal tinha surgido, e o alto escalão já estava pedindo para que seu pessoal desse um show para a mídia.

Ele respondeu com falta de diplomacia atípica: "Preferiria que eles trabalhassem em algo que ajude a solucionar o caso".

"Claro", o capitão procurou se justificar, com um misto de raiva e constrangimento. "Não foi isso que eu quis dizer."

A conversa, ocorrida no escritório principal da divisão de homicídios, foi ouvida por vários dos investigadores de D'Addario, que comentaram a respeito daquilo para vários outros. Antes do fim do dia, muitos dos homens de diferentes turnos já acreditavam que D'Addario, que já estava frustrado por sua exclusão da investigação do caso da rua Monroe, tinha desnecessariamente confrontado um superior. Mesmo que o telefonema para o Departamento de Educação e Treinamento tivesse sido acompanhado por outro, para editores jornalísticos, a busca feita pelos recrutas estava longe de ser uma das piores ideias já tidas pelo alto escalão. Mais do que isso, o capitão era capitão, e D'Addario era tenente, e, se esse caso terminasse mal, os supervisores com menos divisas tinham maior chance de se queimar. Como supervisor imediato de todos os investigadores envolvidos, D'Addario talvez fosse crucificado sozinho pelo caso Latonya Wallace.

Isolado do restante do comando, D'Addario depositava suas esperanças — e possivelmente, alguns acreditavam, sua carreira — nas mãos de Jay Landsman, um sujeito que, apesar de seus rompantes cômicos e desbocados, era o mais antigo e experiente sargento da divisão de homicídios.

Aos 37 anos, Landsman era o último de uma linhagem: seu pai tinha se aposentado como tenente e comandante interino do Distrito Noroeste, o primeiro oficial judeu a chegar a comandante de distrito em uma força policial predominantemente irlandesa; seu irmão mais velho, Jerry, tinha deixado a divisão de homicídios no ano anterior, se aposentando como tenente após 25 anos. Jay Landsman tinha tido como motivação seu pai, e a tradição familiar fez com que saísse da academia com o conhecimento de um veterano a respeito do funcionamento interno do departamento. O sobrenome ajudava um pouco, mas Landsman prosperou no departamento provando ser um policial esperto e agressivo. Logo recebeu três estrelas de bronze, uma comenda e três ou quatro cartas de recomendação. Landsman passou menos de quatro anos na patrulha da região sudoeste antes de passar para o departamento de investigação criminal; da mesma forma, estava havia apenas alguns meses na homicídios quando foi promovido a sargento, em 1979, e, naquele curto período de tempo, tinha solucionado todos os casos que tinha pegado. Então, foi mandado para a central por um período de onze meses como supervisor de setor, antes de ser trazido de volta para o sexto andar como sargento investigador. Quando a investigação de Latonya Wallace começou, Landsman já comandava o time da homicídios havia quase sete anos.

Com seu sargento mais experiente, D'Addario tinha um supervisor que sabia agir como investigador, seguindo seus instintos e persistindo em uma investigação por dias ou semanas. Landsman tinha tido sucesso em impedir os efeitos da gravidade em seu corpo atarracado de noventa quilos, e, após dezesseis anos de trabalho policial, seu cabelo desgrenhado e seu bigode estavam apenas começando a apresentar fios grisalhos ocasionais. Outros sargentos na divisão de homicídios pareciam donos de mercearia que comiam demais, mas, com mais de 2 m de altura, Landsman ainda parecia um policial de rua, um cara durão que em qualquer noite poderia pegar um cassetete e se dirigir a Poplar Grove para um encontro com o destino. Na verdade, tinha realizado seu melhor trabalho não como supervisor, mas como o sexto investigador de seu esquadrão, designando para si mesmo casos difíceis, tiroteios envolvendo policiais e outros casos complexos, dividindo as cenas de crimes, o trabalho de investigação e os interrogatórios com o investigador principal.

Os instintos de Landsman eram particularmente apurados: em seu período como investigador e como sargento tinha resolvido uma boa quantidade de casos simplesmente seguindo sua intuição. Na maioria das vezes, a contribuição de Landsman para um caso parecia, em retrospecto, pouco mais do que um completo chute — um discurso furioso em uma sala de interrogatório, uma acusação sem qualquer base dirigida a uma testemunha que aparentemente estava cooperando, uma revista de quarto consentida no susto por uma testemunha. Em termos de trabalho policial, por vezes parecia algo aleatório e peculiar, mas, por outro lado, funcionava. E, com dois novos assassinatos a cada três dias, a divisão de homicídios do Departamento de Polícia de Baltimore não era exatamente o melhor lugar para se aperfeiçoar uma abordagem sistemática e meticulosa. A metodologia "pau na máquina" de Landsman tinha certo número de discípulos entre os investigadores, porém até os homens que trabalhavam com Landsman admitiam que nem sempre era algo bonito de ver. A maior parte do pessoal de D'Addario se lembrava de noites em que Landsman tinha gritado até ficar rouco, acusando três suspeitos em três salas diferentes de terem matado o mesmo cara, para se desculpar com dois deles uma hora depois, enquanto algemava o terceiro.

As invectivas de Landsman geralmente funcionavam por conta de sua velocidade. Ele trabalhava rápido e dava vazão a seus impulsos. E acreditava piamente na Regra Número Três do manual da homicídios, que declara que as primeiras dez ou doze horas após o assassinato são as mais críticas para o sucesso de uma investigação. Nesse período, roupas ensanguentadas ainda estão sendo descartadas ou queimadas, carros roubados e placas frias sendo abandonados, armas ainda estão sendo derretidas ou jogadas no porto. Cúmplices ensaiam suas versões, combinando os locais e horários, e se livram dos detalhes trôpegos e conflitantes. Álibis coerentes e confiáveis ainda estão sendo estabelecidos. E, na vizinhança do assassinato, os moradores ainda misturam rumores e fatos em uma sopa encorpada e homogênea, até que se torne quase impossível para um investigador saber quando uma testemunha relata uma experiência de primeira mão ou meramente uma conversa de bar. O processo se inicia quando o corpo tomba na calçada e segue em frente sem ser detido, mesmo que as testemunhas mais importantes esqueçam detalhes críticos. No entanto, quando o esquadrão de Landsman atende a uma chamada, o processo de deterioração ainda está no começo, antes de alguém, em algum lugar, ser trancado em um cubículo à prova de som e obrigado a suportar o calor de um sargento investigador prestes a entrar em combustão espontânea.

Mas essa metodologia frequentemente entrava em conflito com uma verdade oposta no trabalho de investigação de homicídios: a velocidade é tanto um risco quanto uma aliada. Se o massacre tático de Landsman tinha um defeito, decididamente era sua progressão linear, sua preferência por foco imediato em vez de uma visão em constante expansão. A decisão de seguir um único plano de ataque obstinado é sempre uma aposta que um investigador, atravessando o corredor de um labirinto, não tem como saber se conduz a um beco sem saída. E nem se as portas não abertas ainda estarão lá quando ele decidir refazer seus passos.

Em Reservoir Hill, o labirinto parece crescer em tamanho e complexidade a cada hora. Enquanto a turma de recrutas volta para o ônibus, os demais investigadores e oficiais destacados estendem a busca do dia anterior às casas geminadas nas avenidas Park e Callow, nas áreas a leste e oeste do beco onde o corpo foi descoberto. Alguns outros checam os restaurantes e mercados de esquina na Whitelock e nas proximidades da avenida North, investigando quais estabelecimentos vendem cachorro-quente com chucrute e se algum tinha sido vendido para alguém na terça ou quarta-feira. Outros ainda visitam as casas dos colegas de Latonya Wallace, fazendo perguntas relativas à rotina dela, seus hábitos, o interesse dela por garotos, o interesse deles por ela — perguntas necessárias, que, no entanto, parecem forçosas quando feitas a crianças tão pequenas.

Os investigadores principais, Tom Pellegrini e Harry Edgerton, passam parte do dia no computador, pesquisando novos nomes na base de dados e descobrindo outra batelada de folhas de antecedentes criminais.

Edgerton ainda não solucionou o assassinato de Brenda Thompson, mas o arquivo do caso, contendo página após página de notas feitas à mão em seu último interrogatório com um suspeito em potencial, desapareceu da mesa dele, substituído por pastas brancas que dividiam as folhas de antecedentes dos moradores de Reservoir Hill por rua e número do quarteirão. Da mesma forma, o caso Rudy Newsome, já com duas semanas, não mais importuna Tom Pellegrini; como investigador principal de um infanticídio, não é esperado que ele trabalhe em nada além daquilo. Prioridades impostas são uma realidade no trabalho de investigação que todo investigador aprende a aceitar. Durante a vida, Rudy Newsome tinha sido um Zé Ninguém envolvido no milionário comércio de drogas de Baltimore, um empreendedor de esquina que tinha se revelado descartável. Na morte, foi novamente suplantado, dessa vez por uma tragédia maior, que clama mais alto por vingança.

Mais tarde, naquele segundo dia, Pellegrini sai do escritório para passar algumas horas na rua Whitelock, conversando com comerciantes e residentes, fazendo perguntas relacionadas ao Homem do Peixe, que permanece no topo de sua lista de suspeitos. Pellegrini pergunta a todos que encontra algo relacionado ao apartamento do dono do mercado, por onde ele tinha andado no começo da semana, seu aparente interesse por garotinhas, seu relacionamento com a vítima. O plano é levar o Homem do Peixe para a central no dia seguinte, depois que Pellegrini e os outros investigadores tiverem a chance de descobrir algumas informações a seu respeito. Caso tenham sorte, alguém na rua Whitelock saberá de algo que possa ser usado como um trunfo na sala de interrogatório.

Pellegrini percorre as ruas e colhe mais algumas insinuações e rumores. Há um bocado de histórias envolvendo o Homem do Peixe e garotinhas, mas nada que possa ser considerado uma prova definitiva, e, por ora, o investigador pode considerá-lo como apenas um entre diversos suspeitos.

Após perguntar pelas ruas, Pellegrini volta para o escritório para conversar com Edgerton, que ainda compilava as folhas de antecedentes dos moradores próximos da Newington por rua e número do quarteirão. Pega o arquivo com os endereços da avenida Callow e folheia as cerca de doze páginas. As ruas com sujeitos fichados por crimes sexuais estavam marcadas com giz de cera vermelho.

"Um bocado de pervertidos pra um único quarteirão da cidade", diz Pellegrini com fadiga.

"É", concorda Edgerton, "deve ter algum tipo de zoneamento especial pra isso por lá."

Os suspeitos de menor potencial são passados para os oficiais emprestados, e os investigadores principais checam por si mesmos os suspeitos mais promissores. Edgerton prende um jovem viciado em Lindin; Pellegrini colhe informações acerca de um sujeito que mora na avenida Callow. É uma cartada um pouco arriscada, mas sem conhecer o local do assassinato — o local onde a garotinha, de fato, foi morta — não há como limitar as perspectivas.

E onde diabos fica esse local? Onde o desgraçado manteve aquela garota por um dia e meio, sem que ninguém soubesse? A cada hora passada, Pellegrini diz para si mesmo, a cena se deteriora. Ele está convicto de que o local é em algum lugar em Reservoir Hill, uma verdadeira casa do tesouro em termos de provas, o aguardando em algum quarto ou porão. Onde, questiona-se, não procuramos?

No fim da tarde, Jay Landsman, Eddie Brown e outros oficiais voltam a Reservoir Hill, olhando as casas vazias e as garagens na Newington, na Callow e na Park em busca do local do assassinato. Unidades táticas supostamente vasculharam cada propriedade vazia na noite anterior, mas Landsman quer se certificar. Após uma das buscas, os homens tomam refrigerante em um estabelecimento que vende comida para viagem na rua Whitelock, onde puxam conversa com a proprietária, uma jovem de pele clara que dispensa as moedas dos investigadores.

"Como vai?", pergunta Landsman.

A mulher sorri, mas não diz nada.

"Soube de alguma coisa?"

"Vocês estão aqui por causa da garotinha, certo?"

Landsman assente. A mulher parece ansiosa para dizer algo, olhando de um investigador para outro e, em seguida, para a rua.

"O que é?"

"Bom... Ouvi dizer..."

"Só um segundinho."

Landsman fecha a porta da frente do estabelecimento e se inclina sobre o balcão. A mulher retoma o fôlego.

"Talvez não seja nada..."

"Tá legal, tudo bem."

"Tem um homem que mora na Newington, do outro lado da rua de onde disseram que aconteceu. Ele bebe, sabe, e naquela manhã ele apareceu dizendo que uma garotinha tinha sido, sabe, estuprada e morta."

"A que horas foi isso?"

"Deve ter sido umas nove."

"Nove da manhã. Tem certeza?"

A mulher gesticula que sim.

"O que foi que ele disse exatamente? Ele falou como a menina tinha sido morta?"

A mulher faz que não. "Ele só disse que ela tinha sido morta. Só achei engraçado que ninguém por aqui já estava sabendo disso, e ele estava agindo, tipo, esquisito..."

"Esquisito, tipo nervoso?"

"Isso, nervoso."

"E esse sujeito bebe?"

"Um bocado. Ele é velho. Ele sempre foi um pouco esquisito."

"Como é o nome dele?"

A mulher morde o lábio inferior.

"Aí, ninguém vai saber que foi você quem nos contou."

Ela sussurra o nome.

"Obrigado. Não vamos mencionar você."

A mulher sorri. "Por favor... Não quero que o pessoal daqui fique contra mim."

Landsman se ajeita no banco do carona do Cavalier antes de anotar o nome — um novo nome — em seu bloco de notas. E, quando Edgerton pesquisa no computador naquela tarde, ele de fato descobre que um homem com aquele nome mora na avenida Newington. E adivinhe só se a folha de antecedentes do sujeito não mostra duas acusações de estupro.

É mais um corredor.

Segunda-feira, 8 de fevereiro

Eles chegam em dois carros — Edgerton, Pellegrini, Eddie Brown, Ceruti, Bertina Silver do time de Stanton, e mais dois policiais emprestados —, uma escolta exagerada para um único velhote, mas o número certo de pessoas para realizar uma busca "a olhos vistos"[*] no apartamento do sujeito.

---

[*] Modalidade de busca policial em que os oficiais precisam de consentimento do suspeito para verificar determinado local e só podem recolher provas (ou efetuar uma prisão) caso estas estejam "a olhos vistos" e em flagrante delito, sem o recurso de uma busca detalhada (que só pode ser realizada mediante autorização judicial).

Os investigadores não possuem autorização legal. A razão para suspeitarem do velho passa longe dos requerimentos legais para estabelecimento de uma causa provável, e, sem um mandado de busca e apreensão assinado por um juiz, não podem recolher quaisquer itens ou realizar uma busca mais detalhada, revirando colchões e abrindo gavetas. Por outro lado, se o velho permitir que entrem no apartamento, poderão olhar tudo que estiver visível aos olhos. Por esse motivo, quanto mais olhos, melhor.

Bert Silver fica encarregada do suspeito assim que a porta da frente se abre, se dirigindo a ele pelo nome e deixando claro, em uma única e enfática frase, que metade do departamento de polícia veio exigir a honra de sua presença na delegacia. Os outros investigadores passam pelos dois e começam a circular lentamente pelo fétido e abarrotado apartamento de três cômodos.

O velho resmunga e balança a cabeça, depois tenta argumentar com uma série de sílabas aleatórias. Leva alguns minutos para que Bert Silver compreenda.

"Nam poss ir hoje."

"Pode, sim. A gente precisa falar com você. Cadê sua calça? Essa é a sua calça?"

"Nam queu ir."

"Bom, a gente precisa conversar com você."

"Nam... nam queu."

"Bom, não resta escolha. Você não quer que a gente prenda você, né? Essa é a sua calça?"

"A peta."

"Você prefere a preta?"

Enquanto Bertina Silver apruma o suspeito, os outros investigadores se movimentam cuidadosamente pelos quartos, procurando respingos de sangue, facas de serra, um pequeno pingente dourado em formato de estrela. Harry Edgerton checa a cozinha em busca de cachorro-quente e chucrute e volta até o quarto, onde vê uma espessa mancha vermelha perto da cama do velho.

"Uou! Que porra é isso?"

Edgerton e Eddie Brown se agacham. A cor era vermelho-arroxeada, com bastante brilho. Edgerton toca a beirada com o dedo.

"Grudenta", diz.

"É vinho, provavelmente", declara Brown, olhando para o velho. "Aí, camarada, deixou uma garrafa cair aqui?"

O velho dá um grunhido.

"Isso aí não é sangue", diz Brown, rindo baixinho. "É Thunderbird."*

Edgerton concorda, mas puxa um canivete e recolhe uma pequena porção da substância, que coloca em um pequeno saco de papel encerado. No corredor, o investigador faz o mesmo com uma mancha marrom-avermelhada que se estende pelo reboco por cerca de 1,5 m. Se alguma das amostras for confirmada como sangue, terão de voltar com um mandado e colher novas amostras como prova, mas Edgerton acredita que a possibilidade é remota. O melhor seria os técnicos testarem uma amostra naquela noite mesmo e resolver isso logo.

O velho olha ao redor, subitamente ciente da multidão.

"Que cês tão fazenu?"

"Esperando você. Precisa de um casaco? Cadê seu casaco?"

O velho aponta para uma jaqueta de náilon preta pendurada na porta do guarda-roupa. Silver pega o casaco e segura para o velho, que lentamente enfia os braços nas mangas.

Brown faz um gesto de reprovação. "Não é esse o cara", sussurra. "Sem chance."

Quinze minutos depois, no corredor em frente à sala de interrogação no sexto andar, Jay Landsman chega à mesma conclusão. Ele olha pela pequena janela telada da porta para dentro da sala. A janela é de mão única: o rosto de Landsman não pode ser visto de dentro do cubículo de dois metros por dois metros e meio; a janela em si parece quase algo metálico, um meio-termo entre uma chapa de aço e um espelho desgastado.

Emoldurado na pequena janela se vê o velho morador da parte sul da Newington — o velho que supostamente soube do assassinato antes de qualquer outra pessoa na vizinhança. Eis o mais recente suspeito, um pau d'água completo, capturado em algum ponto de sua jornada entre uma garrafa Thunderbird e outra de Colt 45,** a braguilha aberta, sua camisa de trabalho imunda abotoada nos buracos errados. Bert Silver não perdeu um momento sequer se preocupando com senso estético.

O sargento observa o velho, amontoado em uma cadeira de metal, esfregar os olhos e se inclinar para a frente para coçar lugares ocultos e proibidos, em relação aos quais nem mesmo Landsman queria pensar a

---

* Marca de vinho fortificado (contendo entre 13 e 18% de teor alcóolico) bastante popular entre a população carente e moradores de rua, devido a seu baixo preço e elevado teor alcóolico.
** Famosa marca de "licor de malte", um tipo de cerveja com teor alcóolico acima da média.

respeito. Embora tivesse sido removido de um profundo e miserável estupor uma hora antes, o velho já está totalmente alerta e aguardando impacientemente no cubículo vazio, sua respiração soa a intervalos regulares.

Isso por si só é um mau sinal, que claramente contradiz a Regra Número Quatro no manual de homicídios, que atesta que um homem inocente deixado a sós em uma sala de interrogatório permanece totalmente desperto, esfregando os olhos, olhando para as paredes do cubículo e se coçando em lugares proibidos. Um sujeito culpado, quando deixado a sós em uma sala de interrogatório, pega no sono.

Assim como a maioria das teorias envolvendo a sala de interrogatório, a Regra do Suspeito que Dorme não se aplica a todos os casos. Um principiante, ainda não habituado ao estresse inerente à atividade criminal e à punição, é propenso a balbuciar, suar e praticamente vomitar antes e durante o interrogatório. Mas Landsman não enxerga essa possibilidade, observando o velho da avenida Newington, bêbado e mal--amanhado, tirado da cama no meio da noite, mesmo assim incapaz de utilizar sua presente condição como um anestésico. O sargento faz um gesto de reprovação e volta para o escritório.

"Caramba, Tom, esse cara parecia bem mais promissor antes da gente trazer ele pra cá", desabafa Landsman. "Não consigo ver ele como nada além de um bebum."

Pellegrini concorda. A aparição do velho na divisão de homicídios e sua dispensa quase instantânea como suspeito por parte de Landsman marcam o último estágio da transformação do alcoólatra idoso em suspeito de ter assassinado uma criança e, então, novamente, em bêbado inofensivo. Para o velho, tinha sido uma metamorfose rápida, ocorrida ao longo de três dias, da qual ele tinha permanecido totalmente alheio.

No momento em que a proprietária do estabelecimento na rua Whitelock disse o nome do velho pela primeira vez para Landsman e Brown, tudo fazia sentido.

Em primeiro lugar, ele tinha falado para a mulher no restaurante a respeito da morte da criança às 9h de quinta — antes mesmo de os investigadores liberarem a cena do crime — e tinha agido de modo estranho enquanto falava. Mas como ele poderia ter sabido do assassinato da menina naquele horário? Embora o casal de idosos do número 718 da Newington tivesse contado a vários vizinhos a respeito da descoberta antes de ligar para a polícia, não havia qualquer indicação de que haviam conversado com o velho que morava logo em frente. Além disso, os investigadores tinham quase que imediatamente barrado o acesso de transeuntes ao beco atrás da Newington; como o velho morava na parte sul da rua, ele não teria como ter visto o corpo.

Havia também as acusações de estupro — antigas, com certeza — que não haviam resultado em qualquer indiciamento ou condenação em sua folha de antecedentes criminais. Mas, quando os investigadores puxaram os registros da Central de Dados, descobriram que uma das vítimas foi uma menina. Além disso, ao que parece, o velho mora sozinho em seu sobrado geminado na quadra 700 da Newington, a uma pequena distância de onde o corpo foi deixado.

Pouca coisa, talvez. Mas Landsman e Pellegrini sabem que quatro dias se passaram desde a descoberta do corpo, e, nesse momento, não há nada melhor no horizonte. O primeiro e aparentemente melhor suspeito investigado até o momento — o Homem do Peixe — foi trazido à central dois dias antes, mas o interrogatório não levou a lugar nenhum.

O Homem do Peixe não teve interesse em falar acerca da morte de uma criança que já tinha trabalhado em sua peixaria. E também não se interessou em descrever em detalhes seu paradeiro na terça e na quarta-feira. Após superar uma falta de memória generalizada, arranjou um álibi para a terça-feira do desaparecimento de Latonya Wallace — alguma pendência do outro lado da cidade, que tinha ido resolver com um amigo. Ao checar o álibi, Pellegrini e Edgerton verificam que a viagem, na verdade, ocorreu na quarta, fazendo com que se questionem se o sujeito mentiu intencionalmente ou simplesmente confundiu os dias. Além disso, quando checam o álibi, os investigadores descobrem que ele havia recebido dois amigos em seu apartamento para comer frango na noite de quarta. E isso, claro, gera um problema evidente: se, como a autópsia parece indicar, Latonya Wallace foi raptada na terça, morta na noite de quarta e desovada no começo da manhã de quinta, então como esse homem poderia estar do outro lado da cidade na quarta, ou cozinhando frango na noite daquele dia? Um depoimento completo do Homem do Peixe foi colhido no interrogatório de sábado, e, levando em conta o número de perguntas não respondidas, tanto Edgerton quanto Pellegrini o consideram um suspeito. Ainda assim, o conflito com o aparente horário da morte   baseado na segunda refeição, parcialmente digerida, e na falta de decomposição — tem que ser apurado.

Mas, assim como com todo o resto desse caso, até mesmo o horário da morte parecia um alvo móvel. No começo da noite, antes da visita ao apartamento do velho, Edgerton tinha argumentado brevemente contra a versão mais aceita: "E se ela foi morta na terça à noite? Será que pode ter sido morta no fim da terça, ou na manhã de quarta?".

"Não tem como", disse Landsman. "O *rigor mortis* tinha acabado de começar a dissipar. E os olhos ainda estavam úmidos."

"Ela poderia estar saindo do *rigor* após vinte e quatro horas."

"Nem fodendo, Harry."

"Poderia, sim."

"Nem fodendo. Aconteceria ainda mais rápido com ela, porque o corpo dela era menor..."

"Mas estava frio na rua."

"Mas sabemos que o cara estava com ela em algum lugar até que pudesse desovar ela de manhã."

"É, mas..."

"Não, Harry, nessa você cagou", disse Landsman, mostrando o relatório do legista na parte que falava do *rigor mortis*. "Olhos não ressecados, sem decomposição. Doze a dezoito horas, Harry."

Edgerton leu a página. "Tá legal", disse finalmente. "Doze a dezoito. Mas se ela foi largada às três ou às quatro... isso dá..."

"Quarta-feira no meio do dia."

Edgerton assentiu. Caso a menina tenha sido morta na quarta, então o Homem do Peixe estava fora, e parecia lógico colocar o candidato de Landsman, o velho que morava do outro lado da rua, no topo da lista.

"Ah, que se foda", disse Landsman por fim. "Não temos razão nenhuma para não prender esse cara."

Nenhuma, exceto pelo fato de que o suspeito mal consegue segurar uma garrafa, muito menos uma garotinha que teria pegado na rua e mantido em cativeiro por um dia e meio. O interrogatório dura apenas o suficiente para descobrirem que o velho bebum ouviu falar do assassinato na manhã de quinta-feira porque um vizinho seu soube disso pela mulher que mora no número 718 da Newington. Ele não possui informações a respeito do assassinato. Não conheceu a menina. Muito menos consegue se lembrar a respeito das antigas acusações, exceto que, quaisquer que sejam, ele é inocente. O velho quer ir para casa.

Um técnico do laboratório leva as amostras de Edgerton até a mesa de um dos investigadores e aplica o teste com corante verde malaquita, em que os itens são atritados com um cotonete que fica azulado se qualquer sangue — animal ou humano — estiver presente. Edgerton observa enquanto os dois cotonetes adquirem um tom cinza opaco, indicando que não é nada além de sujeira.

Poucas horas antes de amanhecer, enquanto o velho é devolvido a seu anonimato por um carro-patrulha do Distrito Central e os investigadores compilam e anotam o relatório diário, Pellegrini subitamente oferece uma nova alternativa.

"Ed, quer resolver esse caso?"

Brown e Ceruti olham com surpresa. Outros investigadores também voltam seu olhar, curiosos.

"Então vou dizer o que fazer."

"O quê?"

"Ed, vai lá e prepara uma lista de acusações."

"Ah, é?"

"E Fred, você lê pra mim os meus direitos..."

A sala toda gargalha.

"Ei", diz Landsman, rindo. "O que vocês acham? Esse caso não tá deixando o Tom zoado? Quer dizer, parece que ele tá começando a ficar meio lento." Pellegrini ri, envergonhado; a bem da verdade, começa a parecer um pouco esgotado. Suas feições são quase que classicamente italianas: olhos escuros, contornos faciais agudos, entroncado, um bigode espesso, cabelo preto liso formando um topete que, em seus melhores dias, parece desafiar a própria gravidade. Mas esse não é um bom dia; seus olhos estão inchados; seu cabelo, uma cascata rebelde caída sobre a testa pálida. As palavras se arrastam para fora da boca em marcha lenta devido à falta de sono.

Todos na sala já tinham passado por aquilo, trabalhando semanas de cento e vinte horas como investigador principal de um caso que simplesmente não fazia sentido, um conjunto de fatos que não se cristalizavam em um suspeito, por mais que você olhasse para eles. Um caso prioritário em aberto é tortura, uma tarefa desmoralizante e exaustiva que sempre parece moldar ou marcar um investigador mais do que casos que são resolvidos. E, para Pellegrini, ainda novato no esquadrão de Landsman, o assassinato de Latonya Wallace se provava o mais duro dos ritos de passagem.

Tom Pellegrini trabalhava na polícia havia nove anos quando sua transferência para a divisão de homicídios foi finalmente aprovada, todo esse tempo se perguntando se o trabalho policial era seu verdadeiro chamado, ou apenas a tangente mais recente naquela que tinha sido toda uma vida de desvios.

Ele era filho de um trabalhador das minas de carvão nas montanhas do oeste da Pensilvânia, mas seu pai — ele próprio, filho de um mineiro — tinha abandonado a família quando Pellegrini ainda era menino.

Depois daquilo, não havia nada que os ligasse. Certa vez, já adulto, foi passar um fim de semana com o pai, mas os laços pelos quais procurava não estavam lá. Seu pai parecia desconfortável, sua segunda esposa parecia hostil, e Pellegrini foi embora naquele domingo certo de que a visita tinha sido um erro. Sua mãe ofereceu pouco consolo. Ela nunca tinha esperado muito dele, e de tempos em tempos fazia questão de repetir isso. Pellegrini foi criado principalmente por uma de suas avós e passava os verões com uma tia, que o levava até Maryland para que encontrasse os primos.

Suas primeiras escolhas na vida pareciam — assim como sua infância — incertas, talvez até mesmo aleatórias. Ao contrário da maioria dos caras na divisão de homicídios, Pellegrini não tinha nenhuma experiência anterior com Baltimore e pouca com o trabalho policial quando entrou para o departamento em 1979. Quando chegou, era praticamente uma folha em branco, tão sem raízes e inexplorado quanto um sujeito pode ser. Em seu passado, contabilizava dois anos frustrantes na Universidade de Youngstown em Ohio, onde poucos semestres bastaram para que se convencesse de que não tinha talento para estudos acadêmicos. Tinha tido também um casamento fracassado, além de seis meses trabalhando em uma mina de carvão na Pensilvânia — o suficiente para Pellegrini entender que tradição familiar era algo do qual deveria se afastar. Passou dois anos trabalhando como gerente de um circo, viajando por feiras municipais e estaduais, fazendo a manutenção dos brinquedos. Por fim, aquele trabalho o levou a uma posição mais permanente, como gerente de um parque de diversões localizado em uma ilha no lago entre Detroit e Windsor, no Canadá, onde passava a maior parte do tempo tentando impedir que os brinquedos do parque enferrujassem durante o inverno. Quando os donos do parque de diversões se recusaram a pagar mais por uma manutenção melhor e mais segura, pediu demissão, inteiramente convencido de que queria estar o mais longe possível quando a roda-gigante saísse de sua órbita normal.

Os classificados o mandaram rumo ao sul — primeiro Baltimore, onde visitou a tia que o acolhia nos verões de sua infância. Ele ficou em Maryland por uma semana, tempo suficiente para responder a um anúncio de recrutamento para o Departamento de Polícia de Baltimore. Certa vez, havia trabalhado por um breve período em uma empresa de segurança privada e, embora o trabalho não lembrasse em nada o trabalho policial, o fez ter a vaga sensação de que talvez gostaria de se tornar policial. No entanto, no fim da década de 1970, o prospecto de uma carreira na polícia parecia incerto; a maioria dos departamentos municipais lidava com reduções orçamentárias e congelamento de contratações. Ainda assim, Pellegrini se sentiu intrigado o suficiente para comparecer à entrevista do departamento de Baltimore. Mas, em vez de esperar a resposta, foi direto até Atlanta, já que tinha ouvido falar que o *boom* econômico do Cinturão do Sol* apresentava melhores garantias de emprego. Passou a noite em Atlanta, lendo os classificados em uma cafeteria deprimente na parte caída da cidade, depois voltou a seu quarto de hotel para ver se tinha recebido notícias da tia, que tinha ligado o avisando de que tinha sido aceito pela academia de Baltimore.

Mas que diabo, disse para si próprio. Não sabia muita coisa relacionada a Baltimore, porém o que tinha visto de Atlanta não podia ser exatamente descrito como um paraíso. Mas que diabo.

Depois de se formar, foi designado para o Setor 4 da Central Sul, um reduto branco dividido quase igualmente entre agricultores urbanos e trabalhadores imigrantes. Não era nem de longe a área mais cheia de crimes da cidade, e Pellegrini entendeu que, se ficasse lá por dez anos, jamais aprenderia o que precisava saber para subir no escalão do departamento. Caso quisesse ser bom nisso, disse para si próprio, teria que chegar a um dos distritos mais casca-grossa, como o Oeste ou, melhor ainda, uma unidade que atuasse em toda a cidade. Após menos de dois anos em um carro-patrulha, sua passagem para fora da zona rural veio quando sua transferência foi aprovada para o Time de Resposta Rápida, uma unidade tática de armamento pesado responsável por lidar com situações com reféns e barricadas. De plantão no quartel, o TRR era considerado uma unidade de elite, e os oficiais eram divididos em times de quatro homens que treinavam constantemente. Dia após dia, ele e o resto de seu esquadrão treinavam como chutar portas, avançar por ambientes que não conheciam e então simulavam disparos em imagens de papelão de atiradores. Havia também figuras de papelão de reféns, e, após treinar o suficiente, um time conseguia chegar ao patamar de, em condições ideais, com cada homem fazendo seu trabalho, acertar algum refém em não mais de uma em cada quatro ou cinco tentativas.

---

* Região dos Estados Unidos que compreende a faixa dos estados
  localizados de sudeste a sudoeste do país.

O trabalho era preciso e exigente, mas Pellegrini não se sentia mais à vontade no TRR do que em qualquer outro lugar em sua vida. Por exemplo, seu relacionamento com os outros membros do time era difícil, principalmente porque a unidade contava com um sargento a menos, e ele tinha sido apontado pelos outros supervisores como o oficial interino. Foi quando descobriu que o interino ganha um pouco de dinheiro a mais, e quase nenhum respeito a mais dos homens que comanda. Afinal, para o resto do pessoal, receber ordens de um sargento com divisas de verdade na manga era uma coisa, mas receber de um supervisor temporário ocupando o mesmo patamar hierárquico era outra. Porém, para Pellegrini, havia algo mais importante do que a política do departamento: a memória de um encontro em particular, na primavera de 1985, um incidente que forneceu seu primeiro contato com o tipo de trabalho policial pelo qual realmente se interessava.

Naquele ano, o TRR recebeu ordens por uma semana diretamente da divisão de homicídios do Departamento de Investigação Criminal, visitando dúzias de locais na zona leste de Baltimore em busca de um foragido. As buscas aconteciam na esteira de um tiroteio envolvendo a polícia no qual Vince Adolfo, um patrulheiro do Distrito Leste, foi assassinado ao tentar parar um carro roubado. Um rapaz da zona leste foi rapidamente identificado como o atirador, mas, nas horas após a morte, o suspeito conseguiu se manter escondido. Assim que um investigador da homicídios identificou um endereço como sendo o de um possível esconderijo, o TRR foi até lá com um aríete e um escudo para derrubar a porta da frente. Foi a primeira vez que Pellegrini teve a chance de ver uma divisão de homicídios de perto, e, quando a colaboração no caso Adolfo terminou, uma coisa ficou clara para ele: queria ser uma das pessoas que ganham a vida descobrindo qual é a porta certa. Outro policial podia ficar com o trabalho de arrombá-la.

Ele seguiu o impulso, fazendo algo extraordinário — ao menos para os parâmetros do departamento de polícia típico. Munido de um currículo cuidadosamente preparado e com uma carta de apresentação, foi de elevador até o sexto andar da central e entrou no escritório da administração ao lado da divisão de homicídios, onde o comandante da divisão de crimes contra pessoas trabalha.

"Tom Pellegrini", se apresentou, estendendo a mão para o capitão. "Eu gostaria de me tornar investigador de homicídios."

O capitão, é claro, olhou para Pellegrini como se ele fosse um habitante de outro planeta, e por bom motivo. Em teoria, um oficial pode se voluntariar para vagas anunciadas em qualquer setor; na prática, o processo de indicação para investigadores da divisão era sutil, mas cheio de política — ainda mais desde os anos em que o departamento abandonou os testes padronizados para investigadores.

Para veteranos como Donald Worden e Eddie Brown, ou até Terry McLarney, que entrou somente em 1980, houve uma sabatina de admissão para a divisão de crimes contra pessoas — um teste que eliminava os candidatos incapazes de escrever um mandado legível, mas que também promovia um bocado de gente que era boa em responder a testes. Além disso, os resultados dos testes — embora sugerissem uma abordagem quantitativa — sempre tinham estado sujeitos à política: o desempenho de um candidato em um teste verbal só era tão bom quanto suas conexões dentro do departamento. Então, no começo dos anos 1980, a testagem foi descontinuada, e a indicação a investigador se tornou meramente política. Em teoria, oficiais de polícia deveriam chegar até a divisão de homicídios se destacando em outras áreas do departamento, de preferência em alguma das unidades de investigação do sexto andar. Embora alguns candidatos de fato tivessem os pré-requisitos, a decisão final normalmente tinha mais a ver com outros fatores. Em uma década marcada por ações afirmativas, era uma vantagem ser negro; também ajudava ter um tenente-coronel ou comissário adjunto como mentor.

Pellegrini e o capitão tiveram uma conversa breve e inconclusiva. Ele era um bom policial, com um desempenho respeitável, porém não era nem negro nem discípulo de algum chefe. Mas Jay Landsman ouviu falar do breve encontro e ficou impressionado com a abordagem do novato. Entrar na sala de um comandante com nada além de algumas folhas datilografadas e um aperto de mão exigia colhões. Landsman disse a Pellegrini que, se ele chegasse à homicídios, seria bem-vindo em seu esquadrão.

No fim das contas, Pellegrini tinha só uma carta na manga: um advogado bem relacionado para quem tinha feito um favor uma vez durante seu tempo na zona sul da cidade. "Se tiver algo que eu possa fazer", disse o sujeito. Aquilo tinha sido alguns anos antes, mas Pellegrini foi atrás do favor. O advogado concordou em fazer o possível e, então, ligou de volta dois dias depois. Não havia nenhuma vaga na divisão de crimes contra pessoas, mas, por meio de uma conexão com um dos subcomissários, conseguiu encaixá-lo na equipe de segurança de William Donald Schaefer. Não é a divisão de homicídios, disse o advogado, mas, se você durar um ano ou dois a serviço do Prefeito Irritado,* pode pedir o que quiser.

---

* Schaefer (1921-2011) ganhou o apelido devido a um célebre artigo publicado na revista Esquire, com a chamada de capa "Quem é o melhor prefeito dos Estados Unidos... E por que ele está irritado?".

Relutante, Pellegrini aceitou a transferência e passou quase dois anos acompanhando Sua Excelência em reuniões comunitárias, em eventos beneficentes e no Desfile Preakness.* Era difícil trabalhar para Schaefer, um político criado dentro da máquina administrativa que valorizava lealdade e a habilidade de engolir sapos acima de qualquer outra virtude humana. Diversas vezes, Pellegrini saiu do trabalho com os xingamentos do prefeito ainda ecoando em suas orelhas e, em diversas outras, foi para casa tentando domar um desejo quase incontrolável de algemar o mais alto funcionário público da cidade no para-choques de um carro-patrulha.

Certa vez, no evento de uma entidade beneficente em que Schaefer estava atuando como mestre de cerimônias, Pellegrini cometeu o erro de se intrometer na apresentação do prefeito. Enquanto Schaefer gastava o verbo falando de tudo, desde defeitos congênitos até o novo aquário de Baltimore, um dos organizadores apontou para o fato de que a garota-propaganda do evento, uma garotinha cadeirante, não estava sendo incluída. Pressentindo um desastre, o policial hesitantemente conduziu a garota na cadeira de rodas para perto do prefeito, falando aos sussurros.

"Hã, sr. Prefeito!"

Schaefer o ignorou.

"Sr. Prefeito! Senhor!"

Schaefer o ignorou com um aceno de mão.

"Sr. Prefeito..."

Quando o prefeito terminou o discurso, imediatamente se voltou para o policial.

"Sai daqui, caralho", disse Schaefer.

Ainda assim, ele atuava como um bom soldado, sabendo que em Baltimore a palavra de um político inveterado vale ouro. E, de fato, quando Schaefer foi eleito governador de Maryland em 1986, os membros de sua equipe puderam escolher o que queriam. Em poucos dias, houve duas indicações para a divisão de homicídios do Departamento de Investigação Criminal: Fred Ceruti, um policial do Distrito Leste, e Tom Pellegrini. Ambos foram para o esquadrão de Landsman.

Após entrar, Pellegrini surpreendeu a todos, inclusive a si próprio, ao fazer o trabalho. Quando atendeu a suas primeiras chamadas, ainda não

---

* Desfile de atrações vinculado à Preakness Stakes, uma corrida de cavalos de raça tradicional da cidade de Baltimore. É o segundo maior evento equestre nos Estados Unidos, atrás apenas do Kentucky Derby.

podia confiar apenas em seus instintos ou experiência; a segurança da prefeitura não era um lugar conhecido por gerar investigadores de homicídios competentes. Mas o que não tinha de experiência, possuía em disposição para aprender. Gostava do trabalho e, mais importante, começou a sentir como se houvesse algo no mundo para o qual era adequado. Landsman e Fahlteich o ajudaram nas primeiras chamadas, e Dunnigan e Requer treinaram Ceruti, lhe mostrando os casos em que trabalhavam.

A orientação no Departamento de Investigação Criminal não era nem um pouco sofisticada. Não havia manual de treinamento; em vez disso, um investigador veterano conduzia o neófito pela mão em algumas chamadas e, então, de repente, soltava dela para que ele andasse por conta própria. Não existe nada mais aterrorizante do que a primeira chamada como investigador principal, o corpo estendido na calçada, a rapaziada das esquinas lançando olhares maldosos e os policiais de uniforme, legistas e técnicos de laboratório todos se perguntando se você sabe ao menos metade do que deveria. Para Pellegrini, o ponto de virada foi o caso de George Green no conjunto habitacional, aquele em que mais ninguém em seu time esperava conseguir um suspeito, quanto mais uma prisão. Ceruti e Pellegrini atenderam à chamada juntos, porém seu companheiro folgou no fim de semana prolongado logo em seguida. Quando Ceruti voltou na segunda, perguntou casualmente se tinha surgido mais alguma coisa no homicídio em que estavam trabalhando.

"Já era", respondeu-lhe Pellegrini.

"Como é?"

"Prendi dois suspeitos no fim de semana."

Seu parceiro de investigação mal pôde acreditar. O caso Green não tinha nada de extraordinário, um assassinato ligado ao tráfico sem testemunhas iniciais ou qualquer prova material. Com um novato no cargo de investigador principal, é exatamente o tipo de caso que ninguém espera que seja resolvido.

Pellegrini resolveu tudo batendo perna, trazendo pessoas para depor por horas a fio. Ele logo descobriu que tinha o temperamento adequado para interrogatórios longos, uma paciência que até mesmo os outros investigadores achavam exasperante. Com seu jeito lento e lacônico, levava três minutos para dizer tudo que tinha comido no café da manhã ou, então, cinco minutos contando uma piada envolvendo um padre, um pastor e um rabino. Embora isso fosse incrivelmente irritante para Jay Landsman, era perfeito para interrogar criminosos. Lenta e metodicamente, passou a dominar cada vez mais o trabalho e começou a solucionar a maioria de seus casos. Seu sucesso, percebeu, era importante apenas para si próprio. Sua segunda esposa, uma ex-enfermeira de emergência, não tinha problema algum com a morbidez ligada à investigação de homicídios, mas não se interessava muito pelos pormenores dos casos. Sua mãe expressava apenas um orgulho geral pelo sucesso do filho; seu pai havia se perdido totalmente para ele. No fim das contas, Pellegrini teve de aceitar que sua vitória era algo que celebraria sozinho.

Ou, ao menos, achava que era uma vitória, até Latonya Wallace aparecer morta naquele beco. Pela primeira vez em muito tempo, Pellegrini começou a questionar a própria habilidade, deferindo sua autoridade para Landsman e Edgerton, permitindo que os investigadores com mais experiência ditassem o rumo.

Era compreensível; afinal, nunca tinha lidado com um caso de alta prioridade. Mas a mistura de personalidades e de estilos individuais também contribuía para a sua dúvida. Landsman era não apenas agressivo e gritão, mas também totalmente confiante e, quando trabalhava em algum caso, tendia a se tornar o centro dele, atraindo os outros investigadores com sua força centrípeta. Edgerton também era a própria imagem da confiança, rápido em expressar suas ideias e argumentar com Landsman acerca de uma teoria ou outra. Edgerton tinha aquela postura de Nova York, aquele alarme interno que sempre diz a um garoto da cidade para ser o primeiro a falar em uma sala cheia, antes que alguém abra a boca e a oportunidade se perca.

Pellegrini era diferente. Ele tinha suas ideias relacionadas ao caso, é claro, mas era mais contido, seu modo de falar tão despreocupado e lento que, em qualquer debate, os investigadores veteranos conseguiam atropelá-lo. A princípio, era apenas moderadamente irritante, e, de todo modo, que diferença fazia? De fato, não discordava nem de Landsman nem de Edgerton em termos do que fazer. Os acompanhou quando focaram no Homem do Peixe como suspeito e também quando Landsman teorizou que o assassino morava no mesmo quarteirão da Newington. Concordou com os dois quando foram atrás do velho bebum que morava do outro lado da rua. Tudo parecia razoável, e você podia dizer o que quisesse de Jay e Harry, mas eles sabiam trabalhar.

Demoraria alguns meses até que Pellegrini começasse a se recriminar por não ter sido mais assertivo. Mas, por fim, os mesmos pensamentos que o atormentaram na cena do crime — a sensação de que não estava inteiramente no comando do caso — iriam importuná-lo de novo. Latonya Wallace era um caso prioritário, e isso significa que o turno inteiro trabalha no mesmo caso, para o bem e para o mal. Landsman, Edgerton,

Garvey, McAllister, Eddie Brown — todos metiam a mão na massa, cada um deles queria levantar a pedra sob a qual se escondia o assassino da menina. É verdade que conseguiam investigar um bocado de coisas ao mesmo tempo desse modo, porém, no fim das contas, os nomes de Landsman, Edgerton ou Garvey não constariam no arquivo do caso.

Landsman definitivamente tem razão a respeito de algo: Pellegrini está cansado. Todos estão. Naquela noite, ao fim do quinto dia de investigação, todos deixam o escritório às 3h sabendo que voltarão em cinco horas e que os turnos de dezesseis e vinte e quatro horas em que vinham trabalhando desde a quinta-feira não terminarão tão cedo. A pergunta mais óbvia, e até então não articulada, é por quanto tempo conseguirão aguentar. Bolsas escuras se instalaram de modo permanente sob os olhos de Pellegrini, e o sono do investigador é por vezes pontuado pelo choro noturno de seu segundo filho, de três meses de idade. Landsman, que nunca foi muito afeito à sua aparência como policial civil, passou a se barbear a cada dois dias, e suas roupas se degradaram de blazers para blusões de lã até chegar a jaquetas de couro e calça jeans.

"Aí, Jayzinho", observou McLarney para Landsman na manhã seguinte, "você parece meio derrubado."

"Tô de boa."

"Como vão as coisas? Alguma novidade?"

"A gente vai resolver", responde Landsman.

Porém, a verdade é que há pouco motivo para otimismo. O arquivo vermelho na mesa de Pellegrini, número 88021, já está espesso, com relatórios de buscas, folhas de antecedentes, relatórios internos, canhotos de entrega de provas e depoimentos anotados à mão. Os investigadores vasculharam todo o quarteirão que cercava o beco e começavam a cobrir os quarteirões vizinhos; a maioria dos identificados na primeira triagem que tinha folha de antecedentes já foi descartada. Os demais investigadores e policiais em empréstimo checam todos os relatórios que façam alusão a um homem adulto que fez gracejos, por menor que tenha sido, para uma garota com menos de 15 anos de idade. E, embora diversas ligações com pistas relativas a possíveis suspeitos sejam recebidas — Landsman passa metade de um dia procurando um paciente com transtorno mental mencionado por uma mãe de Reservoir Hill —, ninguém se apresentou dizendo ter visto a menina voltando para casa da biblioteca. No que se refere ao Homem do Peixe, ele tem álibi para o dia crítico de quarta-feira. E o bebum velho é, de fato, só um bebum velho. O pior de tudo, diz Landsman, é que ainda não encontraram a cena do crime.

"É isso que tá fodendo a gente", diz Landsman. "Ele sabe mais do que nós sabemos."

Edgerton, por exemplo, estava ciente das poucas chances.

Na terça-feira, na noite após darem a prensa no velho, Edgerton vai até uma igreja batista de tijolo à vista na parte alta da avenida Park, próximo da esquina com a Newington. Caminha lentamente em meio ao calor sufocante do santuário lotado. O pequeno caixão, bege com detalhes dourados, está do outro lado do corredor central. O investigador vai até lá e hesita por um momento, tocando o canto do caixão antes de olhar para a primeira fileira por alguns momentos. Ele segura a mão da mãe e se agacha, sua voz um sussurro.

"Quando orar esta noite, ore por mim", lhe diz. "Vamos precisar."

Mas o rosto da mulher está acabado, vazio. Ela assente de modo abstrato, seus olhos se desviam do investigador para se fixarem novamente no arranjo floral à frente dela. Edgerton caminha até a lateral da igreja e fica parado com as costas contra a parede, os olhos fechados mais por fadiga do que por convicção espiritual, ouvindo o tom evangélico do jovem pastor:

"... ainda que eu ande pelo vale da sombra... ouvi grande voz vinda do trono, dizendo... a morte já não existirá, já não haverá luto, nem pranto, nem dor, porque as primeiras coisas passaram."

Escuta o prefeito da cidade, cuja voz falseia enquanto ele luta com as palavras:

"À família e aos amigos... Eu, ahm... essa é uma tragédia terrível, não apenas para sua família... para a cidade toda... Latonya era uma filha de Baltimore".

Escuta um senador:

"... a pobreza, a ignorância, a ganância... todas as coisas que matam meninas... ela era um anjo para nós, o anjo de Reservoir Hill".

Escuta a respeito de pequenos e breves detalhes da vida da garota:

"... estudou na escola desde os três anos de idade até o presente com um histórico de presença impecável... participava do conselho estudantil, do coral da escola, fazia dança, era baliza da banda marcial... O objetivo de Latonya era se tornar uma grande dançarina".

Escuta o elogio fúnebre, a raciocínios que nunca pareceram mais ocos ou vazios:

"Ela está em seu lar agora... porque não somos julgados pelos mais velozes ou mais fortes, mas por aqueles que perduram".

Edgerton acompanha a multidão que se reúne atrás do caixão enquanto o levam até a porta de entrada. Focando no trabalho de novo, pede a um dos porteiros uma cópia do livro de visitas, assinado pelos presentes. Em uma van de vigilância do outro lado da avenida Park, um técnico começa a tirar fotos da multidão que se afasta, na esperança de que o assassino tenha reunido remorso suficiente para arriscar uma visita. Edgerton fica no fim dos degraus da igreja, checando os rostos masculinos enquanto a multidão lentamente sai.

"'Não pelos mais velozes ou mais fortes, mas por aqueles que perduram'", diz, puxando um cigarro. "Gostei dessa parte... Espero que esteja falando de nós."

Edgerton observa os últimos enlutados saírem da igreja antes de voltar para seu carro.

Segunda-feira, 8 de fevereiro

Donald Worden está sentado na sala do café e lê a parte do jornal que cobre a região metropolitana, ouvindo distraído a chamada sendo feita no escritório ao lado. Em silêncio, bebe um gole de café e lê a seguinte manchete:

PISTAS INCONCLUSIVAS NO ASSASSINATO DE UM SUSPEITO EM FUGA EM DEZEMBRO; POLICIAIS PASSARÃO A INVESTIGAR CIVIS.

O artigo começa com uma pergunta:

> Quem matou John Randolph Scott Jr.?
> Os investigadores de homicídios se fizeram essa pergunta centenas de vezes desde 7 de dezembro, quando o sr. Scott, de 22 anos, foi baleado nas costas enquanto era perseguido a pé pela polícia.
> Durante várias semanas, a investigação pareceu focada nos policiais que estavam na área quando o jovem — afastando-se de um carro roubado que tinha sido perseguido pela polícia — foi morto com um tiro no quarteirão 700 da rua Monroe.
> Mas agora os investigadores parecem estar considerando outro possível suspeito — um civil que mora na vizinhança e cuja mãe, namorada e filho foram interrogados diante de um grande júri do município, de acordo com fontes na polícia.

Worden deixa os olhos vagarem lentamente por toda a coluna, depois vira a página e começa a ler a continuação do texto na página seguinte. Só piora:

> Uma fonte na polícia disse que um homem morador das redondezas da rua Monroe foi extensivamente interrogado acerca do assassinato... O mesmo homem — indicado para a polícia por outro residente da área — disse aos investigadores que viu um carro de polícia saindo da rua Monroe na manhã da morte em alta velocidade, com os faróis apagados.
>
> A fonte relatou que nenhuma prova foi encontrada para amparar a afirmação, e agora os investigadores acreditam que o homem pode ser responsável pela morte — ou que ao menos sabe mais do que está disposto a revelar.

Worden termina o café e entrega o jornal a Rick James, seu parceiro, que revira os olhos e pega o jornal da mão do investigador veterano.

Maravilha. Pela primeira vez em dois meses, tinham encontrado uma pista naquele maldito caso, só para a porra do Roger Twigg, o repórter policial veterano do jornal da manhã, expor tudo na primeira página do caderno de cidades. Fantástico. Por dois meses, ninguém na vizinhança perto da Fulton e da Monroe admitiu saber qualquer coisa relacionada ao assassinato de John Scott. E então, uma semana antes, Worden finalmente tinha achado uma testemunha relutante — possivelmente uma testemunha ocular — para o grande júri. Mas, antes de os promotores conseguirem se dedicar ao sujeito, exercendo pressão para que ele testemunhasse em vez de ser acusado de perjúrio, o *Baltimore Sun* o classifica como um suspeito. Seria um pesadelo fazer esse cara falar em juízo, porque, caso ele lesse o jornal — ou se o advogado fizesse isso —, seria prudente da parte dele invocar a Quinta Emenda* e permanecer em silêncio.

Twigg, seu miserável desgraçado, pensa Worden, enquanto escuta D'Addario ler as principais mensagens do teletipo.** Me pegaram. Realmente me pegaram com essa.

---

* A Quinta Emenda à Constituição dos Estados Unidos institui o direito de ser julgado pelo grande júri, de permanecer calado, de não se autoincriminar e de ser julgado apenas uma vez sobre mesmos fatos.
** Máquina de escrever eletromecânica que antecedeu o fax e a internet como meio de transmissão de dados a longa distância.

O fato de Worden ter arranjado uma testemunha é prova de todo seu empenho dedicado ao caso. Desde a descoberta do corpo de John Scott no começo de dezembro, tinha feito quatro buscas completas da área em torno do quarteirão 800 da rua Monroe e encontrado quase nada nas três primeiras tentativas. Foi apenas na quarta busca que Worden foi informado por um morador do nome de uma possível testemunha ocular, um residente do quarteirão 800 que tinha estacionado seu carro na rua Monroe, próximo à entrada do beco, e que tinha contado a diversas pessoas que estava na rua durante os disparos. Quando Worden conseguiu encontrar o sujeito, era um trabalhador de meia-idade que morava com a namorada e a mãe idosa na rua Monroe. Nervoso e relutante, o homem negou ter estado na rua quando o incidente ocorreu, contudo admitiu ter ouvido um tiro e, em seguida, ter visto de sua janela um carro saindo do quarteirão 800 com as luzes apagadas. Viu, então, um segundo carro de polícia chegar à rua Monroe vindo da Lafayette e parar perto da entrada do beco.

O homem disse também que, após a polícia começar a chegar ao beco, ligou para o filho e lhe relatou o acontecido. Worden interrogou o filho, que se lembrava da ligação e que seu pai tinha sido bem específico: ele tinha visto um policial atirar em um cara no beco em frente à casa dele.

Worden retornou à testemunha, confrontando-a com a declaração de seu filho. Não, disse o sujeito, eu nunca disse isso ao meu filho. Ele manteve a declaração anterior, envolvendo dois carros.

Worden suspeitava de que sua nova testemunha tinha visto bem mais do que a mera chegada e partida de carros-patrulha, e o investigador tinha duas possíveis explicações para a óbvia relutância do homem. A primeira delas, a testemunha tinha medo legítimo de depor contra um policial em um julgamento por assassinato. A segunda era que nunca tinha havido um carro-patrulha saindo da rua Monroe com as luzes apagadas. A testemunha teria, em vez disso, visto um confronto entre John Scott e outro civil, talvez um vizinho ou amigo, a quem a testemunha tentava proteger. Era possível que a briga tivesse envolvido a própria testemunha, que tinha estacionado o carro na entrada do beco poucos minutos antes do assassinato.

Deste modo, tecnicamente, o artigo no jornal matinal está correto em afirmar que a testemunha pode também ser considerada um suspeito em potencial. Mas o que Roger Twigg não sabe — ou não foi informado por suas fontes — é que essa nova testemunha não foi descoberta do nada; outras provas conduziam Worden no sentido oposto, de volta aos policiais.

São mais do que apenas os botões da camisa encontrados no beco. E é mais do que o mero fato de muitos policiais envolvidos parecerem ter dificuldade em manter suas versões. A prova mais enervante no arquivo do caso é a cópia de uma gravação da central de rádio do Distrito Central, que foi enviada ao FBI para que o áudio fosse melhorado. Decifrada pelos investigadores e transcrita semanas após o assassinato, ela revela uma estranha sequência de transmissões via rádio.

A certa altura da gravação, ouve-se um policial do Distrito Central fazendo a descrição do suspeito visto saindo correndo do banco do passageiro do carro roubado.

"Homem número um, 1,9 m, ou 2 m, jaqueta escura, calça jeans azul... visto pela última vez no cruzamento da Lanvale com Payson..."

Depois disso, um sargento do Distrito Central, um veterano com sete anos de experiência chamado John Wylie, começa a falar. Tendo acompanhado a perseguição até que ela chegasse ao Distrito Oeste, Wylie foi o primeiro a encontrar o corpo de John Scott.

"Um três zero", diz Wylie, passando o número de sua unidade. "Cancela aquela descrição anterior, encontrado no quarteirão 800 da Fulton... ou da Monroe."

Um dos policiais envolvidos no começo da perseguição, imaginando que o suspeito tinha apenas sido preso: "Um dois quatro. Posso identificar ele..."

Momentos após, Wylie fala ao rádio de novo. "Um três zero. Ouvi um tiro antes de encontrar o cara."

"Um três zero, onde é? Quadra 800 da Monroe?"

"Positivo."

Então, diversos instantes depois, Wylie aparece de novo na fita, mencionando pela primeira vez que há uma "possível vítima de tiro no beco".

As transmissões apresentaram a Worden a seguinte questão retórica: Por que o sargento cancelaria a descrição do suspeito, a menos que acreditasse que o sujeito tinha sido preso? Os botões, a gravação das chamadas — aquelas provas apontavam não para um suspeito civil, mas para os policiais em perseguição. Worden e James tinham checado e rechecado as fichas de turno de cada policial que trabalhava em algum posto próximo da rua Monroe — fichas impostas pelo departamento que descrevem todo o turno de trabalho dos policiais de uniforme, chamada a chamada. Mas a localização de todos os carros-patrulha dos distritos Central, Oeste e Sul pareciam mapeados durante o horário do crime. Os policiais envolvidos na perseguição do Dodge Colt roubado e sua fuga subsequente já tinham descrito todo seu trajeto em relatórios suplementares, e os dois investigadores também tinham analisado esses relatórios. Os investigadores descobriram que a maioria dos policiais tinha se encontrado durante o incidente e podia confirmar os relatórios uns dos outros.

Se o atirador foi outro policial, que fugiu antes da chegada de Wylie, não havia nada em toda a papelada que pudesse identificá-lo. No total, quinze oficiais dos distritos Oeste e Central foram interrogados, revelando muito pouco, e Wylie, por sua vez, insistiu não ter visto nada antes ou depois do disparo. Diversos policiais — incluindo Wylie e dois outros que estavam entre os primeiros a chegar ao local do crime — foram convocados a se submeter ao teste do polígrafo. Os resultados não revelaram inverdades no caso de nenhum policial, com exceção de Wylie e de um outro, cujos resultados foram considerados inconclusivos.

Os resultados do detector de mentiras, aliados à chamada de Wylie que, de forma precipitada, cancelou a descrição do suspeito, levaram tanto Worden quanto James a concluírem que o sargento do Distrito Central, no mínimo, tinha visto algo antes de encontrar o corpo. Mas, no interrogatório de duas horas e meia com os investigadores, Wylie insistiu que tinha ouvido apenas um único disparo e não tinha visto outros policiais perto do beco na rua Monroe. Ele não sabia por que havia cancelado a descrição do suspeito e não se lembrava de ter feito isso.

Wylie perguntou aos investigadores se ele era um suspeito.

Não, lhe responderam.

Mesmo assim, foi durante aquela entrevista que os investigadores pediram ao sargento que consentisse uma busca voluntária de sua casa. Wylie concordou, e os investigadores confiscaram os uniformes, a arma de serviço e o revólver particular dele para exames, que também se revelaram inconclusivos.

Eu sou um suspeito?, perguntou o sargento novamente. Se for o caso, preciso que leiam meus direitos.

Não, disseram a ele, você não é um suspeito. Não por enquanto. Diante da insistência do sargento de que não tinha ouvido ou visto nada além do disparo, só restava aos investigadores a possibilidade de que algum outro policial ou civil tivesse testemunhado o crime ou os momentos posteriores a ele. E, no momento em que essa possibilidade se tornava real, uma única coluna de jornal ameaçava fazer com que a única testemunha se escondesse de novo.

Ainda assim, se tinha sido um policial que tinha matado John Scott, Worden acreditava que o incidente provavelmente era algo menor do que um assassinato intencional. Pensava se tratar de uma briga de beco que tinha fugido ao controle, uma altercação que terminou quando algum patrulheiro — de modo justificado ou não — usou sua arma, ou talvez um outro .38 tirado de John Scott. Um segundo ou dois depois, o suspeito estava no chão, com um tiro nas costas, e o policial com adrenalina saindo até pelos olhos, em pânico, se perguntando como diabos ia conseguir explicar aquilo.

Se fosse esse o cenário, com um patrulheiro fugindo daquele beco por não acreditar na capacidade do departamento de protegê-lo, então tinha sido um ato inevitável. Caso se tratasse disso, então o ocorrido na rua Monroe era a última e sinuosa curva em um trecho de estrada ruim pelo qual o departamento de polícia de Baltimore dirigia fazia algum tempo. Donald Worden estava lá desde o começo da jornada e enxergava como as coisas tinham mudado por completo.

Apenas uma vez em sua longa carreira, Worden disparou sua arma em serviço. Foi um disparo para o alto, a bala de ponta redonda do .38 seguiu uma trajetória quase vertical, girando muito acima de qualquer alvo possível. Aquilo tinha sido vinte anos antes, em um dia de verão em que ele e seu parceiro avistaram um roubo em Pimlico, testemunhando a tão rara comunhão entre crime e criminoso. Após perseguirem o suspeito por uma distância maior do que a maioria dos policiais consideraria razoável, o parceiro de Worden começou a atirar. Worden, sentindo uma necessidade obscura de demonstrar solidariedade, mandou também um projétil rumo ao céu.

Worden conhecia o homem que estavam perseguindo, é claro, assim como o homem conhecia Worden. Aqueles eram os dias áureos, durante os doze anos do Grandão no Distrito Noroeste, quando ainda existia uma cordialidade calejada entre os jogadores, e Worden conhecia por nome todo mundo no distrito que valesse a pena prender. Quando os tiros encerraram a perseguição e eles prenderam o suspeito, o homem estava em choque.

"Donald", disse ele, "não tô acreditando."

"Como é?"

"Você tentou me matar."

"Não tentei, não."

"Você atirou em mim."

"Atirei por cima da sua cabeça", disse Worden, envergonhado. "Mas olha, eu sinto muito por isso, tá legal?"

Worden nunca pôde saborear uma troca tiros, e o constrangimento daquela única ocasião nunca o abandonou. Para ele, a verdadeira autoridade era seu distintivo e sua reputação na rua; a arma pouco tinha a ver com isso.

Ainda assim, era totalmente apropriado que Worden fosse o investigador designado para o assassinato de John Randolph Scott. Em mais de um quarto de século nas ruas, ele havia testemunhado um bom número de tiroteios envolvendo a polícia. A maioria acabou bem, alguns nem tanto, alguns acabaram pessimamente. Na maioria das vezes, o resultado era decidido em segundos. E, também na maioria das vezes, o ato de pressionar o gatilho era precipitado por pouco além de instinto. Geralmente, o suspeito precisava levar chumbo, às vezes não precisava, e algumas vezes era debatível. Às vezes, o suspeito merecia levar vários tiros, mas de algum modo não levava.

A decisão de usar força letal era inevitavelmente subjetiva, definida não por parâmetros empíricos, mas por aquilo que um policial se sente capaz de justificar em seu cérebro e por escrito. Mas, independentemente das circunstâncias, um ditame ético permanece: quando um policial atira em alguém, ele assume. Usa o rádio para avisar a respeito disso. Entrega o corpo.

Mas os tempos mudaram. Um quarto de século antes, o policial nos Estados Unidos podia disparar sua arma sem se preocupar se o ferimento de entrada era ascendente ou descendente. Agora, o risco de um processo civil e de uma possível condenação criminal paira sobre o policial cada vez que ele puxa a arma do coldre, e o que antes era justificável para uma geração de patrulheiros poderia resultar no processo da nova geração. Em Baltimore, como em qualquer cidade dos Estados Unidos, as regras mudaram porque as ruas mudaram, porque o departamento de polícia não é mais o que costumava ser. E, por falar nisso, a cidade também não é.

Em 1962, quando Donald Worden terminou o treinamento na academia de polícia, o código era entendido pelos envolvidos de ambos os lados. Se você sacaneava um policial, havia uma boa chance de ele usar a arma impunemente. O código era especialmente claro para qualquer um idiota o suficiente para atirar em um policial. Um suspeito desse tipo tinha uma chance, e apenas isso. Caso conseguisse chegar a uma delegacia, sobreviveria. Apanhava, mas ficava vivo. No entanto, se tentasse fugir e fosse pego na rua em circunstâncias que podiam ser maquiadas no relatório, morreria.

Mas aquela era uma época diferente, uma época em que um policial de Baltimore podia dizer com convicção que era membro da maior, mais dura e melhor armada gangue do pedaço. Isso foi nos tempos antes de a venda de heroína e cocaína ter se tornado a economia predominante nas periferias, antes de os moleques de 17 anos nas esquinas serem sociopatas com uma 9 mm enfiada no elástico do moletom, antes de o departamento começar a ceder vastas áreas da periferia ao comércio de drogas. Naquele tempo, Baltimore ainda era uma cidade segregada, quando o movimento pelos direitos civis era pouco mais do que um sussurro zangado.

Na verdade, a maior parte das mortes envolvendo a polícia naquele período tinha conotações raciais, prova letal da ideia de que, para as vizinhanças negras e pobres de Baltimore, a presença da polícia era considerada por gerações só mais uma das pragas a se suportar: pobreza, ignorância, desespero e polícia. Os negros cresciam em Baltimore com o entendimento de que dois delitos — falar com um policial ou, pior ainda, correr de um — eram garantia de, na melhor das hipóteses, uma bela surra e, na pior, tiros. Mesmo os membros mais destacados da comunidade negra tinham de suportar xingamentos e insultos, e, antes dos anos 1960, o desprezo que sentiam pela polícia era quase total.

Dentro do departamento, as coisas não eram muito melhores. Quando Worden passou a integrar a força policial, oficiais negros (entre os quais, dois futuros comissários) ainda eram proibidos de dirigir carros-patrulha — legalmente proibidos; a legislatura de Maryland ainda não tinha aprovado nenhuma lei permitindo que negros tivessem acesso a acomodações. Policiais negros ocupavam postos baixos e eram mandados para patrulhar cortiços a pé, ou eram usados como policiais disfarçados na então nascente unidade de narcóticos. Nas ruas, suportavam o silêncio de colegas brancos; nas delegacias, eram insultados com comentários racistas durante as chamadas e trocas de turno.

A mudança veio lentamente, iniciada em igual medida pelo crescente ativismo da comunidade negra e pela chegada de um novo comissário de polícia em 1966, um ex-fuzileiro naval chamado Donald Pomerleau, que assumiu com a promessa de pôr ordem na casa. No ano anterior, Pomerleau tinha redigido um relatório contundente a respeito do Departamento de Polícia de Baltimore, veiculado sob a égide da Associação Internacional dos Chefes de Polícia. O estudo declarava que a polícia de Baltimore estava entre as mais corruptas e antiquadas do país, caracterizada por uso excessivo de força e pela inexistência de relações com a comunidade negra da cidade. Os tumultos raciais em Watts, que tinham balançado Los Angeles em 1965, ainda estavam frescos na cabeça de qualquer líder cívico, e, com as cidades da nação vivendo sob a ameaça da violência no verão, o governador de Maryland e o prefeito de Baltimore levaram o parecer do relatório a sério: contrataram o homem que o escreveu.

A chegada de Pomerleau marcou o fim da Era Paleozoica do departamento em Baltimore. Quase que da noite para o dia, o comando passou a enfatizar o relacionamento com a comunidade, a prevenção ao crime e a modernização da tecnologia de combate ao crime. Uma série de unidades táticas de cobertura ampla foi criada, e rádios com canais múltiplos substituíram as cabines telefônicas policiais até então utilizadas pela maioria dos patrulheiros. Assassinatos envolvendo policiais eram, pela primeira vez, investigados sistematicamente, e esses ajustes fizeram diferença; em conjunto à pressão da comunidade, desencorajaram parte da brutalidade mais gritante. Mas foi o próprio Pomerleau que enfrentou com sucesso uma extensa batalha contra a criação de um comitê de avaliação civil, assegurando que, em casos de alegada brutalidade, o departamento de Baltimore continuaria monitorando a si próprio. Como resultado, os policiais nas ruas no fim dos anos 1960 e 1970 entendiam que uma morte terrível poderia ser maquiada como algo não tão ruim, e uma morte aceitável poderia ser maquiada de modo a parecer melhor.

Em Baltimore, plantar armas se tornou uma prática padrão nos distritos policiais, em tal escala que uma morte em particular, no começo da década de 1970, tinha entrado para o folclore do departamento, tornando-se o parâmetro de uma determinada época na maior cidade de Maryland. Foi em uma das ruas que começam na avenida Pensilvânia, durante um espasmo súbito de violência, quando cerca de cinco investigadores de narcóticos se preparavam para invadir uma casa geminada. Na escuridão de um beco adjacente, alguém começou a gritar para alertar um policial de que havia atrás dele um sujeito, o qual portava uma faca.

Em um pico de adrenalina, o investigador disparou seis tiros, embora mais tarde tenha jurado — até o momento em que entregou sua arma — que tinha puxado o gatilho uma única vez. Ele correu até o beco e encontrou o suspeito caído de costas, com cinco facas em volta.

"Ali está a faca dele", disse um policial.

"Cara, essa faca não é minha", respondeu o ferido e, então, apontou para um canivete a poucos metros. "Aquela é a minha faca."

Porém as armas plantadas eram pouco mais do que uma solução temporária, que se tornava menos eficiente e mais perigosa conforme o público em geral tomava conhecimento dela. No fim das contas, o departamento podia fazer pouco mais do que proteger sua retaguarda enquanto queixas de uso excessivo de força se multiplicavam e "brutalidade policial" se tornava um slogan. Na cabeça de Donald Worden, o fim do Departamento de Polícia de Baltimore podia ser apontando com precisão. Em 6 de abril de 1973, um patrulheiro de 24 anos chamado Norman Buckman levou seis tiros na cabeça, disparados de seu próprio revólver de serviço em uma rua em Pimlico. Dois policiais a cerca de um quarteirão ouviram os disparos e correram até a avenida Quantico. Eles se depararam com um suspeito próximo ao corpo do policial, a arma do crime largada no chão a seu lado.

"É", disse o homem, "eu atirei nesse filho da puta."

Em vez de esvaziar suas armas nele, os policiais apenas algemaram o atirador e o levaram para a central. Onde antes havia um código nas ruas de Baltimore, agora havia policiais mortos e assassinos de policiais vivos.

Worden se sentia dividido. Parte dele sabia que os velhos tempos não podiam ser defendidos ou mesmo perpetuados, mas, ainda assim, Buckman era seu amigo, um patrulheiro jovem que tinha trabalhado muito para chegar ao esquadrão de operações de Worden, no Distrito Noroeste. Quando o tenente de turno ligou para sua casa, Worden se vestiu rápido e chegou à delegacia com uma dúzia de outros policiais no mesmo momento em que o assassino de Buckman estava sendo transferido para a carceragem. A versão oficial dizia que o suspeito reclamou de dores abdominais enquanto era fichado e fotografado, mas todos na cidade sabiam a origem da dor. E, quando o jornal negro de Baltimore *Afro-American* enviou um fotógrafo até o Hospital Sinai na esperança de retratar os machucados no suspeito, foi o próprio Worden quem prendeu o sujeito sob acusação de invasão. Quando a Associação Nacional Para o Progresso de Pessoas de Cor (ANPPPC) pediu uma investigação, os oficiais do departamento bloquearam tudo, insistindo que não houvera nenhum espancamento.

Mas era uma vitória pequena e patética, e, nas salas de chamada e nos carros-patrulha, falavam mal dos dois oficiais que, pelo fato de o .38 estar largado no chão, permitiram que o assassino de Buckman se rendesse. E falaram coisas ainda piores depois do julgamento, quando o homem se safou com um veredito de homicídio culposo, que permitia que obtivesse condicional em pouco mais de dez anos.

O assassinato de Buckman foi um marco, mas a jornada estava longe de acabar. Sete anos depois, em um restaurante na zona leste de Baltimore, o departamento uma vez mais vislumbrou seu futuro. E, uma vez mais, Worden ficou nas margens, inútil, quando outro policial, outro amigo, foi sacrificado de maneira bem diferente.

Em março de 1980, a vítima foi um rapaz de 17 anos com o improvável apelido de Ja-Wan McGee; o atirador, um investigador de 33 anos chamado Scotty McCown. Um veterano com nove anos de experiência que estava na época investigando roubos com o Departamento de Investigação Criminal, McCown estava de folga e com roupas civis em uma mercearia na avenida Erdman, pedindo uma pizza, quando McGee e um conhecido entraram e foram até o balcão. McCown já estava observando os adolescentes fazia alguns minutos, quando chamaram sua atenção ao voltarem diversas vezes até a janela, observando o interior do lugar, aparentemente à espera de algo. Só quando a maioria dos clientes foi embora, os dois entraram e foram até o balcão. McCown tinha sido investigador de roubos por cinco anos, e a cena que testemunhava era um pouco familiar. É isso, pensou, passando sua arma particular do coldre para o bolso do casaco.

E, quando um brilho prateado deixou o bolso do casaco de Ja-Wan McGee, próximo ao balcão, McCown estava mais do que pronto. Disparou três vezes, sem aviso. O investigador mandou o outro adolescente ficar parado onde estava e, então, gritou para o balconista chamar a polícia e uma ambulância. Em seguida, se inclinou sobre a vítima prostrada. No chão, havia um isqueiro preto e prateado caído.

O ataque à Ja-Wan McGee ocorreu poucas semanas após um assassinato cometido por um policial branco ter dado início a um tumulto racial em Miami. Quando começaram a fazer piquetes na frente da prefeitura, todos no departamento entenderam o que iria acontecer. Todos, menos Scotty McCown.

Worden tinha vindo para a unidade de roubos e furtos em 1977, dois anos depois de McCown, e considerava o jovem um bom policial, que estava prestes a ser destruído por ter feito uma cagada. Worden encontrou dois relatórios recentes do Distrito Leste, assaltos nos quais o suspeito tinha usado uma pequena pistola, uma calibre .25 cromada.

"Talvez esses aqui ajudem", ofereceu Worden.

"Obrigado, Donald", disse-lhe o investigador, "mas vai dar tudo certo."

Mas não daria tudo certo. Os protestos e os rumores sussurrados de tumultos aumentaram depois que o Ministério Público declinou indicar o caso para um grande júri, citando a falta de intenção criminosa por parte do investigador. Três meses depois, uma comissão julgadora bastante temperamental se reuniu para escutar o depoimento de McCown, que insistiu ter disparado sua arma em nome da sua segurança e da de outras pessoas. A comissão composta por cinco membros ouviu o rapaz que tinha estado na mercearia, que explicou que ele e seu amigo não estavam vigiando a loja, que olhavam o tempo todo pela janela antes de entrar porque o lugar estava cheio e não queriam ter de esperar na fila para comprar refrigerantes. Mais importante ainda, a comissão ouviu Ja-Wan McGee, paralisado da cintura para baixo, que depôs em uma cadeira de rodas, dizendo que estava "entrando no lugar quando o cara deu dois passos e começou a atirar". A comissão julgadora deliberou por uma hora e, então, considerou o investigador culpado de violar três regras departamentais que envolviam o uso de armas de fogo, além de ter atuado de modo que "se refletia em descrédito para o departamento". Uma semana depois, o comissário de polícia declinou a oportunidade de considerar uma punição branda ou então reabilitação para o investigador. Em vez disso, Pomerleau acatou a sugestão da comissão e demitiu o investigador.

"Miami nos trouxe justiça", declarou o líder regional da ANPPPC, mas, para os policiais nas ruas, o caso contra Scotty McCown deixou claro que um departamento que tinha, em certo ponto, se recusado a disciplinar mesmo os casos mais gritantes de brutalidade batia em retirada. A questão não era se os tiros contra Ja-Wan McGee haviam sido bons ou maus; qualquer policial que já puxou sua arma estremece diante da ideia de um isqueiro no chão e de alguém de 17 anos incapacitado para o resto da vida. Mas, sim, se o departamento iria sacrificar um dos seus, em vez de enfrentar uma das verdades mais incontornáveis do trabalho policial: o conceito institucionalizado de que, em qualquer circunstância, um bom policial sempre dispara os tiros certos.

Um país pesadamente armado e propenso à violência considera razoável dar aos oficiais da lei armas e a autoridade de usá-las. Nos Estados Unidos, o policial só tem o direito de matar com base em deliberações e ações pessoais. Por esse motivo, Scotty McCown e outros três mil homens e mulheres foram despachados para as ruas de Baltimore com um revólver Smith & Wesson calibre .38, motivo pelo qual receberam diversas semanas de treinamento em armas de fogo na academia, além de fazerem uma visita ao campo de tiro da polícia todo ano. Em conjunto ao discernimento pessoal de um policial, isso é considerado o suficiente para que se tome a decisão correta todas as vezes.

É uma mentira.

Um farsa que o departamento tolera porque, do contrário, arruinaria o mito de infalibilidade no qual repousa sua autoridade para o uso de força letal. E é um engodo exigido pelo público, porque, do contrário, uma ambiguidade aterrorizante ficaria exposta. A falsa certeza, o mito da perfeição do qual nossa cultura erroneamente se alimenta, exige que Scotty McCown grite avisando antes de disparar três vezes e que deve se identificar como oficial de polícia e mandar Ja-Wan McGee largar aquilo que acredita ser uma arma de fogo. Exige que McCown dê ao rapaz tempo para decidir ou, talvez, usar sua arma apenas para ferir ou desarmar o suspeito. Propõe que o investigador que não consegue fazer isso foi mal treinado e imprudente, e, caso esse policial seja branco, a dinâmica desequilibrada de poder presente na sociedade possibilita o argumento de que ele possivelmente é racista, enxergando ameaças que talvez não existam. Não importa que um aviso gritado conceda vantagens ao suspeito, que a morte possa ocorrer no tempo necessário para que o policial se identifique ou exija que o outro solte a arma. Não ligam se, em um confronto de pouco mais de um ou dois segundos, o policial tem sorte se conseguir acertar o centro de massa de um corpo situado a 10 m de distância, imagine então mirar nas extremidades do corpo, ou mesmo tirar a arma da mão do suspeito com um tiro. E não importa se o policial é um homem honrado, se ele acreditava de fato estar em perigo, e caso dispare em um suspeito negro o deixa abalado da mesma forma que se fosse um suspeito branco. McCown era um bom homem, mas ele disparou algumas balas de .38 um instante ou dois antes do que deveria, e, nesse curto período, tanto a vítima quanto o atirador foram unidos em uma tragédia.

Para o público, em especial a comunidade negra, o caso de Ja-Wan McGee tinha sido uma vitória aguardada por muito tempo sobre o departamento de polícia, que, por gerações, não tinha dado valor a vidas negras. Em certo sentido, era a consequência inevitável de muitos erros sendo justificados por tempo demais. Não fazia diferença que Scotty McCown não fosse nem incompetente, nem racista; em Baltimore, assim como em outros departamentos de polícia pelo país, os filhos têm de pagar pelos pecados dos pais.

Para os policiais nas ruas, brancos e negros, o caso McGee se tornou a confirmação de que estavam sozinhos, que o sistema não os protegia mais. Para preservar sua autoridade, o departamento teria de destruir não apenas os homens que usavam e acreditavam na brutalidade, mas também aqueles que escolhiam errado quando confrontados com uma decisão súbita e aterrorizante. Se a troca de tiros fosse legítima, você tinha apoio, embora mesmo o uso de força mais justificado não pudesse ocorrer em Baltimore sem que alguém, em algum lugar, fosse para a frente de alguma câmera de TV afirmar que a polícia tinha assassinado uma pessoa. Se o tiro fosse questionável, você provavelmente teria apoio, contanto que soubesse como escrever um relatório. Mas, se fosse uma cagada, você era dispensável.

Para o departamento, para a própria cidade, as consequências eram previsíveis, inevitáveis. E agora, cada policial que conhece a história olha para a rua Monroe e vê a cria bastarda de uma tragédia mais antiga, ocorrida em uma mercearia na zona leste. Talvez John Scott tenha sido morto pela polícia, e talvez tenha sido um assassinato deliberado, embora fosse difícil para Worden ou qualquer outra pessoa imaginar um policial arriscando conscientemente sua carreira e sua liberdade para pegar um ladrão de carro. Provavelmente, a morte de John Scott não tenha sido nada além de uma perseguição, um confronto e meio segundo de dúvida atemorizada em um beco escuro. Talvez a arma tenha sido apontada e o gatilho puxado por uma mente assombrada pelas memórias de Norman Buckman, ou de qualquer outro policial que tenha hesitado e se dado mal. Talvez, no eco de um disparo, um policial tenha se perguntado apavorado como pôr aquilo em um relatório, o que aconteceria. Talvez, antes de dirigir para longe da rua Monroe com as luzes apagadas, um policial de Baltimore tenha pensado em Scotty McCown.

"Roger Twigg revelou a porra toda pra todo mundo", diz Rick James, lendo o artigo pela segunda vez e deixando escapar o linguajar da zona oeste. "Alguém por aqui anda abrindo o bico, hein?"

Donald Worden olha para seu parceiro, mas não diz nada. No escritório principal, D'Addario está se livrando dos últimos itens de sua planilha. Vinte e quatro investigadores — das divisões de homicídios, roubos e crimes sexuais — estão amontoados em torno dele, prestando atenção na distribuição matinal das mensagens do teletipo, requisições especiais e memorandos do departamento. Worden ouve sem escutar nada.

"Esse é o problema desta investigação", diz finalmente, levantando para repor seu café. "Este lugar é mais cheio de vazamentos que uma peneira."

James concorda e, em seguida, joga o jornal nas mãos de Waltemeyer. D'Addario encerra a chamada, e Worden sai da sala do café, olhando os rostos de pelo menos meia dúzia de homens que são próximos dos policiais dos distritos Oeste e Central sob investigação pela morte de Scott. Worden se permite um pensamento duro: qualquer um deles pode ter sido a fonte da história no jornal.

Diabos, Worden sente até certa obrigação de incluir seu próprio sargento na lista. Terry McLarney não tinha o estômago necessário para perseguir outros policiais, em particular aqueles com quem tinha trabalhado no Distrito Oeste. Ele tinha deixado isso claro desde o momento em que John Scott tombou na calçada, e era essa a razão pela qual a investigação da rua Monroe tinha sido tirada das mãos dele.

Para McLarney, a ideia de que seus próprios investigadores estavam sendo usados para perseguir seus antigos colegas da Oeste era obscena. McLarney tinha sido sargento de setor naquele maldito distrito antes de voltar para a divisão de homicídios em 1985. Quase foi morto naquele distrito, fuzilado feito um cachorro enquanto perseguia um assaltante na avenida Arunah, e viu o mesmo acontecer a alguns de seus homens. Se você fosse perseguir policiais do Distrito Oeste, teria de fazer isso sem McLarney. Sua visão de mundo não permitia tantas áreas cinzentas. Os policiais era bons, os criminosos maus; e, se os policiais não fossem bons, ainda assim eram policiais.

Mas será que McLarney vazaria informação? Worden duvida. McLarney pode xingar, resmungar e se manter longe do caso Scott, mas Worden não acredita que ele sabotaria seus próprios investigadores. Na verdade, era difícil imaginar qualquer investigador vazando detalhes de forma consciente para atrapalhar uma investigação.

Não, pensa Worden, descartando o pensamento. A história no jornal veio de dentro do departamento, mas provavelmente não tinha sido por meio de um investigador de homicídios. Uma fonte mais provável seria os advogados do sindicato dos policiais, tentando retratar a nova testemunha como um suspeito para remover a pressão dos policiais. Aquilo fazia sentido, ainda mais porque um dos advogados era citado nominalmente perto do fim do artigo.

De todo modo, Worden e James sabem que a história do jornal é em sua maioria verídica e recente — um pouco forçosa na maneira como sugere que uma nova testemunha civil é um suspeito, mas, no mais, bastante apurada. E os dois sabem também que a fonte de Twigg, portanto, é próxima o suficiente da investigação para saber dos reais fatos. Mesmo que os advogados do sindicato sejam a fonte primária do repórter, ainda assim estão recebendo informações internas relacionadas ao status da investigação.

Para Worden, o artigo do jornal é parte integral de um problema maior na investigação da rua Monroe: a investigação acontecia em um aquário. E não é de se admirar. Quando policiais investigam seus colegas isso é, na maior parte das vezes, serviço para uma unidade de investigação interna, um esquadrão de investigadores dedicado a acusar colegas policiais. O investigador que faz isso é treinado para a função de adversário. Trabalha em outro escritório, em outro andar do prédio, respondendo a supervisores diferentes e sendo pago para formular acusações contra outros policiais juramentados do departamento. Um investigador da corregedoria não se deixa afetar pelo senso de lealdade da delegacia, pela própria irmandade; seu compromisso é com o sistema, com o departamento. Ele é, no jargão dos patrulheiros, um X-9 de merda.

Devido ao fato de os policiais uniformizados que perseguiram John Scott serem todos suspeitos em potencial, a investigação da rua Monroe era, para todos os propósitos práticos, uma investigação interna. Mas, por John Scott ter sido assassinado, a investigação não poderia ir para o setor de corregedoria. Era um caso criminal e, portanto, responsabilidade da divisão de homicídios.

Worden também precisava lidar com sua lealdade dividida. Um quarto de século era um bocado de tempo em qualquer profissão, mas, para ele, os anos passados de uniforme eram tudo. Levava um pouco de Norman Buckman consigo, um pouco de Scotty McCown também. Mas, mesmo assim, estava comprometido com a investigação da rua Monroe porque era a letra dele em vermelho no quadro, próxima ao nome de John Scott. Era um assassinato — um assassinato que lhe pertencia. E, se algum policial por lá não tinha tido a cabeça e a coragem para apresentar o corpo, então Worden estava disposto a entregá-lo.

Tinha facilitado muito para Worden o fato de que muitos dos policiais envolvidos tinham se comportado exatamente como testemunhas se comportam em qualquer assassinato. Alguns tinham mentido por vontade própria para ele, alguns tinham sido propositalmente ambíguos; todos relutantes. Para Worden e James, era doloroso sentar em uma sala de interrogatório e ver sujeitos de uniforme mentindo descaradamente. E também não havia nenhuma cooperação vinda dos distritos. O telefone não tocava nunca, com os uniformizados temendo se envolverem na cagada de outro policial e tentando se manter fora da confusão ou negociar acordos em benefício próprio. Worden se deu conta de que, obviamente, o boato nas ruas era que a divisão de homicídios não tinha fatos suficientes para indiciar ninguém. Se um policial tinha sido o responsável por aquele assassinato, ninguém diria nada enquanto acreditasse que a investigação tinha encalhado.

E isso também era o resultado de conversa demais, de conexões demais entre a divisão de homicídios e o resto do departamento. Por dois meses, Worden e James tinham conduzido uma investigação criminal diante dos olhos de suspeitos em potencial e de testemunhas, com cada um de seus movimentos sendo disseminados pela rede de fofocas do departamento. O relato do jornal daquela manhã era apenas uma amostra gráfica disso.

Que diabos, pensa Worden, indo até o banheiro masculino com um charuto preso entre os dentes. Ao menos a chefia não pode ignorar o problema. Quando metade da porra do caso já circula nos jornais, é hora de mudar de tática. Já naquela manhã, Tim Doory ligou duas vezes para o Ministério Público para marcar um encontro matinal com Worden e James no escritório da Unidade de Crimes Violentos.

Ainda raciocinando, Worden sai do banheiro no momento em que Dick Lanham, o coronel no comando do Departamento de Investigação Criminal, dobra ao fim do corredor para voltar para seu escritório. Lanham também está totalmente indignado, segurando em seu punho uma cópia enrolada do jornal.

"Sinto muito, Donald", diz o coronel, balançando a cabeça. "Você tem uma difícil missão pela frente agora."

Worden dá de ombros. "É só mais um abacaxi pra descascar."

"Bom, sinto muito que tenha que descascar esse abacaxi", diz Lanham. "Eu tentei de verdade fazer com que Twigg adiasse esse texto e achei que ele iria fazer isso."

Worden ouve passivamente enquanto o coronel relata de modo detalhado seus esforços para postergar a publicação do artigo — um relato pontuado pela asserção de que Roger Twigg é o repórter mais miserável, arrogante e cabeça-dura que já conheceu.

"Eu falei pra ele o que nos aconteceria se colocasse isso no jornal", diz o coronel. "Pedi que ele esperasse umas duas semanas, e o que foi que ele fez?"

Como major, Lanham tinha comandado a Corregedoria e, naquele cargo, tinha lidado com Twigg em uma série de histórias complicadas. Então, não era nenhuma surpresa para Worden que o coronel e o repórter tivessem tido uma longa conversa antes do artigo ser publicado. Mas será que o coronel teria vazado de propósito a investigação? Pouco provável, pensa Worden. Como comandante do Departamento de Investigação Criminal, Lanham não quer uma morte envolvendo a polícia sem solução nos registros e, como ex-funcionário da Corregedoria, certamente, não tem qualquer problema em investigar outros policiais. Não, Worden pensa, não foi o coronel. Se Lanham falou com Twigg, foi apenas para tentar deter o artigo.

"Bom", diz Worden, "queria muito saber quem é a fonte dele."

"Ah, sim", concorda Lanham, voltando para seu escritório, "eu também queria saber. Quem quer que seja sabe do que está falando."

Três horas após digerir o artigo do jornal, Worden e James caminham três quadras da central até o fórum Clarence M. Mitchell Jr., na rua Calvert, onde se enfiam por entre subxerifes e pegam um elevador até o terceiro andar do palácio judicial da cidade.

Lá, trafegam por um estreito labirinto de escritórios que abriga a Unidade de Crimes Violentos e vão até o maior dos cubículos, o escritório de Timothy J. Doory, promotor-assistente e líder da Unidade de Crimes Violentos. Na mesa de Doory, há, claro, uma cópia da seção metropolitana do *Sun*, aberta na página do furo exclusivo de Roger Twigg.

A reunião é longa, e, quando os dois investigadores voltam para a divisão de homicídios, trazem uma lista com dúzias de testemunhas, civis e policiais a serem convocados como testemunhas.

Por mim tudo bem, pensa Worden, caminhando em direção à central. Mentiram pra mim nesse caso, fui emparedado, minhas melhores provas foram parar em um jornal. Que se dane, se vão mentir a respeito desse crime, que o façam sob juramento. E, se quiserem vazar informações do caso para repórteres, vão ter que colher suas informações direto do fórum.

"Que se foda, Donald", diz James a seu parceiro, enquanto pendura o casaco no escritório principal. "Se quer saber, Doory já devia ter feito isso semanas atrás."

Antes que a investigação da rua Monroe pudesse ser ainda mais comprometida — por Twigg ou qualquer outro —, ela seria tirada da divisão de homicídios. Ela seria mandada para o grande júri.

Quarta-feira, 10 de fevereiro

O Homem do Peixe atende à porta com um garfo na mão, usando uma camisa de flanela surrada e calças de veludo. Seu rosto não barbeado é impassivo.

"Para trás", diz Tom Pellegrini. "Nós vamos entrar."

"Tô preso?"

"Não. Mas temos um mandado pra vasculhar sua casa."

O Homem do Peixe grunhe e, então, volta para a cozinha. Landsman, Pellegrini e Edgerton lideram meia dúzia de outros homens pelo apartamento de três cômodos no segundo andar. O lugar é sujo, mas não de modo insuportável, e a mobília está distribuída de forma esparsa. Até mesmo os guarda-roupas estão quase vazios.

Enquanto cada investigador escolhe um quarto e começa a revistar, o Homem do Peixe volta para seu frango assado, verduras e cerveja. Ele usa o garfo para arrancar a carne de uma sobrecoxa e, depois, puxa uma coxa com os dedos.

"Posso ver?", pergunta.

"Ver o quê?", questiona Landsman.

"O mandado. Posso ver?"

Landsman vai até a cozinha e coloca a cópia do investigado sobre a mesa. "Pode ficar com essa."

O Homem do Peixe come o frango e lê lentamente toda a intimação de Landsman. O mandado oferece um sumário mecânico das razões para a batida: conhecia a vítima. Foi empregador da vítima em um mercado. Mentiu a respeito de seu álibi para os investigadores. Paradeiro desconhecido no dia do desaparecimento. O dono da casa lê sem qualquer indício de emoção. Os dedos engordurados deixam marcas no canto de cada página.

Edgerton e Pellegrini encontram Landsman no quarto dos fundos, e os outros investigadores e policiais vasculham as poucas posses do dono do mercado.

"Não tem muita coisa aqui, Jay", diz Pellegrini. "Por que não pegamos alguns caras e vamos para a Newington enquanto você vai ver a loja do outro lado da rua?"

Landsman concorda. A avenida Newington é a segunda de duas batidas planejadas para a noite. Os mandados diferentes para endereços diferentes refletem uma diferença de opinião no caso de Latonya Wallace. No começo daquela tarde, os investigadores principais se encontravam em lados opostos do escritório administrativo, duelando em máquinas de escrever — Pellegrini e Edgerton aprontando o relatório de causa provável para um novo grupo de suspeitos, no número 702 da Newington; Landsman incluindo tudo o que sabia a respeito do dono do mercado em um par de mandados para o apartamento do Homem do Peixe e para os escombros de seu mercado na rua Whitelock, que tinha sido destruído por um incêndio pouco tempo antes do desaparecimento da criança. Era um pouco irônico: Landsman acabou voltando para aquele suspeito mesmo depois que Pellegrini e Edgerton — que alguns dias antes argumentavam que o dono do mercado era a melhor chance deles — se convenceram de uma nova teoria.

A recusa de Landsman em descartar o Homem do Peixe também marcava uma mudança em seus próprios argumentos prévios, quando sua estimativa do horário da morte aparentemente eliminava o dono do mercado como suspeito. Mas, em uma consulta posterior com os legistas, Landsman e Pellegrini fizeram os cálculos mais uma vez: o corpo ainda estava saindo do *rigor mortis*, com olhos úmidos e sem indícios de decomposição; doze a dezoito horas. Provavelmente, os legistas concordaram, exceto, é claro, se o assassino conseguiu guardar o corpo em um local fresco, o qual, por conta do clima, poderia ser uma casa vazia, uma garagem, um porão sem aquecimento. Isso poderia atrasar os processos post mortem.

Atrasar quanto?, perguntou Landsman.

Até vinte e quatro horas. Talvez mais.

Veja só se Edgerton não estava certo em estimar o horário da morte duas noites atrás. Com um período de vinte e quatro a trinta e seis horas para trabalhar, os investigadores podiam considerar a possibilidade de um rapto na terça-feira seguido por assassinato na quarta pela manhã. O Homem do Peixe ainda não tinha álibi para aquele intervalo de tempo. Considerando que tivesse como manter o corpo fresco, a nova estimativa o deixava exposto. A investigação de Pellegrini jogou por terra outro fato que tinha levado os investigadores a presumirem um sequestro prolongado e o assassinato na noite de quarta: a refeição com cachorro-quente e chucrute no estômago da criança. Essa hipótese caiu quando Pellegrini questionou um morador de Reservoir Hill que tinha trabalhado no refeitório da escola Eutaw-Marshburn. Aproveitando a oportunidade para checar de novo o material no arquivo do caso, o investigador perguntou ao funcionário se a refeição em 2 de fevereiro tinha sido mesmo espaguete com almôndegas. O funcionário verificou os cardápios antigos e ligou para Pellegrini no dia seguinte; o almoço em 2 de fevereiro tinha na verdade sido cachorro-quente com chucrute. O espaguete tinha sido servido na noite anterior. De algum modo, os investigadores tinham recebido uma informação errada; o conteúdo do estômago da vítima sugeria que o assassinato tinha sido na noite de terça.

Para Pellegrini, era perturbador que presunções básicas formuladas nas primeiras horas do caso ainda estivessem sendo questionadas ou derrubadas por novas informações. Era como se tivessem puxado um único fio e metade do caso se desfizesse. Dentro de sua cabeça, o modo mais rápido de um caso se transformar em um atoleiro era os investigadores não terem certeza de coisa alguma, se sentirem impelidos a questionar tudo. A estimativa do horário da morte, o conteúdo do estômago — o que mais naquele arquivo aguardava para se voltar contra eles?

Ao menos, nesse caso, a mudança de cenário permitiu que mantivessem um de seus suspeitos mais promissores. Embora fosse verdade que o apartamento do Homem do Peixe e o mercado dele ficavam a um bom quarteirão e meio da avenida Newington — contradizendo a teoria de Landsman a respeito da proximidade com a cena do crime —, também era verdade que o dono do mercado teve acesso a pelo menos um veículo, uma caminhonete que sempre pegava emprestada com outro comerciante da rua Whitelock. Ao checar o álibi dele para quarta-feira, os investigadores descobriram que ele estava com a caminhonete na noite em que o corpo foi largado atrás da avenida Newington. Até aquele momento, a teoria principal tinha sido que o assassino tinha levado o corpo em um carro e que teria estacionado em algum local afastado, em vez de um beco próximo. Mas e se ele estivesse assustado? E se o corpo estivesse coberto na parte de trás da caminhonete, relativamente exposto?

E por que diabos o Homem do Peixe não tinha tentado nenhuma vez, durante o interrogatório anterior, explicar seu paradeiro na terça-feira e no começo da quarta-feira? Será que ele era só um comerciante empregado de modo precário e incapaz de distinguir um dia de outro? Ou será que estava se esforçando para evitar um falso álibi, que os investigadores teriam facilidade em desmentir? No primeiro interrogatório, o Homem do Peixe mencionou uma volta que deu com um amigo na quarta como álibi. Aquilo era um simples erro de memória ou um esforço consciente para despistar os investigadores?

Nas semanas após o assassinato, os rumores alusivos ao interesse do Homem do Peixe por garotinhas se alastraram por Reservoir Hill a ponto de os investigadores receberem regularmente novas alegações de tentativas de abuso prévias. Essas alegações em sua maioria não tinham qualquer prova. Porém, quando os investigadores deram entrada no nome do dono do mercado no Registro Computadorizado Nacional de Crimes, encontraram uma acusação relevante que precedia a ficha do computador em Baltimore: o estupro de uma menor, ocorrido em 1957, quando o suspeito tinha vinte e poucos anos. A acusação envolvia uma garota de 14 anos de idade.

Pellegrini encontrou o microfilme nos relatórios policiais armazenados, e os registros indicavam uma condenação com pena de não mais de um ano. A história, antiga, oferecia poucos detalhes além disso, mas deu aos investigadores a esperança de que estivessem lidando com um criminoso sexual. Mais do que isso, colocaram um pouco de carne nos ossos secos dos mandados de busca redigidos por Landsman.

Naquela tarde, Landsman tinha mostrado suas intimações a Howard Gersh, um promotor veterano que perambulou pela divisão de homicídios no começo daquele dia. "Aí, Howard, dá uma olhada nisso aqui."

Gersh leu a causa provável em menos de um minuto.

"Vai colar", disse, "mas você não está oferecendo demais?"

A questão era tática. Quando o mandado fosse entregue, o Homem do Peixe leria a intimação e saberia quais ligações com o crime os investigadores acreditavam que ele possuía. Ele poderia também entender os pontos fracos de seu álibi. Landsman apontou que, ao menos, a intimação omitia a identidade das pessoas que contradiziam a história inicial do suspeito.

"Não revelamos as testemunhas."

Gersh deu de ombros e devolveu o documento. "Boa caçada."

"Valeu, Howard."

Às 22h daquela noite, Landsman tinha despachado os mandados para a casa de um juiz de plantão, e os investigadores e policiais de reforço se reuniram no estacionamento da biblioteca da avenida Park, onde Latonya Wallace tinha sido vista com vida pela última vez. O plano era bater no apartamento do Homem do Peixe e no mercado antes, mas então, após terem encontrado tão pouco na rua Whitelock, Pellegrini e Edgerton se sentem subitamente impacientes para checar a nova teoria. Deixam que Landsman e os oficiais auxiliares terminem a busca às ruínas do mercado do Homem do Peixe, enquanto conduzem um segundo grupo por uma quadra e meia no sentido leste para a avenida Newington.

Dois carros-patrulha e dois Cavalier param em frente a uma casa geminada de três andares no lado norte da rua, e policiais saltam para fora do carro feito uma equipe de futebol em uma jogada conjunta ensaiada.

Eddie Brown entra pela porta da frente com o bloco principal, seguido por dois policiais em uniforme do Distrito Central. Depois, vão Pellegrini e Edgerton e, então, Fred Ceruti e mais policiais uniformizados.

Um rapaz de 17 anos que tinha ido até o corredor de entrada para atender às batidas insistentes na porta é empurrado contra o reboco farelento da casa, com um policial em uniforme gritando pra ele calar a porra da boca e ficar parado para ser revistado. Um segundo rapaz com um moletom cinza aparece na entrada de uma sala do primeiro andar, compreende quem são os invasores e, então, volta correndo pela mesma porta.

"Políííííícia", grita. "Aí, pessoal, aí, tem políííííícia aqui..."

Eddie Brown tira o tagarela da passagem e o empurra contra uma parede enquanto Ceruti e outros policiais avançam pelo corredor escuro em direção à luz da sala principal.

Há quatro rapazes lá, reunidos em volta de algum produto de limpeza em aerossol e uma caixinha com sacos plásticos para sanduíches. Apenas um deles se dá ao trabalho de olhar para os intrusos, e para o garoto há um momento ou dois de não reconhecimento antes que o éter cinzento se abra e ele comece a gritar feito um louco, correndo em direção à porta dos fundos. Um dos policiais em empréstimo do Distrito Sul o agarra pela camisa na cozinha e o faz se curvar sobre a pia. Os outros três estão fora de órbita e nem tentam se mexer. O mais velho expressa sua indiferença levando o saco plástico até o rosto para sugar uma última baforada. O fedor de solvente é opressor.

"Vou vomitar de respirar essa merda", diz Ceruti, empurrando um dos garotos sobre uma escrivaninha.

"O que você acha?", pergunta um policial de uniforme, empurrando outro dos presos em direção a uma cadeira. "Será que a mamãe vai ficar puta quando descobrir que você estava matando aula para cheirar?"

Dos quartos do segundo andar, vem uma cacofonia de palavrões dos policiais e gritos de mulheres, sucedidos por outros gritos, ainda mais distantes, nos quartos do terceiro andar. Em pares e trios, os moradores são retirados de quase uma dúzia de quartos e conduzidos até uma escadaria ampla e caindo aos pedaços no meio da casa — adolescentes, crianças pequenas, mulheres de meia-idade, homens adultos — até que vinte e três deles são reunidos no meio da sala.

A sala cheia está estranhamente silenciosa. É quase meia-noite, e uma dúzia de policiais revista a casa, mas os moradores sitiados do número 702 da avenida Newington não fazem nenhuma pergunta a respeito da batida policial, como se tivessem chegado ao fundo do poço, quando esses procedimentos nem sequer são mais questionados. Lentamente, o grupo se sedimenta em camadas pela sala: as crianças menores deitadas no centro do piso, adolescentes de pé ou sentados nas margens da sala, com as costas contra as paredes, os homens e mulheres mais velhos nos sofás, cadeiras e em torno de uma mesa de jantar toda escangalhada. Cinco minutos se passam até que um homem mais velho, gordo, usando calção azul e chinelo de banho, faz a pergunta óbvia: "Que porra vocês estão fazendo na minha casa?".

Eddie Brown aparece na porta, e o sujeito gordo olha para ele, avaliando. "Você está no comando?"

"Sou uma das pessoas no comando", diz Brown.

"Vocês não têm o direito de entrar na minha casa."

"Tenho todo o direito. Tenho um mandado."

"Mandado? Pra quê?"

"Um mandado assinado por um juiz."

"Juiz nenhum pode assinar um mandado contra mim. Eu mesmo vou até esse juiz falar que você invadiu a minha casa."

Brown sorri, indiferente.

"Deixa eu ver o mandado."

O investigador o ignora. "Quando terminarmos, vamos deixar uma cópia."

"Vocês não têm droga de mandado nenhum."

Brown dá de ombros e sorri de novo.

"Seus viados."

Brown ergue a cabeça e olha duramente o sujeito de calção azul, mas tudo que recebe em troca é um olhar de negação abjeta.

"Quem foi que disse isso?", Brown exige saber.

O homem vira a cabeça devagar, olhando para um sujeito bem mais jovem do outro lado da sala, o garoto de moletom cinza que havia, antes, aos gritos, alertado da batida. Ele está escorado no batente da porta do corredor, olhando fixo para Eddie Brown.

"Eu ouvi você dizer alguma coisa?"

"Eu digo o que eu quiser", anuncia o garoto de repente.

Brown dá dois passos para dentro da sala, arranca o garoto da porta e o arrasta até o corredor da frente. Ceruti e um policial de uniforme do Distrito Central saem do caminho para assistir ao show. Brown coloca seu rosto tão perto dele, que não há mais nada no universo do garoto, nada mais no que pensar além de um investigador de 2 m de altura e 90 quilos, irritadíssimo.

"O que você tem pra falar pra mim agora?", pergunta Brown.

"Eu não falei nada."

"Fala agora."

"Mano, eu nem..."

O rosto de Brown se contrai em um sorriso sardônico enquanto arrasta o garoto de volta sem dizer nada até a porta da sala, na qual dois policiais já trabalham anotando nomes e datas de nascimento.

"Quanto tempo temos que ficar aqui?", pergunta o cara de calção azul.

"Até a gente terminar", responde Brown.

Em um quarto dos fundos no andar de cima, Edgerton e Pellegrini começam a lenta e metodicamente abrir caminho em meio a pilhas de trapos e colchões mofados, papelão e restos azedos de comida, vasculhando o número 702 da Newington em busca do lugar onde Latonya Kim Wallace esteve viva pela última vez.

A busca e apreensão dos cheiradores de cola naquele endereço é o mais recente desdobramento da investigação, que já tem uma semana, o teste para a teoria que Pellegrini e Edgerton tinham começado a montar nos dois dias anteriores. A nova hipótese faz sentido por conta dos fatos do assassinato que pareciam não fazer sentido. Em especial, a teoria parecia explicar, pela primeira vez, por que Latonya Wallace tinha sido largada na porta dos fundos do número 718 da Newington. A localização do corpo era tão ilógica, tão bizarra, que qualquer argumento que pudesse justificar a localização era o suficiente para conduzir o caso em uma nova direção.

Desde a manhã em que Latonya Wallace foi encontrada, todos os investigadores que tinham observado a cena do crime se perguntaram por que o assassino teria se arriscado a carregar o corpo de uma criança morta até o quintal com cerca do número 718 da Newington, arriscando ser visto e ouvido junto à porta dos fundos. Se o assassino tinha, de fato, conseguido chegar à parte de trás da avenida Newington sem ser avistado, por que não deixar o corpo em um beco comum e fugir? Falando nisso, por que não deixar o corpo mais próximo de qualquer uma das esquinas da quadra — os únicos locais pelos quais o assassino poderia ter entrado no beco? E por que, acima de tudo, o assassino se arriscaria a entrar no jardim com cerca de uma casa habitada, carregaria um corpo por mais de 10 m e o colocaria tão próximo da porta dos fundos? Outros quintais eram mais acessíveis, e três das casas que davam de fundos para o beco estavam obviamente abandonadas. Por que arriscar ser visto ou ouvido pelos moradores do número 718 da Newington, quando o corpo poderia ter sido facilmente deixado no quintal de uma casa cujas janelas estavam cobertas por tapumes, onde nenhum morador poderia olhar pela janela e testemunhar o ato?

Mesmo antes de o velho bebum da avenida Newington se provar incapaz de assassinato, uma resposta começou a se formar na cabeça dos dois investigadores, uma resposta que se alinhava perfeitamente com as teorias iniciais de Landsman.

Desde o primeiro dia, Landsman argumentou que o assassinato tinha provavelmente acontecido em uma casa ou garagem próxima de onde o corpo foi deixado. Então, nas primeiras horas da manhã, o assassino levou o corpo da menina morta até o beco, a deixou perto da porta do número 718 e fugiu. O mais provável, Landsman suspeitava, era que a cena do crime fosse uma das casas das avenidas Callow, Park ou Newington, que davam de fundos para o beco. E, se a cena do crime não fosse no mesmo quarteirão, então teria de ser a, no máximo, mais um quarteirão de distância em qualquer direção; os investigadores não conseguiam imaginar um assassino com um corpo em seus braços caminhando por diversas quadras quando, para o propósito de desova do corpo, qualquer beco serviria.

Havia, claro, a tênue possibilidade de que o assassino, receoso de dirigir por uma longa distância com o corpo da garota morta, tenha usado o veículo apenas para levar o corpo a uma curta distância, até o beco atrás da Newington — uma possibilidade que Landsman considerava em relação ao Homem do Peixe, que morava a alguns quarteirões do local, na Whitelock, o que contradizia a teoria principal. Uma moradora do número 720 da Newington tinha dito aos investigadores presentes nas buscas ter uma vaga memória de ter visto faróis de carro brilharem na parede do beco às 4h da manhã em que o corpo foi encontrado. Mas, fora essa vaga lembrança sonolenta, nenhum outro morador recordou ter visto algum veículo estranho atrás da avenida Newington. Na verdade, com exceção de um homem que normalmente estacionava seu Lincoln Continental no quintal aos fundos do número 716 da Newington, ninguém conseguia se lembrar de já ter visto qualquer carro ou caminhão no estreito beco.

O novo evangelho no caso Latonya Wallace — tendo Edgerton como autor e Pellegrini como seu primeiro convertido — acolhia todos os argumentos iniciais e também parecia explicar a localização estranha e ilógica do corpo: o assassino não tinha vindo pelo beco. E a criança não tinha sido carregada para fora do número 718 — o que era uma suspeita óbvia. O casal de idosos que morava no endereço e havia encontrado o corpo era respeitado na vizinhança, e a casa tinha sido verificada cuidadosamente pelos investigadores. Ninguém acreditava que estavam envolvidos, nem que um corpo pudesse ter sido carregado pela casa deles sem que os dois percebessem.

Foi apenas após olhar a cena de uma dúzia de ângulos diferentes que Edgerton percebeu uma terceira possibilidade: o assassino tinha vindo do alto.

Uma semana antes, quando o corpo havia sido descoberto, vários investigadores tinham subido e descido pela escada de incêndio de metal que começava no teto do número 718 da Newington e descia por dois lances até o quintal, terminando a poucos metros da porta da cozinha e da cena do crime. Os investigadores checaram a escada em busca de sangue ou outros indícios residuais, mas não encontraram nada. Edgerton e Ceruti tinham até mesmo checado os quintais de outras casas geminadas próximas, em busca de fios de varais que pudessem ser comparados com as marcas no pescoço da criança, mas nenhum dos policiais tinha pensado de modo sistemático a respeito da ideia das lajes dos edifícios. Apenas após uma dezena de visitas ao local, a ideia começou a se formar na mente de Edgerton, e, na manhã de domingo, três dias após o corpo ter sido encontrado, o investigador começou a colocar sua teoria no papel.

Edgerton colou com fita duas folhas de papel ofício e dividiu a área em dezesseis longos retângulos, cada um representando as dezesseis casas geminadas no lado norte da avenida Newington. No centro do diagrama, atrás de um retângulo marcado como o número 718, Edgerton desenhou um boneco de palitos tosco para demarcar a localização do corpo. Em seguida, indicou a localização da escada de incêndio do número 718, que se estendia do quintal dos fundos até uma laje no segundo andar e, depois, até o telhado, assim como a de outras cinco escadas em outras propriedades.

Dez das dezesseis casas geminadas tinham acesso direto ao teto por dentro. Latonya Wallace poderia ter sido levada para dentro de uma das casas na parte norte da Newington, molestada e assassinada e, depois, carregada para fora por uma das janelas do segundo andar até uma das lajes cobertas de piche dos fundos. De lá, usando a escada, o assassino poderia ter carregado o corpo até o teto acima do terceiro andar, caminhado uma curta distância pelo telhado comum e, então, descido a escada de metal até chegar ao quintal do número 718. A teoria por si só explicava por que o corpo tinha sido deixado próximo à porta dos fundos daquele quintal com cerca e por que o assassino não assumiu o risco menor de deixar o corpo no beco de uso comum, ou em um quintal mais acessível. Olhando do solo, o número 718 da Newington não fazia sentido. Mas, do teto, o endereço era — por conta da escada de metal — um dos quintais mais acessíveis do quarteirão.

Naquele mesmo domingo, Edgerton, Pellegrini e Landsman exploraram o topo das casas geminadas da Newington, procurando provas e tentando determinar quais casas tinham acesso direto a essas áreas. Os investigadores checaram todas as aberturas do telhado e constataram que todas eram lacradas com piche ou então lacradas de algum outro modo. Mas, nos quartos do segundo andar de dez das casas, um morador poderia ter saído pela janela e usado a escada para chegar à laje do topo do prédio.

Edgerton anotou essas casas — 700, 702, 708, 710, 716, 720, 722, 724, 726 e 728 — em um bloco de notas e anotou também que os números 710 e 722 eram casas vazias que já tinham sido verificadas pelos investigadores. Ele fez um xis naquelas casas, assim como a de número 726, que tinha sido reformada recentemente para se tornar uma daquelas maravilhas yuppies com claraboias e pequenos holofotes, a única concessão feita pelo quarteirão à campanha de uma década para atrair moradores e reconstruir as propriedades decrépitas de Reservoir Hill. Aquela casa estava sendo preparada para venda e estava desocupada, o que reduzia para sete o número de casas com acesso viável ao teto.

Na terça, a nova teoria ganhou ainda mais credibilidade quando Rich Garvey, olhando as fotos coloridas da cena do crime, percebeu manchas escuras na calça amarela estampada da menina.

"Aí, Tom", disse, chamando Pellegrini até sua mesa. "Olha essa parada preta na calça dela. Parece sujeira normal pra você?"

Pellegrini fez um gesto negativo.

"Caramba, o que quer que seja isso, o pessoal do laboratório vai poder dar alguma explicação. Parece ser alguma coisa oleosa."

Piche aplicado nas lajes das casas, pensou Pellegrini. Então, levou a fotografia até o laboratório no quinto andar para comparar com as roupas da menina, que estavam sendo examinadas em busca de cabelos, fibras ou algum outro indício residual. Uma análise química das manchas escuras poderia levar semanas ou até meses e poderia revelar apenas algumas características da substância. Pellegrini perguntou se era possível determinar se a substância era à base de petróleo, ou ao menos similar a piche de telhado. Após um exame preliminar, um dos técnicos lhe disse que era que provável que sim, embora uma análise completa pudesse levar tempo.

Mais tarde naquele dia, Edgerton e Pellegrini terminaram de comparar o diagrama dos telhados com os resultados das buscas pelo quarteirão 700 da Newington, checando as sete casas mais prováveis com a lista de antecedentes criminais. Os investigadores se concentraram nos endereços onde homens moravam sozinhos ou não tinham álibi para os dias do desaparecimento da criança, além das casas ocupadas por homens que tinham folhas de antecedentes criminais. Descontando os álibis confirmados, as moradoras e os cidadãos de ficha limpa, o processo de eliminação rapidamente os conduziu até o número 702 da Newington.

Não apenas era a morada de um amontoado de desocupados, criminosos e drogados, mas uma pesquisa nos boletins de ocorrência na unidade de crimes sexuais revelou um caso curioso, ocorrido em outubro de 1986, quando uma menina de 6 anos foi tirada da casa por assistentes sociais após indícios de abuso sexual. Mas nenhum indiciamento resultou do boletim de ocorrência. No que se referia à casa em si, o número 702 tinha uma laje com piche com uma escada de madeira que levava até o teto sobre o terceiro andar, e os investigadores notaram durante a busca de domingo que as janelas dos fundos pareciam ter sido abertas recentemente. Uma tela metálica tinha sido parcialmente cortada de sua moldura, permitindo acesso à laje. Além disso, na beirada dos fundos do topo do prédio, Pellegrini encontrou o que parecia ser uma marca fresca no piche causada por algum objeto não afiado, talvez algo envolto em tecido.

Com base em seus históricos criminais, seis homens mais velhos, moradores do número 702 da Newington, e outros residentes do quarteirão foram levados para interrogatório no dia em que o corpo da menina foi encontrado — tudo devido às buscas preliminares. Naquelas primeiras entrevistas, os homens não ofereceram nada que levantasse suspeitas, mas eles também não se tornaram benquistos para a divisão de homicídios. Antes de serem interrogados, os moradores da casa passaram uma hora inteira sentados no aquário, rindo alto e desafiando uns aos outros em campeonatos de peidos.

Agora aquela atuação parece quase comportada em comparação com o detrito da casa 702 que os investigadores começam a revirar. A estrutura, que já foi uma digna casa vitoriana, hoje não passa de uma caixa vazia, sem eletricidade ou água corrente. Pratos de comida, pilhas de roupas abandonadas e fraldas, baldes plásticos e panelas cheias de urina se acumulam pelos cantos da casa. O fedor da miséria se torna mais opressivo a cada quarto, até o ponto em que tanto policiais de uniforme quanto investigadores precisam descer as escadas em intervalos regulares para fumar um cigarro e respirar ar fresco nos degraus da entrada. Em todos os quartos, os moradores lidam com a ausência de água encanada urinando em um recipiente coletivo. E, em todos os quartos, pratos de papel e de plástico com comida ficam empilhados em camadas, até que toda a alimentação da semana possa ser traçada em sequência arqueológica. Baratas e besouros voam para todas as direções quando o entulho é removido, e, apesar do calor nos andares de cima da casa, nenhum dos investigadores arrisca tirar o casaco ou a jaqueta com medo de perdê-lo naquela bagunça.

"Se esse foi o lugar que ela foi morta", diz Edgerton, atravessando um quarto por entre restos de comida e panos úmidos e mofados, "imagine como foram as últimas horas dela."

Edgerton, Pellegrini e, em seguida, Landsman chegam um pouco depois, vindos da rua Whitelock, e começam a vasculhar o quarto no segundo andar que pertence a um homem mais velho, o suspeito do estupro mais antigo, da garota de seis anos. Brown, Ceruti e os demais avançam pelo terceiro andar e pelos quartos da frente. Atrás deles vêm os técnicos do laboratório, tirando fotos de cada quarto e de todos os itens apreendidos, procurando digitais em qualquer superfície sugerida por um investigador e aplicando o teste com verde malaquita em qualquer mancha que se assemelhe vagamente a sangue.

É um processo lento, piorado pela incrível quantidade de entulho e imundície. Só os quartos dos fundos — com acesso direto ao telhado — levam quase duas horas para serem revistados, com os investigadores movimentando cada item individualmente até que os quartos são lentamente esvaziados e a mobília erguida. Além de roupas ou lençóis ensanguentados e uma faca de serra, procuram um pingente dourado em formato de estrela, nada menos do que uma agulha em um palheiro. No quarto dos fundos, no qual a tela da janela foi removida, recolhem duas calças jeans e um moletom que testam positivo para sangue, além de um lençol com manchas parecidas. Essas descobertas os impelem a continuar madrugada adentro, revirando colchões apodrecidos e empurrando penteadeiras com gavetas quebradas, em uma busca metódica por uma cena de crime enterrada.

A batida de busca e apreensão que tinha começado um pouco antes da meia-noite se estende até as 3h, 4h e, finalmente, 5h, quando apenas Pellegrini e Edgerton continuam de pé, e mesmo os técnicos começam a sentir o cansaço. Dezenas de digitais já foram colhidas de batentes e portas, cômodas e corrimãos, para a eventualidade improvável de que alguma delas seja idêntica às da vítima. Mas ainda assim Edgerton e Pellegrini não estão satisfeitos e, conforme avançam pelo terceiro andar, pedem que o pó de coleta de digitais seja aplicado em outros itens.

Às 5h30, os homens adultos moradores da casa são algemados juntos e conduzidos em fila única até o camburão do Distrito Central. Eles são levados até a central e colocados em salas separadas, onde os mesmos investigadores que passaram a noite revirando a casa iniciam um processo ineficaz para incitar cada um dos homens a identificar um assassino de crianças. E, embora ainda não tenham sido acusados de nenhum crime, os suspeitos do número 702 da Newington são tratados com desdém quase exagerado pelos investigadores. O desprezo deles é expresso e nada discreto e tem pouco a ver com o assassinato de Latonya Wallace. Talvez um dos seis homens tenha matado a menina; talvez não. Mas o que os investigadores e demais policiais descobriram, após passar seis horas dentro da casa 702, é prova suficiente para um outro tipo de denúncia.

Não é uma questão de pobreza; todo policial com ao menos um ano de rua já viu um bocado de pobreza, e alguns, como Brown e Ceruti, foram criados em situação precária. E tem pouco a ver com criminalidade, apesar das longas folhas corridas, da ocorrência de abuso sexual da menina de 6 anos e dos adolescentes cheirando solvente na sala de estar. Todos os policiais que foram ao número 702 lidam com comportamento criminoso diariamente, até o ponto em que homens maus passam a ser aceitos sem exageros emocionais como um tipo de clientela necessária, tão essencial a uma fábula moral quanto advogados e juízes, ou oficiais de condicional e carcereiros.

O desprezo demonstrado aos homens do número 702 da Newington vem de um lugar mais profundo e parece insistir em um parâmetro, parece dizer que alguns homens são pobres e alguns homens são criminosos, mas, mesmo na pior favela dos Estados Unidos, há limites para além dos quais ninguém nunca deveria decair. O investigador de homicídios em Baltimore, dia sim, dia não, faz uma visita a alguma pilha de tijolos enorme na qual nenhum cidadão nunca mais respiraria. O reboco é apodrecido e manchado, as tábuas do assoalho, tortas e se esfarelando, a cozinha cheia de baratas que nem se dão mais ao trabalho de correr do brilho da lanterna. Ainda assim, na maioria das vezes, as privações convivem com pequenos símbolos do espírito humano, de uma batalha tão antiga quanto as próprias periferias: polaroides coladas na parede de um quarto, mostrando um menino com fantasia de Halloween; uma carta de amor escrita com letras de jornais e revistas, de uma criança para sua mãe; cardápios escolares antigos na porta da geladeira antiga; fotografias de dezenas de netos, colocadas todas em uma mesma moldura; uma capa plástica no sofá novo da sala, solitário em uma sala cheia de restos destruídos; o onipresente poster da Última Ceia, ou então Cristo com uma auréola de luz; ou um retrato feito em aerógrafo de Martin Luther King em um mural, em um papel, ou mesmo em veludo escuro, os olhos voltados para o alto, a cabeça adornada por trechos do discurso da Marcha de Washington. Esses são lares em que uma mãe ainda desce as escadas para chorar nos degraus da entrada quando um camburão estaciona em frente, onde os investigadores sabem usar o pronome de tratamento certo, onde os policiais ainda perguntam ao garoto se as algemas estão apertadas demais e protegem a cabeça dele com a mão enquanto o colocam na parte de trás de um carro de polícia.

Mas, em uma das casas geminadas da avenida Newington, vinte e quatro seres humanos aprenderam a deixar comida caída no chão, a empilhar roupas sujas e fraldas em um canto da sala, a ficar parados enquanto parasitas caminham por sobre os lençóis, a esvaziar uma garrafa de licor e então mijar tudo em um balde plástico ao pé da cama, a usar solventes em conjunção com sacos plásticos como diversão. Historiadores contam que, quando as vítimas do holocausto nazista ouviram que o exército dos Aliados estava se aproximando para libertar os presos, alguns voltaram para limpar os alojamentos e mostrar ao mundo que seres humanos tinham morado ali. Mas, na avenida Newington, todos os limites da existência humana foram cruzados. A própria noção da batalha tinha sido ridicularizada, e a derrota incondicional de uma geração pesa um bocado na seguinte.

Para os investigadores dentro da casa, desprezo e mesmo raiva eram as únicas reações naturais. Ou ao menos é nisso que acreditam durante o começo da madrugada de buscas, quando um garoto de 10 anos de idade usando uma camiseta dos Orioles manchada e calça jeans se levanta do amontoado de seres humanos no meio da sala e puxa Eddie Brown pela manga do casaco, pedindo permissão para pegar algo em seu quarto.

"Do que você precisa?"

"Do meu dever de casa."

Brown hesita, não acreditando. "Dever de casa?"

"Está no meu quarto."

"Qual é o quarto?"

"No andar de cima, na parte da frente."

"Do que você precisa? Vou trazer."

"Do meu livro de tarefas e de alguns papéis, mas não lembro onde deixei."

Brown então acompanha o garoto até o quarto maior no segundo piso e o observa pegar um caderno e um livro da mesa cheia de entulhos.

"Do que é o dever?"

"Soletração."

"Soletração?"

"Isso."

"Você soletra bem?"

"Mais ou menos."

Eles voltam para o andar de baixo, e o garoto desaparece, perdido entre a massa inquieta no meio da sala. Eddie Brown olha pela porta como se ela fosse o fim de um longo túnel.

"Preciso confessar uma coisa", diz, acendendo um cigarro, "tô ficando velho demais pra isso."

DIVISÃO DE HOMICÍDIOS
DAVID SIMON

③

CRUZADA PESSOAL

Quarta-feira, 10 de fevereiro

Faz 111 dias desde que Gene Cassidy foi baleado na esquina das ruas Appleton e Mosher, e, nesses 111 dias, Terry McLarney carregou o peso do Departamento de Polícia de Baltimore nas costas. Nunca antes um caso envolvendo morte ou agressão de um policial de Baltimore ficou em aberto; nunca houve uma acusação fracassada. McLarney sabe, assim como todos os outros policiais do departamento, que o dia da verdade se aproxima. Durante anos, tribunais do júri tinham concordado com veredictos de homicídio culposo de oficiais de polícia; o rapaz que baleou Buckman seis vezes na cabeça foi condenado por homicídio culposo e já está em condicional. O drogado que tinha matado Marty Ward com um tiro no peito em uma batida de drogas que deu errado também tinha sido condenado por homicídio culposo. McLarney sabe, assim como qualquer outro investigador, que é uma questão de tempo até que o impensável aconteça, e um desses caras se safe. McLarney diz a si mesmo que não vai ser com ele e que não vai ser com Cassidy.

Mas os dias passam sem pistas novas, sem nada que corrobore um caso que os promotores ainda acreditam ser muito fraco para enfrentar um tribunal do júri. A pasta do caso Cassidy é cheia de relatórios policiais, mas, na verdade, McLarney não tem nada de novo contra seu suspeito em relação ao que já tinha em outubro. Na verdade, tem menos ainda. Em outubro, ao menos, estava convencido de que o sujeito preso por atirar em Gene Cassidy era culpado do crime.

Agora, já não tem certeza. Com o caso se aproximando de uma avaliação em maio, às vezes, se pega rezando em silêncio. Os apelos são breves, suplicantes e diretos: preces feitas nas esquinas das ruas ou ao fundo da sala do café, preces para um Deus Católico Apostólico Romano que não tinha escutado Terry McLarney enquanto ele mesmo sangrava na avenida Arunah. Em momentos atípicos, McLarney se percebe murmurando um daqueles pedidos de uma única palavra com os quais o Senhor é sempre soterrado. Deus do céu, me ajude a resolver o caso do sujeito que atirou em Gene e, pode ter certeza, não terá que ouvir de novo nada relacionado aos meus problemas. Solicitado com respeito pelo sargento investigador T. P. McLarney, divisão de homicídios do Departamento de Investigação Criminal, Baltimore, Maryland.

As ligações de Gene tarde da noite só aumentavam a pressão. Ainda sem estar acostumado à escuridão permanente, Cassidy de vez em quando acordava no meio da noite se perguntando se era de manhã ou de tarde. Então ligava para a divisão de homicídios para saber das novidades, o que mais tinham descoberto a respeito do tal rapaz, Owens. McLarney lhe contava a verdade, que o caso contra Anthony Owens ainda se resumia a nada além de duas testemunhas, menores de idade e relutantes.

"O que você quer, Gene?", perguntou McLarney em uma dessas conversas.

"Eu acho", Cassidy respondeu, "que, para cada dia que eu passar cego, ele deveria ficar um na prisão."

"Cinquenta anos é o suficiente para você?"

Sim, disse Cassidy. Se tiver que ser.

Cinquenta não era o suficiente; ambos sabiam disso. Cinquenta anos significava condicional antes mesmo de cumprir vinte. Mas McLarney já não podia nem pensar em uma pena como essa, nem qualquer outro tipo de condenação. McLarney só podia olhar para a pasta do caso mais importante de sua vida e enxergar um fracasso. Diabo, se Cassidy não fosse um policial, esse caso teria sido arquivado muito antes de chegar perto de um fórum.

Não poderia haver arquivamento nesse caso, nem absolvição, nem algum acordo que resultasse em uma pena medíocre. Gene Cassidy tinha que conseguir nada menos do que uma sentença de tentativa de homicídio doloso por parte do júri. O departamento lhe devia isso, e, para todos os propósitos práticos, McLarney era a personificação do departamento. Como amigo de Cassidy, como supervisor do caso, como a pessoa que tinha moldado e guiado a investigação, cabia a Terry McLarney gerar resultados, colocar as coisas nos eixos.

A pressão é aumentada ainda mais por uma culpa estranha e secreta. Isso porque, naquela noite quente de outubro, quando a chamada chegou ao setor de homicídios, McLarney não estava no escritório. Havia ido embora após encerrar o turno das dezesseis à meia-noite, logo depois que o pessoal do turno seguinte chegou, e só ficou sabendo do incidente quando ligou para o escritório de um bar no centro.

Oficial baleado na Oeste.

Tiros na cabeça.

Cassidy.

Era Cassidy.

McLarney voltou correndo para o escritório. Para ele, era mais do que um policial baleado. Era seu amigo, um patrulheiro em ascensão que ele próprio havia treinado durante seu breve período como sargento de setor no Distrito Oeste. O garoto era um prodígio — esperto, duro, justo — o tipo de policial que o departamento queria nas ruas. Mesmo após McLarney ser transferido de volta para homicídios, os dois se mantiveram próximos. E então, de súbito, Cassidy tinha sido ferido, talvez estivesse morrendo.

Eles o tinham encontrado sentado na esquina da Appleton com a Mosher. Jim Bowen, que fez a pé o trecho de poucos quarteirões da delegacia até lá, foi o primeiro a chegar e ficou chocado por não conseguir reconhecer um colega do Distrito Oeste. O rosto era só uma massa ensanguentada, e Bowen se ajoelhou e leu a identificação no uniforme: Cassidy. Bowen percebeu também que a arma de Gene estava no coldre e seu cassetete dentro do carro-patrulha, que estava em ponto morto a poucos metros do meio-fio. Mais policiais do Distrito Oeste começaram a chegar, cada um ficando mais chocado que o anterior.

"Gene, Gene... Ai, cara!"

"Gene, consegue me ouvir?"

"Gene, você sabe quem atirou em você?"

Cassidy disse apenas uma palavra.

"Sei", disse ele. Eu sei.

A ambulância percorreu menos de um quilômetro e meio até a unidade de emergência do Hospital Universitário, onde os médicos estimaram a chance de sobrevivência de 4%. Uma bala tinha entrado pela bochecha esquerda e cruzado a fronte do crânio em trajetória ascendente, atingindo o nervo óptico do olho direito. O segundo tiro tinha entrado pelo lado esquerdo do rosto, destruindo o outro olho e condenando Gene Cassidy à escuridão antes de se alojar no cérebro, para além do alcance do bisturi de um médico. Por causa da segunda bala, os médicos discutiram a pior possibilidade: de que, mesmo que o policial de 27 anos sobrevivesse, poderia sofrer danos cerebrais severos.

Uma vigília começou na unidade de trauma quando a jovem esposa de Cassidy chegou, acompanhada por dois policiais do Distrito Oeste. Em seguida, um desfile de chapéus brancos e detalhes dourados — coronéis e comissários — e depois investigadores, cirurgiões, um padre para a extrema-unção.

Em suas horas iniciais, a investigação seguiu o procedimento clássico para qualquer tiroteio envolvendo a polícia. Investigadores e policiais em uniforme do Distrito Oeste apinharam a área em torno do cruzamento da Mosher com a Appleton, parando toda e qualquer pessoa que estivesse pelas esquinas. Moradores, traficantes de rua, viciados, desabrigados — qualquer coisa que se movesse era puxada de lado, intimidada, ameaçada. Dois tiros disparados à queima-roupa eram uma declaração de guerra, e quaisquer que fossem as linhas demarcatórias que um dia tivessem existido entre os policiais e os moradores do Distrito Oeste tinham acabado de ser apagadas.

Mais do que qualquer outro supervisor na divisão de homicídios, McLarney conduziu o efetivo naquela primeira noite infeliz, ameaçando uma possível testemunha após a outra, discursando, delirando, lançando a fúria de Deus, do diabo e de T.P. McLarney no coração de tudo e todos em seu caminho. Quando um policial é baleado, o velho "não vi nada" já não resolve; mesmo assim, a intensidade de McLarney naquela primeira noite tinha beirado a imprudência. Aquilo tinha sido interpretado pelos investigadores sob seu comando quase como um ato de contrição, uma tentativa alucinada de compensar o simples fato de que, quando a chamada foi feita, ele estava bebendo cerveja.

Na verdade, o fato de McLarney ter ido embora após seu turno não significava nada. Na investigação de homicídios, o começo ou fim de seu expediente é indeterminado, com um turno às vezes emendando em outro para que a parte burocrática seja concluída e policiais descansados assumam. Alguns policiais vão embora cedo, outros mais tarde, há os que fazem hora extra em novos casos, e aqueles que vão para o bar poucos minutos após o pessoal da troca de turno chegar pelos elevadores. Ninguém consegue prever a chegada de um caso prioritário, mas, no fundo, para McLarney, esse tipo de raciocínio não significava quase nada. Era mais do que um caso prioritário, e, para McLarney, importava o fato de que, quando Gene Cassidy tinha sido baleado na rua, ele não estava em seu posto.

A fúria fora de controle do sargento naquela primeira noite deixou os outros investigadores em alerta. Vários homens — inclusive o tenente D'Addario — tentaram acalmá-lo, dizendo que estava envolvido demais na situação, sugerindo que fosse para casa, que deixasse o caso para investigadores que não tivessem trabalhado com Cassidy, investigadores capazes de investigar o ocorrido como um crime — um crime horrendo, mas não uma afronta pessoal.

Em uma das interações ocorridas na rua, McLarney chegou a dar um soco que quebrou os ossos de seu punho. Meses depois, virou uma piada repetida pela unidade: McLarney quebrou a mão em três lugares diferentes na noite em que Cassidy foi baleado.

Três lugares diferentes?

Sim, na quadra 1800 da rua Division, na quadra 1600 da Laurens, na...

McLarney estava fora de controle, mas não podia ir embora. E ninguém esperava que fizesse isso. Independentemente do que pensavam quanto a seu envolvimento na primeira noite de investigação, os homens que trabalhavam com McLarney entendiam sua raiva.

Às 2h, cerca de três horas após o crime, a polícia recebeu a denúncia anônima de uma casa ao norte da rua Stricker, onde encontrariam a arma usada para balear o policial. Nenhuma arma foi encontrada, mas os investigadores mesmo assim levaram um adolescente de 16 anos encontrado no endereço para a central, onde ele negou qualquer envolvimento no incidente. O interrogatório foi demorado e intenso, especialmente depois de os investigadores testarem as solas dos tênis do rapaz e obterem um resultado positivo para presença de sangue. Àquela altura, era o melhor que os investigadores podiam fazer para manter McLarney afastado do garoto aterrorizado, que, após horas de intenso interrogatório, finalmente entregou um tal de Anthony T. Owens como o atirador. Um segundo homem, Clifton Frazier, foi mencionado como presente no momento dos tiros, mas não teria envolvimento. A jovem testemunha alegou ter estado a poucos metros do local dos tiros e disse que tinha visto o policial chegar a uma esquina de tráfico cheia de gente, antes de ser baleado sem qualquer provocação por Owens, um traficantezinho de 18 anos.

Os investigadores, que trabalhavam sem parar, datilografaram um mandado de busca e de prisão para Owens, conseguiram a assinatura do juiz de plantão e, então, foram ao apartamento de Owens na região noroeste de Baltimore, às 18h30 daquela noite. A busca encontrou pouca coisa, mas, antes de os investigadores irem embora, outra denúncia anônima informou a polícia de que o homem que tinha alvejado o policial estava em uma casa geminada da rua Fulton. A polícia foi rapidamente até o local, mas não encontrou Owens. Contudo, encontrou Clifton Frazier, de 24 anos, o homem apontado como testemunha. Frazier foi levado para a central, onde se recusou a falar e exigiu um advogado. Procurado devido a um mandado em aberto por agressão aparentemente não relacionada a esse crime, Frazier foi levado para o presídio municipal, mas foi solto sob fiança horas após uma sessão com um comissário.

Mais tarde naquela noite, a irmã mais nova da relutante testemunha de 16 anos compareceu à divisão de homicídios e declarou que também esteve na rua Appleton com diversas amigas e presenciou o momento em que o policial foi baleado ao chegar à movimentada esquina. Ela afirmou que, pouco antes dos tiros, tinha visto Clifton Frazier cutucar Owens e dizer algo. A garota também insistiu que, após os tiros, Owens tinha fugido em um Ford Escort preto dirigido por Frazier. Com base nesse depoimento, os investigadores começaram a procurar Frazier novamente; descobriram que, após ser liberado sob fiança, ele tinha se escondido. Emitiram um segundo mandado de prisão para ele e continuaram a procurar Owens. Mais tarde naquela mesma noite, enquanto a garota de 13 anos começava a ler as páginas de seu depoimento, Anthony Owens se apresentou ao recepcionista do Distrito Central.

"Fui eu quem atirou no policial."

Ele tinha ido até a central por medo de ser espancado, ou mesmo morto, se fosse apanhado nas ruas da zona oeste, um medo de modo algum injustificado. Os demais investigadores conseguiram manter McLarney afastado do suspeito, mas Owens não conseguiria passar pelo fichamento, pela carceragem da delegacia e pelo presídio municipal sem tomar algumas porradas. Com certeza, algo brutal, mas não indiscriminado, e talvez Anthony Owens tenha entendido que era algo necessário quando um policial é baleado duas vezes na cabeça. Ele recebeu os golpes que lhe deram sem reclamar.

Por dias após a cirurgia, Gene Cassidy ficou entre a vida e a morte, em estado semicomatoso na unidade de tratamento intensivo, e a esposa, a mãe e o irmão permaneceram ao lado do seu leito. Os oficiais de alta patente evaporaram após a primeira noite de vigília, mas amigos e policiais do Distrito Oeste se juntaram à família. A cada dia, os médicos arriscavam novas estimativas, mas levou duas semanas para que Cassidy lhes desse algum sinal, se debatendo quando a enfermeira trocava as bandagens.

"Ah, Gene", disse a enfermeira, "a vida é dureza."

"É", disse Cassidy, lutando com cada palavra, "dura... mesmo."

Ele estava cego. A bala no cérebro também tinha destruído o olfato e o paladar. Além do dano permanente, teria que reaprender a falar, a andar e a coordenar cada movimento. Quando a sobrevivência do paciente foi assegurada, os cirurgiões propuseram uma estada de quatro meses no hospital, seguida por meses de fisioterapia. Mas, incrivelmente, na terceira semana, Cassidy já conseguia andar com ajuda de um acompanhante e aprendia vocabulário na fonoterapia, e ficou cada vez mais evidente que suas funções mentais estavam intactas. Ele recebeu alta da unidade de trauma ao fim de um mês.

Quando Cassidy retornou ao mundo dos vivos, McLarney e Gary Dunnigan, o investigador principal do caso, foram lá com perguntas, esperando que Cassidy pudesse fortalecer o caso contra Owens, lembrando detalhes do crime, talvez até mesmo descrevendo ou identificando o atirador de alguma maneira. Mas, para sua enorme frustração, a última coisa da qual Cassidy conseguia se lembrar era de comer um cachorro-quente na casa do sogro antes de ir trabalhar naquele dia. Com exceção de uma breve imagem, na qual o rosto de Jim Bowen parecia inclinado sobre ele na ambulância — uma cena que os médicos não acreditam que Cassidy tenha testemunhado — ele não se lembrava de nada.

Quando lhe contaram a história do tal garoto que indicou o nome de Owens, de que havia sido baleado sem qualquer provocação quando tentava dispersar uma esquina cheia de comércio de drogas, Cassidy teve um branco. Por que, lhes perguntou, eu deixaria meu cassetete no carro, se me encaminhava para dispersar as pessoas na esquina? E desde quando a esquina da Appleton com a Mosher era um ponto de drogas? Cassidy tinha trabalhado na área por um ano e não se lembrava de ninguém traficando na Appleton. Para Cassidy, a história não batia, mas, por mais que tentasse, ele não conseguia se lembrar.

E havia também algo mais de que Gene Cassidy não conseguia se lembrar, um incidente ocorrido certa noite no quarto do hospital, quando seu cérebro ainda estava envolto por uma neblina cinzenta. Algo, alguma veia oculta da ética do Distrito Oeste, talvez, impeliu Cassidy a se levantar por conta própria pela primeira vez desde o incidente na rua Appleton. Com lentidão, ele foi até a cama de outro paciente, um garoto de 15 anos que tinha se ferido em um acidente de carro.

"Ei", disse Cassidy.

O rapaz olhou e viu uma aparição aterradora trajando apenas uma camisola hospitalar, olhos inchados que não enxergavam, a cabeça raspada com cicatrizes da cirurgia.

"Que é?", perguntou o garoto.

"Você tá preso."

"Como é que é?"

"Você tá preso."

"Acho melhor o senhor voltar pra cama."

O fantasma pareceu considerar a ideia por um momento antes de ir embora. "Tá legal", disse Cassidy.

Nas semanas após o crime, McLarney e outros investigadores reuniram oficiais da unidade de narcóticos do Departamento de Investigação Criminal e da força antidrogas do Distrito Oeste e começaram a vigiar os pontos de drogas próximos da rua Appleton. A suposição era simples: se Cassidy tinha sido baleado antes de dispersar um ponto de drogas, então todos os traficantes da área sabiam disso. Alguns desses traficantes eram testemunhas; outros conheciam testemunhas. Mais de uma dúzia deles chegou a ser presa e interrogada por investigadores com grande poder de barganha, que podiam demandar informações em troca de acordos com os promotores a respeito das acusações de tráfico. Inacreditavelmente, nenhum deles tinha qualquer informação útil.

A noite do crime tinha sido fresca, mas não gelada, e havia razões para crer que os moradores provavelmente estivessem sentados nos degraus de suas casas até depois do entardecer. Mas, mesmo assim, uma segunda peneira da esquina não produziu quase nada em termos de testemunhas. Uma extensa busca pelo Ford Escort preto, que supostamente teria sido usado na fuga, não deu em nada.

No fim de janeiro, o caso foi passado para o setor de criminosos reincidentes do Ministério Público, onde dois promotores veteranos, Howard Gersh e Gary Schenker, analisaram as acusações e os depoimentos das testemunhas. Owens e Frazier permaneciam presos sem direito à fiança, mas, em termos de acusação, o caso era um desastre. Tinha como testemunhas um relutante delinquente de 16 anos e sua irmã de 13, que possuía uma propensão a fugir de casa que a tornava não confiável e quase impossível de localizar. Além disso, os depoimentos dos dois jovens, embora similares, tinham diferenças cruciais, e apenas o depoimento da garota implicava Frazier como cúmplice. Ao mesmo tempo, não existia arma do crime, nenhuma prova material, nenhum motivo que poderia aplacar um jurado obrigado a considerar provas tênues.

McLarney sentiu medo de verdade. E se ainda faltassem provas no momento do julgamento? E se nunca encontrassem outra testemunha? E se fossem a julgamento e perdessem por conta de detalhes? E se o atirador se safasse? Em um momento de dúvida particularmente ruim, McLarney chegou a ligar para Cassidy e, por sugestão dos promotores, perguntou o que achava de um acordo para que Owens cumprisse trinta anos por tentativa de homicídio culposo. Isso significaria liberdade condicional em dez anos.

Não, disse Cassidy. Trinta, não.

É isso aí, pensou McLarney. Era obsceno até mesmo considerar um acordo. Cassidy tinha ficado cego, sua carreira estava acabada. E, embora os patrões de Patti Cassidy tivessem garantido o emprego dela, ela abandou o trabalho para ficar com Gene durante os meses de recuperação. Duas vidas que nunca mais seriam as mesmas — mais de duas, pensou McLarney, corrigindo a si mesmo.

Pouco antes do Natal, alguns sintomas persistentes em Patti Cassidy foram corretamente diagnosticados. Seu enjoo e cansaço não eram, como ela havia pensado, resultado do estresse que se seguiu ao crime. Estava grávida. Concebido dias antes de Gene ser ferido, o primeiro filho do casal era uma incrível benção, uma promessa de vida futura. Porém, ninguém precisava mencionar o fato de que a gravidez também tinha um toque de amargor; seria uma criança que Gene Cassidy jamais poderia ver.

A gravidez de Patti apenas alimentou a obsessão de McLarney pelo caso. Mas alguns investigadores acreditavam que a intensidade dele podia em parte ser atribuída a algo mais, a algo que não tinha nada a ver com Cassidy ou o bebê, mas com algo que tinha acontecido em um beco atrás da rua Monroe, a pouco mais de duas quadras de onde Cassidy foi alvejado.

Para McLarney, a investigação da morte de John Randolph Scott tinha se tornado uma obscenidade. Para ele, a perseguição a outros policiais era impensável. Não havia como conciliar um mundo no qual Gene Cassidy era baleado na rua e, um mês depois, a divisão de homicídios — na verdade, a equipe de McLarney — estava pelos bairros perseguindo homens que tinham trabalhado com Gene, fazendo patrulheiros passarem pelo detector de mentira e entregarem seus revólveres de serviço, vasculhando os armários no vestiário da delegacia.

Era algo absurdo, e, na opinião de McLarney, o caso de John Scott ainda estava em aberto porque os suspeitos eram policiais. No mundo do investigador, um policial não atirava em alguém e deixava o corpo para trás em um beco, ou pelo menos os homens com quem havia trabalhado não deixavam. Foi nesse ponto que Worden se desviou do caminho. Ele era um policial fantástico, um bom investigador, mas, se realmente acreditava que um policial tinha assassinado aquele rapaz, estava enganado. Muito enganado. McLarney não culpava o investigador de forma direta. Worden, a seu ver, era um produto da velha guarda, um policial que seguia as ordens do supervisor, por mais cretinas que fossem. A culpa, portanto, não lhe pertencia, mas à equipe de comando, em especial ao tenente administrativo e ao capitão, que haviam removido a investigação da rua Monroe da cadeia de comando habitual. McLarney achava que eles tinham descartado a possibilidade de um suspeito civil muito cedo na investigação, que tinham colocado Worden atrás dos policiais cedo demais. O tenente administrativo não era um investigador, nem o capitão; por essa razão, acreditava que eles nunca deveriam ter tirado o caso Scott dele e de D'Addario. Além disso, McLarney já tinha trabalhado no Distrito Oeste, mas seus superiores, não. Ele sabia o que acontecia e não acontecia nas ruas. E acreditava que o destino do caso tinha sido selado no momento em que todos os envolvidos decidiram que um policial tinha cometido o assassinato.

Aquilo tudo rendia um discurso incrível, e, entre os investigadores de seu turno, ninguém teria a capacidade de duvidar que McLarney acreditava em cada palavra dele. Por outro lado, *tinham* que acreditar. Porque, mais do que qualquer outra coisa na vida, aquilo que Terrence McLarney sentia pelo Distrito Oeste, por si mesmo, não poderia ser comprometido. Na cabeça dele, qualquer um que quisesse conhecer a verdade não precisava olhar além de Gene Cassidy sangrando na esquina da Appleton com a Mosher.

Assim era o trabalho policial no Distrito Oeste. E, se todos os outros no departamento de polícia não entendiam isso, bom, McLarney, era capaz de expressar suas emoções de modo eloquente: foda-se isso tudo, e fodam-se vocês. Ele decidiu que não teria nada a ver com o caso da rua Monroe. Em vez disso, faria algo muito mais produtivo e satisfatório: daria um jeito no caso de Cassidy.

Pouco tempo após a notícia relacionada a gravidez de Patti, McLarney enviou um bilhete ao capitão, requisitando que destacasse dois policiais do Distrito Oeste a partir de primeiro de fevereiro, alegando que, se necessário, trabalhariam no caso até a data do julgamento, em maio. Não havia nada mais a se fazer; perder o caso de um policial baleado seria demais.

O capitão lhe concedeu os reforços, e o Distrito Oeste enviou dois de seus melhores homens. Era uma dupla meio Tom e Jerry: Gary Tuggle, um rapaz negro de cabelo arrepiado que trabalhava na unidade à paisana do distrito, e Corey Belt, um monólito alto e de pescoço largo, com a aparência e o temperamento de um zagueiro, atributos que tinham seu apelo com o velho artilheiro dentro de McLarney. Ambos eram espertos, saudáveis e agressivos, mesmo para os padrões do Distrito Oeste. Nas ruas, McLarney se deleitava com o puro espetáculo de seus novos reforços, o contraste óbvio entre um sargento de 35 anos avançando pela meia-idade e os dois carnívoros esbeltos sob seu comando.

"Estacionamos em uma esquina, e eu saí do carro", contou McLarney após um dia de peripécias na zona oeste. "Os criminosos olharam pra mim e pensaram, 'Sem problema, dá pra escapar desse molenga'. Aí os dois saíram do carro, e imediatamente todo mundo se virou e colocou as mãos na parede."

McLarney, Belt, Tuggle — desde o primeiro dia daquele mês, o trio tinha passado todos os dias nas ruas da Oeste, averiguando as ruas próximas ao local do crime, dando prensas em testemunhas, correndo atrás até mesmo dos rumores mais vagos.

Mas após nove dias, McLarney e seus assistentes não conseguem nada. Nenhuma testemunha nova. Ainda sem a arma do crime. Nada além do que já sabiam desde outubro. Já não havia qualquer conversa na rua relacionada a um crime que tinha acontecido quatro meses antes.

Preparando-se para voltar à delegacia pela manhã, McLarney sente o medo crescer um pouco mais. Tendo uma vez atuado como sargento de Cassidy, tendo o chamado de amigo, não considera o caso nada menos do que uma cruzada pessoal. Não apenas pelo que o caso significa para Cassidy, mas pelo que significa para ele próprio, um homem definido e obcecado pelo distintivo como poucos outros, um verdadeiro fiel da irmandade dos policiais, a religião mais pagã que um irlandês honesto pode encontrar.

Terrence Patrick McLarney reconheceu sua obsessão anos antes, no dia em que estava em um carro-patrulha do Distrito Central e ouviu o alarme de um banco soar no cruzamento da Eutaw com a North. Existia alguma sensação melhor do que acelerar pela avenida Pensilvânia com o giroscópio azul no alto do carro e o tema de "Shaft" tocando no toca-fitas? Havia emoção maior do que passar correndo pelos clientes no saguão do banco, um centurião de 26 anos guiado pelo cassetete e pelo .38 que se sacudia no cinto? Pouco importa que o alarme tivesse sido acionado por um erro; era o espetáculo da coisa toda. Em um mundo cheio de equívocos nebulosos e sem consequências, McLarney era um homem bom, rodeado por homens maus. Que outro emprego poderia oferecer algo tão puro assim?

No devido tempo, McLarney se adaptou à função de um modo que poucos outros homens conseguem, se tornando um policial cínico, autodepreciativo e beberrão de proporções quase míticas. Parecia, ria, bebia e praguejava feito um patrulheiro antiquado, cuja cintura estava perdendo a batalha contra as propriedades da cerveja. Antes de sua forma se estabilizar em um sargento investigador de mais de cem quilos, McLarney tinha jogado futebol americano e tinha levado anos para que seus contornos musculosos de atacante sucumbissem a um regime diário de carro-patrulha, bar e cama.

Suas roupas acentuavam a sugestão de declínio físico, e, entre os investigadores, havia o consenso de que McLarney só vinha para o trabalho após seu cachorro ter arrastado sua camisa e sua jaqueta pelo quintal. Ele afirmava não entender esse fenômeno, insistindo repetidas vezes que sua esposa tinha ido a um shopping bastante digno no bairro residencial e escolhido roupas aceitáveis. Dentro de sua casa no Condado Howard, e durante os primeiros quilômetros da Rodovia Interestadual 95, os itens de vestuário pareciam elegantes e bem-acabados. Porém, em algum ponto entre a Rota 175 e o começo da cidade, um tipo de explosão espontânea ocorria. O colarinho de sua camisa se entortava em um ângulo terrível, fazendo com que o nó da gravata se contorcesse em uma meia-volta. Os punhos da jaqueta se abriam, rejeitando os botões. O forro da jaqueta em cima do quadril direito se enganchava na coronha do revólver e começava a se rasgar. Um buraco se formava na sola de cada sapato.

"Não consigo evitar", insistia McLarney, sem admitir qualquer falta de asseio nos dias em que chegava atrasado ou que tinha passado apenas a parte da frente da camisa, confiante de que "é a única parte da camisa que as pessoas olham, de todo jeito".

Encorpado, de cabelo liso e dono de um sorriso rápido com dentes lascados, Terry McLarney não aparentava ser um pensador, ou mesmo um sábio. Mas, para aqueles que o conheciam bem, sua aparência e o comportamento, às vezes, pareciam calculados para ocultar seu verdadeiro caráter. Ele era cria dos bairros residenciais de classe média de

Washington, filho de um analista do Departamento de Defesa dono de considerável fortuna. Enquanto era patrulheiro, tinha estudado para se formar em direito sentado no banco do carona de um carro-patrulha do Distrito Central, mas nunca se deu ao trabalho de fazer o exame da ordem dos advogados de Maryland. Entre policiais, um preconceito vago sempre existiu quanto ao trabalho de advogado, uma noção enraizada que dizia que mesmo o melhor e mais devotado dos advogados era pouca coisa além de uma chave de fenda enfiada no maquinário da justiça criminal. Apesar de sua formação em direito, McLarney aderia a essa noção: era um policial, não um advogado.

Ainda assim, McLarney era um dos homens mais inteligentes e conscientes de si no setor de homicídios. Era o Falstaff* da equipe, sua verdadeira voz cômica. Pegadinhas elaboradas e palavrões bizarros eram contribuições constantes de Jay Landsman, mas seu humor, sutil e modesto, capturava a camaradagem peculiar que surge do trabalho policial. Dali a algumas gerações, investigadores de homicídios em Baltimore ainda estariam contando as histórias de T. P. McLarney. Quando era sargento, McLarney tinha trabalhado apenas um dia no escritório com Landsman antes de relatar, sem qualquer emoção em sua voz, um memorando confidencial para D'Addario: "O sargento Landsman me olha de um jeito esquisito. Receio que ele me veja como um objeto sexual". Depois de tomar quatro cervejas, McLarney só falava através de metáforas envolvendo futebol e sempre dava a seus investigadores o mesmo conselho: "Meus homens precisam entrar no jogo com um plano. Não quero saber qual, mas eles precisam ter um". Uma vez ele havia voltado para casa no meio de um turno movimentado para salvar a esposa e o filho usando seu .38 para matar um rato que tumultuava o guarda-roupa do quarto. ("Limpei tudo", explicou quando voltou ao escritório. "Mas pensei em deixar ele lá, como aviso para os outros.")

Porém, ao mesmo tempo, McLarney era também um investigador incansável, que investigava seus casos com cautela e precisão. Seu melhor momento foi em 1982, como investigador principal no assassinato dos Bronstein, um crime horrendo no qual um casal judeu idoso foi apunhalado múltiplas vezes na sala de estar em sua casa em Pimlico. Os dois assassinos, suas namoradas e até um primo de 13 anos de idade

---

* Personagem criado por William Shakespeare, conhecido como fanfarrão e boêmio e presente em várias de suas peças.

voltaram à casa diversas vezes, passando por sobre os corpos para levarem remessas de itens de valor. McLarney trabalhou no caso por semanas, até encontrar alguns dos itens roubados próximos a uma cerca no conjunto habitacional Perkin Homes, onde descobriu os nomes de dois suspeitos que depois seriam condenados, respectivamente, à pena de morte e à prisão perpétua sem chance de condicional.

Assim como na investigação do caso Bronstein, os maiores esforços de McLarney eram em casos em que uma mulher tinha sido vítima. Era uma tendência que se estendeu por muito tempo após ele voltar ao setor de homicídios como sargento. No esquadrão de McLarney, investigadores que pegavam um caso com uma vítima mulher eram constantemente cutucados e cobrados pelo sargento, um policial comandado pelo tradicional e sentimental julgamento de que, embora homens violassem a lei ao matar uns aos outros, o assassinato de uma mulher era uma verdadeira tragédia.

"Essa aqui", dizia, olhando para as fotos da cena do crime, alheio ao tom melodramático na própria voz, "tem que ser vingada."

Formou-se na academia em março de 1976 e foi para a central, mas, já naquela época, pensava a sério em se formar em direito, talvez até mesmo tentar ser promotor — uma opção que Catherine, sua esposa, prontamente incentivou. McLarney se matriculou no curso de direito da Universidade de Baltimore mais ou menos ao mesmo tempo que seu sargento de setor o colocou para trabalhar com Bob McAllister em um posto no carro-patrulha na avenida Pensilvânia. Era um tipo de existência bizarra e esquizofrênica: passava os dias como calouro de direito, discutindo responsabilidade civil e contratos, e as noites atendendo a chamadas nos Lexington Terrace e Murphy Homes, os maiores e piores conjuntos habitacionais da cidade. Naquele posto, onde cada pequeno incidente parecia exigir envolvimento policial, os dois homens aprenderam que sabiam lutar, caso fosse essa a ordem do dia. Os edifícios eram um mundo em si, oito torres inteiras de decadência e desespero que funcionavam como um supermercado vinte e quatro horas de heroína e cocaína. E, como se o território já não fosse ruim o suficiente, os dois homens trabalharam durante os tumultos de 1979, um evento conhecido entre os veteranos do departamento como as Olimpíadas de Inverno, quando Baltimore, coberta por neve, foi amplamente saqueada por seus habitantes. Tinha sido McAllister quem tinha segurado a onda; na maioria das vezes ele é quem tinha sido a voz da razão. No começo da manhã, os dois estacionavam o carro em algum canto da central, e ele lia para McLarney perguntas de um texto jurídico, fazendo seu parceiro de trabalho voltar à Terra após uma longa noite nos conjuntos habitacionais. Calado, sensível e autodepreciativo, Mac era a ponte entre os dois mundos, a única coisa que evitava que McLarney dissesse em alguma aula de direito que o Autor A estava era tentando foder o Acusado B e que o Juiz C iria passar o cadeado nos dois se não parassem de putaria.

Por fim, os dois fizeram o teste de admissão do Departamento de Investigação Criminal. McAllister estava cansado dos conjuntos habitacionais e queria, mais do que qualquer outra coisa, chegar à divisão de homicídios, mas investigar mortes não era muito interessante para McLarney. Ele queria ser um investigador de roubos, pelo motivo meio pueril de que, após dois anos nas ruas, via roubo à mão armada — "Você está sem grana e aí vai até um banco e simplesmente pega?" — como algo realmente incrível, coisa de gibi.

Os dois tiveram boas notas no exame da DIC por dois anos seguidos, mas, quando as vagas finalmente foram abertas, Mac teve que se contentar com a unidade de roubos enquanto McLarney, por fim, chegou à divisão de homicídios por meio da academia de polícia, onde passou um breve período como instrutor de direito. Para sua surpresa, imediatamente se apaixonou pela divisão de homicídios — o trabalho, as pessoas. Era uma unidade de elite, uma unidade investigativa — a melhor do departamento —, e McLarney sempre tinha se imaginado como um investigador. O exame da ordem dos advogados de Maryland e a carreira no direito se tornaram memórias vagas a partir do momento em que ganhou um distintivo de investigador e uma mesa de trabalho.

Então, após dois dos anos mais felizes de sua vida, McLarney cometeu aquele que depois considerou seu erro mais grave: passou no teste para sargento. As divisas em sua manga trouxeram um pequeno aumento de salário e uma transferência para o Distrito Oeste, onde lhe deram o Setor 2 e um esquadrão de garotos saudáveis para dirigir os carros-patrulha, espécimes de 23 e 24 anos que faziam com que se sentisse um fóssil na avançada idade de 31 anos. Era McLarney quem tinha que ser o sujeito calmo e ponderado. Todas as noites, em seus dois anos como sargento de setor, ele designava os carros e enviava suas tropas para um setor violento e inclemente da cidade, um distrito onde um homem não confiava em ninguém além de si mesmo e seus companheiros de turno. Muita coisa acontecia muito depressa na zona Oeste, onde todo policial de uniforme passava o turno sozinho em um carro-patrulha, dependendo de seus parceiros ouvirem sua chamada e chegarem a tempo para manter as coisas sob controle.

McLarney passou a distinguir os fracos dos fortes, os que lutavam e os que não lutavam, aqueles que conheciam as ruas e aqueles que eram desastres ambulantes. Pope era um bom sujeito. Cassidy, muito bom. Hendrix, um guerreiro. McLarney sabia que havia outros que não deveriam estar nas ruas, mas os carros tinham que ser preenchidos. Todas as noites dedicava uma ou duas horas para conferir toda a documentação requerida, e então pegava seu carro e ia para o setor vagar pelo resto do turno, tentando dar apoio a todas as chamadas. McLarney tinha passado aquele ano não se perguntando quando um de seus homens seria abatido, mas como isso iria acontecer. Na zona Oeste, um policial não precisava fazer nenhuma cagada para acabar se machucando, e McLarney se perguntava quando isso aconteceria. Ou se o momento fatídico envolveria um sujeito mal treinado, que não conseguia manter seu posto e que nunca deveria nem ter entrado no maldito carro. Mais do que tudo, McLarney se perguntava se seria algo com o qual conseguiria conviver.

Quando o dia chegou, era um dia lindo, o primeiro dia de setembro. McLarney se lembrava do clima porque marcava o fim de mais um verão em Baltimore e ele odiava ter que usar o colete à prova de balas em temperaturas mais altas. Ouviu a chamada no rádio enquanto checava alguns caminhões de obras em Calverton, a vários quarteirões mais para oeste. Em seguida, pegou a estrada e se apressou em direção a Edmondson, chegando ao bairro quase ao mesmo tempo que uma segunda patrulha, que checava um suspeito na rua Bentalou. McLarney foi o primeiro a cruzar a rua em direção ao norte, passando devagar. Em uma varanda no meio do quarteirão, um casal de idosos estava sentado em silêncio, e, quando McLarney olhou para eles, os dois olharam para o chão. Talvez eles apenas não quisessem falar com a polícia; por outro lado, talvez não tivessem visto nada. Ele saiu do carro e foi até a varanda, onde o velho o cumprimentou com uma expressão estranha e pensativa.

"Você não viu alguém passar correndo por aqui, hein? O posto de gasolina foi assaltado."

O velho parecia saber a respeito do posto de gasolina e mencionou de modo quase casual que tinha visto um sujeito correndo rua abaixo, que caiu, levantou de novo e se escondeu entre um monte de arbustos.

"Aqueles arbustos ali?"

Da varanda, McLarney não conseguia ver muita coisa. Pediu reforço; Reggie Hendrix foi o primeiro a aparecer. Observou enquanto seu policial subiu uma rampa perto da esquina e gritou para que tivesse cuidado, o suspeito ainda poderia estar nos arbustos. Os dois estavam de revólver em punho quando um morador apareceu em outra varanda para perguntar o que estava acontecendo, e McLarney se virou para mandar o homem voltar para dentro.

"Ele tá ali", gritou Hendrix.

McLarney não conseguia ver. Subiu a pequena rampa em direção ao outro policial, imaginando que o melhor a fazer seria ficar perto de Hendrix para que o suspeito não pudesse passar entre eles.

Hendrix continuou gritando, mas McLarney não viu nada até que o homem já estava em uma área aberta, correndo pelo gramado, mas ainda voltado para eles. McLarney viu a arma, viu o homem atirar e começou a atirar de volta. Hendrix também disparou. Que coisa bizarra, pensou, de algum modo desconectado do momento, pois lhe parecia que estavam parados, atirando um no outro — o que era, de fato, exatamente o que estava acontecendo. Sentiu o impacto de duas balas, cada uma delas o baqueando um pouco, e, quase ao mesmo tempo, viu o sujeito titubear e mancar até a rampa em direção à rua.

McLarney tentou correr de volta pelo gramado, mas sua perna estava inutilizada. Havia disparado quatro tiros, e tropeçava em direção à rua, onde esperava disparar os últimos dois em qualquer que fosse a direção em que o atirador estivesse correndo. Mas, quando desceu a rampa, viu o homem caído na calçada, quieto, sua arma ao lado dele no concreto. McLarney se arrastou até a calçada e ficou deitado de bruços a poucos metros. Manteve o braço esticado, mirando na cabeça do homem. Próximo a ele, na calçada, o atirador olhava para McLarney sem dizer nada. Então, ergueu a mão o suficiente para acenar de modo fraco. Já chega, a mão dizia. Basta.

Metade do efetivo do Distrito Oeste já estava parado ao redor deles a essa altura, e McLarney largou a arma quando viu Craig Pope encostar seu .38 no rosto do homem. Então, sentiu a dor — dores agudas e lancinantes no abdômen — e começou a se perguntar onde tinha sido atingido. A perna estava fodida; mas, pensou, o que é uma perna? Ele imaginou que a segunda bala o tinha acertado na barriga, abaixo do colete. Outro bom lugar, pensou McLarney, nada de vital ali.

Ele sentia as costas molhadas. "Mike, me vira pra ver se saiu pelo outro lado."

Hajek o empurrou pelo ombro. "Saiu, sim."

Tinha passado direto. Era uma péssima maneira de descobrir que os coletes não servem para merda nenhuma, mas McLarney sentiu alívio por saber que a bala não estava nele.

Ambulâncias diferentes levaram os dois homens para a mesma emergência, e McLarney dizia aos médicos que sentia como se estivesse caindo, como se fosse cair da maca. Quando sentia aquilo, a dor parecia aliviar. "Fica acordado", começaram a gritar com ele. "Fica acordado." Ah, claro, pensou McLarney. Estou entrando em choque.

Na sala de preparação para a cirurgia, conseguia ouvir o homem que tinha baleado fazendo todo tipo de som na maca ao lado dele e observou o time de emergência enfiar em seu próprio corpo agulhas e cateteres. Phillips, outro policial de seu setor, foi dar a notícia à Catherine, que a recebeu como qualquer pessoa sensata, expressando preocupação inegável pelo bem-estar do marido e uma convicção igualmente inegável de que, mesmo em uma cidade como Baltimore, a maioria dos advogados atravessa a vida sem ser baleado.

Já chega, ela lhe disse mais tarde. De que outras razões você precisa? McLarney não tinha como argumentar com a esposa; sabia disso. Tinha 32 anos e uma família, ganhava metade do que outros diplomados e, como recompensa, era baleado na rua feito um bicho. Quando reduzida a sua essência, a verdade é sempre uma coisa simples e sólida, e, sim, McLarney tinha de admitir, não havia vantagem alguma em ser policial. Nenhuma mesmo. E mesmo assim, nada envolvendo aquele tiroteio o fez mudar de ideia; de algum modo, já tinha ido longe demais.

Ele não voltou à ativa por oito meses, e, durante boa parte desse tempo, teve que usar uma bolsa de colostomia, até que o sistema digestório se recuperasse o suficiente e permitisse a cirurgia definitiva. Após cada operação, as câimbras abdominais eram tão intensas que o deixavam derrubado à noite, e, após a cirurgia de reconstrução, um caso de hepatite prolongou sua recuperação. Gene Cassidy foi visitá-lo duas vezes e, em uma delas, levou o sargento para almoçar. Quando McLarney tentou apressar sua reabilitação pedindo uma cerveja, Cassidy deu uma dura nele. Bom sujeito, o Cassidy.

Uma tradição no departamento de Baltimore determina que o homem baleado durante o dever, ao retornar às suas funções, pode assumir qualquer posto para o qual esteja qualificado. Naquele verão, enquanto McLarney se preparava para voltar ao trabalho uniformizado, Rod Brandner estava se aposentando, deixando para trás a reputação de ter sido um dos melhores sargentos que a divisão de homicídios já tinha tido. Brandner tinha reunido um belo esquadrão e trabalhava para D'Addario, o que significava que McLarney receberia ordens de um tenente reconhecidamente como um grande ser humano.

Ele voltou ao sexto andar expressando pouco orgulho por ter sido baleado e pouco interesse em contar ou recontar a história. Às vezes, expressava surpresa diante do status que tinha adquirido. Quando algum enrosco se aproximava, McLarney sorria e balançava a cabeça. "Eles têm que me deixar em paz", dizia. "Sou um policial juramentado que já foi baleado no cumprimento do dever."

Com o passar do tempo, se tornou uma piada recorrente na unidade. McLarney saía sem expressão no rosto de uma reunião no escritório do capitão, e Landsman servia como escada.

"O capitão cagou na sua cabeça, Terr?"

"Não, que nada."

"O que você fez? Mostrou pra ele as cicatrizes?"

"Claro."

"Aí sim, porra. Toda vez que o capitão fica irritado, McLarney abre a camisa."

Mas ele não tinha orgulho das cicatrizes. Após algum tempo, passou a falar do fato de ter sido baleado como se fosse a coisa mais irresponsável que já tinha feito. Seu filho, Brian, tinha 8 anos na época, e lhe disseram que o pai havia escorregado e caído de uma escada. Mas, cerca de um dia depois, o garoto ouviu o pai de McLarney conversando com um amigo da família ao telefone e, então, voltou para seu quarto e começou a jogar coisas no chão. Com um filho daquela idade, McLarney mais tarde contaria aos amigos que não tinha o direito de tomar um tiro.

No fim, até que se orgulhava de algo menor e menos importante. Quando as balas o acertaram na avenida Arunah, Terrence McLarney não caiu. Ficou de pé, atirando com sua arma até derrubar o outro sujeito. Raeford Barry Footman, de 29 anos de idade, morreu dois dias após o incidente por complicações de um disparo que o atingiu no peito. Quando analisaram a bala extraída na autópsia, confirmaram que havia saído da arma de serviço de McLarney.

Algum tempo após o tiroteio, um investigador levou para McLarney uma cópia dos antecedentes do sujeito morto, que continha diversas páginas. Ele olhou a folha até se dar por satisfeito, observando em especial que Footman tinha acabado de ser colocado em liberdade condicional de uma condenação criminal. Não quis ver a foto do homem morto, nem ler o arquivo do caso. Para McLarney, isso seria demais.

Sexta-feira, 12 de fevereiro

McLarney está sentado atrás da mesa de Dunnigan no escritório anexo, ouvindo o soluçar desconsolado e constante de uma garota dentro da sala de interrogatório. As lágrimas são verdadeiras. McLarney sabe disso.

Ele se inclina sobre a mesa, ouvindo a garota se controlar enquanto os homens dentro da sala leem o depoimento dela mais uma vez. A voz dela falseia, o nariz escorre. A garota sente dor e mesmo um senso de perda tão genuíno quanto o que foi sentido por Gene Cassidy. E aquilo, para McLarney, é um pouco obsceno.

D'Addario sai de seu escritório, vai até a porta da sala de interrogatório e olha pela janela espelhada. "E aí, como tá indo?"

"Resolvido, tenente."

"Já?"

"Ela entregou Butchie."

Butchie. Lágrimas para Butchie Frazier.

O surto de choro tinha começado meia hora antes, quando finalmente chegaram a Yolanda Marks, e a verdade começou a emanar dela, em espasmos. Na sala de interrogatório, McLarney tinha escutado os soluços até que as contradições e a moralidade desconexa se tornaram demais. Um pequeno sermão escapou de sua garganta, e, então, disse à jovem da zona Oeste de Baltimore que ela estava fazendo a coisa certa. Disse-lhe quem era Butchie Frazier, o que ele havia feito e por que as coisas tinham que terminar assim. E contou a ela a respeito de Gene e Patti Cassidy e do bebê que esperavam, também da escuridão que jamais se dissiparia.

"Pensa nisso", lhe disse por fim.

Houve um silêncio após aquilo, um minuto ou dois nos quais a tragédia de outra pessoa tomou forma na mente da garota. Mas, então, McLarney saiu da sala, e os soluços recomeçaram, e as lágrimas não tinham nada a ver com Gene Cassidy. A verdade era que Yolanda Marks amava Butchie Frazier, e ela o tinha entregado.

"Ela tá falando?", pergunta Landsman, caminhando pelo escritório.

"Tá", diz McLarney, abrindo de modo despreocupado a primeira gaveta de Dunnigan. "Estamos prontos para redigir o depoimento."

"O que ela tá falando?"

"Já era."

"Aí, muito bom, Terr."

Landsman entra em seu escritório, e McLarney pega um punhado de clipes de papel na gaveta, os enfileira na mesa e começa a torcer e retorcer o primeiro deles com os dedos rechonchudos.

Os dois dias anteriores tinham feito toda a diferença, e daquela vez tinham acertado. Daquela vez, a investigação tinha sido equilibrada e clínica, de uma precisão que jamais teria sido possível nas primeiras horas após o crime. Raiva e frustração tinham marcado aqueles primeiros dias, mas aquelas emoções finalmente tinham sido sublimadas pelo tempo e pelas demandas. Para McLarney, o caso Cassidy ainda era uma cruzada, mas uma cruzada alimentada mais por deliberações racionais do que por vingança pura.

A jornada de Yolanda Marks até a sala de interrogatório tinha começado mais de duas semanas antes, quando McLarney e seus dois reforços tinham levado as duas testemunhas relutantes — o rapaz de 16 anos e sua irmã mais nova — até o Ministério Público. Lá, os investigadores e promotores iniciaram uma série de entrevistas pré-julgamento para elencar detalhes adicionais relacionados ao crime, os quais poderiam ser corroborados para fortalecer o depoimento existente ou, melhor ainda, tinham potencial para conduzir a testemunhas adicionais. Em especial, McLarney queria identificar e localizar as amigas que supostamente estavam com a testemunha de 13 anos quando o crime ocorreu.

Dada a idade da testemunha e o ambiente intimidatório que é a sede do Ministério Público, os investigadores ficaram surpresos por terem de pressionar a garota para que revelasse o nome de suas amigas. Quando ela finalmente começou a falar, McLarney e os outros colheram apenas apelidos — Lulu, Renee, Tiffany e Munchkin —, todas supostamente moradoras dos edifícios Murphy Homes. McLarney, Belt e Tuggle foram até os prédios e encontraram garotas que atendiam por aqueles apelidos, mas nenhuma sabia do crime. E também não pareciam saber nada da testemunha de 13 anos.

Mais uma vez, McLarney enviou o pessoal de reforço em busca do Ford Escort preto que Clifton Frazier tinha supostamente usado para levar Owens para longe da cena do crime. Mas nenhum carro do tipo pôde ser vinculado de modo algum a Frazier ou Owens, mesmo com os policiais tendo vigiado e seguido dias a fio diversos Escorts pretos que localizaram nas proximidades da cena do crime.

O esforço para confirmar o depoimento das duas testemunhas não estava levando a lugar algum. Mais do que isso, o advogado de defesa parecia estar preparando uma série de testemunhas que serviriam como álibis e que estariam prontas a testemunhar que Anthony Owens nem sequer estava próximo da rua Appleton quando o crime ocorreu. Alguma coisa evidentemente não batia, e McLarney, temendo um beco sem saída, voltou à estaca zero. Três dias antes, havia puxado de novo o arquivo do caso e começado a revisar as declarações iniciais dos moradores da vizinhança, que estavam em meio à multidão no local do crime e que foram questionados pelos policiais de uniforme e mandados para a central. Havia diversas dessas testemunhas, todas afirmavam não terem visto nada, terem meramente se juntado aos demais espectadores após o incidente. Sem nada a perder, McLarney decidiu que não faria mal algum verificar os depoimentos mais uma vez, de modo que os reforços começaram a novamente interrogar as testemunhas. Após mais um dia nas ruas, finalmente chegaram a um morador de 21 anos da rua Mosher, chamado John Moore.

Na noite do crime, Moore tinha sido parado em uma esquina pelos policiais e mandado para a central, onde ele contou aos investigadores ter ouvido os tiros, mas sem ter visto nada. No entanto, na segunda vez, após diversas horas de atrito na enorme sala de interrogatório, a história mudou.

Na verdade, Moore não tinha visto o crime, mas tinha visto tudo que tinha antecedido o ocorrido. A testemunha estava sentada nos degraus de sua casa na noite de 22 de outubro, quando viu Clifton "Butchie" Frazier e uma jovem que ele não conhecia passando pela Mosher no sentido da Appleton. Frazier e a garota já tinham caminhado metade da quadra quando um carro de polícia desceu lentamente a rua. Moore viu o carro-patrulha se aproximar do casal e dobrar a esquina na Appleton. Poucos segundos depois, Frazier e a garota também dobraram a esquina.

E então ouviu os tiros. Três.

Quando perguntaram se havia alguma aglomeração na esquina da Mosher com a Appleton, Moore disse que a esquina estava vazia no momento dos tiros. Ele angariou crédito para sua versão ao apontar os investigadores na direção de um amigo de 19 anos que tinha estado sentado com ele nos degraus.

A segunda testemunha contou a mesma sequência de eventos que Moore, acrescentando dois novos fatos aos registros. O primeiro foi que o amigo lembrava que, quando o carro-patrulha se aproximou do casal na rua Mosher, o policial ao volante e Butchie Frazier se encararam por um ou dois segundos. E, segundo, e mais importante, a garota com Frazier se chamava Yolanda. Ela morava perto da esquina com a rua Monroe. E, sim, se precisasse, poderia mostrar onde a casa ficava.

Mais cedo pela manhã, McLarney e os dois policiais de reforço se reuniram em um saguão da delegacia do Distrito Oeste de Baltimore, esperando Yolanda Marks pegar suas coisas e entrar no Cavalier que a esperava. Ela era uma criatura de feições tristes com 17 anos de idade, de olhos castanhos profundos, que começaram a lacrimejar no momento em que a levaram para a central e fecharam a porta da sala de interrogatório. Yolanda era uma delinquente juvenil, obviamente, então sua mãe a acompanhou na delegacia, o que se mostrou favorável. Porque, após todos os apelos de ordem moral e ameaças veladas falharem em surtir efeito, foi a mãe quem entrou na sala de interrogatório e disse a sua filha adolescente que parasse de enrolar e fizesse a coisa certa.

Yolanda enxugou os olhos, depois chorou um pouco mais e enxugou os olhos de novo. Por fim, pela primeira vez, McLarney descobriu a verdade a respeito do atentado contra a vida do oficial de polícia Eugene Cassidy.

"Butchie atirou no polícia."

De acordo com a garota, tudo aconteceu em menos de um minuto. Cassidy já tinha saído do carro e os aguardava quando eles dobraram a esquina na Appleton.

"Aí, quero falar com você."

"Por quê?"

"Bota as mãos na parede."

Butchie Frazier começou a fazer isso quando subitamente puxou uma arma do bolso direito da jaqueta. Canhoto, Cassidy segurou a arma de Frazier com a mão esquerda; como resultado, se viu incapaz de puxar o próprio revólver do coldre. Com Cassidy ainda segurando a arma, Frazier puxou o gatilho. O primeiro tiro não acertou nada. Segundos depois, com a arma colada no lado esquerdo do rosto de Cassidy, Frazier fez outros dois disparos.

Cassidy caiu na calçada a poucos metros do carro-patrulha, e Frazier fugiu com a arma pelo beco. Yolanda gritou, se afastando do local, depois contornou o quarteirão e foi para sua casa na rua Monroe, onde contou à mãe o que tinha acontecido. Naquele momento, nem a mãe nem a garota pensaram em ligar para a polícia. E John Moore também não pensou nisso, pois alegava não ter qualquer conhecimento de nenhum crime ocorrido naquela noite. O amigo de Moore também se recusou a se apresentar como testemunha, até que os investigadores o confrontaram. E um outro casal que estava caminhando na rua Appleton e tinha testemunhado o confronto entre Frazier e o policial nunca se apresentou e só foi localizado depois que Moore e seu amigo já tinham começado a entregar os nomes de outras pessoas que tinham estado na rua no horário do crime.

Zona oeste de Baltimore. Você senta nos degraus de casa bebendo uma Colt 45 em um saco de papel pardo e observa um carro-patrulha dobrando a esquina lentamente. Você vê o atirador, ouve os tiros, se junta aos demais na esquina, para assistir aos paramédicos levarem o que restou do policial para dentro da ambulância. Daí você volta pra casa, abre outra lata de cerveja e se acomoda na frente da TV para assistir à reprise do noticiário das onze. E depois volta para os degraus.

McLarney conhece a zona oeste, conhece o código. Mas, mesmo após todos aqueles anos nas ruas, ainda parece incrível que um policial possa levar dois tiros na cabeça e não obter reação nenhuma de uma vizinhança inteira. E então, quando Yolanda Marks finalmente começa a falar, McLarney para de destruir clipes de papel e volta à sala de interrogatório feito um completo inocente, falando a ela a respeito da tragédia humana e das vidas que nunca poderão ser reparadas. Depois, ele sai, certo de que nada do que disse pode impedir as lágrimas.

Mais tarde naquela noite, quando McLarney liga para Cassidy para lhe contar a história toda da rua Appleton, Cassidy subitamente se dá conta de que conhecia o homem que tinha tentado matá-lo. Clifton Frazier era o valentão da vizinhança nas proximidades do posto de Cassidy, um vendedor de drogas arrogante que uma semana antes tinha espancado um senhor de idade até deixá-lo inconsciente. O velho tinha perdido a visão em um dos olhos por conta daquela agressão, um espancamento motivado pelo fato de que a vítima tinha visto Frazier acertar um tapa em uma jovem na rua e por ter cometido a desfaçatez de dizer ao rapaz que deixasse a garota em paz. Cassidy soube do espancamento pois tentava, havia alguns dias, encontrar e prender Frazier por causa de um mandado pendente.

Para Cassidy, o ocorrido da rua Appleton fazia mais sentido; mais do que isso, significava algo. No fim das contas, ele não tinha sido baleado por ter chegado a uma esquina abarrotada pelo comércio de drogas, como se fosse um recruta mal treinado pela academia. Foi baleado fazendo seu trabalho, tentando — assim como tinha tentado com um adolescente de 15 anos, na sala de recuperação do hospital — prender um homem procurado. Conseguiria viver com isso. Ele não tinha escolha.

Três dias após o interrogatório, Yolanda Marks é levada até o quartel da Polícia Estadual de Maryland, onde um teste no detector de mentiras determina que o depoimento dela é verdadeiro. No mesmo dia, a testemunha de 16 anos que tinha implicado Anthony Owens como o atirador também é levada ao local, mas, pouco antes de se submeter ao teste, o adolescente renega o depoimento anterior, admitindo que não testemunhou o crime e que apenas repetiu o que tinha ouvido na vizinhança, na esperança de encerrar o interrogatório. O detector é utilizado e o examinador conclui que, ao desmentir a versão anterior, o adolescente diz a verdade. Quando os investigadores confrontam a irmã dele de 13 anos, ela também admite ter mentido, lhes dizendo ter ido até a divisão de homicídios e contado sua versão por medo de que o irmão fosse acusado.

Caso encerrado.

McLarney sabe que o caso ainda tem semanas de trabalho antes de estar pronto para o julgamento. Por exemplo, o homem errado foi denunciado, e sua inocência agora precisa ser firmemente estabelecida, do contrário, o advogado de defesa pode usar isso para fazer um estrago. Pela mesma lógica, a acusação seria imensamente fortalecida se os investigadores pudessem encontrar a arma, ou alguma outra prova material que ligasse Frazier ao crime. Mas está encerrado.

Na noite em que Yolanda passa pelo teste, ocorre uma comemoração quando McLarney entra no Kavanaugh's, o boteco irlandês preferido dos policiais na cidade, e assume seu posto no fim do balcão. Ele se encosta no corrimão de madeira entre a máquina de pinball e a caixinha de doação do Centro São Francisco. É uma noite de semana calma, com apenas uns poucos investigadores presentes, com alguns policiais de uniforme do centro e da zona oeste, e uns dois sujeitos de divisões táticas. Corey Belt aparece e fica um pouco, mas vai embora depois de tomar um ou dois refrigerantes, fazendo com que McLarney se pergunte em voz alta o que aconteceu com o venerado Distrito Oeste, quando seus melhores homens nem sequer bebem cerveja. McAllister também aparece e fica enchendo a cara no banco ao lado de McLarney. Isso por si só torna a ocasião especial, porque Mac já não sai muito a essa altura, desde que ele e Sue se mudaram da cidade para uma casa nova construída na área rural ao norte do condado de Baltimore. Para desgosto de McLarney, seu antigo parceiro do Distrito Central passou os últimos anos orbitando em um mundo mais sensato e suburbano.

No entanto, nessa noite de fevereiro, quando o próprio universo de McLarney tem sua trajetória corrigida por uma vitória rara e preciosa, quando a irmandade entre policiais foi uma vez mais afirmada na cabeça de McLarney, a chegada de McAllister ao Kavanaugh's é uma dádiva. O bom e velho Mac. Milagres não passam batidos nas ruas de Baltimore, e Mac, um verdadeiro peregrino, sem dúvida atravessou muitos perigos para prestar tributo a esse verdadeiro santuário de investigação céltica. McLarney desliza pelo bar para colocar o braço gorducho sobre os ombros do antigo parceiro.

"Mac", diz McLarney.

"T.P."

"Mac", repete McLarney.

"Isso, T.P."

"Meu parceiro."

"Seu parceiro."

"Meu parceiro."

McAllister concorda, se perguntando quanto tempo aquilo pode durar.

"Sabe, quando a gente trabalhou junto, você me ensinou um bocado de coisas."

"Foi?"

"Foi, todo tipo de coisa importante."

"Tipo o quê, T.P.?"

"Ah, você sabe, aquelas merdas todas."

"Ah", diz McAllister, rindo. Não existe nada tão divertidamente patético quanto um policial tentando expressar seus sentimentos para outro. A conversa acaba se tornando uma série de resmungos vagos. Elogios viram insultos. Palavras de genuína afeição soam perversamente cômicas.

"Sério, você me ensinou um bocado", diz McLarney. "Mas não é por isso que respeito você. Respeito você por um só motivo."

"Qual, Terry?"

"Quando chegou a hora de me foder", declara McLarney de modo sóbrio, "você foi muito carinhoso."

"Claro que fui", dispara McAllister sem hesitar.

"Você podia ter me jogado no capô do carro e feito à força, mas você foi gentil comigo. E muito paciente."

"Bom, eu sabia que era sua primeira vez", diz McAllister. "Eu queria que fosse especial."

"E foi, Mac."

"Fico feliz."

A irmandade compreende, a tribo escuta as palavras não ditas. E, quando os dois investigadores finalmente deixam de lado a seriedade e começam a rir, todos no Kavanaugh's riem junto. Então, terminam suas latas de cerveja e discutem de modo breve a rodada seguinte, todos puxando a carteira e dizendo uns aos outros para tirarem o dinheiro do balcão.

Como velhos parceiros sempre fazem.

Quinta-feira, 18 de fevereiro

No dia que marca o final de duas semanas da investigação Latonya Wallace, Jay Landsman consegue escapar do escritório no fim da tarde. Ele dirige pelo bairro no sentido oeste, onde sua esposa e cinco filhos já nem lembram mais que têm marido e pai.

O caminho é tão familiar que a mente de Landsman vaga desimpedida, e, na solidão do interior escuro do carro, tenta se afastar dos detalhes do caso e enxergar o quebra-cabeça todo. Pensa no terreno em Reservoir Hill, no beco atrás da avenida Newington e na localização do corpo. O que, se pergunta, ele não está percebendo?

O sargento não pode contestar a lógica por trás da teoria de Edgerton acerca dos telhados e sua explicação para a localização do corpo da menina. Mas ele nunca acreditou que a busca no número 702 da Newington fosse revelar algo. Para começo de conversa, havia mais de vinte pessoas morando naquela pocilga. Mesmo que um pedófilo homicida tivesse conseguido atrair a criança para dentro da casa, matá-la e manter o corpo em um dos quartos por um período prolongado de tempo, como teria evitado que vários outros moradores o vissem fazendo isso? Landsman estava certo de que o assassinato era obra de um único homem, que tinha agido sozinho, e a casa número 702 parecia um centro de convenções para todos os miseráveis de Baltimore. Por isso não ficou surpreso quando os resultados dos exames laboratoriais nas roupas e lençóis recolhidos na batida deram positivo para sangue, mas negativo para o tipo sanguíneo da vítima, assim como nenhuma digital encontrada na casa bateu com as da vítima.

O resultado da batida no número 702 deixou tanto Landsman quanto Tom Pellegrini arrependidos por não terem passado mais tempo vasculhando o apartamento e o mercado do Homem do Peixe. A pressa deles nos endereços na rua Whitelock — assim como em tudo mais no caso — deixava Pellegrini particularmente irritado, preocupado com o que poderia ter passado batido. A teoria de Edgerton parecia tão boa, tão razoável, e, por conta da denúncia de abuso ligada ao número 702 da Newington, Pellegrini foi convencido. Com a batida se revelando um fracasso, ele e Landsman novamente tinham focado no dono do mercado.

O interesse deles pelo Homem do Peixe tinha aumentado desde as batidas, não apenas pelo fracasso na avenida Newington, mas também por conta de um perfil do assassino de Latonya Wallace preparado pela Central Nacional de Análise de Crimes Violentos, a unidade de análise comportamental do FBI. No dia seguinte às batidas, Rich Garvey e Bob Bowman tinham sido despachados até a academia do FBI em Quantico, na Virgínia, onde entregaram os dados brutos da cena do crime e da autópsia aos agentes federais treinados em perfilamento psicológico.

A descrição do FBI do provável suspeito era consideravelmente detalhada. Seria um "indivíduo de hábitos noturnos, que se sente mais confortável à noite... O criminoso deve ser conhecido das crianças da vizinhança e considerado estranho, porém amigável com crianças. O criminoso pode já ter sido interrogado pelos investigadores, ou pode ter se intrometido na investigação... Na maioria dos casos, o criminoso acompanha a cobertura que a imprensa faz da investigação e tenta arranjar um álibi. O criminoso, que provavelmente já cometeu crimes similares antes, não demonstra qualquer remorso por ter matado a vítima, porém apresenta preocupação diante da possibilidade de ser apanhado".

A análise observava ainda que "criminosos desse tipo são difíceis de interrogar e, com o passar do tempo, os eventos ocorridos mudam na cabeça do criminoso, tornando difícil que ele sinta algo em relação ao crime. É possível que o criminoso tenha matado a vítima pouco tempo após estabelecer contato com ela... A vítima, nesse caso, pode não ter respondido ao criminoso do modo como ele esperava que responderia. A dificuldade de controlá-la pode ter culminado com a morte da vítima. É possível que a vítima tenha se sentido inicialmente segura ou à vontade com o criminoso e tenha entrado por vontade própria em sua residência".

O perfil descrevia o provável criminoso como alguém na faixa dos 50 anos, provavelmente solteiro e com um histórico de problemas envolvendo relacionamentos com mulheres: "O criminoso provavelmente deve ter se relacionado com garotas jovens na vizinhança. O assassinato de Latonya Wallace não parece ter sido cometido por um estranho".

Para Landsman e Pellegrini, o perfil do FBI parece bater com o Homem do Peixe. Porém, sem qualquer prova concreta, a única opção é dar um cansaço no velho em mais uma longa sessão de interrogatório, na esperança de que algo novo seja revelado. Por essa mesma razão, Edgerton e Pellegrini ainda estão no escritório quando Landsman vai para casa; planejam trabalhar até tarde da noite no preparo de uma segunda confrontação com o Homem do Peixe, agendada para o fim de semana.

Mas Landsman não está otimista quanto ao iminente interrogatório. A análise do FBI também deixou claro que criminosos sexuais violentos estão entre os suspeitos mais difíceis de se fazer falar. Não existe nenhuma barganha a ser oferecida a uma pessoa assim, nenhuma sugestão razoável de que o assassinato possa ser atenuado de algum modo. Além disso, foi um crime sociopático genuíno: a ausência de remorso provavelmente ocorria junto a racionalizações na mente do suspeito. Tudo isso tinha que ser considerado em conjunção com o fato de que o Homem do Peixe havia, em um momento anterior, sido liberado após interrogatório; ele se sentiria menos intimidado em uma segunda tentativa. E há também a ausência da cena de crime, a ausência de qualquer prova material que vincule o suspeito ao crime. Os investigadores têm rumores, suspeitas e até um perfil psicológico. Mas, sem o local da morte, eles não possuem nada para contestar a versão do suspeito, nada que possa ser usado como um trunfo no interrogatório.

É um caso filho da puta, e Landsman se pergunta novamente: o que está faltando? Manobrando em meio ao trânsito do fim do dia em Liberty Road, ele repassa mentalmente duas semanas de investigação. Desde 4 de fevereiro, os investigadores andam por Reservoir Hill questionando os moradores, checando garagens e apartamentos vazios em um perímetro cada vez mais distante da avenida Newington. Com a permissão dos moradores, os investigadores realizaram buscas "a olhos vistos" em cada uma das treze casas geminadas no lado norte da Newington, assim como em diversas propriedades nos lados do quarteirão voltados para as avenidas Callow e Park. Eles verificaram os álibis e endereços de cada suspeito homem identificado nas buscas iniciais.

As roupas e os pertences da menina morta ainda estavam sendo examinados em busca de indícios residuais; mas, com exceção das manchas pretas na calça dela, nada parecia particularmente promissor. A bolsa azul e os itens guardados nela tinham sido enviados para o laboratório do Departamento de Álcool, Tabaco e Arma de Fogo, que ficava a pouco mais de cinquenta quilômetros, em Rockville, Maryland, para detecção de impressões digitais via laser, um exame que encontrou algumas digitais extras nos livros da biblioteca. As digitais estavam no quinto andar da central, sendo analisadas pelo computador Printrak, que busca eletronicamente possíveis correspondências entre as digitais de qualquer pessoa com antecedentes criminais em Baltimore.

Na esperança de que a menina tivesse deixado algo além do brinco na cena do crime, Edgerton conferiu na biblioteca os títulos dos livros que ela havia retirado na tarde de terça-feira. Os funcionários da biblioteca explicaram que aquela informação não poderia ser revelada sem infringir a privacidade do retirante, então Edgerton ligou para o próprio prefeito, que conseguiu fazer os bibliotecários mudarem de ideia mais facilmente.

Enquanto isso, Pellegrini tinha voltado mais de uma década nos arquivos de homicídios, procurando qualquer caso não resolvido ou de desaparecimento envolvendo meninas. Landsman tinha checado a unidade de crimes sexuais em busca de algum relatório recente alusivo à área de Reservoir Hill. E então, com a permissão da família, Pellegrini tinha visitado o quarto da menina, lido o diário azul e rosa dela, até mesmo revelado o filme da câmera polaroide dela em busca de um suspeito. E todos os investigadores e policiais da operação passaram horas verificando as denúncias feitas por telefone, que aumentavam sempre que a TV mencionava o caso:

"O assassino de Latonya Wallace tá aqui em casa."

"A família tinha envolvimento com droga. A menina foi morta como aviso."

"Meu namorado matou ela."

Quando uma senhora de 92 anos, de visão já prejudicada, afirmou ter visto uma menina usando uma capa de chuva vermelha entrar na igreja da avenida Park na tarde de 2 de fevereiro, Pellegrini diligentemente ordenou uma busca do lugar e o questionamento do padre. Quando o policial destacado perguntou como deveria questionar o clérigo, Pellegrini deu de ombros e disse, com uma seriedade digna de Landsman: "Que tal, 'Você matou ela?'".

Como todos os corredores no labirinto do caso Latonya Wallace, as ligações anônimas e as falsas aparições não levaram a lugar nenhum. Landsman se pergunta qual parte da trama foi ignorada, qual portal ainda tinha de ser explorado. O que diabos eles estão deixando passar?

O sargento está quase chegando em casa quando uma nova ideia faz força para chegar à superfície, subitamente rompendo a espessa crosta de detalhes: o carro. Logo ao lado. Um local fresco e seco.

A porra do Lincoln do vizinho, o único carro de merda que alguém já tinha visto no beco. E estava estacionado bem ao lado da cerca do quintal dos fundos do número 718 da Newington. Caralho, isso.

Landsman passa para a faixa da direita da Liberty Road, procurando um orelhão para ligar para Pellegrini e Edgerton e dizer que fiquem a postos. Ele está voltando.

Vinte minutos depois, o sargento irrompe no escritório anexo, ainda se amaldiçoando por não ter percebido isso antes. "Estava lá, bem na nossa frente", diz a Pellegrini. "Já era. Vamos fechar esse caso."

Landsman explica aos dois investigadores: "Se ele matou ela na terça, precisou deixar o corpo em um lugar fresco e seco, do contrário a decomposição iniciaria, certo? Então, tirou o corpo pela porta dos fundos e pôs no porta-malas do carro, pensando em largar ela em algum lugar à noite. Mas, por algum motivo, ele não conseguiu desovar o corpo. Ou talvez quando tentou fazer isso, ficou assustado...".

"É o cara que mora no 716?", pergunta Edgerton.

"Isso, o marido da vizinha da Ollie. Como é o nome dele?"

"Andrew", diz Pellegrini.

"Isso, Andrew. Ollie não gosta dele nem um pouco."

Landsman relembra as primeiras horas da investigação, quando o marido de Ollie, o senhor que mora no número 718 da Newington e encontrou o corpo da menina, foi questionado se alguém havia estacionado o carro no beco. O homem mencionou seu vizinho, um sujeito de meia-idade que tinha recentemente se casado com uma mulher carola que morava no número 716 e que com frequência deixava seu Lincoln Continental no pátio dos fundos. Na verdade, o carro tinha estado estacionado lá a maior parte da semana anterior.

"Quando me contou isso, ele foi até a janela dos fundos e olhou para fora, como se esperasse que ele estivesse lá." Landsman vai direto ao ponto: "O filho da puta tirou o carro de lá. Ele estaciona o carro lá o tempo todo. Por que, de repente, naquela manhã, o Lincoln estava estacionado em frente à casa, na Newington?".

Edgerton encontra a folha de antecedentes criminais do homem que mora no número 716 da Newington: nenhum crime sexual, mas era alguém que, em diversos pontos da vida, não tinha sido, de modo algum, um modelo de comportamento.

"Esse é o outro detalhe", diz Landsman. "Esse tal de Andrew, ele não se encaixa. Como um cara com antecedentes casa com uma carola? É bizarro."

São quase 21h, mas Landsman está elétrico demais para encerrar o dia. Em vez disso, o trio pega as chaves do Cavalier e volta à avenida Newington. Eles checam por tudo, mas o Lincoln não está pelo quarteirão. Landsman bate à porta do número 718, onde uma mulher de feições tristes atende à porta em uma camisola de algodão puída.

"Olá, Ollie", diz Landsman, "seu marido está por aí? Precisamos só fazer umas duas perguntas."

"Ele tá deitado."

"Precisamos só de um ou dois minutos."

A mulher dá de ombros e mostra o caminho até o quarto dos fundos do primeiro piso. Deitado de barriga para cima sob um lençol cinza, o velho que encontrou o corpo da menina em seu quintal observa o desfile de investigadores com certa curiosidade.

"Ele ficou doente essa semana", diz a mulher, se afastando para o canto do quarto.

"Sinto muito. Doente do quê?"

"Resfriado ou algo do tipo", diz o velho em um murmúrio baixo. "Anda soprando um vento frio."

"É, verdade, ahm, escuta", interrompe Landsman, mudando de assunto de repente. "Lembra quando você achou o corpo e conversamos? Você lembra quando perguntei se alguém tinha estacionado no beco, e você me falou do Andrew, que mora ao lado?"

O velho faz um gesto afirmativo.

"Lembro que você até olhou pela janela da cozinha, como se fosse me mostrar o carro dele, mas não estava lá naquela manhã, lembra?"

"Lembro, achei que estaria lá."

"O que nós queremos saber é se Andrew deixou o carro estacionado mais no começo da semana, tipo terça ou quarta."

"Já faz um tempo", diz o velho.

"Faz, mas pode pensar um pouco..."

O velho recosta a cabeça no travesseiro e olha para as rachaduras do teto. Todos na sala aguardam.

"É, acho que deixou, sim."

"Você acha, é?"

"Ele estaciona ali muitas vezes, sabe", afirma o velho.

"Sim, lembro de você comentar isso", diz Landsman. "Escuta, o que você sabe sobre Andrew?"

"Na verdade, não sei nada."

"Quero dizer, que tipo de sujeito ele é?"

O velho olha nervoso para a esposa. "Não sei mesmo..."

Landsman olha para Ollie e vê algo no rosto dela. A esposa tem algo a dizer que não quer que o marido escute.

"Bom, olha, muito obrigado pela ajuda", diz Landsman, indo em direção à porta do quarto. "Se cuida, tá?"

O velho assente e observa a esposa acompanhar os investigadores para fora do quarto. Ela fecha a porta e atravessa o corredor com eles.

"Aí, Ollie", diz Landsman, "lembra daquilo que você estava dizendo sobre Andrew?"

"Não..."

"Sobre ele ser que nem um gigolô que vive às custas de..."

"Olha", fala Ollie, um pouco envergonhada, "sei que ela comprou aquele carro pra ele, e agora ele usa o carro pra ir pra cidade. Ele vai toda noite."

"Ah, é? Sabe dizer se ele gosta de menininhas?"

"Sim, ele gosta de menininhas", revela ela, contrariada.

"Quero dizer, bem jovens."

"Bom, não posso dizer com certeza..."

"Tá, tudo bem", diz Landsman. "Onde tá o carro agora? Você sabe?"

"Ele disse que o carro foi recolhido por falta de pagamento."

Pellegrini e Edgerton olham um para o outro. É quase perfeito demais.

"O carro foi recolhido?", pergunta Landsman. "Ele contou isso para você?"

"Ela contou pro meu marido."

"A sua vizinha? Esposa de Andrew?"

"Isso", responde, fechando o roupão para se proteger do frio do corredor principal. "Ela disse que o pessoal da Johnny's Carros veio aqui e levou."

"Johnny? Em Harford Road?"

"Acho que sim."

Os investigadores agradecem à mulher e vão direto para a Johnny's Carros, na zona nordeste de Baltimore, onde reviram todo o estacionamento em busca do carro que a esposa de Andrew diz ter sido recolhido. Nenhum Lincoln. Landsman já está totalmente convencido.

"O filho da puta desovou o corpo, se livrou do carro e, quando as pessoas perguntam, diz que o carro foi levado embora. Porra, a gente precisa falar com esse filho da puta ainda hoje à noite."

Já passa das 23h quando voltam à avenida Newington e conseguem ser convidados a entrar no número 716. Andrew é um homem baixo que começa a ficar calvo, com um rosto todo feito de ângulos duros. Ele ainda está acordado, bebendo cerveja quente e assistindo ao noticiário local no porão. Não parece surpreso com os três investigadores descendo as escadas.

"Olá, Andrew, eu sou o sargento Landsman, esses são os investigadores Edgerton e Pellegrini. Estamos trabalhando no caso da garotinha. Como você está nesta noite?"

"Tudo certo."

"Escuta, queremos te perguntar umas coisas sobre o seu carro."

"Meu carro?", rebate Andrew, curioso.

"É. O Lincoln."

"Levaram ele", fala, como que para evitar qualquer discussão.

"Quem levou?"

"O vendedor."

"Johnny?"

"Isso. Porque minha esposa não fez o pagamento", acrescenta, um pouco irritado.

Landsman muda o assunto para a área de estacionamento próxima ao beco. Andrew prontamente reconhece o hábito de deixar o carro no quintal dos fundos, para evitar que seja roubado ou danificado, e acrescenta que o carro ficou no quintal na noite de terça quando a garota desapareceu.

"Lembro disso porque fui até o carro pegar um negócio e senti como se alguém estivesse me observando lá."

Landsman, surpreso, lança um duro olhar para o homem.

"Como é que é?"

"Eu fui até o carro naquela noite pegar um negócio e fiquei nervoso, como se alguém estivesse me observando por lá", repete.

Landsman olha para Pellegrini com aquela cara de "será que ouvi mesmo o que acho que ouvi?". Em três minutos de conversa, o cara já tinha se colocado no beco na noite do sumiço da criança. Caramba, é bem provável que ele tivesse motivos para ficar nervoso com a ideia de estar sendo observado no beco naquela terça. Quem não ficaria nervoso, carregando o corpo de uma garotinha da porta dos fundos de casa até o porta-malas do carro?

"Por que você ficou nervoso?"

Andrew dá de ombros. "Foi só uma sensação estranha, sabe..."

Edgerton começa a andar pelo porão, procurando manchas vermelho--amarronzadas, ou um brinco infantil em formato de estrela. O porão é a versão pobre de um apartamento de solteiro, com um sofá e uma televisão ao centro e, colada na longa parede, meia dúzia de garrafas de bebida sobre uma penteadeira antiga, utilizada como bar. Atrás do sofá há um tanquinho plástico de lavar roupa, contendo certa quantidade de urina. Que porra é essa na avenida Newington, que obriga as pessoas a mijarem em baldes?

"Aqui embaixo é meio que o seu lugar, né?", pergunta Edgerton.

"É, eu fico por aqui."

"Sua esposa não vem muito aqui?"

"Não, ela me deixa em paz."

Landsman leva Andrew de volta à noite no beco: "O que você foi pegar no carro?".

"Não lembro. Algum treco no porta-luvas."

"Você não abriu o porta-malas?"

"O porta-malas? Não, foi no porta-luvas... Eu abri as portas do carro e senti como se estivesse sendo observado. Eu fiquei, sabe, um pouco assustado com aquilo e disse, que se dane, vou pegar o que preciso amanhã de manhã. Aí voltei pra dentro de casa."

Landsman olha para Pellegrini e, depois, novamente, para Andrew. "Você conhecia a garotinha?"

"Eu?" A pergunta o pega de surpresa. "A menina que foi morta? Não faz muito tempo que eu moro aqui, sabe. Não conheço a maioria das pessoas aqui."

"O que você acha que deveriam fazer com o cara que matou ela?", pergunta Landsman, sorrindo de modo estranho.

"Ei", diz Andrew, "o que tiverem que fazer. É só ter certeza de que é o cara certo, e não precisa nem de julgamento. Eu tenho uma filha, e, se fosse ela, eu mesmo ia resolver... Tenho uns amigos que me ajudariam a resolver."

Edgerton puxa Pellegrini para longe do suspeito e pergunta se os investigadores e os outros policiais fazendo buscas consentidas na avenida Newington checaram os porões. Pellegrini não sabe dizer. Esse era o problema com um caso prioritário em expansão; com cinco investigadores e mais uma dúzia de oficiais de reforço envolvidos, o progresso depende de pessoas demais.

"Andrew", diz Landsman, "vamos precisar levar você para a central."

"Agora?"

"Isso. Trazemos você de volta quando terminar."

"Eu tô doente. Não posso sair de casa."

"Precisamos muito conversar com você. Pode nos ajudar no caso da morte da menina."

"É, bom, eu não sei nada sobre isso. E tô doente..."

Landsman ignora os protestos. Sem que ocorra uma prisão, o que requer tanto um crime quanto uma causa provável, não há nenhuma lei que obrigue um homem a ir contra a vontade para uma sala de interrogatório no meio da noite. Mas uma das pequenas alegrias do trabalho policial nos Estados Unidos é que poucas pessoas se lembram disso.

Andrew se senta na ampla sala de interrogatório quinze minutos depois, com Landsman parado do lado de fora da porta no corredor do sexto andar, dizendo a Pellegrini e Edgerton para irem achar o Lincoln.

"Vou colher um depoimento longo, vou manter ele aqui", diz o sargento. "Temos que descobrir se o carro foi realmente recolhido."

A ligação de Pellegrini para o velho Johnny o acorda. Já é madrugada, mas o investigador pede que o vendedor de carros vá até seu escritório de vendas para encontrar a papelada. Johnny e a sra. Johnny já estão lá quando os dois investigadores chegam a Harford Road. O comerciante encontra o recibo de venda e o carnê de pagamento, mas nada que indique uma ordem de recolhimento. Talvez, ele sugere, os documentos ainda não tenham chegado da empresa de financiamento.

"Se tivessem recolhido, onde deixariam o carro?"

"Tem um depósito em Belair Road."

"Pode mostrar pra nós?"

Johnny e a sra. Johnny entram de novo em seu Cadillac Brougham e saem da propriedade. Os investigadores os acompanham até um estacionamento cercado, perto do limite nordeste da cidade. O carro não está lá. E também não está em um segundo depósito em Rosedale, no leste do condado de Baltimore. E, às 3h, quando os dois investigadores tomam conhecimento de um terceiro depósito, próximo à delegacia de polícia de Parkville, seguem para lá com a confiança crescente de que ninguém guinchou o Lincoln Continental cor de merda de Andrew para lugar nenhum, que o mentiroso desgraçado largou, ele mesmo, o carro em algum lugar.

O terceiro depósito de carros é protegido por uma cerca de arame de 3 m de altura. Pellegrini vai até um dos cantos da cerca e olha pela trama de metal para uma fileira de carros estacionados do lado oposto, torcendo para que o carro de Andrew não esteja entre eles. Mas o penúltimo carro da fileira é um Lincoln Continental.

"Olha ele ali", diz, sua voz embargada pela decepção.

"Cadê?", pergunta Edgerton.

"Perto do final, ali. O marrom."

"É ele?"

"Bom, é um Lincoln marrom."

Pellegrini procura algum sinal de vida no depósito. Eles não precisam de um mandado para o carro; Andrew já não é o dono. Mas o portão de entrada é fechado com uma corrente e cadeado.

"Tá legal", fala Pellegrini, "vamos nessa." O investigador mete o bico de um de seus sapatos pretos em um buraco na tela e começa a escalar a cerca. Dois dobermanns grandes vêm correndo pelo depósito, latindo, rosnando e mostrando os dentes. Pellegrini pula de volta.

"Vai lá, Tom", diz Edgerton, rindo. "Você dá conta deles."

"Não, deixa quieto."

"São só animais. Você é um homem armado."

Pellegrini sorri.

"Vai. Mostra o distintivo pra eles."

"Acho que podemos esperar", diz Pellegrini, voltando para o carro.

Quatro horas depois, Pellegrini está de volta ao depósito com Landsman, que terminou de colher o depoimento de Andrew pouco antes das 6h. Embora nenhum dos dois investigadores tenha dormido em vinte e oito horas, há poucos sinais de fadiga quando pegam a rodovia Perring em direção ao condado, ou quando acompanham um atendente entediado através do depósito empoeirado até o Lincoln. Então, ele realmente foi recolhido, pensa Pellegrini, grande coisa. Talvez Andrew tenha entregado o carro por pensar que está limpo, que não tem nada que o ligue ao assassinato.

"É esse?"

"Isso. Obrigado."

Os dois investigadores checam primeiro o interior do carro, procurando manchas de sangue, cabelos e fibras no estofamento e nos carpetes. Landsman encontra um pedaço de uma correntinha de ouro falso, de uma pulseira feminina, em cima do painel do carro. Pellegrini aponta para uma pequena mancha amarronzada no banco do passageiro.

"Sangue?"

"Não, acho que não."

Landsman puxa um teste com malaquita do bolso, embebe um cotonete com o reagente e esfrega na mancha. Cinza opaco.

Pellegrini termina de checar o banco traseiro e então os dois vão até o porta-malas. Landsman gira a chave, mas hesita por um momento antes de levantar a tampa.

"Vamos lá, caralho", diz, chegando o mais próximo de rezar que Jay Landsman consegue.

O porta-malas está limpo. Ele prepara sete ou oito cotonetes com o reagente e os esfrega em cada arranhão e parte côncava do porta-malas. Cinza opaco.

Pellegrini exala lentamente, seu hálito condensa no ar gélido. Então, ele vai até o Cavalier e senta atrás do volante. Ele ergue a pulseira e olha cuidadosamente a corrente de ouro, sentindo que aquilo também não levaria a lugar algum, que em um ou dois dias a família de Latonya Wallace iria dizer que não, nunca tinha visto a corrente antes. Pellegrini aguarda pacientemente Landsman esfregar mais cotonetes, antes de fechar o porta-malas, enfia as mãos fundo nos bolsos do paletó e caminha de volta para o Chevrolet.

"Vamos nessa."

A exaustão é esmagadora, e os dois investigadores franzem os olhos sob a luz do dia enquanto o carro faz o trajeto para o sul de Harford Road e, depois, para oeste em Northern Parkway. Por quinze anos, eles têm trabalhado em turnos de dezesseis e vinte horas, vivendo em uma montanha-russa, de um suspeito a outro, quicando entre momentos de orgulho e horas de desespero.

"Vou falar o que eu acho", diz Landsman.

"Fala."

"Acho que a gente precisa de um dia de folga. A gente tem que dormir um pouco, acordar e pensar em tudo."

Pellegrini concorda.

Em algum ponto próximo da intersecção Jones Falls, Landsman fala novamente.

"Não se preocupe, Tom", diz ele, "nós vamos resolver."

Pellegrini está imerso em cansaço e dúvida e não diz nada.

No escritório de Jay Landsman, a investigação Latonya Wallace se espalha feito um câncer. Fotografias do local, relatórios do laboratório, diagramas, relatórios do departamento, fotografias aéreas de Reservoir Hill tiradas no helicóptero da polícia — a papelada jorra do arquivo do caso e marcha pela mesa do sargento e pelos arquivos. Uma segunda coluna de documentos começa uma manobra de flanco, atacando a área de trabalho de Pellegrini no escritório anexo, subjugando toda uma caixa de papelão atrás da cadeira do investigador. O caso se tornou um mundo em si, girando em uma órbita própria.

Mas, para o resto da divisão de homicídios, as coisas seguem iguais. Durante boa parte da década, os investigadores de homicídios de Baltimore acreditaram que a lei das estimativas garantia algo entre duzentos e duzentos e cinquenta assassinatos por ano, um total que se traduz em dois homicídios a cada três dias. A memória institucional inclui alguns anos com mais de 300 homicídios no começo dos anos 1970, mas o índice declinou abruptamente quando o sistema estadual de emergência médica surgiu e alguns feridos começaram a ser salvos nos hospitais Hopkins e Universitário. Nos últimos dois anos, a contagem de corpos aumentou um pouco, chegando a duzentos e vinte e seis em 1987, mas essa tendência não é nada que faça o ato de matar em Baltimore parecer algo além de um ponto na curva da probabilidade. Nas tardes de sexta-feira, os investigadores da noite podiam assistir à Kim e Linda, as secretárias do administrativo, carimbando números de casos em pastas vermelhas vazias — 88041, 88042, 88043 — absolutamente certos de que, em algum lugar nas ruas da cidade, diversas futuras vítimas cambaleavam rumo ao esquecimento. Os investigadores veteranos até brincam com isso: Porra, o número do caso provavelmente vem tatuado em tinta ultravioleta na bunda de caras que vão acabar sendo presos. Se você o passasse pela máquina de postagem, mostrasse o 88041 gravado na nádega direita dele e contasse o que significa, o desgraçado mudaria de nome, se trancaria no porão ou entraria no primeiro ônibus para Akron, Oklahoma City ou qualquer outro lugar a mil quilômetros daqui. Mas nunca fazem isso; a matemática permanece absoluta.

É claro que, dentro das margens do índice estabelecido, flutuações estatísticas permitem que haja um fim de semana calmo por conta da chuva, neve ou a final do campeonato de beisebol. Permitem também os aberrantes turnos da meia-noite em período de lua cheia, quando todo e qualquer cidadão de Baltimore com as ideias no lugar mantém o revólver por perto, e também os surtos homicidas ocasionais e inexplicados nos quais a cidade parece empenhada em reduzir sua população ao máximo no menor período de tempo possível. No fim de fevereiro, quando a investigação Latonya Wallace chega a sua terceira semana, a divisão de homicídios adentra um desses períodos, quando os investigadores do dia e da noite são surpreendidos por quatorze homicídios em treze dias.

São duas semanas de loucura, com corpos empilhados feito lenha no freezer do necrotério, e investigadores brigando por máquinas de escrever. Em uma noite particularmente ruim, dois homens do esquadrão de McLarney se veem envolvidos em uma cena que poderia acontecer apenas na emergência de um hospital urbano nos Estados Unidos. A vanguarda da medicina científica, vestida de verde, se encontra à direita do palco, lutando para salvar um sujeito cheio de buracos no corpo. À esquerda do palco, está Donald Waltemeyer, fazendo o papel de Investigador Principal. Então surge Dave Brown, o Investigador Secundário, que veio dar auxílio a seu parceiro na investigação de um Crime Violento.

"E aí, Donald!"

"David!"

"Aí, velho, qual é? Esse é o nosso caso?"

"Esse aqui foi tiro."

"Foi esse que a gente pegou, certo?"

"Você pegou o esfaqueamento, certo?"

"Eu vim aqui atrás de você. McLarney pensou que você precisava de ajuda."

"Bom, eu peguei o tiroteio."

"Tá bom. Ótimo."

"Tá, e quem vai pegar o esfaqueamento?"

"Uou. O tiroteio e o esfaqueamento são separados?"

"São. Eu peguei o tiroteio."

"Então cadê o esfaqueado?"

"Acho que no quarto ao lado."

O Segundo Investigador sai do palco pela direita, onde outro time de aventais verdes pode ser visto lutando para salvar um sujeito com buracos ainda maiores.

"Tá legal, parceiro", diz o segundo investigador, de modo impassível. "Eu pego."

Uma noite após Waltemeyer e Dave Brown trocarem feridos na unidade de trauma do Hopkins, Donald Worden e Rick James pegam seu primeiro assassinato desde a rua Monroe, uma ocorrência doméstica clássica na cozinha de uma casa geminada na zona sul de Baltimore: um marido de 32 anos espichado sobre o linóleo, sangue jorrando de buracos calibre .22 no peito, rum e Coca-Cola não digeridos vazando da boca aberta. Tinha começado como uma briga, que progrediu até o ponto em que a esposa ligou para a polícia logo após a meia-noite, e o policial que atendeu à chamada educadamente levou o marido bêbado até a casa da mãe, para que dormisse por lá. Essa interferência, é claro, violava o direito inalienável de todo caipira bêbado da zona sul de Baltimore de espancar a ex-esposa à uma da manhã, e o marido respondeu a isso saindo de seu estupor, chamando um táxi e derrubando a porta da cozinha, quando foi morto a tiros pelo enteado de 16 anos. Quando avisado por telefone naquela manhã, o promotor de plantão faz a denúncia de homicídio na Vara da Infância e da Juventude.

Dois dias depois, Dave Brown pega um assassinato ligado ao tráfico no mercado a céu aberto na esquina da North com a Longwood, e, quando tudo é solucionado, três dias depois, Roddy Milligan é creditado com mais uma morte. Com a tenra idade de 19 anos, Roderick James Milligan tinha se tornado um tipo de praga para a divisão de homicídios, com sua propensão a atirar em todo traficante de rua concorrente no Distrito Sudoeste. Uma figura pequena e quase élfica, Milligan já tinha sido anteriormente procurado com dois mandados por assassinato em 1987, e era suspeito de uma quarta morte. Com seu paradeiro desconhecido, o jovem Roderick começava a irritar os investigadores; Terry McLarney, em especial, encarava como um insulto a decisão do jovem criminoso de matar mais pessoas, em vez de se entregar.

"Dá pra acreditar que um merdinha desses consegue ficar foragido tanto tempo?", McLarney diz, voltando de mais uma tocaia malsucedida para Milligan. "Você mata um cara, beleza", acrescenta o sargento, dando de ombros. "Você mata outro cara — bom, beleza, aqui é Baltimore. Você mata três caras, é hora de admitir que você tem um problema."

Embora Milligan gostasse de bancar o gângster, dizendo aos familiares que nunca seria apanhado vivo, acabou sendo preso em uma batida, um mês depois, no apartamento da namorada com heroína no bolso. Sua reputação fica abalada quando começa a circular que, após ser jogado na sala de interrogatório, ele chora descontroladamente.

No turno de Stanton, há um morador de 39 anos de Highlandtown que vai com um amigo comprar PCP em uma área abandonada no sudeste de Washington, onde é roubado e baleado na cabeça por um traficante de rua. O amigo, então, assume o volante do carro e volta os cinquenta quilômetros pela via Baltimore-Washington, a vítima uma ruína moribunda e ensanguentada no banco do passageiro. Ele leva o corpo até um hospital da zona leste, alegando ter sido atacado e roubado por um caroneiro perto da avenida Dundalk.

Há uma briga em um bar na zona oeste de Baltimore que começa com palavras e, então, evolui para punhos e tacos de beisebol, até que um homem de 38 anos vai parar em uma cama de hospital, onde três semanas depois estica as canelas. A briga foi entre dois veteranos do Vietnã, um deles afirmando que a Primeira Cavalaria Aérea tinha sido a melhor unidade de combate na guerra, o outro defendendo a Primeira Divisão dos Fuzileiros. Nesse caso em específico, a Cavalaria Aérea levou a melhor.

E não tem como esquecer a mãe em Westport que baleou o namorado e disse para a filha adolescente confessar o crime, argumentando que ela seria condenada apenas como delinquente juvenil. E o jovem traficante de Lafayette Courts que é raptado e morto por um rival, depois desovado em um esgoto em Pimlico, onde é confundido com um cachorro morto por transeuntes. E o empreendedor de 25 anos da zona leste que toma um tiro na nuca enquanto mistura heroína na mesa da cozinha. E o homicídio que faz você se perguntar "Essa não é uma cidade incrível para homicídios?": Fred Ceruti pega um caso em um apartamento na rua da Catedral, onde uma prostituta crava a faca no peito da outra por uma ampola de US$ 10 de heroína e injeta a droga antes de a polícia chegar. A testemunha-chave do crime, um empresário dos bairros residenciais de Washington que voltou correndo para a mulher e os filhos assim que o sangue foi derramado, fica ultrajado ao ser acordado às 4h por um investigador ao telefone, que descobre a identidade dele pelos recibos de cartão de crédito deixados no Bloco de Baltimore, o inferninho no centro onde ele conheceu as prostitutas.

"O Frank está?"

"Tá", diz uma voz feminina, "quem é?"

"Fala que é o Fred, amigo dele", diz Ceruti com genuína caridade, acrescentando, segundos depois, "Frank, aqui é o investigador Ceruti da divisão de homicídios do Departamento de Polícia de Baltimore. Temos um problema, não é mesmo?"

Em comparação, há um raro e refrescante momento de responsabilidade cívica por parte de um certo James M. Baskerville, que foge após disparar contra sua jovem namorada na casa dela na zona oeste de Baltimore e, então, liga para a cena do crime uma hora depois, para falar com o investigador.

"Com que estou falando?"

"Aqui é o investigador Tomlin."

"Investigador Tomlin?"

"Isso, quem fala?"

"Aqui é James Baskerville. Estou ligando para me entregar por ter matado Lucille."

"Puta que pariu, Constantine, seu careca pau no cu, eu estou aqui trabalhando na cena do crime, e você decide ficar de sacanagem comigo. Ou você vem aqui me ajudar, ou..."

Clique. Mark Tomlin escuta o telefone sem linha por um instante, então olha para um dos parentes. "Como você disse que era o nome do namorado de Lucille?"

"Baskerville. James Baskerville."

Quando o telefone toca pela segunda vez, Tomlin atende no primeiro toque. "Sr. Baskerville, escuta, sinto muito por antes. Achei que fosse outra pessoa... Onde o senhor está agora?"

Mais tarde naquela noite, na sala de interrogatório, James Baskerville — que mais tarde concordaria em ser condenado à prisão perpétua e mais vinte anos — não oferece qualquer desculpa e prontamente rubrica todas as páginas do depoimento. "Eu cometi um crime grave e mereço ser punido", diz.

"Sr. Baskerville", pergunta Tomlin, "existem mais pessoas que nem o senhor no lugar de onde vem?"

E, como no caso Latonya Wallace, há aquelas raras mortes de vítimas que não eram a consequência inevitável de um extenso conflito doméstico, ou de uma breve carreira lidando com drogas. Pobres diabos como Henry Coleman, um motorista de táxi de 40 anos que pega o passageiro errado na esquina da Broadway com a Chase; ou Mary Irons, de 19 anos, que sai de uma danceteria no centro acompanhada da pessoa errada e é encontrada em pedaços atrás de uma escola de ensino fundamental; ou Edgar Henson, 37 anos, que deixa um 7-Eleven na zona leste quando alguns adolescentes anunciam um assalto e então, sem qualquer aviso, começam a atirar. O grupo foge levando 2 dólares em vale-alimentação, deixando para trás um litro de leite e uma lata de cozido Dinty Moore.

Ou Charles Frederick Lehman, 51 anos, funcionário do hospital Church Home, cujos últimos momentos na terra são dedicados a comprar um jantar de dois itens extras crocantes em uma loja do Kentucky Fried Chicken na rua Lafayette. Lehman não completa os cerca de 6 m entre a porta do restaurante e seu Plymouth; ele é encontrado caído com os braços e pernas abertos, encharcado de chuva no estacionamento, sem carteira, o conteúdo de um de seus bolsos espalhado pelo asfalto, o frango do jantar caído em uma poça próxima à cabeça. De dentro do restaurante, outro cliente testemunhou o breve confronto com três adolescentes, ouviu tiros e viu a vítima tombar. Observou um dos garotos se inclinar sobre o homem atingido, vasculhar metodicamente os bolsos da calça e, depois, correr para alcançar seus dois cúmplices na rua Fayette, rumo ao conjunto habitacional Douglass. Mas a testemunha de 67 anos tem miopia e não é capaz de fornecer uma descrição melhor do que três homens negros. O carro do sujeito morto é rebocado para a central para ser analisado, na chance de que algum dos rapazes tenha tocado a lataria e deixado uma digital. Após isso não dar em nada, recebem apenas uma ligação anônima, de uma voz que soa como a de um homem branco e que conta a Donald Kincaid a respeito de um colega de trabalho negro que comentou ter visto três rapazes — um dos quais conhecia pelo nome — correndo pelo conjunto Douglass após o crime. Mas o colega de trabalho não quer testemunhar. E a pessoa que liga também não.

"Ele não precisa dizer quem é. Ele pode falar comigo do mesmo jeito que você está falando comigo agora", explicou Kincaid. "Convence ele a ligar, porque vou dizer a verdade pra você, essa é a única pista que nós temos." A voz do outro lado da linha promete tentar, mas Kincaid já trabalha com homicídios há doze anos e larga o telefone no gancho sabendo que, muito provavelmente, ele aguarda uma ligação que nunca virá.

Domingo, 21 de fevereiro

Guiando-se pelo parecer dos analistas psicológicos do FBI, Pellegrini e Landsman trazem o Homem do Peixe para a central nas primeiras horas da manhã — um horário no qual um suspeito de hábitos supostamente noturnos se sentiria menos confortável. Então, fazem tudo ao alcance deles para passar a ideia de que ele não está no controle, que a precisão e a persistência deles, que o puro peso da tecnologia que usam são suficientes para fazê-lo se entregar.

No caminho para a sala de interrogatório, passam com ele pelo laboratório de indícios residuais. Normalmente trancado no domingo pela manhã, o laboratório no quinto andar tinha sido aberto e os equipamentos ligados pelos próprios investigadores. Uma elaborada demonstração tinha sido preparada para intimidar o suspeito, para desarmá-lo antes mesmo de chegarem à sala de interrogatório. Na bancada, as roupas ensanguentadas da menina tinham sido expostas de modo ostensivo; em outra mesa, os livros escolares e a bolsa dela.

Parados próximos às roupas da menina assassinada, Terry McLarney e Dave Brown vestem aventais brancos de laboratório, seus rostos transmitem intenso foco profissional. Eles aparentam estar reunindo um catálogo de pistas microscópicas enquanto fazem repetidas vezes o trajeto entre as roupas ensanguentadas e o equipamento de laboratório.

Quando Pellegrini passa com o suspeito pelas janelas do laboratório, observa com atenção o Homem do Peixe. O velho parece estar absorvendo tudo, mas não esboça qualquer reação. O investigador leva o suspeito até a escada dos fundos e sobem um lance de escadas até o escritório da divisão, passando pelo aquário e adentrando o território de autoridade do escritório do capitão. Com sua grande mesa, cadeira de costas altas e vista do horizonte de Baltimore, o escritório parece acrescentar um pouco mais de prestígio ao processo todo. Antes de lerem os direitos do suspeito, Pellegrini e Edgerton se certificam de que ele veja os mapas, fotos aéreas e as impessoais fotos em preto e branco do rosto da menina morta, tiradas por uma câmera suspensa no Instituto Médico Legal — tudo isso distribuído pelos murais e quadros que enchem a sala. Também deixam-no ver o próprio rosto em uma fotografia de identificação, afixada no mesmo quadro que uma foto da menina. Fazem tudo que se possa imaginar para que ele, o principal suspeito da morte de Latonya Wallace, acredite que eles têm ou vão ter em breve provas materiais, que estão em posição de vantagem, que a descoberta e a punição são inevitáveis.

Então, partem para cima dele. Primeiro, Pellegrini; depois, Edgerton. Falando alto e rápido, depois sussurrando, murmurando laconicamente sem parar, gritando, fazendo perguntas, fazendo as mesmas perguntas de novo. Do outro lado da porta, Landsman e os outros escutam a investida, esperando que algo provoque o sujeito grisalho, que algo toque um nervo exposto e faça com que a história toda saia da boca do Homem do Peixe. Um a um, os investigadores saem da sala, voltam, saem de novo, então voltam de novo, cada vez trazendo novas perguntas, novas táticas, sugeridas por aqueles que escutam tudo em silêncio, do lado de fora.

A confrontação é perfeitamente coreografada, tanto que muitos dos investigadores se permitem acreditar que, ao menos uma vez, o turno todo tinha sido reunido em torno de um único caso prioritário, fazendo tudo aquilo que era humana e legalmente possível para arrancar uma confissão de assassinato do suspeito. E, mesmo assim, o velho no escritório do capitão não se deixa impressionar. Ele é uma pedra, uma massa sólida, estoica e sem medo, sem qualquer nervosismo, sem qualquer demonstração de raiva por ser considerado suspeito no caso de estupro e assassinato de uma menina. Responde a cada pergunta com negativas completas e não fornece nada além das vagas informações de seus primeiros depoimentos. Não fornece um álibi para terça. Não admite nada.

Nas primeiras horas de interrogatório, Pellegrini novamente recorre a Edgerton, que já fez aquilo tantas vezes. Com certo desconforto, ouve Edgerton usar tudo o que eles têm contra o suspeito. Tentando convencê-lo da onisciência da polícia, Edgerton diz ao Homem do Peixe que eles sabem tudo relacionado às garotinhas, que já contaram como ele é safado às vezes. Já sabem da antiga acusação de estupro, Edgerton assegura a ele. Nós sabemos por que você ainda não tem um álibi.

Pellegrini escuta o investigador veterano jogar suas melhores tentativas em cima do velho sem sucesso e se dá conta, tarde demais, que não é o suficiente. Hora após hora, Edgerton cospe palavras em sua cadência típica de Nova York, mas Pellegrini pode quase sentir a indiferença do velho aumentando. Os investigadores possuem suspeitas, probabilidades, o mero esboço de um caso circunstancial. O que não possuem são provas: prova bruta e real. Prova do tipo que reduz um homem a cacos minúsculos e o faz admitir o que homem algum admitiria. Estão na sala, usando tudo que têm, e não serve de nada.

Se estiverem certos — se o Homem do Peixe molestou e matou La-tonya Wallace —, então tinham só uma ou duas chances de fazê-lo falar, uma ou duas sessões para fazer com que confessasse. O sábado anterior tinha sido a primeira mordida na maçã, e agora, com nada mais no prato deles, estão desperdiçando o restante da refeição.

Quando Edgerton começa a se cansar, Pellegrini explora alguns caminhos ainda intocados. Faz perguntas mais vagas ao velho, esperando obter algo além de respostas monossilábicas. Tenta especular o sentimento do velho em relação à garota morta. Mas são perguntas aleatórias, tiros no escuro disparados sem qualquer planejamento ou ciência envolvida. Pellegrini observa o rosto imóvel do velho e se amaldiçoa. Ele está trancado naquela sala com o melhor e mais persistente suspeito do caso e, ainda assim, não tem uma carta na manga, nenhuma ferramenta para escancarar a alma do homem.

Mais uma vez, Pellegrini sente aquela persistente sensação de arrependimento, a mesma noção enervante de que o caso escapa dele. Quando tinha chegado o momento da confrontação mais importante de toda a investigação até aquele ponto, tinha passado o comando para Edgerton. Mas Edgerton não tinha um plano; diabos, nenhum deles tinha.

Tudo dependia da remota chance de que o suspeito fosse intimidado pela experiência, pelo conhecimento e pela autoridade deles — intimidado o suficiente para entregar seus segredos mais obscuros. Pellegrini se perguntava se o velho entendia o suficiente para sentir aquele tipo de medo. A passada pelo laboratório não o tinha abalado; as fotos do necrotério também não. O Homem do Peixe era ou inocente, ou um verdadeiro sociopata.

Decorridas oito horas, Pellegrini e então Edgerton se rendem ao cansaço e à frustração e chamam um carro-patrulha do Distrito Central. O dono do mercado aguarda em silêncio no sofá de vinil verde do aquário, até que um policial de uniforme chega para levá-lo de volta à rua Whitelock. Então o Homem do Peixe se ajeita e lentamente caminha pelo corredor do sexto andar, mais uma vez um homem livre.

Duas noites depois, quando Pellegrini chega para o turno da meia-noite, checa o livro de chamada e descobre que só há um investigador em serviço. Fahlteich está de férias; Dunnigan e Ceruti, de folga; e Rick Requer, recém-saído de uma licença médica por conta de um braço quebrado, ainda faz trabalhos leves.

"Vocês podem ir embora", diz a Kincaid e aos outros do turno das dezesseis à meia-noite, após pegar uma xícara de café.

"E o resto do pessoal?", pergunta Kincaid.

"Sou só eu."

"Só você?"

"Ei", diz Pellegrini. "Uma cidade, um investigador."

"Que merda, Tom", diz Kincaid. "Torço pra essa porra desse telefone não tocar."

Mas ele toca. E, às 5h, Pellegrini sente o fedor de urina em uma pequena e obscura passagem entre dois edifícios do centro na rua Clay, olhando para os restos mortais de um morador de rua, um desabrigado com a cabeça esmagada e a calça puxada abaixo dos joelhos. A vítima não queria nada além de um lugar tranquilo para defecar e foi espancada até a morte por esse simples motivo. Um assassinato mais sem sentido era impossível.

Mais tarde naquela manhã, o tenente administrativo deixa claro para Pellegrini que ele é o principal investigador no caso Latonya Wallace e ordena que entregue o caso 88033, o assassinato de Barney Erely, 45 anos, sem endereço fixo, para o esquadrão de Roger Nolan. Essa decisão, por algum motivo, não faz de Nolan o sargento mais contente na divisão.

Transferir o caso não resolve nada. É um mundo com mais assassinatos que investigadores, uma cidade na qual o tempo jamais para, nem mesmo para Latonya Wallace. Uma semana depois, Pellegrini e Gary Dunnigan estão sozinhos no escritório em um turno da meia-noite quando o telefone toca, relatando um esfaqueamento fatal na zona Sudeste.

E Pellegrini volta à circulação.

POR UM FIO

Segunda-feira, 22 de fevereiro

Sem testemunhas, sem motivo, uma mulher de 41 anos foi esfaqueada, depois esfaqueada um pouco mais e, por fim, ao que parece, baleada uma vez na cabeça, à queima-roupa. Ao menos, Rich Garvey diz para si mesmo, ela foi morta dentro de casa.

Wilson, o técnico do laboratório, para de tirar fotos por tempo suficiente para recarregar a câmera, e Garvey usa a pausa para andar pelo quarto mais uma vez, repassando listas mentais. Quase se pode ouvir o bloco de anotações sendo mentalmente folheado.

"Aí, cadê o seu amigo?", pergunta Wilson.

O investigador olha para cima, distraído. "Que amigo?"

"Você sabe, seu parceiro, McAllister."

"Ele tá de folga hoje."

"Te deixou na mão, hein?"

"É isso aí, deixou o mais difícil para o velho Garvo aqui... Você tirou foto das roupas, aqui perto da porta?"

"Tirei algumas."

Garvey assente.

Charlene Lucas foi encontrada pelo vizinho, um homem de meia-idade que mora no apartamento de cima. Ao sair para o trabalho às 5h, percebeu que a porta do apartamento estava entreaberta, e, ao voltar do trabalho, logo depois das 16h, a porta do apartamento no segundo andar ainda estava aberta. Chamando a vizinha pelo nome, entrou o suficiente no quarto aos fundos para ver as pernas da mulher esticadas no chão.

Os paramédicos anunciaram a morte dela às 16h40, e Garvey estacionou na rua Gilmor quinze minutos depois. O local estava isolado, com os policiais uniformizados do Distrito Oeste mantendo todos os moradores do lado de fora do edifício de tijolos vermelhos. A casa geminada de três andares tinha sido recentemente renovada em uma série de apartamentos de um quarto, e, ao que tudo indicava, os pedreiros tinham feito um trabalho respeitável. Situado em uma das regiões mais acabadas da zona oeste, o prédio no qual Lena Lucas tinha vivido só podia ser definido como um destaque na vizinhança. Totalmente restaurados, todos os apartamentos eram equipados com alarmes e fechaduras com trancas, além de interfones conectados à campainha da porta de entrada.

Ao entrar no prédio e chegar ao segundo andar, Garvey nota imediatamente que não há sinal de entrada forçada, nem na porta da frente, nem na do apartamento da vítima. Tanto na sala de estar quanto no quarto, as janelas estão trancadas.

Lena Lucas está caída de costas, ao centro de uma poça de sangue coagulado que mancha o carpete bege em um grande círculo. Os olhos estão fechados; a boca, parcialmente aberta; e, exceto pela calcinha branca, está nua. A poça de sangue sugere ferimentos severos nas costas, mas Garvey também percebe sangue seco em torno do ouvido esquerdo, um possível tiro. O pescoço e o queixo da mulher estão marcados por talvez uma dezena de cortes superficiais — alguns deles, pouco mais do que arranhões.

A cabeça aponta para o norte, e os pés, para o sul; o corpo repousa ao lado da cama de casal, em um quarto de fundos pequeno. No chão, próximo à porta do aposento, está o resto das roupas da vítima. Garvey nota que elas estão aninhadas em uma pequena pilha, como se a mulher tivesse se despido de pé. Lena Lucas não viu nenhum problema em tirar a roupa em frente ao seu assassino, raciocina Garvey. E, se ela tivesse se despido antes da chegada do assassino, teria, pelo visto, aberto a porta do apartamento sem se importar em vestir nada.

O próprio quarto, assim como resto do apartamento, está praticamente intacto. Apenas um armário de metal foi revirado, as portas deixadas abertas com um punhado de adereços e bolsas jogados no chão. Em um canto do quarto, um pacote de arroz cru foi rasgado e espalhado pelo tapete; próximo ao arroz, há uma pequena quantidade de pó branco, provavelmente cocaína, e umas cem cápsulas gelatinosas vazias. Isso faz sentido para Garvey; o arroz absorve umidade e, às vezes, é embalado com cocaína para evitar que o pó se cristalize.

Garvey examina a cabeceira de madeira da cama. Na parte mais próxima da cabeça da vítima há uma série de arranhões verticais, um dano recente, consistente com os movimentos descendentes de uma lâmina afiada. Há também uma pequena quantidade de respingos de sangue no lençol próximo àquela área, e, no chão, próxima à cama, há uma faca de cozinha com a lâmina quebrada.

Hipótese: a mulher estava deitada de costas na cama, com a cabeça apontando para o norte, quando o ataque com faca começou. O assassino a atacou de cima, com movimentos incertos danificando também a cabeceira. Devido à força do ataque, ou a uma tentativa de fuga, a vítima rolou para fora da cama até o assoalho.

Próximos à cabeça da mulher morta estão o travesseiro e a uma fronha escurecida por algo que parece resíduo de pólvora. Mas é só quando a equipe médica legal chega e rola o corpo que Garvey encontra o pequeno e irregular pedaço de metal cinzento no tapete, cercado por respingos de sangue onde a cabeça da vítima repousava. O golpe fatal, sem dúvida, foi dado com a vítima no chão do quarto, com o travesseiro envolvendo a arma para abafar o disparo.

A bala em si é um tanto estranha. Garvey a observa de perto: médio calibre, provavelmente .32 ou .38, mas é algum tipo de bala canto-vivo* esquisita, de um tipo que nunca tinha visto. O projétil está praticamente intacto, parecendo não ter sofrido deformações ou perda de material e, portanto, em condições para análise balística. Garvey guarda a bala em um envelope de papel pardo e entrega a Wilson. Na cozinha, a gaveta de utensílios contendo as facas está parcialmente puxada. A sala e o banheiro parecem intocados.

Garvey pede ao técnico que concentre a coleta de digitais no quarto do fundo e nas portas de entrada e dos quartos. O técnico também passa o pó de coleta de digitais nos balcões da cozinha e na gaveta aberta de utensílios, depois nas torneiras da cozinha e do banheiro, na esperança de que o assassino tenha tocado algo tentando lavar as mãos. Quando

---

* Bala de ponta plana utilizada tanto para a prática de tiro ao alvo quanto como munição em revólveres de baixo calibre, a fim de aumentar sua letalidade.

o pó preto revela os contornos de uma digital aceitável, o técnico pressiona um pedaço de fita adesiva comum e prende a fita em retângulo de papel branco. A coleção de impressões digitais cresce conforme o técnico avança do quarto para a cozinha. Após concluir os balcões, vai até a outra ponta do corredor.

"Quer que eu cheque a porta do quarto da frente?"

"Acho que não. Parece que ele não passou por lá."

"Pra mim, não faz diferença..."

"Nah, foda-se", diz Garvey. "Se foi alguém que tinha acesso ao apartamento, as digitais não vão servir pra muita coisa, de todo modo."

O investigador cataloga mentalmente as provas que precisa mandar para a central: a bala. A faca. A pilha de roupas. A droga. As cápsulas gelatinosas. Uma pequena bolsa, agora coberta com o pó de coleta de digitais, que provavelmente tinha guardado a cocaína, o arroz e as cápsulas. O travesseiro e a fronha manchada de pólvora. A roupa de cama, cuidadosamente retirada e dobrada lentamente para manter intactas quaisquer amostras de cabelos e fibras. E, é claro, as fotos dos quartos do apartamento, da cena do crime, da cama com a cabeceira danificada, de cada prova em sua localização original.

As notícias se espalham rápido em uma vizinhança como aquela, e a família da mulher assassinada — mãe, irmão, tio, filhas jovens — aparece na rua Gilmor antes mesmo de a equipe médica colocar a maca com o corpo na van preta. Garvey encaminha a multidão para a divisão de homicídios em carros-patrulha; outros investigadores colheriam deles as informações necessárias.

Duas horas depois, parte da família de Lena Lucas começa a voltar à cena do crime. Quando está quase terminando, Garvey desce as escadas e vê a filha mais nova da mulher morta escorada em um carro-patrulha. É uma jovem magra e agitada, com quase 23 anos, porém sensata e obstinada. A experiência ensina ao investigador de homicídios que há sempre um membro da família da vítima que consegue manter a calma, que escuta, que responde às perguntas corretamente, que lida com os detalhes difíceis de um assassinato, quando todos os demais estão urrando em luto, ou então brigando para ver quem vai herdar o liquidificador. Garvey tinha falado com Jackie Lucas antes de enviar a família para a central, e aquela breve conversa revelou a jovem como o melhor e mais articulado contato na família.

"Aí, Jackie", chama Garvey, fazendo sinal para que ela o acompanhe até uma calçada, a uma distância segura da multidão em frente ao prédio.

Jackie alcança o investigador, que então caminha por mais alguns metros de calçada.

A conversa se inicia do modo como esse tipo de conversa sempre começa, falando do namorado da mulher assassinada, seus hábitos e vícios. Garvey descobriu algumas coisas relacionada à vítima e às pessoas na vida dela por conversas anteriores com membros da família; os detalhes da cena do crime — a ausência de entrada forçada, a pilha de roupas, o arroz e as cápsulas gelatinosas — acrescentam outras informações. Quando começa a fazer perguntas, Garvey toca de leve no cotovelo da jovem, como que para enfatizar que apenas a verdade deve ser dita entre eles.

"O namorado da sua mãe, esse rapaz chamado Frazier, ele vende drogas..."

Jackie Lucas hesita.

"Sua mãe traficava pro Frazier?"

"Eu não..."

"Escuta, isso não importa agora. Só preciso saber disso pra encontrar quem matou ela."

"Ela só guardava as drogas pra ele", esclarece. "Ela não vendia nada, não que eu soubesse."

"E ela usava?"

"Maconha. De vez em quando."

"E cocaína?"

"Não. Não que eu saiba."

"Frazier usa?"

"Ele, sim."

"Você acha que Frazier pode ter matado sua mãe?"

Jackie Lucas faz uma pausa, se concentrando na possibilidade. Lentamente, ela balança a cabeça.

"Não acho que tenha sido ele", afirma. "Ele sempre tratou ela bem, sabe, nunca bateu nela ou coisa do tipo."

"Jackie, preciso perguntar..."

A filha não diz nada.

"Sua mãe era, digamos, namoradeira?"

"Não, não era."

"Tipo, tinha diversos namorados?"

"Só o Frazier."

"Só o Frazier?"

"Só ele", insiste. "Ela saiu com outro cara um tempo atrás, mas estava só com Frazier já fazia muito tempo."

Garvey assente, por um instante perdido em pensamentos.

Jackie quebra o silêncio. "Um policial da central disse que não devemos dizer nada pro Frazier, porque ele pode fugir."

Garvey sorri. "Se ele fugir, ao menos aí eu sei quem é o culpado, certo?"

A jovem entende o raciocínio.

"Não acho que ele seja o cara", diz ela por fim.

Garvey tenta uma abordagem diferente. "Sua mãe deixava mais alguém entrar no apartamento? Se ela estivesse sozinha, ela deixaria alguém além de Frazier entrar?"

"Só um rapaz chamado Vincent", afirma. "Ele trabalha pro Frazier, e ele já foi lá pegar drogas."

Garvey fala baixo. "Você acha que sua mãe poderia estar tendo alguma coisa com esse tal de Vincent?"

"Não poderia. Acho que o Vincent nunca foi lá sem que o Frazier estivesse junto. Não acho que ela deixaria ele entrar", acrescenta, mudando de ideia.

"Sabe o sobrenome do Vincent?"

"Booker, eu acho."

"Jackie", diz Garvey, virando para perguntar uma última coisa. "Você me falou antes sobre Frazier guardar uma arma no quarto."

A filha concorda. "Tinha uma .25, e às vezes Frazier deixava um .38 lá."

"Não encontramos elas."

"Ela guarda elas naquele armário", diz a filha. "Na parte de cima da prateleira ao fundo."

"Escuta", diz Garvey, "se eu deixar você subir lá e procurar as armas, você acha que consegue encontrar?"

Jackie faz um gesto afirmativo e então segue atrás dele.

"Está muito feio?", pergunta a jovem enquanto sobem pela escada.

"O quê?"

"Lá no quarto..."

"Ah", diz Garvey. "Bom, tiramos ela... mas tem sangue."

O investigador conduz a mulher até o quarto aos fundos. Jackie olha por um momento para a mancha vermelha, depois vai até o armário metálico e puxa a .25 do fundo da prateleira do topo.

"A outra não tá aqui."

Em uma prateleira no guarda-roupa atrás da cama, pega um estojo contendo pouco mais de 1200 dólares, dinheiro que a mãe dela recebera recentemente em um acordo de indenização.

"Frazier sabia que ela tinha essa grana?"

"Sabia, sim."

"Ele sabia onde ficava?"

"Sabia."

Garvey faz um gesto afirmativo com a cabeça, tirando um momento para refletir a respeito desse fato. Então, um policial do Distrito Oeste sobe pela escada e entra no corredor do apartamento, procurando o investigador.

"Que foi?", pergunta Garvey.

"O resto da família quer subir."

Garvey olha para o técnico de laboratório. "Já pegou tudo que precisava?"

"Já, só tô guardando minha tralha."

"Beleza, pode liberar eles", diz Garvey ao policial de uniforme, que desce as escadas e abre a porta da frente do edifício. Segundos depois, meia dúzia de parentes, incluindo a mãe e a filha mais velha da vítima, entra rapidamente no apartamento, criando um pandemônio instantâneo.

Os membros mais velhos da família se ocupam avaliando os utensílios de cozinha, a televisão em cores, o aparelho de som. Em lugares como a rua Gilmor, a demarcação dos pertences da vítima é um imperativo pós-morte, menos por ganância e mais pelo fato de que, logo que um assassinato começa a ser comentado, arrombadores de todo tipo planejam se apossar dos pertences do recém-falecido, contanto que consigam chegar ao local após a polícia sair e antes de a família ter a chance de raciocinar. Talvez o luto viesse mais tarde, mas naquela noite a mãe da vítima não tinha a menor intenção de deixar o equipamento multicanais da sala de estar à mercê dos chacais.

O restante da família é curiosa de um jeito mórbido. Um primo aponta para o sangue coagulado em uma poça no tapete do quarto. "É sangue da Lena?"

Um policial confirma, e o primo fala com a filha mais velha da vítima.

"Sangue da Lena", repete. Uma má ideia, porque a irmã mais velha de Jackie começa a chorar pra valer, correndo em direção à mancha vermelha, braços estendidos, as mãos abertas.

"MAMÃE, MAMÃE, AINDA VEJO ELA." A garota esfrega as mãos na poça, tentando absorver toda a umidade. "MAMÃE. AINDA VEJO ELA..."

Garvey observa enquanto o primo e outro parente seguram a filha mais velha e a erguem do sangue.

"...MAMÃE, NÃO VAI EMBORA, MAMÃE..."

A garota se levanta gritando, com os braços estendidos, as palmas das mãos cobertas de sangue. Temendo que terá de gastar uma nota preta na lavanderia, Garvey dá um passo para trás e, então, em direção à porta.

"Tá legal, Jackie", diz. "Obrigado. Você pegou meu número, né?"

Jackie Lucas assente e, então, vai confortar a irmã. Quando os gritos se tornam ainda mais altos, Garvey aproveita para fugir, seguindo o técnico do laboratório pela escada até chegar ao interior gelado do Cavalier. Tinha passado pouco menos de quatro horas na cena do crime.

Antes de voltar ao escritório da homicídios, Garvey dirige por mais doze quadras para ver se um par extra de mãos era necessário na chamada de uma morte suspeita, que chegara três horas após a ligação da rua Gilmor. Mais cedo, Garvey tinha ligado para o escritório, e Dave Brown lhe contou que a segunda chamada poderia ser um assassinato de algum modo ligado ao caso da rua Gilmor. Garvey chega ao segundo andar da casa geminada na avenida Lafayette e encontra Rick James e Dave Brown investigando o assassinato de um homem de 50 anos.

Assim como Lena Lucas, a vítima da avenida Lafayette tinha sido baleada na cabeça e apunhalada repetidas vezes, dessa vez no peito. E, assim como Lena Lucas, havia um travesseiro próximo à cabeça da vítima, manchado com uma grande quantidade de resíduo de pólvora. Mais importante, o rosto da vítima também estava coberto por uma série de cortes superficiais — nesse caso, mais de vinte. Obviamente morta já há algum tempo, a vítima foi encontrada por diversos membros da família, que tinham ficado preocupados e entrado por uma porta dos fundos destravada. No local, também não havia sinais de entrada forçada, mas, nesse caso, o quarto no qual a vítima foi encontrada tinha sido revirado.

Os dois casos se fundem inequivocamente quando Garvey descobre que o homem morto é Purnell Hampton Booker, o pai do tal Vincent Booker, o rapaz que trabalha para Robert Frazier, vendedor de drogas e namorado de Lena Lucas. No quarto do homem morto, Garvey sente que a mesma mão pode ter ceifado as duas vidas.

Brown e James ficam no local, e Garvey volta ao escritório da homicídios e começa a trabalhar na papelada sobre sua mesa. Ele ainda está lá quando os investigadores voltam da avenida Lafayette.

Como se as fortes similaridades entre os dois casos não fossem o suficiente para vincular as mortes, o projétil tirado do cérebro de Purnell Booker na autópsia do dia seguinte é um calibre .38 de "canto-vivo". Mais tarde naquela noite, Brown, o investigador principal no caso da avenida Lafayette, vai até a mesa de Garvey com uma foto de identificação do jovem Vincent Booker.

"Aí, parceiro, parece que vamos trabalhar juntos."

"Parece que sim."

Por fim, naquela mesma tarde, Garvey recebe a denúncia de uma mulher anônima que ligou para o escritório da homicídios para relatar que tinha ouvido uma conversa em um bar na rua Pratt Oeste. Um sujeito disse a outro que a mesma arma tinha sido usada para matar Lena Lucas e o velho na Lafayette.

Rumor interessante. Um dia depois, a análise balística diz o mesmo.

Segunda-feira, 29 de fevereiro

Uma semana havia passado desde que Lena Lucas e Purnell Booker tinham sido encontrados mortos na mesma noite, e os dois casos continuavam a avançar, lenta e inexoravelmente. Novos relatórios lotavam seus arquivos, e, na divisão de homicídios de Baltimore, onde a violência de um dia é soterrada pela do dia seguinte, um arquivo gordo é considerado um bom sinal. O tempo gosta de fazer troça das investigações mais cuidadosas, e um investigador — consciente do fato — gasta suas preciosas horas trabalhando dos melhores ângulos, trazendo as testemunhas e os suspeitos mais prováveis para a central, esperando que algo caia na rede. Afinal, ele sabe que, antes mesmo de ter a chance de investir em uma jogada arrojada ou embarcar em uma investigação detalhada e prolongada, outro caso vai chegar a sua mesa. Mas, de alguma forma, de modo especial, a lei de rendimentos decrescentes nunca se aplicou a Rich Garvey.

"Ele é que nem cachorro com osso", disse Roger Nolan uma vez a outro sargento, com orgulho. "Se ele pega um caso e tem qualquer pista que seja, ele não larga."

Nolan diz isso apenas para outros sargentos; para Garvey, ele não diz nada do tipo, alimentando o mito de que é normal um investigador largar um caso apenas quando não há mais nada para se descobrir. Isso, na verdade, é tudo menos normal. Após cinquenta, sessenta, setenta homicídios, a realidade é que um cenário com um possível criminoso morto em um beco começa a atingir seu limite. Nada é mais desanimador para o investigador do que voltar para o escritório, digitar o nome de uma vítima no terminal administrativo do escritório e colher cinco ou seis páginas de crimes, uma folha de antecedentes criminais que vai dos olhos até o chão do escritório. Esgotamento é mais do que um risco ocupacional na divisão de homicídios, é uma certeza psicológica. Um contágio que se espalha de um investigador para o parceiro, para o esquadrão todo, e essa atitude "está todo mundo cagando pra isso" ameaça não as investigações que envolvem vítimas genuínas — esses casos são, na maioria das vezes, a cura para o esgotamento —, mas, sim, os assassinatos nos quais o sujeito morto é indistinguível do assassino. O "beco sem saída" filosófico de um investigador nos Estados Unidos é: se um traficante tomba na zona oeste Baltimore e não há ninguém lá para escutar, ele faz barulho?

Após quatro anos na divisão de homicídios e treze de carreira, Garvey é um dos poucos residentes da unidade não afetado pelo vírus. É significativo que, enquanto a maioria dos investigadores não consegue distinguir um caso de outro após alguns anos nas trincheiras, Garvey pode dizer logo de cara que, dos cerca de 25 casos nos quais foi o investigador principal, o número deles em aberto pode ser contado em uma das mãos.

"Quantos exatamente?"

"Quatro, acho. Não, cinco."

Não é vaidade que leva Garvey a manter uma estatística na cabeça; é seu principal parâmetro. Determinado, agressivo, persistente ao limite, Garvey gosta de trabalhar com assassinatos; mais do que isso, ele ainda toma um assassinato sem solução ou uma condenação medíocre como uma afronta pessoal. Isso por si só é o suficiente para torná-lo uma relíquia, um escombro vivo de um tipo de ética que explodiu e queimou uma geração ou duas antes, quando o velho chavão "se você não conseguir na primeira tentativa..." foi substituído em todas as repartições públicas de Baltimore pelo mais sucinto "isso não é trabalho meu" e, então, tempos depois, pelo mais definitivo "merdas acontecem".

Rich Garvey era um anacronismo, produto de uma infância na região central dos Estados Unidos, quando determinação e otimismo eram levados a sério. Garvey prontamente abandona o decoro e a diplomacia para bater boca com um promotor, quando homicídio culposo e vinte anos de prisão não parecem o suficiente, afirmando que nem um promotor-assistente aceitaria menos do que homicídio doloso e cinquenta anos de prisão. É Garvey quem aparece para trabalhar mesmo com uma gripe tenebrosa, para ir investigar um caso de espancamento até a morte em Pigtown porque, que diabos, já que tem que trabalhar, é melhor ele próprio vá responder à chamada. E é Garvey quem xeroca a frase "Lembre-se, estamos a serviço de Deus", de autoria de Vernon Geberth, o comandante da polícia de Nova York e especialista em homicídios, e coloca uma cópia sobre sua mesa e distribui o resto pelo escritório. Abençoado com forte senso de humor, Garvey sabe que, em tempos de lemas, o de Geberth é ao mesmo tempo piegas e pomposo. Ele não consegue evitar; na verdade, isso faz com que goste dele ainda mais.

Ele nasceu em uma vizinhança irlandesa e proletária de Chicago, filho único de um executivo de vendas do catálogo da Spiegel.* Até o fim da carreira, quando a companhia entendeu que seu cargo era dispensável, o pai de Garvey tinha prosperado, e a família tinha ganhado o suficiente para escapar para os bairros residenciais quando sua antiga vizinhança começou a decair, no final dos anos 1950. Seu pai lhe aplicou a própria ambição, a quem gostava de imaginar como um futuro executivo de vendas, talvez até mesmo para a Spiegel; Garvey tinha outras ideias.

Ele passou dois anos em uma pequena faculdade em Iowa e, então, concluiu o curso de criminologia na Universidade Estadual de Kent. Em 1970, quando homens da Guarda Nacional dispararam de modo letal contra manifestantes que protestavam contra a Guerra do Vietnã no campus em Ohio, Garvey caminhava para longe do tumulto. Assim como muitos dos estudantes, possuía dúvidas relacionada à guerra, mas tinha aula naquele dia e, se as mortes não tivessem fechado o campus, teria ido lá prestar atenção e fazer anotações. Um jovem fora de compasso com sua geração, queria uma carreira na polícia em uma época que proteger e servir não era algo nada atraente para as jovens mentes dos Estados Unidos. Garvey tinha um jeito próprio de ver as coisas. Acreditava que trabalho policial sempre seria algo interessante. E, mesmo na pior recessão econômica, sempre haveria emprego para um policial.

Mas, quando se formou, essa última parte do raciocínio não se mostrou tão simples. Era raro abrirem vagas nos anos 1970, com muitos dos departamentos de polícia encolhendo em uma economia inflacionada. Recém-casado com sua namorada da faculdade, Garvey acabou em um emprego seguro na Montgomery Ward.** Foi quase um ano depois, em 1975, que ouviu dizer que a polícia de Baltimore estava contratando patrulheiros, oferecendo vantagens salariais e incentivos a graduados. Ele e a esposa foram até Maryland e passearam pelos condados vizinhos. Dirigindo pelos vales calmos e pelas vastas fazendas de criação de cavalos ao norte do Condado de Baltimore, se apaixonaram pela região de Chesapeake. Era,

---

* Empresa que operava por meio de catálogos de produtos através dos quais os clientes encomendavam acessórios, roupas e itens domésticos.
** Empresa que, assim como a Spiegel, enviava produtos aos consumidores mediante solicitação dos itens em seu catálogo.

pensaram, um belo lugar para começar uma família. Então, Garvey visitou sozinho as regiões pobres da cidade — zona leste, zona oeste, o baixo Park Heights — verificando os lugares nos quais teria de ganhar a vida.

Ele foi da academia para o Distrito Central, onde recebeu o posto do cruzamento da Brookfield com a Whitelock. Havia um bocado de trabalho; no final dos anos 1970, Reservoir Hill já era um bairro tão precário quanto na época em que Latonya Wallace foi encontrada em um de seus becos, uma década mais tarde. McLarney, por exemplo, se lembrava de Garvey dos anos em que os dois trabalhavam na Central; ele recordava também que Garvey era, sem dúvida, o melhor homem em seu esquadrão. "Ele pegava as chamadas e ia pra briga", dizia McLarney, exaltando as duas qualidades que importam de verdade em um patrulheiro.

Dada sua fome de trabalho, a carreira de Garvey seguiu um trajeto estável: seis anos na Central, mais quatro como um dos mais confiáveis investigadores de arrombamentos na seção de crimes contra propriedade do Departamento de Investigação Criminal e, então, foi transferido para o setor de homicídios. Tendo começado em junho de 1985, Garvey logo se tornou peça fundamental do esquadrão de Roger Nolan. Kincaid era o veterano, Edgerton o artista solitário, mas era Garvey quem respondia à maior parte das chamadas, prontamente se juntando a McAllister, Kincaid, Bowman ou qualquer outra pessoa que se deparasse com um novo assassinato. Era significativo que, quando outros investigadores no esquadrão começaram a reclamar da carga de trabalho de Edgerton, Garvey lembrava a todos, sem qualquer sarcasmo, que não tinha nenhum problema com isso.

"Harry faz as coisas do jeito dele. Isso significa que sobra mais pra mim", explicava Garvey, como se assassinatos tivessem de algum modo se tornado uma mercadoria preciosa em Baltimore.

Ele amava de verdade ser policial de homicídios. Adorava as cenas, a sensação de busca, a adrenalina adolescente de ouvir algemas se fechando. Curtia até mesmo o som da própria palavra; isso ficava claro toda vez que voltava da cena de algum crime.

"O que encontrou por lá?", perguntava Nolan.

"Assassinato, meu caro."

Se lhe davam um caso novo a cada três semanas, ficava satisfeito. Se davam mais, ficava feliz. Durante um turno de meia-noite no verão de 1987, Garvey e Donald Worden trabalharam em cinco assassinatos em cinco dias, três deles em uma mesma noite. Era o tipo de turno da meia-noite em que um investigador tem dificuldade em lembrar quais testemunhas foram mandadas à central por qual homicídio. ("Tá legal, pessoal, quem veio da rua Etting levanta a mão.") Mesmo assim, quatro dos cinco crimes foram solucionados, e tanto Garvey quanto o Grandão se lembravam daquela semana com satisfação.

Mas, se você perguntar aos outros investigadores quem são os melhores homens na cena de um crime, mencionam Terry McLarney, Eddie Brown, Kevin Davis, do turno de Stanton, e o parceiro de Garvey, Bob McAllister. Se perguntar a respeito dos melhores em interrogatório, a lista inclui Donald Kincaid, Kevin Davis, Jay Landsman e talvez Harry Edgerton, isso se seus colegas estiverem se sentindo generosos o suficiente para incluir subversivos notórios nesse tipo de votação. Os melhores para testemunhar em juízo? Landsman, Worden, McAllister e Edgerton são os nomes frequentes. O melhor sujeito nas ruas? Worden, com toda certeza, com Edgerton ficando por pouco em segundo lugar.

Mas e Garvey?

"Ah, nossa, sim", dizem seus colegas dizem, subitamente se lembrando. "Ele é um puta investigador."

Por quê?

"Ele não desiste."

Para um investigador de homicídios, não desistir é metade da batalha, e, nessa noite, com a chegada de Robert Frazier ao escritório da homicídios, a batalha por Lena Lucas e Purnell Booker chega um passo mais perto de ser vencida.

Frazier é alto e magro, com a pele escura, olhos castanhos fundos sob uma testa grande e encurvada, começando a ficar calvo. Ele se move como um sujeito que passou anos em esquinas, flanando pelo corredor do sexto andar até a sala de interrogatório com um gingado ensaiado de cafetão, os ombros e quadris empurrando o corpo para a frente feito um trem em marcha lenta. A expressão de Frazier quase nunca muda de uma encarada perturbadora, um olhar enervante devido ao fato de ele raramente piscar os olhos. Sua voz é profunda e monótona, e suas frases são econômicas, sugerindo palavras escolhidas com cuidado ou, talvez, poucas palavras das quais escolher. Com 36 anos, Robert Frazier trabalha meio turno em uma fábrica de aço, está em liberdade condicional e pode encarar sua modesta operação de venda de cocaína como uma espécie de segunda carreira; sua experiência anterior, com assalto à mão armada, foi abruptamente interrompida por uma condenação de seis anos de prisão.

O pacote completo agrada a Garvey imensamente, pelo simples fato de Robert Frazier se parecer exatamente com um assassino.

É uma satisfação pequena, mas sempre faz com que a busca pareça um pouco mais digna. De modo geral, a pessoa sentada na cadeira do acusado no fórum de Baltimore raramente parece, à primeira vista, responsável pela completa destruição de vidas humanas, e, mesmo após quarenta ou cinquenta casos, todo investigador ainda sente certo desapontamento no coração quando a pessoa responsável por um ato de maldade extraordinária não parece mais sinistra do que um caixa de loja de conveniência. Alcóolatras, viciados, mães fraudadoras da Previdência Social, casos envolvendo doença mental, adolescentes usando moletons caros — com raras exceções, esses que são incluídos no rol de assassinos de Baltimore não estão sendo incluídos em um grupo visualmente ameaçador. Mas, com a voz baixa e olhar profundo, Frazier acrescenta algo ao melodrama todo. Eis aqui um homem para o qual armas de alto calibre foram inventadas.

E tudo isso parece ir pelo ralo no momento em que ele entra na sala de interrogatório. Quando Frazier senta do lado oposto de Garvey na mesa, ele demonstra completa disposição para discutir a morte violenta da namorada. Mais do que isso, consegue apontar um suspeito mais plausível do que ele próprio.

Frazier só tinha sido convencido da necessidade de se apresentar voluntariamente após uma semana de trabalho nas ruas por parte de Garvey e Donald Kincaid, que tinha assumido como investigador secundário quando Dave Brown ficou enrolado em outro assassinato. Procurando obter algum trunfo, os dois investigadores colocaram o nome de Frazier nas ruas, visitando a casa do sujeito na rua Fayette e fazendo uma série de perguntas para a esposa a respeito dos horários, hábitos e envolvimento com drogas de seu marido, antes de mencionar o principal.

"Você sabia que ele tinha um caso com Lena?"

Se a notícia afetou a mulher de algum modo, era incerto; ela admitiu que o casamento tinha passado por momentos difíceis recentemente. De todo modo, não fez nenhum esforço para fornecer um álibi ao marido na noite do assassinato. No dia seguinte, policiais à paisana em Sparrows Point disseram aos investigadores que Frazier não tinha trabalhado na fábrica nos dois dias anteriores ao crime.

E então, na noite passada, Frazier ligou para Garvey no escritório da homicídios, declarando ter informação relativa ao assassinato de Lena e querendo se encontrar com o investigador quanto antes possível. Mas ele não apareceu até a meia-noite, e Garvey foi para casa. Uma hora mais tarde, Frazier apareceu na guarita de segurança da garagem e pediu para falar com os investigadores. Rick Requer conversou com ele tempo suficiente para determinar que Frazier estava ligadaço e, pelo tamanho das pupilas, que pareciam dançar um doido samba boliviano, a droga de escolha provavelmente era cocaína. Requer ligou para Garvey em casa, e os dois concordaram em postergar a entrevista e dizer para Frazier voltar de cara limpa.

Antes de ir embora, no entanto, Frazier perguntou algo que Requer achou curioso: "Você sabe se ela foi baleada e esfaqueada?".

Talvez tivesse ouvido falar disso nas ruas. Talvez não. Requer escreveu um relatório para Garvey que incluía a declaração.

Então, ao visitar novamente a central, Frazier parece não apenas ciente de seu entorno, mas genuinamente curioso a respeito da morte da namorada. Durante o interrogatório de uma hora e meia com Garvey e Kincaid, faz tantas perguntas quanto responde, e fornece uma série de informações por conta própria. Reclinado na cadeira, fazendo com que ela incline de leve cada vez que estica as pernas, Frazier diz aos investigadores que, mesmo tendo uma esposa e uma segunda namorada, que mora no Lar Poe, ele tinha se relacionado com Lena Lucas por um bom tempo. Afirma também que raramente brigavam e que gostaria, tanto quanto a polícia, de saber quem matou Lena e roubou a cocaína da penteadeira do quarto.

Sim, admite, Lena, às vezes, guardava cocaína para ele no apartamento da rua Gilmor. Era guardada na cômoda, em um saco de arroz. Já ouviu pela família dela que quem quer que tenha matado Lena levou o que ela guardava.

Sim, ele vendia cocaína e um pouco de heroína também, quando não estava trabalhando na fábrica em Sparrows Point. Não iria perder tempo mentindo a respeito daquilo. Vendia o suficiente para viver, sobretudo nos pequenos prédios no Lar Poe, mas não fazia aquilo o tempo todo.

Sim, possuía uma arma. Um revólver .38, mas nem sequer estava carregado. Mantinha guardado na casa da outra namorada, na rua Amity. Ela guardou a arma para ele, e era onde estava naquele momento.

Sim, tinha ouvido acerca do pai de Vincent Booker também. No entanto, não conhecia Purnell Booker, apesar de ter ouvido falar que a mesma arma foi empregada nos dois assassinatos. Era verdade que Vincent tinha trabalhado para ele por um tempo, vendendo drogas em consignação. Porém o rapaz sempre contava o dinheiro errado e tinha o hábito de cheirar tudo que lucrava, de modo que Frazier teve que dispensá-lo.

Sim, Vincent tinha acesso ao apartamento de Lena. Na verdade, Frazier frequentemente o mandava lá para pegar drogas, sacos plásticos, ou algo para misturar com a droga. Lena o deixava entrar porque sabia que ele trabalhava para Frazier.

Garvey passou ao tópico principal do interrogatório: "Frazier, me conte sobre aquela noite".

Nesse ponto, Frazier também é mais do que prestativo, e por que não seria? Afinal de contas, a última vez que viu Lena com vida foi no sábado, na tarde anterior à noite do assassinato, quando ficou com ela na rua Gilmor. No domingo, passou todo o entardecer a dez quarteirões de distância, nos conjuntos da rua Amity, onde a nova namorada deu uma festa para vários amigos. Lagosta, siri, espigas de milho. Ficou a noite toda lá, a partir das sete ou oito horas. Dormiu no quarto dos fundos e não saiu até amanhecer. Passou pela casa de Lena a caminho do trabalho naquele dia e percebeu que a porta da frente estava aberta, mas estava atrasado e, como Lena não atendeu ao interfone, não entrou. Naquela tarde, tentou ligar para a casa de Lena umas duas vezes, mas não teve resposta, e, no começo da noite, a polícia já estava lá por causa do assassinato.

Quem, pergunta Garvey, pode confirmar seu paradeiro na noite de domingo?

Nee-Cee — Denise, a nova namorada. Ela ficou a noite toda na rua Amity com ele. E, é claro, as pessoas do jantar que o viram lá. Pam, Annette e mais algumas pessoas.

Frazier menciona novamente o jovem Vincent Booker, que, comentou, apareceu na rua Amity no auge da festa, batendo à porta pouco depois das dez e pedindo para falar com Frazier. Os dois conversaram nos degraus por alguns minutos, o suficiente, diz Frazier, para perceber que o garoto estava nervoso e com os olhos esbugalhados. Frazier perguntou qual era o problema, mas Vincent ignorou a pergunta e pediu um pouco de cocaína. Frazier perguntou se ele tinha dinheiro; o rapaz disse que não.

Frazier lhe disse que não iria mais dar drogas, não enquanto ele continuasse fodendo a contabilidade. Naquele momento, de acordo com Frazier, o jovem Vincent ficou puto e saiu noite afora.

Quando o interrogatório está prestes a terminar, Frazier faz uma última observação relacionada a Booker: "Não sei como eram as coisas entre pai e filho, contudo, desde que acharam o velho morto, ele não pareceu muito incomodado com isso".

Vincent estava tendo um caso com Lena?

Frazier parece surpreso com a pergunta. Não que ele soubesse, ele responde.

Vincent sabia onde Lena mantinha as drogas?

"Sim", revela Frazier, "ele sabia."

"Você aceitaria passar pelo detector de mentiras?"

"Acho que sim. Se vocês quiserem."

Garvey não sabe o que pensar. A menos que Vincent estivesse dormindo com Lena Lucas, não há como explicar a nudez dela e as roupas empilhadas ao pé da cama. Por outro lado, não há nenhuma conexão óbvia entre Frazier e o velho Booker, embora o assassinato tenha sido cometido pela mesma mão, usando a mesma arma.

O investigador faz mais algumas perguntas, mas não há muito que se possa fazer quando um homem responde a todas as perguntas que lhe são feitas. Como medida de boa-fé, Garvey pede que Frazier entregue seu .38.

"É pra trazer pra cá?", pergunta Frazier.

"Isso. Só traz aqui."

"Vão me enquadrar."

"Não vamos enquadrar você por isso. Tem a minha palavra. Só se certifique de que a arma não está carregada e traga ela aqui pra gente dar uma olhada."

Relutante, Frazier concorda.

No fim do interrogatório, Garvey pega o bloco de notas e acompanha Frazier até o corredor. "Beleza, Frazier, obrigado por vir."

O homem assente e, então, mostra o passe amarelo de visitante que o segurança do prédio lhe deu. "O que..."

"Só entrega isso pro sujeito na guarita, quando sair pela garagem."

Garvey começa a conduzir sua testemunha até o elevador e, então, para próximo a um bebedouro. Quase como um pós-escrito, ele se despede de Frazier com algo que é parte aviso, parte ameaça.

"Vou falar pra você, Frazier, se alguma coisa do que você disse não for verdade, esse é o momento de admitir isso", diz Garvey, olhando de modo impassível para o homem. "Porque, se for mentira, isso vai se voltar contra você de um jeito bem ruim."

Frazier assimila a frase e, então, diz com um gesto afirmativo. "Disse a você tudo que sei."

"Então beleza", diz Garvey. "Vejo você por aí."

O homem olha o investigador nos olhos por um breve momento, depois segue pelo corredor. Os primeiros passos são curtos e incertos, mas os que se seguem vão ganhando ritmo, até que já ginga os quadris e os ombros, deslizando a pleno vapor. Quando sai da garagem da central, Robert Frazier está mais uma vez pronto para as ruas.

Quinta-feira, 3 de março

D'Addario vira página após página da prancheta, a voz travada no tom monótono de chamada matinal:

"... procurado por ligação com um assassinato em Fairfax, Virgínia. Qualquer pessoa com informações sobre os suspeitos ou o veículo deve ligar para o departamento de Fairfax. O número está no teletipo."

"E que mais?", diz o tenente, olhando uma página recém-impressa. "Ah, sim, recebemos outro teletipo da Flórida... Não... ahm, ignorem essa. É de três semanas atrás."

"Tá legal, tem um último item... Como resultado da inspeção do Departamento de Serviços de Inspeção, fui informado de que vocês precisam anotar o número do recibo de gasolina em suas fichas, mesmo que os recibos não tenham sido usados."

"Pra quê?", pergunta Kincaid.

"Eles precisam do número do recibo."

"Por quê?"

"É a política deles."

"Caramba, chega logo, aposentadoria", diz Kincaid, enojado.

D'Addario começa a rir. "Tá legal, o coronel gostaria de ter uma palavrinha com todos vocês."

Bom, pensam todos os policiais na sala, a merda realmente deve ter batido no ventilador. Como comandante do Departamento de Investigação Criminal, Dick Lanham raramente tem a chance de falar com alguma unidade específica a respeito de qualquer caso em particular; Deus havia criado capitães, tenentes e sargentos exatamente para esse propósito. Mas uma taxa de resolução de homicídios que decai a cada dia que passa parece ser o suficiente para fazer até mesmo coronéis fraquejarem.

"Só queria dizer algumas palavras a todos", começa Lanham, e está percorrendo a sala com os olhos, "assegurar a todos de que tenho total confiança nesta unidade... Sei que tem sido difícil para vocês, pessoal. Na verdade, o ano todo tem sido difícil, mas isso não é nenhuma novidade para esta unidade, e não tenho dúvida de que vão dar a volta por cima."

Enquanto os investigadores se mexem de modo desconfortável e olham para os próprios sapatos, Lanham continua com a fala motivacional, cuidadosamente ficando em cima do muro, entre elogios e o reconhecimento ostensivo de uma verdade desagradável, compreendida por todos os presentes: o Departamento de Polícia de Baltimore está tomando um tranco.

Não se trata do caso Latonya Wallace, ou, por falar nisso, da investigação da rua Monroe, dois casos ainda totalmente em aberto. Ao menos nesses casos, o departamento pode afirmar ter reagido da maneira certa, investindo vários homens e horas extras na busca de suspeitos, e Lanham, tentando mostrar o lado positivo, não pode deixar de mencionar isso.

"Qualquer um que conheça um pouco dessas investigações sabe como elas demandaram trabalho", fala aos reunidos.

E também não se pode dar bola para os artigos de jornal dessa manhã, nos quais a Associação Nacional dos Chefes de Departamentos de Polícia, em carta endereçada ao prefeito, criticou duramente o departamento de Baltimore por ter falhado em diminuir os índices de abusos de cunho racial — uma acusação sem quaisquer provas — e por ser lento em solucionar crimes envolvendo vítimas negras.

"Não quero nem dizer pra vocês o que eu acho desse tipo de acusação", assegura o coronel aos investigadores.

"Mas precisamos admitir", diz, mudando de direção, "que a taxa de resolução está muito baixa, e, a menos que arranjemos alguns reforços para vocês, será muito difícil elevar essa taxa até onde queremos. Principalmente se tivermos mais uma noite como a anterior... Acima de tudo, temos que pegar pesado com esses malditos assassinatos de mulheres acontecendo na zona noroeste."

A sala toda se agita de modo desconfortável.

"Após conversar com o capitão, decidimos trazer alguns homens que trabalham em outras divisões no sexto andar para trabalharem com os investigadores principais de cada caso... Mas quero que vocês entendam que isso é para ajudar vocês em um momento difícil. Todos temos confiança completa nos investigadores designados para os casos."

"Ao menos", diz o coronel, tentando encerrar em um tom positivo, "ao menos não é tão ruim quanto o que está acontecendo em Washington." Lanham, então, acena para D'Addario, que cede a fala aos supervisores dos setores de roubos e crimes sexuais.

"Acabou?", diz D'Addario. "Tenente, algo a acrescentar? Joe?... Era isso."

A chamada termina, e o efetivo do turno do dia se divide em pequenos grupos de investigadores, alguns discutindo e argumentando para pegar um dos Cavaliers, alguns indo para o fórum, outros contando piadas perto da máquina de café. Um dia como qualquer outro, mas cada um dos homens do turno de D'Addario agora sabe que as coisas chegaram ao fundo do poço.

A taxa de resolução — assassinatos encerrados com prisões — está em 36% e caindo, uma estatística que não expressa inteiramente como a posição de comando de Gary D'Addario está ameaçada. O quadro que deu a Vossa Eminência motivos para se preocupar seis semanas antes continua a acumular assassinatos em aberto, e é apenas no lado de D'Addario que os nomes das vítimas estão em vermelho. Dos 25 homicídios investigados pelos três esquadrões de Dee, apenas 5 foram solucionados; o turno de Stanton resolveu 10 de 16.

Claro, existem razões para qualquer variação estatística, mas, em última análise, o único fato que importa para a equipe de comando é que os investigadores de Stanton sabem quem matou suas vítimas; os homens de D'Addario não sabem. Não adianta nada explicar que três quintos dos homicídios de D'Addario possuem ligação com o tráfico, ao passo que sete dos casos resolvidos pelo turno de Stanton são incidentes domésticos ou envolvendo algum outro tipo de briga. Também não adianta nada apontar que dois ou três casos foram sacrificados para liberar homens para a investigação do caso Latonya Wallace, ou lembrar que Dave Brown tem um mandado para um dos assassinos dos Milligan e que Garvey tem boas chances de resolver os casos Lucas e Booker.

Essas são apenas observações, e uma análise minuciosa de cada assassinato pela comissão não significa coisa alguma para ninguém quando se trata da taxa de resolução. A crença irredutível em estatísticas é a verdadeira religião de qualquer departamento de polícia moderno. Capitães se tornam majores, que se tornam coronéis, que se tornam comissários, quando os números se mantêm comportados; a equipe de comando se contorce feito uma peça de encanamento velho quando eles não se mantêm. Levando em conta esse fato, que todos os homens com divisas de sargento para cima consideram óbvio, D'Addario se vê com a água no pescoço — não apenas porque seu índice parece ruim se comparado ao de Stanton, mas porque parece ruim se comparado a expectativas.

A taxa de resolução de assassinatos em Baltimore diminui há sete anos, de 84% em 1981 até os 73,5% registrados em 1987. Felizmente, para as carreiras de diversos comandantes, em momento algum durante aquela década a divisão de homicídios atingiu um percentual menor do que a média nacional de resolução de homicídios, que também está em queda — de uma alta de 76%, em 1984, para meros 70%, em 1987.

A unidade de Baltimore manteve sua taxa através de trabalho policial dedicado e sólido, e através de leve manipulação da taxa em si. Quem quer que tenha dito que "Existem mentiras, existem mentiras cabeludas e existem as estatísticas", poderia ter criado uma categoria toda especial para dados envolvendo trabalho policial. Qualquer um que tenha passado mais de uma semana no setor de planejamento e pesquisa de um departamento de polícia sabe que a resolução de um furto não significa que alguém foi realmente preso, e que a divulgação de um aumento no índice de crimes pode ter menos a ver com uma tendência de aumento de crime e mais com o desejo do departamento de ter seu orçamento ampliado. A taxa de resolução de homicídios é igualmente vulnerável a formas sutis de manipulação — todas elas permitidas pelo manual do FBI para relatório normatizado de crimes.

Considere o fato de que um caso é considerado solucionado indo a julgamento ou não. Contanto que alguém seja preso — seja por uma semana, um mês ou a vida toda —, o assassinato é considerado solucionado. Nos Estados Unidos, se as acusações são retiradas durante a audiência por falta de provas, se o júri se recusa a condenar alguém, se o promotor decide arquivar o caso ou deixar de oferecer denúncia, esse assassinato mesmo assim entra para os arquivos como um caso solucionado. Os investigadores têm um bordão pronto para esse tipo de resolução meramente estatística: indefira e esqueça.

Considere também que as diretrizes federais permitem que o departamento considere um caso do ano anterior resultante em indiciamento como um crime resolvido. Isso faz sentido: a marca registrada de toda boa divisão de homicídios é a capacidade de voltar a casos que foram abertos dois, três, cinco anos antes; a taxa de indiciamento precisa refletir essa persistência. Por outro lado, as diretrizes não exigem que os departamentos incluam o crime em si nas estatísticas do ano corrente; evidentemente, o crime em si aconteceu no ano anterior. Portanto, teoricamente, uma divisão de homicídios nos Estados Unidos pode solucionar noventa ou cem novos assassinatos, e então obter indiciamentos em vinte casos do ano anterior e postar uma taxa de resolução de 110%.

Esse tipo de carta na manga torna cada fim de ano uma aventura em jogo de cintura estatística. Se a taxa de resolução é alta o suficiente, um comandante de turno ou sargento de esquadrão que conhece esses trâmites pode guardar uma prisão feita em um caso em dezembro até janeiro, para começar o ano novo bem. Já se a taxa de resolução está muito baixa, um comandante pode permitir que um período de sorte de duas ou três semanas em janeiro, com resoluções de casos iniciados em dezembro, seja creditado ao ano anterior. As resoluções de caráter burocrático e truques com o calendário podem dar à divisão de homicídios de cinco a dez pontos percentuais extras nos registros, mas, quando o verdadeiro índice de resolução cai, não existe truque estatístico que resolva.

Esse era o problema de D'Addario. Nas 24 horas anteriores, o que era ruim tinha ficado pior. Seus investigadores tinham pegado cinco novos assassinatos — dos quais apenas um era um caso fácil. Nesse caso, pertencente a Kincaid, um homem de 52 anos foi encontrado espichado no chão de seu apartamento na avenida Fulton. O crânio tinha sido esmagado na briga com um homem mais jovem, um inquilino que tinha usado um ferro de passar e demonstrado que dois objetos não podem ocupar o mesmo lugar no mesmo momento. Mas as coisas não tinham sido tão fáceis no turno da meia-noite anterior, quando McAllister e Bowman tinham atendido a um espancamento na zona nordeste, poucas horas antes de Bowman ser informado de que a vítima de um tiroteio, que tinha atendido três noites antes, tinha esticado as canelas no Hospital Universitário. Não havia nenhuma indicação de suspeito nesses dois casos, e Fahlteich encontrou basicamente o mesmo problema naquela noite quando foi à cena de um tiroteio com mortos na avenida Wabash.

Porém, tudo isso era só um prelúdio para o que realmente importava: o corpo de mais um taxista tinha sido encontrado no parque florestal no limite noroeste da cidade. Sendo o 15º assassinato de taxista em oito anos, a morte por espancamento de uma funcionária da Checker Cab* recebeu tratamento prioritário, não apenas porque parecia péssimo para a cidade permitir uma temporada de caça a seus taxistas, mas também porque a motorista era uma mulher. Encontrada nua da cintura para baixo. Assassinada. Na zona noroeste de Baltimore.

Com ela, são seis mulheres assassinadas nesse distrito desde dezembro, todos casos sem solução. Os assassinatos da zona noroeste decididamente não tinham relação: dois foram estupros seguidos de morte com características bem diferentes, dois foram assassinatos ligados ao tráfico, um deles tinha sido aparentemente uma briga, e esse último um roubo de carro e possível estupro. Mas a sequência de casos em aberto estava começando a atrair manchetes de jornal, e, portanto, as mulheres mortas no Distrito Noroeste subitamente tinham adquirido prestígio verdadeiro com o alto escalão do departamento.

* Literalmente "Táxi Xadrez".

Como se para reconhecer essa súbita vulnerabilidade, D'Addario foi pessoalmente até a cena do assassinato da taxista. E também o capitão. Sem falar no comandante do Distrito Noroeste e no porta-voz do departamento de polícia. Donald Worden estava de folga, mas o resto do esquadrão de McLarney atendeu à chamada, com Rick James como investigador principal e Brown como secundário. Não importa se atenderia à chamada sem o Grandão, James era um sujeito que dava valor a suas horas extras e só por isso era alguém esperado em um novo assassinato. Durante três semanas, esteve ilhado em sua mesa, próximo à entrada do escritório, praguejando em cada extensão telefônica, silenciosamente torcendo para que a unidade de atendimento lhe mandasse um caso grande, um caso urgente que demandasse muitas horas.

"Ligação chegando... Peguei", gritou repetidas vezes, atendendo a cada ligação no primeiro toque. E então, em um péssimo humor, agravado pela miséria: "Edgerton, linha um. Acho que é sua esposa".

Os gregos antigos gostavam de dizer que os deuses punem um homem atendendo suas preces, e, na estrada Powder Mill, James foi presenteado com um mistério pedregoso. Caída de bruços no fim de uma trilha da floresta, estava uma mulher negra de cerca de trinta anos, usando apenas uma jaqueta marrom na qual se lia "Checker Cab" e "Karen" escritos em ambos os lados do peito. Não havia carteira, bolsa ou documentos, embora os sapatos, a calça e a calcinha estivessem perto do corpo. Três horas após ser descoberta, uma unidade do Condado de Baltimore encontrou o táxi xadrez número 4 no estacionamento de um condomínio em Owing Mills, a pouco mais de dez quilômetros do limite oeste da cidade. Abandonado com o pisca-alerta ligado, o táxi chamou a atenção dos moradores; quando contataram a companhia de táxi, foi confirmado que nem o táxi número 4, nem a motorista Karen Renee Smith tinham sido vistos ou ouvidos desde às 9h daquele dia. A identificação foi confirmada pouco depois.

Nada no assassinato de Karen Smith se assemelhava a qualquer dos assassinatos anteriores na zona noroeste, mas tentar explicar tais sutilezas em meio à completa mudança de humor do departamento seria a própria definição de futilidade. De modo que, passado apenas um dia, o coronel já convocara as tropas, ordenando medidas adicionais para cada um dos assassinatos não resolvidos das mulheres na parte noroeste, ao mesmo tempo que tenta evitar a sugestão de falta de confiança na divisão de homicídios. Em 24 horas, uma dúzia de novos policiais uniformizados e investigadores de outras seções do Departamento de Investigação Criminal será enviada à homicídios — dois para cada um dos seis investigadores principais nos assassinatos no noroeste. A sala de interrogatório do escritório anexo será convertida em um tipo de posto de comando abarrotado de mapas, gráficos, fotografias de vítimas, escaninhos para a papelada gerada pela força-tarefa. Folhetos de recompensa de cada um dos assassinatos serão impressos para distribuição nos bairros próximos de cada cena de crime.

Os investigadores principais devem usar os homens adicionais para achar novas pistas e atar quaisquer pontas soltas nos arquivos de cada caso. Os assassinatos no noroeste devem ser a prioridade número 1, e, em um aceno ao recente artigo de jornal que deu início à campanha, ao insinuar a possibilidade de um serial killer, todos devem dar atenção especial a qualquer indício que possa vincular os assassinatos.

Um dos seis casos — o assassinato de Brenda Thompson, apunhalada pelas costas no banco de trás de um Dodge no começo de janeiro — conflita com outra prioridade: Latonya Wallace. Harry Edgerton é o investigador principal no caso Thompson e o secundário no caso da menina assassinada. Como resultado, o caso Thompson é repassado para Bertina Silver.

Edgerton e seu sargento, Roger Nolan, discutem brevemente tanto com D'Addario quanto com o capitão a respeito da mudança, argumentando que não faz sentido mudar o investigador principal no meio da investigação só para criar algum tipo de atividade imediata. Edgerton conhece o caso e os envolvidos e, mais importante, passou um bom tempo criando uma relação com seu melhor suspeito, um jovem traficante trabalhava para Brenda Thompson e devia dinheiro a ela. O garoto já se voluntariou a dois longos interrogatórios. Edgerton argumenta que o assassinato de Thompson já tem dois meses, e qualquer coisa que os reforços pudessem fazer naquele momento poderia facilmente ser feita dali a três ou quatro semanas, depois de resolver o caso Latonya Wallace.

Edgerton tem a seu favor o consenso e a tradição da divisão de homicídios, e ambos argumentam que ninguém conhece um assassino tão bem quanto o investigador que foi à cena do crime. Os chefes, por outro lado, estão confiantes. Um departamento de polícia é uma fera reativa, e, com os jornais e a televisão tagarelando a respeito da possibilidade de assassinatos múltiplos no noroeste, tanto o consenso quanto a tradição estavam sendo vendidos a preço de banana. O caso Thompson vai para Bert Silver.

Em tempos mais alegres, Edgerton talvez tivesse apelado pessoalmente a D'Addario, mas agora o tenente tem seus próprios problemas e o apelo seria inútil. Latonya Wallace, a taxa de resolução rastejante, os assassinatos na região noroeste — todos motivos suficientes para D'Addario se sentir vulnerável. Houve uma reunião com o coronel e o comissário adjunto Mullen a respeito da força-tarefa do caso Latonya Wallace, um sumário de uma hora no qual Jay Landsman delineou os esforços empreendidos pelos investigadores e então respondeu a perguntas até que os chefes pareceram apaziguados. A reunião tinha sido uma demonstração perfeita da política do departamento, mas D'Addario sabia que, a menos que a taxa de resolução aumentasse, o desempenho de Landsman não seria nada além de uma prorrogação temporária.

Se D'Addario tivesse se mantido próximo do capitão, a ameaça não seria tão severa. Mas, em tempos recentes, um conflito que tinha se insinuado por meses subitamente tinha atingindo seu ponto de fervura. Para resumir, o capitão não quer D'Addario como um de seus tenentes de turno; para D'Addario, a decisão de passar por cima dele na investigação da rua Monroe tinha deixado isso claro. E agora, com a taxa de resolução tão baixa, o capitão tem uma vantagem com a qual pode gerar pressão — a menos que D'Addario possa levar ao coronel uma nova vitória em um dos casos grandes, ou ao menos alguma indicação de que a taxa de resolução está melhorando. Não faz qualquer diferença o fato de D'Addario ter feito esse trabalho por oito anos; a consciência da equipe de comando raramente se estende para além do último caso prioritário na busca sem fim da política prática: O que você tem feito por mim, ultimamente?

Se a taxa estiver boa, se os casos prioritários são resolvidos, não importa como D'Addario comanda seu turno. Você quer dizer que seus investigadores e sargentos são instruídos a tomarem suas próprias decisões nos casos? Obviamente, um bom exemplo de um líder que enfatiza confiança e responsabilidade. Quer dizer que você deixa que os sargentos treinem e disciplinem os homens? Obviamente, um homem que sabe o valor de se delegar responsabilidade. Quer dizer que as horas extras estão 90% acima do teto? Tudo bem, é preciso quebrar alguns ovos para fazer um omelete. Adicional por comparecimento ao fórum? Bom, ao menos é sinal de que esses assassinatos estão indo a julgamento. Mas, se a taxa cai, a imagem do tenente subitamente se transforma na de um homem incapaz de dirigir e disciplinar seus homens, um comandante que confia demais em seus subordinados, um administrador que não consegue controlar o orçamento.

No turno da meia-noite, pouco antes da breve fala do coronel, cinco ou seis investigadores estavam à deriva no escritório administrativo, flutuando em um mar de relatórios da nova leva de assassinatos. Eddie Brown, James, Fahlteich, Kincaid, Nolan — uma bela interseção, um encontro de veteranos que tinham passado por bons e maus tempos na divisão de homicídios. Inevitavelmente, o assunto passou a ser a possibilidade de o ano piorar ainda mais. Alguns argumentaram que sempre melhorava, que para cada sequência de mistérios cascas-grossas havia uma série de barbadas esperando para compensar. Outros apontavam que a taxa seria mais alta se o turno tivesse se importado em guardar alguns dos indiciamentos de dezembro para melhorar as estatísticas do presente ano. Mas, mesmo com toda essa conversa, nenhum dos investigadores conseguia se lembrar de um percentual tão baixo quanto 36%.

"E vou dizer uma coisa", disse Fahlteich, "tenho a impressão de que só vai piorar."

"Ah, vai piorar um bocado", Nolan concordou. "A gente se deu bem por um bom tempo, agora vamos pagar o preço."

Ninguém na sala digitava ou organizava nada, enquanto as vozes competiam umas com as outras em um verdadeiro recital de reclamações recorrentes. Reclamavam do equipamento, dos carros sem rádios e de um grande departamento urbano que ainda não tinha um teste de polígrafo adequado para investigações criminais, fazendo com que os investigadores usassem as instalações da polícia estadual. Estavam insatisfeitos com a diminuição de horas extras, da relutância do departamento em pagar pela preparação pré-julgamento, para que bons casos não se desmontassem ao longo dos meses que separam prisão e julgamento. Desaprovavam a falta de dinheiro para pagar informantes e, consequentemente, da falta de informantes. Não gostavam da incapacidade dos laboratórios de balística e indícios residuais de acompanhar o ritmo da violência, de o Ministério Público não condenar mais ninguém por perjúrio ao mentir para um júri, de como muitos promotores permitiam que testemunhas mudassem suas versões em depoimento a um grande júri. Apontavam a dificuldade oriunda do número crescente de assassinatos ligados a drogas, de como a época de incidentes domésticos descomplicados e de uma taxa de resolução de mais de 90% já era. Desaprovavam o fato de já não receberem o mesmo número de ligações após um assassinato, de menos pessoas dispostas a colocarem uma moeda no telefone e se tornarem testemunhas de um ato de violência.

Como uma sessão de resmungos, foi inteiramente satisfatória. Depois de uns bons quarenta minutos, o grupo ainda chutava cachorro morto: "Olha Washington", disse Brown. "Fica a menos de cinquenta quilômetros daqui."

Para o investigador de polícia, a força-tarefa na divisão de homicídios do Distrito de Columbia tinha subitamente se tornado uma missão no próprio inferno. Washington estava a caminho de se tornar a capital nacional de assassinatos nos EUA em 1988; apenas dois anos antes, a capital do país e Baltimore tinham divulgado índices similares e lutavam pela dúbia distinção de ser a décima cidade mais letal da nação. Agora, no rastro de uma epidemia de cocaína e de uma série de guerras entre gangues jamaicanas nos quadrantes nordeste e sudeste da capital, o departamento de polícia de Washington lutava contra uma incidência de homicídios duas vezes maior que Baltimore. Em decorrência disso, o esquadrão de homicídios cidade — uma das unidades investigativas mais bem treinadas do país — divulgava uma taxa de resolução de quarenta e poucos por cento. Imersa em uma maré de violência, não havia tempo para a retomada de investigações, não havia tempo para preparação pré-julgamento, não havia tempo para nada além de recolher os corpos. A julgar pelo que os investigadores de Baltimore ouviam em encontros passageiros, o pessoal da unidade de D.C. andava com o moral baixíssimo.

"Vai acontecer a mesma coisa aqui, e ninguém vai fazer porra nenhuma", disse Brown. "Espera até a gente começar a ver crack por aqui. Já tem problema com os jamaicanos na noroeste, mas alguém se importa? Porra nenhuma. Vão arregaçar essa cidade, e o departamento não vai nem saber o que aconteceu."

Fahlteich argumentou que, de certo modo, a divisão de homicídios era a pior inimiga de si mesma: "Todos os anos entregamos uma taxa de resolução acima da média, então eles sempre ficam imaginando que podemos nos virar com o que já temos".

"Acertou na mosca", disse Nolan.

"E aí", prosseguiu Fahlteich, "quando pedimos mais investigadores, ou carros melhores, rádios, treinamento, o que for, a chefia olha pro índice e diz, 'Nem fodendo, eles não precisam de mais do que já ganharam no ano passado'".

"Nós nos viramos com muito pouco por tanto tempo que agora isso se voltou contra nós mesmos", disse Nolan. "Vou falar pra você, se tivermos mais duas noites que nem ontem, a gente nunca vai conseguir sair do buraco."

"Talvez a gente não saia mesmo", completou Fahlteich. "Vai ser muita sorte se conseguirmos passar de 60%, levando em conta onde estamos agora."

"Bom, se não sairmos", especula Ed Brown, "não vai parar no tenente. Eles vão fazer uma limpeza geral, e um monte de gente aqui vai ser chutado porta afora."

"Nem me diga", concordou Fahlteich.

Então, Nolan fez com que a sala ficasse em silêncio. "Acho que pode ser esse o ano", disse, com um sorriso quase inexistente, "em que a coisa desanda de vez."

Você é um cidadão de um país livre, tendo vivido toda sua vida adulta em um território de liberdades civis asseguradas, e comete um crime violento, após o qual é apanhado, despachado para a delegacia e guardado em uma antessala claustrofóbica com três cadeiras, uma mesa e sem janelas. Você fica sentado lá por uma meia hora, ou então até que um investigador de polícia — um homem que nunca viu na vida, um homem que em hipótese alguma confundiria com um amigo — entra na sala com um modesto maço de papel para anotações e uma caneta esferográfica.

O investigador oferece um cigarro que não é da marca que você fuma e começa um monólogo ininterrupto que ruma de uma direção para outra por mais uma meia hora, mas, no fim, é interrompido em um ponto familiar: *"Você tem o direito absoluto de permanecer em silêncio".*

É claro que tem. Você é um criminoso. Criminosos sempre têm o direito de permanecer em silêncio. Ao menos uma vez em sua vida miserável, você passou uma hora em frente à TV vendo alguém ser fichado em um programa. Ou achou que Joe Friday* estava mentindo? Acha que foi Kojak quem inventou essa palhaçada? Sem chance, meu chegado, estamos falando de liberdades sagradas aqui, a proteção contra autoincriminação da Porra da Quinta Emenda, e, escuta aqui, se

---

* Protagonista investigador da série policial de TV Dragnet, interpretado pelo ator Jack Webb.

o Ollie North** pôde usar isso, quem você acha que é para incriminar a si mesmo já na primeira oportunidade? Que fique claro: um investigador de polícia, um homem pago pelo governo para colocá-lo na prisão, está explicando seu direito absoluto de calar a boca antes de dizer algo idiota.

"Qualquer coisa que disser ou escrever pode ser usada contra você."

Parceiro, vê se acorda, caralho. Você está sendo informado de que falar com um investigador de polícia em uma sala de interrogatório só vai lhe fazer mal. Se isso pudesse ajudá-lo, ele provavelmente diria isso logo de cara, não é mesmo? Diriam que seu direito é o de não precisar se preocupar, porque o que disser ou escrever nesse maldito cubículo será usado a seu favor no julgamento. Não, sua melhor chance é calar a boca. Cala a boca agora.

"Você tem direito a conversar com um advogado a qualquer momento — antes de qualquer questionamento, antes de responder a quaisquer perguntas, ou durante o interrogatório."

Isso é que é ser prestativo. O sujeito que quer prendê-lo por violar a paz e a dignidade do estado lhe diz que poderá falar com um profissional treinado, um advogado que pode ler as partes importantes do Código de Maryland, ou ao menos um resumo delas. E, vamos ser francos, meu chapa, você acabou de retalhar um bebum em um bar na avenida Dundalk, mas isso não faz de você um neurocirurgião. Aceite toda ajuda que puder arranjar.

"Se desejar um advogado, mas não puder pagar, nenhuma pergunta será feita, e um advogado será solicitado para você."

Tradução: você é um vagabundo. Vagabundos não pagam.

A essa altura, se os neurônios todos estiverem funcionando, você já deve ter entendido que esse não é o lugar no qual você gostaria de estar. E agora, valendo 50 dólares, Alex, o próximo tópico: Advogados Criminais e Seus Clientes.

Uou, calma aí, parceiro, mais devagar.

"Antes de começarmos, preciso mostrar a papelada", diz o investigador, que apresenta uma folha com a Explicação dos Direitos, o formulário de número 69 do departamento, e a empurra pela mesa.

** Oliver North, veterano da guerra do Vietnã e membro do Conselho de Segurança Nacional dos EUA durante o governo do presidente Ronald Reagan, foi apontado como a principal figura no caso Irã-Contras, no qual os EUA, através de figuras-chave em seu Serviço Central de Inteligência, facilitaram o envio de armas para o Irã e para a Nicarágua a fim de interferir no equilíbrio político desses países.

"EXPLICAÇÃO DOS DIREITOS", declara a linha no topo, com letras em negrito. O investigador pede que preencha com seu nome, endereço, idade, grau de instrução e então com a data e o horário. Com isso tudo concluído, ele pede que você leia a seção seguinte. Lê-se: "VOCÊ ESTÁ POR MEIO DESTA INFORMADO DE QUE:"

Leia o primeiro item, o investigador diz. Você entende o primeiro?

"Você tem o direito absoluto de permanecer em silêncio."

Sim, você entende. Já falamos disso.

"Então pode rubricar o primeiro. Agora leia o item dois."

E assim por diante, até que você tenha rubricado todos os itens dos Direitos de Miranda.* Depois disso tudo, o investigador lhe diz para assinar na linha seguinte, logo abaixo da frase "LI A EXPLICAÇÃO DE MEUS DIREITOS, ACIMA LISTADOS, E ESTOU DE ACORDO".

Você assina seu nome, e o monólogo recomeça. O investigador lhe assegura que o informou a respeito de seus direitos para sua proteção, porque nada importa mais para ele do que lhe dar toda a assistência possível nesse momento tão confuso e estressante da sua vida. Caso não queira falar, ele diz a você, tudo bem. E, se quiser um advogado, tudo bem, também, porque, em primeiro lugar, ele não tem parentesco com o sujeito que você retalhou e, em segundo lugar, vai receber por seis horas extras, independentemente dos seus atos. Mas ele quer que saiba — e já faz isso há bem mais tempo que você — que seu direito de se manter em silêncio e de receber aconselhamento qualificado não é lá essas coisas.

Encare da seguinte maneira, ele continua, se reclinando na cadeira. Depois que você chamar o advogado, filhote, não podemos mais fazer porra nenhuma para ajudá-lo. Não senhor, seus amigos aqui da divisão de homicídios vão ser obrigados a deixar você trancado nessa sala sozinho, e a próxima figura de autoridade a dar uma olhada no seu caso vai ser um parasita de terno e gravata — um promotor pavio curto da Unidade de Crimes Violentos, que carrega o título de promotor-assistente do estado na cidade de Baltimore. E aí, filhote, que Deus o ajude, porque um merda implacável daqueles vai mandá-lo pra câmara de gás

---

* Lista de direitos que um oficial de polícia nos EUA precisa informar a um suspeito no momento de sua prisão, comumente sumarizada na cultura popular como o direito de permanecer em silêncio e de receber assistência jurídica durante todas as etapas da custódia policial. O nome deriva do caso "Miranda v. Arizona" (1966), onde Ernesto Miranda foi preso e interrogado pela polícia em conexão com um sequestro e estupro. A Suprema Corte decidiu que a confissão de Miranda durante o interrogatório não poderia ser usada em tribunal, pois ele não havia sido informado adequadamente de seus direitos constitucionais, o que levou a instituir o procedimento.

antes mesmo que consiga dizer três palavras. Agora é o momento de falar, agora que estou com papel e caneta em cima da mesa, porque, assim que eu sair dessa sala, qualquer chance que você tenha de contar a sua versão da história já era, e aí vou ter que escrever o que eu acho que aconteceu. E o que eu acho nesse momento é que foi uma porra de um homicídio qualificado. Crime grave, meu caro, que, quando metido rabo acima em algum sujeito, dói bem mais do que um homicídio culposo. O que você disser aqui pode fazer a diferença, chapa. Já falei que Maryland tem câmara de gás? É um troço grande e horrendo na penitenciária da rua Eager, fica a menos de vinte quadras daqui. É uma porra de um negócio que não irá querer chegar nem perto, confia em mim.

Um protesto curto e hesitante deixa seus lábios, e o investigador se reclina de novo na cadeira, balançando a cabeça de modo triste.

Qual é seu problema, parceiro? Acha que tô de sacanagem? Não preciso nem ouvir essa sua palhaçada. Tenho três testemunhas, em outras três salas, dizendo que foi você. Achamos uma faca na cena do crime que vai ser mandada pro laboratório no andar de baixo para tirarem digitais. Tem sangue nos tênis Air Jordan que tiramos de você dez minutos atrás. Por que acha que a gente o descalçou? Eu tenho cara de quem gosta de tênis de basquete? Não, pô. Tinha sangue neles por todo lado, e acho que nós dois sabemos de quem. Aí, parceiro, estou aqui só pra checar se não tem nada que queira dizer antes que eu escreva tudo.

Você hesita.

Ah, diz o investigador. Você quer pensar a respeito. Aí, pode pensar nisso quanto quiser, meu chapa. O meu capitão está do outro lado do corredor e já me disse pra meter homicídio qualificado em você. É a primeira vez na sua vida cagada que alguém lhe dá uma chance, e você é cretino demais pra aceitar. Caralho, tira um tempo para pensar aí, vou dizer pro capitão sossegar por dez minutos. Posso fazer isso por você. Quer café? Mais um cigarro?

O investigador deixa você sozinho naquela sala pequena e sem janelas. Só você, o bloco de notas em branco, o formulário 69 e... homicídio qualificado. Homicídio qualificado, com testemunhas, digitais e sangue no seu tênis. Jesus, você nem tinha percebido o sangue na porra do tênis. Homicídio, meu caro. Homicídio qualificado, porra. Quantos anos, começa a se perguntar, quantos anos pego por homicídio culposo?

É quando volta para a sala o sujeito que quer botá-lo na prisão, o sujeito que não é seu amigo, perguntando se o café está bom.

Sim, lhe responde, o café está bom, mas o que acontece se eu chamar um advogado?

O investigador dá de ombros. Aí a gente arranja um advogado para você, ele responde. E aí eu saio dessa sala e datilografo os documentos de acusação de homicídio qualificado, e você não vai poder dizer porra nenhuma a respeito. Olha, chapa, estou lhe dando uma chance. O cara veio pra cima de você, não foi? Isso o deixou assustado. Foi legítima defesa.

Sua boca começa a se abrir.

Ele foi pra cima de você, não foi?

"Isso", você fala com cautela, "ele veio pra cima."

Uou, diz o investigador, com as mãos para o alto. Espera um pouquinho. Se vamos mesmo fazer isso, preciso achar o formulário de direitos. Cadê aquela porra? Esses trecos são que nem a polícia, quando você precisa, nunca acha. Aqui, diz ele, empurrando a folha com a explicação dos direitos pela mesa e apontando para o final dela. Lê isso, ele diz.

"Estou disposto a responder a perguntas e não preciso de um advogado no presente momento. Minha decisão de responder a quaisquer perguntas sem a presença de um advogado foi por mim tomada de modo livre e voluntário."

Enquanto você lê, ele sai da sala e volta um instante depois com um segundo investigador para servir de testemunha. Você assina no final do formulário, assim como os dois investigadores.

O primeiro investigador ergue os olhos do formulário, totalmente embebidos em inocência. "Ele foi pra cima de você, hein?"

"Isso, ele veio pra cima de mim."

Melhor se acostumar com salas pequenas, parceiro, porque você está prestes a ser enviado à terra proscrita conhecida como detenção pré-julgamento. Uma coisa é ser um babaca assassino da zona sudeste de Baltimore, mas outra bem diferente é ser um imbecil, e, com apenas sete palavrinhas, você acabou de ser promovido ao patamar de cretino completo.

Fim de jogo, chapa. Já era. É passado. E, se aquele investigador não estivesse tão ocupado registrando sua palhaçada por escrito, provavelmente olharia em seus nos olhos e diria exatamente isso; lhe daria outro cigarro e diria que você é a própria encarnação da ignorância e acaba de assumir a culpa do esfaqueamento fatal de um ser humano. Ele poderia até mesmo lhe dizer que as testemunhas nas outras salas estavam bêbadas demais até para identificar o próprio reflexo no espelho, ou que é sempre uma questão de sorte o laboratório conseguir achar uma digital no cabo de uma faca, ou que seu par de tênis de 95 dólares está tão limpo quanto no dia que foi comprado. Se estivesse se sentindo particularmente falante, talvez dissesse a você que todo mundo que sai da divisão de homicídios algemado sai com uma acusação de homicídio qualificado, que os juristas é que decidem que tipo de acordo vai ser feito. Talvez dissesse ainda que, mesmo após todos esses anos investigando homicídios, tem algo nele que ainda acha impressionante que alguém diga uma palavra que seja durante interrogatório policial. Para deixar tudo ainda mais claro, é provável que ele erguesse o formulário 69, no qual você dispensou todos os seus direitos, e falaria, "Olha, seu cabeça de bagre, eu expliquei duas vezes que você estava na merda, e tudo que dissesse poderia te fazer afundar ainda mais". E, se a mensagem ainda não estivesse inteiramente clara, ele podia arrastar sua carcaça pelo corredor do sexto andar na direção da placa que diz Divisão de Homicídios em letras maiúsculas brancas, a placa que você viu no momento que saiu do elevador.

Agora, pensa bem: quem vive na divisão de homicídios? Sim, isso mesmo. E o que os investigadores de homicídios fazem para viver? Exato, acertou, parceiro. E o que você fez nesta noite? Você assassinou alguém.

Então, quando abriu essa matraca, que porra estava pensando?

Os investigadores de homicídios em Baltimore gostam de imaginar uma pequena janela aberta no alto da parede da sala de interrogatório. Mais especificamente, gostam de imaginar que seus suspeitos imaginam uma janela pequena e aberta no topo da longa parede. A janela aberta é a saída de emergência, a Escapatória. É a representação perfeita daquilo em que o suspeito acredita quando abre a boca durante o interrogatório. Absolutamente todos eles se imaginam evadindo perguntas com a combinação adequada de álibis e desculpas; cada um deles imagina que vai dizer as palavras certas e então escapar da sala e ir para casa dormir na sua cama. Na maioria das vezes, um homem culpado procura a Escapatória desde os primeiros instantes na sala de interrogatório; nesse sentido, a janela é tanto a fantasia do suspeito quanto a miragem do investigador.

O efeito dessa ilusão é profundo, distorcendo a hostilidade natural entre caça e caçador, transformando-a até que se assemelhe mais a uma simbiose do que a uma disputa. Essa é a mentira e, quando os papéis são perfeitamente desempenhados, a ilusão supera a si mesma, se tornando manipulação de larga escala e, finalmente, um ato de traição. Porque o que ocorre em uma sala de interrogatório na verdade é pouco mais do que um drama ensaiado, uma coreografia que permite que investigador e suspeito percebam coisas em comum onde elas na verdade não existem. Então, em um purgatório cuidadosamente controlado, os culpados confessam suas más ações, mesmo que raramente de um modo que inclua arrependimento ou uma admissão inequívoca.

Na verdade, a catarse na sala de interrogatório acontece apenas com uns poucos e raros suspeitos, normalmente em assassinatos domésticos ou casos de abuso infantil, nos quais a massa bruta de genuíno remorso pode esmagar qualquer pessoa não habituada ao crime. Mas a maior parte dos homens e mulheres trazidos para a central não tem o menor interesse em redenção. Ralph Waldo Emerson observou corretamente que, para os responsáveis, o ato de matar "não é um prospecto tão desastroso quanto poetas e romancistas fazem parecer; não é algo que os perturbe ou assuste em sua rotina de insignificante". E, embora a zona oeste de Baltimore esteja a um mundo ou dois de distância do vilarejo do século XIX em Massachussetts no qual Emerson viveu, a observação ainda vale. Matar muitas vezes não abala um indivíduo. Em Baltimore, é comum que nem sequer estrague seu dia.

Por conta disso, a maioria daqueles que reconhecem participação em um assassinato precisa ser enganada por investigadores com algo mais atraente do que mero arrependimento. Eles precisam acreditar que seu crime não é um crime de verdade, que há uma explicação ao mesmo tempo aceitável e única, que serão, com a ajudar do investigador, julgados melhores do que de fato são.

Alguns são conduzidos a essa conclusão pouco razoável pela sugestão de que agiram em legítima defesa, ou foram provocados a agir com violência. Outros acreditam na ideia de que são menos culpados que seus colegas — eu só dirigi o carro, ou dei apoio no assalto, eu não puxei o gatilho; ou, claro, a estuprei, mas eu não estava junto quando os outros caras a estrangularam — alheios ao fato de que a lei em Maryland permite que cada membro de uma quadrilha seja julgado como responsável pelo crime. Outros ainda sucumbem à ideia de que vão se dar melhor se cooperarem com os investigadores e reconhecerem uma pequena parcela de culpa. E muitos daqueles que não podem ser atraídos para além da borda do precipício da autoincriminação ainda podem ser manipulados para prover álibis, negativas e explicações — declarações que podem ser verificadas e reverificadas até o ponto em que as mentiras de um suspeito se tornam as provas mais nocivas à sua liberação.

Por esse motivo, profissionais não dizem nada. Nada de álibis. Nada de explicações. Nenhuma expressão educada de surpresa ou negativas-padrão. No final dos anos 1970, quando sujeitos como Dennis Wise e Vernon Collins estavam em uma corrida acirrada para ver quem era o maior assassino de aluguel de Baltimore, e nenhuma testemunha podia ser convencida a testemunhar contra nenhum dos dois, as coisas chegaram a um ponto no qual investigadores e suspeitos já conheciam a rotina:

Entra na sala.

Direitos Miranda.

Tem algo a dizer dessa vez, Dennis?

Não, senhor. Só quero ligar pro meu advogado.

Beleza, Dennis.

Sai da sala.

Para qualquer um com experiência no sistema de justiça criminal, este ponto é enfatizado por qualquer advogado digno do próprio salário. A repetição e a familiaridade com o processo todo logo deixam os suspeitos profissionais fora do alcance do interrogatório policial. Mas, mesmo duas décadas depois do veredito dos casos Escobedo* e Miranda, o resto do mundo permanece estranhamente disposto a se arriscar. Por conta disso, a mesma comunidade policial, que um dia considerou o veredito Miranda em 1966 um golpe fatal na investigação criminal, hoje considera a explicação dos direitos parte rotineira do processo — como mais um móvel na delegacia, ainda que não tivesse influência civilizatória no serviço policial em si.

Em uma época em que espancamentos e intimidação física eram ferramentas comuns de interrogatório, os veredito nos casos Escobedo e Miranda foram emitidos pela mais alta corte do país para assegurar que confissões e depoimentos fossem estritamente voluntários. O aviso Miranda que resultou disso era um "dispositivo protetivo para dissipar a atmosfera coerciva do interrogatório", como disse o Chefe de Justiça** Earl Warren no voto conjunto. Investigadores teriam de assegurar aos cidadãos seus direitos ao silêncio e à assistência jurídica, não apenas no momento da prisão, mas também quando passassem a ser considerados suspeitos sob interrogatório.

---

* O caso "Escobedo v. Illinois"(1964) foi um importante precedente para o caso Miranda. Danny Escobedo conseguiu, mediante apelo à Suprema Corte, reverter sua condenação pela suposta autoria do assassinato de seu cunhado, devido ao fato de que foi mantido sob custódia e interrogado mesmo após solicitar a presença de um advogado.

** Principal juiz da Suprema Corte dos Estados Unidos e o mais alto oficial do Judiciário norte-americano.

Em resposta ao veredito Miranda, os oficiais de polícia do país responderam com um lamento genuíno, uivando em coro que os avisos obrigatórios assegurariam que confissões se tornariam impossíveis de obter e que o percentual de condenações despencaria. Mas logo a previsão se revelou falsa, pelo simples motivo de que os comandantes do trabalho policial —isso sem mencionar a própria Suprema Corte — subestimaram a inventividade da investigação policial.

Os direitos Miranda são, em teoria, um gesto nobre que declara que direitos constitucionais não se estendem apenas ao fórum público, mas também aos limites privados de uma delegacia. O veredito do caso Miranda e as decisões subsequentes estabeleceram um conceito uniforme dos direitos de um acusado e efetivamente acabaram com o uso de violência e dos tipos de intimidação física mais gritantes usados em interrogatórios. E isso, é claro, foi uma benção. Mas, se a intenção a longo prazo do veredito Miranda tinha sido, na verdade, uma tentativa de "dissipar a atmosfera coerciva do interrogatório", então tinha falhado de modo miserável.

E graças a Deus. Porque, de acordo com qualquer parâmetro de diálogo humano, uma confissão criminal nunca pode ser considerada verdadeiramente voluntária. Com raras exceções, a confissão de um suspeito é coagida, provocada e manipulada por um investigador treinado em uma arte verdadeiramente insidiosa. Essa é a essência do interrogatório, e aqueles que acreditam que uma conversa normal entre policial e criminoso — sem qualquer tipo de trapaça — pode solucionar um crime são mais do que ingênuos. Se o processo de interrogatório é, do ponto de vista moral, desprezível, ainda assim é essencial. Privado da habilidade de questionar e confrontar suspeitos e testemunhas, o investigador tem apenas provas materiais e, em muitos casos, menos do que isso. Sem a possibilidade de o investigador de manipular a mente de um suspeito, um bocado de gente ruim ficaria em liberdade.

Mesmo assim, todos os advogados de defesa sabem que não existem bons motivos para um homem culpado dizer qualquer coisa a um oficial de polícia, e todos os suspeitos que chamam um advogado vão ser informados disso, gerando, assim, o fim do interrogatório. Um depoimento que requer que um investigador — o mesmo investigador ralando pra caramba para enrolar um suspeito — pare abruptamente e garanta ao suspeito o direito de encerrar o processo só pode ser classificado como esquizofrênico. O aviso Miranda é pouco mais do que um juiz em meio a uma briga de bar: os avisos enfáticos para que os golpes sejam dados acima da linha da cintura e para evitar golpes baixos não afetam em nada a carnificina que se segue.

Mas como poderia ser de outro modo? Seria fácil para o judiciário assegurar que nenhum suspeito de crime renunciasse aos seus direitos em uma delegacia: o juiz poderia exigir a presença de um advogado em tempo integral. Porém, a garantia vaga de direitos individuais efetivamente acabaria com o uso do interrogatório como ferramenta investigativa, deixando muitos crimes sem solução, e ainda mais homens e mulheres culpados sem punição. Em vez disso, os ideais foram cuidadosamente comprometidos, custando quase nada além da integridade do investigador de polícia.

Afinal de contas, foram os juristas, os Grandes Negociadores de nossa época, que chegaram a essa barganha e que ainda mantêm os punhos da camisa limpos no fórum, onde direitos e o devido processo são venerados de modo fiel. Cabe ao investigador dar o tiro de advertência para o suspeito, frisar para o sujeito direitos aos quais ele renunciará mais adiante. Nesse sentido, os direitos Miranda são um símbolo e pouco além disso, um aceno para a consciência coletiva que não consegue conciliar ideais libertários com aquilo que precisa necessariamente ocorrer em uma sala de interrogatório da polícia. Nossos juízes, nossos tribunais, nossa sociedade como um todo, demandam em um mesmo fôlego que os direitos sejam preservados, mesmo durante a punição de crimes. E estamos todos investidos e focados em preservar a ilusão de que essas duas coisas podem ser alcançadas em uma mesma pequena sala. É triste pensar que tal hipocrisia é cria de nossas melhores mentes jurídicas, que parecem enxergar o processo de interrogatório do mesmo modo que olhamos para as salsichas em nosso café da manhã: queremos elas em nosso prato, com ovos e torrada; não temos muito interesse em saber como são feitas.

Preso nessa contradição, um investigador faz seu trabalho do único modo possível. Ele segue as leis ao pé da letra — ou ao menos o suficiente para não prejudicar o caso. Com o mesmo cuidado, ignora o espírito e a intenção por trás da lei. Torna-se um vendedor, um picareta tão corrupto e enrolador quanto qualquer sujeito vendendo carros usados ou telhas de alumínio — até mais, se considerar que o produto dele são longas penas de prisão para clientes que não possuem qualquer interesse em comprá-las.

A fraude que afirma que, de algum modo, é do interesse do suspeito falar com a polícia será sempre o catalisador de qualquer investigação criminal. É uma ficção posicionada em oposição ao próprio peso da lógica, sustentada por horas a fio por nada além da habilidade do investigador de controlar a sala de interrogatório.

Um bom investigador controla os aspectos físicos do ambiente a partir do momento em que o suspeito ou a testemunha relutante é largada no pequeno cubículo e deixada em banho-maria no ambiente à prova de som. A lei diz que um homem não pode ser detido contra sua vontade, a menos que seja acusado de algum crime, mas mesmo assim as pessoas jogadas na sala de interrogatório raramente pensam a respeito de seu status jurídico. Eles acendem cigarros e aguardam, encarando de modo abstrato as quatro paredes de concreto amarelado, um cinzeiro de lata imundo sobre a mesa, uma pequena janela espelhada e uma série de painéis de isolamento acústico no teto. Os poucos com coragem suficiente para perguntar se estão presos normalmente recebem como resposta:

"Por quê? Você quer ser?"

"Não."

"Então sentaí, porra."

Controle é o real motivo pelo qual o suspeito é sentado no ponto mais afastado da porta da sala de interrogatório e também o motivo pelo qual a luz da sala só pode ser operada com uma chave que permanece em posse dos investigadores. Toda vez que um suspeito tem que pedir um cigarro, água, café ou permissão para ir ao banheiro, ou quando isso lhe é oferecido, ele é lembrado de que não está no comando.

Quando o investigador chega com a caneta e o bloco de notas e começa seu monólogo inicial, ao qual o suspeito em potencial é sempre submetido, ele tem dois objetivos em mente: primeiro, frisar seu completo controle do processo; segundo, impedir que o suspeito abra a boca. Porque, se o suspeito ou a testemunha consegue expressar seu desejo por um advogado — se claramente pede auxílio jurídico ou declina responder a quaisquer perguntas até que o receba — já era.

Para evitar isso, um investigador não permite nenhuma interrupção em seu monólogo. Normalmente, o discurso começa com o investigador se identificando e reconhecendo que há coisas muito sérias que você e ele precisam resolver. No entanto, para sua sorte, o investigador é um sujeito justo e razoável. Um cara incrível, na verdade — pode perguntar a qualquer pessoa que trabalha com ele.

Se, nesse momento, você tentar falar, o investigador vai interromper, dizendo que você terá a oportunidade de falar em breve. Nesse momento, sempre dizem, você precisa entender minha posição. Então, lhe informa que ele, na verdade, é muito bom no que faz, que pouquíssimos casos ficaram em aberto ao longo de sua longa e agitada carreira e que muitas pessoas que mentiram para ele nesta mesma sala estão no corredor da morte.

Controle. Para manter, o investigador diz o que for necessário. E então ele repete, e repete, até que seja seguro parar, porque, se o suspeito pensar por um momento que pode influenciar os eventos, ele pode muito bem pedir um advogado.

Por conta disso, o aviso Miranda se torna uma barreira psicológica, um momento fecundo que dever ser introduzido com cuidado durante o questionamento do interrogatório. Para testemunhas, o aviso não é necessário, e um investigador pode questionar qualquer um para colher informações relacionadas a um crime por horas, sem nem ao mesmo dizer quais são seus direitos. No entanto, caso a testemunha subitamente diga algo que a envolva em um ato criminoso, ela se torna — segundo a definição da Suprema Corte — um suspeito e, a partir desse momento, deverá ser informada de seus direitos. Na prática, a diferença entre um suspeito em potencial e um suspeito de fato pode ser tênue, e é comum em unidades de homicídios nos EUA ver um punhado de investigadores do lado de fora de uma sala de interrogatório debatendo se o aviso Miranda se faz necessário ou não.

O departamento de Baltimore, como muitos outros, usa um formulário por escrito para confirmar a ciência de um suspeito a respeito de seus direitos. Em uma cidade onde, do contrário, nove a cada dez suspeitos mentiriam com relação a terem sido cientificados de seus direitos, os formulários se provaram essenciais. Além disso, os investigadores descobriram que, em vez de atrair atenção para o aviso Miranda, o formulário impresso dilui o impacto do aviso. Mesmo que alerte o suspeito dos perigos do interrogatório, o formulário consegue cooptar o suspeito, tornando-o parte do processo. É o suspeito quem usa a caneta, rubricando cada item do aviso e então assinando o formulário; é o suspeito que está sendo convidado a ajudar na burocracia. Com as testemunhas, os investigadores obtêm o mesmo efeito com um formulário escrito que faz três dúzias de perguntas em sucessão rápida e vertiginosa. Não apenas o formulário inclui informação valiosa para os investigadores — nome, apelido, altura, peso, etnicidade, emprego, descrição das roupas no momento do interrogatório, parentes residentes em Baltimore, nomes de parentes, cônjuge, namorado ou namorada —, como também acostuma a testemunha à ideia de responder a perguntas antes de o questionamento direto começar.

Se um suspeito de fato pede um advogado, ele precisa — de acordo com a interpretação mais agressiva do código Miranda — dizer de modo definitivo: "Quero falar com um advogado e não quero responder a perguntas enquanto isso não ocorrer".

Qualquer coisa diferente disso deixa espaço para um bom investigador manobrar. As distinções são sutis, puramente semânticas:

"Acho que quero um advogado."

"Talvez queira. Mas por que você precisaria de um advogado, se não teve nada a ver com o caso?"

Ou: "Acho que quero falar com um advogado".

"É melhor ter certeza. Porque, se você quiser um advogado, não vai ter nada que eu possa fazer por você."

Da mesma forma, se um suspeito liga para um advogado e continua a responder a perguntas até que o advogado chegue, seus direitos não são violados. Quando o advogado chega, o suspeito deve ser informado de que o advogado chegou, mas, se ele quiser continuar com o interrogatório, nada obriga o policial a permitir que o advogado fale com seu cliente. Em resumo, um suspeito pode exigir um advogado; um advogado não pode exigir um cliente.

Depois de negociar com sucesso o campo minado do aviso Miranda, o investigador precisa informar o suspeito de que sua culpa é certa e facilmente provável através dos indícios existentes. Ele, então, oferece a Escapatória.

E isso também envolve atuação dramática e requer um ator experiente. Se uma testemunha ou suspeito se mostra confrontativo, é preciso cansá-lo sendo ainda mais. Se o sujeito demonstra medo, lhe ofereça calma e conforto. Quando ele parece enfraquecido, demonstre força. Quando ele precisa de um amigo, faça alguma piada e lhe ofereça um refrigerante. Caso ele esteja confiante, você deve estar ainda mais, o assegurando de que está certo da culpa dele e está curioso apenas a respeito da alguns pequenos detalhes do crime. E, se ele for arrogante e não quiser se envolver no processo, intimide-o, ameace-o, faça-o acreditar que deixá-lo feliz pode ser a única chance dele não ir parar no Presídio Municipal de Baltimore.

Caso você mate sua mulher, um bom investigador vai chegar quase às lágrimas enquanto toca seu ombro e diz que sabe o quanto você deve tê-la amado, que não seria tão difícil falar a respeito se não amasse. Se você espanca um filho seu até a morte, o investigador de polícia coloca o braço no seu ombro na sala de interrogatório, dizendo que também bate no próprio filho, que não foi sua culpa o moleque ter morrido. Se você dá um tiro em um amigo por conta de uma rodada de pôquer, esse mesmo investigador mente para você a respeito do real estado de seu amigo, dizendo que ele está em condição estável no hospital e que provavelmente não vai nem fazer o registro de ocorrência na Delegacia, o que resultaria em não mais do que uma acusação de lesão corporal leve. Se você mata um homem com a ajuda de um cúmplice, o investigador passa pela porta aberta da sala de interrogatório como se fizesse parte da sua quadrilha, dizendo que seu chegado vai para casa porque assinou um depoimento afirmando que foi você quem apertou o gatilho. E, se esse mesmo investigador suspeitar que você pode ser ludibriado, ele poderá dizer que encontrou suas digitais na arma, ou que tem duas testemunhas oculares que o reconheceram entre várias outras fotos, ou que a vítima deu uma declaração antes de morrer dizendo que você é o agressor.

Tudo isso é legítimo. Inverdades razoáveis, é como chamam no fórum. Afinal de contas, o que poderia ser mais razoável do que engrupir alguém que tomou uma vida humana e agora mente a respeito?

As inverdades, às vezes, vão longe demais, ou ao menos assim parece ser para aqueles não familiarizados com o processo. Não muito tempo atrás, diversos veteranos da divisão de homicídios de Detroit tinham sido publicamente repreendidos e disciplinados por seus superiores por usarem uma máquina de Xerox do escritório como se fosse um detector de mentiras. Ao que parece, os investigadores, quando confrontados com uma declaração de veracidade duvidosa, às vezes iam até a sala do Xerox e colocavam três folhas na máquina.

"Verdade", dizia a primeira.

"Verdade", dizia a segunda.

"Mentira", dizia a terceira.

E, então, o suspeito era conduzido até a sala e instruído a colocar a mão sobre a lateral da máquina. Os investigadores perguntavam o nome do sujeito, ouviam a resposta e pressionavam o botão de copiar.

Verdade.

E onde você mora?

Verdade de novo.

E você matou ou não Tater, atirando nele como se fosse um cachorro no quarteirão 1200 da rua Durham Norte?

Mentira. Ora, ora: seu mentiroso de merda.

Em Baltimore, os investigadores de homicídios liam relatos sobre a controvérsia no jornal de Detroit e se perguntavam por que as pessoas ficavam incomodadas. Usar a copiadora como polígrafo era um velho truque; já tinha sido empregado em mais de uma ocasião na sala de Xerox do sexto andar. Gene Constantine, um veterano do turno de Stanton, certa vez, aplicou em uma criatura desmiolada o teste de embriaguez ("Acompanhe meu dedo com os olhos, sem mexer a cabeça... Agora faz o quatro") e então disse em alto e bom som que o desempenho do sujeito indicava que ele mentia.

"Você não passou", lhe disse Constantine. "Você tá mentindo."

Convencido, o suspeito confessou.

Variações desse mesmo tema só dependem da criatividade do investigador e de sua habilidade para sustentar a mentira. Porém, cada blefe carrega consigo um risco correspondente, e o investigador que diz a um suspeito que encontrou suas digitais por toda cena do crime pode perder qualquer esperança se o sujeito tiver usado luvas. A fraude em sala de interrogatório só é tão boa quanto o material do qual é construída — ou ao menos tão boa quanto o suspeito for estúpido —, e o investigador que subestima sua presa ou que sobrestima seu conhecimento do crime pode perder credibilidade preciosa. Se o investigador afirma ter conhecimento de um fato que o suspeito sabe não ser verdade, o véu foi erguido e o investigador se revelou um mentiroso.

Apenas quando todo o repertório fracassa, o investigador recorre à raiva. Pode ser um espasmo limitado a uma frase bem escolhida ou duas, ou um chilique prolongado pontuado por tapas na porta de metal ou uma bicuda na cadeira, talvez até mesmo um discurso no estilo melodramático de tira bom e tira mau, embora esse truque em particular tenha perdido o efeito em anos recentes. O ideal é que os gritos sejam altos o suficiente para sugerir a ameaça de violência, mas contidos o suficiente para evitar qualquer ação que coloque em risco o depoimento: diga aos jurados por que se sentiu ameaçado. O investigador bateu em você? Tentou bater? Ameaçou bater? Não, mas deu com a mão na mesa com bastante força.

Ah, nossa. Protesto rejeitado.

O que um bom investigador não faz, nos tempos mais esclarecidos de hoje, é bater no suspeito, ao menos não com propósito de obter um depoimento. Um suspeito que tenta acertar um soco no investigador de homicídios, que fica berrando e chutando os móveis, que tenta escapar das algemas, acaba recebendo o mesmo tipo de sova que receberia nas ruas, mas, para fins de interrogatório, agressão física não faz parte do arsenal. Em Baltimore, isso já é verdade há alguns anos.

Em termos simples, a violência não vale o risco — não apenas o risco de o depoimento depois ser julgado inadmissível, mas um risco para a carreira e a aposentadoria do investigador. É totalmente diferente em ocasiões em que um policial ou um parente do policial é a vítima. Nesses casos, um bom investigador vai se antecipar à acusação fotografando o suspeito após o interrogatório, para demonstrar a ausência de ferimentos e para provar que qualquer espancamento anterior à chegada do suspeito ao presídio municipal não teve nada a ver com o que aconteceu na divisão de homicídios.

Mas esses casos são raros, e, na vasta maioria dos assassinatos, há muito pouco que o investigador possa levar para o lado pessoal. Ele não conhece o sujeito morto, acabou de conhecer o suspeito e não mora nem perto do local onde a violência ocorreu. Desse ponto de vista, que funcionário público bom das ideias vai sacrificar toda sua carreira para provar que, na noite de 7 de março de 1988, em alguma quebrada esquecida da zona oeste de Baltimore, o traficante Stinky matou o viciado chamado Pee Wee por uma dívida de 35 dólares?

Ainda assim, alguns júris preferem pensar em termos conspiracionistas a respeito de salas ao fundo, choques elétricos e socos nos rins dos suspeitos. Um investigador em Baltimore, certa vez, perdeu um caso porque o acusado testemunhou que sua confissão tinha sido obtida apenas após ele ter sido espancado por dois investigadores, que teriam batido nele com uma lista telefônica. O investigador estava em isolamento pré-julgamento e não ouviu o depoimento, mas, quando foi para a tribuna, o advogado de defesa perguntou quais itens havia na sala durante o interrogatório.

"A mesa. Cadeiras. Alguns papéis. Um cinzeiro."

"Tinha uma lista telefônica na sala?"

O investigador pensou a respeito e lembrou que sim, tinha usado uma lista telefônica para achar um endereço. "Tinha", reconheceu. "Um exemplar das Páginas Amarelas."

Foi apenas quando o advogado de defesa olhou satisfeito para o júri que o policial se deu conta de que havia algo errado. Após o veredito de inocência, o investigador jurou que nunca mais começaria um interrogatório antes de ter tirado cada item desnecessário da sala.

O passar do tempo também pode danificar a credibilidade de uma confissão. Na privacidade da sala de interrogatório, são necessárias horas de esforço concentrado para fazer um sujeito ceder a ponto de assumir um ato criminoso, e essas horas em certo ponto começam a projetar dúvida sobre o próprio depoimento. Mesmo nas melhores condições, quatro a seis horas de interrogatório são necessárias para quebrar um suspeito, e é fácil justificar de oito a doze, contanto que o sujeito receba alimentação e possa usar o banheiro. Contudo, se um suspeito passa mais de doze horas isolado em uma sala, sem qualquer orientação, mesmo um juiz simpático ao caso pode ter dificuldade em considerar uma confissão ou depoimento de fato voluntário.

E como o investigador sabe que pegou o sujeito certo? Nervosismo, medo, confusão, hostilidade, uma versão que muda ou se contradiz — são todos sinais de que o sujeito na sala de interrogatório está mentindo, sobretudo aos olhos de alguém naturalmente cético, como o investigador. Infelizmente, esses também são sinais de um ser humano sob elevado grau de estresse, que é o que ocorre quando pessoas se veem acusadas de crimes capitais. Terry McLarney, certa vez, disse que a melhor maneira de abalar um suspeito seria colocar em todas as três salas de interrogatório uma lista por escrito dos padrões de comportamento que indicam mentira:

Falta de cooperação.

Cooperação em excesso.

Falar demais.

Falar pouco.

Saber a história perfeitamente.

Cagar na própria história.

Piscar demais e evitar contato visual.

Não piscar. Encarar de modo vazio.

Ainda assim, se os sinais ao longo desse percurso são ambíguos, não pode haver equívocos no momento crucial em que surge uma luz do outro lado do túnel, quando um homem culpado está prestes a se entregar. Depois, após ter rubricado cada página e ficado sozinho de novo no cubículo, há apenas exaustão e, em alguns casos, depressão. Se ele começar a comiserar, pode até mesmo haver uma tentativa de suicídio.

Mas isso é o epílogo. O pico emotivo da performance de um homem culpado ocorre naqueles momentos gélidos antes que ele abra a boca e busque a Escapatória. Pouco antes de um homem desistir de sua vida e de sua liberdade em uma sala de interrogatório, o corpo assinala a derrota: os olhos vidrados, o queixo mole, o corpo apoiado contra a parede mais próxima ou na beirada da mesa. Alguns apoiam a cabeça na mesa para se recompor. Alguns ficam nauseados e colocam as mãos na barriga, como se o problema fosse de ordem digestiva; uns poucos chegam a de fato vomitar.

Nesse momento crítico, os investigadores dizem a seus suspeitos que eles estão doentes — doentes por mentir, doentes de tanto se esconder. Dizem que é hora de começar algo novo, que só vão se sentir melhor quando falarem a verdade. Incrivelmente, muitos deles acreditam de fato nisso. Enquanto tentam alcançar o parapeito daquela janela no alto, acreditam em cada palavra.

"Ele foi pra cima de você, certo?"

"É, ele veio pra cima de mim."

A Escapatória conduz para dentro.

Quinta-feira, 10 de março

"Sessenta e quatro trinta e um."

Garvey escuta dez segundos de silêncio, então aciona o rádio uma segunda vez: "Sessenta e quatro trinta e um".

Mais silêncio. O investigador aumenta o volume do rádio do Cavalier ao máximo e se inclina para checar o indicador de frequência na frente do aparelho. Canal 7, como deve ser.

"Sessenta e quatro trinta e um", repete, soltando o botão antes de acrescentar de modo pouco policialesco, "Iuuuuuhuu-uh... Alguém em casa na Oeste? Alôôôuuu..."

Kincaid ri no banco do carona.

"Sessenta e quatro trinta e um", repete o operador, respondendo ao investigador em um resmungo que sugere leve irritação. É fato conhecido que pessoas encarregadas da comunicação de uma unidade de polícia são cuidadosamente escolhidas para garantir que soem como se tivessem assistido a campeonatos de boliche na TV por um mês. Talvez o trabalho cause isso, ou pode ser o tom metálico das transmissões, mas a voz do típico operador de rádio de polícia se situa entre tédio e morte lenta. Pelo menos em Baltimore, o mundo não vai acabar com um grande estrondo, mas com o murmúrio cansado e distraído de um funcionário público de 47 anos que solicita uma unidade de patrulha para um 10-20 próximo ao cogumelo atômico e registra o incidente com os sete dígitos do número da queixa.

Garvey aciona o microfone do rádio novamente. "Então, estamos no distrito de vocês e vamos precisar de alguns uniformizados para cumprir um mandado", diz, "e também alguém da divisão de entorpecentes na Calhoun com a, ahm, Lexington."

"Positivo. Quando precisa deles?"

Inacreditável. Garvey se controla para não perguntar se o fim de semana depois do Dia do Trabalho* é conveniente para todos os envolvidos.

"Quanto antes."

"Positivo. Qual seu dez-vinte mesmo?"

"Calhoun com Lexington."

"Positivo."

---

* Nos Estados Unidos, é celebrado na primeira segunda-feira de setembro.

Garvey coloca o microfone do rádio de volta no gancho e se acomoda no banco do motorista. Ele desliza os óculos de armação grande pelo nariz e começa a esfregar os olhos castanhos escuros com o polegar e o indicador. Os óculos são um acessório incongruente. Sem eles, Garvey parece um policial de Baltimore; com eles, parece o homem de negócios que o pai dele queria que tivesse se tornado.

A aparência de Garvey se parece, como um todo, verdadeiramente corporativa: um terno azul-escuro, camisa azul, gravata com faixas vermelhas e brancas republicanas, sapatos lustrosos — um visual executivo complementado por uma valise marrom-escura que vai e volta para o serviço abarrotada de arquivos e relatórios. De bom gosto, discretas, as roupas cobrem um corpo alto, mas bem-proporcionado, que à primeira vista casa bem com o aspecto comum das roupas. O rosto do investigador é alongado, assim como seu corpo, com um bigode bem aparado e uma testa alta; seu cabelo preto é cuidadosamente penteado, mas já começa a rarear.

Exceto pelo pequeno volume que um revólver .38 cria na parte de trás dos quadris, Garvey tem a aparência de um gerente ou, quando usa o termo azul risca de giz, de um vice-presidente de departamento de marketing. Em um primeiro encontro, um visitante perdido no escritório da homicídios poderia confundir Garvey com alguém do setor de planejamento e pesquisa do departamento de polícia, um gestor de nível intermediário, que a qualquer momento começaria a puxar tabelas e projeções de dentro de sua valise, explicando que assassinatos domésticos e latrocínios estão em queda, mas que carreiras no tráfico continuaram a crescer no último trimestre. Essa imagem se estilhaçaria, é claro, no momento em que o sr. Limpinho abrisse a boca e emitisse alguma escatologia típica de delegacia. Para Garvey, assim como para quase todos os outros investigadores da unidade, obscenidades são proferidas naquela cadência ensaiada de palavrões que se tornam, contra um pano de fundo de violência e desespero, um estranho tipo de poesia.

"Cadê esses uniformizados da porra?", diz Garvey, recolocando os óculos e olhando em todas as direções da Calhoun. "Não quero passar o dia todo revistando essa casa."

"Parecia até que você ia ter que acordar a porra daquele atendente", comenta Kincaid no banco do carona. "Agora ele tá tentando acordar algum outro coitado de merda."

"Bom", diz Garvey, "um bom policial nunca sente frio, cansaço ou fome."

O próprio código dos patrulheiros. Kincaid ri, abre a porta do passageiro e se levanta para esticar as pernas na calçada. Mais dois minutos se passam antes de três carros-patrulha estacionarem atrás do Cavalier. Três policiais em uniforme se reúnem na esquina, consultando brevemente os investigadores.

"Alguém aqui sabe por onde anda a Unidade de Repressão a Entorpecentes de vocês hoje?", pergunta Garvey. Seria bom ter a unidade por perto, no caso de a batida encontrar drogas, pela razão simples e egoísta de que submeter narcóticos ao controle de provas, mesmo em pequenas quantidades, é um processo cansativo.

"A central de chamadas disse que não estão disponíveis", diz outro policial, o primeiro a chegar à intersecção. "Por pelo menos mais uma hora."

"Que se foda então", diz Garvey. "Mas isso significa que alguém vai ter que encaminhar para eles qualquer droga que a gente encontrar aqui."

"Então não vamos achar nada", retruca o parceiro do primeiro policial.

"Bom, se acharmos, eu quero apreender, para ter algo contra o sujeito", emenda Garvey. "Em geral, não me daria ao trabalho..."

"Eu recolho a droga", diz o segundo patrulheiro. "Vou ter que passar na central mesmo."

"Você é um cavalheiro e um sábio", diz o terceiro policial de uniforme, sorrindo. "Mesmo se falarem outra coisa de você."

"Qual é a casa?", pergunta o primeiro policial.

"A quinta casa. Lado norte da rua."

"Três-sete?"

"Isso, uma família mora lá. A mãe, a filha e um rapaz chamado Vincent. Ele é o único com quem temos que nos preocupar."

"Ele vai ser preso?"

"Não, mas, se ele estiver lá, vamos mandar pra central. Estamos aqui para busca e apreensão."

"Entendi."

"Qual de vocês vai pelos fundos da casa?", pergunta Garvey.

"Eu vou pelos fundos."

"Beleza, então vocês dois vêm pela frente com a gente."

"A-hã."

"Vamos nessa."

Os policiais do distrito voltam a seus carros, dobram a esquina e entram na Fayette. O primeiro carro transita pelo quarteirão e entra no beco que conduz até os fundos da casa geminada; os outros dois freiam cantando pneu em frente à escada da entrada, com o Cavalier entre eles. Garvey e Kincaid sobem correndo com os jovens patrulheiros pela escada de mármore.

Se fosse um mandado de prisão, se Vincent Booker fosse acusado pelo assassinato do pai e de Lena Lucas, os investigadores estariam usando coletes e de armas em punho. E, se a porta da casa de Vincent não fosse atendida já na primeira batida, seria posta abaixo pelo coturno de algum patrulheiro. Se o mandado tivesse sido escrito por um investigador da divisão de narcóticos, a batida também seria um exercício de violência controlada. Mas, naquele momento, não havia motivo para acreditar que Vincent Booker bancaria o pistoleiro. Além disso, o tipo de prova buscada nesse tipo de mandado dificilmente é engolida ou descartada no vaso sanitário.

As batidas fortes trazem uma jovem à porta.

"Polícia. Abre."

"Quem é?"

"Somos policiais. Abre essa porta agora."

"O que vocês querem aqui?", pergunta a garota com raiva, entreabrindo a porta. O primeiro policial de uniforme abre a porta com um empurrão, e uma multidão passa correndo pela garota.

"Cadê o Vincent?"

"Lá em cima."

Os uniformizados sobem correndo a escada central até chegar a um rapaz esguio e de olhos esbugalhados no segundo andar. Vincent Booker não diz nada e aceita as algemas sem protestar, como se tivesse se preparado muito tempo atrás para esse momento.

"Por que vão prender ele?", grita a garota. "Vocês deviam é prender o cara que matou o pai dele."

"Calminha aí", alerta Garvey.

"Por que tá prendendo ele?"

"Só fica calma. Cadê sua mãe?"

Kincaid gesticula em direção à sala central do térreo. A matriarca do clã Booker é uma mulher pequena e frágil, sentada no canto de um sofá puído de estampa florida. Ela assiste enquanto pessoas bonitas se tornam casais e se separam em uma televisão em preto e branco. Tendo como ruído de fundo uma novela, Garvey se apresenta, mostra o mandado e explica que Vincent vai ser levado para a central.

"Eu não sei de nada sobre isso", diz ela, empurrando o papel para longe.

"Aí só diz que podemos vasculhar a casa."

"Por que querem vasculhar minha casa?"

"Diz aí no mandado."

A mulher dá de ombros. "Não entendo por que vocês querem procurar alguma coisa na minha casa."

Garvey desiste, deixando uma via sobre a mesinha de canto. No andar de cima, no quarto de Vincent Booker, gavetas são abertas e colchões, virados. A essa altura, Dave Brown, o investigador principal do caso Booker, já chegou, e os três investigadores avançam lenta e metodicamente pelo quarto. Brown esvazia a cômoda enquanto Garvey cutuca cada quadrado do forro do quarto, procurando qualquer objeto escondido lá em cima. Kincaid devassa o guarda-roupa, parando apenas para folhear uma revista pornô que acha escondida na prateleira do alto.

"Essa não foi muito usada", ironiza Kincaid. "Tem só umas duas páginas grudadas."

Eles tiram a sorte grande em menos de quinze minutos, quando erguem o colchão de molas da cama de casal e o encostam na parede, revelando uma caixa de ferramentas trancada. Garvey e Brown investigam cada molho de chaves encontrado na busca, procurando qualquer uma que encaixe no pequeno cadeado.

"Essa aqui."

"Não, essa é muito grande."

"E aquela chave marrom perto dela?"

"Que se foda", diz Brown. "Tô quase abrindo essa porra com uma bala de três oitão."

Kincaid e Garvey dão risada.

"Ele tinha alguma chave com ele?"

"São aquelas ali."

"Que tal essa daqui?"

"Não, tenta a prateada."

O cadeado se abre, e a caixa de ferramentas revela vários pacotes de papel encerado, uma balança portátil, um pouco de dinheiro, uma pequena quantidade de maconha, uma bela seleção de canivetes e uma saboneteira de plástico. Após cuidadosamente abertos, os canivetes não revelam qualquer resíduo vermelho-amarronzado, mas a saboneteira tem mais de uma dúzia de balas canto-vivo de calibre .38.

Quando os investigadores estão prestes a ir embora, Garvey leva os canivetes e a saboneteira até a Mãe Booker, que permanece imersa no brilho cinza-azulado da televisão.

"Só quero que você veja o que estamos levando conosco. Pra não ter nenhum problema depois."

"O que vocês pegaram?"

"Esses canivetes", diz Garvey, "e isso aqui na saboneteira são balas."

A mulher observa brevemente o conteúdo da saboneteira plástica, olhando por um segundo para aquelas porções rechonchudas de chumbo, do mesmo tipo utilizado a menos de uma dúzia de quarteirões dali no assassinato do ex-marido, pai dos filhos dela. O mesmo tipo de bala que matou a mãe de duas filhas em uma casa geminada logo depois da esquina.

"Vocês vão levar isso?"

"Sim, senhora."

"Por quê?"

"São provas."

"Bom", comenta a mulher, retornando a atenção ao televisor, "depois vocês devolvem pra ele, né?"

O mandado para a residência Booker tinha levado Garvey a quase passar dois assassinatos do vermelho para o preto no lado de D'Addario no quadro, mas, ironicamente, Vincent Booker — caso saiba se comportar — já não é o alvo dos últimos dezessete dias de busca. Pelo contrário, se tornou o elo mais fraco na história cheia de buracos de Robert Frazier.

O trabalho de campo tinha ajudado bastante: Garvey e Kincaid tinham investigado cada elemento do depoimento de Frazier e descoberto, entre outras coisas, que o álibi da festa-jantar não valia quase nada. A segunda namorada de Frazier, Denise, a anfitriã da festa, definitivamente não estava disposta a se sacrificar por seu homem; tinha prontamente lembrado que, na noite do assassinato, Frazier tinha ido embora da festa antes das 23h, após uma discussão. Falou ainda que Vincent Booker havia passado pelo conjunto habitacional não uma, mas duas vezes; na segunda vez, Frazier saiu com o rapaz e não voltou até o começo da manhã. Denise se lembrava disso porque tinha dormido sozinha naquela noite, chateada por causa da festa, pois havia feito planos a semana toda, comprado lagosta, siri e espigas de milho. Frazier tinha estragado a sua noite.

Denise contou até mesmo que Frazier guardava seu revólver .38 na casa dela na rua Amity e revoltou ainda mais os investigadores ao mencionar que ela escondia a arma carregada dentro da caixa de brinquedos no quarto dos fundos. A arma não estava lá naquele momento, lhes garantiu; Frazier tinha vindo buscá-la uma semana antes, dizendo que temia que Denise fraquejasse e entregasse a arma à polícia.

Os investigadores descobriram também que Frazier não tinha aparecido para trabalhar na fábrica em Sparrows Point na manhã posterior ao assassinato, embora tivesse afirmado que não tinha entrado no apartamento de Lena naquela manhã porque já estava atrasado para o trabalho. E Frazier também não tinha cumprido a promessa de entregar seu .38. Garvey se perguntou por que Frazier mencionaria ter a tal arma ou, pensando melhor, por que oferecer à polícia qualquer história que fosse. Pergunta: Você acabou de matar duas pessoas, e não há provas materiais ou testemunhas que o vinculem diretamente a qualquer um dos crimes. Você: (A) Fica de boca fechada; ou (B) Visita a divisão de homicídios e mente até o cu fazer bico?

"A única resposta", raciocinou Garvey, enquanto datilografava o mandado para a casa de Vincent Booker, "é que o crime deixa você estúpido."

A versão de Frazier foi ainda mais prejudicada com a descoberta de uma prova adicional, uma pista que se devia tanto à sorte quanto ao trabalho de campo.

No domingo do assassinato, à noite, uma estudante de 16 anos na casa geminada vizinha à de Lena Lucas estava olhando o trânsito engarrafado de fim de noite da rua Gilmor pela janela no terceiro andar. Por volta das 23h15 —tinha certeza disso porque estava assistindo ao noticiário local fazia algum tempo —, a garota viu Lena e um homem alto e negro, que usava um chapéu de aba larga, saindo de um carro esporte vermelho estacionado do outro lado da rua Gilmor. Os dois caminharam em direção à casa de Lena, embora a jovem não tenha conseguido ver muito mais do que isso por conta do ângulo de sua janela. Mas ela ouviu a porta da frente da casa de Lena se fechando e, cerca de uma hora depois, através da parede que as casas compartilham, ouviu o que pareceu ser uma breve discussão entre um homem e uma mulher. O barulho pareceu vir de baixo, talvez de um dos apartamentos no segundo piso da casa adjacente.

Durante algum tempo, a garota não contou a ninguém o que tinha visto. E, quando finalmente falou, não foi para a polícia, mas para uma funcionária do refeitório da escola dela, que sabia ser irmã de Lena. Após ouvir a história, a mulher pediu que a garota ligasse para a polícia. A testemunha estava relutante, e então, no dia seguinte, a mulher ligou para a divisão de homicídios. A jovem se chamava Romaine Jackson, e, embora amedrontada, foi necessário apenas um pequeno incentivo para que fizesse a coisa certa. Quando os investigadores lhe mostraram o conjunto de seis fotografias, ela hesitou apenas por um instante ou dois antes de apontar Robert Frazier. Então, após a jovem ler e assinar seu depoimento, Rich Garvey a levou de volta para a zona oeste de Baltimore, deixando-a descer do Cavalier a algumas quadras da rua Gilmor, para que ninguém a visse com um investigador. No dia seguinte, Garvey e Kincaid deram voltas pelas ruas próximas à casa de Frazier na rua Fayette e encontraram um carro vermelho, parecido com o descrito por Romaine. Ele estava registrado no nome da mãe de Frazier.

Entretanto, mesmo com a inclusão de uma testemunha, Vincent Booker ainda era uma porta aberta, uma escotilha de fuga para Robert Frazier. Mesmo convencido da culpa de Frazier, Garvey precisava admitir que qualquer bom advogado de defesa poderia explorar a conexão de Vincent com o caso e dar um show na frente de um grupo de jurados. Vincent tinha algum envolvimento — as balas de .38 canto-vivo na saboneteira tinham deixado isso claro —, mas, como assassino, era visível, ele não encaixava.

Para começar, havia as roupas amontoadas e as marcas de faca na cabeceira da cama no quarto de Lena; a mulher não teria se despido casualmente e deitado na cama para ninguém a não ser um amante. Aquilo não apontava para Vincent, mas, sim, para Frazier. Por outro lado, a mesma arma utilizada para matar Lena tinha também matado Purnell Booker. Qual era a possível conexão entre Frazier e o pai de um rapaz que vendia cocaína para Frazier? Por que alguém iria querer matar o velho Booker? O homem que matou Lena pegou cocaína no pacote de arroz escondido atrás do gabinete, mas por que revirou o apartamento de Purnell Booker?

Vincent era a chave, e Garvey, ao encarar o rapaz sob a luz branca estéril da sala de interrogatório grande, não o via como alguém capaz do ato. De jeito nenhum aquele moleque tinha feito aquilo com o pai. Assassinato, talvez. Mas não os doze ou mais cortes de faca superficiais no rosto do velho. Mesmo que Vincent tivesse feito algo assim com Lena, Garvey tinha certeza de que o rapaz não teria sangue-frio o suficiente para fazer a tortura prolongada do próprio pai. Poucas pessoas têm.

Vincent tinha ficado em banho-maria no cubículo por mais de uma hora quando Garvey e Kincaid, finalmente, entraram na sala e começaram o monólogo. Balas canto-vivo na saboneteira, apetrechos de drogas, canivetes, e o seu chegado Frazier diz que você cometeu os dois assassinatos. Muita merda, Vincent, muita merda de verdade. Cinco minutos de conversa produzem o nível de medo desejado, dez minutos rendem um formulário de direitos preenchido, assinado e testemunhado.

Os investigadores levam o formulário para fora da sala e conversam brevemente no corredor.

"Aí, Rich!"

"Humm?"

"Aquele moleque não tem a mínima chance", diz Kincaid, em um sussurro teatral. "Você está usando seu terno especial."

"É mesmo. Tô sim."

Kincaid ri.

"Azul-escuro risca de giz", diz Garvey, erguendo uma lapela. "Ele não vai nem ver o que foi que fodeu ele."

Kincaid faz um gesto afirmativo e olha para a roupa de Garvey uma última vez. Nativo do Kentucky, Donald Kincaid se dirige ao mundo em um sotaque interiorano arrastado e ruidoso e tem uma tatuagem com suas iniciais acima do punho esquerdo. Garvey joga golfe no Hilton Head e fala de ternos elegantes; Kincaid treina cães de caça e sonha com a temporada de caça ao cervo na Virgínia Ocidental. Mesma equipe, mundos diferentes.

"Quer passar um tempo a sós com ele?", pergunta Kincaid enquanto os dois voltam para a sala de interrogatório.

"Nah", descarta Garvey, "vai ser uma foda grupal."

Vincent Booker aguarda a segunda rodada com as costas na parede e as mãos encolhidas nas dobras do moletom. Kincaid senta em uma cadeira afastada, de frente para o rapaz. Garvey senta entre os dois, mais próximo da ponta da mesa onde o interrogado está.

"Meu filho, deixa eu falar um negócio", diz Garvey em um tom que sugere que o interrogatório já acabou. "Você tem uma chance aqui. Você conta pra gente aquilo que sabe sobre essas mortes, e a gente vê o que pode fazer. Sei que você está de algum modo envolvido, mas não sei quanto, e o que você precisa pensar é se quer ser uma testemunha ou um réu."

Vincent não diz nada.

"Está me ouvindo, Vincent? É melhor você pensar nessa merda toda que tô dizendo, porque tem uma porrada de coisa prestes a acontecer."

Silêncio.

"Você tá encanado com o Frazier? Escuta aqui, garoto, é melhor começar a se preocupar consigo mesmo. Frazier já esteve aqui. Ele tá tentando foder você. Ele tá falando pra gente de você."

Isso faz efeito. Vincent ergue os olhos. "O que o Frazier falou?"

"O que você acha?", diz Kincaid. "Ele tá tentando culpar você por essas mortes."

"Eu não..."

"Vincent, eu não acredito nesse filho da puta do Frazier", diz Garvey. "Mesmo que você esteja envolvido de um jeito ou de outro, eu não acredito que você matou seu pai."

Garvey empurra a cadeira mais para perto do canto dele na sala e baixa a voz a pouco mais do que um sussurro. "Olha, garoto, só estou tentando dar uma chance a você nessa. Mas você precisa contar a verdade agora e vamos ver o que podemos fazer. Você pode sentar na mesa da defesa ou pode estar no lado da acusação. Isso é o que podemos fazer. Nós fazemos alguns favores de vez em quando, e estamos fazendo um para você nesse instante. Você é esperto o suficiente pra entender isso?"

Provavelmente não, pensa Garvey. E então os dois investigadores começam a jogar pesado com o jovem Vincent Booker. O lembram de que o pai e Lena foram baleados com o mesmo tipo de munição, que as duas cenas de crime são idênticas. Explicam que, naquele momento, ele é o único suspeito conhecido pelas duas vítimas. Afinal de contas, perguntam, qual era a relação do seu pai com Robert Frazier?

Ao ouvir isso, o garoto ergue os olhos, intrigado, e Garvey para de falar tempo suficiente para anotar essa abstração em papel. No verso de um formulário de depoimento pautado, desenha um círculo no lado esquerdo da página e escreve "Lena" dentro do círculo. No lado direito, desenha um segundo círculo, com "Purnell Booker" escrito dentro. Então desenha um terceiro círculo que intersecciona os círculos das vítimas. Dentro do terceiro círculo escreve "Vincent". É uma criação bastante primitiva, algo que qualquer professor de álgebra chamaria de Diagrama de Venn, mas que deixa claro o que Garvey queria dizer.

"Esse é o nosso caso. Dá uma olha", diz, empurrando a folha para o rapaz. "Lena e seu pai foram mortos com a mesma arma, e nesse momento a única pessoa que tem qualquer conexão com as duas vítimas é Vincent Booker. Você tá bem no meio da porra toda. Dá uma pensada nisso."

O suspeito não diz nada, e os dois investigadores saem da sala por tempo suficiente para a geometria fazer efeito. Garvey acende um cigarro e observa pela janela espelhada da porta enquanto Vincent segura o diagrama tosco perto do rosto, contornando os três círculos com o dedo. O investigador balança a cabeça, observando o rapaz virar o diagrama de cabeça para baixo, do jeito certo e de cabeça para baixo de novo.

"Saca a porra do Einstein aqui, ahm?", fala para Kincaid. "Ele é meio que o filho da puta mais burro que eu já vi."

"Tá pronto?", diz Kincaid.

"Tô. Vamos nessa."

Vicent não tira os olhos do diagrama quando a porta se abre, porém seu corpo tem um espasmo involuntário quando Garvey entra e imediatamente começa outro discurso, dessa vez com a voz mais alta. O suspeito já não consegue fazer contato visual; ele se torna menor, mais vulnerável, a cada acusação, como algo sangrando no canto de um tanque de tubarões. Garvey percebe sua deixa.

"Tá com um puta nó no estômago, né?", pergunta Garvey de súbito. "Você sente como se fosse vomitar. Já vi isso umas cem vezes aqui."

"Sempre vomitam", diz Kincaid. "Você não vai vomitar aqui, né?"

"Não", diz Vincent, balançando a cabeça negativamente. Ele está suando, uma das mãos está agarrada à ponta da mesa, a outra firmemente enroscada na bainha do moletom. Parte da náusea é por conta do medo de ser acusado de dois assassinatos; outra parte é medo de Robert Frazier. Contudo aquilo que mais o empurra rumo ao precipício é o medo da própria família. Nesse instante, Garvey pode olhar Vincent Booker e saber, com ainda mais certeza de que antes, que não há jeito de o garoto ter matado o pai. Ele não tem o que é necessário. Mesmo assim, as balas o ligam ao crime, e sua rápida transformação em um farrapo mudo em menos de uma hora de interrogatório indica consciência pesada. Vincent Booker não é um assassino, mas ele desempenhou um papel na morte do pai, ou pelo menos conhecia o assassino e não disse nada. Em todo caso, há algo que o rapaz não consegue encarar.

Pressentindo que o garoto precisa de mais uma boa sacudida, Garvey sai da sala de interrogatório e pega a saboneteira de plástico encontrada no quarto de Vincent.

"Me dá uma dessas", diz, pegando um cartucho de .38 da saboneteira. "Esse filho da puta precisa que a gente esfregue na cara dele."

Garvey volta ao cubículo e deposita o projétil de .38 na mão esquerda de Kincaid. O investigador veterano não precisa de qualquer instrução; ele coloca o projétil de pé no meio da mesa.

"Tá vendo essa bala aqui?", pergunta Kincaid.

Vincent olha para o cartucho.

"Isso aqui não é munição de três oitão típica, né? A gente pode mandar pra análise no laboratório do FBI, e normalmente leva uns dois ou três meses, mas na pressa o pessoal consegue mandar o resultado em dois dias. E eles são capazes de dizer pra gente de qual caixa de cinquenta balas essa aqui saiu", diz Kincaid, empurrando o projétil devagar na direção do rapaz. "Então me diz, vai ser coincidência se o FBI disser que essa bala veio da mesma caixa que as que mataram tanto seu pai quanto Lena? Diz pra mim."

Vincent desvia o olhar, os punhos cerrados no colo. Uma mentira perfeita: mesmo que o FBI conseguisse rastrear a munição de .38 até o número de um lote de umas duzentas mil caixas ou mais, o processo provavelmente levaria uns seis meses.

"Estamos só tentando facilitar pra você, garoto", diz Garvey. "O que você acha que um juiz vai fazer com esse tipo de prova?"

O garoto está em silêncio.

"Caso para pena de morte, Vincent."

"E vou ser eu testemunhando", acrescenta Kincaid em seu sotaque do Kentucky, "porque adoro isso."

"Pena de morte?", pergunta Vincent, estarrecido.

"Sem dúvida", diz Kincaid.

"É sério, garoto, se estiver mentindo pra nós..."

"Mesmo que a gente deixe você ir embora hoje", continua Kincaid, "você não vai ter como saber se na próxima vez que baterem à sua porta somos nós chegando pra prender você."

"E a gente vai voltar", diz Garvey, puxando a cadeira mais para perto de Vincent. Sem qualquer palavra, ele se posiciona cara a cara com o rapaz, se inclinando para a frente até que os olhos de ambos ficam a menos de trinta centímetros de distância. E então, de modo terno, começa a descrever o assassinato de Purnell Booker. Uma discussão, uma breve luta talvez e então os cortes. Garvey chega ainda mais perto de Vincent Booker e lhe informa dos vinte ou mais ferimentos no rosto com golpes de faca; enquanto faz isso, toca na bochecha do rapaz de leve com o dedo.

Vincent Booker fica visivelmente nauseado.

"Tira isso do peito, rapaz", diz Garvey. "O que você sabe sobre esses assassinatos?"

"Eu dei as balas pro Frazier."

"Você deu as balas pra ele?"

"Ele me pediu umas balas... Dei seis para ele."

O rapaz chega perto de chorar, mas rapidamente se recompõe, apoiando os cotovelos na mesa e escondendo o rosto com as mãos. "Por que Frazier pediu balas?"

Vincent dá de ombros.

"Caramba, Vincent."

"Eu não..."

"Você tá escondendo o jogo."

"Eu..."

"Tira isso do peito, rapaz. Estamos tentando te ajudar a recomeçar aqui. Essa é a única chance que você tem de recomeçar."

Vincent Booker desmorona.

"Meu pai...", ele diz.

"Por que Frazier mataria seu pai?"

Primeiro, ele conta a respeito das drogas, a cocaína embalada que estava no quarto dele, na casa da mãe, pronta para ser vendida na rua. Depois, fala que o pai encontrou e pegou a droga. Diz também que discutiram, mas que seu pai não o escutou e foi até o apartamento dele na avenida Lafayette com a cocaína no carro. A cocaína de Vincent e de Frazier.

Relatou que foi até a casa de Denise na rua Amity para contar a Frazier, para admitir que tinha feito cagada, e relatar que seu pai havia roubado a droga. Frazier ouviu, furioso, e então pediu as balas, e Vincent, com medo de dar pra trás, lhe deu seis balas canto-vivo que tinha pegado na lata de tabaco em cima do gabinete, no apartamento do pai. Frazier foi sozinho até a avenida Lafayette, disse Vincent .

Pensava, segundo disse, que seu pai fosse ameaçado, e que acreditava que Frazier pegasse de volta as drogas. Ele não cogitou um assassinato, disse, e não sabe o que rolou no apartamento de seu pai.

Porra nenhuma, Garvey pensa enquanto ouve a história. Sabemos muito bem o que aconteceu. Eu sei, você sabe, o Kincaid aqui sabe. Robert Frazier colou na casa do seu pai alucinado de cocaína vindo da festa de Denise, armado com um .38 carregado, uma faca pequena e ansioso por suas drogas desaparecidas. Seu pai deve ter mandado Frazier ir se foder.

Essa versão explica por que o apartamento de Purnell Booker tinha sido revirado, assim como os múltiplos cortes superficiais no rosto do velho. A tortura foi infligida para fazer Purnell Booker falar; a bagunça toda sugeria que ele não tinha falado.

Mas por que matar Lena naquela mesma noite? E do mesmo modo? Vincent afirma não ter conhecimento desse assassinato, e, com base em tudo que tinha ouvido, Garvey também não fazia ideia. Talvez Frazier tenha achado que Lena de algum modo estava envolvida com as drogas desaparecidas. Pode ser que ela estivesse pegando um pouco da droga que Frazier mantinha na rua Gilmor. Ou quem sabe ela tenha atendido à porta e dito algo de que Frazier não gostou. Outra possibilidade é que a viagem de cocaína estivesse muito boa, e Frazier tenha continuado matando. Ou então A e B, ou B e C, ou todas as alternativas. Isso importa? Não para mim, pensa Garvey. Não mais.

"Você tava lá, né, Vincent? Você foi com Frazier até a casa do seu coroa."

Vincent faz um gesto negativo com a cabeça e desvia o olhar.

"Não tô falando que você esteve envolvido no assassinato, mas você foi até lá, né?"

"Não", diz o rapaz, "só dei as balas pra ele."

Balela, pensa Garvey. Você estava lá quando Robert Frazier matou seu pai. Do contrário, por que o depoimento seria tão difícil? Viver com medo de um sujeito como Frazier é uma coisa, mas ter medo de dizer a verdade à própria família é outra. Garvey continua pressionando o rapaz por mais meia hora, mas não adianta; Vincent Booker chegou o mais perto possível do penhasco. Já é, Garvey conclui, perto o suficiente.

"Se estiver escondendo alguma coisa da gente, Vincent..."

"Não tô, não."

"Porque você vai ter que depor em frente ao grande júri, e se você mentir para eles, vai ser o pior erro da sua vida."

"Não, senhor."

"Certo. Agora eu vou escrever isso tudo, e você assina o depoimento", diz Garvey. "Vamos começar pelo começo e seguir devagar para eu conseguir anotar."

"Sim, senhor."

"Qual é o seu nome?"

"Vincent Booker."

"Data de nascimento..."

A versão oficial, curta e grossa. Garvey suspira calmamente e começa a escrever.

Sexta-feira, 11 de março

Com a mão direita, Garvey saca o .38 do coldre na cintura e o baixa contra a perna da calça, ocultando-o.

"Frazier, pode abrir."

O policial uniformizado mais próximo ao investigador se dirige à porta da frente da casa geminada na rua Amity.

"Chuto ela?", pergunta.

Garvey balança a cabeça. Não precisa. "Frazier, pode abrir."

"Quem é?"

"Investigador Garvey. Preciso fazer umas perguntas."

"Agora?", diz a voz atrás da porta. "Eu tenho que..."

"Tô ligado. Abre a porra da porta."

A porta se abre até metade, e Garvey desliza para dentro, a arma ainda pressionada contra a coxa.

"Qual é", diz Frazier, dando um passo para trás.

De repente, Garvey ergue o cano da arma até o lado esquerdo do rosto do homem. Frazier olha para o buraco escuro do cano e, depois, olha de novo para Garvey, tentando focar em meio à névoa da cocaína.

"Bota as mãos na parede, caralho."

"O qu..."

"ANDA, FILHO DA PUTA. BOTA AS MÃOS NA PAREDE ANTES QUE EU ESTOURE A MERDA DA SUA CABEÇA."

Kincaid e dois policiais de uniforme seguem Garvey pela entrada enquanto Frazier é empurrado de modo rude contra a parede da sala de estar. Kincaid e o policial uniformizado mais jovem checam os quartos nos fundos enquanto o patrulheiro mais velho, um veterano do Distrito Oeste, engatilha a arma contra a orelha direita de Frazier.

"Se mexe", diz o uniformizado, "que teu cérebro vai parar no assoalho."

Jesus, pensa Garvey, olhando para a arma apontada, se ela dispara a gente vai ter que escrever relatórios até o final de nossas carreiras. Mas a ameaça funciona: Frazier para de se debater e se apoia contra a divisória. O uniformizado desengatilha e guarda o .38, e Garvey volta a respirar aliviado novamente.

"Por que isso tudo?", diz Frazier, se esforçando para simular um quadro de inocente confusão.

"Por que você acha?"

Frazier não diz nada.

"Que você acha, Frazier?"

"Não sei."

"Assassinato. Você é acusado de assassinato."

"Quem eu matei?"

Garvey sorri. "Você matou Lena. E o velho Booker."

Frazier balança a cabeça violentamente enquanto Howe abre uma das algemas e puxa a mão direita de Frazier da parede. Ao primeiro toque do bracelete de metal, Frazier começa a se debater de novo, se afastando da parede e puxando o braço para longe de Howe. Com velocidade surpreendente, Garvey dá um passo e meio pela sala de estar e acerta um soco em cheio no rosto de Frazier.

O suspeito olha para cima, baqueado.

"Por que isso?", pergunta a Garvey.

Por um ou dois segundos, Garvey deixa que ele pense na pergunta. A resposta oficial, aquela exigida pelos relatórios, é que o investigador foi obrigado a conter o suspeito de homicídio, que tentou resistir à prisão.

A resposta honesta, aquela que logo deixa de existir para qualquer investigador acostumado às ruas, é que o suspeito foi atingido porque ele é a merda de um assassino sangue-frio filho da puta que, na mesma noite, tomou a vida de um velho e de uma mãe de duas filhas. Mas a resposta pessoal de Garvey se situa em algum lugar entre as duas.

"Isso", responde a Frazier, "foi por mentir pra mim, filho da puta." Mentir. Para um investigador. Crime doloso.

Frazier não diz mais nada, não oferece resistência quando Howe e Kincaid o conduzem ao sofá, onde senta com as mãos algemadas para trás. Na chance eventual de o .38 de Frazier estar por perto, os investigadores fazem uma breve busca a olhos vistos pelo apartamento. A arma do crime segue desaparecida, mas a mesa da cozinha tem sobre ela uma noite de trabalho de Robert Frazier: uma pequena quantidade de cocaína, quinina para cortar a droga, duas dúzias de pacotes de papel encerado, três seringas.

Os investigadores olham para os uniformizados, e os uniformizados olham uns para os outros.

"Vocês querem assumir isso aqui?", pergunta o uniformizado mais jovem.

"Nah", responde Garvey. "Vamos acusar ele de dois assassinatos. Além disso, não temos mandado de busca para o local."

"Ei", sugere o patrulheiro, "por mim tudo bem."

Deixam tudo na mesa da cozinha, uma natureza-morta do oeste de Baltimore à espera do sucessor de Frazier em seu esquálido negócio nas esquinas. Garvey volta à sala de estar e pede que o uniformizado mais jovem chame um camburão pelo rádio. Frazier retoma a habilidade da fala.

"Investigador Garvey, eu não menti pra você."

Garvey sorri.

"Você nunca disse a verdade", dispara Kincaid. "Não existe verdade em você."

"Não tô mentindo."

"Caraaaalho", diz Kincaid, esticando a palavra. "Não existe verdade em você, filhote."

"Aí, Frazier", chama Garvey, sorrindo, "lembra quando você prometeu me trazer aquele três oitão? No fim, o que rolou com aquele cano?"

"É memo", completa Kincaid, aproveitando a deixa. "Se você é tão honesto, porra, como foi que nunca trouxe o cano pra gente?"

Frazier não diz nada.

"Não existe verdade em você, filhote", ataca Kincaid de novo. "Não, senhor. Não em você."

Frazier balança a cabeça, parecendo organizar as ideias por alguns momentos. Então, olha para Garvey, com curiosidade genuína. "Investigador Garvey", pergunta, "eu sou o único acusado?"

O único. Se Garvey ainda possuía dúvida em relação a Vincent Booker ter algo a ver com os assassinatos, aquela pergunta por si só era o suficiente para fornecer a resposta.

"Isso, Frazier. Só você."

Vincent estava envolvido, sem dúvida. Mas ele não tinha puxado o gatilho — nem para Lena, nem para o pai. E, no fim, era muito melhor manter Vincent Booker como testemunha do que acusá-lo e permitir que Frazier o usasse diante do júri. Garvey não viu motivo para fornecer ao advogado do assassino um suspeito alternativo, uma "dúvida razoável" ambulante. Não, pensou o investigador, uma vez na vida falaram a verdade na sala de interrogatório: Você pode ser ou uma testemunha ou um suspeito, Vincent. Ou um, ou o outro.

Vincent Booker entregou os pontos — ou ao menos entregou tanto quanto conseguia — e foi mandado para casa como recompensa. Robert Frazier tinha mentido até o cu fazer bico e agora está a caminho da carceragem do Distrito Oeste. Na mente de Garvey, há uma certa simetria nisso tudo.

Na mesa de fichagem da Oeste, o conteúdo dos bolsos de Frazier é disposto em cima de um balcão e então catalogado pelo sargento de plantão. De um bolso da frente é tirado um maço grosso de dinheiro de venda de drogas.

"Jesus", exclama o sargento, "tem mais de mil e quinhentos dólares aqui."

"Grande bosta", menospreza Garvey. "Ganho isso em uma semana."

Kincaid lança um olhar para Garvey. Seria preciso que o governador, o prefeito e metade da família real britânica fossem espancados até a morte no banheiro masculino de uma estação de ônibus da rua Fayette para que um investigador de Baltimore visse aquela quantia de dinheiro. O sargento de plantão entende.

"É", ele diz a Garvey, alto o suficiente para que Frazier ouça. "E você não teve que vender drogas pra receber o pagamento, né?"

Garvey concorda.

"Investigador Garvey…"

"Aí, Donald", diz Garvey para Kincaid. "Que tal uma cerva, eu pago?"

"Investigador Garvey…"

"Hoje é um bom dia", responde Kincaid. "Acho que vou aceitar sua oferta."

"Investigador Garvey, não menti pra você."

Garvey olha para trás, mas o carcereiro conduz Frazier até a porta de trás da cela da carceragem do Distrito Oeste.

"Investigador Garvey, eu não menti."

Garvey olha de modo impassível para seu suspeito. "Tchau, Frazier. A gente se vê por aí."

Por alguns momentos, Robert Frazier fica emoldurado pela porta da cela, esperando na entrada da carceragem enquanto o carcereiro prepara uma cartela de digitais. Garvey termina de mexer com a papelada na mesa de fichagem e caminha até a porta dos fundos da delegacia. Ele passa pela carceragem sem olhar para dentro e, portanto, não vê a expressão final e inconfundível no rosto de Robert Frazier.

Puro ódio assassino.

BATALHAS INTERNAS

Sábado, 2 de abril

A prece de um investigador: Bem-aventurados os verdadeiramente tolos, porque trazem esperança àqueles obrigados a persegui-los. Bem-aventurados os de parco entendimento, porque com sua ignorância trazem luz àqueles que trabalham na escuridão. Bem-aventurado Dennis Wahls, porque, embora acreditasse no contrário, estava cooperando de modo total na campanha de colocar a si próprio na prisão pelo assassinato, quatro meses atrás, de Karen Renee Smith, a taxista espancada até a morte no noroeste de Baltimore.

"É essa casa aqui?", diz Eddie Brown.

"A próxima."

Brown concorda, e Wahls tenta abrir a porta de trás do Cavalier. O investigador, sentando próximo a ele no banco traseiro, estica o braço e fecha a porta. Harris, um dos policiais designados para essa investigação na zona noroeste, caminha de seu carro até a janela do carro de Brown.

"Nós vamos ficar aqui", anuncia Brown, "Você e o sargento Nolan vão até lá e fazem ele sair."

Harris concorda, então caminha com Roger Nolan até a entrada do edifício de tijolos vermelhos. O endereço na avenida Madison é um lar coletivo para acusados de delinquência, o que em Baltimore inclui assalto à mão armada e homicídio culposo. Nesse lar mora o irmão mais novo de Dennis Wahls, que tem consigo um relógio que pertenceu a Karen Smith.

"Como você sabe que ele ainda está com o relógio?", pergunta Brown enquanto observa Nolan e o oficial designado se aproximarem dos degraus da frente.

"Vi ele ontem e ainda estava lá com ele", diz Wahls.

Graças a Deus, pensa Brown. Graças as Deus, eles são tão estúpidos. Se fossem espertos, se considerassem assassinato um ato secreto e hediondo, se não contassem para ninguém, caso se livrassem das roupas, da arma e dos itens roubados da vítima, ou se recusassem a acreditar em bobagens nas salas de interrogatório, o que diabos um investigador faria?

"Isso tá me dando uma dor de cabeça", diz Wahls.

Brown concorda.

"Preciso de uma carona pra casa quando terminarmos com isso."

Carona pra casa. O moleque realmente acredita que vai pra casa e vai acordar se sentindo melhor, como se fosse um tipo de ressaca. O.B. McCarter, outro reforço da sudoeste, morde a língua no banco do motorista, tentando não rir.

"Você pode me dar uma carona até minha casa?"

"Vamos ver o que vai acontecer", diz Brown.

O que acontece é isso: o irmão mais novo de Dennis Wahls, um fedelho de 14 anos, sai do lar e é conduzido até o lado do Chevrolet. Ele olha para dentro do carro, olha para o irmão, olha para Eddie Brown e consegue entender a situação toda. Então, faz um gesto afirmativo com a cabeça.

"E aí!", cumprimenta Dennis Wahls.

"E aí!", responde o irmão.

"Contei pra eles sobre o relógio."

"Que relógio?"

"Ei", interrompe Brown. "Você vai se dar mal se não escutar seu irmão."

"Cara, qual é", diz Dennis Wahls. "Você precisa entregar pra eles. Eles vão me soltar se você devolver. Se você não devolver, vão me acusar de assassinato."

"Humm", diz o garoto, obviamente se perguntando como isso pode ser verdade. Sem a prova, o acusam, mas, com a prova, deixam você ir embora. Sim. Claro.

"Vamos lá", diz Roger Nolan, parado ao lado do carro.

O garoto olha para o irmão. Dennis Wahls assente, e o garoto volta correndo para dentro do edifício de tijolos vermelhos. Três minutos depois, ele retorna carregando um relógio feminino com pulseira de couro preta. O garoto tenta entregar o relógio para o irmão, mas Brown põe a mão entre eles. O garoto se afasta um passo do carro.

"A gente se vê em breve", diz Dennis Wahls.

O garoto assente de novo.

Eles vão para Reservoir Hill, onde os dois carros param junto ao meio-fio em frente ao conjunto habitacional do Setor 8 na avenida Lennox. Novamente, Brown e Wahls esperam no Cavalier; dessa vez, Nolan visita a namoradinha de Wahls, que foi presenteada com o colar dourado de Karen Smith.

No banco do motorista, McCarter brinca com o rádio. Eddie Brown, ainda sentado atrás com o garoto sob custódia, assiste a Nolan falando merda com a mãe da namorada no estacionamento do conjunto. Quando Nolan se empolga, fala até gastar a orelha do ouvinte.

"Qualé, Roger", resmunga Brown. "Que porra você tá fazendo aí?"

Mais um ou dois minutos, e a garota volta do apartamento carregando a joia. Ela atravessa o estacionamento enquanto abana nervosamente para Wahls, que espia para fora da janela do passageiro.

"Cara, queria que ela não tivesse me visto assim."

O investigador grunhe.

"A mãe dela vai ficar chateada comigo agora."

McCarter mexe no botão do rádio até que este começa a cuspir rock'n'roll e estática AM: era uma canção do Bobby Fuller Four, de uns dez anos antes. O oficial de reforço ouve a música por um momento; de repente, ele está quase morrendo no banco da frente, tentando muito não rir alto.

"Ai, cara", diz McCarter.

*"Breakin' rocks in the hot sun..."**

McCarter começa a estalar os dedos, sorrindo para Brown e Harris, que está parado ao lado da janela do motorista.

"... I fought the law and the law won."

Brown olha para Wahls, mas o rapaz está alheio.

"Robbin' people with a six-gun..."

McCarter acompanha o ritmo no volante.

"... I fought the law and the law won."

"Dá pra acreditar?", diz McCarter

"Acreditar no quê?", pergunta Wahls.

---

* "Quebrando pedras sob o sol quente / Lutei contra a lei, e a lei venceu / Roubando pessoas com o revólver / Lutei contra a lei, e a lei venceu." Trecho da canção "I Fought the Law", que fez sucesso com o The Clash e com Bobby Fuller Four, composta por Sonny Curtis.

McCarter balança a cabeça. Na noite em que mais precisa de um cérebro em funcionamento, Dennis Wahls subitamente se torna surdo, mudo e cego. O rádio poderia estar tocando sua própria confissão, e ele nem perceberia.

O que não quer dizer que Wahls, aos 19 anos, tenha profundas reservas de inteligência às quais recorrer. Em primeiro lugar, ele foi convencido por outros mentecaptos a matar uma taxista por um punhado de dólares e algumas joias, depois, se conformou apenas com as joias, deixando o dinheiro com o parceiro. Em seguida, deu as joias e começou a se gabar de ter estado presente quando a mulher foi arrastada até a floresta e espancada até a morte. Ele não a matou; não senhor. Apenas assistiu.

As primeiras pessoas com quem falou não acreditaram; ou isso, ou não se importaram. Mas, por fim, uma jovem que Dennis Wahls tentou impressionar contou a uma amiga na escola, que contou a mais alguém, que finalmente entendeu que talvez alguma autoridade devesse saber daquilo. E, quando o ramal 2100 piscou na divisão de homicídios, Rick James estava lá para atender.

"Eu fiz uma coisa certa nessa investigação", diria James mais tarde, o investigador principal do caso. "Eu atendi ao telefone."

Na verdade, fez bem mais do que isso. Com os oficiais extras para auxiliá-lo, James investigou cada pista que chegou, checando e checando de novo as versões contadas pelos colegas de trabalho, namorados e parentes de Karen Smith. Passou dias olhando os registros de serviço da companhia de táxi, procurando valores de corridas e locais que destoassem dos demais. Ficou sentado em sua mesa por horas, escutando as fitas com as chamadas recebidas pela central da companhia, tentando encontrar um endereço ao qual Karen Smith pudesse ter ido antes de desaparecer nas floretas do noroeste de Baltimore. Checou cada roubo ou agressão recente envolvendo algum motorista de táxi na cidade e no condado todo, além de relatórios de assaltos de qualquer área próxima ao noroeste. Quando descobriu que um dos namorados da vítima era viciado em cocaína, o pressionou bastante em uma série de interrogatórios. O álibi conferia. Os conhecidos do namorado foram todos interrogados. Então trouxeram o sujeito para a delegacia e deram outra prensa nele: As coisas não andavam muito bem entre vocês dois, não é mesmo? Ela ganhava bastante dinheiro, não é mesmo? E você gasta um bocado de dinheiro, né?

Até mesmo Donald Worden, um crítico feroz dos investigadores mais jovens, ficou impressionado com os esforços de seu parceiro.

"James está aprendendo", disse Worden, observando o caso a certa distância, "o que significa ser um investigador."

Rick James fez tudo que era imaginável para resolver o caso, porém, quando o telefone finalmente tocou, as duas pastas com relatórios do assassinato da taxista não continham uma única menção a Dennis Frank Wahls. Nem a Clinton Butler, o prodígio de 22 anos que tinha arquitetado a morte e dado o golpe fatal, um nome já fichado. Esse tipo de reviravolta não era nenhuma novidade, nenhuma lição a ser aprendida pelo investigador. Era apenas um exemplo típico da Regra Cinco no manual de homicídios, que declara:

É bom ser bom; é melhor ter sorte.

James, na verdade, estava a caminho do aeroporto para um voo matinal e uma semana de férias, quando os investigadores finalmente localizaram Wahls e o levaram para a central. Ele entregou o assassinato em pouco mais de uma hora de interrogatório, durante a qual Eddie Brown e dois policiais extras lhe ofereceram a saída mais óbvia. Você não bateu nela; Clinton bateu, lhe asseguraram, e Wahls mordeu a isca. Não senhor, ele não queria participar do assalto. Aquilo tinha sido ideia de Clinton, que o chamou de um monte de palavrões quando ele inicialmente amarelou. Wahls nem tinha ficado com dinheiro nenhum; Clinton que ficou, argumentando que tinha feito todo o trabalho, lhe deixando apenas as joias. Após a mulher desmaiar de medo, foi Clinton quem arrastou a taxista para fora do carro pela trilha da mata, Também foi ele quem encontrou um galho de árvore, e quem o desafiou a golpeá-la, provocando-lhe quando não conseguiu fazer. Então Clinton Butler finalmente acertou o galho de árvore contra a cabeça da mulher.

No final, a única coisa que Wahls admitiu foi que ele, e não Clinton, tirou a calça da mulher e tentou fazer sexo oral com a vítima já inconsciente. Clinton era homossexual, assegurou aos investigadores. Ele não iria fazer aquilo.

Depois que Wahls assinou e rubricou o depoimento, os investigadores perguntaram a respeito das joias. Nós acreditamos no que você está nos dizendo, disse Brown, mas precisamos de uma demonstração de boa-fé. Algo que prove que está nos dizendo a verdade. E Wahls assentiu, subitamente confiante de que, caso devolvesse o relógio e o colar da mulher morta, compraria sua liberdade.

Resolvido por acaso em vez de perseverança, o caso de Karen Smith era, para Tom Pellegrini, uma mensagem tão boa quanto qualquer outra. Assim como repassava mentalmente o caso de Latonya Wallace feito uma fita em looping, James tinha se perdido nos detalhes do assassinato da taxista. E para quê? Suor e lógica podem solucionar um caso nos preciosos dias que sucedem o assassinato, mas, depois disso, quem é que sabe? Às vezes, um telefonema tardio resolve o caso. Em outras ocasiões, uma conexão recente com outro crime — um teste balístico ou uma digital compatível no sistema — pode mudar o resultado. Entretanto, na maioria das vezes, um caso aberto por um mês fica aberto para sempre. Entre os seis casos de mulheres assassinadas que levaram a cúpula do departamento a criar a força-tarefa no Noroeste, o de Karen Smith seria um dos dois casos a resultarem em prisão, e o único a ir a julgamento. No final de março, os oficiais designados para os outros cinco casos já tinham retornado para seus distritos; os arquivos dos casos estavam guardados em armários — um pouco mais volumosos do que antes, talvez, mas não necessariamente aprimorados pelo esforço.

Mas Pellegrini não tem tempo para qualquer lição oferecida pelos casos na zona Noroeste. Ele passa a noite da confissão de Dennis Wahls atendendo a chamadas de tiroteios e relendo partes dos relatórios do caso Latonya Wallace. Na verdade, estava fora atendendo a uma chamada quando trouxeram Wahls de volta à divisão de homicídios e começaram a escrever um mandado para Clinton Butler. Já fazia um bom tempo que havia ido embora quando, no começo da manhã, Eddie Brown, exultante pela vitória, manda as joias para Unidade de Crimes Financeiros e tenta barganhar com o fato de que Dennis Wahls vai ser acusado de homicídio doloso também.

"Ei", diz Brown, parado na porta da sala de interrogatório, "alguém tem que ir lá avisar esse imbecil que ele não vai embora. Ele continua pedindo carona pra casa."

"Deixa comigo", fala McCarter, sorrindo.

"Vai lá."

McCarter entra na ampla sala de interrogatório e fecha a porta. Através da janela telada, a cena se torna uma pantomima perfeita. A boca de McCarter se mexe, as mãos nos quadris. Wahls balança a cabeça, chora, implora. McCarter acena com um braço erguido, segurando a maçaneta, sorri e volta ao corredor.

"Ignorante filho da puta", diz, fechando a porta atrás de si.

Terça-feira, 5 de abril

Dois meses após o assassinato de Latonya Wallace, resta apenas Tom Pellegrini.

Harry Edgerton, o investigador secundário, foi auxiliar Bertina Silver a investigar o suspeito mais promissor no assassinato de Brenda Thompson, a mulher encontrada esfaqueada em um carro na avenida Garrison, em janeiro. Eddie Brown foi engolido pela reviravolta súbita no caso Karen Smith e já cuida de novos homicídios. E Jay Landsman, que é tão investigador no caso Latonya Wallace quanto qualquer outro, também está em outra. Ninguém esperava algo diferente: Landsman tinha um esquadrão para comandar, e, em três semanas de turnos noturnos, todos seus investigadores já investigariam uma nova leva de assassinatos.

Os policiais do reforço também já eram, retornaram a suas unidades táticas ou aos comandantes distritais que os tinham emprestado à divisão de homicídios para a investigação do assassinato da garotinha. Primeiro, foram as unidades táticas, depois os investigadores de crimes juvenis, depois o pessoal da Central e, por fim, os dois oficiais à paisana emprestados pelo setor de operações do Distrito Sul. Lenta e inexoravelmente, a investigação Latonya Wallace tinha se tornado a província exclusiva de um único investigador.

Encalhado pela maré baixa, Pellegrini está sentado em sua mesa no escritório anexo, cercado por três caixas de papelão com relatórios oficiais e fotografias, exames de laboratório e depoimentos de testemunhas. Apoiado na parede atrás da mesa, havia um mural que os homens da força-tarefa tinham criado, mas nunca achado o tempo de pendurar na parede. Presa com um alfinete ao centro estava a melhor e mais recente fotografia da menina. À esquerda, o diagrama dos telhados da avenida Newington feito por Edgerton. À direita, um mapa da área de Reservoir Hill e uma série de fotografias aéreas tiradas com o helicóptero da polícia.

No turno de hoje, assim como em dúzias de outros, Pellegrini avança lentamente por uma das caixas, lendo relatórios de semanas antes, procurando qualquer pedaço de informação solto que tenha falhado em digerir na primeira passada. Alguns dos relatórios são dele mesmo, outros são assinados por Edgerton ou Eddie Brown, Landsman ou o pessoal da força-tarefa. Esse é o problema dos casos prioritários, Pellegrini diz a si mesmo, lendo um relatório datilografado após o outro. Por conta de sua importância, casos prioritários tinham o potencial de ser tornar uma superprodução hollywoodiana, cagadas departamentais de quatro estrelas, fora do controle de qualquer investigador. Desde o momento em que o corpo foi encontrado, o caso Latonya Wallace se tornou propriedade de todo o departamento de polícia, até o ponto em que averiguações de porta em porta estavam sendo feitas por patrulheiros e depoimentos de testemunhas estavam sendo colhidos por membros da força-tarefa com não mais do que alguns dias de experiência na investigação de homicídios. Logo, informações relacionadas ao caso estavam espalhadas entre dúzias de pessoas.

Por um lado, Pellegrini aceitava a lógica de se ter pessoal ilimitado. Nas semanas posteriores ao assassinato da garotinha, o caso ter sido classificado como prioritário tornou possível cobrir o máximo de território no menor tempo possível. No final de fevereiro, os homens de outras forças-tarefa já tinham averiguado duas vezes um raio de três quarteirões em torno da cena do crime, tinham interrogado cerca de duzentas pessoas, tinham executado mandados em três endereços e realizado buscas-surpresa em cada casa geminada no lado norte da avenida Newington. Mas, agora, a papelada da campanha intensiva se concentrou na mesa de Pellegrini. Só os depoimentos de testemunhas preenchem um arquivo, enquanto as informações acerca do Homem do Peixe — ainda o principal suspeito — ocupam uma pasta de papel pardo exclusiva.

Inclinando-se para a frente na poltrona, Pellegrini olha as fotografias da cena do crime talvez pela tricentésima vez. A mesma menina olha a calçada molhada, com o mesmo olhar. O braço dela ainda está estendido naquele mesmo movimento, a palma aberta, os dedos levemente curvados.

Para Tom Pellegrini, as fotografias coloridas não produzem mais qualquer coisa que lembre remotamente uma emoção. Na verdade, admite para si mesmo, nunca produziram. De um modo estranho, que apenas um investigador de homicídios consegue compreender, Pellegrini se afastou psicologicamente da vítima logo no começo. Não foi uma decisão consciente; foi mais a ausência de uma decisão. De modo elementar, quase predestinado, a chave virou em sua cabeça no momento em que chegou àquele pátio na avenida Newington.

O afastamento se deu de modo totalmente natural, e Pellegrini ainda não tinha qualquer motivo para questioná-lo. Se fizesse isso, a resposta simples seria que um investigador só funciona de modo correto quando aceita as tragédias mais horrendas de modo clínico. Por esse parâmetro, a visão de uma criança estatelada na calçada — o torso estripado, o pescoço contorcido — se torna, após um momento de choque inicial, uma prova. Um bom investigador, buscando alguma nova obscenidade, não gasta tempo e esforço se flagelando com questões teológicas a respeito da natureza do mal ou da inumanidade do homem para com o próprio homem. Em vez disso, se pergunta se o padrão irregular do ferimento é resultado de uma lâmina com serra, ou se a palidez na parte de baixo da perna é realmente um indicativo de lividez.

Na superfície, essa ética profissional é parte daquilo que protege um investigador do horror, mas Pellegrini sabe que há algo mais por trás disso, algo que tem a ver com o ato de testemunhar. Afinal de contas, ele não conhecia a menina. Não conhecia a família dela. Talvez o mais importante, nunca sentiu a perda deles. No dia em que o corpo foi achado, Pellegrini deixou a cena do crime e foi direto ao Instituto Médico Legal, onde a autópsia da garotinha exigia a mais clínica das mentalidades. Foi Edgerton quem disse à mãe, que subitamente assistia à família se dissolver em angústia, que representava a divisão de homicídios no funeral. Desde então, Pellegrini tinha falado com membros da família Wallace ocasionalmente, mas apenas a respeito de detalhes. Naqueles momentos, os sobreviventes tinham sido tanto prestativos quanto apáticos, a dor deles não mais aparente para um investigador em visita. O fato de que Pellegrini não tinha testemunhado a dor deles de algum modo impedia que enxergasse de verdade as fotografias que estavam na sua frente.

E talvez, admite Pellegrini, talvez houvesse uma distância porque ele era branco e a garotinha, negra. Isso não tornava o assassinato menos criminoso, Pellegrini sabia, mas era de algum modo um crime da cidade, da periferia de Reservoir Hill, um mundo com o qual ele não tinha laços. Pellegrini poderia tentar se forçar a acreditar que Latonya Wallace poderia ter sido sua filha, ou de Landsman, ou de McLarney, mas as distinções de raça e classe sempre estavam lá, não mencionadas, mas sentidas. Diabos, no último ano e meio, Pellegrini ouviu seu sargento dizer exatamente isso a respeito de dúzias de cenas de crime na periferia.

"Aí, pra mim não faz diferença", dizia Landsman aos moradores, quando testemunhas se recusavam a falar. "Eu não moro por aqui."

Bem, aquilo era verdade; Pellegrini não morava em Reservoir Hill. Dada a distância, podia dizer a si mesmo que o interesse de um investigador é limitado, como o de um técnico. Dessa perspectiva, a morte de Latonya Wallace não é mais ou menos do que um crime, um evento singular que, depois de duas cervejas e um jantar quentinho, pareceria estar a um universo de distância de uma casa de tijolos no campo, com uma esposa e dois filhos nos bairros residenciais de Anne Arundel, ao sul da cidade.

Uma vez, conversando com Eddie Brown na cena de um crime, Pellegrini chegou a se dar conta de seu próprio distanciamento. Ele e Brown vinham trocando teorias quando a mais estranha das palavras escapou, caindo como um tijolo sobre a conversa.

"Ela tinha que conhecer esse cara para começo de conversa, sabemos disso. Acho que essa piranha..."

Essa piranha. Pellegrini parou quase de imediato e, então, procurou outra palavra.

"... essa *garota* permitiu que o assassino pegasse ela na rua porque ela conhecia ele de algum outro lugar."

Claro que o sargento de Pellegrini não era diferente. Enquanto um dos policiais da força-tarefa olhava fotografias da cena e fazia perguntas, Landsman de repente adotou seu tom blasé.

"Quem encontrou ela?", perguntou o policial.

"Um policial de posto da Central."

"O sujeito estuprou ela?"

"O policial?", perguntou Landsman, fingindo confusão. "Hum, acho que não. Talvez. Não perguntamos pra ele porque imaginamos que o cara que matou ela tenha feito isso."

Em qualquer outro mundo, esse humor seria revoltante. Mas aquele era um escritório anexo do Departamento de Investigação Criminal na cidade de Baltimore, onde todos —incluindo Pellegrini — conseguem rir mesmo com o tipo mais cruel de humor.

Em seu íntimo, Pellegrini sabe que resolver o caso Latonya Wallace não será uma resposta à morte de uma garotinha, mas uma questão de revanche pessoal. Sua obsessão não era com a vítima, mas com o vitimizador. Uma criança — uma criança qualquer — foi assassinada em um turno diurno de fevereiro, e, sendo o sujeito que atendeu à chamada, Pellegrini aceitou o assassinato como um desafio pessoal. Se o caso Latonya Wallace for resolvido, então um assassino de crianças será derrotado. Os álibis, as mentiras, os esconderijos — tudo isso não significa nada no momento da prisão. No doce momento em que os braceletes de metal se fecharem, Pellegrini saberá que conseguiu, que ele é — como qualquer outro sujeito em sua unidade — digno de um distintivo de investigador e de receber por cento e vinte horas extras. Mas, se o caso permanecer aberto, se em algum lugar desse mundo o assassino vive sabendo que derrotou o investigador, então Pellegrini nunca mais será o mesmo. Ao observá-lo se afundando nos arquivos do caso, dia após dia, os outros homens da unidade sabem disso.

No primeiro mês da investigação, ele tinha trabalhado tanto quanto possível: dezesseis horas por dia, sete dias por semana. Às vezes, saía do trabalho com a súbita certeza de que, por dias a fio, havia ido para casa apenas para dormir e tomar banho, que não havia conversado de verdade com a esposa ou passado tempo com o bebê. Christopher tinha nascido em dezembro, o segundo filho em três anos, mas Pellegrini tinha ajudado pouco com a criança nos últimos dois meses. Sentia-se culpado por isso, mas também um pouco aliviado. Ao menos, o bebê mantinha a esposa ocupada; Brenda tinha todo o direito de exigir algo mais do que um marido ausente, porém até o momento, com fraldas, amamentação e todo o resto, pouco se falou a respeito desse assunto.

A esposa sabia que ele trabalhava no caso Latonya Wallace e, de algum modo, ao longo de um ano, se acostumou às horas de trabalho de um investigador. Na verdade, toda a rotina da casa parecia girar em torno da garotinha. Uma vez, quando Pellegrini caminhava em direção à porta em uma manhã de sábado, se dirigindo para a central pelo terceiro fim de semana seguido, o filho mais velho correu até ele.

"Vamos brincar?", convidou Michael.

"Tenho que ir trabalhar."

"Você tá trabalhando no caso Latonya Wallace", disse o garoto de 3 anos.

Na metade de março, Pellegrini viu sua saúde se deteriorar. Ele tinha acessos de tosse: uma tosse profunda e rascante, pior do que seu habitual chiado de fumante, e era algo que o acompanhava o dia todo. No começo, culpou os cigarros; depois, reclamou do ar-condicionado velho do edifício da central. Os outros investigadores rapidamente se juntaram a ele: Esqueça os cigarros, lhe disseram, as fibras de asbesto se soltando por conta do isolamento acústico são o suficiente para matar um sujeito.

"Esquenta não, Tom", disse Garvey a ele em uma manhã após a chamada. "Ouvi falar que o câncer que você desenvolve ao respirar asbesto é do tipo lento e sorrateiro. Você vai ter tempo suficiente pra resolver o caso."

Pellegrini tentou rir, mas um chiado leve deu lugar à tosse. Duas semanas depois, ainda tossia. Pior ainda, estava tendo dificuldade de sair da cama e mais dificuldade ainda em se manter acordado no escritório. Não importava quanto dormia, continuava acordando exausto. Uma rápida visita ao médico não revelou motivos óbvios, e os outros investigadores, todos psiquiatras amadores, rapidamente culparam o caso Latonya Wallace.

Veteranos do turno lhe disseram para esquecer a porra toda, para voltar à rotação e pegar um caso novo de assassinato. Mas todos aqueles esfaqueamentos no Distrito Sudeste só o deixavam mais puto — tanto bate-boca e irritação só para provar que algum traficantezinho do Lar Perkins tinha esfaqueado um cliente por causa de 20 dólares. E também aquela barbada no Centro Cívico, onde o funcionário de manutenção respondeu às reclamações por chegar atrasado matando o chefe.

"É, eu esfaqueei ele", diz o cara, coberto com o sangue da vítima. "Ele me atacou primeiro."

Jesus.

Uma garotinha tinha sido estuprada e morta, e o investigador encarregado de resolver o crime estava em algum lugar da cidade, algemando algum imbecil. Não, Pellegrini diz a si mesmo, a cura não é o próximo caso, ou o seguinte.

A cura está em sua mesa.

Quando o turno diurno termina e o resto dos investigadores de D'Addario se encaminha para os elevadores, Pellegrini fica para trás no escritório anexo, embaralhando a pilha de fotografias coloridas na mão e analisando o conjunto mais uma vez.

O que ele tinha deixado passar? O que tinha se perdido? O que ainda o aguardava na avenida Newington?

Segurando uma das fotografias do corpo, Pellegrini vê uma haste de metal na calçada, a poucos metros da cabeça da criança. Não é a primeira vez que observa essa haste e também não será a última. Para Pellegrini, aquele detalhe em particular tinha passado a simbolizar tudo que havia de errado com o caso.

Pellegrini percebeu a haste de metal quase imediatamente após as fotografias chegarem do laboratório criminal, dois dias após a descoberta do corpo. Não havia qualquer dúvida quanto a isso: a haste de metal da foto era a mesma que Garvey tinha encontrado na busca com os recrutas, no segundo dia na avenida Newington. Quando Garvey pegou a haste naquele pátio nos fundos, ela ainda tinha um cabelo e sangue coagulado — sangue que posteriormente foi vinculado à vítima. E, mesmo assim, no dia em que o corpo foi encontrado, a haste metálica de algum modo foi ignorada.

Pellegrini se lembra daquela manhã na cena do crime e da vaga premonição que o avisou para que fizesse tudo mais devagar. Ele se lembra do momento em que a equipe de legistas veio buscar o corpo e perguntou se todos estavam prontos. Sim, estavam prontos. Tinham vasculhado cada centímetro daquele quintal e checado cada detalhe duas vezes. Então como aquele maldito pedaço de metal aparecia nas fotografias? E como diabos deixaram isso passar nas primeiras horas?

Não que Pellegrini tivesse alguma ideia do que a haste de metal tinha a ver com o assassinato. Talvez tivesse sido largada lá com o corpo. Pode ser que tivesse sido usada pelo assassino, quem sabe para simular uma relação sexual. Isso explicaria o sangue e o cabelo, assim como os ferimentos vaginais descobertos na autópsia. Ou talvez a coisa estivesse no quintal desde antes, entulho que tinha pertencido a alguma prateleira de televisor ou a uma chapinha de cabelo e que tinha, de algum modo, se misturado à cena do crime. É possível que o sangue e o cabelo tivessem sido varridos para junto da haste quando o velho limpou o quintal, após o corpo ser removido. Não tinha como saber, mas o fato de que uma prova não foi percebida por vinte e quatro horas era inquietante. O que mais tinham deixado passar?

Pellegrini continua lendo o arquivo do caso, analisando os relatórios das buscas no quarteirão 700. Alguns dos depoimentos pareciam ter sido cuidadosamente colhidos, com investigadores ou homens da força-tarefa fazendo perguntas subsequentes ou encorajando as testemunhas a elaborarem suas respostas. Outros, no entanto, pareciam superficiais e insinceros, como se o policial envolvido já tivesse se convencido de que o depoimento era um desperdício de energia.

Pellegrini lê os relatórios e pensa nas perguntas que poderiam ter sido feitas, que deveriam ter sido feitas, naqueles primeiros dias, quando as memórias estavam frescas. Uma vizinha diz não saber nada do assassinato. Tá bom, mas será que se lembrava de algum barulho no beco naquela noite? Vozes? Gritos? Sons de automóvel? Luzes de carros? Nada naquela noite? E no passado? Problemas com alguém na vizinhança? Tem pessoas por aqui que deixam você nervosa, não? E por quê? Seus filhos já tiveram algum problema com essas pessoas? De quem você não gosta que eles cheguem perto?

Pellegrini inclui a si mesmo em sua análise crítica. Há coisas que gostaria de ter feito naqueles primeiros dias. Por exemplo, o caminhão de entregas que o Homem do Peixe usou na semana do assassinato para remover lixo de seu mercado queimado — por que não tinham dado uma olhada melhor naquele veículo? Acreditaram rápido demais na hipótese de que a garota havia sido carregada até o beco, presumivelmente por alguém que não tinha se deslocado mais de uma quadra. Mas e se o Homem do Peixe tivesse cometido o assassinato na rua Whitelock? Era longe demais para carregar o corpo, porém foi na mesma semana em que ele teve acesso ao caminhão de um vizinho. E o que uma busca rigorosa no caminhão poderia ter encontrado? Pelos? Fibras? A mesma substância parecida com piche que tinha manchado a calça da menina?

Landsman tinha deixado a investigação acreditando que o Homem do Peixe não era o assassino, que eles teriam feito o comerciante desmoronar durante o longo interrogatório caso ele fosse o sujeito que procuravam. Pellegrini ainda não tem certeza. Por exemplo, a história daquele homem tem inconsistências demais e pouco álibi — uma combinação que certamente mantém um sujeito na lista de qualquer investigador. E então, cinco dias atrás, ele bombou no teste do polígrafo.

Eles realizaram o teste no detector de mentiras no quartel da Polícia Estadual, em Pikesville — a primeira oportunidade disponível desde que a investigação tinha focado no comerciante. Incrivelmente, o Departamento de Polícia de Baltimore não tinha um examinador de polígrafo a seu dispor; embora lidasse com metade das investigações de homicídios em Maryland, o DPB dependia da Polícia Estadual para acomodar seus casos de modo improvisado. Depois de o teste ser agendado, precisaram achar o Homem do Peixe e convencê-lo a se submeter ao teste voluntariamente. De modo tanto conveniente quanto coercitivo, conseguiram isso trancafiando o velho por conta de um mandado pendente por não pagamento de pensão — um mandado emitido muitos anos antes — que Pellegrini tinha descoberto no computador. O mandado nunca tinha sido cumprido, e a questão legal provavelmente já estava extinta; mesmo assim, o suspeito logo se viu em custódia da polícia. E, quando um sujeito chega ao Presídio Municipal, até mesmo o detector de mentiras começa a parecer um obstáculo razoável.

No quartel da Polícia Estadual, o Homem do Peixe quase fritou a máquina, fazendo a agulha sambar em cada pergunta ligada ao assassinato. O resultado do teste do polígrafo não servia como prova, e nem todos os investigadores de homicídios acreditam na detecção de mentiras como uma ciência exata. Ainda assim, o resultado alimentou as suspeitas de Pellegrini.

Isso e o surgimento de uma testemunha inesperada e não inteiramente confiável. O sujeito era com certeza um bebum, uma figura única. Preso por agressão no Distrito Oeste seis dias antes, ele tentou fazer amizade assegurando ao policial que o fichava que sabia quem tinha matado Latonya Wallace.

"E como você sabe disso?"

"Ele me contou."

Quando Pellegrini chegou ao Distrito Oeste naquele dia, ouviu uma história relacionada a dois velhos conhecidos bebendo em um bar na zona oeste, no qual um dos sujeitos, que disse ter sido preso recentemente, questionou se o outro sabia de algo relacionado ao assassinato de uma garotinha. Quando foi perguntado a respeito desse homicídio, o homem perguntou se aquele que tocou no assunto seria o autor do crime.

"Não", declarou o primeiro homem.

Contudo, quando a conversa avançou, e a bebida já produzia seus efeitos, o homem que negara ser o autor do homicídio virou-se para seu companheiro e disse que iria contar a verdade. Sim, ele matou a menina.

Ao longo de diversos interrogatórios, a nova testemunha relatou a mesma história aos investigadores. Ele conhecia esse sujeito com quem bebia fazia anos. O sujeito tinha um comércio na rua Whitelock, uma peixaria.

E, então, um segundo teste do polígrafo foi agendado para depois de amanhã. Reclinado na cadeira, Pellegrini lê os relatórios do interrogatório da nova testemunha com sua mente tentando se equilibrar entre a esperança serena e o pessimismo aplicado. Em dois dias, ele tem certeza, esse sujeito também vai fritar a máquina, falhando no teste de modo tão miserável quanto o Homem do Peixe. Ele fará isso porque a história do bêbado é tão perfeita, tão valiosa, que não pode ser verdade. Uma confissão de boteco, Pellegrini diz para si mesmo, é quase fácil demais para esse caso.

Pellegrini sabe também que logo vai ter uma pasta de suspeito para a nova testemunha. Não apenas porque a disposição para implicar outra pessoa no assassinato de uma criança é um comportamento atípico, mas também porque o novo sujeito conhece a área de Reservoir Hill e tem folha corrida. Por estupro. Armado com uma faca. Nada nunca é fácil, diz Pellegrini novamente para si mesmo.

Fechando o arquivo dos relatórios, Pellegrini lê um rascunho de sua própria autoria, uma carta de quatro páginas para o capitão delineando o andamento do caso e pedindo uma revisão completa e prolongada de todas as provas existentes. Sem a cena do crime principal ou provas materiais, o relatório argumenta, não há muito objetivo em investigar algum suspeito em particular e então tentar conectá-lo ao assassinato.

"Essa tática pode ser efetiva em algumas circunstâncias", escreveu Pellegrini, "mas não em um caso no qual provas materiais não existem."

Em vez disso, o memorando clamava por uma revisão cuidadosa de todo o caso:

Tendo em vista que a coleta de dados foi implementada por não menos de vinte policiais e investigadores da força-tarefa, é razoável acreditar que alguma prova significante possa existir, mas não ter sido explorada ainda. A intenção de seu investigador é limitar o número de investigadores ao primário e secundário apenas.

Trocando em miúdos, Pellegrini quer mais tempo para trabalhar no caso e quer trabalhar sozinho. Seu relatório para o capitão é claro, mas ainda assim burocrático; de modo geral é sucinto, mas escrito naquela prosa departamental que deixa qualquer um com divisas acima de tenente se sentido orgulhoso. Ainda assim, poderia ser melhor, e, se ele vai tirar o tempo para revisar o caso adequadamente, o capitão tem de estar de acordo.

Pellegrini tira o grampo da página de cima e espalha o rascunho na mesa, preparado para passar mais uma hora na máquina de escrever. Mas Rick Requer tem outros planos. Quando sai do escritório anexo, atrai a atenção de Pellegrini e leva a mão em formato de C até a boca em arcos repetitivos — o gesto internacional para consumo desinibido de álcool.

"Qualé, parceiro, bora tomar uma."

"Tá indo embora?", pergunta Pellegrini, tirando os olhos do arquivo.

"Tô, tô caindo fora. O esquadrão do Barrick já chegou pro turno das quatro à meia-noite."

Pellegrini balança a cabeça e gesticula com a mão para o mar de papel na mesa. "Tem umas coisas aqui que queria dar uma olhada."

"Tá trabalhando naquele caso?", pergunta Requer. "Pode esperar até amanhã, né?"

Pellegrini dá de ombros.

"Vamo lá, Tom, tira uma noite de folga."

"Sei lá. Você está indo pra onde?"

"Pro Mercado. Eddie Brown e Dunnigan já estão lá."

Pellegrini concorda, considerando a ideia. "Se eu resolver algumas coisas", diz por fim, "talvez a gente se encontre por lá."

Sem chance, pensa Requer, indo para o elevador. Sem chance de vermos Tom Pellegrini no Bar do Mercado, se ele tem a chance de ficar se martirizando por Latonya Wallace. Então, quando Pellegrini aparece no bar meia hora depois, Requer não consegue esconder que ficou surpreso. De repente, sem aviso, Pellegrini largou o Caso Sem Piedade e veio tomar um pouco de ar. Todos concordam que uma sessão de bebedeira no Bar do Mercado é a hora e o lugar certo para se receber tapinhas nas costas e ganhar confiança; Requer, já meio avariado por um bom scotch, é o homem certo para a missão.

"Meu camarada Tom", diz Requer. "Vai beber o quê, parceiro?"

"Uma cerveja."

"Aí, Nick, põe o que o cavalheiro quiser aqui na minha conta."

"O que é isso que você tá bebendo?", pergunta Pellegrini.

"Glenlivet. Parada boa. Quer um?"

"Não. Cerveja está bom."

Então, se sentam e bebem uma rodada após a outra, até que outros investigadores cheguem e então as fotos das cenas de crime, as declarações de testemunhas e os relatórios pareçam menos reais, e Latonya Wallace se torne mais uma piada cósmica do que uma tragédia. Sísifo e a rocha. De León e a fonte da juventude. Pellegrini e a garotinha morta.

"Preciso falar uma coisa", diz Requer, chamando atenção e levando a bebida aos lábios. "Quando o Tom chegou aqui, achei que ele não era de nada. Tô falando sério…"

"E agora que você me viu trabalhando", dispara Pellegrini, parcialmente sério, "você tem certeza disso."

"Não, parceiro", retruca Requer, balançando a cabeça. "Eu soube que você era dos bons quando você resolveu o caso no conjunto habitacional. Como era o nome daquele moleque?"

"Que caso?"

"Aquele do edifício. Zona leste."

"George Green", lembra Pellegrini.

"É, isso, Green", concorda Requer, acenando com o shot vazio para Nicky, o bartender. "Todo mundo disse pra ele que o caso era furada. Até eu disse isso. Eu disse pra ele…" Requer faz uma pausa enquanto Nicky enche o shot e tenta prosseguir. "O que eu tava dizendo?"

Pellegrini dá de ombros, sorrindo.

"Ah, sim, esse caso é furada, furada das grandes. Assassinato do tráfico lá nos edifícios, isso mesmo. Um garoto negro na rua Aisquith, então ninguém dava a mínima. Sem testemunhas, sem nada. Eu disse pra ele esquecer aquela porra e ir fazer outra coisa. Ele não me ouviu, não ouviu ninguém. E esse cabeça-dura filho da puta também não escutou o Jay. Ele saiu sozinho e trabalhou no caso por dois dias. Não escutou nenhum de nós, e adivinha o que aconteceu!"

"Não sei", responde Pellegrini, encabulado. "O que aconteceu?"

"Você resolveu aquela porra."

"Resolvi?"

"Para de sacanagem", exclama Requer, se virando para uma plateia de investigadores do Departamento de Investigação Criminal. "Ele saiu e resolveu aquela porra sozinho. Foi quando eu soube que o Tom ia dar bom."

Pellegrini não diz nada, constrangido.

Requer olha rapidamente por cima do ombro e percebe que, mesmo tendo bebido metade de seu drink, o jovem investigador ainda não acredita nisso.

"Não, é sério, Tom, sério."

"Sério?"

"Sério. Escuta."

Pellegrini toma um gole de cerveja.

"Foda-se, não tô dizendo isso porque você está aqui, parceiro. Estou dizendo porque é verdade. Quando você apareceu, achei que ia ser ruim, quer dizer, nada bom mesmo. Mas você fez um ótimo trabalho. De verdade."

Pellegrini sorri e pede a Nicky a saideira, empurrando o copo vazio pelo bar e apontando para o shot na frente de Requer. Os outros investigadores se voltam para outra conversa.

"Eu não diria o mesmo sobre o Fred", revela Requer, baixo o suficiente para que o comentário seja ouvido só por Pellegrini. "Não diria."

Pellegrini concorda, mas subitamente se sente desconfortável. Ele e Fred Ceruti tinham sido transferidos para o esquadrão de Landsman juntos, preenchendo vagas surgidas com diferença de poucas semanas. Assim como Requer, Ceruti é negro, mas, ao contrário de Requer — que tinha passado seis anos na divisão de narcóticos antes de ser transferido para homicídios —, Ceruti acabou de sair do Distrito Leste, com apenas quatro anos de experiência na força policial. Ele foi empurrado para o sexto andar da central pelo capitão, que viu nele um policial que fazia um bom serviço à paisana em nível distrital. Mas, para Requer, essas credenciais não bastam.

"Quer dizer, eu gosto do Fred. Gosto mesmo", diz Requer. "Mas ele não está pronto para homicídios. Nós repassamos com ele alguns casos e mostramos o que precisa ser feito, mas não funcionou. Ele ainda não está pronto."

Pellegrini não diz nada, ciente de que Requer é um investigador veterano em seu esquadrão, e um dos mais longevos investigadores negros na divisão de homicídios; ele conquistou espaço no Departamento de Investigação Criminal em uma época em que policiais negros ainda escutavam piadas racistas na sala de chamada da delegacia. Pellegrini sabe que, para um sujeito desses, sentar aqui tecendo loas ao garoto italiano sem elogiar Ceruti, não deve ser fácil.

"Preciso falar uma coisa", fala Requer para os outros homens do Departamento no bar. "Se alguém na minha família fosse morto, se eu fosse morto, eu ia querer que o Tom investigasse." Um elogio de investigador.

"Você deve estar realmente bêbado", diz Pellegrini.

"Não, parceiro."

"Bom, Rick", continua Pellegrini, "obrigado pelo voto de confiança. Eu posso não solucionar seu assassinato, mas definitivamente vou ganhar algumas horas extras."

Requer ri e chama Nicky. O bartender serve um último shot, por conta da casa, e o investigador manda o scotch goela abaixo em um movimento ensaiado e fluido.

Os dois homens deixam o bar, atravessando o restaurante e a porta dupla do lado da rua Water. Em três meses, o Bar do Mercado e Restaurante de Frutos do Mar vai se tornar um Dominique's, um restaurante francês de fundos consideráveis. A clientela vai se vestir melhor, a comida vai ser mais cara; o menu, um pouco menos compreensível ao investigador de homicídios típico. Nicky vai ter ido embora, o preço de um drink vai subir até a marca de 4 dólares, e o pessoal do departamento que frequenta o bar vai ouvir que sua presença não é mais adequada à imagem do restaurante. Mas, nesse momento, o Bar do Mercado é tão território do DPB quanto o Kavanaugh ou o centro de eventos da Ordem Fraterna dos Policiais.

Pellegrini e Requer dobram na rua Frederick e passam pelo trecho de calçada onde Bob Bowman fez sua legendária fuga. Nenhum investigador de homicídios consegue passar pelo local sem sorrir com a ideia de Bowman, bêbado, pegando emprestado o cavalo de um sujeito montado por tempo suficiente para desfilar de um lado para outro em frente à janela de vidro do Bar do Mercado, através da qual uma meia dúzia de outros investigadores podiam ser vistos enlouquecendo. Em dias propícios, Bo media 1,67 m. Montado naquele garanhão, ele parecia uma mistura de Napoleão Bonaparte com Willie Shoemaker.*

"Você está em condições de dirigir?", pergunta Pellegrini.

"Sim, parceiro, tô legal."

"Certeza?"

"Claro, porra."

"Beleza então."

---

* Famoso jóquei norte-americano, conhecido por sua estatura diminuta.

"Aí, Tom", diz Requer depois de atravessar a rua até o estacionamento na rua Hamilton, "se o caso vai ser solucionado, então vai ser solucionado. Não deixa isso te derrubar."

Pellegrini sorri.

"Tô falando sério", reforça Requer.

"Tá bom, Rick."

"Sério."

Pellegrini sorri de novo, mas com o olhar de um homem que se afoga e já não tem forças para lutar contra a correnteza.

"Sério, parceiro. Você faz o que pode e é isso. Se as provas não estão lá, você sabe, não estão lá. Você faz o que pode..."

Requer acerta o ombro do jovem investigador com a mão aberta e, depois, vasculha um bolso da calça em busca das chaves do carro. "Você sabe o que quero dizer, parceiro."

Pellegrini assente, sorri e assente de novo. Mas se mantém em silêncio.

Sexta-feira, 8 de abril

"Brown, seu monte de merda."

"Senhor?"

"Chamei você de monte de merda."

Dave Brown ergue os olhos da edição da semana da *Rolling Stone* e suspira. Donald Worden está endiabrado, e nada de bom pode resultar disso.

"Me dá 25 centavos", pede Worden, a palma da mão aberta.

"Deixa ver se eu entendi", responde Brown. "Eu estava aqui na minha mesa, lendo uma revista..."

"Uma dessas revistas de estudante de arte", interrompe Worden.

Brown balança a cabeça, desgostoso. Embora suas criações mais recentes tenham se limitado a bonecos de palito mortos em seus rascunhos de cenas de crimes, David John Brown é, de fato, cria do Instituto de Artes de Maryland. Na cabeça de Worden, esse fato, por si só, torna suspeitas as credenciais de Brown como investigador de homicídios.

"Lendo uma revista de rock'n'roll e cultura popular", continua Brown, "sem importunar ninguém, e você entra pela minha porta e se refere a mim como matéria fecal."

"Matéria fecal. Que porra é essa? Eu não fiz faculdade. Sou só um branquelo pobre e burro de Hampden."

Brown revira os olhos.

"Me dá 25 centavos, minha putinha."

Isso acontece desde que Dave Brown chegou à divisão de homicídios. Repetidas vezes, Worden demanda 25 centavos dos investigadores novatos e então embolsa o dinheiro. Nenhuma visita à máquina de salgadinhos no andar de baixo, nenhuma doação para o fundo do café — o dinheiro é colhido como uma espécie de tributo. Brown revira o bolso e, então, joga uma moeda de 25 centavos para o investigador veterano.

"Que belo monte de merda", repete Worden, pegando a moeda. "Por que não começa a atender a algumas ligações, Brown?"

"Acabei de pegar um assassinato."

"Ah, é?", diz Worden, desfilando em direção à mesa de Brown. "Então, pega essa."

O Grandão se inclina sobre a cadeira de Brown, a virilha na altura da boca do investigador novato. Brown dá um falso grito histérico, atraindo Terry McLarney até a sala.

"Sargento McLarney, senhor", grita Brown, com Worden quase em cima dele. "O investigador Worden está me forçando a ter relações sexuais proibidas por lei. Como meu superior imediato, eu rogo a você..."

McLarney sorri, bate continência e dá meia-volta. "Prossigam, homens", diz, voltando ao escritório principal.

"Sai de cima de mim, desgraça", grita Brown, cansado da piada. "Me deixa em paz, seu urso de merda."

"Uuuuhhhhhh", diz Worden, se afastando. "Agora sei o que você realmente pensa de mim."

Brown não diz nada, tentando com afinco voltar a ler a revista.

O Grandão não o deixa em paz. "Monte... de..."

Brown olha para o investigador veterano, sua mão direita faz um movimento furtivo em direção ao coldre no ombro que guarda um .38 de cano longo. "Cuidado", alerta Brown. "Tô com o cano longo hoje."

Worden faz um gesto negativo e vai até o cabide de casacos em busca dos charutos. "Que porra você tá fazendo com essa revista, Brown?", diz, acendendo um charuto. "Por que não está por aí trabalhando no caso Rodney Tripps?"

Rodney Tripps. Traficante morto no banco do motorista de seu carro de luxo. Sem testemunhas. Sem suspeitos. Sem provas materiais. O que diabos havia para investigar?

"Escuta, não sou a única pessoa aqui com um caso em aberto", diz Brown, exasperado. "Estou vendo uns dois nomes lá em cima, em vermelho, que pertencem a você."

Worden não diz nada, e, por um segundo, Brown deseja não ter dito as duas últimas frases. A conversa entre policiais sempre tem um certo tom, mas, de vez em quando, a linha é cruzada. Brown sabe que, pela primeira vez em três anos, o Grandão está ficando pra trás, lidando com dois casos em aberto consecutivos; e, mais importante, a baderna que é a investigação da rua Monroe se arrasta de modo interminável.

Como consequência, Worden passa os dias pastoreando duas dúzias de testemunhas no grande júri, no segundo piso do Fórum Mitchell, e então aguarda do lado de fora enquanto Tim Doory, o principal promotor no caso, faz seu melhor para recriar o misterioso assassinato de John Randolph Scott. Worden também tem sido chamado ao mesmo julgamento, com vários jurados fazendo perguntas incisivas a respeito das ações dos policiais envolvidos na perseguição a Scott — sobretudo os jurados que ouviram a gravação do rádio do Distrito Central. E Worden não tem respostas; o caso começa e termina com o corpo de um jovem em um beco na zona oeste de Baltimore e um elenco de policiais dos distritos Oeste e Central, todos afirmando não saber nada ligado ao caso.

Previsivelmente, a única testemunha civil de Worden — o homem identificado pela imprensa como um suspeito em potencial — tinha comparecido diante do grande júri e se recusado a testemunhar, invocando a Quinta Emenda no que se refere à autoincriminação. O sargento Wiley, o policial que encontrou o corpo e que teria de explicar sua transmissão de rádio anterior, cancelando a descrição do suspeito, não tinha sido convocado como testemunha.

Só chamamos Wiley como último recurso, explicou Doory para Worden, porque, se ele for culpado, também vai invocar a Quinta Emenda. E, a essa altura, o promotor argumentou, existem poucas opções restantes: se permitirmos que Wiley se recuse a testemunhar, ele sai da sala do grande júri, nos deixando com provas insuficientes para qualquer tipo de denúncia. Mas, se lhe oferecermos imunidade, para incentivar seu depoimento, aí fazemos o quê? O que acontece se John Wiley, após obter imunidade, disser pra gente que baleou o rapaz? Aí, explicou Doory, teremos resolvido um caso no qual não podemos obter uma condenação.

Depois de voltar do fórum todas as tardes da semana, as noites de Worden são dedicadas a circular e lidar com tiroteios, suicídios e, por fim, novos assassinatos. E, pela primeira vez desde sua transferência para a divisão de homicídios, Worden também não tem respostas para esses.

Levando em conta que o esquadrão é todo construído em torno de Worden, até mesmo McLarney está um pouco nervoso diante da tendência. Cada investigador tem sua cota de casos não resolvidos, mas, para Worden, dois casos consecutivos em aberto é algo que simplesmente não acontece.

Durante um turno da meia-noite recente, McLarney apontou para os nomes em vermelho no quadro e anunciou "Um desses vai ser solucionado", acrescentado, tanto para ouvir a si mesmo dizendo isso quanto para convencer os outros, "Donald não vai deixar dois em sequência, assim."

O primeiro caso era um assassinato ligado ao tráfico na avenida Edmondson em março, um crime de rua no qual a única testemunha em potencial era um fugitivo de um centro de detenção juvenil de 14 anos. Era incerto se conseguiriam achar o garoto e se ele contaria sua versão. Mas o segundo assassinato, uma briga na Ellamont que tinha se transformado no assassinato de um homem de 30 anos — esse deveria, em condições normais, ser uma barbada. Dwayne Dickerson tinha recebido um tiro na nuca ao tentar intervir em uma briga de rua, mas, quando todos os envolvidos foram levados para a central e interrogados, Worden se deparou com um fato deprimente: ninguém parecia conhecer o atirador ou, por falar nisso, o que ele estava fazendo em Baltimore com uma arma na mão. De acordo com todos os relatos — e as testemunhas foram consistentes nisso —, o atirador não tinha nada a ver com a briga inicial.

McLarney talvez goste de pensar que Worden não é capaz de deixar dois assassinatos em vermelho, mas, a menos que o telefone toque no caso Dickerson, não há muito mais que um investigador possa fazer além de checar outros boletins de ocorrência de agressão a tiros no Distrito Sudoeste e torcer para encontrar alguma coisa compatível. Worden já disse exatamente isso a seu sargento, mas McLarney escutou somente o eco da rua Monroe. No entendimento dele, o departamento tinha usado seu melhor investigador para perseguir outros policiais, e só Deus sabe como esse tipo de coisa afeta um sujeito como Worden. Por dois meses, McLarney tinha tentado tirar seu melhor investigador do caso Scott, o colocando de volta à circulação. Faça o homem montar no cavalo de novo com novos assassinatos, McLarney pensa. Ponha-o na rua de novo que ele volta a ser o mesmo.

Mas Worden não é o mesmo. E, quando Brown deixa escapar o comentário a respeito dos nomes em vermelho no mural, Worden subitamente adota um silêncio frio. A conversa, a tiração de onda e o humor de vestiário dão lugar à amargura.

Brown sente isso e muda de tom, tentando provocar o Grandão em vez de brigar com ele. "Por que você está sempre me sacaneando?", pergunta. "Por que nunca pega no pé do Waltemeyer? Waltemeyer vai até Pikesville no turno de sábado buscar bagels para você?"

Worden não diz nada.

"Por que caralho você nunca sacaneia o Waltemeyer?"

Brown sabe a resposta. Worden não vai ficar de sacanagem com Waltemeyer, que já tem mais de duas décadas nas trincheiras. Ele sacaneia Dave Brown, que tem meros treze anos de polícia. E Donald Waltemeyer não dirige até Pikesville às 7h para buscar bagels pelo mesmo motivo. Brown busca os bagels porque é o sujeito novo e porque Worden quer lhe ensinar uma lição. E, quando alguém como Donald Worden quer uma dúzia de bagels e meio quilo de patê de vegetais, o sujeito novo entra no Cavalier e dirige até a Filadélfia, se necessário.

"É esse o agradecimento que recebo", dispara Brown, ainda provocando o investigador veterano.

"Você quer o quê, um beijo?", responde Worden, finalmente. "Você nem trouxe alho pra mim."

Brown revira os olhos. Bagels de alho. Sempre a porra do bagel de alho. Teoricamente, são melhores para a pressão arterial do Grandão e, quando Brown traz os de cebola ou semente de papoula nos turnos de fim de semana, ele ouve um sermão. Com exceção da imagem de Waltemeyer trancado em uma grande sala de interrogatório com seis estivadores gregos bêbados, a fantasia mais elaborada de Brown é dele no quintal da frente de Worden às 5h de um sábado, jogando sessenta ou setenta bagels contra as janelas do quarto principal.

"Não tinha de alho", diz Brown. "Eu perguntei."

Worden o olha com desprezo. É a mesma expressão que tem na fotografia da cena de crime em Cherry Hill, aquela que Brown pegou para sua coleção particular, aquela que dizia, "Brown, seu monte de merda, como você pode acreditar que essas latas de cerveja têm alguma coisa a ver com a cena do crime". Algum dia, Worden pode simplesmente se aposentar e Dave Brown se tornar a próxima peça principal do esquadrão de McLarney. Mas, até lá, a vida do novato está restrita a um inferno escolhido especialmente por Worden.

Para Worden, no entanto, o inferno é inteiramente criado por sua própria mente. Ele tinha amado esse emprego — amado demais, talvez —, e agora seu tempo parece estar se esgotando. É compreensível que seja difícil para Worden aceitar isso; durante vinte e cinco anos, foi trabalhar todos os dias munido da certeza de que, não importava aquilo em que o departamento o colocasse para trabalhar, ele brilharia. Sempre tinha sido assim, desde muitos anos antes, na Noroeste, um período extenso que tinha tornado o trabalho naquele distrito algo natural para ele. Que diabos, ele ainda não conseguia investigar um homicídio por lá sem fazer conexões com lugares e pessoas que conheceu naquela época. Desde o começo, nunca foi muito bom em escrever relatórios; no entanto, não existe ninguém mais capaz de ler as ruas. Nada acontecia em seu posto sem ser percebido por Worden: sua memória para rostos, endereços e incidentes há muito esquecidos por outros policiais é espetacular. Ao contrário de todos os outros investigadores na unidade, Worden nunca carrega um bloco de notas para as cenas de crimes, pelo simples motivo de que ele se lembra de tudo; uma piada recorrente na unidade diz que Worden precisa de uma única caixa de fósforos para anotar os detalhes de três homicídios e um tiroteio envolvendo a polícia. Na tribuna, advogados frequentemente pedem para ver as anotações de Worden e ficam incrédulos quando ele afirma não ter nenhuma.

"Eu me lembro das coisas", disse certa vez a um advogado de defesa. "Faça sua pergunta."

Em noites vagarosas, Worden pegava um Cavalier e circulava por algum ponto de venda de drogas, ou pelo centro, no Açougue na avenida Park, onde rapazes se prostituíam em frente aos bares gays. Cada volta dessas fornecia cinco ou seis novos rostos para seu banco de memória, outras quatro ou cinco vítimas ou vitimizadores que poderiam fazer a diferença em algum caso. Não era uma memória puramente fotográfica, mas algo muito próximo. E, quando Worden finalmente levava essa memória para a central, para a velha unidade de fugas e apreensões, ficava claro para todos que ele jamais voltaria a trabalhar à paisana no Noroeste. O sujeito tinha nascido para ser investigador.

Não era apenas sua soberba memória que o tinha mantido no Departamento de Investigação Criminal, embora essa capacidade, por si só, fosse formidável o suficiente quando alguém estava tentando encontrar um preso foragido, ou comparar uma sequência de roubos ocorridos na cidade e no condado, ou lembrar qual tiroteio na zona oeste tinha envolvido uma .380 automática. Mas a memória de elefante era parte integral da abordagem de Worden para o trabalho policial, sua clareza de pensamento e objetividade, sua insistência em lidar com pessoas de modo direto e exigir, de modo calmo e formidável, que elas façam o mesmo.

Worden lutou sua cota de batalhas, mas seu tamanho nunca o tinha conduzido à violência, e sua arma — que ele ameaçou empenhar diversas vezes — tinha sido quase irrelevante para sua carreira. Sua fanfarronice, seus insultos e provocações na sala do esquadrão eram uma atuação tanto quanto todo o resto, e todos — de Brown a McLarney — sabiam disso.

O tamanho dele podia ser intimidador, e Worden se valia desse fato ocasionalmente. Mas, em última análise, fazia o trabalho usando a cabeça, com um processo de raciocínio tão fluido quando refinado. Na cena de um crime, ele absorvia não apenas as provas materiais, mas tudo e todos nas margens dela. Com frequência, enquanto Rick James fazia o serviço burocrático em uma cena, via Worden parado a um quarteirão de distância, uma massa branca em um mar de rostos negros. E adivinha se ele não voltava sempre com alguma informação relacionada ao sujeito morto. Qualquer outro investigador receberia olhares sinistros e talvez ouviria algum palavrão, mas Worden, de algum modo, conseguia ir além com a rapaziada das esquinas, deixando claro que estava lá para consertar algo. Se tinham qualquer respeito pela vítima, se alguma vez tinham pensado em dizer qualquer coisa que um investigador de polícia gostaria de ouvir, aquela era a chance deles.

Parte disso se devia ao modo ranzinza e paternal de Worden. Os olhos azuis, a papada, o cabelo branco escasseando — ele parecia o pai cujo respeito sujeito algum suportaria perder. Durante depoimentos e interrogatórios, falava de modo calmo, cansado, com um olhar que fazia o ato de mentir parecer um pecado inexplicável. E isso era verdade para negros ou brancos, homens ou mulheres, homossexuais ou heterossexuais; Worden tinha uma credibilidade que, de algum modo, transcendia os excessos de sua profissão. Na rua, pessoas que tinham desprezo por qualquer outro oficial da lei cessavam hostilidades com Donald Worden.

Uma vez, quando já trabalhava no centro investigando assaltos com Ron Grady, a mãe de um rapaz que tinham prendido ameaçou dar parte por uso excessivo de força junto à corregedoria. Grady, contaram para ela, tinha dado uma surra no rapaz na carceragem da delegacia.

"Grady não bateu no seu filho", disse Worden à mãe. "Eu bati."

"Muito bem, sr. Donald", declarou a mulher. "Se você teve que bater nele, então eu sei ele pediu."

Mas ele raramente batia em alguém. Ele raramente precisava. Ao contrário de muitos outros policiais com os quais trabalhou — e vários outros policiais mais jovens também —, ele não era racista, embora todo garoto nascido e criado em um enclave branco e de classe média como

Hampden tenha tido ampla oportunidade para desenvolver a tendência. E o Departamento de Polícia de Baltimore também não era o ambiente mais tolerante para se amadurecer; havia policiais vinte anos mais jovens que reagiam ao que viam nas ruas se escondendo em uma caverna psicológica, amaldiçoando, em suas palavras, cada crioulo e bicha liberal por ter arruinado o país. Mas, de algum modo, com nada mais do que a educação do ensino médio e o treinamento na Marinha, Worden cresceu no serviço. Sua mãe tinha tido algo a ver com aquilo; ela não era o tipo de pessoa que trazia preconceitos para casa. Sua longa parceria com Grady também produziu um efeito positivo; não havia como, ao mesmo tempo, respeitar um investigador negro e usar palavras como crioulo e urubu como se elas não significassem nada.

Essa sensibilidade era outro ponto forte. Worden era um dos poucos investigadores brancos na homicídios que conseguiam sentar em uma mesa em frente a um adolescente negro de 15 anos e deixar claro — com nada além de um olhar e uma ou duas palavras — que estavam começando do zero. Respeito gerava respeito, e a mesma regra valia para desprezo. Qualquer um conseguia enxergar que a barganha sendo oferecida era justa.

Era Worden, por exemplo, que tinha ganhado a confiança da comunidade gay quando uma série de assassinatos de homossexuais assolou o bairro de Mount Vernon, no centro. O departamento como um todo ainda era desprezado por muitos na comunidade gay graças a um histórico de intimidação, tanto real quanto, graças a essas circunstâncias, imaginada. Mas Worden era capaz de entrar em qualquer clube na avenida Park, mostrar ao bartender uma série de fotos e obter respostas verdadeiras. Sua palavra era sua garantia, e seu trabalho não incluía julgar ou ameaçar. Ele não precisava que ninguém saísse do armário ou fizesse uma queixa oficial de crime. Só precisava saber: esse sujeito na foto é o mesmo que faz programa em bares, o mesmo que tem espancado e roubado os homens que o contratam para fazer programas? Quando os assassinatos em Mount Vernon foram solucionados, Worden fez questão de levar todo seu esquadrão a um bar gay na avenida Washington, onde pagou uma rodada para o bar todo e então, para delírio dos demais investigadores, bebeu de graça pelo resto da noite.

Mesmo na divisão de homicídios, onde certa medida de talento e inteligência eram esperados, Worden era reconhecido como um recurso valioso — um policial admirado por outros policiais, um investigador legítimo. Em seus três anos na homicídios, trabalhou nos turnos da meia-noite e em turnos duplos lado a lado com homens mais jovens. Ele mostrou a eles o que vinte e cinco anos podem ensinar e, ao mesmo tempo, aprendeu novos truques que a investigação de homicídios podia ensinar. Até o caso da rua Monroe, Worden pareceu indestrutível, se não infalível. Até o caso da rua Monroe, tinha parecido que o sujeito atenderia a chamadas para sempre.

John Scott, morto em um beco com um punhado de policiais do Distrito Oeste parados ao seu redor, era o único que tinha escapado. Além do custo emocional de investigar outros policiais, de vê-los mentindo para você como qualquer outro imbecil nas ruas, a investigação da rua Monroe tinha se tornado para Worden aquilo que o assassinato de Latonya Wallace era para Pellegrini. Um sujeito resolve dez assassinatos consecutivos e começa a acreditar que pode se manter um passo à frente para sempre. Então, surge um caso prioritário, um caso ruim, e o mesmo sujeito subitamente começa a se perguntar onde isso termina — todos os arquivos, todos os relatórios, todos os ferimentos em todos os homens mortos em todas as cenas de crimes — tantos crimes que nomes e rostos perdem o significado, até que aqueles privados de liberdade e aqueles privados de suas vidas se misturam em uma mesma imagem triste.

Isso, por si só, poderia ser motivo suficiente para Worden desistir, mas havia outros além desse. Por exemplo, ele não tinha mais uma família para sustentar. Os filhos já estavam grandes, e a esposa tinha se acostumado, havia muito tempo, a uma separação que já durava dez anos. Eles tinham alcançado um equilíbrio: Worden nunca tinha dado entrada no divórcio; a esposa, ele sabia, também jamais faria isso. No que se referia às finanças, Worden tinha assegurado uma pensão equivalente a 60% do seu salário a partir do momento que solicitasse a aposentadoria, de modo que ele recebia menos da metade de seu contracheque. Nos dias de folga, ganhava mais dinheiro transportando peles para clientes das unidades de armazenamento de verão, ou então trabalhava na casa que tinha comprado em Brooklyn Park. Era bom com as mãos e com ferramentas, e certamente havia dinheiro a ser ganho fazendo concertos domésticos. Uma figura emblemática na divisão de homicídios como Jay Landsman ganhava milhares de dólares com uma pequena empresa que ele comandava no tempo livre; a piada que contavam era que Landsman conseguia resolver o assassinato de sua mãe em uma semana — ou em quatro dias, se você também colocasse uma varanda nova no pátio nos fundos.

Fora o livro-caixa, havia duas boas razões para ficar. A primeira era Diane, a secretária ruiva do Setor de Investigações Especiais no fim do corredor, que, graças a sua bravura em domesticar Worden, tinha ganhado a admiração e a simpatia de toda a divisão de homicídios. A verdade era que Worden tinha sido fisgado; o anel de ouro com as iniciais "D&D" que usava na mão esquerda deixava isso claro. Mas, mesmo que se casassem no dia seguinte — e Worden ainda tentava se acostumar à ideia de algo permanente —, Diane não teria direito a benefícios integrais, a menos que ele ficasse mais um ano no departamento. Sendo um policial de 49 anos hipertenso, Worden tinha que pensar nesse tipo de coisa.

Em um nível menos prático, havia também uma voz baixa e clara dentro da cabeça de Worden, que lhe dizia ter sido feito para aquele emprego e nenhum outro, a voz que lhe dizia que ainda estava vivendo uma vida e tanto. Do fundo do coração, Worden queria muito continuar ouvindo aquela voz.

Uma semana atrás, Waltemeyer tinha desenterrado um caso de assassinato de 1975 nos arquivos, um assalto a um bar em Highlandtown no qual o atirador tinha sido denunciado em um mandado, mas nunca capturado. Quem poderia acreditar que treze anos poderiam se passar antes de o suspeito finalmente reaparecer em Salt Lake City, contando a um amigo a respeito de um crime que, acreditava, todos haviam esquecido? Quem acreditaria que o arquivo do caso ainda conteria a fotografia de uma fila de identificação de suspeitos, uma foto em que cinco investigadores apareciam perfilados junto a um suspeito genuíno? E olha só a cara daquele jovem entroncado, aquele com cabelo loiro espesso e olhos azuis profundos, aquele encarando a câmera, tentando muito parecer mais um criminoso do que um investigador de roubos? Donald Worden tinha 36 anos quando a foto foi tirada — mais duro, mais magro, vestido de modo espalhafatoso, com calça xadrez e terno esporte de poliéster típico entre os investigadores novatos da Baltimore de antigamente.

Waltemeyer, é claro, mostrou as fotos na sala do esquadrão, como se tivesse descoberto os restos de algum rei antiquíssimo. Não, Worden lhe disse, não quero isso de souvenir, porra.

A única coisa que o salvou naquele dia foi o telefone tocando e um crime com faca na zona oeste. Worden, feito um velho cachorro do corpo de bombeiros, foi pra rua ao soar do sino. Levou um bilhete com o endereço e o horário da chamada e já estava à metade do caminho do elevador antes que qualquer outro investigador pudesse pensar em atender à chamada.

Seu parceiro na chamada era Kincaid, outro veterano de vinte anos, e juntos eles analisaram a cena na estrada Franklin. Era um esfaqueamento doméstico típico, com a faca largada na varanda da frente e um rastro de sangue que apontava para dentro da casa geminada. No chão da sala de estar, imerso em um lago de sangue vermelho-arroxeado de 3 m de diâmetro, estava o telefone usado pelo marido para pedir ajuda.

"Jesus, Donald", disse Worden. "Deve ter acertado uma veia."

"Ah, é", disse Kincaid. "Deve mesmo."

Do lado de fora, nos degraus, o primeiro policial a chegar à cena estava anotando detalhes para seu relatório com o esperado ar de indiferença. Mas, quando ele anotou os números sequenciais dos dois investigadores — um código do departamento que identifica os policiais por ordem cronológica —, ergueu os olhos impressionado.

"A-sete-zero-três", informou Worden.

"A-nove-zero-quatro", disse Kincaid.

Para ter um A na sequência, precisava ter ingressado na força até 1967. O policial uniformizado, que tinha um D na sua sequência, balançou a cabeça. "Não tem ninguém lá na homicídios com menos de vinte anos de casa?"

Worden não disse nada, e Kincaid foi direto ao que interessa. "O sujeito foi mandado pro Hospital Universitário?", perguntou.

"Sim. Pro pronto-socorro."

"Como ele estava?"

"Estavam tentando estabilizar a condição dele quando cheguei lá."

Os investigadores voltaram até o Cavalier, mas se viraram abruptamente quando outro policial de uniforme, acompanhado de um garoto de 6 anos de idade, fez sinal para que se aproximassem do local onde a faca tinha sido encontrada.

"Esse jovem viu o que aconteceu", disse o uniformizado, alto o suficiente para que o menino ouvisse, "e gostaria de nos contar."

Worden se ajoelhou. "Você viu o que aconteceu?"

O garoto fez que sim.

"SAI DE PERTO DESSE MOLEQUE", gritou uma mulher do outro lado da rua. "VOCÊ NÃO PODE FALAR COM ELE SEM UM ADVOGADO."

"Você é a mãe dele?", perguntou o uniformizado.

"Não, mas ela não quer que ele fale com a polícia. Eu sei disso. Tavon, não fala nada."

"Então você não é a mãe?", perguntou o uniformizado, fervendo de raiva.

"Não."

"Então cai fora daqui antes que eu te mande pra trás das grades", resmungou o patrulheiro, baixo o suficiente para que o garoto não escutasse. "Tá me entendendo?"

Worden voltou a prestar atenção ao garoto. "O que você viu?"

"Vi o Bobby correndo atrás da Jean."

"Viu, é?"

O garoto fez que sim. "E quando ele chegou perto, ela cortou ele."

"Foi ele que esbarrou na faca? Ele esbarrou por acidente, ou Jean tentou cortar ele?"

O garoto balançou a cabeça. "Ela fez assim", disse, erguendo a mão com firmeza.

"Foi, é? Bom, qual seu nome?"

"Tavon."

"Tavon, você nos ajudou um bocado. Obrigado."

Worden e Kincaid tiraram o Cavalier do meio da crescente aglomeração de carros-patrulha e rumaram para o leste, até a emergência do Universitário, ambos convencidos de que a Regra Seis no manual de homicídios se aplicava. Ou seja:

Quando um suspeito é imediatamente identificado em um caso de agressão, a vítima com certeza sobrevive. Quando nenhum suspeito é identificado, a vítima certamente morre. E, de fato, a regra se confirmou naquele caso quando posteriormente encontraram Cornell Robert Jones, 37 anos, deitado em um consultório aos fundos, consciente e alerta, enquanto uma cirurgiã residente loira — uma cirurgiã residente loira particularmente atraente — aplicava pressão ao ferimento na parte interna da coxa esquerda.

"Sr. Jones?", perguntou Worden.

Contorcendo-se de dor, a vítima confirmou com um sutil meneio da cabeça por baixo da máscara de oxigênio.

"Sr. Jones, eu sou o investigador Worden do departamento de polícia. Consegue me ouvir?"

"Consigo", disse a vítima, sua voz quase silenciada pela máscara.

"Passamos na sua casa, o pessoal disse que viu sua namorada, ou esposa..."

"Minha esposa."

"Disseram que sua esposa esfaqueou você. Foi isso que aconteceu?"

"Pode apostar que ela me esfaqueou", disse, se contorcendo novamente.

"Você não esbarrou na faca ou coisa do tipo?"

"Não, porra. Ela me esfaqueou."

"Então se a gente fizer um mandado no nome da sua esposa, você não vai mudar de ideia sobre isso amanhã?"

"Não vou, não."

"Muito bem, então", disse Worden. "Você faz ideia de onde sua esposa pode estar agora?"

"Não sei. Talvez na casa de alguma amiga, ou coisa assim."

Worden assentiu e olhou para Kincaid, que tinha passado os cinco minutos anteriores analisando do modo mais detalhado possível a cirurgiã residente, dadas as circunstâncias.

"Vou dizer uma coisa, sr. Jones", disse Kincaid pausadamente. "Você está em boas mãos agora. Mãos realmente boas."

A residente ergueu os olhos, irritada e um pouco constrangida. E, então, Worden riu de seus pensamentos de modo depravado. Ele se inclinou sobre a orelha da vítima. "Sabe, sr. Jones, você é um homem de sorte", disse em um sussurro.

"Quê?"

"Você é um homem de sorte."

Estremecendo de dor, a vítima olhou de modo enviesado para o investigador. "Como foi que você chegou a essa conclusão?"

Worden sorriu. "Bom, ao que parece sua esposa estava mirando no seu Bráulio", disse o investigador. "E, pelo que posso ver, ela errou por apenas uns dois centímetros."

De repente, sob a máscara de oxigênio, Cornell Jones ria de modo estrondoso. A residente também tentava se conter, o rosto contorcido enquanto lutava contra sim mesma.

"É", disse Kincaid. "Um cara do seu tamanho, e você chegou bem perto de virar soprano, sabia disso?"

Cornell Jones se sacudia na maca, rindo e se contorcendo ao mesmo tempo.

Worden ergueu a mão e fez um curto aceno. "Tenha uma boa noite."

"Você também, cara", disse Cornell Jones, ainda rindo.

As merdas que a gente vê por aí, pensou Worden, dirigindo de volta para o escritório. E, Deus do céu, ele tinha que admitir que ainda havia momentos em que amava aquele emprego.

Domingo, 1º de maio

"Tem algo errado", diz Terry McLarney.

Eddie Brown responde sem sequer erguer os olhos, o raciocínio inteiramente envolvido em questões matemáticas. Com gráficos estatísticos e planilhas à sua frente, Brown tenta descobrir um meio de prever os quatro números da loteria da noite seguinte, mesmo que tenha que morrer tentando.

"Qual é o problema?"

"Olha em volta", diz McLarney. "O telefone não para de tocar com informação sobre todo tipo de caso, e estamos acumulando barbadas a torto e a direito. Pô, até o laboratório está conseguindo identificar digitais."

"E o que tem de errado com isso?", diz Brown.

"Não é o tipo de coisa que acontece muito por aqui", diz McLarney. "Tenho a sensação de que vamos ser castigados. Tenho essa sensação de que tem alguma casa geminada, em algum lugar, com uma dúzia de esqueletos no porão, só esperando a gente."

Brown balança a cabeça. "Você pensa demais", ele censura McLarney.

Uma crítica raramente feita a um policial em Baltimore, e McLarney ri do absurdo da ideia. Ele é sargento e irlandês; só por conta disso, é sua responsabilidade sempre apontar a pior previsão possível. O quadro está passando de vermelho para preto. Assassinatos estão sendo solucionados. O mal está sendo punido. Santo Deus, McLarney pensa, quanto isso vai nos custar?

A tendência começou um mês antes na avenida Kirk, nos escombros de uma casa geminada que tinha sido incendiada, onde Donald Steinhice observou os bombeiros removerem entulho carbonizado até que três corpos se tornaram visíveis. O mais velho tinha 3 anos, o mais jovem, 5 meses; seus restos foram descobertos em um quarto do andar de cima, onde permaneceram após todos os adultos terem corrido da casa em chamas. Para Steinhice, veterano na equipe de Stanton, as marcas de acelerador de combustao no primeiro piso — identificáveis como áreas mais escuras no chão e nas paredes — contam a história: a mãe terminou com o namorado, o namorado voltou com querosene, as crianças pagaram o preço. Em anos recentes, esse cenário tem se tornado estranhamente comum na periferia. Na verdade, quatro meses antes, Mark Tomlin atendeu a um incêndio em uma casa geminada que matou duas crianças; e, menos de um mês após a tragédia na avenida Kirk, outro namorado incendiou a casa de outra mãe, matando uma criança de pouco menos de 2 anos e sua irmã de 7 meses.

"Os adultos sempre escapam", explicou Scott Keller, o investigador principal no caso mais recente e veterano da unidade de incêndios criminosos do Departamento de Investigação Criminal. "As crianças sempre são deixadas pra trás."

Mais do que a maioria dos homicídios, o incêndio da avenida Kirk teve um custo emocional; Steinhice, um investigador que talvez já tivesse investigado mais de mil casos, teve pesadelos com um assassinato pela primeira vez — imagens chocantes de desespero, nas quais crianças mortas estavam no alto de uma escadaria chorando, aterrorizadas. Ainda assim, quando o namorado chegou algemado à central, foi Steinhice quem reuniu empatia suficiente para obter uma confissão completa. E foi Steinhice quem interveio quando o namorado rasgou uma lata de refrigerante de alumínio após a confissão e tentou usá-la para cortar os pulsos.

O caso da avenida Kirk foi difícil de engolir para Steinhice, mas mesmo assim era como um remédio para aquilo que afligia os dois turnos da divisão de homicídios. Três mortos, uma prisão, três resoluções — uma estatística dessa pode iniciar uma tendência por conta própria.

E, de fato, a semana seguinte rendeu a Tom Pellegrini uma barbada no Centro Cívico, a questão trabalhista que se transformou em uma briga de faca. Rick Requer sucedeu esse caso com mais duas resoluções: um caso de homicídio duplo e suicídio no Distrito Sudeste, no qual um mecânico emocionalmente abalado disparou contra a esposa e a sobrinha na cozinha de casa e resolveu deixar tudo em ordem recarregando a Magnum .44 e enfiando o cano na boca. Em termos humanos, a cena no número 3002 da rua McElderry era um massacre; nos termos estatísticos de investigação de assassinatos urbanos, era o tipo de coisa com que um investigador sonha.

Mais uma semana, e a tendência era clara: Dave Brown e Worden atenderam a uma briga no jogo de pôquer na zona leste, no qual um jogador de 61 anos, zangado quanto ao valor de uma aposta, de repente puxou uma espingarda e estourou um amigo. Garvey e Kincaid seguiram no mesmo tom, visitando o local de um tiroteio em Fairview e encontrando um pai assassinado pelo filho, morto em uma briga causada pela indisposição do rapaz em dividir os lucros de seu comércio de drogas. Barlow e Gilbert também tiraram a sorte grande para o turno de Stanton na Sudoeste, onde mais um jovem namorado furioso tinha ferido fatalmente a mulher que amava e a filha pequena que ela segurava nos braços e, em seguida, usou a arma contra si mesmo.

Cinco noites depois, Donald Waltemeyer e Dave Brown se depararam com outra discussão que resultou em morte, um tiroteio em um bar em Highlandtown no qual a atuação subsequente dos dois suspeitos, no escritório da homicídios, parecia uma cena tirada de algum filme B que trata da máfia. Eram rapazes da Filadélfia, italianos baixinhos e bronzeados, chamados DelGiornio e Forline, e eles tinham matado um homem em Baltimore em uma discussão focada nas relativas conquistas de seus respectivos pais. O pai da vítima era o proprietário de uma firma; entretanto, o pai de DelGiornio tinha se saído bem na máfia da Filadélfia até que eventos que fugiram de seu controle o forçaram a se tornar testemunha contra os chefes da família do crime da cidade. Por isso, obviamente, membros da família precisaram se mudar do sul da Filadélfia, o que, por sua vez, explicava a presença de DelGiornio filho e de seu amigo na região sudoeste de Baltimore. Os investigadores de Baltimore se seguraram para não rir quando DelGiornio telefonou para Papai.

"Oi, Papai", resmungou DelGiornio, chorando ao telefone naquilo que pareceu aos investigadores uma péssima imitação de Stallone. "Eu fiz cagada. Fiz cagada mesmo... Matei ele, sim. Foi uma briga... Não, o Tony... Tony atirou nele... Papai, eu tô fodido de verdade aqui."

Pela manhã, uma tropa de agentes do FBI de cabelo curtíssimo apareceu na casa geminada em Formstone que o governo tinha alugado para o garoto DelGiornio meras quarenta e oito horas antes. Os pertences do garoto foram encaixotados, sua fiança foi fixada em um valor ridiculamente baixo e, na noite seguinte, ele já estava vivendo em alguma outra cidade, à custa do governo. Por seu envolvimento na morte do homem de 24 anos, Robert DelGiornio seria, por fim, submetido à condicional; Tony Forline, o atirador no incidente, pegaria cinco anos. Os dois acordos seriam firmados a apenas algumas semanas do depoimento do DelGiornio pai como testemunha-chave do governo em um caso federal de formação de quadrilha na Filadélfia.

"Bom, demos uma lição nele", declarou McLarney após os rapazes italianos receberem fianças leves de um comissário e serem escoltados para fora de Maryland. "Eles provavelmente estão na Filadélfia agora, avisando todos seus amiguinhos da máfia para não matarem em Baltimore. Talvez a gente não mande eles pra prisão, mas, escuta aqui, a gente pega as armas deles e não devolve."

Independentemente do resultado, o caso DelGiornio foi outro caso resolvido em um mês que subitamente tinha se tornado o mês de resoluções. Para Gary D'Addario, era um bom sinal, mas tinha chegado atrasado. Em um mundo dominado por estatísticas, já tinha passado por aquilo muitas vezes, e, como resultado, seu conflito com o capitão tinha chegado até o sexto andar, em Dick Lanham, o comandante do Departamento de Investigação Criminal. D'Addario não ficou surpreso ao descobrir que, ao conversar com Lanham, seu capitão tinha atribuído a baixa taxa de resolução ao estilo de comando de D'Addario. As coisas estavam ficando feias, tão feias que, no final de uma manhã de abril, o capitão abordou Worden, provavelmente o melhor investigador de D'Addario.

"Sinto informar que o coronel está falando em mudar as coisas", disse o capitão. "Como você acha que o pessoal se sentiria trabalhando com outro tenente?"

"Acho que você teria que lidar com um motim", respondeu Worden, esperando ter matado o embrião da ideia. "Por que pergunta?"

"Bom, quero saber como o pessoal se sentiria", explicou o capitão. "Algo pode estar em vias de mudar."

Em vias de mudar. Em menos de uma hora, D'Addario ficou sabendo da conversa por Worden e três outros investigadores. Ele foi diretamente até o coronel, com quem acreditava ter credibilidade. Oito anos bem-sucedidos como supervisor da homicídios, raciocinou, devem valer alguma coisa.

Para D'Addario, o coronel confirmou que a pressão para removê-lo vinha do capitão. Mais do que isso, o coronel pareceu evasivo e expressou preocupação com a baixa taxa de resolução. D'Addario conseguia ouvir a pergunta não feita: "Se o problema não é você, então qual é?".

O tenente voltou a seu escritório e datilografou um longo memorando que tentava explicar a diferença estatística entre o percentual de Stanton e o seu. Ele observou que mais de metade das mortes investigadas por seu turno tinha ligação com tráfico e observou ainda que aqueles casos haviam sido sacrificados para fornecer pessoal ao caso Latonya Wallace. Mais importante ainda, argumentou, um motivo crucial para a taxa reduzida era o fato de que nenhum dos tenentes tinha empurrado qualquer crime resolvido em dezembro para o ano novo — algo que sempre fornecia algum lastro em janeiro. A taxa vai aumentar, D'Addario previu; já está subindo. Dê a ela algum tempo.

Para D'Addario, o memorando pareceu convencer o coronel; outros no turno não tinham tanta certeza. A escolha do tenente de turno como possível bode expiatório talvez não fosse obra do capitão, mas o resultado de críticas vindas de cima, talvez do coronel e do comandante adjunto. Se fosse esse o caso, então D'Addario estava sendo pressionado por algo além da taxa de resolução. Era por conta do caso da rua Monroe também. E pelos assassinatos no Noroeste e por Latonya Wallace. Especialmente Latonya Wallace. D'Addario sabia que a mera ausência de documentos de acusação no assassinato da garotinha seria suficiente para fazer com que o alto escalão clamasse pela cabeça de alguém.

Desprovido de aliados políticos, D'Addario tinha duas opções: poderia aceitar uma transferência para outra unidade e aprender a viver com o gosto amargo que uma transferência dessas deixa. Ou poderia aguentar, torcendo para que a taxa de resolução continuasse a subir e que um caso prioritário ou dois fossem resolvidos nesse processo. Caso permanecesse, seus supervisores poderiam tentar forçar uma transferência, mas aquilo, ele sabia, era um processo complicado. Eles teriam de indicar o motivo, e aquilo resultaria em uma pequena e feia guerra burocrática. Ele perderia, é claro, mas não seria uma cena bonita — e tanto o coronel quanto o capitão sabiam disso.

D'Addario também compreendeu que haveria um outro custo caso continuasse na divisão de homicídios. Enquanto a taxa permanecesse baixa, ele não teria como proteger seus homens dos caprichos da equipe de comando, ao menos não do modo que havia protegido no passado. As aparências importavam: cada investigador teria que dançar conforme a música, e D'Addario teria de fazer parecer que era ele quem os estava impelindo a isso. As horas extras não fluiriam tão livremente; os investigadores atenderiam a menos chamadas e teriam que aumentar o ritmo. E mais importante, os investigadores teriam que se proteger sozinhos, dando prosseguimento e atualizando os arquivos de cada caso, para que nenhum supervisor pegasse no pé deles e argumentasse que alguma pista tinha sido ignorada. D'Addario sabia que aquilo era apenas uma completa palhaçada do departamento. O trabalho necessário para redigir relatórios se explicando seria um desperdício de tempo valioso. De todo modo, essas eram as regras, e o jogo precisava ser jogado.

A parte mais complicada daquele jogo seria a redução das horas extras da unidade, um ritual que frequentemente assinalava o fim do orçamento anual do departamento em Baltimore. A divisão de homicídios com frequência estourava o orçamento em quase 150 mil dólares em horas extras e pagamentos pela atuação de seus investigadores em julgamentos. Com a mesma frequência, o departamento tentava brandir o chicote em abril e maio, o que exercia efeito mínimo na unidade e desaparecia por completo em junho, quando começava o novo ano orçamentário e o dinheiro começava a fluir livremente de novo. Durante dois ou três meses de cada primavera, capitães mandavam tenentes — que mandavam sargentos — autorizarem o mínimo de horas extras possível, para que os números parecessem um pouco melhores para a chefia no andar de cima. Isso era possível em um distrito no qual, durante a noite, as chamadas são atendidas por um ou dois carros a menos durante uma escassez de horas extras. Mas, na divisão de homicídios, essa prática criava condições de trabalho surreais.

A limitação de horas extras se baseava em uma única regra: qualquer investigador que chegasse a 50% de seu salário-base em horas extras acumuladas e trabalho de fórum era tirado da circulação. A lógica era perfeita do ponto de vista fiscal: se Worden atingia o limite e era colocado indefinidamente no turno diurno, não poderia atender a chamadas. E, se não atendia a chamadas, não fazia hora extra. Mas, na opinião da maioria dos investigadores e dos sargentos, a regra não tinha lógica. Afinal, se Worden era tirado de circulação, então os outros quatro investigadores no seu esquadrão atendiam a mais ligações no turno da noite. E se, bate na madeira, Waltemeyer também estivesse próximo do limite de horas extras, então o esquadrão ficava resumido a três homens. No setor de homicídios do Departamento de Investigação Criminal, um esquadrão que começa um turno da meia-noite com três ou menos investigadores está pedindo para se dar mal.

Mais importante, o limite de horas extras era uma agressão direta à qualidade. Os melhores investigadores inevitavelmente eram aqueles que trabalhavam nos casos mais longos, e os casos deles eram inevitavelmente aqueles fortes o suficiente para ir a julgamento. Claro, um investigador experiente conseguia espremer algumas horas a mais do caso que fosse, mas normalmente custava muito mais dinheiro resolver um assassinato do que deixar em aberto, e ainda mais dinheiro para ganhar o caso em juízo. Um homicídio solucionado é uma fonte de dinheiro fácil, uma verdade reconhecida pela Regra Sete do panteão da sabedoria de investigação de homicídios.

No que diz respeito à cor do dinheiro e às cores que registram os assassinatos solucionados no quadro, a regra diz: Primeiro, vermelho. Depois, verde. Por fim, preto. Mas, naquele momento, por conta da vulnerabilidade de D'Addario, haveria menos verde na equação. Naquela primavera, a regra dos 50% em horas extras ameaçava causar estragos reais.

Gary Dunningan atingiu a marca dos 50% primeiro e subitamente se viu relegado apenas ao turno diurno, dando continuidade a casos antigos e nada além disso. Em seguida, Worden atingiu o limite, depois Waltemeyer, e Rick James estava chegando a quase 48%. De repente, McLarney tinha pela frente três semanas de turnos noturnos com apenas dois investigadores disponíveis.

"Não tem limite para quantos podem matar", disse Worden cinicamente. "Só tem um limite para o número de horas que podemos trabalhar nos casos."

D'Addario jogava o jogo como tinha que ser jogado, enviando muitas cartas — em duplicata para o coronel e o capitão — aos investigadores que se aproximavam do limite de 50% e, então, colocando no banco aqueles que excediam o limite. De modo louvável, seus sargentos e investigadores colaboravam naquela palhaçada. Qualquer um deles poderia contornar as restrições chamando mais investigadores para auxiliar em um turno da meia-noite movimentado e então alegar que as circunstâncias exigiram. Assassinato, afinal de contas, é uma das coisas menos previsíveis do mundo.

Em vez disso, os sargentos escanteavam os investigadores e tentavam conciliar escalas porque entendiam o risco para D'Addario e, também, para eles próprios. Havia um bocado de tenentes no departamento, e, pela estimativa de McLarney e Jay Landsman, ao menos uns 80% tinham a habilidade, o ímpeto e a ambição para realizarem um trabalho acima da média no que se referia a foder por completo o Departamento de Investigação Criminal, caso surgisse a oportunidade.

Mas, se McLarney e Landsman jogavam pelas regras do jogo por lealdade genuína a D'Addario, a motivação de Roger Nolan era bem diferente. Nolan levava a sério seu cargo de sargento e claramente gostava de trabalhar naquilo que era essencialmente uma organização paramilitar. Mais do que o resto dos homens no setor de homicídios, ele tinha satisfação nos protocolos do trabalho policial   a defesa da hierarquia, a lealdade institucional, a cadeia de comando. Aquela peculiaridade não necessariamente o tornava uma pessoa adorada pelos demais; Nolan protegia seus investigadores tanto ou mais do que qualquer outro supervisor na divisão de homicídios, e um investigador que trabalhasse para ele tinha certeza de que o único que podia ferrar com ele era o sargento.

Ainda assim, Nolan era um mistério para seus próprios homens. Cria das periferias da zona oeste de Baltimore, com mais vinte e cinco anos de trabalho policial, diziam que era o único negro filiado ao partido

Republicano na cidade de Baltimore. Ele tinha negado isso repetidas vezes, sem sucesso. Entroncado e careca, com feições largas e expressivas, Nolan se parecia com um boxeador de certa idade, ou talvez com o ex-fuzileiro que era. Crescer não tinha sido fácil para ele; seus pais haviam sido atormentados pelo alcoolismo, outros parentes haviam se envolvido no comércio de drogas no oeste de Baltimore. Em grande medida, a Marinha salvou Nolan, o arrancando da rua Carrollton Norte e lhe dando uma família postiça, uma cama para dormir e três refeições completas por dia. Ele tinha servido tanto no Pacífico quanto no Mediterrâneo e, então, deu entrada nos papéis antes de as coisas esquentarem no Vietnã. *Semper Fi** o tinha moldado: Nolan passava o tempo livre comandando uma tropa de Escoteiros Mirins, lendo história militar e assistindo a reprises de faroeste. Esse não era, na cabeça de nenhum investigador, um padrão de comportamento consistente com o do habitante típico da zona oeste de Baltimore.

Ainda assim, a perspectiva de Nolan era única na divisão de homicídios. Ao contrário de Landsman e McLarney, Nolan nunca tinha sido um investigador de homicídios; na verdade, tinha passado a maior parte de sua carreira em patrulha, trabalhando como supervisor de setor nos distritos Noroeste e Leste — um exílio prolongado da central que começou quando, ainda jovem e promissor policial à paisana, irritou os poderes estabelecidos em um conhecido caso de corrupção no começo dos anos 1970.

Aquela era a época em que o departamento em Baltimore era realmente caótico. Em 1973, quase metade do Distrito Oeste, incluindo seu comandante, foi indiciada ou demitida por cobrar para proteger casas de jogos ilegais. A unidade de jogos de azar do Departamento de Investigação Criminal teve destino similar, e, no setor tático, rumores circulavam a respeito de um oficial negro, major James Watkins, que antes disso era um candidato em ascensão ao posto de comissário. Watkins tinha crescido com muitos dos mais notórios traficantes de drogas da avenida Pensilvânia e, antes de a década acabar, iria a julgamento já no cargo de coronel, acusado de aceitar dinheiro para proteger o comércio de drogas.

Nolan trabalhava à paisana sob o comando de Watkins e sabia que as coisas não funcionavam direito na unidade tática. Em certa ocasião, quando uma das batidas apreendeu mais de quinhentos papelotes de

---

* Corruptela da frase em latim Semper fidelis (Sempre fiel), conhecida como o lema dos Fuzileiros Navais dos EUA.

heroína, outros policiais à paisana se ofereceram para levar a apreensão para o controle de provas. Nolan recusou. Ele mesmo contou os papelotes, fotografou e, então, assinou o recibo na entrega. E, claro, toda a heroína — estimada em 15 mil dólares — desapareceu do setor de provas pouco tempo depois, e dois policiais táticos foram acusados. No entanto, mesmo com tudo isso, Nolan não acreditava que Watkins sabia de alguma coisa ligada à corrupção, ou que estava de algum modo envolvido. Contrariando todos os conselhos e os desejos do comissário de polícia, testemunhou quanto ao caráter de Watkins quando este posteriormente foi a julgamento.

O coronel foi condenado, mas conseguiu um novo julgamento mediante recurso e foi absolvido. O veredito quanto à carreira de Nolan também foi dividido: antes de testemunhar, tinha trabalhado como sargento designado diretamente para a unidade de investigação do Ministério Público; depois, cuidava de um setor de patrulha no noroeste, sem qualquer esperança de voltar ao edifício da central enquanto a administração do departamento não mudasse. O exílio, as maquinações políticas, a mácula injustificável da corrupção dos outros homens — tudo aquilo tinha moldado Nolan, tanto que os homens do esquadrão resmungavam em uníssono toda vez que o sargento começava a contar mais uma vez a história da heroína.

Nolan ter conseguido voltar ao DIC depois de tantos anos passados nas trincheiras era como um testamento pessoal à perseverança humana. E, embora ele não tivesse experiência em investigar mortes, fazia sentido que seu destino final fosse o setor de homicídios, onde corrupção organizada nunca se apresentou como um problema. Durante os últimos quinze anos, o departamento de Baltimore tinha conseguido se manter limpo — com bastante sucesso, se comparado a seus equivalentes em Nova York, na Filadélfia e em Miami. Mas, mesmo que um policial pensasse em ganhar dinheiro de verdade, o lugar para fazer isso era no setor de narcóticos do departamento, ou na unidade de jogos de azar, ou em qualquer outra unidade na qual um investigador pode chutar uma porta e encontrar 100 mil dólares debaixo de um colchão. Na divisão de homicídios, o único golpe conhecido era o das horas extras; ninguém nunca descobriu como fazer cadáveres renderem uma boa grana.

Mais do que qualquer outra coisa, Nolan era um sobrevivente, orgulhoso de sua divisa e de sua posição na divisão de homicídios. Consequentemente, levava os aspectos de supervisão do trabalho a sério e se frustrava quando Landsman, McLarney ou D'Addario pareciam menos interessados nos ritos de comando. As reuniões dos supervisores de turno inevitavelmente começavam com Nolan propondo novas ideias para a operação do turno — algumas boas, algumas ruins, mas todas envolviam algum processo mais formal de supervisão. As reuniões nunca duravam muito: Landsman respondia às ideias de Nolan recomendando ajuda psiquiátrica, ou então o uso de uma maconha de melhor qualidade. Então, McLarney fazia alguma piada a respeito de algo completamente alheio ao tópico em questão, e, para o assombro de Nolan, D'Addario encerrava a sessão. Basicamente, Landsman e McLarney preferiam investigar os casos; Nolan preferia o papel de supervisor em tempo integral.

Como resultado, a súbita mudança tática de D'Addario, em direção a uma supervisão mais atenta, era, do ponto de vista de Nolan, tanto correta quanto tardia. O tenente, pensava, deveria controlar seus sargentos, e os sargentos, por sua vez, deveriam controlar os demais. Na cabeça de Nolan, D'Addario tinha não apenas abdicado de grande parte de sua autoridade, mas da de seus sargentos também.

E, ainda assim, os investigadores de Nolan — Garvey, Edgerton, Kincaid, McAllister, Bowman — operavam com tanta ou mais liberdade que os homens dos outros esquadrões. Documentação, problemas administrativos, problemas de pessoal — Nolan mantinha essas questões sob controle. Mas o propósito essencial do setor de homicídios do DIC era solucionar assassinatos, e, para isso, a cadeia de comando não era mais importante para Nolan e seus homens do que para qualquer outra pessoa. Os investigadores de Nolan trabalhavam em seus casos no ritmo e do modo que queriam, e Nolan jamais exigiria algo além disso. A personalidade de Edgerton exigia aquele tipo de abordagem, e até mesmo Garvey, metódico, reagiria a um sargento pegajoso e perfeccionista resolvendo doze homicídios a cada ano. Sem sargento algum, ele resolveria o dobro.

"Eu não gostaria de trabalhar com nenhum outro sargento daqui", admitiu Garvey, explicando a dinâmica do esquadrão para outro investigador. "É só que, de vez em quando, você tem que dar umas pancadas no Roger e trazer ele de volta pra terra."

Para os próprios investigadores, a redução em horas extras e as mudanças de cronograma eram toleráveis apenas porque eles entendiam bem a situação de D'Addario. E, quando D'Addario começou a atormentar os investigadores, checando os arquivos dos casos e pedindo documentos adicionais, ninguém se ofendeu. Trabalhando no turno da meia-noite com um homem a menos, Rick Requer resumiu o sentimento de modo tocante:

"Se não fosse pelo Dee", disse a dois outros investigadores, "a gente não aturava essa putaria toda."

E eles aturaram tudo aquilo de abril até maio, enquanto D'Addario tentava se acostumar à necessária personalidade de pé no saco. A papelada extra e as mudanças de cronograma eram apenas estéticas e podiam ser suportadas pelo tempo necessário para o tenente sobreviver à tempestade. Quanto às horas extras, elas retornariam na metade de junho, quando o novo ano orçamentário se iniciaria. Eles praguejavam e resmungavam, mas atendiam aos pedidos de D'Addario. E, mais importante, continuavam fazendo a única coisa essencial ao futuro do tenente: solucionando assassinatos.

Ceruti contribuiu com uma prisão em um espancamento fatal no Distrito Sudoeste, e Waltemeyer elucidou o tiroteio em uma casa na rua Wolfe Norte, próximo do complexo hospitalar Hopkins. No turno de Stanton, Tomlin atendeu a um esfaqueamento que terminou com a prisão de um novo cadete da polícia, um sujeito que deveria entrar na academia no mês seguinte.

"Você acha que devo ligar para o departamento pessoal depois disso?", perguntou o sujeito após confessar.

"Talvez seja uma boa ideia", Tomlin lhe disse. "Embora eu tenha certeza de que, de algum modo, eles vão ficar sabendo."

Garvey e Kincaid prenderam mais um na avenida Harlem, onde foram abençoados com testemunhas e um suspeito ainda rondando a cena. Ao chegarem ao Hospital Universitário para checar a vítima, os dois investigadores assistiram aos médicos abrirem o peito do rapaz em uma tentativa desesperada de efetuar massagem cardíaca. A linha no monitor cardíaco estava irregular, e o sangue jorrava para fora da cavidade peitoral, caindo no azulejo branco do piso. Vamos ter um dez-sete em uma ou duas horas, o residente da emergência previu, no mais tardar amanhã de manhã. Não brinca, pensaram os investigadores, que não eram exatamente alheios aos detalhes médicos de mortes violentas. Um cirurgião que abre o tórax está lançando os dados pela última vez; qualquer investigador sabe que 97% dessas tentativas fracassam. A Regra Seis tinha sido subvertida, e Garvey voltou ao escritório sem conseguir conter a emoção.

"Aí, Donald", berrou Garvey, saltitando pelo escritório e então dançando uma valsa com Kincaid ao redor de uma escrivaninha de metal. "Ele vai morrer! Ele vai morrer e sabemos quem é o culpado!"

"Você", disse Nolan, balançando a cabeça e rindo, "é um filho da puta sangue-frio." Então o sargento deu meia-volta e fez uma pequena dancinha ao entrar em seu escritório.

Uma semana depois, Waltemeyer e um promotor-assistente pegaram um voo para Salt Lake City, onde um tipo íntegro, um pilar da comunidade, tinha confessado a seu melhor amigo que era procurado por um assassinato cometido em Baltimore, treze anos antes. Daniel Eugene Binick, de 41 anos, morava em Utah fazia doze anos, a maior parte do tempo casado e trabalhando como consultor de reabilitação de alcoólatras e dependentes de drogas, usando um nome falso. E, embora sua fotografia ainda adornasse o pôster de "Procurado por Homicídio" no escritório principal da divisão de homicídios, aquela era a foto de um homem muito mais jovem e imprudente. O Daniel Binick de 1975 tinha cabelo longo e ensebado, um bigode espesso e uma folha corrida considerável na polícia; a versão do final dos anos 1980 tinha cabelo cortado curto e administrava a sede local do Alcoólatras Anônimos. Mesmo após uma semana de investigação, Waltemeyer encontrou apenas uma testemunha viva daquele assalto a bar seguido de morte. Mas uma bastava, e uma resolução, independentemente de como ocorresse, tinha o mesmo aroma doce de sempre.

No começo de maio, a taxa de resolução já estava mais gorda e feliz, em 60%. Do mesmo modo, o fluxo de horas extras e de pagamento por atuação no fórum seria ao menos temporariamente fortalecido a um patamar que o alto escalão não perceberia. Ainda que não inteiramente segura, a posição de D'Addario tinha se estabilizado, ou ao menos era o que parecia a seus homens.

Durante um breve encontro no escritório da homicídios, Landsman percebeu o clima mais leve no turno e arriscou uma piada à custa do tenente — algo que nem mesmo Landsman teria feito um mês antes.

No fim de uma tarde, D'Addario, Landsman e McLarney estavam plantados na frente do televisor, o tenente e McLarney checando o livro de chamada, Landsman absorvendo os mistérios ginecológicos de uma revista pornô. Vagando pelo sexto andar, o coronel Lanham entrou na divisão de homicídios, e os três supervisores ficaram de prontidão.

Landsman aguardou uns bons três segundos antes de entregar para Gary D'Addario a revista, com a página central totalmente aberta.

"Sua revista, tenente", disse. "Agradeço por ter me deixado olhar."

D'Addario, sem pensar, estendeu a mão.

"Jay, desgraçado", disse McLarney, balançando a cabeça.

Até o coronel deu risada.

Segunda-feira, 9 de maio

Harry Edgerton precisa de um assassinato.

Precisa de um assassinato hoje.

Edgerton precisa de um corpo humano, qualquer corpo humano, imóvel, duro e desprovido de toda sua força vital. Necessita que um corpo tombe dentro dos limites estabelecidos da cidade de Baltimore. Demanda um corpo baleado, esfaqueado, espancado ou reduzido à inoperância por meio de um ato de intervenção humana. Clama por um relatório de homicídios de vinte e quatro horas com o nome dele datilografado no final, uma pasta-arquivo vermelho-amarronzada que declare Harry Edgerton o investigador principal. Quer dizer que Bowman está atendendo a uma chamada de um tiroteio na região nordeste? Diz pra ele aguentar na cena do crime, porque Harry Edgerton, seu amigo e salvador, já está dentro do Cavalier, acelerando pela estrada Harford. É verdade que a polícia do condado está investigando um assassinato em Woodlawn? Bom, arrasta o pobre desgraçado por cima do limite da cidade e deixa o Edgerton dar uma olhada nele. Você tem uma morte suspeita em um apartamento, sem sinais de trauma ou entrada forçada? Sem problema. Dá uma chance pro Edge fazer o relatório dessa parada e talvez ela vire um assassinato antes mesmo da autópsia da manhã seguinte.

"Se eu não pegar um logo", diz Edgerton, cruzando todos os sinais vermelhos na estrada Frederick na escuridão das primeiras horas da manhã, "vou ter que matar alguém."

Durante duas semanas inteiras, o nome de Edgerton tinha sido afixado na moldura de madeira do quadro com um percevejo e também rabiscado com certo desprezo nas folhas amarelas que listam os esquadrões e investigadores que devem atender à próxima chamada envolvendo um homicídio. Esses apontamentos diários são outro indicativo de uma mudança de comportamento em D'Addario; investigadores que tinham atendido a menos assassinatos estavam sendo identificados e designados como candidatos para a próxima ligação. E isso especificamente significava Edgerton. Tendo investigado apenas dois assassinatos naquele ano, o ritmo do veterano era não apenas uma controvérsia dentro do esquadrão, mas uma questão delicada para D'Addario também. Nas duas semanas anteriores, cada uma de suas listas começava e terminava com o nome de Edgerton. Tinha se tornado meio que uma piada diária na sala do café:

"De quem é a vez hoje?"

"Do Harry."

"Meu Deus. Vai ser o Harry até outubro."

Faz alguns dias que Edgerton quica entre de tiroteios, esfaqueamentos, mortes questionáveis e overdoses, esperando pacientemente que algo — qualquer coisa — se revele um assassinato.

E não tem funcionado. Nos dias em que ele atendeu a três ou quatro chamadas, correndo de um lado para outro na cidade para olhar corpos, outros investigadores foram agraciados com massacres de fácil solução. Se Edgerton atende a uma chamada de tiroteio, com certeza a vítima sobrevive. Se ele vai ao local de um aparente espancamento, o legista com certeza determina a causa da morte como overdose, seguida de ferimentos ocorridos quando a vítima caiu no piso de concreto. Edgerton responde a uma ocorrência com morte ainda não atendida, e, sem dúvida, é um aposentado de 88 anos que tinha problemas crônicos no coração. Nada disso importa para D'Addario. Edgerton continua até pegar um assassinato, o tenente repete. Se levar o resto da carreira dele, tudo bem.

Isso resulta em um investigador de homicídios bastante irritado. Afinal, ser considerado o vagal do turno, ou o filho problemático, é uma coisa. Ter que escutar Kincaid, Bowman e sabe Deus quem mais resmungando a respeito de dividir a carga de trabalho — normalmente Edgerton sabe lidar com isso também. Porém, ele conclui que qualquer normalidade já era quando se é obrigado a atender a três malditas chamadas todos os dias por um período de tempo que parece se estender até o fim da vida.

A necessidade de Edgerton de um assassinato ficou clara uma semana antes, quando ele começou a xingar uma vítima de overdose no Lar Murphy, exigindo do cadáver um pouco mais de cooperação e consideração do que o demonstrado até ali.

"Seu filho da puta miserável", disse Edgerton, repreendendo o homem morto enquanto dois policiais da autoridade de habitação lhe observavam, abismados. "Onde foi que você se injetou, porra? Não tenho o dia todo pra checar esses braços de merda. Cadê a picada mais recente?"

Não era só a irritação diante da ausência de uma marca de agulha, mas também a frustração que tinha se acumulado após cada sucessiva chamada. E, naquele momento, parado junto a mais um corpo em uma escadaria no Lar Murphy, Edgerton estava profundamente abalado pelo fato de que o sujeito morto não tinha feito nada mais do que se matar com heroína. Mas que diabos, se perguntava em silêncio, é pedir demais ter um assassinato para investigar? Aqui é Baltimore, pelo amor de Deus. Era um sujeito morto em uma escadaria do conjunto habitacional Lar

George B. Murphy. Que lugar melhor que esse para ser abatido por uma arma de alto calibre, feito um cão? Que porra esse babaca está fazendo com uma seringa próxima à mão esquerda, olhando pra cima, estirado no piso de cimento com esse quase sorriso ridículo na cara?

"Qualé, você é canhoto?", perguntou Edgerton, checando o braço direito de novo. "Onde foi que você injetou essa merda?"

O morto respondia com seu quase sorriso.

"Por que", perguntava Edgerton ao cadáver, "você tá fazendo isso comigo?"

Uma semana depois, Edgerton ainda é o homem principal no turno de D'Addario, acelerando pelo sudoeste de Baltimore para mais uma chamada relatando tiros que, caso a má sorte se mantenha, não será mais do que um tiro de raspão. Não haverá cena de crime, nenhum suspeito, nenhum morto espichado na interseção da Hollins com a Payson. Edgerton conjura não um cadáver, mas um jovem de 18 anos sentado na maca no pronto-socorro de Bon Secours, totalmente alerta, falante, com nada além de uma bandagem envolvendo o braço.

"O Chefão vai ter que me dar uma folga", diz, ziguezagueando entre as duas pistas na desolação da avenida Frederick. "Simplesmente não arranjo um assassinato."

Ele apenas reduz no cruzamento da rua Monroe e então segue direto para a Payson. As luzes estroboscópicas de um carro-patrulha o recepcionam, mas Edgerton imediatamente observa a ausência de carros de bombeiro. Também não há nenhum corpo no chão. Se uma ambulância passou por lá, fala consigo mesmo, já foi embora faz tempo.

O investigador anota o horário de chegada e bate a porta do carro. Um policial de uniforme da Sudoeste, um rapaz branco, se aproxima com um olhar íntegro no rosto.

"Ele tá vivo, né?", diz Edgerton.

"Quem? A vítima?"

Não, pensa Edgerton, a porra do Elvis Presley. Claro que a vítima. O investigador confirma que sim.

"Acho que não", diz o uniformizado. "Ao menos, não por muito tempo. Ele parecia bem mal na ambulância."

O investigador balança a cabeça. O garoto não compreende aquilo com que está lidando. Eu não trabalho com assassinatos, Edgerton quer falar pra ele. Eu só atendo a chamadas.

"Mas temos uma testemunha."

Uma testemunha. Definitivamente, não é um assassinato.

"Cadê a testemunha?"

"Ali, perto do meu carro."

Edgerton olha pela intersecção para um viciado baixo e raquítico, que devolve o olhar e cumprimenta com um movimento de cabeça, demonstrando leve interesse. Isso imediatamente chama a atenção de Edgerton, porque testemunhas oculares que são obrigadas a permanecer na cena do crime em geral não cooperam e ficam de cara amarrada.

"Vou aí em um instante. Cadê a vítima?"

"Em Bon Secours. Acho."

"A cena é essa, certo?"

"Bem aqui, e daquele lado tem mais alguns cartuchos disparados. São de .22, acho."

Edgerton se move devagar pela rua, medindo os passos com cuidado. Dez cápsulas — rifle calibre .22 pela aparência — estão espalhadas pelo asfalto, cada uma delas contornada em giz amarelo. O arranjo das cápsulas indica que vieram da direção oeste pela intersecção, sendo que a maioria das cápsulas caiu próxima à esquina sudoeste. E, naquela esquina, mais duas marcas de giz indicam o local onde o corpo estava quando os médicos chegaram. A cabeça voltada para o leste. Os pés apontando para o oeste, no meio-fio da calçada.

O investigador anda pela cena por mais dez minutos, procurando qualquer coisa fora do comum. Sem rastro de sangue. Sem marcas de briga recentes. Sem marcas de pneus. Uma cena de crime verdadeiramente normal. Na sarjeta próxima à esquina nordeste, ele encontra uma cápsula gelatinosa aberta, com traços de pó branco. Não é nenhuma surpresa — a intersecção da Hollins com a Payson vira um mercado de drogas quando escurece. Além disso, a cápsula está amarelada e suja o suficiente para levar Edgerton a acreditar que já está na rua há vários dias e não tem nada a ver com o crime.

"Este é seu posto?", pergunta ao uniformizado.

"Em geral, não. Porém sou deste setor, então conheço bem essa esquina. O que você precisa saber?"

O que preciso saber? Edgerton começa a gostar do garoto, que não apenas é esperto o suficiente para segurar qualquer coisa na cena que se assemelhe a uma testemunha, mas também fala como se conhecesse a área em que trabalha. No departamento de Baltimore, é uma situação que instiga nostalgia. Dez ou quinze anos antes, um investigador de homicídios ainda podia fazer uma pergunta a um policial de uniforme e contar com uma resposta. Aqueles eram os bons tempos, quando um sujeito bom comandava seu posto e nem os cachorros trepavam na Hollins com a Payson sem que a delegacia Sudoeste ficasse sabendo. Naquela época, um patrulheiro que trabalhasse em determinado posto e apanhasse um assassino podia contar com o fato de que lhe perguntariam quem costumava ficar naquela esquina, e onde essas pessoas poderiam ser encontradas. E, se ele não soubesse, se apressaria em descobrir. Hoje em dia, Edgerton diz para si mesmo, temos sorte se o cara do posto souber três nomes. Esse garoto aqui é polícia de verdade. Um eco do passado.

"Quem mora naquela casa na esquina?"

"Um bando de traficantes. Ali é um ponto de uso de drogas, isso sim. A nossa unidade antientorpecentes fez uma batida ali na semana passada e prendeu uma dúzia desses putos."

Foda-se. Provavelmente, não há testemunhas por lá.

"E naquela esquina?"

"A casa da esquina tem uns viciados. Viciados e um velho bebum. Não, o bebum mora uma casa depois."

Inestimável, Edgerton pensa. O garoto é inestimável.

"E ali?"

O uniformizado dá de ombros. "Não tenho certeza sobre aquela. Talvez tenha uma pessoa de verdade morando ali."

"Você averiguou?"

"Sim, checamos meio quarteirão. Ninguém respondeu naquela casa, e os babacas do lado disseram que não viram porra nenhuma. A gente pode levar eles, se você quiser."

Edgerton faz um gesto positivo com a cabeça e rabisca algumas linhas no bloco de anotações. O uniformizado se inclina para dar uma olhada, um pouco curioso.

"Conhece esse cara que você segurou aqui?", pergunta Edgerton.

"Não por nome, mas já vi ele por aqui. Ele traficava nessa esquina e foi preso, sei disso. Ele é um merda, se é isso que quer saber."

Edgerton sorri brevemente e, então, atravessa a intersecção. O traficante raquítico está escorado no carro-patrulha, com uma boina preta puxada até o meio da testa. Air Jordans de cano alto, calça Jordache, moletom da Nike — um amontoado ambulante de status na periferia. Ele chega a sorrir quando Edgerton se aproxima do carro.

"Acho que fiquei tempo demais", diz o traficante.

Edgerton sorri. Um cara que entende o andar da carruagem.

"Parece que ficou. Como se chama?"

O traficante responde em um resmungo.

"Tem algum documento?"

O traficante dá de ombros, então pega a carteira de identificação que contém seu endereço e idade. O nome confere.

"Esse é seu endereço verdadeiro?"

O traficante confirma.

"Qual foi o motivo do tiroteio?"

"Acho que sei o motivo. E posso dizer como foi ver tudo do fim da rua, mas não vi quem atirou."

"Como assim não viu?"

"Eu estava muito longe. Eu estava na metade do quarteirão quando eles chegaram atirando. Eu não…"

Edgerton o interrompe quando outro carro-patrulha, indo para o lado sul da Payson, estaciona junto ao meio-fio. O. B. McCarter, de volta à patrulha da Sudoeste após ajudar no caso do homicídio de Karen Smith, se inclina para fora da janela do motorista e ri.

"Harry Edgerton", diz, incapaz de se conter, "foi você quem atendeu à chamada, cara?"

"É o que parece. Você passou no hospital?"

"Dei um pulo lá, sim."

McCarter filho da puta, pensa Edgerton. Faz três semanas que ele saiu da homicídios e não senti nem um pingo de saudade.

"E aí? Ele morreu?"

"Você tem um suspeito?"

"Não."

McCarter dá risada. "Ele morreu. Você conseguiu um assassinato, Harry."

Edgerton volta ao traficante, que balança a cabeça após ouvir a notícia. O investigador se pergunta se ele está fingindo ou se está genuinamente abalado pelo assassinato.

"Você conhecia o cara?"

"O Pete? Conhecia, sim."

"Me passaram que o nome dele é Greg Taylor", estranha Edgerton, checando as anotações.

"Não, cara, por aqui ele era o Pete. Falei com ele umas duas horas atrás. Que merda."

"O que ele fazia?"

"Ele vendia uns papelotes, tá ligado? Ele vendia essa merda pras pessoas. Eu disse pra ele que essa merda ia matar ele…"

"Disse, é?"

"Pode crer. Tá ligado como é."

"Você meio que gostava dele, né?"

O traficante sorri. "É, o Pete era massa."

Edgerton fica fascinado, é quase mais forte do que ele. A vítima trabalhava na rua Payton, vendendo bicarbonato de sódio para viciados a 10 dólares o pacote — um ato de capitalismo desenfreado que era uma garantia para qualquer sujeito arranjar mais inimigos do que precisaria. Jesus, Edgerton diz para si mesmo, minha sorte está mudando. Todos os traficantes na avenida Frederick deviam odiar esse filho da puta, e eu encontro o único cara que ficou um pouco triste com a morte dele.

"Ele estava vendendo papelotes aqui nesta noite?", pergunta Edgerton.

"Pode crer. Ele colava aqui de vez em quando, tá ligado?"

"Pra quem ele vendeu?"

"Um truta chamado Moochie comprou um pouco. E uma garota com Moochie, ela mora na Pulaski. E aí colaram uns caras de carango. Não conhecia eles. Um punhado de mano torrou dinheiro naquela merda."

"O que aconteceu no tiroteio?"

"Eu tinha descido a quadra. Não vi direito de onde eu tava, tá ligado?"

Edgerton balança a cabeça e, então, aponta para o banco de trás do carro-patrulha. O traficante entra, e Edgerton o segue, batendo a porta atrás de si. O investigador abre a janela, acende um cigarro e oferece outro ao traficante. O rapaz aceita a oferta com um resmungo frouxo.

"Você fez tudo certo comigo até agora", avisa Edgerton. "Não vai começar com sacanagem."

"Que lance é esse?"

"Você falou a verdade pra mim até agora, então resolvi não mandar você pra central, como normalmente faria. Mas se você vai esconder coisas..."

"Não, mano, não", diz o traficante. "Não é isso. Eu disse pra você que vi os tiros, mas tava longe na quadra, saindo do barraco da minha mina. Eu vi eles correndo atrás do Pete e ouvi os pipocos, mas não sei dizer quem era."

"Quantos eram?"

"Eu vi dois. Mas só um tava atirando."

"Era uma arma de mão?"

"Não", diz o traficante, espichando os braços no comprimento de uma arma longa. "Era desse tamanho."

"Um rifle?"

"Pode crer."

"De onde ele veio?"

"Não tô ligado. Ele tava bem ali quando vi."

"E pra onde ele foi depois?"

"Depois?"

"Depois de atirar em Pete. Pra onde o rapaz com o rifle correu?"

"Voltou pela Payson."

"Na direção sul? Para aquele lado? Como ele era? Que roupa usava?"

"Tava de casaco escuro e chapéu, acho."

"Que tipo de chapéu?"

"Tá ligado aquele com uma aba assim?"

"Então, é um boné?"

O traficante concorda.

"Como era o físico dele?"

"Normal. Um e oitenta, tá ligado?"

Edgerton joga o último terço do cigarro pela janela e lê as duas últimas páginas do bloco de notas. O traficante respira fundo e suspira.

"Não é esquisito?"

Edgerton grunhe. "O quê?"

"Acabei de trocar uma ideia com ele, umas duas horas atrás. Falei pra ele que ele ia morrer por causa disso. E ele só deu risada, tá ligado? Ele riu e disse que só ia juntar uma grana pra fazer uns corre."

"Bom", concorda Edgerton, "você tinha razão."

Ao som de vozes na calçada ao lado, o traficante desliza pelo banco do carro, subitamente ciente de que falou com um investigador de polícia na rua por quinze minutos. Dois rapazes passam pelo carro e dobram na rua Hollins, lançando olhares de desprezo para os uniformizados, mas sem olhar para o banco de trás. Exceto pelos uniformizados, a intersecção está vazia novamente.

"Vamos acabar com essa parada logo", diz o traficante, subitamente desconfortável. "Os manos aqui me conhecem, e vai sujar pro meu lado."

"Me diz o seguinte", diz Edgerton, ainda olhando as anotações. "Tinha que ter alguém naquela esquina de noite, certo?"

O traficante concorda de modo quase agradecido, contente em saber o preço para não ser envolvido.

"Tinha uns cinco ou seis manos aí", ele conta ao investigador. "Umas duas minas que moram naquele lado da Hollins, com um outro truta que eu não tô ligado. Não sei os nomes, mas sempre vejo eles colados aqui. E tinha um outro truta que eu tô ligado. Ele tava bem ali quando rolou a parada."

Edgerton procura uma folha em branco no bloco de notas e clica no alto da caneta fornecida pelo município. Sem mais nada a dizer, os dois homens entendem que o preço do anonimato é a identidade de outra testemunha. O traficante pede outro cigarro, depois, o isqueiro e, então, expele tanto a fumaça quanto o nome.

"John Nathan", repete Edgerton, anotando. "Onde ele mora?"

"Acho que na rua Catherine, saindo da Frederick."

"Ele trafica?"

"Trafica. Vocês já prenderam ele."

O investigador assente e, então, fecha o bloco. Há um limite para a quantidade de informação que um investigador pode esperar na cena de um assassinato ligado a drogas, e aquele garoto tinha excedido a cota mensal de Edgerton. Instintivamente, o traficante estende o braço para selar a barganha com um aperto de mão. Um gesto estranho. Edgerton corresponde e, então, dá um último aviso antes de abrir a porta do carro.

"Se a informação for furada", ameaça, deslizando pelo assento com o garoto e o acompanhando para fora do carro, "sei onde encontrar você, valeu?"

O traficante assente e puxa a boina para baixo, depois desaparece na escuridão. Edgerton leva mais dez minutos para fazer um rascunho da cena do crime e faz algumas perguntas aos uniformizados da Sudoeste a respeito do nome que tinha acabado de ouvir. Se vocês virem ele na rua, diz aos patrulheiros, peguem-no e liguem pra homicídios.

Às 3h30, Edgerton finalmente consegue se liberar e percorrer o trajeto de quatro quadras até Bon Secours, para visitar o sujeito morto. Ele é dos grandes — 1,90 m, torso de zagueiro e pernas de atacante. Um viciado de 30 anos que morava a menos de uma quadra de onde tinha sido morto, Gregory Taylor olha para o teto do pronto-socorro com um olho embaçado e o outro totalmente inchado devido à queda na rua Payson. Tubos e cateteres pendem flácidos, tão sem vida quanto o corpo ao qual estão conectados. Edgerton percebe marcas de agulha nos dois braços da vítima, assim como ferimentos de bala no lado direito do peito, no quadril esquerdo e no braço direito. Todos os ferimentos parecem ser de entrada, embora com uma .22, Edgerton sabe, é difícil dizer.

"Ele parece bem malvado, né?", diz o investigador a um uniformizado próximo. "Grande e malvado. Acho que isso explica por que tinha dois caras. Eu não iria querer sair pra encontrar esse cara sozinho, mesmo com um rifle. Eu, sem dúvida, iria com um amigo."

As provas materiais sugerem mais duas coisas ao investigador. Uma: o assassinato foi um ato impulsivo, em vez de premeditado. Edgerton sabia disso pelas armas envolvidas; nenhum atirador com um pingo de profissionalismo carregaria algo tão desengonçado quanto um rifle .22 para um assassinato planejado ligado a drogas. Dois: o atirador estava muito puto com Gregory Taylor, o disparo de dez tiros era um claro sinal de desgosto.

Inclinando-se sobre o torso do homem morto, Edgerton desenha uma forma humana em uma página em branco do bloco de notas e começa a marcar os locais dos ferimentos. Enquanto faz isso, uma enfermeira gorda, com uma expressão inconfundível que diz "cai fora da minha sala de emergência", passa por ali, fechando a cortina plástica atrás de si.

"Você é o investigador nesse caso?"

"Sou."

"Precisa das roupas dele?"

"Precisamos, sim, obrigado. Deveria ter um patrulheiro aqui para coletar elas. Vamos ver se..."

"Tem um na sala de espera, com a mãe", diz a enfermeira, obviamente dividida entre os prazeres da irritação e as satisfações da eficiência. "Vamos precisar desse leito em breve."

"A mãe está aqui?"

A enfermeira assente.

"Tá legal, então. Preciso ver ela", anuncia Edgerton, abrindo a cortina. "Mais uma coisa. Ele não disse nada na ambulância, ou quando chegou aqui?"

"C-M-E-A-P", responde a enfermeira.

"Como é?"

"C-M-E-A-P", repete ela com certo orgulho. "Chegou morto e assim permaneceu."

Lindo. É de se surpreender que o tipo de caso extraconjugal mais comum para um policial seja com uma enfermeira de emergência? Que outro relacionamento poderia ser tão psicologicamente simbiótico, tão felizmente enfermo em sua perspectiva? Que diabo, se cansam de transar, podem ir para um motel e ficar hostilizando um ao outro. C-M-E-A-P.

Edgerton engole o sorriso antes de passar pela porta dupla e encontrar a mãe de 58 anos na sala de espera.

Pearl Taylor pega a mão do investigador, mas não diz nada. Edgerton em geral se sai bem com mães enlutadas. Um homem atraente e bem-vestido, com cabelo grisalho cuidadosamente aparado e uma voz profunda e sonora, ele é como um lembrete ambulante do filho que nunca puderam criar. Confrontados com réus negros e júris compostos de mulheres negras, os promotores adoram colocar Edgerton no banco das testemunhas por essa mesma razão.

"Sinto muito pelo seu filho."

A mãe faz um gesto afirmativo rápido com a cabeça e, então, solta a mão do investigador.

"Achamos que aconteceu o seguinte", diz Edgerton, escolhendo as palavras com cuidado, "por conta de uma discussão que pode ter tido a ver com..."

"Drogas", completa ela. "Eu sei disso."

"Tem alguém com quem seu filho possa ter se desentendido..."

"Eu não sei nada sobre os negócios dele", responde. "Não posso te ajudar com isso."

Edgerton pensa em outra pergunta, mas a expressão dolorida da mulher o faz mudar de ideia. É como se aquela mulher tivesse aguardado esse momento por anos, esperado tanto por sua chegada, que ele podia ser saudado tanto com familiaridade quanto com tristeza.

"Vou fazer o meu melhor", lhe promete Edgerton, "para encontrar o responsável por isso."

Ela olha de modo estranho, então dá de ombros antes de se afastar.

Terça-feira, 10 de maio

"Homicídios", fala Edgerton. "Como vai?"

"Indo", responde o sargento da recepção, inabalado. "Nah, foda-se. Mais do que indo. Já era. Virou história, porra."

"Tão ruim assim?"

"No que posso ajudar?"

"Estou com a documentação de um preso", fala Edgerton, puxando um formulário de custódia, assinado pelo promotor, e o jogando sobre a mesa da fichagem do Distrito Sudoeste. Olhando a papelada por cima dos óculos de leitura, o sargento grunhe, tosse e apaga o cigarro em um cinzeiro transbordante. Ele pega o pedaço de papel e dá um passo para trás, checando o nome no registro de presos da carceragem.

"Foi pro presídio municipal", revela o sargento.

"Vocês acabaram de me ligar dizendo que ele estava aqui", retruca Edgerton. "Quando o camburão saiu?"

O sargento checa o nome de novo e vai até a porta da carceragem. Chamando o carcereiro, passa o papel por entre as grades, cumprimenta com um gesto de cabeça o homem do outro lado e volta até o investigador. Edgerton acompanha o esforço de cada movimento, preso entre o interesse e a irritação. A Dança da Meia-Noite do Sargento de Plantão Universal, uma performance que, de algum modo, é igual em todas as delegacias, de Boston a Biloxi. Já houve algum sargento plantonista que não espie por cima dos óculos de leitura? Já houve algum sujeito desses que gostasse de ser importunado com trabalho policial às 3h? As mesas de fichagem de delegacias já tinham algum dia sido comandadas por alguém além de funcionários públicos de meia-idade, a seis meses de se aposentarem, cujos movimentos parecem mais lentos do que a própria morte?

"É, John Nathan. A gente tá com ele", diz o sargento finalmente. "Ele nos forneceu um nome um pouquinho diferente."

"Beleza."

"Você quer levar ele, né?"

"Isso, ele vai pra central."

Mais cinco minutos, e a porta da cela se abre para um garoto de pele negra e corpo em formato de pera, que lentamente caminha até a luz na área de fichagem. Edgerton olha para a pequena maravilha que é sua testemunha ocular e sabe imediatamente que o assassinato da rua Hollins vai ser solucionado. Sabe disso pelo jeito do garoto. Porque não apenas esse tapado de esquina foi esperto o suficiente para ser preso por acusação de tráfico duas horas depois do tiroteio, como também agora parece mais envergonhado do que irritado. São 3h da matina, e o garoto não consegue nem lançar um olhar maldoso decente; quando Edgerton puxa as algemas, o garoto coloca os braços para a frente, com as palmas das mãos para cima.

"Não fica com ele até tarde", brinca o sargento de plantão. "Amanhã é dia de escola."

Um velho bordão de delegacia, e Edgerton não ri. O garoto não diz nada por um momento, mas depois diz algo que é mais uma declaração do que uma pergunta:

"Você também quer falar comigo sobre Pete, cara."

"Sou eu quem vai conversar de verdade com você", diz Edgerton, conduzindo o preso da área de fichagem até o banco de trás do Cavalier. Seguindo para oeste na rua Lombard, Edgerton faz questão de apontar para o edifício do Instituto Médico Legal na intersecção da rua Penn.

"Não vai cumprimentar o seu amigo?"

"Que amigo?"

"Pete. O cara da Payson com Hollins."

"Ele não é meu amigo."

"Não, hein?", diz Edgerton. "Então acho que não vai cumprimentar ele."

"Aonde ele tá agora?"

"Bem ali. Naquele prédio branco."

"O que ele tá fazendo ali?"

"Nada de mais", diz Edgerton. "Ali é o necrotério, truta."

O investigador olha pelo retrovisor e fica satisfeito ao ver que não há nenhum traço de surpresa no rosto do garoto. Ele estava preso na Sudoeste desde o começo da manhã de ontem, mas sabe do assassinato.

"Não tô ligado em nada dessa parada aí", diz o garoto após uma pausa de cinco segundos. "Não sei por que você foi me buscar pra falar comigo."

Edgerton diminui a velocidade do Cavalier no acostamento e se vira no banco, olhando com raiva para o rosto inchado do garoto. O garoto olha de volta em pé de igualdade, mas Edgerton já consegue sentir uma pequena porção de medo.

"Você não precisa saber", diz Edgerton friamente, se virando e acelerando novamente. "Vamos começar do zero, como se você nunca tivesse conhecido outro policial em toda sua vida. Apenas esqueça que já lidou com qualquer policial em qualquer outra ocasião em sua vida, porque eles nunca falaram com você como eu vou falar com você."

"Você vai falar comigo."

"Você entendeu."

"Não sei de merda nenhuma."

"Você tava lá", diz Edgerton.

"Eu não tava em lugar nenhum."

Edgerton desacelera o carro e se vira de novo. O garoto chega a se retrair um pouco.

"Você tava lá", diz Edgerton, lentamente.

Desta vez, o garoto não diz nada, e Edgerton dirige pelos seis quarteirões restantes em silêncio. Duas horas, o investigador diz a si mesmo. Uma hora e quarenta minutos pra esse aqui me contar tudo que aconteceu na rua Payson; vinte minutos para transcrever e fazê-lo rubricar cada página.

Previsões não significam muita coisa na sala de interrogatório; Edgerton tinha provado isso para si mesmo três semanas antes, quando pressionou seu principal suspeito no assassinato de Brenda Thompson em um terceiro e último interrogatório. Naquele dia, Edgerton entrou na sala prevendo uma confissão e saiu de lá seis horas depois com nada além de mentiras. Ainda assim, não consegue deixar de se sentir otimista desta vez. Para começo de conversa, o garoto no banco de trás não é o alvo, mas meramente uma testemunha. E, além disso, recebeu uma acusação por tráfico que pode ser utilizada como barganha. Por último, John Nathan não tem coração; demonstrou isso um minuto atrás.

No escritório da divisão de homicídios, Edgerton conduz o garoto até a sala de interrogatório grande e começa seu monólogo. Vinte minutos depois, o garoto assente em semiconcordância. Ao todo, são necessários pouco mais de noventa minutos para Edgerton obter um relato viável do assassinato na rua Payson, um relato que confere com tudo que descobriu no local.

Segundo o relato de Nathan, Gregory Taylor realmente estava sacaneando os clientes com papelotes fajutos e usando o lucro para injetar em si próprio. Mesmo julgada pelos fugazes parâmetros do comércio urbano de drogas, aquela não era exatamente uma decisão que poderia conduzir a uma longa carreira. Taylor acabou sacaneando dois rapazes do Lar Gilmor e cometeu o erro de continuar na esquina por muito tempo. Os rapazes voltaram em uma caminhonete velha, foram pra cima de Taylor com rifles e pediram o dinheiro de volta. Analisando a situação corretamente, a vítima entregou duas notas de 10 dólares, mas um dos clientes ainda estava insatisfeito. Ele abriu fogo, perseguindo Taylor pela intersecção, disparando um tiro após o outro enquanto a vítima caía no asfalto. Os dois atiradores, então, correram de volta para a caminhonete e fugiram rumo ao sul pela Payson em direção à Frederick.

Durante o breve interrogatório, Nathan entrega nomes reais, apelidos, descrições físicas e endereços aproximados — todos os detalhes. Quando Edgerton volta ao escritório principal, ele tem tudo de que precisa para um par de mandados de busca e apreensão.

E, ainda assim, nada disso parece importar na manhã seguinte, quando o tenente administrativo — o supervisor que serve como braço direito do capitão — lê o relatório das últimas vinte e quatro horas e descobre que Edgerton interrogou uma testemunha no local do crime sem trazer o sujeito para a central. Inapropriado, reclama o tenente. Irregular. Fora do procedimento padrão. Tal comportamento demonstra mau julgamento, talvez até mesmo preguiça.

"Que porra ele sabe sobre investigação?", indaga Edgerton, furioso, quando Roger Nolan lhe fala das reclamações no turno da meia-noite seguinte. "Ele senta naquele escritório e faz aritmética. Quando foi que ele esteve na rua investigando um caso?"

"Calma, Harry. Calma."

"Consegui tudo que precisava com o cara no local", explode Edgerton. "Que caralho importa se eu falei com ele aqui ou lá?"

"Eu sei..."

"Tô de saco cheio desses políticos do caralho."

Nolan suspira. Como sargento de Edgerton, ele está no meio do fogo cruzado entre o capitão e D'Addario, para quem Edgerton se tornou munição em uma guerra. Se Edgerton atende a chamadas e soluciona assassinatos, ele vinga seu tenente de turno; se não faz isso, serve para o capitão e para o tenente administrativo como prova cabal da falta de supervisão no turno de D'Addario.

Mas agora a situação é ainda pior. Nolan não só tem que se envolver com política externa, mas também tem sérios problemas em seu esquadrão. Edgerton se tornou um para-raios; Kincaid, em especial, não consegue suportar o investigador.

Investigador veterano da velha guarda, Kincaid dá valor ao modo como um sujeito serve a sua unidade. Por esse parâmetro, um bom investigador aparece cedo para o trabalho para dar alívio ao turno anterior; ele atende ao telefone, responde a todas as chamadas que lhe chegam; cobre os parceiros e os membros do esquadrão, os auxiliando com testemunhas ou mesmo cenas de crimes sem nem mesmo precisar pedir. É um retrato gratificante do investigador como entidade cooperativa, alguém que trabalha em grupo, e Kincaid passou vinte anos construindo essa imagem para si mesmo. Durante sete desses anos, investigou assassinatos com Eddie Brown, um time inter-racial particularmente divertido, por conta do sotaque caipira de Kincaid. E, nos últimos dois anos, trabalhou com absolutamente todos no turno de D'Addario que se dispuseram a atender a uma chamada com ele.

Tudo isso torna Edgerton simplesmente incompreensível para Kincaid. Não é tanto um desgosto pessoal, o investigador veterano diz aos outros no escritório. Afinal, nem duas semanas antes, ele passou algum tempo com Edgerton na festa do esquadrão de McAllister, um churrasco de verão ao qual Edgerton levou a esposa e o filho pequeno. Harry foi uma boa companhia naquela tarde, até mesmo um pouco charmoso, Kincaid teve de admitir. Consideradas as diferenças de idade, de etnia e sua urbanidade nova-iorquina, Edgerton talvez não fosse a primeira escolha de Kincaid para companheiro de bebedeira, mas, no fim das contas, o conflito tinha menos a ver com personalidades e mais com a falta de instinto coletivo de Edgerton, sua indiferença à camaradagem da delegacia, que sempre foi tão valiosa para Kincaid.

Para Edgerton, um solitário contumaz, a investigação de homicídios é uma busca isolada e individual. Em sua mente, é uma disputa singular entre um investigador e o assassino, uma disputa em que outros investigadores, os sargentos, os tenentes e qualquer outro organismo no departamento de polícia não têm qualquer função além de ficar fora do caminho do investigador principal. Esse é, em essência, o forte de Edgerton e, ao mesmo tempo, sua fraqueza. Compartilhar coisas nunca seria sua visão pessoal, e consequentemente Edgerton sempre seria uma fonte de descontentamento em seu esquadrão. Mas quando pegava um assassinato não se esquivava. Ao contrário de diversos investigadores que aprendem a trabalhar em um caso apenas até o telefone tocar com a próxima chamada, Edgerton se afundava nos arquivos até que um sargento viesse arrastá-lo aos chutes e pontapés para uma nova tarefa.

"É difícil fazer o Harry pegar um caso", explicou Terry McLarney em certa ocasião. "Você tem que pegar ele pelos ombros e gritar, 'Harry, esse é seu'. Mas, quando você faz isso, ele se mata de trabalhar."

Não, Edgerton não pega suicídios, mortes por overdose ou presos que se enforcaram. Não atende a pedidos de ninguém se estiver indo buscar um sanduíche e, se alguém lhe pedir que traga alguma coisa, certamente esquece. Não, ele não é um burro de carga como Garvey ou Worden, uma força centralizadora em torno da qual o resto do esquadrão orbita. E é verdade que, quando algum policial novato descarrega o revólver durante um roubo a um posto de gasolina, Edgerton provavelmente não se voluntaria para ajudar com os depoimentos de testemunhas e compilar relatórios. Mas, se deixado em paz, entrega a seu esquadrão oito ou nove crimes resolvidos por ano.

Tendo supervisionado Edgerton quando os dois trabalhavam no Distrito Leste, Nolan entendeu muito tempo antes a necessidade desse acordo. Edgerton era um dos patrulheiros mais inteligentes e talentosos no setor de Nolan — mesmo que os outros policiais de uniforme não conseguissem entendê-lo. Às vezes, podia ser insensível, até mesmo um pouco irresponsável, mas nada acontecia no posto da avenida Greenmount sem que ele soubesse. E o mesmo acontecia na homicídios; Edgerton podia sumir no éter por um dia ou dois, mas Nolan tinha certeza de que, no fim das contas, os casos de Harry seriam investigados. E com afinco.

"Não esquenta com isso", disse Nolan a Edgerton após uma das piadas maldosas de Kincaid. "Só continua fazendo o que está fazendo."

Para Nolan, o truque era manter o esquadrão unido separando os pontos de conflito. Cada um ficava em sua própria órbita: Kincaid com

Bowman e Garvey, Edgerton sozinho ou com o próprio Nolan, quando precisava de um investigador secundário. Entretanto, aquilo tinha se tornado subitamente impossível.

Duas vezes na semana passada, Nolan tinha escutado Kincaid e Bowman reclamando de Edgerton no escritório principal. Esse fato, isolado, não tinha nada de mais; todo mundo falava mal de todo mundo na sala do esquadrão. Mas era notável o fato de o tenente administrativo — uma linha direta até o capitão — ter estado presente em ambas ocasiões.

O chefe era o chefe. Um investigador falar merda de outro na frente do tenente era ir longe demais. E, embora Nolan, diferentemente dos outros sargentos, não morresse de amor por D'Addario, não tinha a mínima intenção de ver Edgerton ser usado como munição em um prolongado conflito de poder.

Ao menos, um outro investigador no esquadrão, Rich Garvey, se sentia igualmente desconfortável com a ideia. Como o sujeito que atendia a mais chamadas no esquadrão de Nolan, Garvey tinha pouco respeito pela ética de trabalho de Edgerton. Porém, ele também não queria ver um colega investigador, um investigador decente, ser queimado por coisas que nunca deveriam ser mencionadas fora do esquadrão. Três dias atrás, durante um almoço calmo no restaurante em Fell's Point, ele disse exatamente isso a Kincaid.

"Nolan dá muita moleza pra ele", começou Kincaid em tom amargo. "No último turno da meia-noite, aquele pau no cu só não chegou atrasado em um dia."

Garvey assentiu. "Eu sei. Sei que você está puto, Donald", retrucou ao outro investigador. "Mas você precisa lembrar que Nolan faria o mesmo por você. Ele também protegeria você."

Kincaid concordou. "Sei o que você quer dizer", declarou por fim. "Mas vou dizer uma coisa, se eu fosse sargento, daria uma lição nele rapidinho."

"Eu sei que daria, Donald."

A discussão no almoço ajudou a estabelecer uma trégua temporária, não haveria mais cenas na frente do tenente administrativo ou de qualquer outro chefe. Mas Garvey e Nolan sabiam que, se tratando de Edgerton e Kincaid, o problema não estava resolvido. E, de fato, as coisas já estavam feias de novo, com o tenente administrativo fazendo perguntas relacionadas à atuação de Edgerton no crime da rua Payson. Pelo raciocínio de Nolan, o tenente nunca sequer pensaria em perguntar a respeito do interrogatório da testemunha realizado no local do crime por Edgerton. A menos que outro investigador tivesse mencionado isso para ele.

Edgerton ainda está fumegando de raiva por causa do comentário do tenente: "Queria que ele me dissesse o que sabe sobre investigação de assassinatos. Ele nem estava lá e aí sai daquele escritório pra me dizer como fazer meu trabalho".

"Harry..."

"Consegui mais com aquele cara no meio da rua do que conseguiria se trouxesse ele pra cá e falasse com ele por dois dias."

"Eu sei, Harry, mas..."

Nolan passa outros cinco minutos tentando acalmar o investigador, mas sem resultado. Quando Edgerton fica possesso, nada consegue aplacá-lo por no mínimo algumas horas. Dando uma pausa em seu discurso, Edgerton vai até a máquina de escrever, onde começa a marretar com brutalidade os mandados de busca.

Não importa que a causa provável dos dois mandados seja forte o suficiente para ser assinada por um juiz. Não importa que a casa na rua Laurens vá render cartuchos de .22 similares em modelo e composição àqueles encontrados no local do crime. Não importa que, quando Edgerton e Nolan confrontarem o jovem que mora naquele endereço e apresentarem um par de algemas, o suspeito concorde e diga, "Tava me perguntando quando vocês chegariam".

Não importa nem mesmo que o jovem entregue os pontos depois de três de horas de interrogatório, implicando a si mesmo como o atirador em um depoimento completo de sete páginas. De algum modo, nada disso importa.

Porque, menos de uma semana após as prisões feitas por Edgerton no caso da rua Payson, a mesma discussão ainda se arrasta. Desta vez, é Bob Bowman, que tem a mesma opinião de Kincaid no que se refere a Edgerton, sentado na mesa de café, dizendo a cinco ou seis outros investigadores que o caso de Harry não vai a julgamento.

"Ele teve um assassinato resolvido no ano todo", ele alega. "E o Don Giblin me disse que esse caso é tão fraco que nem vai ser levado ao grande júri."

"Você tá de brincadeira."

"Foi o que o Giblin me disse."

Só que isso não é verdade. O grande júri, na verdade, indicia dois homens pelo assassinato de Gregory Taylor na rua Payson, mesmo após ele ter tentado reembolsar os papelotes fajutos. E um promotor da turma de julgamentos é destacado para apresentar a denúncia no tribunal de segunda instância. E, na primavera, o juiz de segunda instância condena o atirador a vinte anos por homicídio culposo e o coautor a cinco anos de reclusão e mais quinze anos de condicional.

Ainda assim, tudo isso é irrelevante para fins políticos. Porque, na divisão de homicídios, especialmente em seu próprio esquadrão, Harry Edgerton se tornou um alvo aceitável. Para o capitão, ele é munição; para D'Addario, um problema constante; para os colegas investigadores, um babaca distante e enigmático.

Na mesma manhã em que o caso Taylor é resolvido, Edgerton chega para a chamada e descobre que seu tenente afixou uma nova folha amarela próxima ao quadro.

"Aí, Harry", diz Worden, apontando para a folha de papel. "Adivinha!"

"Ah, não", geme Edgerton. "Me diz que não é verdade."

"É, sim, Harry. Ainda é com você."

DIVISÃO DE HOMICÍDIOS
DAVID SIMON

JOGO SUJO

Quinta-feira, 26 de maio

Dando passos comedidos, Patti Cassidy conduz o marido para dentro do fórum lotado, onde tudo subitamente fica em silêncio. Os jurados, a juíza, os juristas — todos ficam transfigurados quando o agente de polícia Gene Cassidy estende a mão direita, toca no corrimão de madeira e se dirige ao banco de testemunhas. Patti toca no ombro dele, sussurra e vai para um assento atrás da mesa da acusação.

O escrevente se levanta. "Você jura dizer a verdade e nada além da verdade?"

"Juro", declara Cassidy, sua voz clara.

Em um local no qual vitórias parciais e equívocos nebulosos parecem ser a norma, a presença de Gene Cassidy no banco de testemunhas é um momento impactante. Cassidy não viu Terry McLarney, Corey Belt e os outros sujeitos da Oeste no corredor, que deram tapinhas nos ombros dele e disseram alguns "Vamos lá, garoto" e "Acaba com eles" antes de a porta da sala de audiência se abrir. Ele não consegue ver a esposa, vestida de modo elegante e grávida de oito meses, na primeira fila da galeria. Não consegue ver uma jurada, uma jovem branca, chorando baixo na última fileira. Não consegue ver a raiva fria no rosto da juíza e não consegue ver Butchie Frazier, o homem que o cegou com dois tiros de .38, olhando para ele da mesa da defesa, a poucos metros, com um estranho fascínio.

A sala está lotada, a galeria abarrotada com policiais uniformizados da Oeste, uma demonstração de solidariedade que não inclui o alto escalão do departamento. O comandante do distrito não está presente, nem o chefe de patrulha ou qualquer um dos comissários adjuntos — um fato observado com certo amargor pelos homens. Se você toma um tiro pela companhia, você está por conta própria; os chefes podem aparecer no hospital e certamente comparecem ao funeral, mas a memória do departamento é curta. A aparição de Cassidy na audiência não é testemunhada por ninguém ranqueado acima de sargento. O restante do espaço da galeria é ocupado pela família Cassidy, um punhado de repórteres, curiosos frequentes e alguns amigos e familiares de Butchie Frazier.

Em determinado ponto durante a escolha do júri, o irmão mais novo dele, Derrick, apareceu no corredor logo em frente à sala de audiência, onde testemunhas de acusação ficam sentadas aguardando para testemunharem. Ele lançou um olhar maldoso para uma delas, falou merda para outra e, então, foi subitamente confrontado por McLarney e dois outros policiais do Distrito Oeste, que lhe deram a oportunidade de ir embora em liberdade. Considerada a alternativa de ser transformado em um míssil disparado contra a traseira de um camburão, Derrick Frazier disse mais alguns palavrões e deu meia-volta em direção à saída para rua St. Paul.

"Tá legal", disse McLarney a um policial da Oeste. "Acho que vamos colocar ele na lista também."

O uniformizado assentiu. "Que filho da puta..."

"Foda-se ele", disparou McLarney, sem sorrir. "Qualquer hora vamos contornar o cadáver dele com giz."

Para McLarney, o julgamento de Cassidy era uma agonia prolongada, uma provação feita de horas vazias desperdiçadas no corredor do fórum e no gabinete do promotor. Estando no Fórum Clarence M. Mitchell Jr. como testemunha, McLarney estava incomunicável, e o que quer que acontecesse atrás da espessa porta dupla da sala de audiência no segundo andar era um mistério para ele. Enquanto o julgamento criminal mais importante de sua vida se aproximava de um veredito, tudo que McLarney podia fazer era assistir a uma procissão de testemunhas sentado em um banco do corredor e pressionar os promotores Howard Gersh e Gary Schenker durante os intervalos:

"Como tá indo lá dentro?"

"Estamos ganhando?"

"Como o Gene se saiu?"

"Butchie vai depor?"

Ontem, McLarney passou horas andando de um lado para outro no corredor do segundo andar, tentando calcular as probabilidades. Uma chance de 40% de condenação por crime doloso, talvez 50% se Yolanda confirmasse o depoimento que deu no tribunal do júri contra Butchie em fevereiro, após passar no detector de mentiras. Mais 40% de chance de crime culposo ou tentativa de homicídio. Talvez uns 20% de chance de júri inconclusivo ou absolvição. Ao menos, raciocinava McLarney, tinham conseguido arranjar um juiz decente. Se você fosse advogado, Elsbeth Bothe era capaz de levar você à loucura com sua tendência a questionar as testemunhas que depunham, e, é bem verdade, ela já tinha tido algumas condenações anuladas por meio de recursos por conta desses comentários. Mas, o mais importante do ponto de vista de McLarney, Bothe nunca pegava leve na sentença. Se Butchie Frazier perdesse por pontos, Bothe, com certeza, desceria a lenha nele.

Assim como qualquer outro juiz togado de Baltimore, Bothe era capaz de julgar pessoas com a confiança que advém da responsabilidade e de um mandato eletivo de quinze anos. Sua voz era áspera e baixa, um veículo perfeito para expressar sua eterna irritação com os promotores, advogados, réus e com o sistema judiciário em geral.

Na tribuna, ela era a senhora de tudo que enxergava, e o que ela enxergava era uma sala de audiência encravada no canto noroeste do elaborado fórum, uma sala com acabamento em madeira e pé-direito alto, com retratos de juízes falecidos há muito pendurados nas paredes. À primeira vista, não parece o tipo de lugar no qual questões de vida ou morte devam ser decididas; toda a dignidade conferida pela madeira escura da tribuna do juiz e das mesas de julgamento era totalmente corrompida pelo emaranhado de canos revestidos e ventilação de metal pendurados no teto. De certos ângulos, o juiz parecia estar presidindo em uma sala construída no porão de algum edifício governamental.

Elsbeth Bothe tinha chegado à magistratura em Baltimore por meio da Ordem dos Advogados, na qual tinha se tornado uma das advogadas mais talentosas naquela que ainda era uma defensoria pública nova. Muitos homens foram soltos do Presídio Municipal de Baltimore porque Bothe tinha sido advogada dos casos, mas ela se lembrava de apenas um cliente dentre centenas que havia defendido que tinha certeza de que era inocente. Aquela era a história mais apropriada para se ouvir de uma juíza cuja sala de audiência tinha se tornado o palco por onde passava boa parte das acusações de homicídio de Baltimore. Fosse um sujeito não branco, ou, em raras ocasiões, um branco, todos eram levados ao fórum da rua Calver em discretos furgões do presídio e, então, conduzidos algemados e com correntes nas pernas da carceragem até a sala de julgamento e, depois, de volta para a carceragem. Massas trêmulas e ansiosas por liberdade, elas eram como lavagem para o cocho dos porcos e, fosse por meio de acordo ou veredito, existiam apenas para serem devoradas. Dia após dia, os advogados eram alimentados, as prisões eram preenchidas, a máquina continuava funcionando. Graças tanto à escolha quanto ao destino, Bothe estava entre os três juízes na cidade que, combinados, julgavam mais de 60% dos 150 ou mais casos de homicídio que chegavam àquela instância todos os anos. Era um desfile sombrio e patético, uma corrente de miséria humana para a qual Bothe tinha tanto o preparo psicológico quanto a predisposição.

Seu gabinete deixava isso claro: em meio aos livros com o código penal de Maryland e textos jurídicos, havia uma coleção de crânios humanos — a maioria deles réplicas, com apenas um de verdade — que faria inveja a qualquer antropologista. Nas paredes, estavam penduradas as primeiras páginas originais de edições da virada do século da *Gazeta Policial*, cada uma delas contando os detalhes de algum chocante arroubo de violência. Para os investigadores de homicídios, tal peculiaridade era especialmente reconfortante, assegurava a eles que Elsbeth Bothe — assim como qualquer policial digno — era capaz de apreciar as melhores partes de um bom assassinato.

Não que Bothe fosse algum tipo de juíza carrasca. Assim como qualquer outra pessoa impelida a lidar com homicídio de modo constante, ela não era incapaz de aceitar um acordo brando, caso isso ajudasse a riscar um ou dois homicídios furrecos da lotada agenda do fórum. Essa é a realidade em Baltimore e em qualquer outra jurisdição dos EUA, onde um acordo é a única coisa capaz de evitar que o sistema de justiça criminal implluda diante do número de casos. O truque — para juízes e promotores — era saber em quais casos o acordo não era cabível.

Seguindo a lógica que fosse, o caso contra Butchie Frazier não estava aberto a nenhum acordo — ao menos não por algo que o advogado de Butchie aceitaria em sã consciência. Trabalhando na acusação em conjunto, Gersh e Schenker ofereceram 50 anos, sabendo que as penas máximas para tentativa de homicídio doloso e a acusação de porte de arma seriam prisão perpétua e 20 anos, o que significaria 80 anos no total. Dada a política de liberdade condicional do estado, a real diferença para Butchie era de uns cinco anos, mas, para qualquer criminoso inveterado, esse não era um montante que merecesse ser discutido. Sujeitos com Butchie Frazier ouvem os promotores falando em penas de dois dígitos e nem prestam atenção.

Como resultado, o caso foi relegado a doze jurados: onze mulheres e um homem; nove pessoas negras e três brancas. Era um júri típico da cidade, que, mesmo que não fizesse mais nada digno de nota, tinha ao menos conseguido se manter acordado durante a apresentação da acusação — uma conquista notável, em uma sala de audiência no qual juízes ocasionalmente eram obrigados a pedir que o segurança cutucasse algum jurado e o trouxesse de volta à lucidez.

Os jurados ficaram totalmente fascinados com Yolanda Marks, que foi tanto um retrato de fúria quanto de medo no banco das testemunhas. Yolanda tinha tentado sucessivas vezes negar o depoimento dado ao grande júri nas entrevistas pré-julgamento com os promotores. Suas respostas na audiência às perguntas de Schenker foram monossilábicas e frias, e boa parte do depoimento dela foi acompanhado por lágrimas. Ainda assim, ela falou o que aconteceu na rua Appleton, e Butchie olhava furioso para ela a poucos metros de distância.

Yolanda foi sucedida por outros, por McLarney testemunhando a respeito da cena do crime e por Gary Tuggle, um dos policiais da força-tarefa, testemunhando a respeito da busca ao suspeito. Jovem, negro, atraente, Tuggle era uma necessidade para os jurados — um contrapeso racial para Butchie Frazier, uma sugestão discreta para os jurados negros de que o sistema em si não era inteiramente branco. E, então, foi a vez do casal que estava rumando para o sul pela rua Appleton, saindo do bar na esquina, e ambos relembraram o mesmo cenário durante os tiros narrado por Yolanda, embora ambos tenham declarado estar longe demais para identificar o atirador. De todo modo, eles confirmaram o relato de Yolanda.

Por fim, havia o rapaz do Presídio Municipal, outro acusado de homicídio que brigou com Butchie enquanto os dois ficaram detidos aguardando julgamento. Butchie lhe falou a respeito do crime, oferecendo detalhes que apenas o atirador poderia saber.

"Que mais o réu disse a você?", perguntou Schenker.

"Ele disse que o policial estava batendo nele, e aí ele puxou a arma e atirou na cabeça dele. Ele disse que queria ter matado o puto."

O definitivo insulto da periferia ecoou por um momento pelo fórum e, então, deu lugar a um silêncio completo. Um homem jovem, cego pelo resto da vida, insultado de modo tão casual pelo homem que disparou a arma. Cassidy. Puto.

Gary Schenker fez uma pausa dramática enquanto dois jurados balançavam a cabeça e Bothe levava a mão à boca. Quando perguntaram se foi ofertada uma pena reduzida em troca de seu depoimento, o garoto negou. Isso, disse aos jurados, é pessoal.

"Mostrei pra ele a foto da minha mina", explicou o rapaz. "Ele disse que, quando saísse, ia catar ela."

Aquele era o caso deles. Tudo que podia ter sido feito foi feito antes de Gene Cassidy comparecer. Cassidy era o estímulo emocional, o apelo silencioso aos cidadãos que julgavam Butchie Frazier, um júri que agora olhava para o homem jovem no banco das testemunhas, um homem jovem que não pode olhar de volta. Gene Cassidy é a culminação psicológica da acusação feita pelo estado, a última incitação às mais profundas emoções dos jurados antes de a defesa assumir.

O júri já tinha ouvido um cirurgião da Universidade de Maryland descrever o percurso de cada bala em detalhes clínicos e explicar as chances mínimas de alguém sobreviver a tais ferimentos. Ainda assim, eis Cassidy, de volta do túmulo em terno azul-escuro para enfrentar o homem que tinha fracassado em matá-lo.

"Policial Cassidy", diz Bothe, solícita, "há um microfone na sua frente... se puder falar nele."

Cassidy estende o braço e toca no metal.

Schenker faz, então, as perguntas preliminares. "Policial Cassidy, quanto tempo trabalha como policial na cidade de Baltimore?..."

Enquanto Schenker prossegue, os olhos de diversos jurados pulam de Cassidy para Frazier e, então, de volta para Cassidy. Os dois homens estão próximos, separados por não mais de 2 m, e Frazier olha com curiosidade genuína a lateral da cabeça de Cassidy. Cabelo preto cobre o ferimento na têmpora, as feições faciais curadas perfeitamente. Apenas os olhos revelam o dano: um deles azulado e vazio, o outro translúcido e distorcido.

"Você ficou totalmente cego, correto?", pergunta Schenker.

"Fiquei, correto", responde Cassidy. "Também perdi os sentidos do olfato e do paladar."

É o tipo de depoimento mais precioso. Em todo julgamento de homicídio, a vítima existe para o júri apenas como uma entidade abstrata, como parte do processo representada por nada mais do que um relatório de autópsia e algumas fotografias da cena do crime. O réu, no entanto, continua sendo de carne e osso durante todo o julgamento. Nas mãos de um advogado de defesa competente, a humanidade dele pode ser mais bem ilustrada do que a inumanidade do crime, sua fachada comum mais aparente do que os atos extraordinários dos quais é acusado. Um bom advogado de defesa senta próximo a seu cliente, toca no ombro dele para atrair sua atenção e coloca o braço em torno dele para mostrar aos jurados que gosta do sujeito, que acredita nele. Alguns advogados chegam a ponto de dar pastilhas de menta aos réus, os instruindo a puxar o pacote em algum momento calmo e oferecer uma ao advogado, talvez até para o promotor, sentado a poucos metros. Vejam, senhoras e senhores, ele é humano. Gosta de pastilhas de menta. Até as partilha.

Mas Gene Cassidy tira de Butchie Frazier essa vantagem. Nesta sala de audiência, ele também é feito de carne e osso.

Schenker prossegue: "Naquela noite em particular, tem algo de que você se recorde que...".

Cassidy faz uma discreta careta antes de responder. "Não tenho memória do incidente... dos tiros", fala lentamente. "A última coisa que lembro é estar na casa do meu sogro na Pensilvânia no começo da tarde."

"Você consegue se lembrar de ir para o trabalho naquele dia?"

"Sei que devo ter ido", responde Cassidy. "Mas não consigo me lembrar de nada depois da casa do meu sogro. Me disseram que isso é bastante comum com esse tipo de ferimento..."

"Policial Cassidy", interrompe Bothe. "Imagino que foi sua esposa quem o conduziu até aqui."

"Sim, meritíssima."

"E, a julgar pela aparência dela", a juíza não pode deixar o momento passar em branco, "diria que ela está grávida..."

"Sim. Deve nascer em quatro de julho."

Quatro de julho. O advogado de defesa balança a cabeça.

"É seu primeiro filho?", pergunta a juíza, olhando na direção da bancada do júri.

"É, sim."

"Obrigada, Policial Cassidy. Estava curiosa."

O ultrajado advogado de defesa não pode fazer nada. O que você faz com o depoimento de um policial cego cuja esposa grávida está sentada em um banco próximo? O que perguntar na inquirição? No que você foca? Onde, em um cenário desse, você consegue cavar algum espaço para seu cliente?

"Sem perguntas, meritíssima."

"A testemunha está dispensada. Obrigada, Policial Cassidy."

Do corredor, McLarney observa a porta dupla se abrir durante o intervalo. Os jurados já estão no andar de cima, na sala do júri, Bothe já voltou para seu gabinete. Patti sai com Gene segurando seu braço, seguido por Schenker.

"E aí, Gene, como foi?", pergunta McLarney.

"Tudo certo", diz Cassidy. "Acho que me saí bem. O que acha, Patti?"

"Você foi ótimo, Gene."

"O que o Butchie fez? Ele olhou pra mim?"

"Olhou, Gene", diz um amigo da Oeste. "Ele estava encarando você."

"Encarando? Ele estava fazendo cara de mau pra mim?"

"Não", revela o policial. "Ele só parecia bem esquisito, sabe?"

Cassidy assente.

"Você detonou ele, Gene", fala um homem da Oeste. "Você acabou mesmo com ele."

McLarney dá um tapa nas costas de Cassidy e, então, segue pelo corredor com Patti, a mãe e o irmão de Gene, ambos vindos de New Jersey para o julgamento. Enquanto a família se encaminha para a biblioteca jurídica no andar de cima para aguardar a parte da defesa, McLarney coloca a mão no braço de Cassidy e faz uma série de perguntas relacionadas ao depoimento.

"Queria ter podido estar lá com você, Gene", diz McLarney a ele nas escadas.

"Claro", responde Cassidy. "Mas acho que me saí bem. O que você achou, Patti?"

Patti Cassidy conforta o marido novamente, mas McLarney está nervoso demais para se satisfazer com uma única opinião. Minutos depois, ele anda novamente de um lado para outro no corredor do fórum, infernizando cada advogado, cada espectador e cada segurança que sai da sala de audiência.

"Como o Gene se saiu? Qual foi a reação dos jurados?"

McLarney faz uma careta a cada resposta. O preço de acompanhar o julgamento mais importante de sua vida pelo corredor é que você nunca está disposto a acreditar naquilo que ouve. Cassidy tinha enfrentado meses de reabilitação de fala, McLarney lembrava aos outros. Ele escutou as perguntas? Como estava a fala dele?

"Ele foi ótimo, Terry", declara Schenker.

"O que o Butchie fez?", pergunta McLarney.

"Ele só ficou olhando o Gene", conta um sujeito da Oeste. "Ele ficou olhando o lado do rosto de Gene."

O lado do rosto de Gene. A cicatriz. Butchie Frazier observando a própria obra, se perguntando o que diabos deu errado. Aquele filho da puta, pensa McLarney, franzindo a cara diante da imagem.

A defesa toma todo o restante da tarde, chamando um par de testemunhas que insistem que Butchie Frazier é o cara errado, que ele não estava na Mosher com a Appleton naquela noite de outono. Mas Frazier não depõe; seu histórico criminal tornaria o ato problemático.

"O que aconteceu ao Policial Cassidy é uma tragédia", declara o advogado de defesa nas alegações finais. "Mas é uma tragédia a respeito da qual não podemos fazer nada. Apenas aumentaria essa tragédia condenar Clifton Frazier com base nas provas apresentadas pelo estado."

Em seu fechamento, Schenker e Gersh contra-atacam em conjunto, com Schenker mantendo a classe e Gersh jogando baixo. Manter a classe significa um exame imparcial das provas; jogar baixo é clamar por um instinto comunitário que pode ou não existir.

"Não condenem Clifton Frazier porque a vítima nesse caso é um oficial de polícia", diz Schenker aos jurados. "Façam isso porque é o certo... Clifton Frazier atirou em Gene Cassidy porque não queria ir para a prisão."

Ainda assim, dez minutos depois, Gersh para em frente aos jurados para lembrar a todos que "quando um policial é baleado, cada um de nós morre um pouco".

O discurso da "tênue linha azul",* pensa McLarney, ouvindo as alegações finais em um banco ao fundo. Cada vez que um policial é baleado, os promotores desenterram o velho clichê de "proteger e servir". O júri acredita nisso? Alguma pessoa ainda acredita nisso? McLarney olha para os doze rostos. Ao menos, estão escutando — todos, exceto pela jurada número nove. Ela não está engolindo o papo de Gersh, McLarney pensa. Ela vai ser problema.

"Podemos mandar uma mensagem aos Butchies Fraziers do mundo, de que eles não podem ir pra rua atirar em oficiais de polícia..."

E então acaba. Andando em fila única, os jurados passam pelos promotores, pelo advogado de defesa, por Butchie Frazier, sobem as escadas e vão para a sala de deliberação.

---

* Termo que expressa o conceito de que a polícia é a linha de defesa que evita que a sociedade degenere em caos e violência. O "azul" se refere ao uniforme azul adotado por diversos departamentos de polícia.

Esperando com Gersh e Schenker próximo à porta da sala de julgamento, McLarney de repente encontra Frazier quando o réu, algemado e acorrentado, é escoltado até a carceragem do subsolo. Frazier chega a fazer cara de chacota quando os dois se encaram no fim do corredor.

"Ah, certo", resmunga McLarney, tentando muito se controlar. "Quem..."

Gersh afasta McLarney. "Acho que acabamos com ele", lhe diz o promotor. "Vai levar algumas horas, mas acho que acabamos com ele. Que achou do final?"

McLarney o ignora e, em vez disso, olha para a procissão de Butchie Frazier e seus dois guardas saindo pelas portas da sala e descendo as escadas do segundo andar.

"Vamos lá", convida Gersh, com um leve toque no ombro de McLarney. "Vamos encontrar o Gene."

Cassidy já está acomodado para a espera, sentado com a esposa, a mãe e o irmão mais velho nos fundos de uma sala de reuniões do júri. Uniformizados da Oeste, recém-saídos de seus turnos de oito horas, gravitam em torno da família, distribuindo felicitações pela vitória que certamente virá. Do lado de fora, no corredor, Gersh e Schenker aceitam felicitações do público. Quando o céu do lado de fora do fórum começa a se apagar, dois policiais da Oeste organizam a compra de pizzas.

"Gene, o que você quer na sua?"

"Qualquer coisa, desde que tenha anchovas."

"Como é mesmo o nome do lugar?"

"Pizzaria do Marco. Na rua Exeter."

"Melhor pedirmos agora", diz um policial, sorrindo. "Não vamos ter que esperar muito tempo aqui."

Durante mais ou menos uma hora, eles são a própria imagem da confiança. Por uma hora, riem, fazem piadas e contam histórias das ruas da Oeste, histórias que sempre terminam com alguém algemado. Aguardando o veredito que, têm certeza, virá logo, se ocupam rememorando as melhores partes das alegações finais e detalhes do depoimento de Gene.

Mas subitamente o otimismo deles é estilhaçado pela notícia de que gritos são ouvidos nas proximidades da porta da sala de Bothe, gritos que vêm da sala do júri no andar de cima. Em alguns momentos, as vozes mais exaltadas chegam ao corredor do fórum, logo ao lado da sala onde Gene Cassidy e a família estão sentados entre caixas vazias de pizza e copos de isopor. O humor do pessoal da Oeste piora.

Duas horas se passam, depois três. Os gritos na sala dos jurados continuam, e a espera se torna agonizante.

"Não sei o que dizer, Gene", diz Gersh, perdendo a fé. "Dei o meu melhor e temo que não tenha sido o bastante."

Após quatro horas, a representante da juíza envia apenas uma nota, indicando que o júri está em um impasse insolúvel. Bothe lê a nota para os juristas e chama os jurados ao andar de baixo, e lhes dá as instruções padrões, instigando os jurados a voltarem para a sala e tentarem mais uma vez chegar a um veredito.

Mais gritos.

"Isso é um crime, Gene", diz Corey Belt. "Não consigo acreditar."

Uma dúvida feroz se insinua pelas gargantas quando a voz zangada de uma jurada se ergue acima das demais e é ouvida no fim das escadas da sala do júri. Eles sempre mentem, grita a jurada. Vocês precisam me convencer.

Eles sempre mentem. Quem? A polícia? As testemunhas? Os réus? Butchie nem sequer depôs, então não pode ser ele. Então de quem diabos ela está falando? McLarney fica sabendo da frase por meio de um escrevente e imediatamente pensa na jurada número nove, a mulher que parecia não estar acreditando em Gersh durante o encerramento. É a voz dela, diz a si mesmo. Diacho, é ela.

McLarney engole em seco e volta para o corredor no segundo andar, onde fica caminhando de um lado para outro, cego de raiva. Não foi o suficiente, pensa. Perdemos o júri porque não dei o bastante. Uma testemunha ocular. Corroboração. Uma confissão no presídio. De algum modo, não foi o bastante. Já tarde da noite, McLarney acha cada vez mais difícil voltar à sala onde Gene aguarda. Enquanto caminha de um lado para outro no corredor de mármore, diversos homens da Oeste vão até ele para assegurar que não faz qualquer diferença.

"Culpado, vai pra prisão", declara um uniformizado, um homem que uma vez havia sido comandado por McLarney no Setor 2. "Inocente, volta pra rua."

"Se ele voltar pra Oeste, tá morto", diz outro, concordando. "Aquele monte de merda vai desejar ter sido condenado."

Palavras imprudentes, mas McLarney assente. Na verdade, não seria necessário um plano, nenhuma conspiração elaborada. Simplesmente aconteceria. Butchie Frazier era um criminoso frio, e um criminoso não é nada além de previsível. De volta às ruas da Oeste, certamente cometeria seus pequenos crimes obscuros e, de modo igualmente certo, cada um dos uniformizados estaria lá, esperando. Sem julgamento, sem advogados, sem júri. Se Butchie Frazier for solto hoje, McLarney calcula, ele morre no máximo em um ano.

Dentro da sala de audiência, Gersh e Shanker contemplam as alternativas. Temendo o pior, eles poderiam ir até o advogado de Frazier e oferecer um acordo antes de os jurados voltarem. Porém que tipo de acordo? Frazier já tinha recusado a oferta de cinquenta anos. Trinta? Trinta significa condicional a partir de dez anos. Cassidy disse desde o começo que dez anos não seriam o bastante para ele. Mas ele consegue viver com uma absolvição? No fim, a discussão toda era teórica; tendo talvez o mesmo pressentimento que os promotores, Butchie Frazier recusa qualquer ideia envolvendo a negociação de um acordo.

A marca de seis horas traz uma nota diferente da representante da juíza, perguntando a respeito da diferença entre as tentativas de homicídio culposo e doloso. Culpa. Eles estão discutindo culpa lá dentro.

Ao ouvir a novidade, os policiais na sala de reunião subitamente respiram aliviados; alguns se aproximam de Cassidy e oferecem cumprimentos. Ele dá de ombros. Culposo, ele diz, balançando a cabeça. Como poderiam estar cogitando culposo?

"Esquece isso, Gene", diz Gersh, um promotor veterano que tinha passado por essa espera centenas de vezes. "Eles já subiram no bonde. Estão quase lá."

Cassidy sorri com a ideia. Como que para melhorar seu humor, pede permissão para contar sua piada.

"Qual piada?", pergunta Belt.

"Você sabe", responde Cassidy. "A minha piada."

"Sua piada? Aquela que você já contou?"

"Isso", retruca Cassidy. "Aquela."

Belt balança a cabeça, sorrindo. "Você tá querendo fazer o quê, Gene? Esvaziar a sala?"

"Mas que diabo", fala Biemiller, outro sujeito da Oeste. "Conta a piada, Gene."

Cassidy começa a contar a improvável história de três pedaços de cordão parados do lado de fora de um bar, todos com sede e precisando de uma cerveja. Um cartaz na porta afirma que não servem cordões.

"O primeiro pedaço entra no bar e pede uma cerveja", explica Cassidy, "e o bartender pergunta, 'Aí, você é um pedaço de cordão?'."

O cordão responde que sim e é colocado para fora. Alguns dos policiais bocejam de modo audível. Ignorando-os, Cassidy narra a tentativa do segundo cordão, bastante similar à do primeiro.

"Então o terceiro pedaço de cordão rola no chão, se enche de nós e fica todo bagunçado antes de entrar no bar, certo?"

McLarney entra na sala vindo do corredor, bem a tempo de ouvir o final de uma piada que seria incapaz de compreender.

"E o bartender pergunta pra ele, 'Você é um pedaço de cordão?'. E o cordão responde, 'Acho que não'."*

Gemidos coletivos.

"Nossa, essa piada é terrível, Gene", fala um dos sujeitos da Oeste. "Mesmo pra um cara cego, é uma piada terrível."

Cassidy dá risada. Dentro da sala de reunião dos jurados a tensão havia dissipado, a mortalha da derrota subitamente removida pela pergunta casual entregue pela enviada da juíza. McLarney também está aliviado, embora a ideia de um veredito de crime culposo ainda não caia bem. Quando Cassidy começa a contar mais uma piada, McLarney volta ao corredor e senta em um banco, a cabeça encostada na fria parede de mármore. Belt o segue.

"Butchie vai pra prisão", diz McLarney, só para ouvir a si mesmo dizendo isso.

"Precisa ser crime doloso, parceiro", diz Belt, se inclinando sobre o banco. "Culposo não basta."

McLarney assente.

Com a chegada do bilhete da enviada da juíza, Gersh e Schenker imediatamente retiram toda e qualquer oferta de acordo. A juíza Bothe diz aos promotores em seu escritório que está pronta para aceitar o veredito de crime culposo se os jurados forem unânimes.

"Não", diz Gersh com uma ponta de raiva. "Deixe eles fazerem o trabalho deles."

As deliberações se arrastam por mais de oito horas. Já são dez da noite quando voltam a se reunir na sala de julgamento, e Butchie Frazier é trazido da carceragem no subsolo. Cassidy senta na primeira fileira com a esposa, logo atrás dos promotores. McLarney e Belt encontram assentos no segundo banco, próximo à porta. Os jurados descem as escadas em silêncio. Eles não olham para o réu — um bom sinal. Eles não olham para Cassidy — um mau sinal. McLarney os observa se acomodar na bancada do júri, as mãos agarradas às dobras da calça nos joelhos.

"Senhora representante", pergunta o escrevente. "Vocês chegaram a um veredito unânime quanto à acusação de tentativa de homicídio doloso?"

"Chegamos."

"E qual foi?"

"Declaramos o réu culpado."

---

* Trocadilho com as frases "I'm afraid not" (Acho que não) e "I'm a frayed knot" (Sou um nó gasto).

Um leve aceno de cabeça é a resposta de Gene Cassidy, que aperta a mão da esposa, enquanto cada jurado dá seu veredito e os uniformizados da Oeste vibram baixinho na galeria. Diversos jurados choram. Da sua mesa, Gersh se vira para olhar a plateia e, então, faz um sinal de positivo com o polegar para McLarney; McLarney sorri, aperta a mão de Belt, depois dá um soco no ar e se inclina para a frente, exausto por um momento. Butchie Frazier balança a cabeça e começa a examinar com cuidado as próprias unhas.

Enquanto Bothe estipula a data da fixação da pena e conclui os trabalhos, McLarney levanta e se dirige para o corredor, torcendo para conseguir agarrar um ou dois jurados e descobrir que diabo tinha acontecido naquela sala. Quase no alto da escada, uma jurada negra, uma mulher jovem ainda tentando conter as lágrimas, olha para o distintivo dele e ignora a pergunta.

"Não quero falar nisso", declara.

McLarney segue em frente e alcança um dos três jurados brancos; ele a reconhece como a garota que chorou durante o depoimento de Cassidy.

"Senhorita... senhorita."

A garota olha para trás.

"Senhorita", diz McLarney, a alcançando. "Eu fui um dos investigadores no caso e fiquei me perguntando o que aconteceu com o júri."

A garota apenas faz um sinal com a cabeça.

"Eu poderia falar com você uns minutinhos?"

De modo relutante, a garota aceita.

"Fui o investigador principal", explica McLarney, um pouco constrangido pela irritação que não consegue de modo algum esconder. "O que foi que empatou vocês por tanto tempo?"

A garota gesticula, incrédula. "Vários deles não se importavam. Digo, não se importavam mesmo. Foi uma loucura."

"Eles não se importavam?"

"Nem um pouco."

"Com o que eles não se importavam?"

"Com tudo. Eles não se importavam com nada."

McLarney fica atordoado. Bombardeando a garota com perguntas e mais perguntas, ele começa a entender as oito horas de rancoroso debate, no qual etnia e indiferença desempenharam papéis dominantes.

A garota explica que dois ou três dos jurados brancos pediram desde o começo um veredito de crime doloso, do mesmo modo que dois jurados negros jovens insistiam em absolvição, argumentando que a polícia tinha colocado todas as testemunhas ali em um esforço para condenar alguém — qualquer um — por atirar em um policial branco. Era por isso, disseram, que tinha tantos policiais na sala de audiência. A namorada de Frazier chorou porque foi obrigada a mentir. As outras duas testemunhas provavelmente estavam bêbadas, tinham saído do bar. O rapaz do presídio municipal tinha testemunhado porque isso renderia um acordo para ele.

A garota relata que uma jurada negra jovem declarou a certa altura que não gostava da polícia, o que fez com que outro jurado perguntasse o que uma coisa tinha a ver com a outra. Simplesmente não gosto deles, respondeu a primeira jurada, acrescentando que, se qualquer pessoa morasse no bairro dela, também não ia gostar.

Os outros oito jurados ofereceram poucas opiniões, mas disseram que votariam naquilo que fosse acordado, diz a garota a McLarney. É sexta-feira, apontaram, o começo do fim de semana do Memorial Day.* Eles queriam ir para casa.

McLarney escuta chocado. "O que fez vocês mudarem de ideia e aceitarem a condenação por crime doloso?", pergunta.

"Eu me recusei a mudar meu voto, e a outra mulher, aquela da fileira ao fundo, ela também se recusou a mudar o dela. Ela também estava pedindo a condenação por crime doloso desde o começo. Depois de um tempo, todo mundo queria ir pra casa, acho."

McLarney faz um sinal de incredulidade. Ele já é policial tempo suficiente para saber que não tem como entender jurados, mas isso de algum modo é mais do que pode aguentar. O sujeito que tentou matar Gene Cassidy recebeu o veredito certo pelas razões erradas.

A garota parece ler a mente dele. "Juro por Deus", arremata, "se é assim que o sistema funciona, pode ficar com ele pra você."

Duas horas depois, no Bar do Mercado, a cerveja bate em McLarney pra valer, e ele pede que a garota conte toda aquela história sórdida de novo. A garota obedece. Ela é uma garçonete de 19 anos que trabalha em um bar no centro e foi àquele bar com os policiais, os promotores e a família Cassidy por insistência de McLarney. Ela era uma heroína, ele lhe disse, e merecia uma cerveja. Ele a escuta por mais alguns minutos e, então, começa a chamar mais gente da Oeste para aumentar a plateia.

"Vince, vem cá."

---

* Feriado nacional, comemorado anualmente na última segunda-feira de maio, em que os EUA homenageiam os militares mortos servindo o país.

Moulter vem caminhando do balcão.

"Esse é Vince Moulter", e o apresenta à jovem jurada. "Ele trabalhou com Gene. Conta pra ele aquele negócio de uma jurada ter dito que achou o Butchie uma gracinha."

A duas mesas de distância, Gene Cassidy bebe um refrigerante em silêncio, rindo das piadas ocasionais. Ele e Patti ficam por ali uma ou duas horas, o suficiente para McLarney apresentar a jovem jurada após a primeira hora.

"Obrigado", diz Cassidy à garota. "Você sabe que fez a coisa certa."

"Eu sei", responde ela, um pouco enervada. "Boa sorte para vocês com o bebê e tudo mais."

McLarney ouve a conversa e sorri do bar, já um pouco bêbado. A comemoração se estende até pouco depois da uma hora da manhã, quando Nicky sai de trás do balcão e começa a limpar as mesas. Cassidy já foi embora, seguido por Belt, Tuggle e Gersh. McLarney, Moulter, Biemiller e alguns outros permanecem, enquanto a jovem jurada começa a juntar suas coisas para partir.

"Nós vamos pra rua Clinton depois que fechar aqui", diz McLarney para ela. "Tá convidada pra ir com a gente."

"O que é a rua Clinton?"

"Território sagrado", brinca outro policial.

Antes mesmo de a garota responder, McLarney se sente esquisito por ter sugerido aquilo. O fim da rua Clinton é o melhor lugar do Distrito Sudeste, mas não é nada além de um cais apodrecido. Essa garota aqui é normal. Uma civil.

"A rua Clinton é um píer a alguns minutos daqui", explica McLarney, constrangido. "O Vince vai pegar umas cervejas, e a gente vai se encontrar lá. Nada de mais."

"Tenho que ir pra casa", diz ela, desconfortável. "Sério."

"Tá bom, então", retruca McLarney, de certo modo aliviado. "O Vince pode te dar uma carona até o seu carro."

"Valeu pela cerveja", ela agradece. "Tenho que dizer que não gostaria de ter que passar por tudo aquilo de novo, mas foi uma experiência interessante. Obrigada."

"Não", encerra McLarney. "Eu que agradeço."

Vince Moulter parte com a garota. McLarney termina a cerveja e deixa uma gorjeta no bar para Nicky. Ele confere as chaves do carro, carteira, distintivo, arma — o inventário normal que indica para McLarney que ele está pronto para partir.

"Você achou que ela ia topar ir pra rua Clinton?", pergunta Biemiller, olhando pra ele com as sobrancelhas erguidas.

"Você não entende", responde McLarney, irritado. "Ela é uma heroína."

Biemiller sorri.

"Quem vem?", convida McLarney.

"Você, eu, Vince, talvez mais uns dois. Falei pro Vince pegar uns dois fardos."

Eles partem em carros separados, indo para o leste, depois para o sul pelos bairros de casas geminadas de Fell's Point e Canton. Eles entram na rua Clinton no limite do porto e rumam para o sul por uns quatrocentos metros, onde a estrada dá em um beco sem saída à sombra das torres da fábrica de cimento Lehigh. À direita dos policiais, que saem dos carros, está um armazém de ferro corrugado. À esquerda, um terminal de cargas maltratado. A noite é quente, e a água do porto exala um leve fedor de lixo.

Moulter chega dez minutos depois, com dois fardos de Coors Light. McLarney e os outros sujeitos da Oeste retomam de onde tinham parado, as vozes se elevando, menos contidas na noite quente de primavera. Moulter sintoniza em uma estação de rádio FM e aumenta o volume do rádio do carro. Uma hora se passa sem nada além de conversa envolvendo trabalho e piadas de delegacia; McLarney faz sua parte, contribuindo com algumas histórias interessantes de homicídios.

Logo há duas dúzias de latas prateadas vazias oscilando nas águas do porto, ou escoradas sem vida na lateral de metal do depósito.

"Um brinde", diz Biemiller.

"À Oeste."

"Não. Ao Gene."

"Ao Gene."

Eles bebem, e Moulter aumenta mais o volume do rádio. Leva vários minutos para que notem uma figura solitária, talvez um capataz, próximo ao portão do depósito.

Biemiller o vê primeiro.

"Sargento. Aqui."

McLarney empurra os óculos de volta para o alto do nariz. O capataz só está lá parado, olhando para eles.

"Não esquentem", diz McLarney a eles. "Eu resolvo isso."

McLarney pega uma lata fechada — uma espécie de oferta de paz — e caminha até o portão do depósito. Inclinado sobre o corrimão de uma plataforma de metal, o capataz olha para baixo com desprezo visível. McLarney sorri, como que se desculpando. "Como vai?", diz.

O homem cospe. "Vocês não têm nada melhor pra fazer do que vir pra cá bêbados e fazer bagunça, seus merdas? Quem vocês acham que são, porra?"

McLarney olha para os próprios sapatos e, então, de volta para o rosto do capataz. A voz dele é pouco mais do que um sussurro. "Imagino", diz, "que você não queira descer aqui e repetir o que falou."

O capataz não se move.

"Foi o que pensei."

"Vai se foder", retruca o homem, voltando pelo portão. "Vou ligar pra polícia."

McLarney volta ao fim do píer, onde os foliões o olham de modo confuso.

"Que foi que ele disse?", pergunta Moulter.

McLarney dá de ombros. "A gente chegou a um acordo. Ele vai ligar pra polícia e a gente vai dar fora daqui."

"Pra onde?"

"Algum lugar perto."

"Calverton?"

"Calverton."

As cervejas são rapidamente distribuídas e eles entram nos carros. Ao som dos motores, o capataz corre de volta até o portão, para anotar as placas. Eles aceleram pela rua Clinton com os faróis apagados, fugitivos em sua própria cidade.

"Terry, talvez a gente deva ir pra casa", diz um policial mais jovem no carro de McLarney. "Se a gente continuar assim, vamos ser investigados pela corregedoria. Porra, talvez a gente acabe até preso, nesse ritmo."

McLarney lhe lança um olhar de desprezo. "Ninguém vai ser preso", retruca, conduzindo o Honda Civic para o oeste ao longo do cais da rua Boston. "Você esqueceu que está em Baltimore? Ninguém nunca vai preso na porra dessa cidade. Por que tratariam a gente diferente de qualquer outro criminoso?"

McLarney ri do próprio raciocínio e acelera pelas ruas imediatamente ao sul de Little Italy, depois para oeste, pelo vazio do começo de manhã no centro da cidade. Garis e caminhões de entrega de jornal comandam a cidade agora, e os semáforos passaram de vermelho e verde para amarelo piscante. Em frente ao hotel Omni na Fayette, um vagabundo solitário disseca o conteúdo de uma lata de lixo.

"São 4h, Terry."

"Isso", concorda McLarney, checando o relógio. "Correto."

"Aonde a gente vai, porra?"

"Aonde todos os criminosos procurados vão para se esconder."

"O Oeste?"

"O Distrito Oeste", fala McLarney, triunfante. "Nunca vão achar a gente lá."

Logo já são 5h, e oito ou nove latas de cerveja vazias estão jogadas na sarjeta na estrada Calverton. O grupo se resume a quatro pessoas àquela altura, os outros foram embora antes da ameaça da luz da alvorada. No grupo, apenas Bob Biemiller ainda é policial na Oeste. McLarney está na divisão de homicídios do centro desde que levou aquele tiro na avenida Arunah; Moulter foi transferido para o patrulhamento da Sudeste. Mas eles estão juntos novamente na estrada Calverton, porque é a manhã posterior ao encerramento do caso Cassidy por um júri da cidade. E, mesmo após serem expulsos do píer da rua Clinton, eles ainda não conseguem ir para casa.

McLarney joga outra lata vazia na pilha, onde ela faz barulho contra as irmãs. Biemiller pega mais uma no banco traseiro e entrega para McLarney, que se acomoda contra a grade frontal do carro.

"Então, Vince, o que você acha?", diz McLarney, rompendo o lacre de metal. Espuma branca sobe até a borda da lata e escorre pelos lados. O sargento resmunga uma palavra e espana o líquido da mão.

Moulter sorri vagamente. "O que eu acho?"

"Sobre Gene."

A pergunta era a respeito de Gene. Toda aquela bebedeira, toda aquela baboseira, toda aquela caravana por Baltimore feito um bando de ciganos motorizados, e McLarney ainda não está satisfeito. De algum modo, a coisa toda ainda não pode ser ignorada. Nesse momento, o caso da rua Appleton é a única história de delegacia que vale a pena contar, e, nesse momento, ela demanda algum tipo de moral.

Moulter dá de ombros, olhando para as ervas daninhas e o lixo que marcam o fim da estrada Calverton e o limite da ferrovia Amtrak. O local tinha sido o melhor lugar do Setor 2 da Oeste por bastante tempo — um local deserto para beber café e escrever relatórios, ou dividir um engradado de cerveja, ou talvez tirar um cochilo se você estivesse agendado para comparecer no fórum pela manhã.

McLarney vira para Biemiller. "O que você acha?"

"O que eu acho?", pergunta Biemiller.

"Sim. A gente ganhou por ele, não ganhou?"

"Não", fala Biemiller. "Nós não ganhamos."

Moulter mostra concordância.

"Não digo nesse sentido", recua McLarney. "Quero dizer, a gente conseguiu o veredito. Gene deve estar feliz."

Biemiller não diz nada; Moulter atira uma lata no mato. Um lampejo súbito de luz e barulho vem da ferrovia quando um trem passa velozmente pelos trilhos centrais. O trem desaparece em um longo uivo que soa um bocado como uma voz humana.

"É zoado, né?", recomeça McLarney após algum tempo.

"É, sim."

"Quer dizer, aquele é um sujeito que é como um herói de guerra", declara McLarney. "Isso é uma guerra, e ele é um herói. Entende o que eu quero dizer?"

"Não."

"Vince, entende o que estou dizendo?"

"O que você está dizendo, Terry?"

"Deixa eu dizer um negócio", explica McLarney, sua voz começando a demonstrar raiva, "uma coisa que eu disse pro Gene. Eu disse que ele tem que entender que ele não foi baleado por conta da rua Appleton. Que se foda a rua Appleton. Que se foda. Que se foda Baltimore. Ele não foi baleado por Baltimore."

"Por que ele foi baleado?"

"O lance é o seguinte", retoma McLarney, "e eu falei isso pro Gene. Eu disse pra ele que tem uma guerra acontecendo no país. É uma porra de uma guerra, certo? E Gene era um soldado e foi baleado. Ele estava defendendo seu país e foi baleado. Como em qualquer outra guerra de merda."

Biemiller joga uma lata vazia na direção do mato. Moulter esfrega os olhos.

"O que eu estou dizendo é que você tem que esquecer que é Baltimore", afirma McLarney, bastante zangado. "Essa cidade é fodida e sempre vai ser fodida, mas isso não é normal. Baltimore que se foda. Gene era um policial nos Estados Unidos que foi baleado, e tem lugares onde ele seria tratado como um herói de guerra. Vocês entendem isso?"

"Não", responde Biemiller. "Na verdade, não."

McLarney lentamente perde o ímpeto, incapaz de manter sua raiva sem ajuda. "Bom, o Gene entende", murmura, olhando pra o outro lado dos trilhos. "É isso que importa. Gene entende, e eu também."

McLarney está voltando para o outro lado do carro quando o sol começa a rajar de vermelho o céu ao leste. Uma equipe de trabalho matinal abre os portões do depósito municipal na rua Calverton; dez minutos depois, um caminhão de obras do município passa rugindo próximo às bombas. Ao som do caminhão, Biemiller olha pelo asfalto, tentando focar em meio a uma névoa alcoólica.

"Quem diabos é aquele cara?"

Uma figura solitária vestida de azul está parada a poucos metros da entrada do depósito, olhando para eles.

"Um segurança", anuncia McLarney.

"Jesus. De novo não."

"Que porra ele quer?"

"Ele viu a cerveja."

"E daí? Por que ele se importa, caralho?"

O homem de azul puxa um bloco de notas e um lápis e começa a escrever. Os policiais respondem com palavrões.

"Jesus, ele tá anotando as placas."

"Bom", declara Biemiller. "A festa acabou. Vejo vocês por aí, rapaziada."

"Não faz sentido ser investigado pela corregedoria", completa outro. "Vamos dar o fora."

Eles jogam as últimas latas no mato e entram nos carros. Dois carros e uma caminhonete aceleram e passam rasgando pelo segurança, saindo na avenida Edmondson. Novamente atrás do volante do Honda, McLarney avalia os efeitos da cerveja e estima o número de patrulheiros estaduais entre sua localização naquele momento e sua casa no Condado Howard. O resultado do cálculo mental diz que não é uma boa ideia, então ele ruma para o leste em meio ao trânsito escasso de sábado de manhã, virando ao sul na avenida Martin Luther King, chegando minutos depois à casa no sul de Baltimore, lar de um amigo que esteve com eles na estrada Calverton. McLarney fica parado nos degraus sob a luz do novo dia, o jornal matinal enrolado na mão direita. O amigo chega minutos depois.

"Tem cerveja?", pergunta McLarney.

"Nossa, Terry."

McLarney ri, entregando o jornal. Os dois entram pela porta, e McLarney vai para a sala de estar no primeiro piso.

"Que muquifo", diz McLarney. "Você tá precisando de uma empregada ou algo do tipo."

O sujeito mais jovem volta da geladeira com o jornal e duas garrafas de Rolling Rock. McLarney senta no sofá e desmembra o jornal, procurando uma notícia relacionada ao veredito de Cassidy. Ele espalha os cadernos do jornal pela mesa antes de achar o artigo na primeira página do caderno local, logo abaixo da dobra. A história é breve, talvez uma dúzia de parágrafos.

"Meio curta", declara, lendo lentamente.

Termina a matéria, então esfrega os olhos e dá um longo gole na cerveja. De súbito, ele, finalmente, está exausto. Muito bêbado e muito exausto.

"É zoado", dispara. "Entende o que eu quero dizer? Alguém mais percebe como isso é zoado? Alguém vê isso? Pessoas normais veem isso e ficam putas também?"

Pessoas normais. Cidadãos. Seres humanos. Mesmo entre os praticantes, ser policial é uma patologia.

"Porra, tô cansado. Preciso ir embora."

"Você não pode dirigir."

"Eu tô legal."

"Terry, você não está enxergando porra nenhuma."

McLarney ergue os olhos, surpreso. Ele pega o caderno local de novo. Mais uma vez ele lê a história, procurando as coisas que nunca chegam a ser publicadas em relatos nos jornais.

"Achei que fariam mais", diz por fim. McLarney tenta dobrar o jornal, o amassando desajeitadamente com a mão esquerda.

"Mas o Gene se saiu bem, né?", recomeça após outra pausa. "Ele se saiu bem na tribuna."

"Se saiu."

"Ele ganhou respeito."

"Ganhou."

"Bom", conclui McLarney, os olhos pesados se fechando. "Isso é bom."

O sargento repousa a cabeça contra a parede atrás do sofá. Os olhos, por fim, se fecham.

"Preciso ir", balbucia. "Me acorda em dez minutos..."

Ele dorme feito uma natureza-morta, sentado, o tornozelo direito sobre o joelho esquerdo. O jornal amassado no colo, a lata de cerveja pela metade envolta pela mão direita. Ainda de terno. A gravata torcida, porém intacta. Os óculos de armação de arame, tortos e avariados por meia dúzia de quedas, tinham deslizado pelo nariz. O distintivo ainda no bolso superior direito do terno. A arma, um .38 prateado de cano curto, ainda no coldre do cinto.

Quarta-feira, 8 de junho

Uma digital identificada.

Quando o cérebro humano se exaure, a tecnologia flexiona os músculos e cria pistas por conta própria. Diodos, transistores e chips de silicone produzem uma conexão quando um padrão espiral encontrado em um dedo indicador direito é vinculado a um nome e a um endereço. Cada cume, cada curva, cada imperfeição é observada, catalogada e comparada, até que o veredito do computador Printrak seja certeiro:

Kevin Robert Lawrence

Nasc. 25/9/66

Avenida Park Heights, 3409

Assim como o restante de sua espécie, o Printrak é um monstro acéfalo. Ele não sabe nada do arquivo do caso, da vítima e praticamente desconhece qualquer um dos suspeitos que acaba identificando. E ele não pode fazer as perguntas que necessariamente sucedem tais descobertas. Isso é deixado para o investigador, que estica as pernas em uma mesa de metal e olha para a impressão enviada para o andar de cima direto da seção de identificação do laboratório. Por que, ele se pergunta, a impressão digital de Robert Lawrence foi encontrada em uma biblioteca, na parte interna da capa de um livro, *Pioneiros e Patriotas*, que trata de heróis afro-americanos? E como é possível, ele se pergunta também, que esse mesmo livro tenha, de algum modo, sido encontrado na bolsa de uma menina assassinada em Reservoir Hill?

Perguntas boas e simples, para as quais nenhum investigador pode prover uma resposta imediata. O nome de Kevin Robert Lawrence não aparece em nenhum lugar no arquivo do caso Latonya Wallace, nem soa familiar para qualquer investigador ou oficial da força-tarefa envolvido no caso. E, exceto pelo fato de o sr. Lawrence ter sido preso no dia anterior, tentando roubar alguns cortes de vitela de uma mercearia em Bolton Hill, o nome dele não tem relação com qualquer histórico criminal facilmente encontrável pelo computador da Identificação do Departamento de Polícia de Baltimore.

Esse, os investigadores precisam admitir, não é um fato promissor. Falando de modo geral, o suspeito ideal para um caso de estupro e assassinato normalmente tem acusações mais substanciais nos registros policiais do que uma acusação de furto. Ainda assim, o tal garoto Lawrence tinha conseguido colocar as mãos em um livro retirado da biblioteca pela menina morta sem nunca ter sido fichado pela polícia.

Na verdade, se não fosse por sua pequena indiscrição, o nome de Kevin Robert Lawrence provavelmente nunca teria sido mencionado por um investigador de homicídios. Mas o sr. Lawrence tinha sentido vontade de comer vitela no jantar e, pelo visto, queria um desconto, e, exclusivamente por conta dessa ambição limitada, ele se tornou o principal suspeito do assassinato de Latonya Wallace.

Apanhado pelo segurança do mercado e entregue ao camburão do Distrito Central, Lawrence, de 21 anos, foi levado para a carceragem tarde da noite de ontem, ocasião em que um carcereiro aplicou a quantidade necessária de tinta e gerou um arquivo de digitais com um número fresquinho para o departamento. Durante a noite, o arquivo fez o caminho corriqueiro até a seção de registros no quarto andar da central, que pode comparar uma impressão digital colhida com centenas de milhares de cartelas de digitais no arquivo do departamento de Baltimore.

Em um mundo perfeito, esse processo extraordinário produziria provas de modo regular e rotineiro. Mas, em Baltimore, uma cidade que, de modo algum, pode ser chamada de perfeita, o Printrak — assim como qualquer outra maravilha tecnológica no laboratório criminal do departamento — funciona de acordo com a Regra Oito do manual de homicídios:

Em qualquer caso em que não há um suspeito evidente, o laboratório criminal não produz provas valiosas. Nos casos em que um suspeito já confessou e foi identificado por ao menos duas testemunhas oculares, o laboratório consegue fornecer e indicar digitais, fibras, tipo sanguíneo e análise balística. E mesmo assim, no caso de Latonya Wallace, um assassinato que genuinamente importa, a regra parece não se aplicar. Ao menos uma vez, o trabalho do laboratório subitamente impulsionou para a frente uma investigação estagnada.

Não era de admirar que a digital inesperada tivesse encontrado o caso de Latonya Wallace caído no chão, porque Tom Pellegrini se encontrava exatamente no mesmo estado. Sua tosse tinha continuado sem pausa, e a exaustão parecia sugar mais e mais dele a cada dia. Certa manhã, tentando sair da cama, ele sentiu que as pernas mal se moviam. Era como um daqueles sonhos nos quais você tenta fugir de algo, mas não consegue nem sair do lugar. Ele foi novamente a um médico, que diagnosticou o problema respiratório como uma reação alérgica. Mas alergia a quê? Pellegrini nunca tivera alergia em sua vida até então. O médico disse que o estresse, às vezes, pode desencadear uma alergia que normalmente é contida pelas defesas do corpo. Então perguntou: Você tem passado por algum tipo de estresse em particular recentemente?

"Quem? Eu?"

Todos os dias durante três meses, Pellegrini tinha se arrastado até o escritório e olhado para as mesmas fotos e lido os mesmos relatórios. E todos os dias tudo parecia igual. Dia sim, dia não, vagava pelas ruas de Reservoir Hill, checando porões e casas vazias, ou o interior de algum carro ou caminhão abandonado, procurando a cena do crime perdida. Ele revisou cada suspeito significativo, interrogando amigos, parentes e conhecidos do Homem do Peixe; e Ronald Carter, que tentou implicar o Homem do Peixe; e Andrew, que estacionou o carro no beco dos fundos e admitiu ter estado lá na noite em que o corpo foi desovado. Também tinha trabalhado nas novas pistas, investigando o criminoso sexual preso por estupro no Condado de Baltimore, e o pedófilo preso se exibindo em frente a uma escola primária. Compareceu aos testes com polígrafo no quartel da Polícia Estadual em Pikesville, onde cada sucessivo teste de um suspeito em potencial parecia criar um pouco mais de ambiguidade. E, quando todo o resto falhou, ele foi até o laboratório de análise residual no andar de baixo e brigou com Van Gelder, o analista-chefe. E aquelas manchas escuras na calça da menina? Era piche do telhado? Piche de estrada? Não tinha como reduzir as opções?

Nesse meio-tempo, Pellegrini tinha tentado se manter em circulação, atendendo a todas as chamadas que chegavam até ele e lutando para se manter interessado nos crimes com arma de fogo medíocres e os esfaqueamentos domésticos. Em certo momento, enquanto interrogava uma testemunha em uma ocorrência de violência particularmente desimportante, percebeu que tinha que se esforçar até mesmo para fazer perguntas básicas. Foi assustador. Àquela altura, estava há menos de dois anos na divisão de homicídios, e mesmo assim tinha se tornado um legítimo caso de esgotamento. O poço secou, Pellegrini precisava admitir. Não tem mais nada.

No começo de junho, obteve uma licença médica de mais de duas semanas, tentando se recuperar do que quer que o tivesse feito ir parar na homicídios, para começo de conversa. Ele dormiu, comeu e brincou com o bebê. E, então, dormiu mais ainda. Ele não foi até o centro, não ligou para o escritório e tentou, na maior parte do tempo, não pensar em garotinhas mortas.

E, quando as digitais identificadas chegam à mesa de Gary D'Addario, Tom Pellegrini ainda está de licença, e o tenente decide — por motivos mais humanitários do que táticos — não chamá-lo de volta. Para os outros investigadores, parece a princípio algo triste, e até um pouco irônico, que o investigador principal não esteja lá quando eles descem como um enxame na vida de Kevin Lawrence, descobrindo tudo que podem a respeito daquela nulidade de ser humano que tinha de algum modo caído sobre eles feito um milagre dos céus. Mais do que qualquer homem na unidade naquele ano, Pellegrini merecia uma migalha de esperança, e sua ausência é bastante sentida quando Donald Kincaid e Howard Corbin começam a investigar os passos do novo suspeito, tentando vinculá-lo a amigos ou parentes na área de Reservoir Hill. Outros homens do turno dizem a si mesmos e aos outros que Pellegrini deveria estar lá quando dão entrada dos dados do novo sujeito no Centro Nacional de Informação Criminal, ou quando pesquisam no computador da cidade um histórico criminal que não é encontrado, embora estejam certos de que ele existe com algum outro nome ou apelido. Pellegrini deveria estar lá também quando conversam com a família e os amigos de Lawrence. Nas horas posteriores à identificação da digital, dizem para si mesmos que Pellegrini merece estar por perto no honroso momento em que o caso finalmente for resolvido.

Em vez disso, o arquivo do caso é transferido para Kincaid e Corbin: Kincaid, porque tinha chegado cedo para o turno diurno, e D'Addario falou primeiro com ele, com uma cópia fresquinha do relatório do Printrak; e Corbin, um dos investigadores realmente antigos no andar de investigação, porque o assassinato de Latonya Wallace tinha se tornado uma obsessão para ele também.

Corbin, uma maravilha de idade avançada e dentes tortos, é produto de vinte anos na divisão de homicídios e mais quinze de departamento. O homem já tem 65 anos, bem além do ponto em que a maioria dos policiais enxerga a aposentadoria como uma alternativa razoável, mas ainda assim se recusa a perder um dia sequer de serviço. Um veterano de talvez três mil cenas de crime, Corbin é um pedaço de história ambulante. Os investigadores mais antigos se lembram da época em que ele e Fury Cousins, dois dos primeiros recrutas negros da divisão de homicídios, conheciam absolutamente todo mundo na periferia em Baltimore e usavam esses conhecimentos em todos os casos. Era uma cidade menor e mais próxima na época, e Corbin a conhecia quase toda. Se o atirador era conhecido nas ruas como Mac, ele perguntaria se você estava falando do Mac da zona leste ou o Mac da zona oeste, ou se você estava falando de Big Mac Richardson ou de Racetrack Mac, que morava na avenida. E não importava sua resposta, porque Corbin tinha mais dois ou três endereços para cada um deles. No seu auge, ele era bom assim.

Mas vinte anos tinham transformado tanto a cidade quanto Howard Corbin, o empurrando para a unidade de criminosos reincidentes, do outro lado do sexto andar: nos últimos anos, ele luta uma guerra de contenção contra as próprias mudanças, tentando provar para a cadeia de comando que a idade e o diabetes não conseguem segurá-lo. É uma luta nobre, mas, de certo modo, dolorosa de assistir. E, para diversos investigadores mais jovens, ele se tornou um lembrete vivo do preço que se pode pagar por dar demais da sua vida ao departamento de polícia. Corbin ainda aparece todas as manhãs, ainda preenche os relatórios de trabalho, ainda investiga um ou dois casos, mas a verdade é que criminosos reincidentes é uma divisão burocrática com meio escritório e um punhado de homens. Corbin também sabe disso e não trabalha um dia que seja sem se dedicar ao máximo. Para ele, a divisão de homicídios sempre será a terra prometida, e o caso Latonya Wallace é sua chance de êxodo.

Quando o caso completou um mês, Corbin perguntou ao coronel Lanham se poderia dar uma olhada no arquivo do caso, e o coronel não conseguiu pensar em nenhum motivo para recusar o pedido, embora ele e todos os outros não conseguissem enxergar o motivo por trás disso. Mas e daí? Lanham raciocinou que não poderia ser ruim ter um investigador experiente revisando o caso. Nunca se sabe o que um cérebro descansado pode achar. E se, por acaso, Corbin realmente conseguisse resolver o caso, poderia conquistar o direito de se mudar para a outra ponta do corredor.

Para horror de Pellegrini, quando o pedido foi aprovado, Corbin imediatamente se mudou para o escritório anexo e se apoderou do arquivo do caso Latonya Wallace. Uma verdadeira chuva de relatórios sucedeu a chegada de Corbin, conforme ele registrava seus esforços em longos relatórios datilografados relacionados a quaisquer que fossem as pistas principais que estivesse investigando. Para Pellegrini, o arquivo logo tinha se tornado ingerenciável por conta do tamanho, boa parte dele desnecessária, em sua opinião. O que mais importava para Pellegrini era que o envolvimento de Corbin adotava uma abordagem em tudo oposta da que tinha proposto em seu memorando ao capitão. Ele tinha proposto uma revisão cuidadosa e completa das provas existentes, uma revisão a ser feitas pelos investigadores principal e secundário, que tinham mais familiaridade com o caso. Em vez disso, o arquivo mais uma vez parecia ter se tornado território comunitário.

E agora Corbin atuaria como substituto de Pellegrini na investigação de Kevin Lawrence, ao menos pelo tempo necessário para confirmar que ele é um suspeito viável. "Se esse cara parecer promissor", assegura Landsman aos outros membros do esquadrão, "com certeza vamos dar uma ligada para o Tom."

Mas, no dia seguinte, ninguém pensa em ligar para Pellegrini quando os investigadores falam com o diretor da Escola de Ensino Fundamental Eutaw-Marshburn, na qual Kevin Robert Lawrence tinha estudado entre 1971 e 1978. Também não pensam em ligar quando uma busca mais completa no computador não revela nada que se assemelhe a um registro criminal. E também nem pensam em importuná-lo quando a família Wallace diz não saber nada de Kevin Lawrence e não se lembrar de ele ter tido qualquer contato com a vítima.

Oito dias após o computador da polícia mencionar seu nome em vão, Kevin Lawrence é levado à divisão de homicídios, onde conta aos investigadores que não sabe nada relacionado à uma garota chamada Latonya Wallace. Todavia, ele se lembra de um livro que falava de heróis negros dos EUA, de título *Pioneiros e Patriotas*. Quando o livro em si lhe é mostrado, ele se lembra até mesmo da redação que preparou muitos anos antes usando aquele mesmo exemplar, que foi retirado na biblioteca da Escola Eutaw-Marshburn. O tema da redação eram os grandes negros dos EUA e o jovem se recorda que tirou nota A. Contudo, isso, diz ele, foi há mais de dez anos. Por que estão querendo saber disso agora?

A investigação que exonera Kevin Lawrence ainda está sendo concluída quando Pellegrini volta ao trabalho. Por pura sorte ou providência divina, ou por ambas, o investigador principal assiste enquanto os outros investigadores colidem com mais um beco sem saída. Ele é poupado da angústia de ver uma prova material importante ser reduzida a uma coincidência fantástica — uma digital que permaneceu intocada no livro por mais de uma década, esperando até que um computador de um milhão de dólares lhe conferisse vida suficiente para iludir alguns investigadores por uma semana e meia.

Em vez de perseguir a pista da digital até outro moedor de carne psicológico, Pellegrini consegue voltar ao trabalho um pouco mais forte. A tosse continua, mas o cansaço diminuiu. Um ou dois dias após retornar, a pasta de papel pardo que contém a informação compilada a respeito do Homem do Peixe volta para sua mesa no escritório anexo. E, enquanto os outros investigadores estão ocupados devolvendo Kevin Lawrence totalmente alheio a sua liberdade e anonimato, Pellegrini volta à rua Whitelock e interroga outros comerciantes para conhecer os hábitos do sujeito que continua sendo o suspeito mais promissor.

Na verdade, foi no mesmo dia em que Lawrence entediava os outros investigadores com suas aventuras no ensino fundamental que Pellegrini catou o molho de chaves do Cavalier e um punhado de sacos plásticos para coleta de provas e entrou na loja queimada da rua Whitelock, onde o Homem do Peixe trabalhou até talvez uma semana antes do assassinato. O investigador já tinha olhado a propriedade em ruínas diversas vezes antes, procurando qualquer coisa que indicasse que a menina — viva ou morta — tivesse sido levada ao local, mas, para sua frustração, o prédio nunca pareceu nada além de uma estrutura queimada. Comerciantes vizinhos contaram que, na verdade, o suspeito havia tirado quase tudo do mercado nos dois dias anteriores à descoberta do corpo da garotinha.

Ainda assim, Pellegrini dá mais uma olhada antes de fazer o trabalho que precisa ser feito. Satisfeito com o fato de que nada naquele entulho tinha deixado de ser checado, ele começa a recolher fuligem e escombros de diversos locais. Em alguns pontos, a substância é espessa e oleosa, misturada talvez ao piche de partes do teto que desabou.

A ideia tinha ocorrido a Pellegrini enquanto esteve de licença e era, precisava admitir, uma teoria improvável, considerando quão pouco o laboratório de análise tinha conseguido descobrir das manchas pretas na calça da menina morta. Mas que diabo, diz a si mesmo, caso haja algo específico com que comparar naquelas manchas, o pessoal do Van Gelder talvez consiga descobrir alguma coisa.

De vez em quando uma teoria maluca se confirma, o investigador pensa, um pouco esperançoso. Mas, mesmo que as amostras coletadas no mercado não revelem nada, elas são importantes para Pellegrini por outra razão: foi ideia sua. É raciocínio dele que a substância na calça da menina possa ser fuligem do mercado do Homem do Peixe. Não de Landsman. Não de Edgerton. Não de Corbin.

Muito provavelmente, reflete Pellegrini, vai ser outro beco sem saída no labirinto, mais uma página de relatório para o arquivo. Porém, mesmo assim, seria seu beco sem saída, no seu relatório.

Pellegrini é o investigador principal, e seu modo de pensar é o principal. Ele volta de Reservoir Hill com as amostras de fuligem no banco do carona, se sentindo, pela primeira vez em semanas, como um investigador.

Quarta-feira, 22 de junho

Clayvon Jones está caído de bruços no pátio do conjunto habitacional, o torso cobre a Colt 9 mm que nunca teve chance de usar. A arma está engatilhada, com um projétil na câmara. Alguém estava atrás dele, que também estava atrás de alguém, e foi ele quem se deu mal.

Dave Brown rola o corpo e Clayvon o encara com espuma branca nos cantos da boca.

"Caramba", exclama Dave Brown. "Que bela arma!"

"É, muito boa", concorda Eddie Brown. "Ela é o quê? Uma 45?"

"Não, acho que é uma daquelas réplicas de Colt. Fazem a de nove milímetros nos moldes clássicos da 45."

"É uma nove milímetros?"

"Ou uma .9 ou uma .380, eu vi o anúncio dessa paradinha em uma revista do FBI."

"Hum-hum", assente Eddie Brown, dando uma última olhada na arma. "É uma beleza."

Já está claro, pouco antes das 6h em um dia que promete ser quente. Além de ter sido o orgulhoso proprietário de uma réplica de Colt 9 mm, o morto era um morador da zona leste de 22 anos, de porte magro e atlético. O cadáver já está em *rigor mortis* considerável, e o único ferimento à bala visível é no alto da cabeça.

"Como se ele tivesse se abaixado, mas não o suficiente", afirma Eddie Brown, um pouco entediado.

Uma multidão já se aglomera nos dois lados do pátio, e, embora uma verificação das casas geminadas vizinhas não fosse trazer testemunhas, metade da vizinhança aparece para dar uma olhada no corpo. Em algumas horas, ocorreriam quatro ligações anônimas — "Quero permanecer *sinônimo*", uma das pessoas exigiria — além de um relatório de um informante da zona leste na lista de pagamento de Harry Edgerton. Em conjunto, isso forneceria um relato completo da morte de Clayvon Jones. Poderia ser classificado como "cenário número 34" no catálogo de vida e morte do drama na periferia: uma discussão entre dois viciados por uma mina; uma luta corporal na rua; ameaças mútuas; um moleque pago em cocaína para dar um tiro na cabeça de Clayvon.

Para fascínio de Dave Brown, três das pessoas que ligariam insistiriam que o atirador tinha colocado uma flor branca na boca de Clayvon após o assassinato. A flor, Brown se daria conta, não era nada além da espuma nos cantos da boca do morto, que, sem dúvida, foi vista pela multidão que recepcionou os investigadores em sua chegada à cena do crime.

Nesse momento, entretanto, tudo isso ainda está por acontecer. Nesse momento, Clayvon Jones é simplesmente um cara morto com uma arma de qualidade que nunca teve a chance de usar. Sem testemunhas, sem motivos, sem suspeitos — o mantra padrão desse tipo de mistério.

"Aí, velho."

Dave Brown se vira e vê o rosto familiar de um uniformizado da Leste. Martini, não é que é ele? Isso mesmo, diz o rapaz, que tinha levado um tiro pela companhia em uma batida de drogas no Lar Perkins no ano anterior. Um bom homem, Martini.

"E aí, como é que vai, parceiro?"

"Tudo certo", responde Martini, apontando para outro uniformizado. "Meu camarada aqui precisa de um número de distintivo pro relatório."

"Você é o investigador Brown, certo?", pergunta o outro uniformizado.

"Nós dois somos o investigador Brown", explica Dave Brown, colocando o braço sobre o ombro de Eddie Brown. "Esse aqui é meu pai."

Eddie Brown sorri, o dente de ouro reluzindo no sol da manhã. Sorrindo de volta, o uniformizado analisa aquele retrato familiar multirracial.

"Ele se parece comigo, né?", diz Eddie Brown.

"Um pouco", brinca o uniformizado, a essa altura rindo. "Qual é seu número?"

"B de bola, nove-seis-nove."

O patrulheiro faz um gesto afirmativo e se afasta quando o furgão do legista estaciona no fim do pátio.

"Encerramos por aqui?", pergunta Dave Brown.

Eddie Brown faz que sim.

"Tá legal", diz Dave Brown, voltando ao Cavalier. "Mas não podemos esquecer a coisa mais importante sobre esse caso."

"Que é o quê?", pergunta Eddie Brown, acompanhando.

"A coisa mais importante sobre esse caso é que, quando saímos do escritório, o Grandão pediu pra gente levar pra ele um sanduíche de salada de ovo."

"Ah, é."

Na sala do café da divisão de homicídios, Donald Worden espera o sanduíche em meio a uma nuvem de fumaça de charuto, nutrindo um ódio que já se estende por uma semana e meia. Ele faz isso em silêncio, estoicamente, mas com tanta energia e determinação que nenhum outro homem se atreve a abordá-lo com algum chavão durante a troca de turno da manhã.

E, na verdade, o que alguém poder dizer? O que dizer a um sujeito que moldou sua carreira de acordo com seu próprio senso de honra, seu próprio código, quando essa honra é chutada de um lado para outro por políticos? O que dizer a um sujeito para o qual lealdade institucional é um meio de vida, quando o departamento no qual ele passou vinte e cinco anos oferece novas lições de traição?

Três semanas antes, a chefia tinha ido atrás de Rich Garvey. Foi atrás dele com um relatório diário e algumas anotações em uma pasta de papel pardo, sem nome nem número do caso. Um senador do estado, eles explicam. Ameaças. Agressores misteriosos. Um possível sequestro.

Garvey ouviu pacientemente. Então olhou o relatório inicial, feito por dois investigadores do turno de Stanton. Não era algo bonito.

"Só uma pergunta", declarou Garvey. "Eu posso passar o senador pelo detector de mentiras?"

Não, os supervisores disseram para si mesmos, talvez Rich Garvey não seja o melhor homem para esse caso. Eles rapidamente se despediram, levando o relatório e a pasta de papel pardo para Worden.

O Grandão deixou que falassem e organizou os fatos em sua cabeça: senador do estado, Larry Young. Um democrata do 39º distrito legislativo da zona oeste de Baltimore. Cria da máquina política da família Mitchell na zona oeste e presidente do influente Comitê de Questões Ambientais Domésticas da Assembleia Geral. Um líder da Convenção Legislativa Negra com laços com a prefeitura, assim como com policiais de alta divisa no departamento de polícia. Um solteirão de 42 anos que mora sozinho na rua McCulloh.

Isso fazia sentido, o restante era bizarro. O senador Young ligou para um amigo, um médico negro bastante respeitado, e contou ter sido sequestrado por três homens. Young estava saindo da rua McCulloh sozinho, e os sequestradores tinham um furgão, ele explicou. Foi então forçado a entrar nele, de olhos vendados, sob ameaças. Fica longe do Michael e da noiva dele, lhe disseram, se referindo a um antigo auxiliar político que planejava se casar. E, então, esses agressores anônimos o colocaram para fora pela porta de trás, perto do parque Druid Hill. Ele pegou uma carona de volta para casa.

Isso é um ultraje, o amigo lhe disse. Você precisa ligar pra polícia. Não tem necessidade, Larry Young lhe assegurou. Por que envolver o departamento de polícia? Eu posso resolver isso sozinho, mas só queria que você soubesse, explicou ao amigo, que mesmo assim insistiu, agendando uma ligação conjunta para Eddie Woods, o comissário adjunto e aliado político do senador. O comissário Woods escutou a história e, então, corretamente insistiu que o sequestro de um senador do estado tinha de ser investigado. O setor de homicídios foi contatado.

"Você vai pegar o caso?", perguntaram novamente.

Worden calculou os fatos não mencionados: um legislador poderoso, com amigos poderosos. Relutância em reportar um crime. Uma história ridícula. Chefes nervosos. A escolha de um investigador de homicídios de idade, um policial com um registro profissional limpo e com tempo suficiente de trabalho para se aposentar caso as coisas fiquem feias.

Tá legal, Worden respondeu. Eu pego.

Afinal, alguém tinha que assumir o caso, e Worden raciocinou que um policial mais jovem teria mais a perder. Os investigadores do turno de Stanton, que originalmente atenderam à chamada, não queriam ter absolutamente nada a ver com aquilo. E Garvey também não tinha a intenção de se jogar na direção de um soco. Mas o que poderiam fazer com Worden? Fazia sentido. Mas, ainda assim, quando o veterano investigador falava daquilo, parecia que estava tentando convencer mais a si mesmo do que qualquer outra pessoa.

Indo mais diretamente ao ponto, Worden era uma verdadeira cria da velha guarda do departamento: se lhe davam um caso, ele investigava. E, se alguns acreditavam que tinha sido a lealdade a seus comandantes que havia queimado Worden na investigação da rua Monroe, todos entendiam que ele jamais se esquivaria do pedido de um superior, mesmo que isso significasse ser queimado novamente.

Com Rick James para ajudar, Worden foi primeiro até a casa do auxiliar político, na região nordeste de Baltimore, onde falou com os pais do auxiliar, um casal gentil e idoso, consideravelmente atordoado com o fato de estar recebendo um investigador de homicídios. Eles lhe disseram que não sabiam nada a respeito do sequestro. Na verdade, no começo da noite do alegado incidente, o senador tinha passado na casa deles para visitar o filho do casal, mas ele não estava em casa naquele momento. O sr. Young aguardou, conversando amigavelmente com os dois até que o filho deles retornasse. E, então, o senador e o filho deles saíram pela porta dos fundos para o quintal, para discutir algo em particular. Pouco tempo depois, o filho deles voltou para dentro de casa sem o senador, que havia partido. Então o filho deles disse que tinha machucado o braço e precisava de uma carona até o pronto-socorro.

Worden assentiu, ouvindo cuidadosamente. Com cada fato adicional, a história do senador começava a soar ainda mais ridícula e um pouco mais compreensível. O interrogatório subsequente do auxiliar confirmou a hipótese que já tinha começado a se delinear na cabeça de Worden. Sim, o auxiliar admitiu, o senador tinha se zangado durante aquela discussão no quintal. A uma certa altura, ele catou um galho de árvore e acertou o auxiliar no braço. E, então, fugiu.

"Imagino que a discussão entre você e o senador tenha sido por conta de uma questão pessoal", falou Worden, com imenso cuidado, "uma questão que vocês prefeririam manter em segredo."

"Correto."

"E imagino que você não queira dar queixa da agressão."

"Não. Não quero."

Os dois homens trocaram olhares e um aperto de mão. Worden e James voltaram para o escritório, discutindo as alternativas que lhes restava. Primeira opção: poderiam passar dias ou mesmo semanas investigando um sequestro que nunca ocorreu. Opção dois: confrontariam o senador, talvez com a ameaça implícita de uma investigação para o grande júri, ou talvez até mesmo com uma acusação de queixa de falso crime, embora isso fosse perigoso, porque as coisas podiam ficar feias rapidinho. Havia, entretanto, uma terceira opção, e Worden a ficou empurrando de um lado para outro mentalmente, pesando os riscos e benefícios. E, quando os dois policiais e o tenente D'Addario foram chamados ao gabinete do capitão para revisar o caso, Worden ofereceu a terceira opção como a alternativa sensata.

Se eles tratassem a queixa de sequestro como genuína, Worden disse ao capitão, investigadores bem treinados da divisão de homicídios estariam desperdiçando dias procurando alguns fulanos misteriosos em um furgão que nunca seria encontrado. Caso tentassem levar o caso ao grande júri, seria um desperdício ainda maior de tempo governamental. Uma queixa falsa era café pequeno, e quem na divisão de homicídios iria querer passar dias tentando investigar um político por um delito leve, principalmente quando nem sequer estava claro se o político tinha formalmente registrado ocorrência? Afinal, foi o amigo médico do senador quem efetuou a ligação original para o comissário Woods; tecnicamente, aquilo era razão suficiente para sugerir que ele não tinha nenhuma intenção real de registrar uma queixa falsa. A terceira opção era a melhor, Worden argumentou, mas ele não tinha intenção de assumi-la sozinho.

O capitão perguntou como Worden procederia e o que seria dito. O investigador lhe explicou do modo mais claro possível. O capitão repassou mais uma vez a proposta de Worden para que os quatro homens na sala se certificassem de que fazia sentido. Vá em frente, disse o capitão. Manda bala.

Worden foi ao gabinete do senador Young naquela mesma tarde. Ele deixou James para trás no escritório; o investigador estava a seis anos da aposentadoria e, portanto, corria maiores riscos. Em vez disso, Roger Nolan se ofereceu para ir junto, dizendo que talvez ele precisasse de uma testemunha para o que quer que acontecesse. E não apenas Nolan tinha tempo suficiente para domar qualquer tempestade, mas, assim como o senador, ele também era negro. Caso qualquer coisa dita naquele encontro um dia fosse a público, a presença de Nolan poderia debelar qualquer noção de racismo.

Em seu gabinete no centro, Larry Young deu as boas-vindas aos dois policiais e disse novamente que não via razão para a polícia desperdiçar tempo investigando o incidente. Era uma questão pessoal, o senador explicou, e tinha a intenção de investigá-la de modo particular.

Worden pareceu assentir com um leve gesto e, então, ofereceu ao senador um panorama da investigação até aquele momento. Os investigadores não tinham conseguido encontrar ninguém na rua McCulloh que tinha visto o sequestro e não descobriram qualquer prova material no parque Druid Hill onde o senador afirmou ter sido empurrado para fora do furgão. A calça que o senador afirmou ter usado naquela noite não tinha sequer uma mancha de grama nela. Além disso, explicou Worden, o depoimento do auxiliar do senador e dos pais do auxiliar tinham suscitado dúvidas adicionais. O investigador repassou os detalhes do depoimento e ofereceu uma escapatória ao senador.

"Minha impressão é que se trata de algo privado entre vocês dois", afirmou Worden, "algo de que você gostaria de cuidar de modo privado."

"Correto", confirmou Young confirmou.

"Bom, se um crime foi cometido, a gente investiga ele por completo", disse Worden. "Mas, se nenhum crime foi cometido, isso encerra a questão."

O senador entendeu do que a proposta se tratava, mas fez mais algumas perguntas para ter certeza. Se ele lhes dissesse que nenhum crime tinha sido cometido, isso encerraria a investigação, correto? E caso lhes dissesse naquele momento que não havia crime, essa admissão não poderia ser usada contra ele, correto?

"Não por mim", Worden declarou.

"Então", esclareceu o senador, "não houve sequestro. Preferiria lidar com a questão de modo privado."

Worden disse ao senador que ele poderia considerar a investigação do departamento de polícia um arquivo encerrado. O relatório original do sequestro tinha sido redigido como um relatório de circulação exclusivamente interna da polícia, como ocorria em todos os casos envolvendo oficiais públicos. E, como não havia boletim de ocorrência, nada apareceria nos jornais.

"Nosso trabalho aqui acabou", afirmou Worden.

Worden e Nolan apertaram a mão do senador, concluindo a barganha. Não haveria investigação para o grande júri, nenhum caso prioritário no qual os investigadores da homicídios pudessem acumular horas extras, nenhuma questão incômoda relacionada à vida privada do senador, nenhuma revelação pública a respeito da tentativa fracassada de um político de fabricar um contrapeso para um caso em que ele próprio havia cometido a agressão. Em vez disso, a divisão de homicídios voltaria a se delimitar à investigação de assassinatos. Worden voltou para a central e datilografou o relatório necessário do encontro para o capitão, acreditando ter feito a coisa certa.

No entanto, em 14 de junho, uma semana e meia após a visita ao gabinete do senador, a discreta solução de Worden para todo aquele caso sórdido foi estilhaçada por um furo jornalístico relacionado ao incidente, dado por uma repórter televisiva da filial da CBS. Levando em consideração a quantidade de informação na matéria da repórter, Worden e James suspeitaram que o vazamento tinha vindo de dentro do departamento. Essa hipótese fazia sentido; nem todos na cadeia de comando podiam ser considerados aliados políticos do senador, e o bizarro sequestro pintava um quadro bastante constrangedor.

É claro que, uma vez que a informação confidencial foi revelada, oficiais de polícia e promotores começaram a se acotovelar em uma tentativa de evitar a aparência de acordos secretos e acobertamentos. Confrontado pela repórter, o próprio prefeito entrou na história, dando ordem ao departamento para que tornasse público o boletim de ocorrência gerado pela ligação original, relatando o sequestro. Com a imprensa subitamente acampada em frente à prefeitura, as prioridades originais foram imediatamente invertidas. Uma semana antes, o comando tinha ficado satisfeito com Worden, por ele ter encerrado a investigação de um crime inexistente com certa discrição, permitindo aos investigadores de homicídios reassumirem suas principais responsabilidades; agora, os mesmos chefes estavam sendo indagados em público a respeito do porquê de um influente senador da zona oeste de Baltimore não ser acusado, uma vez que havia admitido ter feito uma queixa falsa. Aconteceu algum tipo de acordo? O incidente foi mantido em segredo para proteger o senador? Que tipo de influência foi usada a favor do senador?

Uma torrente constante de manchetes e segmentos de TV levou políticos da cidade a iniciar uma investigação completa liderada pelo Ministério Público, seguida de uma investigação para o grande júri. Durante a semana seguinte, ocorreram reuniões entre promotores e autoridades policiais, seguidas de reuniões entre promotores e um influente advogado contratado pelo senador. Em uma tarde em particular, quando Worden e James saíam de uma reunião entre os promotores e o advogado do senador em um escritório de advocacia, foram confrontados na frente do prédio pela mesma repórter de TV que tinha vazado a história.

"Quem será que falou pra ela da nossa reunião?", indagou James, atônito. "Ela sabe que porra vai acontecer antes mesmo da gente..."

Tudo que Worden tinha tentado evitar aconteceu. Ele queria poder investigar assassinatos; agora assassinatos já não eram a prioridade. Fracassou em sua tentativa de evitar o desperdício de tempo e esforço vagando pela vida pessoal de um homem público sem nenhum motivo relevante; agora ele e mais três ou quatro outros investigadores desperdiçariam ainda mais tempo se intrometendo invasivamente na privacidade desse homem. Worden, James, Nolan — eles eram todos peões em um ridículo jogo de diplomacia desesperada, enquanto os burocratas jogavam o futuro político de Larry Young uns para os outros, feito uma batata quente. E tudo para quê? No dia em que tinha convencido o senador a desmentir sua história, Worden tinha dois assassinatos em aberto e ainda estava ativamente envolvido na investigação do crime da rua Monroe. Agora, nada daquilo importava droga nenhuma. No momento, os chefes não queriam nada além de uma investigação completa do senador Larry Young e da retratação de seu alegado sequestro. O departamento mandaria alguns de seus melhores investigadores para as ruas para provar que algo não existia, para mostrar que um legislador do estado não tinha sido sequestrado por três homens em uma van misteriosa. E o senador seria acusado de fazer uma queixa falsa — um delito insignificante — antes de um julgamento que o Ministério Público e o departamento de polícia não tinham qualquer intenção de vencer. Era uma verdade tácita que o julgamento não seria nada além de uma demonstração pública, um show para aplacar a opinião pública. E a promessa de Worden — feita honestamente na solidão do gabinete de um homem acuado — já não significava nada. Para o departamento, era um bem totalmente descartável.

Em uma breve conversa, ocorrida alguns dias antes do imbróglio Larry Young chegar à imprensa, o capitão tinha mencionado o plano de ação de Worden para Gary D'Addario e Jay Landsman. "Sabe", disse, "odiaria ver um investigador bom feito Worden enrascado por causa desse lance com Larry Young..."

Odiaria ver isso? Você odiaria ver isso? Que diabos isso quer dizer?, D'Addario se perguntou. O capitão tinha assinado embaixo da abordagem discreta para Larry Young; todos tinham. Como Worden poderia ser culpado? D'Addario se perguntou se o capitão estava tentando mandar um recado ou simplesmente tinha falado sem pensar. Com Landsman junto, D'Addario falou de modo cauteloso, tentando dar ao capitão o benefício da dúvida.

"Por que Worden se enrascaria, capitão?", perguntou de modo claro. "Ele estava apenas seguindo ordens."

Seria injusto, o capitão concordou. Ele não queria ver isso acontecer. Naquele momento, D'Addario não tinha certeza do que acreditar e controlou a língua. Se o comentário do capitão tinha sido uma concessão de imunidade — uma sugestão de que os dois poderiam se livrar de qualquer controvérsia sacrificando Worden —, então D'Addario esperava que sua resposta tivesse sido suficiente para arruinar o plano. Se o capitão estava apenas balbuciando sem pensar nas consequências, era melhor deixar passar.

Landsman e D'Addario saíram confusos do gabinete do capitão. É possível que a ideia de Worden como bode expiatório tivesse vindo do capitão, ou quem sabe do topo. Ou então eles entenderam mal o comentário. Não tinha como D'Addario saber, mas ele e Landsman concordaram que, se a ideia de queimar Worden algum dia se concretizasse, teriam que entrar em guerra com o capitão e queimar todas as pontes. Mesmo para alguém tão exaurido pela ética de comando de pessoal quanto D'Addario, a ideia de Worden como cordeiro de sacrifício era inacreditável. Worden era um dos melhores homens da unidade, mas, em uma crise, ele era considerado bucha de canhão.

A defesa de Donald Worden no gabinete do capitão tinha sido algo discreto, mas a recusa de D'Addario em queimar um investigador logo se tornou conhecida por todo o turno. Tinha sido, os investigadores concordavam, um dos melhores momentos do tenente D'Addario e prova definitiva de que ele era um sujeito que seus homens podiam seguir.

Afinal, D'Addario ter frisado a cadeia de comando quando a taxa de resolução estava baixa era uma coisa; aquilo não tinha custado nada e tinha permitido que os investigadores fizessem seu trabalho com o mínimo de interferência dos chefes. Além disso, a mesma taxa de resolução que o tinha tornado vulnerável no começo do ano agora era sua aliada. Mesmo com a enxurrada de homicídios de verão chegando a eles, a taxa já estava atingindo 70%, e a liderança do tenente, que antes tinha sido uma questão em aberto, já era valorizada novamente pelos chefes. Para D'Addario, o jogo tinha virado.

Mas, mesmo que a taxa estivesse baixa, D'Addario teria sido obrigado a falar no gabinete do capitão. Rifar Worden? Donald Worden? O Grandão? Que diabo a chefia estava pensando? Independentemente do grau de seriedade com que a ideia tinha sido considerada, não houve qualquer outra menção a ela após a conversa de D'Addario com o capitão. O tenente sabia que sua defesa de Worden só chegara até certo ponto; no fim, Worden talvez não sofresse por seu papel no fiasco Larry Young, mas o investigador estava absolutamente certo em acreditar que tinha sido usado por completo.

Worden tinha dado a outro homem — um político, é verdade, mas ainda assim um homem — sua palavra. E então, para benefício de sua própria imagem pública, o departamento de polícia e o gabinete do prefeito estavam demonstrando quanto vale uma promessa dessas.

Mas mesmo um investigador totalmente usado precisa comer, e, nessa manhã de verão, Worden mistura sua raiva com um pouco de paciência enquanto espera Eddie e Dave Brown voltarem da cena do crime. Quando Dave Brown finalmente volta ao escritório, ele entra vagarosamente na sala do café, consciente da raiva de Worden, que já dura uma semana. Sem palavras, ele larga o sanduíche de salada de ovo bem na frente do Grandão e volta para sua própria mesa.

"Quanto estou te devendo?", questiona Worden.

"Eu paguei."

"Não. Quanto foi?"

"Relaxa, parceiro. Na próxima, você paga."

Worden dá de ombros e pega seu café da manhã. McLarney estava de folga na noite passada, e, como policial veterano, Worden tinha trabalhado no turno da meia-noite como supervisor de plantão. Tinha sido terrível, e agora ele tem pela frente outro turno completo no qual vai ter de levar e trazer testemunhas do júri que está ouvindo o caso Larry Young. O fiasco todo provavelmente vai consumir o resto da semana.

"O que foi que encontraram?", pergunta Worden a Dave Brown.

"Um mistério de merda."

"Hummm."

"Um cara morto no pátio de um conjunto de prédios baixos. Quando rolamos ele, ainda estava com a arma enfiada na calça. Engatilhada, ainda por cima, com uma bala na câmara."

"Alguém sacou antes, hein?", propõe Rick James, do outro lado da sala. "Onde foi o tiro?"

"Topo da cabeça. Como se o atirador estivesse mais alto do que ele, ou tivesse acertado enquanto ele tentava se abaixar."

"Ai!"

"Tinha um ferimento de saída no pescoço e achamos a bala, mas está toda zoada, parece uma panqueca. Não vai dar pra analisar."

James responde com um aceno positivo.

"Preciso de um carro para ir ao necrotério", anuncia Brown.

"Pega esse", retruca James, jogando as chaves. "A gente pode ir a pé pro fórum."

"Não sei não, Rick", brinca Worden com sarcasmo amargo. "Não sei se podemos dar um carro a ele para fazer trabalho de polícia de verdade. Se ele estivesse investigando um senador ou coisa do tipo, seria uma coisa. Mas acho que ele não poder usar um carro pra investigar um homicídio..."

James apenas balança a cabeça. "Aí, eles que façam o que quiserem", responde a Worden. "Só estou feliz de estar ganhando dinheiro de novo."

"Ah, pode crer", concorda Dave Brown. "Mais dinheiro do que vou ganhar com esse caso, aposto."

"Isso mesmo", declara Worden. "Para a investigação de Larry Young o limite de horas extras foi abolido. A partir de agora, não investigamos mais assassinatos. Não dá dinheiro nenhum..."

Worden acende outro charuto e se encosta na divisória verde, pensando que a piada tem graça e, ao mesmo tempo, não tem.

Três semanas antes, o policial que tinha descoberto o corpo de John Randolph Scott no beco da rua Monroe tinha deposto diante do mesmo grande júri e se recusado a responder a quaisquer perguntas a respeito da morte do homem que ele tinha perseguido. O sargento John Wiley leu uma breve declaração para o júri, reclamando de ter sido tratado como um suspeito do assassinato, e, então, invocou a Quinta Emenda e seu direito de não se autoincriminar. Os promotores não ofereceram imunidade a Wiley, e ele posteriormente se livrou do grande júri, efetivamente empacando de modo prolongado e derradeiro a investigação da rua Monroe. Na ausência de qualquer outra prova definitiva,

Tim Doory, o promotor principal, não pediu ao júri o indiciamento. Na verdade, Doory teve que falar rápido para impedir que os membros do júri popular emitissem qualquer indiciamento; após ouvirem Worden e James testemunharem acerca dos depoimentos contraditórios feitos por policiais envolvidos na perseguição a John Scott, diversos membros do júri estavam mais do que prontos para entregar uma acusação, até que Doory os convenceu de que o caso não seria levado a cabo com sucesso. Se indiciarem agora, vamos perder o julgamento, disse. E, então, mesmo que arranjemos novas provas daqui a um ano, já teremos feito nossa aposta. A doutrina de dupla condenação estabelece que um homem não pode ser julgado duas vezes pelo mesmo crime.

O discurso de Doory efetivamente encerrou a investigação da rua Monroe, deixando tanto Worden quanto James com um gosto amargo na boca. Doory era um bom jurista, um promotor cauteloso, mas os dois investigadores se viram tentados a contestar a decisão de não acusação: "Se o suspeito fosse o Zé das Couves", declarou James a certa altura, "ele teria sido acusado."

Em vez disso, a investigação da rua Monroe foi arquivada em um arquivo separado no gabinete do tenente administrativo — sepultado longe dos outros casos em aberto, um enterro adequado ao único assassinato envolvendo policiais não resolvido na história do departamento.

Após meses de trabalho, aquele resultado já era ruim o suficiente para Worden engolir. E, enquanto isso, no quadro, os nomes de duas vítimas de homicídios de março permaneciam em vermelho, próximos às iniciais de Worden. Sylvester Merriman esperava o Grandão achar a testemunha desaparecida, o fugitivo adolescente do lar de menores; Dwayne Dickerson esperava Worden descobrir alguma coisa na vizinhança ao redor da avenida Ellamont. E, pelo resto da semana, o esquadrão de McLarney trabalharia no turno da meia-noite, praticamente assegurando que ele se depararia com algum novo assassinato antes de sábado. Os últimos seis meses tinham lhe rendido um enorme prato de carne de pescoço. Ainda assim, a cidade de Baltimore estava lhe pagando horas extras ilimitadas para mijar na perna de um político em apuros.

"Vou falar pra você", diz o Grandão a Rick James, entre mordidas no sanduíche. "Essa foi a última vez que deixei que me usassem. Não estou aqui pra fazer o trabalho sujo deles."

James não diz nada.

"Estou pouco me lixando pra Larry Young, mas quando você dá sua palavra a um sujeito..."

A palavra de Worden. Era como uma rocha no Distrito Noroeste, e valia ouro quando ele ainda estava na unidade de foragidos e apreensões. Diabos, se você acabasse em uma sala com um investigador de roubos do Departamento de Investigação Criminal chamado Worden, você podia considerar qualquer coisa dita por ele um fato. Mas aquela era a divisão de homicídios — a terra das promessas esquecidas —, e Worden mais uma vez entendeu que os chefes sempre escrevem o livro de regras.

"Não importa o que aconteça", anuncia ele a James, soprando fumaça de charuto em direção à janela. "Eles não podem mudar sua data de admissão."

James concorda; o comentário não é despropositado. A data de admissão de Worden é 1962. Ele já tem os vinte e cinco anos necessários, mais um de sobra; Worden pode se aposentar com uma pensão integral assim que preencher os formulários.

"Posso sempre ganhar dinheiro construindo varandas e aplicando acabamento de gesso..."

O último investigador nato de polícia nos EUA, aplicando massa corrida. É uma imagem deprimente, e James não diz nada.

"... ou entregando peles. Dá pra ganhar uma grana com peles."

Worden termina o desjejum com outra xícara de café preto, seguida por mais um charuto. Então ele limpa a mesa e aguarda o próximo turno das 9h do fórum, em um frio e completo silêncio.

Quarta-feira, 29 de junho

Fred Ceruti sabe que é um dos feios quando dobra a esquina na Whittier e vê uma ambulância. O horário da chamada foi às 3h43, e isso tinha sido meia hora antes, calcula, então se pergunta o que diabos o cara ainda está fazendo na ambulância?

O investigador para o Cavalier atrás do brilho vermelho das luzes da unidade médica e, então, observa por um momento os paramédicos agitados na parte de trás da ambulância. Parado no estribo traseiro do veículo, um uniformizado da Oeste olha para Ceruti e faz um rápido sinal com o polegar voltado para baixo.

"Ele não parece muito bem", anuncia o uniformizado, enquanto Ceruti sai do carro e avança rumo ao estroboscópio vermelho. "Estão aqui faz vinte minutos e ainda não estabilizaram ele."

"Onde foi alvejado?"

"Na cabeça. E no braço também."

A vítima estrebucha na maca, com as pernas se agitando para cima e para baixo em uma repetição lenta — joelhos para fora, pés apontando para dentro —, um movimento involuntário que diz ao investigador de homicídios que esse já era. Quando uma vítima de disparo na cabeça começa a dançar na maca da ambulância — "o Funk do Frango", como Jay Landsman chama —, pode registrar como homicídio.

Ceruti assiste aos paramédicos lutarem tentando colocar uma calça de pressão nas pernas da vítima. Quando inflado com ar, o dispositivo comprime o fluxo de sangue nas extremidades inferiores, mantendo assim a pressão sanguínea da cabeça e do torso. Na opinião de Ceruti, a calça de pressão é uma ameaça tão grande quando o resto; aquela porra pode manter um sujeito vivo até ele chegar no pronto-socorro, mas a unidade de trauma, no fim, tem que desinflar aquele treco, e, então, a pressão sanguínea despenca, e as portas do inferno se abrem.

"Pra onde ele vai?", pergunta Ceruti.

"Unidade de trauma, se conseguirem estabilizar ele", responde o motorista da ambulância. "Mas, quer dizer, porra, não conseguimos estabilizar ele ainda."

Ceruti olha por toda parte e lê a cena do crime como se fosse uma lista de compras. Lado escuro da rua. Emboscada. Sem testemunhas. Sem provas materiais. Provável disputa de tráfico. Não morre, seu filho da puta. Não ouse morrer pra cima de mim.

"Você foi o primeiro policial a chegar?"

"Fui. Unidade sete-A-trinta-e-quatro."

Ceruti começa a anotar os detalhes no bloco de notas e segue o uniformizado até um beco entre as casas 2300 e 2302.

"Recebemos uma chamada sobre tiros disparados e encontramos ele caído bem ali, com a cabeça apontando pra parede. Ele estava com isso aqui enfiado no elástico da calça quando a gente virou ele."

O patrulheiro ergue um .38 cinco tiros.

Nada bom, pensa Ceruti, nada bom mesmo. Seu último caso foi um homicídio ligado ao tráfico na Oeste. Um moleque chamado Stokes foi morto em um beco saindo da Carrollton, um moleque franzino que constataram ser HIV positivo quando o levaram para o legista. Aquele caso também continua aberto.

Ceruti preenche duas páginas do bloco de notas e caminha por um quarteirão e meio para o leste, até um telefone na esquina para chamar reforços. Landsman atende ao telefone no primeiro toque.

"E aí, Jay, o cara não parecia nada bem na ambulância", conta o investigador.

"Ah, é?"

"É. Ele levou um tiro na cabeça e vai ser homicídio. Melhor você acordar o Dunnigan..."

Não, responde Landsman. Não dessa vez.

"Uou, Jay. Eu fiquei com o último..."

"A chamada é sua, Fred. Faça o seu trabalho. Você chamou mais alguém para ir aí?"

"Não tem ninguém pra mandarem. Não tem nenhuma testemunha nem nada por perto."

"Tá legal, Fred. Me liga quando terminar aí na cena."

Ceruti bate o fone no gancho, xingando o sargento com amargura. A breve conversa lhe deu certeza de que Landsman está tentando fodê-lo, o mandando atender a chamadas sozinho e fazendo onda quando ele pede reforço. É a mesma coisa do assassinato de Stokes um mês atrás e do espancamento na Sudoeste em abril. Aqueles foram os dois últimos homicídios assumidos pelo esquadrão de Landsman, e Ceruti era o investigador principal nos dois; com esse sujeito na Whittier, são três em sequência. Landsman lê o quadro, Ceruti reflete. Ele sabe o que está rolando. Então por que diabos não liga pro Dunningan e o manda aqui para assumir esse homicídio?

Ceruti sabe a resposta. Ao menos, acha que sabe. Ele não é o garoto de ouro do esquadrão de Landsman, nem de longe. Ele e Pellegrini chegaram na mesma época, mas foi este último quem despertou o interesse do sargento, é com ele que Landsman prefere atender às chamadas. Tom não é apenas uma promessa, mas um ajudante do sargento, um homem sério na comédia em que Landsman vive. Dois ou três bons casos, e Tom subitamente é um prodígio, um candidato a novato do ano. Ceruti é o outro, o garoto comum vindo dos distritos. E agora está sozinho.

Ceruti volta do telefone justamente quando a ambulância vai embora. Ele tenta esquecer a conversa com Landsman e fazer o que precisa ser feito, trabalhando com o pouco oferecido por esse homicídio em progresso. Um dos uniformizados consegue encontrar um cartucho disparado em uma escada próxima, um .38 ou .32 pela aparência, mas desmantelado demais para servir para uma comparação balística. Um técnico do laboratório chega minutos depois para ensacar as balas e tirar fotos da cena. Ceruti vai até o telefone para avisar Landsman que está voltando.

Ao menos, essa é sua intenção, até que vê uma mulher gorda em uma varanda da avenida Orem, o observando de modo estranho enquanto ele caminha até o orelhão. Ceruti muda de direção e anda até a casa do modo mais casual possível, considerando que são 4h.

Incrivelmente, ela os viu. Mais incrivelmente ainda, está disposta a lhe contar o que viu. Tinha três deles correndo após o som dos tiros, descendo a rua em disparada em direção a uma das casas no final da Orem. Não, ela não os reconheceu, mas os viu. Ceruti faz diversas outras perguntas, e a mulher começa a ficar nervosa — compreensivelmente, já que ainda tem que viver nesse bairro. Se tirá-la da varanda agora, ele revelará para toda vizinhança que se trata de uma testemunha. Em vez disso, vai embora com o nome e o número de telefone.

No escritório da homicídios, Landsman assiste ao canal de notícias noturnas quando Ceruti chega e joga o bloco de notas sobre a mesa.

"E aí, Fred", fala Landsman friamente. "Como foi lá?"

Ceruti olha para ele e, então, dá de ombros.

Landsman vira para a televisão de novo. "Talvez alguém ligue com alguma informação."

"É. Talvez."

Do ponto de vista de Ceruti, seu sargento está sendo insensatamente cruel. Mas, para Landsman, a equação é simples. Um sujeito novo surge, e você lhe ensina as manhas, o leva com você em alguns casos até ele conhecer o jogo. Se puder, pode até lhe passar algumas barbadas, para alimentar a confiança dele. Mas, na homicídios, o programa de orientação se resume a isso. Depois, é nadar ou afundar.

É verdade que Landsman adora Pellegrini; é também verdade que preferiria investigar um assassinato com Pellegrini mais do que com qualquer outro no esquadrão. Mas Ceruti tinha passado um ano atendendo a chamadas com Dunnigan ou Requer o supervisionando; ele não estava exatamente sendo jogado nu aos lobos. Nesse sentido, está certo em ver significado no fato de que pegou os três últimos homicídios do esquadrão e investigou os três casos sozinho. Aqueles eram homicídios, ele era um investigador de homicídios, e, na cabeça de Landsman, aquele era o momento de ver se Ceruti conseguia entender o significado disso.

Fred Ceruti é um bom policial, trazido à divisão de homicídios pelo capitão após quatro anos de experiência no Distrito Leste. Ele fez um trabalho respeitável como policial à paisana na unidade de operações de lá, e, em um departamento onde ação afirmativa é a política corrente, um bom policial negro à paisana é notado. Mas, mesmo assim, investigar homicídios para o Departamento de Investigação Criminal após apenas quatro anos de experiência é uma estrada difícil para qualquer um vencer, e as outras unidades do sexto andar estão lotadas de investigadores que foram trazidos da seção de crimes contra pessoas. Nas cenas de um crime e durante interrogatórios, coisas que nunca passariam despercebidas para um investigador experiente ainda são um mistério para Ceruti. Essas limitações não eram imediatamente perceptíveis enquanto ele trabalhava como investigador secundário com Dunnigan e Requer. Nem se tornaram imediatamente perceptíveis quando Landsman começou a mandá-lo atender a chamadas sozinho, quatro meses antes.

Muitas das primeiras incursões solo de Ceruti foram bem-sucedidas, mas aqueles casos tinham sido barbadas isoladas — o esfaqueamento fatal de uma prostituta em fevereiro tinha sido fechado com três testemunhas, e o suspeito de um espancamento em abril na Sudoeste foi identificado pelos patrulheiros muito antes da chegada do investigador.

Mas um duplo homicídio em janeiro, um par de mortes ligadas ao tráfico em um depósito de drogas na zona leste, tinha sido solucionado apenas após certo conflito entre Ceruti e seu sargento. Nesse caso, ele havia relutado em indiciar o suspeito com uma acusação que consistia em uma testemunha relutante. Landsman, entretanto, precisava tirar aqueles dois assassinatos do quadro, e, quando Dunnigan mais tarde conseguiu pressionar a testemunha a dar um depoimento completo, o caso foi mandado para o grande júri mesmo com as objeções de Ceruti. No fim, ele estava certo — o caso, fraco, foi dissolvido antes de ser julgado —, mas, em termos práticos, políticos, a resolução tardia do caso fez com que o novo investigador parecesse pouco agressivo. Da mesma forma, o caso Stokes, o assassinato ligado a drogas ocorrido em um beco da Oeste, também não acabou muito bem. Nesse caso, Ceruti tinha, para seu crédito, encontrado uma mulher que viu os atiradores fugindo, mas decidiu não levar a mulher para a central naquele momento. Considerando o risco de expor a testemunha, não tinha sido a pior das decisões; Edgerton, por exemplo, deixou sua testemunha na cena do crime da rua Payson, no mês anterior. A diferença era que Edgerton tinha conseguido mudar seu caso para preto, e, no mundo real, um investigador pode fazer o que bem entender, contanto que resolva os casos.

O fato de um novo investigador como Ceruti estar agora com dois casos de assassinato consecutivos em aberto não era uma ameaça. Afinal, nem Joseph Stokes nem Raymond Hawkins, o moribundo da rua

Whittier, poderiam ser confundidos com cidadãos íntegros, e, na prática, um investigador de homicídios poderia passar um bom tempo sem datilografar um relatório de acusação, contanto que nenhum de seus casos fosse prioritário. O pecado de Ceruti não era que dois assassinatos ligados ao tráfico tivessem ficado em aberto. Era mais elementar. Ele seria derrubado por negligenciar conscientemente o Primeiro Mandamento do Departamento de Polícia: Protegeis Vosso Rabo.

Daqui a pouco mais de um mês, Ceruti será convocado ao tapete do capitão, por conta do assassinato de Stokes em especial. Cidadão íntegro ou não, a vítima de 32 anos era o irmão de uma escrivã do departamento. Então, ela sabe o suficiente a respeito do departamento de polícia para encontrar a divisão de homicídios e fazer repetidas perguntas relacionadas ao andamento da investigação. E o andamento da investigação é nenhum. Não há novas pistas, e a mulher que testemunhou a fuga dos atiradores não conseguiu identificar ninguém. Ceruti tranquiliza a escrivã por algum tempo, mas, por fim, a mulher direciona suas reclamações aos superiores dele. E, quando esses supervisores puxam o arquivo do caso, não encontram nada. Nada de relatório, de atualizações, de papéis documentando progresso ou a falta dele. E, quando um capitão fica sabendo que Ceruti deixou testemunhas para trás em suas duas últimas cenas de crimes, as coisas passam de ruins a piores.

"Essa era a primeira coisa que você tinha que ter aprendido aqui", diz Eddie Brown a Ceruti mais tarde. "Não importa o que aconteça, você sempre precisa se proteger no arquivo do caso. Você precisa escrever tudo para que ninguém possa duvidar do que você fez."

No fim, não é Landsman quem leva o arquivo vazio ao gabinete do capitão; ele está de férias nesse momento, e Roger Nolan é o supervisor designado para lidar com a reclamação da mulher. Por esse motivo, Landsman, mais tarde, insiste para todos que não teve nada a ver com o infortúnio de Ceruti. Isso é verdade apenas em um senso estrito, é claro. Na verdade, Landsman o mandou investigar sozinho aqueles assassinatos com um ar de despreocupação ensaiada, aguardando para ver se o investigador conseguiria caminhar sozinho. Ceruti pode ter se enganado ao pensar que seu sargento estava tentando ferrá-lo, mas estava certo em acreditar que, no fim das contas, Landsman fez pouco para evitar que ele fosse ferrado.

É algo triste e doloroso, particularmente porque Ceruti é um cara decente, um acréscimo inteligente e bem-humorado à camaradagem da divisão de homicídios. Mas, no fim do verão, as reclamações relacionadas ao caso Stokes alcançarão uma conclusão natural. O capitão e D'Addario manterão Ceruti no sexto andar; eles lhe devem isso, embora esse tipo de consideração não console o investigador. Em setembro, ele já atuará como um investigador na divisão de costumes, se aprimorando em meio a prostitutas, cafetões e corretores de apostas ilegais em um escritório a três portas da divisão de homicídios. A proximidade, por si só, causará alguns momentos difíceis.

Uma semana após a transferência, Ceruti está parado com outros investigadores da divisão de costumes no lobby do sexto andar, quando o elevador subitamente se abre com Landsman, que olha de modo vazio para seu antigo investigador.

"E aí, Fred, beleza?"

Ceruti fica olhando zangado, e Landsman passa por ele, aparentemente alheio ao fato.

"Fala aí", diz Ceruti, virando para o sujeito que o acompanha. "Isso não foi frio pra caramba?"

Quinta-feira, 30 de junho

"Entendo o que você tá dizendo", diz Terry McLarney. "Só não acredito que seja verdade."

Worden dá de ombros.

"Você não quer ir embora desse jeito, Donald. Você odiaria, caralho. Você sabe que odiaria."

"Então fica só observando."

"Não, você só está puto. Dá um tempo."

"Já dei um bocado de tempo. Dei 26 anos."

"E isso que quero dizer."

Worden olha para ele.

"O que mais você vai fazer? Você morreria de tédio."

Worden não diz nada por um momento, então pega as chaves de sua caminhonete. "Tá ficando tarde, Terry. Hora de pegar estrada."

"Aguenta um pouquinho", pede McLarney, indo em direção a uma parede de tijolos no fim do estacionamento. "Preciso mijar. Não vai embora ainda."

Não vai embora ainda. Não desista dessa longa e inacabada conversa entre dois caras brancos em ternos amarrotados, dois refugiados que estão parados em um estacionamento vazio próximo do bloco 200 da

rua Madison Oeste há mais de uma hora. São 3h, e o prédio de dois andares feito de estuque do outro lado da rua, um estabelecimento conhecido como Taverna Irlandesa do Kavanaugh, está escuro e vazio, tendo
escarrado para fora quatro ou cinco investigadores de homicídios mais
de uma hora antes. Os dois caras brancos são os únicos clientes restantes, e sobrou apenas uma lata de cerveja morna. Por que diabos alguém
cogitaria ir embora?

"Me escuta, Donald", diz McLarney, voltando. "Esse é o seu trabalho. É isso que você faz."

Worden balança a cabeça. "Isso é o que faço agora", corrige ele. "Sempre posso trocar de emprego."

"Você não pode mudar."

Worden olha para seu sargento.

"Quer dizer, você não quer mudar. Por que você iria querer mudar?
Quem mais poderia fazer o que você faz?"

McLarney faz uma pausa, torcendo para que algo daquilo tudo —
qualquer coisa — toque um nervo. Deus sabe como cada palavra é sincera. Worden estava sofrendo, verdade, mas até o ano mais medíocre
do sujeito ainda é digno de qualquer incômodo. Para um sargento de
esquadrão, ter Worden trabalhando para si era como transar: Quando
era bom, era ótimo e, quando não era tão excitante, ainda assim era
bom pra caramba.

Só na última semana, Worden já tinha provado isso resolvendo dois homicídios usando nada além de instinto e talento. Ele fez tudo parecer natural
e elegante, mesmo com o mau cheiro do desastre Larry Young ainda no ar.

Seis dias antes, Worden e Rick James atenderam a um esfaqueamento
na rua Jasper, um rapaz negro de 23 anos, seminu, coberto por lençóis
ensanguentados em um quarto no segundo andar. Os dois investigadores
deram uma olhada na vítima e souberam imediatamente que estavam
lidando com uma briga entre dois amantes homossexuais. A profundidade e a quantidade de punhaladas deixavam isso claro; nenhum motivo
além de sexo produz esse tipo de violência, e talvez poucas mulheres seriam capazes de fazer aquele tipo de perfuração em um homem.

O *rigor mortis* do corpo já começava a se dissipar. Era uma noite
úmida, e a temperatura naquela casa geminada deveria ser de mais de 40
graus nos andares de cima; ainda assim, os dois policiais se recusaram
a apressar a análise da cena. Diversas vezes, quando o calor se tornou
demais para ele, Worden saiu para a rua e sentou no banco da esquina
por algum tempo, bebendo devagar um refrigerante comprado em uma

loja de conveniências. Eles ficaram naquela cena por horas, com James investigando o segundo andar e a área do entorno imediato do corpo. Worden vagou pelo resto da casa, procurando qualquer coisa que parecesse fora do lugar. Em um quarto no terceiro andar, o assassino tinha tirado um videocassete de sua estante e enfiado o utensílio até metade em um saco de lixo, antes de desistir do roubo e fugir. Tinha sido um roubo de verdade? Ou alguém estava tentando fazer parecer um assalto?

Por fim, Worden desceu para a cozinha, onde encontrou a pia cheia até a metade com água suja. Enfiando a mão delicadamente, puxou a tampa do ralo e a pia se esvaziou lentamente, revelando uma faca com a lâmina quebrada. Largada próxima à arma do crime, havia uma toalha de rosto ainda rosada com o sangue; o assassino tinha se lavado antes de ir embora. Worden olhou o balcão da cozinha, com uma dúzia ou mais de pratos sujos, copos e utensílios — ao que parecia, resíduos do jantar da noite anterior. No entanto, um copo repousava na beirada do balcão, distinto e longe dos demais. Worden ligou para o técnico do laboratório e lhe disse para analisar aquele copo em especial em busca de digitais. Com aquele calor, Worden imaginou que o assassino tivesse bebido um pouco de água antes de partir.

A cena do crime na rua Jasper tomou cinco horas, e depois James foi para o necrotério, e Worden se trancou na sala de interrogatório com o colega de quarto da vítima, que também era proprietário da casa. O colega tinha descoberto o corpo após voltar de seu emprego noturno e disse a Worden que, quando saiu para o trabalho, a vítima estava com um amigo que tinha conhecido em um bar. Ele nunca tinha visto o sujeito e não sabia o nome dele.

Worden deu uma prensa pesada no colega de quarto, explorando o fato de que ele estava fora trabalhando quando o colega de beliche ficou de bobeira pela casa com algum homem novo.

"Você não gostou daquilo, né?"

"Nem liguei."

"Você nem ligou?"

"Nem."

"Aquilo me deixaria bravo."

"Eu não tava bravo."

O sujeito se manteve firme em sua versão, e Worden acabou sem nada, ou assim pareceu até o final daquela tarde, quando o Printrak identificou as digitais no copo de vidro. A digital era de um morador de 23 anos da zona oeste com uma longa folha de antecedentes criminais.

Com considerável relutância, o dono da casa voltou à divisão de homicídios e confirmou a identidade do suspeito por meio de fotos. Na resolução daquele caso, o olhar de Worden — sua habilidade em ver naquele copo isolado uma prova preciosa — recebeu crédito.

Quatro noites depois, sua notável memória fez com que outro assassinato passasse de vermelho para preto, quando um policial do setor tático prendeu dois sujeitos da zona leste sob acusação de roubo de veículo e descobriu que um deles, Anthony Cunningham, tinha um mandado por assassinato redigido por Worden um mês antes. O mandado tinha sido datilografado e assinado pouco depois de todos os investigadores da unidade de roubos e furtos terem prendido um bando de sujeitos da zona leste por uma série de assaltos na área do Lar Douglass. Lew Davis, um colega de longa data de Worden naquela unidade, veio pelo corredor com a notícia.

"Nós pegamos um deles por um punhado de assaltos", disse Davis a Worden. "Vocês têm mais alguma coisa pra jogar em cima desses caras?"

Parado em frente ao quadro, Worden precisou de exatos quinze segundos antes de sua memória de elefante focar em um nome entre os cinquenta: Charles Lehman, o sujeito de 51 anos morto na rua Fayette enquanto voltava para o carro com um pacote de frango frito. O caso misterioso que Kincaid tinha pegado em fevereiro.

"Tenho uma coisa bem naquela área", disse Worden. "Vocês tão falando com o sujeito nesse instante?"

"Tamo, ele tá na sala de interrogatório grande. Caramba, Donald, ele já rodou por quase uma dúzia de assaltos."

Após uma breve conversa com o rapaz no cubículo amplo, Worden teve certeza de que o garoto poderia fechar mesmo o assassinato de Lehman. O promotor de plantão naquela noite, Don Giblin, foi chamado, e a negociação começou. A oferta final do promotor: se identificasse e depusesse contra o atirador no assassinato de Lehman, onze anos pelos assaltos, mas sem imunidade caso ele estivesse ligado a qualquer outro assassinato ou tiroteio.

Worden observou o rapaz pensar na proposta e, então, tentar uma contraproposta: "Cinco anos".

"Pra mim você não serve com cinco anos", retrucou o promotor ao rapaz. "O júri não acreditaria em você a menos que você pegasse dez."

"É muito", reclamou o rapaz.

"Ah, você acha que não devia ficar preso tempo nenhum", ironizou Worden, enojado. "E todas as pessoas que você assaltou? E aquela senhora de idade em quem vocês todos atiraram na rua Monument?"

"A gente não tá falando deles", explodiu o rapaz. "A gente tá falando de mim aqui."

Worden balançou a cabeça e saiu da sala, deixando Giblin firmar o acordo. Com certeza, não foi fácil, mas o mandado emitido para Anthony Cunningham, de 25 anos, foi enviado ao comissário naquela mesma noite. Com Cunningham trancafiado, aquele caso também estava encerrado.

Quatro noites, dois assassinatos. McLarney se pergunta quantos outros investigadores teriam percebido aquele copo afastado dos demais. E quantos investigadores teriam feito a ligação entre o caso Lehman e os outros roubos na zona leste? Diabos, McLarney diz a si mesmo, a maioria dos investigadores não lembrava nem dos casos investigados pelo próprio esquadrão, muito menos os investigados por outro, cinco meses antes.

"Você não pode ir embora", insiste McLarney a Worden, renovando seu apelo.

Worden responde com um leve aceno de cabeça.

"Não pode", diz McLarney, rindo. "Eu não vou deixar."

"Você só tá falando isso porque vai perder um investigador. Essa é sua preocupação, né? Você só não quer ter que perder tempo treinando um cara novo."

McLarney ri de novo e se inclina sobre o capô do carro. Ele pega a última lata do saco de papel. "Se você for embora, não vai ter ninguém pra pegar no pé do Dave Brown, e ele vai ficar desamparado."

Worden responde com um quase sorriso.

"Se você for embora, Donald, ele vai começar a pensar que sabe o que tá fazendo. Vai ser perigoso. Vou ter que escrever longos relatórios para o capitão semana sim, semana não."

"Waltemeyer vai cuidar dele."

McLarney gesticula, incrédulo. "Nem acredito que tamos conversando sobre isso..."

Worden dá de ombros. "É você que tá falando."

"Donald, você...", diz McLarney, fazendo uma pausa para olhar o cruzamento que dá na Monument. Worden está impaciente, olhando várias vezes para a caminhonete.

"Você viu?", McLarney pergunta de repente.

"O moleque de cinza?"

"Isso, o de moletom."

"Vi ele, sim. Ele só passou por aqui quatro vezes até agora."

"Ele tá marcando a gente."

"Tá mesmo."

McLarney olha de novo para o cruzamento. O garoto é magrelo e de aparentemente negro, 16 ou 17 anos, usa shorts elásticos de ciclista e moletom com capuz. Ainda faz uns vinte e sete graus ou mais, e o moleque está com as mãos metidas nos bolsos e o zíper todo fechado.

"Ele acha que somos vítimas", dispara McLarney, se segurando para não rir.

"Dois velhos brancos de bobeira em um estacionamento vazio a essa hora", ri Worden. "Não me surpreende."

"Não somos velhos", discorda McLarney. "Bom, eu não sou."

Worden sorri, joga o molho de chaves para cima e o pega com a outra mão. Ele disse a si mesmo que iria direto pra casa após o turno das dezesseis à meia-noite; em vez disso, passou duas horas em um banco de bar no Kavanaugh, se maltratando com Jack Daniels. Mas a calmaria da última hora — Worden não gostava da Miller Lite que McLarney comprou em uma conveniência — o estava trazendo de volta à terra.

"Tenho que acordar cedo amanhã", diz ele.

McLarney faz um gesto negativo. "Não quero ouvir isso, Donald. Você teve um ano ruim, tá legal, mas e daí? Você recupera o ritmo com mais um caso, e as coisas mudam. Você sabe como é que é."

"Não gosto de ser usado."

"Você não foi usado."

"Fui", troveja Worden. "Eu fui."

"Você ainda está de cara por causa da rua Monroe, né? Nós discordamos sobre aquilo, e tudo bem, mas aquilo..."

"Não. Não tem nada a ver com a rua Monroe."

"Então com o quê?"

Worden faz uma careta.

"É esse lance do Larry Young?"

"Isso é parte do problema", desabafa Worden. "É, sem dúvida, uma parte."

"É, aquilo foi uma putaria mesmo, tenho que concordar."

"Me usaram", repete Worden. "Me usaram pra fazer o trabalho sujo. Não preciso desse tipo de coisa."

"Usaram você", concorda McLarney, relutante.

Worden vira a cabeça de leve, avistando com o canto do olho o garoto do moletom cinza. Feito um tubarão cercando uma jangada, o garoto mais uma vez passa do outro lado do cruzamento, as mãos ainda nos bolsos, observando os dois homens sem parecer que está observando os homens.

"Já chega", fala McLarney. Ele seca a lata com um único movimento fluido, depois enfia a mão no bolso da jaqueta e começa a cruzar o terreno. O garoto muda de direção de novo, se deslocando em direção aos investigadores do outro lado da rua.

"Não dê um tiro nele, Terry", diz Worden, se divertindo um pouco. "Não quero passar meu primeiro dia de férias escrevendo relatório."

Com o avanço de McLarney, o garoto desacelera, subitamente confuso. O sargento puxa o distintivo prateado e acena com ele de um jeito que sugere nada mais do que leve irritação. "Somos policiais", grita para o garoto. "Vai roubar outra pessoa."

Diante do lampejo prateado, o garoto adota nova direção, pulando de volta para o outro lado da rua. Ele ergue as mãos para o alto, as palmas abertas, como que para se entregar.

"Não ia roubar vocês", grita o garoto por cima do ombro. "Você entendeu errado."

McLarney espera o garoto desaparecer na Madison para, então, voltar à conversa.

"Nós somos policiais, e você não", repete Worden, encantado. "Essa foi boa, Terry."

"Acho que meio que fodemos com a noite dele", declara McLarney. "Ele perdeu meia hora com a gente."

Worden boceja. "Tá legal, sargento. Acho que é hora de pegar estrada..."

"Acho que sim", diz McLarney. "Acabou minha cerveja."

Worden dá um tapinha no braço do sargento e começa a mexer no molho de chaves.

"Onde você estacionou?"

"Na Madison."

"Acompanho você."

"Você é o quê? Meu namorado?"

McLarney ri. "Poderia ser pior."

"Acho que não."

"Olha, Donald", diz McLarney abruptamente. "Só dá um tempo. Você tá puto agora, e eu não te culpo, mas as coisas vão mudar. Você sabe que é isso que você gosta de fazer, né? Você não quer fazer nada além disso."

Worden escuta.

"Você sabe que é o melhor homem que tenho."

Worden lança um olhar para ele.

"Sério, é verdade. E eu odiaria te perder, mas não é por isso que tô falando essas coisas. Sério."

Worden lança outro olhar para ele.

"Tá legal, tá legal, talvez seja por isso que tô falando. Talvez eu seja um mentiroso e só não quero ficar sozinho no escritório com um débil mental como Waltemeyer. Mas você entende o que quero dizer. Você realmente deveria esperar um pouco..."

"Tô cansado", desabafa Worden. "Tô com o saco cheio."

"Você teve um ano terrível. A rua Monroe e os casos que você pegou... Você, sem dúvida, não teve nenhuma pista boa, mas isso vai mudar. Com certeza, vai mudar. E esse lance do Larry Young, fala sério, tá todo mundo cagando pra isso."

Worden escuta.

"Você é um policial, Donald. Fodam-se os chefes, nem pensa nos chefes. Eles sempre vão ser uns merdas, só isso. E daí? Eles que se fodam. Mas onde mais você pode ir e ser policial?"

"Cuidado ao voltar pra casa", recomenda Worden.

"Donald, me escuta."

"Tô escutando, Terry."

"Só me promete. Promete que não vai fazer nada sem falar comigo antes."

"Eu conto pra você primeiro."

"Tá legal", responde McLarney. "Aí nós podemos ter essa discussão uma segunda vez. Outra chance pra praticar meu discurso."

Worden sorri.

"Você tá de folga amanhã, certo?", pergunta McLarney.

"Dez dias. Minhas férias."

"Ah, é. Divirta-se. Tá pensando em ir pra algum lugar?"

Um aceno negativo é a resposta.

"Vai ficar em casa, hein?"

"Estou fazendo uns reparos no porão."

McLarney assente, subitamente mudo. Ferramentas, argamassa e demais facetas de reparos domésticos sempre foram um mistério para ele.

"Cuidado ao dirigir para casa, Terry."

"Eu tô bem", rebate McLarney.

"Beleza, então."

Worden entra na cabine, gira a ignição e conduz a caminhonete para a pista vazia da rua Madison. McLarney volta para o próprio carro, torcendo e se perguntando se alguma coisa dita naquela noite faz diferença.

DIVISÃO DE
HOMICÍDIOS
DAVID SIMON

TEMPORADA DE VIOLÊNCIA

É verão e a vida é boa, diz Gershwin.* Mas ele nunca teve que investigar assassinatos em Baltimore, onde o verão ferve, sufoca e se assemelha à própria calçada do inferno. Da Milton até Poplar Grove, o calor faz o asfalto tremeluzir em ondas, e à noite os tijolos e o estuque ainda estão quentes ao toque. Nada de cadeiras na varanda, nada de regadores automáticos no jardim, nada de piñas coladas no liquidificador; o verão na cidade é calor, mau cheiro e circuladores de ar baratos mandando ar viciado para fora das janelas do segundo andar de cada casa geminada. Além disso, Baltimore é um pântano de cidade, construída em um remanso da baía Chesapeake por refugiados católicos que devem ter repensado suas escolhas quando o primeiro mosquito do rio Patapsco começou a sugar o primeiro pedaço de pálida tez europeia. Em Baltimore, o verão é como uma briga interminável, o ponto de massa crítica.

A estação é um infindável desfile de rua, com metade da cidade se abanando, sentada em escadarias de pedra e mármore, aguardando uma brisa do porto que parece nunca chegar à cidade. Verão é um turno das dezesseis à meia-noite com patrulheiros e corridas no camburão do Distrito Oeste, com trezentos sujeitos cascas-grossas nas calçadas da avenida Edmondson, entre a Payson e a Pulaski, olhando feio uns para

---

* Célebres versos iniciais ("Summertime / And the living is easy") de "Summertime", uma das árias que compõem a ópera Porgy and Bess, do compositor norte-americano George Gershwin.

os outros e para qualquer carro-patrulha que passe. O verão é uma ligação para fornecer reforço que se estende por noventa minutos em uma sala de emergência do Hospital Hopkins, um coro de animais formado por palavrões e súplicas dos habitantes de cada carceragem de delegacia, uma promessa de cada noite encontrar mais uma poça de sangue no linóleo sujo de mais algum estabelecimento da rua Federal. O verão é uma briga de faca em um bar na Druid Hill, um confronto armado de dez minutos em Terrace, uma briga doméstica que se arrasta pelo dia todo e termina com o marido e a esposa lutando com os policiais. O verão é a temporada dos assassinatos sem sentido, de facas de carne com lâminas quebradas e chaves de carro entortadas; é uma época em que viver é realmente perigoso, uma temporada de enorme e imediata retaliação, o hábitat natural de quase quarenta graus da Discussão Que Precisa Ser Ganha. Um bêbado desliga a TV durante um jogo do Orioles em um bar em Pigtown; um moleque da zona oeste dança com uma garota da zona leste no centro recreativo, saindo da rua Aisquith; um menino esbarra em um garoto mais velho ao entrar no ônibus linha 2 — a vida de cada um deles corre perigo.

Na cabeça do investigador, o começo do verão pode ser identificado com precisão pelo primeiro crime ocasionado por desrespeito durante o clima quente. O respeito é o bem mais raro na periferia, e sua defesa por meio de um ataque homicida em um dia de trinta graus ou mais pode subitamente parecer necessária. Nesse ano, o verão começa na noite quente de um domingo de maio, quando um estudante de 16 anos da Escola de Ensino Médio Walbrook morre com um tiro no estômago, disparado em uma briga que começou quando o amigo dele foi socado e forçado a entregar um picolé de cereja de 15 centavos.

"Não teve nada a ver com drogas", afirma Dave Hollingsworth, um dos investigadores de Stanton, em uma declaração que tem o intuito de tranquilizar os repórteres e, por meio deles, as massas agitadas: "Foi por causa de um picolé".

Verão.

É verdade, as estatísticas mostram apenas um leve aumento na taxa de homicídios durante os meses quentes — ao menos se você considerar um salto de 10% ou 20% algo digno do termo leve. Mas, na cabeça de qualquer investigador de homicídios, a estatística não serve pra nada até que eles andem em um carro-patrulha do Distrito Leste em um fim de semana de 4 de Julho. Nas ruas, o verão é algo a ser respeitado, não importa quantas pessoas a unidade de traumas consiga salvar. Esqueça os que morrem, um investigador veterano diria a você, são as agressões com tiros, facadas e espancamentos que mantêm o esquadrão ocupado o verão todo. Além disso, há os suicídios, overdoses e corpos descobertos — a rotina de lixeiro constante do dever tornada insuportável pelos cadáveres que putrefazem sob um sol de 32 graus. Nem tente mostrar ao investigador de homicídios as tabelas e gráficos, porque ele não vai dar atenção a eles. O verão é uma guerra.

É só perguntar a Eddie Brown, em uma noite quente de julho em Pimlico, com as garotas da vizinhança todas dançando umas com as outras nas varandas das casas geminadas, enquanto técnicos do laboratório e investigadores limpam mais uma cena de crime. Um jovem está morto, baleado no banco do passageiro de um carro roubado que se dirigia até Greenspring em busca de outro cara, que o achou antes. Um assassinato à luz do dia em uma das vias principais, mas o motorista do carro fugiu e ninguém viu nada. Brown tira um .32 carregado dos destroços do carro enquanto as garotas se mexem ao som de um ritmo distorcido pelo volume excessivo.

Primeiro um uivo estridente: *"It takes two to make a thing go right..."*.*

E, então, a linha de baixo e outro grito em soprano: *"... it takes two to make it outta sight"*.

Um sucesso absoluto. A canção é, com toda certeza, a campeã do Som da Periferia nesse ano, com aquele baixo profundo e gritos estridentes por cima da batida. Uma faixa de batida pesada, ritmo definido e alguma garota de voz doce uivando as mesmas duas frases da letra. Na zona leste, na zona oeste, por toda cidade, os moleques de Baltimore brigam e morrem ao som da mesma trilha sonora.

Você acha que o verão é apenas mais uma estação? Então pergunte a Rich Garvey algo do tiroteio de 4 de Julho na rua Madeira na leste, onde uma mulher de 35 anos encerra uma longa rixa com a vizinha disparando um tiro de .32 a uma pequena distância e, depois, volta para dentro de casa enquanto a outra mulher agoniza.

"It takes two to make a thing go right..."

Pergunte a Kevin Davis a respeito de Ernestine Parker, uma moradora de meia-idade de Pimlico que decide que a culpa não é do calor, mas da umidade, e então encosta uma espingarda na nuca do marido em uma

---

* "É preciso duas pessoas para fazer as coisas darem certo..." e "... É preciso duas pessoas para fazer isso escondido." A música é "It Takes Two", sucesso de Rob Base e DJ E-Z Rock em 1988.

noite de julho. Quando Davis volta para o escritório e digita o nome de Ernestine no computador, descobre que é essa é sua segunda mordida na maçã; ela matou outro homem vinte anos antes.

"It takes two to make it outta sight..."

Pergunte a Rick James após uma manhã no conjunto habitacional Hollander Ridge, onde um morador jaz morto em um colchão empapado de sangue, tendo calmamente subido para o andar de cima e se deitado na cama após ter sido cortado por uma amiga na noite anterior. Ou pergunte a Constantine na cena do crime na rua Jack, a meia quadra do conjunto Lar Brooklyn, onde a ruína do que foi uma mulher de 90 anos o aguarda em um quarto com sangue em todas as paredes. Espancada, estuprada, sodomizada, a velha foi forçada a respirar em um travesseiro, finalmente encerrando o sofrimento.

"It takes two..."

Pergunte a Rick Requer ou a Gary Dunnigan algo do incidente doméstico na Nordeste, aquele em que o sujeito morto tem um buraco tão fundo na garganta que dá para ver o tórax todo, ou da namorada dele, que afirma que o falecido frequentemente lhe pedia que o atacasse com uma faca de cozinha, para assim poder exibir a ela seus dons nas artes marciais. Ou pergunte a Worden ou James a respeito do idiota que tenta arrombar uma casa na zona leste de Baltimore, apenas para ter sua própria pistola usada contra ele por um morador surpreso, mas atlético o suficiente para empreender essa ação. Um único tiro é disparado durante o confronto, e o homem moribundo senta de súbito no sofá da sala de estar.

"Cai fora daqui antes que eu estoure a sua cabeça", grita o dono da casa, apertando a arma na mão.

"Você já fez isso", retruca o assaltante, perdendo a consciência.

"... to make a thing go right..."

O verão não precisa de motivos; é uma razão em si. Pergunte a Eddie Brown a respeito do garoto de 15 anos que atira em um amigo com uma .22 defeituosa na Preakness, em Cherry Hill, em um sábado, e então, de modo presunçoso, se recusa a dar qualquer declaração à polícia, seguro em sua mente do fato de que ele será acusado como menor. Pergunte a Donald Kincaid algo de Joseph Adams, que sangra até a morte a caminho do Hospital Universitário após brigar com um garoto de 14 anos e ser jogado pela janela de uma loja de conveniências, o vidro quebrado caiu no pescoço feito uma guilhotina.

"It takes two..."

Corpos por toda parte enquanto junho vira julho, e, mesmo entre os policiais, para quem uma indiferença estudada diante da fraqueza e da miséria humana é um dom necessário à sobrevivência, o verão cria uma variante especial da enfermidade. Essa é a divisão de homicídios, meu senhor, e nem o calor, nem a chuva, nem a escuridão da noite podem separar esses homens de seu caso sério com a insensibilidade. Piadas cruéis? As mais cruéis. Humor doentio? O mais doentio. E, você se pergunta, como ele fazem isso? Fazendo aos montes. Isso mesmo, aos montes. Eles não são superados, não podem ser subestimados; não resolvem crime nenhum antes da hora.

Pense em Garvey e Worden fumando do lado de fora de um apartamento de dois andares em Lanvale, onde um alcoólatra está estendido morto no chão, a garrafa vazia, o pescoço visivelmente quebrado. Ele provavelmente estava vivo quando caiu no chão bêbado, mas foi morto acidentalmente pela esposa igualmente embriagada, que forçou o pescoço dele com a porta enquanto tentava entrar no quarto.

"Você quer registrar como assassinato?", pergunta Worden sério, inspecionando e então acendendo o charuto.

"Seria bom pros números", brinca Garvey, igualmente sério.

"Então bota assassinato. O que é que eu sei? Sou só um branquelo ignorante de Hampden."

"É uma barbada..."

"Não acho que ela seja forte o suficiente pra ter matado ele."

"Mas que diabo", fala Garvey, como se avaliasse uma truta em uma pescaria. "Vamos jogar ele de volta."

Ou Jay Landsman fazendo um show de comédia stand-up em Wyman Park, onde uma senhora moradora do lar de idosos em um edifício deu um mergulho da sacada do vigésimo andar. Ao que parece, seu corpo basicamente se manteve intacto até atingir uma laje no segundo piso, quando a cabeça e o torso ficaram, e o quadril e as pernas despencaram até a rua.

"Ela se sentiu dividida", dispara Landsman ao uniformizado no local. "Acho melhor você preencher dois relatórios separados."

"Perdão?"

"Ah, esquece."

"Um cara no sexto andar disse que olhou pela janela e chegou a ver ela caindo", revela o patrulheiro, lendo as anotações.

"Ah, é?", diz Landsman. "E ela falou alguma coisa?"

"Ahm, não. Quer dizer, talvez. Que dizer, eu não perguntei."

"Tá legal", retruca Landsman, "mas você achou o pula-pula?"

"Pula-pula?", pergunta o uniformizado, nervoso.

"Pula-pula", diz Landsman com firmeza. "Me parece bastante óbvio que essa mulher errou o pulo."

Culpe o calor, porque o que mais pode explicar a montanha-russa de um turno da meia-noite em agosto, quando Harry Edgerton atende à chamada de um jovem patrulheiro da Sudoeste relatando um homicídio e, após ouvir por um ou dois minutos, diz ao rapaz que não tem tempo para visitar a cena do crime.

"Escuta, a gente tá meio ocupado no momento", explica, segurando o telefone com o ombro. "Por que você não joga o corpo no porta-malas do seu carro e traz até a central pra gente dar uma olhada nele?"

"Tá bom", responde o rapaz, desligando.

"Ah, porra", troveja Edgerton, vasculhando um arquivo para achar o número do telefone da Delegacia Sudoeste. "Ele acreditou mesmo em mim."

E era uma noite infernal, com um assassinato, dois esfaqueamentos e uma troca de tiros com a polícia. Mas, duas noites depois, os investigadores de McLarney novamente brincam com a sorte. Aguardando a primeira chamada da noite, Worden, James e Dave Brown estão reunidos em torno da mesa da sala do café, concentrando seus poderes psíquicos nas extensões de telefone, tentando conjurar algo mais do que um homicídio na periferia, algo que lhes traga horas extras ilimitadas.

"Tô sentindo."

"Cala boca. Se concentra."

"Tô sentindo."

"É, tá chegando."

"É dos grandes."

"Um duplo", arrisca Dave Brown.

"Não, triplo", acrescenta James.

"Um mistério completo."

"Em uma famosa atração turística…"

"Fort McHenry!"

"Estádio Memorial!"

"Não", interrompe Brown, mirando no alvo dos alvos, "o Pavilhão Harborplace."

"Durante o horário do almoço", acrescenta Worden.

"Uuuuuh", exclama Rick James. "Uma máquina de dinheiro."

Loucura pesada.

Ou imagine Landsman e Pellegrini mais ou menos uma semana depois, no Hotel Pennington na baía Curtis, onde o armazém da refinaria se levanta no pobre bairro proletário na porção sul do porto.

"Terceiro andar", indica o recepcionista. "À direita."

O corpo está rijo e amarelado, claramente morto, com meia garrafa de Mad Dog no chão a seus pés e uma caixa vazia de donuts Hostess na mesa em frente. Em última análise, uma morte no Hotel Pennington é uma redundância triste.

Um uniformizado do Distrito Sul, um jovem policial mal saído da rua, guarda a cena do crime com completa sinceridade.

"Preciso que diga a verdade sobre um negócio", diz Landsman.

"Perdão?"

"Foi você quem comeu os donuts, não foi?"

"Quê?"

"Os donuts. Foi você quem terminou, né?"

"Não, senhor."

"Tem certeza?", pergunta Landsman, sério. "Você comeu só um, foi?"

"Não, senhor. Tinha acabado quando cheguei aqui."

"Beleza então, bom trabalho", parabeniza Landsman, indo embora. "O que achou dessa, Tom, um policial que não gosta de donuts?"

Mais do que em qualquer outra estação, o verão tem seus próprios horrores específicos. Considere, por exemplo, Dunningam e Requer em um turno diurno de quarenta graus, encontrando um sujeito idoso no porão abarrotado de um apartamento na rua Eutaw. Um caso severo de decomposição, cozinhando durante uma semana até que alguém sente o cheiro e nota algumas milhares de moscas no lado de dentro da janela.

"É melhor fumar de uma vez", diz o auxiliar de legista, acendendo um cigarro. "Está ruim agora, mas vai piorar quando a gente mexer nele."

"Ele vai estourar em cima de você", avisa Dunningan.

"Não em cima mim", retruca o auxiliar. "Eu sou um artista."

Requer ri e ri de novo quando o auxiliar tenta rolar o corpo inchado apenas para explodir feito um melão podre, a pele deslizando de cima da cavidade peitoral.

"Puta que pariu", exclama o auxiliar, soltando as pernas do morto e se virando para vomitar. "Puta que pariu, que trabalho de merda."

"Nada bonito, parceiro", rosna Requer, dando tragadas profundas no charuto e olhando para uma massa pulsante de vermes. "A cara dele tá se mexendo — parece arroz frito com porco. Sabe?"

"Esse é um dos piores que já vi", afirma o auxiliar, retomando o fôlego. "Pela quantidade de moscas, diria que uns cinco ou seis dias no mínimo."

"Uma semana", confirma Requer, fechando o bloco de notas.

No estacionamento, um policial do Distrito Central, o primeiro uniformizado a chegar ao apartamento, escapa para almoçar em frente ao carro-patrulha, com um toca-fitas portátil tocando aquela mesma batida de verão.

"It takes two to make a thing go right..."

"Como ele consegue comer depois disso?", pergunta Dunnigan, genuinamente assombrado.

"Rosbife malpassado", diz o policial, mostrando a segunda metade do sanduíche com orgulho. "Aí, só tem um horário de almoço durante o turno."

No verão, você precisa de uma tabela para manter o placar em ordem. Pense em Constantine e Keller em Pigtown, investigando um homicídio em um bar onde o suspeito é um garoto que se safou do latrocínio de uma professora idosa quatro anos atrás. Pense em Waltemeyer e Worden em uma danceteria reggae perto dos trilhos do metrô na Noroeste, onde a calçada da frente é ocupada por um jamaicano morto e cartuchos de 9 mm, o interior do lugar lotado por cerca de setenta outros jamaicanos que juram por Jah que não viram coisa nenhuma, cara. Pense em Dunnigan na área do Lar Perkins encontrando um corpo no armário; Pellegrini no Distrito Central, encontrando um corpo na sarjeta; Childs e Sydnor na Leste por causa de um esqueleto de mulher encontrado debaixo da varanda de uma casa geminada, um esqueleto que finalmente é identificado, três semanas depois, como o de uma pessoa desaparecida. Ela era minúscula, nem tinha 18 anos, uns quarenta e cinco quilos, e o desgraçado do padrasto tinha esperado apenas o suficiente para que a esposa saísse da cidade por uma semana. Ele convidou três amigos até sua casa em uma noite de sábado, e, depois de um engradado de cerveja, os quatro se revezaram com ela e a estrangularam com uma toalha.

"Por que vocês estão fazendo isso?", perguntou ela, implorando.

"Desculpa", respondeu o padrasto. "A gente precisa."

Os berros, gritos e xingamentos crescem e diminuem com a temperatura em meio ao ar estagnado e fétido. O auge do verão na última e mais quente semana de julho chega trazendo seis dias consecutivos de calor escaldante que fazem a faixa da polícia no rádio soar feito uma única fita sem fim:

"Pimlico número 450, fundos do lado ímpar da rua, uma mulher gritando... Parque Howard, 360, pessoa armada... 2451, Druid Hill, assalto em andamento... Código treze. Calhoun com Mosher. Código treze... Rodovia Key número 1415, homem agredindo mulher...".

E, então, a chamada que todos mais temem, o tipo de transmissão diurna que acontece apenas quando o calor de fato cutuca o nervo errado, do sujeito errado, no lugar errado.

"Código treze. 754, rua Forrest."

Começa com um dos presos e um guarda se enfrentando em uma das guaritas de segurança no Pátio 4. A eles se junta mais um preso, e então mais um, e então um quarto — cada um deles com um taco de alumínio de softball. Rebelião.

Os investigadores deixam o escritório da homicídios em bandos — Landsman, Worden, Fahlteich, Kincaid, Dave Brown, James — rumo à Penitenciária de Maryland, no limite leste do centro da cidade, a fortaleza de pedra cinza que serve como prisão de segurança máxima desde a época em que James Madison* era presidente. A penitenciária é o fim da linha para todos os casos perdidos do sistema estadual de reabilitação, o depósito final para homens que, de algum modo, não podem viver nas prisões em Jessup e Hagerstown. Lar do Corredor da Morte e da câmara de gás, a Penitenciária de Maryland armazena seres humanos que têm como sentença média a prisão perpétua, e sua antiquada ala sul foi chamada de "o mais profundo círculo do inferno" em um relatório do promotor-chefe do estado. Seja pelo parâmetro que for, a população da Penitenciária de Maryland não tem absolutamente nada a perder; e o pior, ela sabe disso.

Por quinze minutos, os guardas da penitenciária perdem por completo o controle dos pátios de recreação para mais de trezentos internos armados com facas improvisadas, porretes e todo tipo de arma à disposição. Dois guardas são espancados com bastões no Pátio 4, outro com uma barra de ferro na sala de musculação. Um quarto é perseguido pelo prédio das oficinas da prisão, apenas para descobrir que o portão de segurança está trancado. Impedida de arriscar a abertura do portão de metal, uma agente assiste, apavorada, do outro lado do portão, a seis ou sete presos espancarem e apunhalarem o guarda quase até a morte. Vinte outros internos na ala sul arrastam outra funcionária para fora de uma clínica de aconselhamento, a espancam e correm para dentro de outra clínica para atacar o psicólogo da prisão. Antes de serem repelidos por um destacamento de guardas enviados pela entrada da rua Madison, os internos põem fogo na clínica, incendiando todas avaliações psicológicas que conseguem achar. Comandado pelo vice-diretor, o reforço chega para retomar a clínica e resgatar a funcionária e o psicólogo, que caiu no chão do escritório sob uma chuva de golpes com cano de ferro. Os presos são lentamente obrigados a retroceder em direção ao pátio

---

* Quarto presidente dos Estados Unidos, governou o país entre 1809 e 1817.

— uma retirada que só se configura em derrota depois que dois guardas disparam suas espingardas da porta da clínica. Dois internos caem feridos sobre o asfalto.

Nas torres dos muros leste e oeste da penitenciária, os guardas tentam atirar por cima das cabeças dos amotinados — o que apenas aumenta a carnificina, atingindo diversos guardas, além dos próprios amotinados. Próximo a uma torre do muro oeste, outro guarda é atingido por projéteis de espingarda disparados por um guarda no muro leste, a cerca de duzentos metros de distância. Não há tentativa de escapar, nenhum esforço para fazer reféns, nenhuma exigência, nenhuma negociação. É violência pura e simples, um reflexo do verão em curso na cidade que cerca os muros da penitenciária. Você pode trancafiá-los e perder a chave, mas os homens dentro da fortaleza na rua Forrest ainda marcham de acordo com o ritmo das ruas.

Quinze minutos depois, quando o último preso é tirado do pátio e arrastado até uma fila para ser trancafiado, Jay Landsman atravessa os Pátios 3 e 4, mentalmente anotando as manchas de sangue que indicam meia dúzia de cenas de crimes. Nas passarelas da ala sul imediatamente acima, toda raiva da prisão desce sobre ele feito uma chuva. Caminhando sozinho pelo pátio, Landsman é identificado como um investigador imediatamente, talvez por presos que passaram pela mão dele.

"Aí, seu branquelo babaca, traz esse corpinho pra cá e abaixa essa calça."

"Cai fora do meu pátio, porco filho da puta."

"Não fica aqui até escurecer, a gente vai te foder pra valer."

"Vai se foder, tira. Vai se foder."

O último comentário chama a atenção de Landsman; por apenas um momento ele se detém, olhando para as passarelas suspensas da ala sul.

"Chega aqui, bichona. A gente vai te foder que nem a gente fodeu aquelas guardinhas vagabundas."

"Traz esse rabo branco aqui, viado."

Landsman acende um cigarro e acena alegremente para a fachada de pedra, como se estivesse em um cruzeiro que se afasta de suas amarras. Nesse momento, é o gesto perfeito — melhor do que uma olhada feia ou o tradicional dedo do meio —, as provocações cessam. Sorrindo de modo alucinado, Landsman acena de novo, e a mensagem se torna clara: Aí, babacas. Meu rabo viado e branco vai para casa nessa noite, para uma casa no campo com ar-condicionado, minha esposa e uma panelada de caranguejos com um engradado de cerveja. Vocês vão passar uma semana de confinamento solitário em uma fumegante cela de prisão de quarenta graus. *Bon voyage*, seus filhos da puta.

Landsman encerra a tour do pátio e conversa com o vice-diretor. Nove funcionários do departamento de administração penitenciária foram hospitalizados; três dos presos também foram mandados para a emergência. As autoridades prisionais são responsáveis pela segurança, mas o setor de homicídios se encarregaria da acusação dos presos identificados no motim. Ao menos, essa é a ideia. Mas é difícil para qualquer guarda se lembrar de um único rosto quando uma multidão de sujeitos o espanca com bastões de alumínio; depois de uma hora, a possível lista de suspeitos tem apenas treze presos identificados pelas autoridades.

Landsman e Dick Fahlteich, o investigador principal da revolta, levam os suspeitos para o gabinete do vice-diretor. Eles chegam um a um, algemados, acorrentados e desprovidos de qualquer expressão. Uma rápida pesquisa revela que todos são frutos de Baltimore, e todos, exceto um, foram condenados por homicídio. Na verdade, cada um dos nomes na lista traz lembranças à cabeça dos investigadores. Clarence Mouzone? Aquele desgraçado tinha conseguido se safar de três ou quatro assassinatos antes de Willis finalmente pegá-lo. Wyman Ushery? Ele não matou um moleque na estação Crown, na rua Charles, em 1981? Litzinger pegou o caso, eu acho. Porra, não é que era ele mesmo?

Os acusados entram no gabinete e ouvem de modo impassível enquanto Landsman diz a cada um que eles foram vistos espancando esse ou aquele guarda. Cada preso escuta com tédio ensaiado, olhando do rosto de um investigador para outro, procurando algo que pareça familiar. Quase dá para ouvi-los pensando: Aquele eu não conheço, mas o outro estava na minha identificação, e aquele lá do canto depôs contra mim no julgamento.

"Você quer falar alguma coisa?", pergunta Landsman.

"Não tenho merda nenhuma pra falar pra você."

"Tá legal", encerra Landsman, sorridente. "Até mais."

Um dos últimos homens a fazer a tour nostálgica é um sujeito de 19 anos monstruosamente grande, um garoto com um físico de campeão de boxe que só pode ser conquistado na sala de musculação de uma prisão. Ransom Watkins começa a balançar a cabeça na metade do discurso de Landsman.

"Não tenho nada pra falar."

"Beleza, então."

"Mas quero saber uma coisa desse cara aqui", afirma ele, olhando pela sala para Kincaid. "Aposto que você nem se lembra de mim."

"Claro que lembro", responde o investigador. "Eu tenho uma boa memória."

Ransom Watkins tinha meros 15 anos quando Kincaid o prendeu pelo homicídio de Dewitt Duckett, em 1983. Watkins era um sujeito bem menor na época, mas tão durão quanto. Ele era um dos três rapazes da zona oeste que atiraram em um rapaz de 14 anos no corredor da Escola de Ensino Médio Harlem Park e roubaram sua jaqueta esportiva Georgetown enquanto ele agonizava. Outros estudantes reconheceram o trio enquanto fugiam da escola, e Kincaid descobriu a jaqueta roubada no guarda-roupa de um dos suspeitos. Na manhã seguinte, Watkins e os demais faziam piadas na carceragem do Distrito Oeste, acusados como adultos.

"Lembra de mim, policial?", pergunta Watkins.

"Lembro, sim."

"Se você se lembra de mim, como é que consegue botar a cabeça no travesseiro e dormir?"

"Eu durmo muito bem", retruca Kincaid. "Você dorme bem?"

"Como você acha que eu durmo? Como eu durmo sabendo que você me botou aqui por uma coisa que eu não fiz?"

Kincaid faz um gesto negativo e, então, cata um fiapo da barra da calça.

"Fez, sim", responde ao garoto.

"Fiz porra nenhuma", dispara Watkins, sua voz falhando. "Você mentiu na época e tá mentindo agora."

"Não", fala Kincaid baixo. "Você matou ele."

Watkins o xinga de novo, e Kincaid olha para ele com placidez. Landsman chama a escolta da outra sala enquanto Watkins tenta argumentar a respeito de seu caso.

"Encerramos com esse cuzão", declara. "Manda o próximo."

Leva mais duas horas até os investigadores começarem a voltar pelo labirinto de grades de ferro, detectores de metal e pontos de checagem, voltando à área de visitas e aos armários nos quais seus revólveres foram guardados.

Do lado de fora do portão principal, os repórteres de televisão fazem filmagens para o noticiário da manhã no momento em que os representantes do sindicato dos carcereiros aparece para criticar a administração da prisão e exigir mais uma investigação relacionada às condições da penitenciária. Na metade da rua Eager, um garoto em uma bicicleta de dez marchas para diante dos portões de ferro ouvindo os gritos dos presos vindos das passarelas da ala oeste. Ele ouve por um ou dois minutos, absorvendo as provocações e obscenidades, antes de apertar o botão de Play de um toca-fitas acomodado abaixo do guidão e sair pedalando em direção a Greenmount.

"It takes two to make a thing go right…"

Batida, grito, batida, grito. Uma liturgia descerebrada para mais um verão em Baltimore, uma canção-tema para uma cidade que sangra.

"It takes two to make it outta sight..."

Landsman e Fahlteich adentram no calor seco do interior do Cavalier e lentamente partem rumo à via expressa com as janelas baixadas, esperando uma brisa que não vem. Fahlteich sintoniza o rádio AM na frequência 1100 da estação de notícias, onde essa e outras histórias irão ao ar nas horas seguintes. *Doze pessoas gravemente feridas em uma rebelião na Penitenciária de Maryland hoje. Vigia noturno encontrado morto em um mercado da rua Howard Norte. E a previsão do tempo para amanhã é de tempo quente e parcialmente nublado, com pico de temperatura na marca dos trinta e cinco graus.*

Mais um dia para ensacar lâminas tortas e riscar de giz as calçadas. Mais um dia para colher balas semicanto-vivo das paredes, para fotografar sangue nas extremidades quebradas da garrafa. Mais um dia para ganhar o pão nas ruas que matam.

Sexta-feira, 8 de julho

Outra noite quente e úmida mostra a que veio em uma casa geminada no sul de Baltimore, onde a violência irrompe em uma briga de casal. Edgerton anda pela cena do crime e despacha duas testemunhas para a central antes de entrar na traseira lotada da ambulância.

"Como vai, Policial Edgerton?"

O investigador olha para a maca e vê o rosto ensanguentado de Janie Vaughn olhando para ele. Janie, do Remendo, que é como os moradores do sul de Baltimore chamam Westport. Uma garota de bom coração de 27 anos, que Edgerton tinha encontrado pela última vez quando ela andava com um garoto chamado Anthony Felton. O problema de Felton era sua propensão a matar pessoas, atirando nelas principalmente por dinheiro e drogas. O garoto se safou de dois assassinatos, mas então rodou e pegou quinze anos por um terceiro crime. Pela aparência das coisas na ambulância, o novo namorado de Janie também não era nenhum exemplo de autocontrole.

"Como vai?"

"Pareço muito mal?"

"Você já esteve melhor", lhe responde Edgerton. "Mas, se você tá respirando, vai se safar... Me disseram que seu namorado, Ronnie, perdeu as estribeiras."

"É, perdeu."

"Ele pirou do nada, como foi?"

"Não achei que ele ia fazer tudo isso."

"Você não sabe mesmo escolher, né?"

Janie sorri, os dentes claros brilhando em meio ao sangue. Uma garota durona, Edgerton pensa, não é o tipo de garota que entra em choque. Adentrando mais a ambulância, Edgerton olha de perto para o rosto dela e percebe uma área salpicada — sujeira e resíduo de disparo — na bochecha dela. Um ferimento de contato.

"Você sabia que ele tinha uma arma?"

"Ele disse que tinha se livrado dela. Que tinha vendido."

"Que arma você acha que ele vendeu?"

"Uma menor, mais vagabunda."

"De que cor?"

"Prateada."

"Tá legal, meu bem, estão quase prontos pra levar você pro hospital. Vejo você lá."

A outra vítima, o namorado de 28 anos da irmã mais velha de Janie, morre antes de chegar à emergência do Hospital Universitário, uma morte causada por nada além de sua tentativa de intervenção quando Ronnie Lawis começou a espancar Janie. Mais tarde, no hospital, ela conta a Edgerton que foi por nada, que tudo começou porque Ronnie a tinha visto sentada em um carro com outro sujeito.

"Como está o Durrell?", pergunta ela a Edgerton na triagem sala de emergência, se referindo ao namorado da irmã. "Ele vai escapar?"

"Não sei. Ele está em outra ala do hospital."

Uma mentira, é claro. Nesse momento, Durrell Rollins está morto em uma maca logo à direita de Janie, a boca fechada em torno de um cateter amarelo, o peito perfurado por um único disparo. Se Janie pudesse mover a cabeça ou enxergar através das bandagens faciais, ela saberia.

"Estou com frio", reclama a Edgerton.

Ele assente, alisando a mão da garota, e então se detém por um momento para limpar o sangue da mão esquerda dela com papel toalha. Pontos vermelhos escuros mancham a calça marrom-clara.

"Como tô me saindo?"

"Aí, se deixaram você aqui sozinha comigo é porque você está bem", Edgerton a tranquiliza. "É quando tem umas oito pessoas em cima de você que você tá encrencada."

Janie sorri.

"O que rolou, exatamente?", pergunta Edgerton.

"Foi tão rápido... Ele e Durrell tavam na cozinha. Durrell foi lá porque ele tava brigando comigo."

"Vamos voltar ao começo. Como começou a briga?"

"Como te falei, ele me viu em um carro com um cara e ficou puto. Ele entrou e foi pro porão. Aí, quando voltou, botou a arma na minha cabeça e começou a gritar e tal, e aí o Durrell entrou na cozinha..."

"Você viu ele atirar em Durrell?"

"Não, eles entraram na cozinha. Aí, quando eu ouvi o tiro, saí correndo..."

"Durrell e ele conversaram?"

"Não. Foi muito rápido."

"Sem tempo para conversar, hein?"

"A-hã."

"E aí ele saiu da casa atrás de você?"

"A-hã. Deu o primeiro tiro, e eu tentei me abaixar, mas caí na rua. Ele me alcançou, tava bem em cima de mim."

"Há quanto tempo tavam juntos?"

"Quase um ano."

"Onde ele mora?"

"Na casa."

"Mas ele tinha pouca roupa guardada lá."

"Não, ele tinha mais no porão. Ele tinha outra garota com quem ficava também, na avenida Pensilvânia. Eu vi ela uma vez."

"Você conhece ela?"

"Só vi ela uma vez."

"Por onde ele anda? Aonde ele normalmente vai?"

"No centro. Na Park com Eutaw, por ali."

"Algum lugar em especial que ele curte?"

"Salão dos Esportistas."

"Na Park com a Mulberry?"

"Isso. Ele conhece Randy, o bartender."

"'Tá legal, meu bem", diz Edgerton, fechando o bloco de notas. "Agora, descansa."

Janie aperta a mao dele e, então, ergue os olhos.

"E o Durrell?", ela pergunta. "Ele morreu, né?"

Ele hesita.

"Ele não parecia nada bem."

Mais tarde nessa noite, quando Ronnie Lawis retorna à casa geminada vazia em Westport para pegar seus pertences, um vizinho o avista de sua varanda e liga para a polícia. Um uniformizado enviado do Distrito

Sul encurrala o sujeito no porão e, após colocar as algemas nele, descobre um .32 Especial de Sábado à Noite* atrás do aquecedor. A pesquisa das digitais no dia seguinte revela que Lawis se chama, na verdade, Fred Lee Tweedy, que escapou de uma prisão na Virgínia um ano antes, onde cumpria pena por homicídio.

"Se meu nome fosse Tweedy", diz Edgerton, lendo o relatório, "eu também teria um apelido."

Mais uma chamada de verão, mais um caso solucionado. A estação tinha gerado um novo e melhorado Harry Edgerton, ao menos na opinião do resto do esquadrão. Ele atende a chamadas. Escreve os relatórios diários. Após uma troca de tiros com a polícia, lá está Edgerton no meio da sala do café, se oferecendo para interrogar uma testemunha ou duas. Ainda que não inteiramente convencido da mudança de personalidade de Edgerton, Donald Kincaid foi ao menos aplacado. E, embora Edgerton não vá ganhar nenhum prêmio de pontualidade, ele chega ao escritório mais cedo e, como de costume, vai embora após os outros.

Parte dessa mudança se deve a Roger Nolan — o sargento no meio da confusão toda —, que pediu a Edgerton para evitar conflitos e usar um pouco de senso político de vez em quando. Parte se deve ao próprio Edgerton, que aceitou alguns dos conselhos de Nolan porque estava ficando cansado de ser o ponto focal das calúnias de todos. E parte se deve aos demais homens do esquadrão — Kincaid e Bowman, em especial —, que se esforçam para manter a trégua em vigor.

Mesmo assim, todos na sala sabem que é uma paz frágil e temporária, que depende da boa vontade de muitas pessoas irritadas. Edgerton está disposto a aplacar seus críticos até certo ponto, mas, depois desse ponto, ele é quem é e faz o que faz. Do mesmo modo, Kincaid e Bowman estão dispostos a morder a língua, contanto que o cordeiro não se desgarre demais do rebanho. Dadas essas realidades, o papo amigável não deve durar muito, embora por algum tempo o esquadrão de Nolan pareça estar segurando as pontas.

Na verdade, os rapazes de Nolan estão meio que em uma maré de sorte, investigando cinco ou seis casos a mais do que qualquer outro esquadrão no turno de D'Addario e resolvendo um elevado percentual dos crimes. Não apenas isso, o pessoal de Nolan pegou nove dos dezessete tiroteios envolvendo a polícia no ano. E, mais do que os assassinatos,

---

* Termo popular usado nos EUA e no Canadá para se referir a armas baratas, compactas, de baixa qualidade e pequeno calibre.

são os tiroteios envolvendo a polícia — com suas possíveis ações civis e criminais — que podem fazer a chefia descer sobre o esquadrão feito um enxame de gafanhotos. A safra daquele ano de relatórios de tiroteios, entretanto, até agora foi solucionada sem causar o menor dos problemas para a equipe de comando. No geral, do ponto de vista de Nolan, está sendo um ano respeitável.

Rich Garvey e suas oito resoluções representam, claro, grande parte da felicidade de Nolan, mas Edgerton também começa uma maré de sorte própria, que teve início durante um assassinato ligado ao tráfico na rua Payson, no final de maio. Após resolver esse caso, se viu ocupado com o julgamento de Joe Edison na vara do juiz Hammerman, uma bem-sucedida campanha legal de três semanas para condenar um sociopata de 19 anos à prisão perpétua por um dos quatro homicídios relacionados ao tráfico dos quais foi acusado entre 1986 e 1987. Edgerton voltou à circulação a tempo de trabalhar na noite e atender a uma chamada relatando tiros em Westport, que seria sucedida por mais dois casos resolvidos antes do fim do verão — um deles, um mistério envolvendo um tiroteio de rua no mercado de drogas da estrada Old York. Na divisão de homicídios, quatro resoluções em seguida normalmente são o suficiente para calar qualquer crítica, e, por um breve período, a tensão no esquadrão de Nolan parece diminuir.

Durante um turno das dezesseis à meia-noite no meio do verão, Edgerton está sentado em sua mesa no escritório principal, segurando o telefone com o ombro, um cigarro no canto da boca.

Worden entra e Edgerton começa uma pantomima exagerada, fazendo o outro investigador puxar um isqueiro Bic do bolso e acender a chama; Edgerton se inclina sobre a mesa para acender o tabaco.

"Nossa", diz Worden, segurando o isqueiro com firmeza. "Tomara que ninguém me veja fazendo isso."

Vinte minutos depois, ainda preso na mesma ligação, Edgerton acena para Garvey por fogo mais uma vez, e Worden, observando da sala do café, percebe isso novamente.

"Aí, Harry, você tá ficando mal-acostumado com caras brancos acendendo o seu cigarro."

"O que posso falar?", retruca Edgerton, cobrindo o bocal do gancho com a mão.

"Tá tentando provar alguma coisa, Harry?"

"O que posso falar?", repete Edgerton, desligando o telefone. "Gosto da imagem que passa."

"Aí", se intromete Kincaid. "Contanto que o Harry continue atendendo a chamadas, a gente pode acender cigarros pra ele, tá legal, Harry? Se você continuar atendendo ao telefone, vou começar a carregar uma caixa de fósforos."

"Justo", responde Edgerton, quase se divertindo.

"Estamos dando um jeito nele, né?", declara Kincaid. "Estamos ensinando ele de novo sobre homicídios. Contanto que a gente mantenha ele longe do Ed Burns, vai dar tudo certo."

"É verdade", concorda Edgerton, sorrindo. "Foi aquele escroto do Ed Burns que me influenciou, me levando em todas aquelas investigações longas, me dizendo para não escutar vocês... Foi tudo culpa do Burns. Vocês deveriam culpar ele."

"E por onde ele anda?", acrescenta Kincaid. "Ele tá lá com o FBI, e você tá aqui com a gente."

"Ele usou você, Harry", dispara Eddie Brown.

"É", assente Harry, dando um trago. "Acho que o velho Eduardo me sacaneou."

"Usado, abusado e descartado feito uma camisinha suja", fala Garvey, do fundo da sala.

"Você tá falando do Agente Especial Burns", afirma Ed Brown. "Aí, Harry, ouvi dizer que o Burns já tem até uma mesa só pra ele lá no escritório do FBI. Ouvi dizer que ele até já se mudou pra lá."

"Uma mesa, um carro", acrescenta Kincaid.

"Aí, Harry", continua Ed Brown. "Você tem notícias do seu parceiro? Ele liga pra você de vez em quando pra contar como vão as coisas lá em Woodlawn?"

"É, ele me mandou um cartão-postal uma vez", responde Edgerton. "Dizia: 'Queria que você estivesse aqui', no verso."

"Fica com a gente, Harry", declara Kincaid de modo seco. "A gente vai cuidar bem de você."

"Claro", retruca Edgerton. "Sei que vão."

Considerando que se trata de Edgerton, a conversa é calma e quase afetuosa. Afinal, essa é a mesma divisão de homicídios em que o diagnóstico de diabetes de Gene Constantine foi marcado pela divisão do quadro da sala de café em duas listas: "Os que se importam se Constantine morrer" e "Os que não". O sargento Childs, o tenente Stanton, Madre Teresa e Barbara Constantine apareciam no topo da segunda lista. A primeira, bem mais curta, continha o próprio Gene e a cooperativa de crédito dos servidores municipais. Por esse parâmetro de camaradagem, Edgerton não está aturando nada além do normal, naquele vagaroso turno das dezesseis à meia-noite. Na verdade, o desenrolar daquela cena no escritório principal é uma rara performance de Harry Edgerton como Apenas Um dos Caras, um sujeito da homicídios entre outros. Não importa que Edgerton ainda respeite imensamente Ed Burns e a investigação do caso Boardley ainda em andamento. E não importa que Kincaid e Eddie Brown não acreditem de fato que Edgerton queira investigar assassinatos enquanto seu parceiro está no escritório de campo do FBI, montando uma investigação de quadrilha com duração de dois anos. Não importa todo aquele bate-boca do começo do ano porque, nesse momento, Edgerton está investigando assassinatos.

É o novo Harry que ri quando seus colegas asseguram que vão botá-lo nos trilhos, o homem transformado que faz questão de anunciar para o escritório que está prestes a atender ao telefone que toca.

"Vai nessa, Harry."

"Não vai se machucar, Harry."

"Ele atendeu no terceiro toque. Alguém chame uma coletiva de imprensa."

Edgerton ri, a própria imagem da tolerância. Ele cobre o bocal com uma das mãos e, então, gira na cadeira, fingindo confusão.

"O que eu faço?", pergunta ele com falsa sinceridade. "Só falo nessa parte aqui?"

"Isso, enfia a parte de cima na orelha; e a de baixo, na boca."

"Divisão de homicídios. Edgerton."

"É isso aí, Harry, amorzinho."

Sábado, 9 de julho

Aqui em cima é mais quente que o inferno.

São 3h, e faz trinta graus ou mais na sala de café. Aparentemente, algum contador sovina do setor de serviços fiscais decidiu que o turno da meia-noite não precisa de qualquer aquecimento antes de fevereiro ou refrigeração antes de agosto, e Donald Kincaid está no escritório principal, zanzando de um lado para outro de camisa, cueca samba-canção e meias, ameaçando ficar totalmente no caso a temperatura não caia antes do amanhecer. E Kincaid sem roupas, em um turno da meia-noite, é algo perigoso.

"Ai, meu Deus", exclama Rich Garvey, o rosto tingido pelo azul pálido do brilho do televisor. "Donald tirou a calça. Deus tenha piedade de quem dormir de bruços nesta noite."

É uma rotina antiga no esquadrão de Nolan, a piada recorrente alusiva ao fato de Kincaid procurar amor no turno da noite, voltando suas atenções para os investigadores mais novos. Na noite anterior, McAllister tinha pegado no sono no sofá de vinil verde e acordado apavorado, uma hora depois: Kincaid estava em cima dele, arrulhando baixinho.

"Não, hoje não", declara Kincaid, tirando a gravata do colarinho e se espichando no sofá. "Quente demais pra isso."

Todo mundo na sala roga pela mesma coisa: Deus, faça o telefone tocar. Faça a extensão telefônica acender as luzes com morte e caos antes que todos nos sufoquemos em nosso suor e fedor. Qualquer sujeito na sala aceitaria investigar um assassinato do tráfico nesse exato momento. Até mesmo um duplo assassinato, com dois esqueletos desbotados em um porão em algum lugar, sem nenhuma testemunha ou suspeito. Não importa o tipo de chamada, contanto que eles possam ir pra rua, onde está uns dez graus menos quente.

No escritório principal, Roger Nolan tem um videocassete instalado para que metade do esquadrão possa assistir a algum filme terrível, com vários perseguições de automóveis. O primeiro filme na sessão tripla da meia-noite de Nolan normalmente é excelente, e o segundo normalmente é tolerável. Mas, lá pelas 3h, ele sempre coloca alguma coisa que certamente dá sono, e, a essa altura, dormir começa a ser de grande apelo.

O videocassete é uma concessão de Nolan a um turno da meia-noite infernal, ao absurdo de seis adultos passarem os turnos noturnos da semana juntos em um edifício no centro. Em Baltimore, o investigador de homicídios trabalha três semanas das oito às dezesseis, depois, duas semanas das dezesseis à meia-noite e, por fim, uma semana no turno da meia-noite. O que leva a uma estranha inversão: a qualquer momento, um turno inteiro de três esquadrões trabalha durante o dia, dois esquadrões trabalham das dezesseis à meia-noite, e o esquadrão que assume à meia-noite trabalha sozinho nas horas em que praticamente todos os homicídios ocorrem. Em um turno da meia-noite agitado, ninguém tem tempo para filmes ou coisa do tipo. Em um turno com dois assassinatos e um tiroteio com a polícia, por exemplo, ninguém sequer pensa em dormir. Mas, nas noites lentas, como essa, os investigadores aprendem o que é *rigor mortis* de verdade.

"Minhas costas estão me matando", reclama Garvey.

Claro que estão. Afinal, ele tentava dormir sentado na cadeira de uma mesa de metal, com a cabeça na horizontal no alto das costas da cadeira. O sexto andar está mais quente que uma churrascaria em 4 de Julho, e Garvey ainda está de gravata. O sujeito é inacreditável.

Kincaid ronca no sofá verde. Bowman está em algum canto, fora do campo de visão, mas, quando foi visto pela última vez, também estava apagando, com a cadeira escorada contra a parede, as pernas curtas mal encostando no chão. Edgerton está Deus sabe onde, provavelmente na rua Baltimore matando criaturas do espaço em algum fliperama.

"Aí, Rich", chama Nolan, a poucos centímetros da tela da TV, "saca só essa parte. Isso aqui quase que vale o filme."

Garvey ergue a cabeça a tempo de ver um sujeito durão arrebentar outro com algo que parece ser um lançador de foguetes.

"Isso foi incrível, Roger."

Nolan sente o tédio e lentamente desliza até o televisor, usando as pernas para impulsionar a cadeira com rodinhas. Ele olha a lateral de outra caixa de fita VHS. "Que tal um filme do John Wayne?"

Garvey boceja e dá de ombros. "Sei lá, pode ser", diz ele finalmente.

"Tenho dois filmes nessa fita em que o Duke* morre", conta Nolan, ainda totalmente desperto. "Pergunta valendo um milhão: Em quantos filmes um personagem de John Wayne morre?"

Garvey olha para Nolan e vê não seu sargento de esquadrão, mas um homem negro com um tridente e chifres na cabeça. O círculo mais profundo do inferno, Garvey agora sabe, é um edifício público escaldante, com paredes verdes nauseantes e perguntas relacionadas a curiosidades feitas por um supervisor às 3h.

"Treze", responde o próprio Nolan. "Ou são quatorze? A gente descobriu noite passada... Acho que são quatorze. Todo mundo esquece de *No Rastro da Bruxa Vermelha*."

Nolan sabe. Ele sabe de tudo. Se lhe perguntar do Oscar de 1939, saberá falar da disputa pelo troféu de Melhor Atriz Coadjuvante. Se lhe perguntar sobre a Guerra do Peloponeso, terá uma explicação relativa ao básico das táticas de infantaria hoplita. Se você menciona a costa oeste de Bornéu... bom, Terry McLarney cometeu esse erro uma vez.

"Sabe", ele deixou escapar durante um turno das dezesseis à meia-noite. "Ouvi dizer que as praias em Bornéu têm areia preta."

À época, a declaração poderia ter soado como uma frase isolada sem sentido, mas McLarney tinha recentemente lido um tomo de quinhentas páginas sobre a ilha de Bornéu, o primeiro livro da biblioteca do

---

* Duke ("Duque") era o apelido do famoso ator, emprestado de um cachorro que teve quando garoto.

Condado de Howard que tinha terminado em talvez três anos. Um fato é um fato, e McLarney vinha tentando encaixar aquele fato em uma conversa fazia talvez um mês.

"Isso mesmo", assentiu Nolan. "Ela é preta por causa da cinza vulcânica. Krakatoa pegou com tudo as ilhas de lá..."

McLarney fez uma cara como se o cachorro dele tivesse acabado de morrer.

"... mas só a porção oeste da ilha é completamente preta. Nós praticamos desembarque anfíbio lá quando eu estava na Marinha."

"Você já foi lá?"

"Em 1963, por aí."

"Bom", disse McLarney, se afastando, "foi a última vez que me dei ao trabalho de ler um livro."

Para um policial de carreira, Roger Nolan é realmente assustador, uma força a ser respeitada em qualquer jogo de conhecimentos gerais. Ainda tentando se acomodar na cadeira de metal, Garvey sucumbe à dissertação acadêmica referente à importância de John Wayne. Ele escuta em silêncio, afinal, o que mais pode fazer? Está quente demais para datilografar esse relatório. Quente demais para ler o *Evening Sun* sentado na mesa de Sydnor. Quente demais para ir para a rua Baltimore pegar um sanduíche. Quente demais.

Uou! Uma ligação chegando.

Garvey empurra a cadeira em direção à mesa de Edgerton e atende ao primeiro toque, o mais rápido no gatilho. Sua chamada. Seu ganha-pão. Seu bilhete de fuga.

"Homicídios."

"Distrito Noroeste, unidade seis-A-doze."

"Positivo, o que você tem pra mim?"

"Um velho em uma casa. Nenhum sinal de ferimentos ou coisa do tipo."

"Sinais de arrombamento?"

"Ah, não, nada do tipo."

A decepção de Garvey chega à voz. "Como você entrou aí?"

"A porta da frente estava aberta. O vizinho foi dar uma olhada e encontrou ele no quarto."

"Morava sozinho?"

"Morava."

"E ele tá na cama?"

"A-hã."

"Qual é a idade?"

"Setenta e um."

Garvey passa seu nome e número de registro, sabendo que, se o policial entendeu a cena de modo errado e o legista determinar que foi um assassinato, Garvey é quem vai se dar mal. De todo modo, parece ser algo simples.

"Preciso de mais alguma coisa para o relatório?", pergunta o policial.

"Não. Você chamou o legista, certo?"

"Chamei."

"Então é só isso."

Ele coloca o telefone de volta no gancho e desgruda a camisa empapada das costas da cadeira. Vinte minutos depois, o telefone toca novamente com uma briga de faca na zona oeste — pouca coisa, um dos garotos é mandado pra emergência do Hospital Universitário, e o outro está na carceragem da Oeste, olhando para fora de sua cela para Garvey e Kincaid em meio a um torpor de cocaína.

"Ele veio até aqui e disse que tinha esfaqueado o irmão", revela o carcereiro da Oeste.

Garvey dá uma fungada. "Você acha que ele tá chapado, Donald?"

"Ele?", indaga Kincaid, sério. "Sem chance."

A chamada os mantém na rua por não mais de vinte minutos, e, quando voltam ao escritório, Nolan está desconectando o videocassete; de resto, ouvem-se três roncos, tão regulares que assumem uma qualidade hipnótica.

Edgerton saiu da terra dos filmes, e o esquadrão logo se conforma com o pior tipo de sono, o tipo do qual o investigador acorda mais exausto que antes, coberto pela inhaca do escritório da homicídios, que só pode ser removida com uma chuveirada de meia hora. Mesmo assim, dormem. Em uma noite lenta, todos dormem.

Às 5h, o telefone finalmente toca, embora a essa altura o desejo de que uma chamada chegue tenha passado já faz duas horas — o consenso geral é que qualquer pessoa rude o suficiente para se despedir da vida após as 3h não merece ser vingada.

"Homicídios", diz Kincaid.

"Bom dia! Irwin, do *Evening Sun*. O que vocês pegaram nesta noite?"

Dick Irwin. O único sujeito em Baltimore com um cronograma de trabalho mais miserável que o de investigador de homicídios. Liga às 5h para fazer as manchetes das 7h, cinco noites por semana.

"Foi tudo calmo."

De volta ao sono por uma meia hora. E, então, um momento de puro terror: algum tipo de máquina estrondosa, uma espécie de aríete, se lança contra a porta do corredor. Metal atingindo metal na escuridão à direita de Garvey. Ruídos estridentes e agudos enquanto um monstro noturno e violento se move ruidosamente em direção ao esquadrão adormecido, avançando violentamente pelo portal obscuro. Edgerton se lembra do .38 na gaveta superior esquerda, uma arma carregada com balas de ponta oca de 10 gramas. E graças a Deus, porque a fera já adentra a sala, a lança de metal projetada, a pesada armadura batendo contra a divisória do lado oposto da sala do café. Mata ela, diz a voz na cabeça de Edgerton. Mata agora.

Uma luz é lançada sobre todos.

"Quê que é isso?..."

"Ai, droga, desculpa", diz a fera, olhando para a sala cheia de homens encolhidos que franzem os olhos. "Não vi vocês dormindo aí."

Irene. O monstro é a mulher da limpeza, com um sotaque do leste de Bawlmer* e cabelo branco-amarelado. A lança de metal é o cabo do esfregão; a armadura barulhenta, a parte pesada da enceradeira. Eles estão vivos. Cegos, mas vivos.

"Apaga a luz", consegue falar Garvey.

"Pode deixar, meu bem. Desculpa", responde ela. "Podem dormir. Vou começar pela outra parte e deixar vocês em paz. Podem dormir que eu aviso quando o tenente chegar..."

"Valeu, Irene."

Ela é a velha faxineira com um coração de ouro e um vocabulário que deixaria qualquer carcereiro ruborizado. Mora sozinha em uma casa geminada sem aquecimento, ganha um quinto do que eles ganham e nunca chega depois das 5h30 para começar a lustrar o linóleo do sexto andar. No Natal anterior, pegou o pouco de dinheiro que não tinha gastado com comida e trouxe um rack de televisão de compensado como presente para divisão de homicídios. Quantidade alguma de incômodo ou irritação pode fazer com que eles gritem com essa mulher.

No entanto, eles flertam com ela.

"Irene, querida", diz Garvey, antes que ela possa fechar a porta. "Melhor tomar cuidado. Kincaid tirou a calça durante a noite e estava sonhando com você..."

---

* Apelido informal da cidade, é a transcrição fonética de "Baltimore" de acordo com a pronúncia característica da população.

"Seu mentiroso."

"Pergunta pro Bowman."

"É verdade", confirma Bowman, continuando a história do fundo do escritório. "Ele tirou a calça e ficou gritando seu nome…"

"Vai cagar, Bowman."

"Melhor não falar assim com o Kincaid."

"Manda ele cagar também", dispara Irene.

Como se tivesse sido combinado, Kincaid volta do banheiro, embora totalmente vestido, e é necessário apenas um pequeno estímulo de Bowman para que ele comece a dar em cima dela.

"Qualé, Irene! Me deixa tirar uma casquinha."

"Por que eu deveria deixar, Donald?", pergunta ela, entrando na brincadeira. "Você nem tem o que eu preciso."

"Ah, tenho sim."

"O quê?", ironiza ela, olhando com desdém. "Aquela coisinha de nada?"

O esquadrão inteiro racha o bico. Duas vezes a cada turno da meia-noite, Kincaid diz alguma coisa suja para Irene. E duas vezes a cada turno da meia-noite, Irene responde na mesma moeda.

Distantes do escritório principal da unidade, a sala do café e os demais escritórios começam a se iluminar com o tom azul mais claro da manhã. E, goste disso ou não, cada homem da sala está totalmente desperto, tirado de seu sono pelo cortejo determinado de Kincaid.

Mas os telefones permanecem quietos, e Nolan libera Bowman logo depois das 6h; o resto do esquadrão senta em silêncio, tentando não se mexer até que o ar-condicionado comece a funcionar no turno diurno. Os homens ficam reclinados em seus assentos, como que em um transe coletivo. Quando o elevador soa, vinte minutos após às 6h, é o som mais lindo do mundo.

"A troca de turno chegou", diz Barlow, entrando na sala. "Vocês todos estão com cara de bunda… Você não, Irene. Você está linda, como sempre. Eu estava falando desses caras de merda."

"Vai se foder", retruca Garvey.

"Aí, camarada, isso é jeito de falar com o cara que chegou cedo para substituir você?"

"Chupa aqui", xinga Garvey.

"Sargento Nolan", chama Barlow, fingindo indignação, "você ouviu isso? Apenas mencionei um simples fato, afirmando que esses caras estão com cara de bunda, o que é verdade, e aí sou submetido a todo tipo de abuso. Tava tão quente assim por aqui nessa noite?"

"Mais quente do que você imagina", reclama Garvey.

"Tenho orgulho de conhecer você, camarada", fala Barlow. "Sabe, você é um dos meus heróis pessoais. Como foi a noite? Teve alguma coisa?"

"Nadica de nada", responde Edgerton. "Foi totalmente parado."

Não, pensa Nolan, no canto da sala. Sem mortes. Uma ausência de mortes, talvez. Morte significa ir para as ruas de Baltimore e ganhar dinheiro.

"Todo mundo pode ir embora", anuncia Barlow. "Charlie vai chegar daqui a uns dois minutos."

Nolan mantém Garvey e Edgerton aguardando até o segundo homem do turno do dia chegar, liberando Kincaid às 6h30.

"Valeu, sarja", agradece, enfiando uma folha na caixa postal de Nolan.

Nolan assente, ciente de sua clemência.

"A gente se vê na segunda", diz Kincaid.

"É", diz Nolan melancolicamente. "Turno do dia."

Sexta-feira, 22 de julho

"Ai, nossa, outra Bíblia."

Gary Childs pega o livro aberto de cima da cômoda e o joga sobre uma cadeira, com dúzias de outros. O marcador de página continua no mesmo lugar, com as páginas se movendo por conta da brisa fria do ar-
-condicionado. Lamentações 2:21:

> *Jazem por terra pelas ruas*
> *o moço e o velho;*
> *as minhas virgens e meus jovens*
> *vieram a cair à espada.*
> *Tu os mataste no dia da tua ira;*
> *fizeste matança e não te apiedaste.*

Uma coisa que se pode dizer da senhorita Geraldine é que ela levava as Escrituras a sério, um fato confirmado não apenas pela coleção de Bíblias, mas também pelas fotos emolduradas que a mostram bem-vestida aos domingos, espalhando a boa-nova em frente a igrejas. Se a salvação é alcançada através da fé e não por meio de obras, como menciona Efésios, então talvez Geraldine Parrish possa encontrar consolo em seu passeio de camburão até o centro. Mas, se as obras contam no outro mundo, então a senhorita Geraldine talvez chegue lá com algumas dívidas em aberto.

Childs e Scott Keller puxam a cama e começam a fuçar nos papéis enfiados atrás dela. Listas de compras, números de telefone, formulários do serviço social e seis ou sete apólices de seguro de vida.

"Caramba", exclama Kelley, genuinamente impressionado. "Tem mais um bocado aqui. Com esses já são quantos?"

Childs dá de ombros. "Sei lá, uns vinte? Vinte e cinco? Vai saber, caramba!"

O mandado de busca para o número 1902 da Kennedy dá a eles o direito de procurar uma variedade de provas, mas, nesse caso, ninguém está desmantelando o quarto na esperança de achar uma arma, uma faca, balas ou roupas ensanguentadas. Nessa rara ocasião, eles procuram documentos. E estão encontrando.

"Tem mais aqui", diz Childs, despejando o conteúdo de um pacote de mercearia sobre o colchão virado. "Mais quatro."

"Essa", troveja Keller, "é uma vagabunda assassina."

Um patrulheiro do Distrito Leste, que tinha passado uma hora observando Geraldine Parrish e mais cinco pessoas na sala de estar do primeiro andar, bate de leve à porta do quarto.

"Sargento Childs..."

"E aí!"

"A mulher lá embaixo tá reclamando que se sente fraca... Ela tá falando que tem problema no coração..."

Childs olha para Keller e de volta para o uniformizado. "Problema no coração, hein?", ironiza, com desdém. "Ela tá tendo um ataque cardíaco? Vou descer daqui a um minuto e aí você vai ver ela passar mal de verdade."

"Tá legal", responde o patrulheiro. "Só achei que deveria avisar."

Childs revira o detrito do saco de mercearia e desce as escadas até a sala da frente. Os moradores da casa geminada estão sentados juntos em um sofá e duas cadeiras, olhando para ele, aguardando respostas. O sargento olha para a mulher rechonchuda de olhos tristes, peruca estilo Loretta Lynn e vestido de algodão vermelho, uma visão genuinamente cômica, dadas as circunstâncias.

"Geraldine!"

"Isso, sou eu."

"Eu sei quem você é", responde Childs. "Você quer saber por que estamos aqui?"

"Não sei por que vocês estão aqui", retruca, batendo no peito de leve. "Não posso ficar sentada assim. Preciso do meu remédio..."

"Você não faz nem ideia por que estamos aqui?"

Geraldine Parrish responde com um aceno negativo e toca no peito de novo, se reclinando na cadeira.

"Geraldine, isso é uma batida de busca e apreensão. Você agora é acusada de três homicídios dolosos e três tentativas de homicídio..."

Os demais ocupantes da sala assistem enquanto barulhos gorgolejantes profundos começam a sair da garganta de Geraldine Parrish. Ela cai no tapete, segurando o próprio peito e tentando respirar.

Childs olha para o chão, se divertindo moderadamente, e então calmamente fala com o uniformizado da Leste. "Acho que você deveria chamar um médico agora", afirma, "só pra garantir."

O sargento volta para o andar de cima, onde ele e Keller continuam jogando cada documento, cada apólice de seguro, cada álbum de fotos, cada envelope de papel em um saco de lixo verde — melhor analisar tudo no relativo conforto do escritório da divisão de homicídios. Enquanto isso, os paramédicos chegam e partem em poucos minutos, tendo considerado Geraldine Parrish sã de corpo, se não de mente. Do outro lado da cidade, na casa geminada da mãe de Geraldine Parrish, na rua Division, Donald Waltemeyer está cumprindo o segundo mandado de busca, descobrindo cerca de trinta outras apólices de seguro e documentos relacionados.

É um caso feito para acabar com todos os demais casos, uma investigação que eleva o ato de matar ao nível de farsa teatral. Esse caso tem tantos personagens estranhos e improváveis que, ao contrário dos outros crimes, parece algo digno de uma comédia musical.

Mas, para Donald Waltemeyer em especial, o caso de Geraldine Parrish é tudo, menos cômico. É, na verdade, uma última lição em sua jornada pessoal de patrulheiro a investigador. Depois de Worden e Eddie Brown, Waltemeyer, 41 anos, é o policial mais experiente de Terry McLarney, tendo chegado à divisão de homicídios em 1986, vindo da unidade de policiais à paisana do Distrito Sul, onde ele era uma figura de grandes, ainda que não lendárias, proporções. E, embora os dois últimos anos tenham ensinado tudo que Waltemeyer precisava saber a respeito das chamadas de homicídios incomuns, esse caso é totalmente diferente. Por fim, Keller, Childs e os outros investigadores envolvidos no caso voltariam à circulação, e seria tarefa de Waltemeyer atuar como investigador principal na acusação de Geraldine Parrish — uma investigação que levaria meio ano na busca por vítimas, suspeitos e explicações.

Em uma unidade onde a velocidade é um item precioso, é raro um caso que ensina o investigador a ser paciente, o suprindo com as lições derradeiras que surgem apenas nos caminhos mais prolongados e complexos de uma investigação. Um caso desses pode transformar um policial, fazendo com que ele enxergue seu papel como algo mais do que o de acompanhar ambulâncias e resolver um assassinato depois do outro no tempo mais curto possível. Após um mês ou dois, ou mesmo três, esse tipo de caso expansivo pode também levar um policial ao limite da loucura — o que, para Waltemeyer, não é um trajeto tão longo assim, para começo de conversa.

Na verdade, no dia anterior, ele estava incomodando Dave Brown com algum caso quando Brown se sentiu impelido a lembrar a Regra 1, da Seção 1, do Código de Conduta do departamento, lendo palavra por palavra:

"'Todos os membros do departamento devem ser calmos, pacíficos e ordeiros em todos os momentos e sempre evitar linguagem baixa, obscena ou insolente' e", acrescentou Brown, olhando para o parceiro, "enfatizo a palavra 'pacífico'."

"Aí, Brown", chamou Waltemeyer, fazendo um gesto obsceno. "Enfatiza isso aqui."

Não é que Dave Brown não respeite seu parceiro, porque ele respeita. E não é como se não conseguissem trabalhar juntos, porque, quando são obrigados, conseguem. É só que Waltemeyer constantemente tenta explicar o trabalho policial a Brown, um exercício de condescendência que Brown aceita apenas quando vindo de Donald Worden, e de ninguém mais. Mas, mesmo em seus melhores dias, Waltemeyer é possivelmente o investigador mais explosivo do departamento, com um temperamento sensibilíssimo que nunca deixa de impressionar o esquadrão de McLarney.

Certa vez, logo após Waltemeyer começar a trabalhar no centro, McLarney estava ocupado falando com uma de várias testemunhas na cena de um crime. Ele ligou para Waltemeyer e pediu que ele colhesse um dos depoimentos, mas, quando começou a explicar os detalhes do caso, rapidamente se deu conta de que era mais fácil ele mesmo falar com a testemunha. Esquece, McLarney explicou, eu mesmo faço isso.

Mas depois, durante diversos pontos do depoimento, McLarney olhou e viu Waltemeyer o encarando do corredor. Três minutos após o fim do interrogatório, Waltemeyer estava no escritório com o dedo na cara de McLarney, dando um discurso irritadíssimo.

"Puta merda, eu sei fazer meu trabalho. E, se você acha que não sou capaz, vai se foder", disse a McLarney, que só podia assistir àquilo com um tipo de assombro dissociado. "Se não confia em mim, então me manda de volta praquela porra de distrito."

Quando Waltemeyer saiu, McLarney olhou pelo escritório para seus demais investigadores, que estavam, é claro, mordendo as mangas dos ternos para não rir.

Aquele era Waltemeyer. Era o mais trabalhador do esquadrão de McLarney, um investigador consistentemente agressivo e inteligente que agia boa parte do tempo como um completo lunático. Filho da zona sudoeste de Baltimore e de uma grande família alemã, Donald Waltemeyer era uma fonte de diversão infinita para McLarney, que com frequência se entretinha em turnos vagarosos provocando seu novo investigador com alguma tirada envolvendo Dave Brown. Se Brown respondesse, o resultado em geral era melhor do que assistir à TV.

Pesado, com rosto corado e franja de cabelo espesso e escuro, Waltemeyer sofreu seu momento mais constrangedor na unidade certa manhã, durante a chamada: um sargento leu o anúncio de que ele tinha sido nomeado campeão absoluto no concurso de sósias de Shemp, o membro esquecido dos Três Patetas. Na avaliação cuidadosa de Waltemeyer, o autor daquele pequeno item sobreviveria apenas enquanto se mantivesse anônimo.

Nem a aparência, nem o temperamento impediram Waltemeyer de se tornar um policial de rua de primeira classe no Distrito Sul, e ele ainda gostava de se ver como o mesmo patrulheiro servindo nas trincheiras que sempre tinha sido. Mesmo bastante tempo após sua transferência para a homicídios, fazia questão de se manter próximo dos antigos parceiros do distrito, frequentemente sumindo de noite em um dos Cavaliers para visitar o ponto de encontro do pessoal do Sul, ou para ir a festas de troca de turno. Era como se houvesse algo de questionável em ter ido para o centro, para o Departamento de Investigação Criminal, algo pelo qual um policial devesse se desculpar. O leve constrangimento que Waltemeyer tão claramente sentia por ter se tornado um investigador era seu traço mais distinto.

Certa vez, no verão anterior, fez questão de levar Rick James para almoçar no Mercado de Lexington, onde comprou dois sanduíches de atum em uma banca. Até ali, tudo bem. Mas então, em vez de levar a comida para a central, o investigador dirigiu até Union Square, estacionando o Cavalier em seu velho posto de patrulha.

"Agora sim", anunciou Waltemeyer, empurrando o banco do motorista pra trás e colocando um guardanapo no colo. "Vamos comer que nem polícia de verdade."

Na opinião de McLarney, a adesão irrestrita de Waltemeyer à ética de patrulheiro era sua única fraqueza real. A divisão de homicídios era um mundo em si, e as coisas que funcionavam no distrito nem sempre funcionavam na central. Os relatórios de Waltemeyer, por exemplo, tinham aquela qualidade típica do distrito quanto ele chegou à divisão — um problema típico de policiais que passavam mais tempo na rua do que datilografando. Mas, na divisão de homicídios, os relatórios importavam de verdade, e o que fascinava McLarney era que, após mencionar o valor de relatórios coerentes a Waltemeyer, o investigador se lançou em uma campanha sistemática e bem-sucedida para melhorar sua habilidade de escrita. Foi quando McLarney se deu conta de que Waltemeyer seria um grande investigador.

Mas nem McLarney nem ninguém mais era capaz de ensinar a Waltemeyer alguma novidade relativa a investigação de assassinatos. Apenas os próprios casos poderiam educá-lo, e apenas um caso como o de Geraldine Parrish poderia ser considerado como um diploma de grau avançado.

O caso, na verdade, tinha começado em março, embora, na época, ninguém da divisão de homicídios tenha reconhecido o que era. No princípio, parecia não ser nada mais do que um caso de extorsão de rotina: uma queixa feita por uma dependente de heroína de 28 anos, que afirmou que o tio dela queria 5 mil dólares para evitar que ela fosse morta por um assassino de aluguel. Por que alguém iria querer matar um zumbi como Dollie Brown era um mistério; a garota era uma coisa pequena e frágil, sem inimigos conhecidos, marcas de agulha em todos os membros e quase nenhum dinheiro. Ainda assim, alguém tinha tentando matá-la não uma, mas duas vezes.

A primeira tentativa foi quase um ano atrás, quando ela levou um tiro na cabeça durante uma emboscada em que o seu namorado de 37 anos foi morto. Aquele caso também tinha sido de Waltemeyer originalmente, e, embora ainda fosse um caso em aberto, Waltemeyer acreditava que o namorado tinha sido o alvo e que o crime tinha tido sido por causa de drogas. Mas, algum tempo depois, após receber alta da unidade de trauma do Hospital Universitário em março, Dollie Brown deu o azar de estar parada na rua Division quando um agressor desconhecido cortou a garganta dela e fugiu. Novamente, a garota sobreviveu, mas, dessa vez, não havia qualquer dúvida a respeito do alvo do crime.

Em qualquer outro ambiente, duas agressões do tipo, em um período de seis meses, teriam levado um investigador a acreditar que de fato havia uma campanha em curso para pôr fim à vida de Dollie Brown. Mas a zona oeste de Baltimore é um lugar onde um par de incidentes desse tipo — na ausência de provas em contrário — pode ser considerado uma coincidência e nada mais. A explicação mais provável, Waltemeyer raciocinou, era que o tio de Dollie estava tentando capitalizar em cima dos medos dela e colocar as mãos no cheque de 5 mil dólares que ela recebeu, após ser baleada, da comissão de assistência financeira a vítimas do estado, uma agência governamental que fornece assistência financeira para pessoas gravemente afetadas por crimes violentos. O tio dela sabia do dinheiro e disse à sobrinha que, em troca daquela grana, ele interviria e mataria o homem que vinha tentando matá-la.

Trabalhando com uma unidade especial à paisana da Polícia do Estado de Maryland, Waltemeyer colocou escutas com gravador em Dollie e na irmã dela, Thelma, e, sob vigilância da polícia, as mandou para um encontro com o tio. Quando o sujeito novamente exigiu dinheiro para evitar o assassinato iminente, a tentativa de extorsão foi registrada em fita. Mais ou menos uma semana depois, Waltemeyer efetuou a prisão do sujeito e encerrou o caso.

Foi apenas em julho que o caso de Dollie Brown se tornou algo verdadeiramente bizarro, pois só então um réu em um caso de assassinato com o nome bastante apropriado de Rodney Vice* começou a falar com os promotores, tentando arranjar um acordo. E, quando Rodney Vice abriu a boca, o caldo não apenas engrossou, como também virou uma densa papa.

Vice tinha sido implicado como o intermediário em um contrato para matar Henry Barnes, um sujeito de meia-idade da zona oeste de Baltimore que tinha sido morto com um tiro de espingarda enquanto esquentava o motor do carro em uma fria manhã de outubro. A esposa da vítima tinha pagado a Vice um total de 5,4 mil dólares por ter encontrado um pistoleiro para matar o marido, permitindo, assim, que ela recebesse uma série de apólices de seguro. Vice tinha entregado uma foto de Barnes e uma espingarda para um psicopata tenso chamado Edwin "Conrad" Gordon. Informado de que a vítima normalmente esquentava o carro na frente de casa todas as manhãs, Gordon pôde se aproximar o suficiente para usar a espingarda à queima-roupa. Henry Barnes deixou este mundo sem saber o que o atingiu.

---

* Em inglês, a palavra significa (entre outras coisas) vício, defeito e depravação.

Tudo teria saído de acordo com o plano se Bernadette Barnes tivesse sido capaz de ficar quieta. Ao contrário, ela admitiu para uma colega de trabalho no setor de serviços sociais do município que tinha arranjado a morte do marido, dizendo à mulher, "Eu falei pra você que tava falando sério". Alarmada, a colega ligou para o departamento de polícia, e, após diversos meses de uma investigação conduzida pelos policiais do turno de Stanton, Bernadette Barnes, Rodney Vice e Edwin Gordon estavam todos no Presídio Municipal de Baltimore, todos reunidos na mesma denúncia feita pela promotoria ao juiz. Só então Rodney Vice e seu advogado começaram a propor alguma cooperação, buscando um acordo para pena de dez anos ou menos.

Em uma audiência em 11 de julho com juristas e investigadores na vara de Mitchell, perguntaram a Vice como ele sabia que Edwin Gordon era um sujeito capaz de levar a cabo uma encomenda de assassinato. Sem se abalar, assegurou aos investigadores e promotores que Gordon já estava naquela profissão fazia algum tempo. Na verdade, ele vinha matando pessoas na zona leste de Baltimore para uma mulher chamada Geraldine fazia diversos anos.

Quantas pessoas?

Três ou quatro das quais Vice sabia. Sem mencionar uma garota — uma sobrinha de Geraldine — que não morria, não importava quantas vezes Gordon tentasse matá-la.

Quantas vezes ele tentou?

Três, afirmou Vice. Após a ocasião mais recente, na qual ele tinha atirado três vezes na cabeça dela sem sucesso, Gordon estava particularmente desolado, tendo dito a Vice, "Por mais que eu tente, aquela biscate não morre".

Ao realizar pesquisas relacionadas a Dollie Brown naquele mesmo dia, Waltemeyer e Crutchfield confirmaram que Geraldine Parrish era, sim, tia dela, e que a jovem havia de fato sofrido um ataque pela terceira vez. Ela estava dando um passeio com a tia Geraldine em maio, quando a mulher a pediu que esperasse em uma escadaria da rua Hollins enquanto buscaria alguma coisa. Segundos depois, um homem correu até ela e disparou repetidamente contra sua cabeça. Mais uma vez, foi tratada e recebeu alta do Hospital Universitário; foi uma surpresa o fato de não ter mencionado aos investigadores nada em relação às outras tentativas de assassinato. McAllister atendeu à chamada da rua Hollins e, sabendo pouco sobre o caso de extorsão de Waltemeyer, ocorrido dois meses antes, não escreveu nada a respeito em um breve relatório diário.

Enquanto Vice falava, um novo conto era acrescentado aos mitos e lendas da divisão de homicídios do Departamento, o conto da Indestrutível Dollie Brown, a sobrinha infeliz e desamparada da sra. Geraldine Parrish, vulgo a Viúva-Negra.

Rodney Vice tinha muito mais a dizer da sra. Geraldine. Finalmente Vice revelou a todos que estavam reunidos que a coisa não terminava em Dollie Brown e nos 12 mil dólares em apólices de seguro que tia Geraldine iria receber em nome da sobrinha. Havia outras apólices, outros assassinatos. Por exemplo, aquele sujeito em 1985, cunhado de Geraldine, que foi morto na rua Gold. Edwin Gordon tinha executado aquela encomenda também. Havia também uma inquilina que morou na casa de Geraldine na rua Kennedy, uma senhora de idade que Gordon teve de tentar matar mais de uma vez antes de acabar com ela. Tinha sido a própria sra. Geraldine quem tinha mandado a velha ir buscar comida chinesa na avenida North e, então, feito sinal para Gordon, que foi calmamente até o alvo e acertou um tiro na nuca à queima-roupa e, depois, deu mais um tiro definitivo na cabeça da vítima quando ela caiu na calçada.

Os investigadores veteranos saíram do fórum com a cabeça girando. Três assassinatos, três tentativas — e isso era só o que Vice sabia. Ao voltarem ao escritório da homicídios, os arquivos de casos em aberto de até três anos antes foram subitamente resgatados do esquecimento dos gabinetes.

Incrivelmente, tudo naqueles arquivos conferia exatamente com o relato de Rodney Vice. O assassinato em novembro de 1985 de Frank Lee Ross, o marido da irmã de Geraldine, tinha sido investigado por Gary Dunnigan, que na época não conseguiu encontrar nenhum motivo para o assassinato. Da mesma forma, Marvin Sydnor tinha investigado a morte por tiros de Helen Wright, de 65 anos, que na época alugava um quarto de Geraldine na rua Kennedy; sem qualquer informação sólida relacionada ao assassinato, presumiu que a mulher tinha sido morta em uma tentativa de assalto que deu errado. Não que Sydnor não tivesse detectado algumas pontas soltas no interrogatório de rotina com Geraldine Parrish; ele até mesmo tentou submeter a senhoria da casa ao detector de mentiras, mas desistiu quando ela mostrou um atestado de um cardiologista dizendo que a saúde dela não suportava a tensão do detector de mentiras. Confirmando o relato de Vice, a velha tinha sido mesmo baleada na cabeça semanas antes de ser morta, mas tinha sobrevivido à primeira tentativa — uma redundância que também tinha sido considerada outra coincidência típica da periferia.

A incrível quantidade de novas informações deixou clara a necessidade de uma investigação especial, e Waltemeyer — por ter atendido a queixa de extorsão original em março, assim como o atentado inicial contra Dollie Brown — logo se viu relocado para o esquadrão de Gary Childs, no turno de Stanton. Juntaram-se a ele Mike Crutchfield, o investigador principal no caso Bernadette Barnes, e, mais tarde, Corey Belt, o buldogue do Distrito Oeste que tinha se saído tão bem na investigação do caso Cassidy. A pedido de Stanton, Belt tinha sido mandado de volta à divisão de homicídios da unidade de operações da Oeste, especificamente para a investigação de Geraldine Parrish.

Eles começaram com depoimentos detalhados de Dollie Brown e outros parentes da sra. Geraldine, e tudo parecia mais inacreditável a cada novo relato. Todos na família pareciam de algum modo saber o que Geraldine vinha fazendo, mas, mesmo assim, todos pareciam considerar o empenho dela em trocar vidas humanas por dinheiro de seguro uma parte rotineira e inevitável de gestão familiar. Ninguém se incomodou de ligar pra polícia — Dollie, por exemplo, não tinha dito nada a respeito de sua tia durante a investigação de extorsão — mas, pior ainda, muitos familiares tinham assinado apólices de seguro das quais Geraldine era a beneficiária. Sobrinhas, sobrinhos, irmãs, cunhados, inquilinos, amigos e vizinhos — os investigadores descobriram apólices duplas no valor de centenas de milhares de dólares. E, mesmo assim, quando alguém tomava um tiro, ninguém que sabia disso se deu ao trabalho de expressar a mais leve apreensão a respeito.

Eles a temiam. Ou ao menos alegavam temê-la — e não apenas porque sabiam dos sociopatas que Geraldine Parrish usava nos assassinatos para receber as apólices. Eles a temiam porque acreditavam que possuía um poder especial: ela sabia vodu, feitiços e todas aquelas coisas do interior das Carolinas. Ela conseguia controlar um homem, fazer com que se casasse com ela, ou matasse por ela. Lhes contava aquelas histórias, e, depois de algum tempo, quando as pessoas começaram a morrer, eles realmente começaram a acreditar.

Mas o poder da tia Geraldine não era tão óbvio para alguém de fora do círculo familiar. Ela era uma pastora leiga semiletrada, dona de um Cadillac cinza e de uma casa geminada de pedra branca, com acabamento em imitação de madeira e com placas faltando no forro. Ela era gorda e feia também — uma mulher totalmente sem atrativos que, com sua queda por perucas e batom vermelho chamativo, sugeria uma prostituta de 20 dólares da avenida Pensilvânia. Geraldine tinha 55 anos quando uma unidade da divisão de homicídios finalmente chutou a porta da frente da casa dela e também a da mãe dela, na rua Division.

A busca em ambos endereços levou horas, enquanto Childs, Keller e Waltemeyer encontravam pastas cheias de apólices e outros papéis espalhados pelas duas casas. Muito antes do fim da busca na avenida Kennedy, Geraldine partiu na caçamba de um camburão do Distrito Leste, chegando ao escritório da homicídios bem antes dos investigadores. Ela está sentada estoicamente na sala de interrogatório grande quando Childs e Waltemeyer chegam e passam uma hora ou mais na sala do café olhando as apólices, álbuns de fotos e documentos apreendidos nas duas casas.

Os dois investigadores imediatamente notam a quantidade de certidões de casamento. Pelo que podem ver, a mulher é casada com cinco homens simultaneamente, dois dos quais moram com ela na avenida Kennedy e foram trazidos para a central como testemunhas após a busca. Os dois homens estão sentados juntos no sofá do aquário, ambos considerando um ao outro nada além de um dos inquilinos de uma casa no leste de Baltimore. Cada um certo de seu lugar na casa. Cada um com uma apólice de seguro em seu nome declarando Geraldine Parrish ou a mãe dela como beneficiárias.

Johnnie Davis, o mais velho dos dois maridos, conta aos investigadores que conheceu a sra. Geraldine em Nova York e que, contra sua vontade, foi intimidado a se casar, trazido a Baltimore para viver no porão da casa da avenida Kennedy. Sem exceção, a sra. Geraldine confiscava seus cheques de benefício por invalidez no começo de cada mês e, depois, lhe dava uns poucos dólares para que ele pudesse comprar comida. O outro marido, um homem chamado Milton Baines, era, na verdade, sobrinho da sra. Geraldine e tinha naturalmente se oposto, alegando incesto, à ideia na qual sua tia insistia de se casar com ele durante uma viagem em que visitavam parentes nas Carolinas.

"Então por que você casou com ela?", lhe pergunta Childs.

"Fui obrigado", explica ele. "Ela jogou um vodu em mim e tive que fazer o que ela mandava."

"Como ela fez isso?"

Baines conta que a tia lhe preparou uma refeição usando sangue da própria menstruação e o observou comer. Depois, ela lhe contou o que fez dizendo em seguida que agora possuía poder sobre ele.

Childs e Waltemeyer trocam olhares.

Baines continua balbuciando, explicando que, mesmo com ele expressando preocupação repetidas vezes com a possibilidade de casar com a irmã da mãe, a sra. Geraldine o levou até um velho em uma cidade vizinha, que falou brevemente com a futura noiva e assegurou a Baines que, na verdade, ele não era parente de Geraldine.

"Quem era esse velho?", pergunta Childs.

"Sei lá."

"Então por que você acreditou nele?"

"Não sei."

Não dava para acreditar — um caso de assassinato que só poderia ser definido como insanidade cósmica. Quando os investigadores dizem a Milton Baines que o velho que mora no porão também é marido de Geraldine, ele fica perplexo. Quando lhe explicam que tanto ele quanto seu rival moram na casa feito porcos prontos para o abate, encurralados por uma doida que, no fim, os trocaria por alguns milhares de dólares em benefícios, os dois homens escancaram a boca em surpresa abjeta.

"Olha pra ele", diz Childs do outro lado do escritório. "Ele era a próxima vítima. Dá até pra ver o número do caso na testa dele."

Waltemeyer estima, pelas certidões de casamento e demais documentos, que o marido número três provavelmente está em Plainfield, New Jersey, embora não esteja imediatamente claro se está vivo ou morto. O marido número quatro cumpre pena de cinco anos em Hagerstown por acusação de porte de arma. O marido número cinco é alguém chamado reverendo Rayfield Gilliard, com quem Geraldine se casou em janeiro. O paradeiro do bom reverendo permanece incerto até que Childs vai até a pasta azul que lista os cadáveres encontrados no ano. E, de fato, o casamento de Gilliard, de 79 anos, tinha durado pouco mais de um mês; sua morte súbita foi atribuída pelo legista a causas naturais, embora nenhuma autópsia tivesse sido realizada.

Entre a papelada, há os álbuns de fotos no qual a sra. Geraldine guarda não apenas a certidão de óbito do reverendo Gilliard, mas também a de sua sobrinha de 13 anos, Geraldine Cannon, que, de acordo com o recorte de jornal anexado, era cuidada por sua tia Geraldine quando sucumbiu a uma overdose de gás fréon em 1975 — uma overdose considerada acidental, embora os patologistas tenham atribuído isso a uma possível injeção de desodorante. Na página seguinte do álbum, os investigadores encontram a apólice de 2 mil dólares com o nome da garota.

No mesmo álbum, localizam uma foto mais recente de Geraldine com uma garotinha e logo descobrem que ela comprou a criança de uma sobrinha. A bebê seria encontrada uma semana depois, na casa de parentes, e levada em custódia do Departamento de Serviços Sociais após os investigadores vincularem a criança a ao menos três apólices de seguro, em um total de 60 mil dólares em benefícios.

A lista de vítimas em potencial não tem fim. Uma apólice de seguro é encontrada no nome de um sujeito que foi espancado e deixado para morrer em uma área de floresta na zona nordeste de Baltimore; todavia, ele sobreviveu ao ataque e, mais tarde, foi encontrado em um hospital de reabilitação. Outra apólice é encontrada no nome da irmã mais nova de Geraldine, que morreu de causas inexplicadas anos atrás. E, em uma página de outro álbum, Childs acha outra certidão de óbito, datada de outubro de 1986, de um homem chamado Albert Robinson. A morte é listada como homicídio.

Childs pega o documento e vai até uma pasta azul, que contém a lista cronológica dos homicídios em Baltimore. Ele abre a pasta nos casos de 1986 e procura na coluna de vítimas.

Robinson, Albert N/H/48

6/10/86, baleado, sem muitos indícios, 4J-16884

Quase dois anos depois, o caso ainda está aberto, tendo Rick James como investigador principal. Childs leva a certidão de óbito para o escritório principal, onde James está em sua mesa, distraidamente comendo uma salada.

"Isso aqui diz alguma coisa pra você?", pergunta Childs.

James olha a certidão de óbito. "Onde arranjou isso?"

"No álbum da Viúva-Negra."

"Tá de brincadeira?"

"Não."

"Caramba", exclama James, saltando de pé para apertar a mão do sargento. "Gary Childs resolveu o mistério."

"É, bom, alguém precisava fazer isso."

Um bebum de Plainfield, New Jersey, Albert Robinson tinha sido encontrado morto perto dos trilhos do trem em Clifton Park, com um tiro na cabeça. O teor alcoólico no sangue do sujeito era quatro vezes o limite para direção embriagada. Investigando esse assassinato, James nunca entendeu como um alcoólatra do norte de Jersey tinha morrido no leste de Baltimore. Talvez, pensou em algum momento, o sujeito fosse um vagabundo que pulou em algum trem para o sul e foi morto por algum motivo desconhecido enquanto o trem passava por Baltimore.

"Qual é a ligação dela com Albert?", pergunta James, fascinado.

"Não sei", responde Childs, "mas sabemos que ela morou em Plainfield..."

"Sério?"

"... e tenho a sensação de que, em algum lugar naquela pilha de papel, vamos encontrar a apólice de seguro do sujeito."

"Aaaah, você tá fazendo eu me sentir tão bem por dentro", diz James, rindo. "Continua me dizendo coisas boas."

Dentro da sala de interrogatório, Geraldine Parrish ajeita a peruca e aplica mais uma camada de maquiagem, usando um pequeno espelho. Nada nessa situação a deixa menos consciente de sua aparência. E ela também não perdeu o apetite; quando os investigadores lhe trazem um sanduíche de atum, ela come tudo, mastigando devagar, com os dedos mínimos erguidos enquanto leva o sanduíche à boca.

Vinte minutos depois, ela pede para usar o banheiro, e Eddie Brown a leva até a porta. Ele faz um aceno negativo quando a mulher pergunta se ele vai entrar junto.

"Pode ir", diz.

Ela fica lá dentro uns bons cincos minutos e, quando volta ao corredor, ostenta uma nova demão de batom. "Preciso dos meus remédios", anuncia ela.

"Tá, que remédios você precisa?", pergunta Brown. "Tinha duas dúzias na sua bolsa."

"Preciso de todos."

Visões de uma overdose na sala de interrogatório dançam pela cabeça de Eddie Brown. "Escuta, você não vai receber todos", declara, ao levá-la de volta pelo corredor. "Você pode escolher três comprimidos."

"Eu tenho meus direitos", retruca ela amargamente. "Direito assegurado a meus medicamentos."

Brown sorri, gesticulando negativamente.

"De quem você está rindo? Você precisa é de um pouco de Deus... fica rindo assim da cara das pessoas."

"Vai me falar de Deus, é?"

Geraldine caminha até a sala de interrogatório, seguida por Childs e Waltemeyer. No total, quatro investigadores arriscam a sorte com a mulher, colocando as apólices de seguro na longa mesa em frente a ela e explicando repetidas vezes que não importava que ela não tivesse puxado o gatilho pessoalmente.

"Se você fez com que alguém fosse morto, então você é culpada de homicídio, Geraldine", afirma Waltemeyer.

"Posso pegar meus remédios?"

"Geraldine, me escuta. Você já é acusada de três homicídios e, antes de isso aqui acabar, você vai ser acusada de alguns outros. Agora é a hora de contar pra gente o que aconteceu..."

Geraldine Parrish olha para o teto e, então, começa a balbuciar de forma incoerente.

"Geraldine..."

"Não sei do que tão falando, senhor policial", alega de repente. "Não atirei em ninguém."

Mais tarde, quando os investigadores já desistiram de um depoimento coerente, Geraldine fica sentada sozinha na sala de interrogatório, esperando a papelada ser encaminhada antes de sua transferência para o Presídio Municipal. Está inclinada para a frente, a cabeça repousando sobre a mesa, quando Jay Landsman passa pela janela espelhada e olha para dentro.

"É ela?", pergunta Landsman, que acaba de chegar para o turno das dezesseis à meia-noite.

"É", confirma Eddie Brown. "É ela."

O rosto de Landsman se contorce em um sorriso maléfico quando, com força, ele acerta a palma da mão aberta contra a porta de metal. Geraldine salta da cadeira.

"Uuuuuuuuuuuuuuuuuuuuuhh", uiva Landsman em sua melhor interpretação de fantasma. "Uuuuuuuhhh, assassiiiiina... ASSASSIIIIIINA..."

"Nossa, Jay. Agora você conseguiu."

Geraldine Parrish se enfia debaixo da mesa rastejando de quatro e começa a balir feito uma cabra louca. Encantado consigo mesmo, Landsman continua até que Geraldine deita no chão, gritando com as pernas de metal da mesa.

"Uuuuuuuhhhh", geme Landsman.

"Aaaaaaaahhhhhh", grita Geraldine.

"Uuuuuuuhhhh!"

Geraldine continua no chão, choramingando alto, quando Landsman volta para o escritório principal feito um herói conquistador.

"Então", declara, sorrindo perversamente, "acho que provavelmente a defesa vai alegar insanidade."

Provavelmente, embora todos assistindo à performance de Geraldine Parrish estejam inteiramente convencidos da sanidade dela. Essa palhaçada de se contorcer no chão é uma versão calculada e ingênua de loucura real, uma atuação de fato constrangedora, principalmente quando tudo a respeito dela sugere uma mulher sempre em busca de vantagem, uma manipuladora que calcula cada jogada. Os parentes dela já contaram aos investigadores como a mulher se gaba de ser intocável, de ser capaz de matar com impunidade, porque quatro médicos diferentes testemunhariam a respeito da insanidade dela se fosse preciso. O raciocínio de uma psicopata? Talvez. A mente de uma criança? Provavelmente. Mas uma mente verdadeiramente desequilibrada?

Na semana anterior, antes mesmo de os mandados de busca serem escritos, alguém tinha mostrado a Waltemeyer um perfil psicológico do FBI da viúva-negra típica de assassinatos em série. O perfil criado pela unidade de ciências comportamentais da Academia de Quantico sugeria que uma mulher assim teria de ter 30 anos ou mais, não seria necessariamente atraente, mas ao mesmo tempo se esforçaria muito para exagerar suas proezas sexuais e manipular sua aparência física. Essa mulher provavelmente seria hipocondríaca e propensa a se vitimizar. Esperaria ser tratada de modo especial e, então, fecharia a cara caso isso não ocorresse. Ela superestimaria imensamente sua capacidade de controlar pessoas, homens em particular. Levando em conta o perfil, Geraldine Parrish parecia quase seu estereótipo.

Após o interrogatório, Roger Nolan e Terry McLarney escoltam Geraldine Parrish para o Presídio Municipal, a seguindo pelo corredor do sexto andar, com Nolan caminhando logo atrás deles.

"Pouco antes dos elevadores, ela parou de repente e se inclinou para a frente", conta Nolan depois aos outros investigadores, "como se estivesse tentando me fazer esbarrar no seu traseiro gordo. Tô dizendo, esse é o lance dela... Na sua cabeça, ela acredita que, se eu apalpar aquela bunda, vou me apaixonar por ela e dar um tiro em Terry McLarney com a arma dele, e aí vamos dirigir rumo ao pôr do sol em um Chevrolet."

A psicanálise de Nolan pode ser o suficiente para a ocasião, mas, para Waltemeyer, a longa jornada pela mente e pela alma de Geraldine Parrish está apenas começando. E, enquanto todos os outros investigadores na sala se contentam em acreditar que já sabem tudo que há para saber dessa mulher, cabe agora a Waltemeyer determinar exatamente quantas pessoas ela matou, como matou e quantos desses casos podem ser vencidos em juízo.

Para Waltemeyer, será uma investigação como nenhuma outra, um caso único na carreira, que apenas um investigador experiente poderia analisar. Extratos bancários, registros de apólices, sessões com o grande júri, exumações — essas são coisas com as quais patrulheiro algum tem que se importar. O trabalho de um policial de rua raramente se estende para além do turno do dia; as chamadas de uma noite não têm nada a ver com as da seguinte. E, mesmo na divisão de homicídios, um investigador nunca precisa se preocupar com casos depois da prisão. Mas, nessa investigação, a prisão é apenas o começo de um longo e imenso esforço.

Em duas semanas, Donald Waltemeyer, Corey Belt e Marc Cohen, um promotor-assistente, estariam em Plainfield, New Jersey, interrogando os amigos e parentes de Albert Robinson, encontrando um dos maridos sobreviventes de Geraldine e entregando intimações ligadas a registros bancários e de seguro. Boa parte das provas envolve um rastro burocrático interestadual, o tipo de trabalho de investigação que normalmente não traz nada além de tédio para um policial de rua. Mas os três homens voltariam a Baltimore com a explicação para a migração de Albert Robinson para a zona leste de Baltimore e seu subsequente assassinato.

Levada mais uma vez de sua cela à sala de interrogatório, a sra. Geraldine novamente se depara com um investigador que coloca apólices de seguro na frente dela e explica os fatos relacionados à culpabilidade criminal.

"Você não tá dizendo nada com nada", alega Geraldine a Waltemeyer. "Eu não atirei em ninguém."

"Por mim tudo bem, Geraldine", retruca o investigador. "Não importa pra mim se você diz a verdade ou não. Só trouxemos aqui para acusar você de mais um homicídio. Albert Robinson."

"Quem é esse?"

"É um cara de New Jersey que você matou para ganhar 10 mil dólares da seguradora."

"Eu não matei ninguém."

"Tá legal, Geraldine. Tá bom."

Mais uma vez, Geraldine Parrish deixa a divisão de homicídios algemada, e, de novo, Waltemeyer volta a trabalhar no caso, expandindo-o ainda mais, dessa vez em busca de respostas ligadas à morte do reverendo Gilliard. É um processo deliberado e, às vezes, tedioso investigar uma mulher que já foi presa e acusada de quatro homicídios. Mais do que uma sequência de assassinatos de rua, é algo que demanda um investigador profissional. Um detetive.

Após meses de investigação do caso Parrish, McLarney passaria pela mesa de Waltemeyer e ouviria uma aula que o investigador dava com calma sinceridade. O beneficiário do conhecimento recém-adquirido de Waltemeyer seria Corey Belt, o prodígio dos distritos cujo destacamento para a divisão de homicídios tinha sido estendido durante a investigação de Parrish. Nesse momento, Belt queria muito responder a uma testemunha mentirosa e rebelde à moda do Distrito Oeste.

"Lá na Oeste", explicaria Belt a Waltemeyer, "a gente jogaria o babaca contra a parede para colocar um pouco de juízo nele."

"Não, me escuta. Isso aqui não é patrulhamento. Esse tipo de coisa não funciona aqui."

"Isso sempre funciona."

"Não, tô falando pra você. Aqui você tem que ser paciente. Você tem que usar a cabeça."

E McLarney ficaria parado, escutando mais um pouco, e então seguiria, encantado e fascinado com a ideia de Donald Waltemeyer dizer a outro sujeito para esquecer as lições das ruas. Mesmo que não houvesse mais nada de positivo a respeito dela, a Viúva-Negra ao menos tinha transformado um patrulheiro em um investigador.

Terça-feira, 2 de agosto

É uma tarde de verão no mercado de drogas da avenida Woodland, e, de repente, com um corpo no chão, raça se torna o assunto principal. O garoto morto é decididamente negro, e os policiais, parados em uma cena de crime à luz do dia, são decididamente brancos. A multidão começa a ficar inquieta.

"A coisa pode ficar feia bem rápido", diz um jovem tenente, olhando o mar de rostos zangados do outro lado da faixa de isolamento da polícia. "Gostaria de tirar esse corpo daqui o mais rápido possível."

"Não esquenta com isso", tranquiliza Rich Garvey.

"Só tenho uns seis caras aqui", reclama o tenente. "Eu chamaria mais, mas não quero deixar o outro setor vazio."

Garvey revira os olhos. "Eles que se fodam", sussurra. "Eles não vão fazer porra nenhuma."

Eles nunca fazem. E, após algumas centenas de cenas de crimes, Garvey já nem escuta os xingamentos vindos da multidão. No entendimento de um investigador, você deixa os babacas falarem o quanto quiserem, desde que fiquem fora do caminho. E, se algum deles de fato chega a pisar na cena do crime, é só jogar o cara contra o carro-patrulha e chamar o camburão. Não tem problema nenhum.

"Por que vocês não cobrem o corpo para mostrar algum respeito pelo morto?", grita uma garota do outro lado do Cavalier.

A multidão grita em apoio, e a garota, incentivada, insiste. "É só mais um crioulo morto pra você, né?"

Garvey olha para Bob McAllister com a cara fechada enquanto um uniformizado coloca um lençol plástico branco sobre a cabeça e o torso.

"Ei, ei, ei!", exclama McAllister, antecipando a fúria de seu parceiro. "Vamos ter um pouquinho de decoro aqui."

O corpo fica na calçada, ilhado lá pelo atraso do técnico do laboratório, que está vindo às pressas de outra chamada, do outro lado da cidade. Um dia quente de agosto e apenas quatro técnicos trabalham, consequência de um piso salarial municipal que não exatamente estimula o aumento de profissionais no incipiente campo de processamento de provas. E, embora o atraso de cinquenta minutos seja visto pela população como uma disputa étnica e não mais uma sobrecarga do sistema, Garvey se mantém irredutível. O garoto está morto e vai continuar assim, e isso é tudo. Se acham que um policial treinado da divisão de homicídios vai arruinar uma cena de crime para satisfazer meio quarteirão de moradores de Pimlico, eles não sabem de nada.

"Quanto tempo você vai deixar esse homem negro na rua?", grita um morador mais velho. "Vocês estão pouco se lixando com quem vê ele desse jeito, né?"

O jovem tenente escuta isso tudo nervosamente, checando no relógio, mas Garvey não diz nada. Ele tira os óculos, esfrega os olhos e vai até o corpo, lentamente erguendo o plástico branco do rosto do sujeito morto. Permanece olhando por meio minuto, então larga o lençol e se afasta. Um ato de propriedade.

"Cadê o pessoal do laboratório, caramba?", pergunta o tenente, acionando o microfone de seu rádio.

"Esses babacas que se fodam", troveja Garvey, irritado com o fato de que aquilo estava sendo considerado um problema. "Essa cena é nossa."

E não é lá uma grande cena. Um jovem traficante chamado Cornelius Langley foi abatido a tiros à luz do dia na calçada do quarteirão 3100 da Woodland, e ninguém na multidão se voluntaria a dar qualquer informação. Ainda assim, é a única cena de crime que há e, como tal, pertence a Garvey e McAllister. O que diabos eles precisam explicar?

O técnico do laboratório ainda leva mais vinte minutos para chegar, mas, como era de se esperar, a multidão, no fim, perde interesse pelo confronto bem antes disso. Quando o técnico começa a tirar fotos e ensacar os cartuchos de .32, os residentes da avenida Woodland já não lançam nada além de olhares curiosos em direção ao que estava ocorrendo.

Porém, justo quando os investigadores estão dando os toques finais na cena, a multidão no lado oposto da rua se abre para a passagem da mãe histérica, que grita de modo inconsolável antes mesmo de ver o corpo do filho. A chegada dela novamente encerra a trégua com a multidão.

"Por que vocês têm que fazer ela ver isso?"

"Aí, essa é a mãe."

"Eles não ligam. Isso é que é frieza policial."

McAllister se aproxima da mulher primeiro, bloqueando a visão dela da rua e implorando aos familiares que a levem para casa.

"Não tem nada que você possa fazer aqui, de verdade", declara em meio aos gritos da mãe. "Assim que pudermos, vamos até a casa dela."

"Ele foi baleado?", pergunta um tio.

McAllister confirma que sim.

"Morreu?"

McAllister confirma de novo, e a mãe tem um semidesmaio, se amparando em outra mulher que a ajuda a voltar para o carro da família.

"Levem ela pra casa", solicita McAllister. "Realmente é o melhor que vocês podem fazer no momento."

Na outra ponta da Woodland, perto de Park Heights, os espectadores providenciam ainda mais drama. Um menino pequeno aponta para outro espectador, um sujeito alto e desengonçado, e faz uma acusação vaga.

"Ele tava lá", conta o menino a um amigo, alto o suficiente para que um uniformizado ouça. "Ele tava lá e saiu correndo quando acertaram o moleque."

O uniformizado dá meio passo na direção do homem, que dispara correndo pela calçada. Dois outros uniformizados se juntam à caçada e capturam a presa na esquina com a Park Heights. A revista revela uma pequena quantidade de heroína e um camburão é chamado.

A meio quarteirão, Garvey é informado da prisão e dá de ombros. Não, não é o atirador, raciocina. Por que o atirador ficaria de bobeira nas redondezas, uma hora depois de o cara cair morto? Uma testemunha, talvez. Ou talvez apenas um transeunte.

"É, tá legal, manda o camburão levar ele pro nosso escritório", ordena o investigador. "Valeu."

Normalmente, a prisão de rotina de um viciado na avenida Woodland — a grande avenida dos viciados em drogas em Pimlico — não significa nada para o caso de um investigador. Normalmente, Garvey teria todos os motivos para se sentir meio como uma bola abandonada em meio à grama alta, ali, parado ao lado de seu corpo mais recente. Mas, no contexto desse verão, um grito inesperado, uma perseguição a pé e um pouco de droga em um papelote são tudo de que se precisa. É tudo aquilo que é necessário para fazer até mesmo o patinho mais feio levantar e cantar.

Começou com o caso Lena Lucas em fevereiro e continuou com um par de casos em que os suspeitos pegaram penas leves — e então um assassinato sem testemunhas e duas barbadas, todos os casos resolvidos em uma semana ou duas. Não havia nenhum significado maior naquilo; todo investigador pode contar com período de sorte de vez em quando. Mas, quando ocorreu o assassinato da rua Winchester no fim de junho, um padrão começou a emergir.

A rua Winchester não tinha nada além de dois borrões de sangue e um projétil todo detonado quando Garvey e McAllister chegaram ao local, e com certeza não teria havido muito mais se o primeiro uniformizado a chegar não tivesse sido Bobby Biemiller, o parceiro de boteco de McLarney na Oeste.

"Despachei dois pro escritório de vocês", contou Biemiller aos investigadores que chegavam.

"Testemunhas?"

"Sei lá. Tavam aqui quando cheguei, aí catei eles."

Bob Biemiller, amigo do homem comum, herói das massas fétidas e o patrulheiro escolhido como Melhor Primeiro Policial a Chegar à Cena em um Tiroteio na Periferia por três em cada cinco investigadores de homicídios de Baltimore. O assassinato de um taxista na rua School alguns anos antes — o primeiro caso de Garvey como investigador principal — também tinha sido atendido primeiro por Biemiller. Era uma boa memória para Garvey, pois aquele caso tinha sido resolvido. Bom homem, esse Biemiller.

"Então me conta", perguntou McAllister, curioso, "quem são esses infelizes cidadãos que você privou de sua liberdade?"

"Uma é a namorada do cara, acho."

"Ah, é?"

"É. Ela tava histérica."

"Legal, já é um começo", disse Garvey, um homem de elogios tênues. "Cadê o garoto?"

"No Universitário."

Na entrada da sala de emergência, a ambulância ainda estava estacionada próxima à porta. Garvey olhou para dentro e fez sinal com a cabeça para um médico negro que estava limpando o sangue do piso da Ala 15.

"Como estamos?"

"Eu tô bem", respondeu o médico.

"Eu sei que você tá bem. Mas e ele?"

O médico balançou a cabeça, sorrindo.

"Você não tá melhorando minha noite."

Ele já chegou morto, mas os cirurgiões abriram o peito mesmo assim, na tentativa de massagear uma fagulha de vida no coração do sujeito. Garvey ficou tempo suficiente para assistir a um residente gritar para uma enfermeira remover o morto da área de triagem.

"É pra já", gritou o médico. "Tem um sujeito estripado chegando."

Uma noite de sábado em Bawlmer.

"Estripado", repetiu Garvey, degustando o som da palavra. "Essa é ou não é uma cidade incrível?"

O Hospital Universitário não conseguiu salvar a vítima, então o manual ditava que seria um caso no qual nenhuma testemunha ou prova confiável seria encontrada. Mas, de volta à divisão de homicídios, a namorada do morto prontamente revelou boa parte do assassinato e sua origem, que era uma dívida de 8 dólares. Não, ela não viu, disse, mas implorou para um garoto chamado Tydee não usar a arma. Na manhã seguinte, McAllister e Garvey vasculharam o quarteirão 1500 da rua Winchester e encontraram um par de testemunhas.

Naquele momento, Garvey não parou tudo imediatamente e foi direto para o altar da igreja católica mais próxima rezar. Ele deveria ter ido, mas não foi. Em vez disso, ele meramente datilografou um mandado de prisão e voltou à circulação, pensando que aquele pequeno lance de sorte tinha sido meramente a combinação de dons investigativos e sorte aleatória.

Levou mais uma semana para Rich Garvey começar a perceber que a mão de Deus pairava, de fato, sobre ele. Para isso, foi necessário o roubo ao bar Paul's Case em Fairfield, em julho, com um bartender idoso morto atrás do balcão e todos os fregueses do estabelecimento bêbados demais para identificar as próprias chaves de casa, quanto mais os quatro sujeitos que tinham assaltado o lugar. Todos, menos um garoto no estacionamento, que viu a placa do Ford dourado avistado fugindo em alta velocidade do estacionamento de chão batido do bar.

Ave Maria, mãe de Deus.

Uma checagem rápida do registro da placa revelou o nome Roosevelt Smith e um endereço na região nordeste de Baltimore; sem falha, os policiais chegaram à casa do suspeito e encontraram o automóvel estacionado em frente, com o motor ainda quente. Roosevelt Smith, um sujeito bastante vagaroso, precisou de cerca de duas horas na sala de interrogatório antes de dar entrada na compra da Escapatória Número 3:

"Vou falar o que eu acho", disse Garvey, trabalhando com a vantagem de seu terno elegante. "Aquele sujeito levou um tiro na perna e sangrou até morrer. Acho que ninguém queria que o sujeito morresse."

"Juro por Deus", gritou Roosevelt Smith. "Juro por Deus, eu não atirei em ninguém. Eu tenho cara de assassino?"

"Sei lá", rebateu Garvey. "Como é a cara de um assassino?"

Uma hora depois, Roosevelt Smith admitiu ter dirigido o carro de fuga em troca de 50 dólares do roubo. Entregou o nome do sobrinho, que estava dentro do bar durante o assalto. Ele não sabia o nome dos outros caras, disse a Garvey, mas o sobrinho sabia. Como se tivesse entendido que dependia dele manter a investigação correta e em ordem, o sobrinho se entregou naquela mesma manhã e respondeu imediatamente à clássica técnica de interrogatório de McAllister chamada Apelo Matriarcal à Culpa.

"M-m-minha mãe é muito doente", o sobrinho gaguejou bastante aos investigadores. "P-preci-so i-ir p-p-pra casa."

"Bom, acho que sua mãe ficaria orgulhosa de verdade de ver você agora, né? Não ficaria?"

Mais dez minutos e o sobrinho já chorava e batia na porta da sala de interrogatório, chamando os investigadores. Ele fez um favor a sua mãe e entregou os nomes dos outros dois homens da equipe do assalto. Trabalhando sem parar, Garvey, McAllister e Bob Bowman escreveram mandados para dois endereços na zona leste de Baltimore e chegaram às casas antes do amanhecer. A casa na avenida Milton rendeu um suspeito e um rifle .45, que testemunhas disseram ter sido usado no assalto; o segundo endereço revelou o atirador, um psicopata nanico chamado Westley Branch.

A arma do crime, um revólver .38, ainda estava sumida, e, ao contrário dos demais réus, Branch se recusou a dar qualquer declaração na sala de interrogatório, tornando a acusação contra ele fraca. Mas, três dias depois, o laboratório de indícios residuais compensou, identificando as digitais de Branch em uma lata de cerveja encontrada próxima à caixa registradora do bar em Fairfield.

Digitais, número da placa, testemunhas cooperativas — Garvey tinha mesmo sido tocado. Mãos pairavam sobre ele enquanto zanzava de um lado para outro em um carro sem identificação, transformando cada ato criminoso em um mandado de prisão. A identificação de digitais no assassinato no bar em Fairfield por si só demandava algum tipo de sacrifício à moda do Antigo Testamento. Garvey deveria ter no mínimo sacrificado uma virgem ou um cadete de polícia, ou o que quer que fosse o equivalente de Baltimore a um novilho puro. Algumas bênçãos eclesiásticas, um pouco de gasolina, e o Grande Comandante de Turno no Céu talvez tivesse sido aplacado.

Em vez disso, Garvey voltou para sua mesa e atendeu ao telefone — o ato impulsivo de um homem alheio às demandas do carma.

Agora, parado ao lado do cadáver de um traficante de Pimlico, ele não tem qualquer direito de invocar os deuses. Não possui o direito de acreditar que o sujeito magro sendo levado no camburão para a homicídios sabe qualquer coisa a respeito do assassinato. Menos ainda tem o direito de esperar que esse mesmo homem esteja sob risco de perder sua liberdade condicional e ser preso por cinco anos devido ao porte da pequena quantidade de droga. Ele, é certo, não tem razão para acreditar que esse homem de fato conhece o assassino por nome, que cumpriu pena com o atirador no Presídio Jessup Cut.

Mas, uma hora depois de liberar a cena do crime na avenida Woodland, Garvey e McAllister já estão escrevendo furiosamente na sala de interrogatório grande, servindo de anfitriões para um informante bastante cooperativo de nome Reds.

"Estou em condicional", o sujeito lembra Garvey. "Qualquer acusação me manda de volta pra tranca."

"Reds, preciso saber antes como você vai nos ajudar nisso aqui."

O sujeito magro responde com um aceno, aceitando a proposta não articulada. Se fosse um crime punido com pena restritiva de liberdade superior a um ano, seria necessário que um promotor negociasse o acordo; como é um crime por porte de drogas, qualquer investigador pode negociar por conta própria, enterrando a acusação com uma ligação rápida para o Ministério Público. Enquanto Reds explica o assassinato da avenida Woodland, um investigador da homicídios fala com o comissário do Distrito Noroeste para que aprove uma soltura sem fiança.

"Quantas pessoas tinha lá?", pergunta Garvey.

"Três, eu acho. Mas só conheço dois deles."

"Quem são eles?"

"O que matou é Stony. Ele rodou no mesmo crime que eu."

"Qual é o nome verdadeiro dele?"

"Isso eu não sei", declara Reds

Garvey olha fixo para ele, sem acreditar. "Ele foi condenado pelo mesmo crime que você, e você não sabe o nome verdadeiro dele?"

Reds sorri, pego em uma mentira besta.

"McKesson", revela. "Walter McKesson."

"E o outro cara?"

"Só conheço ele como Glen. Ele é do pessoal da North com a Pulaski. Acho que o Stony tá fazendo corre pra ele, agora."

O pequeno Glen Alexander, uma jovem promessa nas galerias de tiro ao longo da parte oeste da avenida North. McKesson também não é nenhum molenga; ele se safou de uma acusação de assassinato em 1981. Garvey descobre tudo isso após meia hora no computador do departamento de identificação. Alexander e McKesson estavam em Pimlico a negócios, distribuindo amostras grátis para todos os viciados de Park Heights, tentando aumentar sua fatia de mercado à custa do território de alguém. Um soldado de um dos traficantes de Pimlico, Cornelius Langley, se incomodou com isso, e uma troca de xingamentos entre Langley e Alexander ocorreu naquela mesma manhã, na avenida Woodland. Assim como MacArthur,* o pequeno Glen deixou a vizinhança prometendo voltar, e, assim como MacArthur, ele voltou mesmo.

Quando o Volvo dourado estacionou na avenida Woodland, Reds estava andando por um beco, vindo dos apartamentos de Palmer Court, onde tinha ido comprar sua droga. Ele chegou à Woodland no momento em que McKesson apontava a arma para Cornelius Langley.

"Onde tava o Glen?", pergunta Garvey.

"Atrás do McKesson."

"Ele tava com uma arma?"

"Acho que sim. Mas foi McKesson quem eu vi atirando no garoto."

Langley guardou seu ponto, um verdadeiro estoico, se recusando a fugir mesmo quando um bando de sujeitos saiu do Volvo. O irmão mais novo da vítima, Michael, estava com ele quando os tiros começaram, mas correu gritando quando Cornelius tombou na calçada.

"Langley tinha uma arma?"

"Não que eu tenha visto", respondeu Reds, balançando a cabeça. "Mas ele deveria ter. A rapaziada da North com Pulaski não brinca em serviço."

Garvey repassa o cenário todo lentamente mais uma vez, acrescentando mais alguns detalhes e registrando a história por escrito em oito ou nove folhas de papel. Mesmo que não tirassem a acusação por porte de drogas, Reds não seria uma testemunha de grande valia em juízo, não com sua longa folha de prisões e os braços crivados de picadas de agulha. Michael Langley, por outro lado, seria outra história. McAllister vai até o andar de baixo e traz um refrigerante para Reds, e o homem estica o corpo magro para longe da mesa, a cadeira arranhando os ladrilhos do piso.

---

* Referência ao general norte-americano Douglas MacArthur, que, ao ser obrigado a bater em retirada das Filipinas diante da invasão japonesa de 1942, se refugiando na Austrália, famosamente declarou "Eu voltarei". Após dois anos de combate, ele cumpriu a promessa.

"Essa droga toda tá me detonando", reclama ele. "Vocês pegaram minhas paradas, e agora eu tenho que resolver isso. É uma vida dura, tá ligado?"

Garvey sorri. Em meia hora, os papéis chegam à central vindos do Fórum do Distrito Noroeste, e Reds assina o formulário de reconhecimento e arrasta o corpo desengonçado até o banco de trás de um Cavalier para a curta viagem até a via expressa Jones Falls. Na Cold Spring com a Pall Mall, ele desliza no banco, mantendo a cabeça abaixo da linha da janela, para não ser visto no carro.

"Você quer descer na estrada Pimlico ou em algum outro lugar?", pergunta Garvey, solícito. "Aqui é seguro para você?"

"Aqui tá bom. Não tem ninguém por perto. Só para do outro lado da rua."

"Se cuida, Reds."

"Você também, cara."

E então ele se vai, deslizando para fora do carro tão rápido que já está a meio quarteirão, com o passo acelerado antes mesmo de o semáforo abrir. Ele não olha para trás.

Na manhã seguinte, após a autópsia, McAllister faz seu discurso "faça o que é certo pela vítima" para a mãe do homem morto, recitado com tanta sinceridade que, como de hábito, faz Garvey sentir vontade de vomitar e o leva a pensar que McAllister, no fim, vai colocar um joelho no chão. Sem dúvida, Mac é um artista quando se trata de uma mãe enlutada.

Dessa vez, o apelo é por Michael Langley, que não parou de fugir desde os disparos na avenida Woodland. Em vez de se apresentar como testemunha ocular do assassinato do irmão, o garoto correu dois quarteirões até seu quarto, encheu uma mochila de roupas e rumou para as terras de origem dos Langley no sul, nas Carolinas. Traz ele de volta para nós, McAllister pede à mãe. Traga ele e vingue a morte de seu filho.

E funciona. Uma semana depois, Michael Langley volta à cidade de Baltimore e vai à divisão de homicídios, onde não perde tempo algum para identificar Glen Alexander e Walter McKesson por meio de fotos. Logo, Garvey está de volta ao escritório administrativo, escrevendo mais dois mandados na máquina de escrever IBM da secretária.

Oito casos, oito resoluções. Enquanto o verão chupa o sangue do restante do turno, Rich Garvey mais uma vez comunga com a máquina de escrever elétrica, criando o Ano Perfeito.

Terça-feira, 9 de agosto

Uma Noite Infernal é um turno da meia-noite interminável, com apenas três policiais e os telefones do escritório tocando sem parar, testemunhas mentindo e corpos se empilhando no freezer do legista feito voos atrasados no aeroporto La Guardia. Ela chega sem piedade quinze minutos antes da meia-noite, pouco mais de meia hora após a equipe de Roger Nolan chegar. Kincaid é o primeiro, e então McAllister, e então o próprio Nolan. Edgerton está atrasado, como de costume. Mas, antes que qualquer um possa tomar uma xícara de café, chega a primeira chamada. E, dessa vez, é um pouco mais do que o típico cadáver. Dessa vez, é um tiroteio envolvendo policiais da Central.

Nolan liga para a casa de D'Addario; o protocolo dita que, independentemente do horário, o comandante de turno precisa voltar ao escritório para supervisionar a investigação de qualquer tiroteio envolvendo a polícia. Depois, liga para Kim Cordwell, uma das duas secretárias designadas para a divisão de homicídios. Ela também precisa comparecer fora de seu horário para que o relatório diário seja datilografado com perfeição e cópias sejam entregues para cada um dos chefes pela manhã.

O sargento e seus dois investigadores, então, rumam para a cena do tiroteio, deixando que os telefonemas sejam atendidos pelo centro de comunicações no andar de baixo, até que Edgerton chegue ao escritório. Não faz sentido deixar ninguém pra trás, pensa Nolan. Um tiroteio envolvendo a polícia é, por definição, um caso prioritário, e um caso desses requer todo o pessoal disponível.

Eles vão em dois Cavaliers, chegando ao estacionamento vazio próximo à avenida Druid Hill, onde metade dos policiais à paisana da divisão de costumes do Distrito Oeste estava parada em volta de um Oldsmobile Cutlass estacionado. McAllister olha a cena e sente um déjà vu.

"Talvez seja coisa da minha cabeça", fala a Nolan. "Mas isso parece um pouco familiar demais."

"Sei o que quer dizer", responde o sargento.

Após uma breve conversa com o sargento da divisão de costumes da Oeste, McAllister volta até Nolan, lutando em silêncio contra a graça daquilo tudo.

"É outro dez-setenta-e-oito", diz McAllister, relatando a sério um novo código 10 para a ocasião. "O típico 'boquete em andamento' interrompido por tiros da polícia."

"Droga", reclama Kincaid. "A coisa anda de um jeito que o sujeito não pode nem ser chupado sem tomar um tiro."

Três meses antes, a mesma cena ocorreu na rua Stricker; McAllister foi o investigador principal daquele caso também. O cenário nos dois casos era o mesmo: suspeito pega uma prostituta na avenida Pensilvânia; suspeito estaciona em um local isolado, baixa a calça e entrega suas partes pudendas aos cuidados de uma felação de 20 dólares. O suspeito é abordado por um policial à paisana da divisão de costumes do Distrito Oeste; o suspeito entra em pânico, faz algo que parece ameaçador para o policial que o aborda; o suspeito é atingido com uma bala de calibre .38 e termina a noite no pronto-socorro do centro, refletindo a respeito dos méritos relativos da fidelidade conjugal.

Em termos de manutenção da lei, é um negócio feio. Mas, mesmo assim, com a quantidade certa de talento e refinamento, os dois incidentes seriam considerados justificáveis pelo Ministério Público. Em um senso estritamente legal, certamente poderiam ser justificados; antes de disparar suas armas contra os dois sujeitos, os dois policiais podem mesmo ter acreditado que corriam risco de vida. Quando recebeu a ordem para se entregar, o suspeito na rua Stricker tentou pegar algo no banco de trás da caminhonete, e o policial disparou um tiro no rosto dele, temendo que ele estivesse pegando uma arma. O policial no incidente investigado dessa noite deu um tiro contra o para-brisa do carro quando o suspeito, tentando fugir dos policiais, atingiu um deles com o para-choque do carro.

Entretanto, para os investigadores de homicídios, um tiro justificado significa apenas que não há intento criminal por trás das ações do policial e que, no momento em que ele empregou força letal, o policial acreditou que ele ou outras pessoas estavam em perigo real. Do ponto de vista jurídico, essa é uma brecha grande o suficiente para se passar um caminhão, e, no caso daqueles dois tiros disparados pela Oeste, a divisão de homicídios não teria o menor pudor em usar cada centímetro daquela brecha. O equívoco inerente a qualquer tiroteio envolvendo a polícia se torna evidente para qualquer policial com um ano ou dois nas ruas: se perguntassem a Nolan, ou McAllister, ou Kincaid na cena do crime se realmente acreditavam que o disparo tinha sido justificado, eles responderiam de modo afirmativo. Mas, se perguntassem se o disparo representava um bom trabalho policial, a resposta seria diferente ou, o mais provável, não haveria uma resposta.

Nos domínios do trabalho policial nos EUA, o engano foi transformado em padrão. Em todos os grandes departamentos de polícia, a investigação inicial de qualquer tiroteio envolvendo um policial começa com uma tentativa de fazer o incidente parecer o mais limpo e profissional possível. E, em todos os departamentos, o corporativismo no cerne de uma investigação dessas é visto como a única resposta razoável para um público que precisa acreditar que bons policiais sempre dão bons disparos e que maus disparos são apenas a consequência de maus policiais. Repetidas vezes, a mentira precisa ser mantida.

"Se entendi, a mulher em questão já foi levada pra central?", pergunta Nolan.

"Isso mesmo", confirma McAllister.

"Se for a mesma mulher da rua Stricker, não vou conseguir não rir quando ela disser que toda vez que vai chupar um cara, ele toma um tiro."

McAllister sorri. "Se encerramos aqui, acho que vou até o hospital."

"Você e Donald podem ir", declara o sargento. "Vou voltar ao escritório para começar o processo."

Mas, antes que possa fazer isso, um uniformizado próximo ouve a central solicitando homens de qualquer distrito para uma troca de tiros com múltiplos atiradores no Distrito Leste. O uniformizado aumenta o volume, Nolan escuta a chamada ser confirmada, e um policial da Leste pede que o atendente notifique um homicídio. Nolan pega emprestado o rádio portátil e assegura ao operador que está respondendo na cena do crime atendido na Central e está indo para o novo local.

"A gente se vê no escritório depois", se despede McAllister. "Liga pra gente se precisar."

Nolan faz um gesto positivo e, então, se dirige para o outro lado da cidade enquanto McAllister e Kincaid vão para a sala de emergência do Hospital Geral de Maryland. Vinte minutos depois, o suspeito de 36 anos — um "trabalhador", afirma rapidamente, "um trabalhador muito bem casado" — está sentado em um quarto nos fundos, o braço direito coberto de bandagens e abrigado em uma tipoia.

McAllister o chama pelo nome.

"Pois não?"

"Nós somos do departamento de polícia. Este é o investigador Kincaid e eu sou o investigador…"

"Escuta", diz a vítima. "Eu realmente sinto muito e, como tentei dizer ao policial, eu não sabia que ele era da polícia…"

"Nós entendemos…"

"Eu tava sem óculos, só vi ele se aproximando do carro acenando com algum treco e achei que era um assalto, entende?"

"Tudo bem. Podemos conversar depois…"

"Eu queria ter pedido desculpas ao policial, mas não me deixaram falar com ele, mas é sério, seu policial, eu não sabia que..."

"Tudo bem", acalma McAllister. "A gente pode conversar sobre isso depois, mas o mais importante é que você e o policial estão bem."

"Sim, sim", diz o suspeito, balançando a tipoia no ar. "Eu tô bem."

"Que bom, ótimo. Eles vão levar você até nosso escritório, e lá nós conversamos, certo?"

O suspeito concorda, e os investigadores se dirigem para a saída da sala de emergência.

"Cara legal", declara Kincaid.

"Superlegal", confirma McAllister.

O sujeito disse a verdade. Os dois investigadores não deixaram de observar que os óculos do suspeito ainda estavam no painel do Oldsmobile. Estacionado em um ponto isolado com a calça baixada até o joelho, o sujeito provavelmente se sentiu particularmente vulnerável ao ver um cara usando roupas comuns, vindo na direção do carro com algo brilhante na mão. A vítima na rua Stricker também sentiu o mesmo temor de um assalto e, sendo ele um segurança de supermercado, instintivamente tentou alcançar o cassete no banco de trás, quando o policial abriu a porta do lado do carona. Confundindo o cassetete com uma arma de cano longo, o policial disparou um tiro no rosto do homem, e foi apenas graças ao pronto-socorro do Hospital Universitário que o pobre sujeito sobreviveu. Para crédito do departamento, o segundo incidente foi o suficiente para que as unidades da divisão de costumes das ruas fossem retiradas do distrito por tempo suficiente para efetuar mudanças nos procedimentos da força-tarefa contra prostituição.

Na zona leste, Roger Nolan lida com as consequências de um tiroteio que resultou em três baleados. A cena na Montford Norte é uma loucura, com uma jovem morta e dois outros familiares feridos. O sujeito procurado é o ex-amante da garota, que tinha compensado o fim do breve relacionamento deles disparando contra todos que encontrou na casa dela e, em seguida, fugido. Nolan passa duas horas na cena, pegando testemunhas na vizinhança e as mandando para a central, onde Kincaid começa a triar as primeiras pessoas mandadas até lá.

Ao voltar ao escritório da divisão de homicídios, Nolan checa a sala de interrogatório pequena e fica feliz com o fato de que a prostituta não é a mesma mulher cujo cliente foi baleado na rua Sticker. Ele conversa com D'Addario, que acaba de chegar, e com o policial à paisana de 26 anos que puxou o gatilho e que agora está virado em uma pilha de nervos no gabinete de D'Addario. Então, vê a efervescência do escritório e não encontra o rosto que procura.

Sentando à mesa de Tomlin, disca o número residencial de Harry Edgerton e espera pacientemente enquanto o telefone chama quatro ou cinco vezes.

"Ããlô!"

"Harry!"

"A-hã."

"Aqui é seu sargento", fala Nolan, incrédulo. "Por que diabos você ainda está dormindo?"

"Como assim?"

"Era pra você estar trabalhando agora."

"Não, tô de folga. Hoje e na quarta, tô de folga."

Nolan dá um meio-sorriso. "Harry, tô com a lista na minha frente, e seus dias de folga são quarta e quinta. Você trabalha hoje com Mac e Kincaid."

"Quarta e quinta?"

"Correto."

"Não pode ser. Você tá de brincadeira."

"É, Harry, tô ligando à 1h da manhã só pra sacanear você."

"Você tá zoando comigo."

"Não", afirma Nolan, quase achando engraçado.

"Merda."

"Merda mesmo."

"Tem alguma coisa rolando?"

"Um tiroteio envolvendo a polícia e um assassinato. Só isso."

Edgerton amaldiçoa a si mesmo. "Você quer que eu vá aí?"

"Foda-se, pode dormir de novo", diz o sargento. "A gente resolve, e você trabalha na quinta. Vou anotar aqui."

"Valeu, Roger. Eu podia jurar que era terça e quarta. Tinha certeza disso."

"Você é uma figura, Harry."

"É, foi mal."

"Vai dormir."

Algumas horas depois, quando incidentes novamente soterrariam o esquadrão, Nolan se arrependeria de sua generosidade. Mas, nesse momento, tinha todos os motivos para acreditar que conseguiria atravessar a noite com apenas dois investigadores. McAllister e Kincaid voltaram do hospital com o sujeito ferido, o braço ainda na tipoia, e já o interrogam no escritório administrativo. Ao que parece, está sendo exatamente conforme esperado. Após dar um depoimento de meia hora para Kincaid e McAllister, o desejo mais sincero da vítima é pedir desculpas ao policial que atirou nele.

"Se pudesse ver ele um instante, gostaria de apertar a mão dele."

"Talvez essa não seja uma boa ideia no momento", afirma Kincaid. "Ele tá um pouco chateado agora."

"Posso entender."

"Ele tá muito chateado porque teve que atirar em você e tal, entende?"

"Só queria que ele soubesse..."

"A gente já falou pra ele", revela McAllister. "Ele sabe que você não achou que ele fosse um policial."

Por fim, McAllister deixa que o suspeito use o telefone do escritório para ligar para a mulher, que viu o marido uma hora e meia antes, quando saía para ir até uma videolocadora a cinco minutos da casa deles. O investigador ouve com simpatia enquanto o pobre homem tenta explicar que levou um tiro no braço, foi preso e acusado de agredir um policial e que é tudo um grande mal-entendido.

"Vou ter que esperar para determinarem a fiança", conta a ela, "mas eu explico quando chegar em casa."

Nenhuma menção é feita à acusação de sexo pervertido, os investigadores lhe asseguram que não têm motivo para quererem arruinar o casamento dele.

"Só não deixa ela ir à audiência", aconselha Kincaid. "Se conseguir fazer isso, provavelmente vai dar tudo certo."

No escritório de D'Addario, o jovem policial à paisana escreve seu próprio relato do incidente, decidindo, por sugestão de seu comandante de distrito, dar um depoimento voluntário aos investigadores. Por lei, qualquer tentativa de forçar um policial a dar depoimento torna a informação inadmissível em juízo, e os investigadores trabalham sob ordens expressas da promotoria de não fazer nada além de solicitar um depoimento de qualquer policial envolvido em uma morte. No entanto, desde a investigação da rua Monroe, o sindicato dos policiais os incentiva a não dar qualquer depoimento — uma política que, em longo prazo, tem tudo para causar problemas. Afinal, se um investigador de homicídios puder salvar outro policial, ele não hesita em fazer isso; mas qualquer policial que se recusa a explicar suas ações está pedindo uma investigação do grande júri. No entanto, nessa noite, o major da Oeste consegue convencer seu homem a consentir um interrogatório, dando assim espaço para os investigadores manobrarem.

O relatório do policial se alinha com a declaração do suspeito, de que o policial à paisana caiu no capô do carro após este ter se deslocado por um ou dois metros e, então, disparou um único tiro pelo para-brisa. O interrogatório da prostituta fornece ainda mais corroboração. Não que tivesse visto muita coisa, diz aos investigadores, afinal o campo de visão dela estava comprometido naquele momento.

Lenta e metodicamente, o relatório de cinco páginas começa a ser montado, acompanhado pelo zunido do processador de texto de Kim Cordwell. Ao ler o rascunho, D'Addario faz uma ou duas mudanças, sugerindo a troca de algumas palavras em trechos críticos. Quando se trata de relatórios de incidentes com a polícia, D'Addario é um verdadeiro artista; oito anos trabalhando com homicídios o treinaram para antecipar as prováveis perguntas da equipe de comando. Raramente, se é que alguma vez, um relatório tinha acarretado consequências após o tenente deixar sua marca nele. Por mais estranho e excessivo que pudesse parecer o uso de força letal naquele estacionamento, soava como algo perfeitamente legítimo no produto acabado.

Nolan observa a papelada se encaminhando e diz a si mesmo que pode se virar sem Edgerton e que, no fim das contas, é melhor contar com uma noite inteira de trabalho de Edgerton na quinta do que chamá-lo para o centro com duas horas de atraso.

Mas, duas horas depois, justamente quando a maré começa a retroceder, o telefone toca de novo, dessa vez com um relato de tiros na avenida Arlington Norte, na zona oeste. Kincaid deixa o resto da papelada do caso envolvendo o policial para trás, pega as chaves de um Cavalier e dirige vinte ou trinta quadras para assistir ao sol nascente iluminar um adolescente morto, o corpo longo estirado no asfalto branco de um beco traseiro. Um mistério completo.

Quando os investigadores do turno do dia começam a chegar, um pouco depois das 7h, encontram o escritório em estado de sítio. Nolan está em uma máquina de escrever, trabalhando no relatório de vinte e quatro horas enquanto suas testemunhas aguardam em uma sala aos fundos para serem transportadas de volta para a Leste. McAllister está na máquina de xerox, copiando e reunindo sua obra sobre o disparo do policial para todos com cargo de major para cima. Kincaid está no aquário, barganhando com três moradores da zona oeste que estão tentando ao máximo evitar se tornarem testemunhas de uma morte que aconteceu bem diante de seus olhos.

McAllister consegue ir embora um pouco depois das 8h, mas Kincaid e Nolan encerram o dia só no final da tarde, no Instituto Médico Legal, cada um esperando seu respectivo defunto ser examinado e desmontado. Eles aguardam juntos no brilho asséptico do corredor ao lado da sala de autópsia, mas se encontram totalmente distantes após esse turno.

O problema, mais uma vez, é Edgerton. No começo da noite, Kincaid ouviu a ligação de Nolan ao investigador ausente; se não estivesse atolado até os joelhos com testemunhas e boletins de ocorrência, teria perdido a calma naquele momento. Diversas vezes durante o turno, chegou a se sentir pronto para detonar Nolan por conta daquilo, mas, no fim da tarde, com os dois sozinhos no subsolo da rua Penn, ele estava cansado demais para discutir. Naquele momento, se satisfazia com o pensamento amargo de que, em toda sua carreira, nunca tinha esquecido quando diabos tinha que trabalhar.

Mas Kincaid terá sua chance; isso é certo. A atmosfera de compreensão, as brincadeiras, o reconhecimento rude do esforço de Edgerton em atender a mais chamadas — tudo aquilo foi por água abaixo, na opinião de Donald Kincaid. Ele estava farto de toda aquela merda. Aturou o que podia de Edgerton, Nolan e seu lugar naquele maldito esquadrão. Se você está escalado para entrar às 23h40, você chega às 23h40, não depois. Você está agendado para trabalhar no turno da terça-feira, você vem para o trabalho na terça-feira. Ele não deu vinte e dois anos ao departamento para ter que aturar esse tipo de palhaçada.

Roger Nolan, por outro lado, não quer mais ouvir qualquer coisa ligada ao assunto. No seu entendimento, Edgerton é um bom investigador, que investiga seus casos com mais afinco que a maioria dos sujeitos da homicídios e, além disso, está novamente desvendando assassinatos. Tá legal, pensa Nolan, de vez em quando Harry se perde no vácuo. Entendeu errado o dia do turno. O que a gente deveria fazer? Fazê-lo preencher um Formulário 95 explicando por que ele é um cabeça de vento? Talvez tirar uns dias das férias dele? Que bem isso faria? Esse tipo de merda não funcionava com os patrulheiros e, certamente, não era o certo a fazer na homicídios. Todo mundo conhecia a história acerca da vez em que um supervisor mandou Jay Landsman escrever um Formulário 95 explicando por que tinha chegado atrasado para um turno. "Me atrasei para o trabalho", escreveu Jay Landsman, "porque havia um submarino alemão estacionado na saída da minha garagem." Para o bem ou para o mal, era o setor de homicídios, e Nolan não daria uma lição em um investigador apenas para fazer outro se sentir melhor.

O meio-termo já era. Na manhã seguinte, Kincaid reprime a raiva e não diz nada. E também não diz a Edgerton nada mais do que um cumprimento passageiro quando os dois chegam para o turno na sexta-feira.

"Eu nem culpo o Harry", Kincaid diz aos outros membros do esquadrão. "Eu culpo o Nolan, porra, por não dar jeito nele."

Mas, no decorrer dos dias seguintes, a raiva de Kincaid se torna incandescente, e os demais — McAllister, Garvey, até mesmo Bowman, que provavelmente não concorda com Kincaid na briga — sabem que o melhor é ficar de fora daquilo e não se envolver. No fim, a explosão inevitável vem em um turno das dezesseis à meia-noite que é o primeiro dia de folga de Edgerton. É um turno composto inteiramente de gritos e xingamentos, acusações e contra-acusações que termina com Nolan e Kincaid gritando um com o outro no escritório principal, usando toda sua munição no melhor estilo de troca de tiros que deixa pouca coisa inteira para se recolher. Nolan deixa claro que considera Kincaid mais um problema do que qualquer outra coisa. Ele manda o investigador cuidar do próprio trabalho e o acusa de não trabalhar por tempo suficiente ou com empenho suficiente em seus casos. E, embora seja verdade que Kincaid deixou uma bela quantidade de casos em aberto nos últimos dois anos, é também verdade que Nolan está fazendo o tipo de crítica que nenhum investigador veterano está disposto a ouvir. No que depender de Donald Kincaid, ele vai embora assim que uma vaga em qualquer outro turno abrir.

Após apresentar rachaduras por mais de um ano, o esquadrão de Roger Nolan, finalmente, está desmoronando.

AUTÓPSIA

As imagens, os sons, os cheiros — não há nada, em termos de referências, com que um investigador possà comparar aquela sala no subsolo da rua Penn. Mesmo as cenas de crimes, por mais duras e brutais que fossem, perdem, se comparadas ao processo no qual pessoas assassinadas são dissecadas e examinadas: essa é realmente a mais estranha das visões.

Há um propósito para a carnificina, um valor investigativo real para o banho de sangue da autópsia em seres humanos. A necessidade legal de um exame post mortem é compreendida por uma mente razoável e livre de emoções, embora a realidade do processo não seja menos espantosa. Para a parte do investigador que se considera profissional, o Instituto Médico Legal é como um laboratório. Mas, para aquela outra parte, que define a si mesma em termos duros, mas humanos, o lugar é um açougue.

A autópsia consagra a absoluta finalidade do ocorrido. Nas cenas de crimes, as vítimas com certeza estão mortas, mas, no momento da autópsia, elas se tornam algo mais para os investigadores — ou menos. Afinal, uma coisa é o investigador se distanciar emocionalmente de um cadáver que representa o centro de um mistério. Mas outra coisa bem diferente é ver o corpo ser esvaziado, ver a carcaça reduzida a ossos, tendões e fluidos, do mesmo modo que um automóvel é despido do cromo e dos painéis de carroceria antes de ser levado para o ferro-velho. Mesmo um investigador de homicídios — sem dúvida, um tipo cínico — tem que testemunhar sua cota de autópsias antes de a morte de fato se tornar uma conhecida casual.

Para o investigador de homicídios, o IML é tanto uma necessidade legal quando uma fonte de provas. A autópsia de um patologista forma a base de qualquer processo de homicídio simplesmente porque, em cada caso de assassinato, precisa ser primeiro provado que a vítima morreu por conta de intervenção humana, e não por algum outro motivo. Mas, para além desse requerimento básico, a habilidade de um bom legista pode significar a diferença entre um acidente ser equivocadamente julgado um homicídio ou, algo igualmente desastroso, um homicídio ser atribuído a causas acidentais ou naturais.

Para o patologista, cada corpo conta uma história.

Em um ferimento de espingarda, o legista pode determinar pela quantidade e pelo padrão de fuligem, pólvora queimada e outros detritos, se uma bala foi disparada à queima-roupa, ou a uma distância de 1 m a 1,5 m. Mais do que isso, o bom legista pode olhar as lacerações nas margens do ferimento de entrada e dizer a trajetória aproximada da bala a partir daquele ponto. No caso de um disparo de espingarda, o mesmo patologista pode analisar marcas no projétil e estimar a distância aproximada entre o cano da arma e o alvo. Pelo ferimento de saída, o legista pode dizer se a vítima estava de pé, ou se o ferimento se assemelha a uma marca de entrada devido ao fato de a vítima ter estado encostada em uma parede, no chão ou em uma cadeira. E, quando presenteado com ferimentos diversos, o bom patologista pode determinar não apenas qual dos projéteis foi letal, como também, em muitos casos, a ordem de disparo dos projéteis, ou quais ferimentos ocorreram antes e depois da morte.

O mesmo médico pode avaliar um ferimento de faca e desvendar se a faca tinha um ou dois gumes, se era serrilhada ou lisa. E, se a punhalada for profunda o suficiente, o legista pode olhar as marcas deixadas pelo cabo da faca e descobrir o comprimento e a largura da arma do crime. E há também os ferimentos com objetos contundentes: a vítima foi atingida por um carro ou por um cano de chumbo? A criança caiu na banheira ou foi espancada pela babá? Qualquer que seja o caso, o legista tem as chaves para a cripta corpórea.

Porém, mesmo que o patologista forense possa confirmar que um assassinato foi cometido, e caso consiga, além disso, fornecer algumas informações básicas relacionadas à dinâmica do crime, raramente ele é capaz de conduzir o investigador do "como" até o "quem". Na maioria das vezes, o cadáver chega ao investigador como pouco mais do que um recipiente esvaziado de vida por pessoas desconhecidas, na presença de testemunhas desconhecidas. O patologista pode fornecer todos os detalhes do mundo: trajetória das balas, a sequência dos ferimentos, a distância entre o atirador e a vítima — e nada disso significa coisa alguma. Sem testemunhas, resultados de autópsia se tornam só encheção de linguiça em um relatório. Sem um suspeito para ser interrogado, os fatos médicos não podem ser usados para contradizer ou confirmar a informação obtida na sala de interrogatório. E, embora o legista possa ser excelente em desvendar ferimentos em um corpo humano, embora ele possa remover qualquer pedaço de chumbo ou de uma cápsula de cobre deixado no corpo, isso não importa muito quando nenhuma arma é encontrada para uma comparação balística.

Na melhor das hipóteses, a autópsia fornece informação que pode ser usada pelo investigador para medir a veracidade das testemunhas e suspeitos. A autópsia diz ao investigador algumas coisas que, definitivamente, ocorreram nos últimos momentos da vida da vítima. Em algumas ocasiões abençoadas na carreira do investigador, essas poucas coisas, de fato, fazem diferença.

A investigação de uma morte pelo patologista, portanto, nunca é um processo independente; ela existe em acordo com tudo mais que o investigador já descobriu na cena do crime e em interrogatórios. O legista que acredita que a causa e a maneira da morte podem ser determinadas em todos os casos apenas pelo exame do corpo está procurando encrenca. Os melhores patologistas começam lendo os relatórios da polícia e olhando fotos tiradas por auxiliares do legista na cena do crime. Sem esse contexto, o exame post mortem é um exercício sem sentido.

Contexto também é a razão pela qual o investigador de homicídios normalmente é requisitado a comparecer à sala de autópsia. Nas melhores circunstâncias, o legista e o policial trocam conhecimento, e ambos deixam a sala de autópsia com uma quantidade maior de informação. Muitas vezes, o relacionamento cria sua própria tensão, com os médicos seguindo a ciência e os investigadores seguindo as ruas. Um exemplo: um patologista não encontra sêmen ou lacerações vaginais e conclui que a vítima encontrada nua em Druid Hill Park não foi estuprada. Mas o investigador sabe que muitos criminosos sexuais não chegam a ejacular. Além disso, a vítima era prostituta eventual e mãe de três filhos. E daí que não há lacerações vaginais? Ou, por outro lado, um investigador que vê um corpo com um tiro à queima-roupa contra o peito, um segundo ferimento similar na cabeça e múltiplos machucados e contusões no torso pode achar que está lidando com um homicídio. Mas os dois ferimentos por disparos não são inconsistentes com uma tentativa de suicídio. Patologistas têm casos documentados nos quais pessoas tentando tirar a própria vida tinham disparado uma arma repetidamente contra o peito e a cabeça, com resultados inconclusivos — talvez por terem mexido a mão no último momento, talvez porque os primeiros disparos tenham sido pouco letais. As escoriações no peito — embora pudessem parecer obra de um agressor — podiam ser fruto dos esforços de familiares que, ao ouvirem os tiros, correram para a sala e tentaram realizar ressuscitação cardiopulmonar no peito da vítima. Não havia nota de suicídio? A verdade é que em 50% a 75% do total de casos, o suicídio não é acompanhado de um bilhete.

O relacionamento entre investigador e legista é necessariamente simbiótico, mas a tensão ocasional entre as duas disciplinas gera seus próprios estereótipos. Os investigadores genuinamente acreditam que todo novo patologista sai da faculdade de medicina com uma mentalidade obtida em livros, que guarda apenas alguma semelhança ocasional com o que ocorre no mundo real. O novo médico precisa, portanto, ser amaciado, como um coldre de couro novo. Da mesma forma, os patologistas consideram a vasta maioria dos investigadores de homicídios patrulheiros glorificados, sem treinamento e pouco científicos. Quanto menos experiente o investigador, mais provável que seja considerado um amador na arte da investigação de mortes.

Um ou dois anos antes, Donald Worden e Rich Garvey estavam na sala de autópsia em um assassinato com espingarda quando John Smialek, legista-chefe do estado de Maryland, estava conduzindo um grupo de residentes médicos pela rotina de um dia. Smialek tinha chegado a Baltimore fazia pouco tempo, vindo de Detroit e Albuquerque, e consequentemente Worden provavelmente lhe pareceu não mais inteligente do que qualquer outro investigador de polícia.

"Investigador", perguntou ele a Worden, na frente do grupo, "você sabe me dizer se esses são ferimentos de entrada ou de saída?"

Worden olhou para o peito do homem morto. Entrada pequena e saída grande é a regra comum para tiros de espingarda, mas, com uma calibre 12, a entrada também costuma ser bem extrema. Com um tiro à queima-roupa, é difícil ter certeza.

"De entrada."

"Esses", disse Smialek, se virando para os residentes após provar a falibilidade do investigador de polícia, "são ferimentos de saída."

Garvey observou enquanto o Grandão fervia de raiva. Afinal de contas, era trabalho de Smialek conhecer todas as entradas e saídas, enquanto o trabalho de Worden era descobrir quem tinha feito os buracos para começo de conversa. Dadas as divergências em perspectiva, muitos meses e uma dúzia ou mais de corpos são necessários para que o investigador e o patologista trabalhem bem juntos. Após aquele encontro inicial, por exemplo, foi necessário um bom tempo até que Worden enxergasse Smialek como um bom legista. Da mesma forma, levou um bom tempo antes de o doutor passar a considerar Worden mais do que um branquelo ignorante de Hampden.

Devido ao fato de que o relatório do legista é requerido em qualquer caso em que um assassinato é provável, a sala de autópsia há muito tempo faz parte da rotina diária do investigador. Todos os dias, o turno da manhã traz à rua Penn um patrulheiro estadual investigando um afogamento, ou um investigador do Condado de Prince George com um assassinato ligado a drogas nos bairros residenciais de Washington D.C. Mas o imenso volume de violência na cidade estabeleceu os policiais de Baltimore como figuras constantes no Instituto Médico Legal, e, como resultado, o relacionamento entre investigadores veteranos e os patologistas mais experientes se tornou mais próximo com o passar do tempo. Próximo demais, na opinião de Smialek.

Smialek chegou a Baltimore com a crença de que os laços naturais com a divisão de homicídios tinham feito o IML sacrificar seu status como uma agência independente. Investigadores, particularmente os da cidade, tinham influência demais na definição da causa da morte, possuíam o poder de decisão para definirem se houve um assassinato ou uma morte natural.

Antes da chegada de Smialek, a sala de autópsia era de fato um lugar menos formal. Café e cigarros eram serrados e divididos na sala, e sabe-se que alguns investigadores até apareciam em manhãs de sábado com um fardo ou dois de cerveja, trazendo para os legistas um pouco de alívio na correria de fim de semana que sempre começa com a violência de sexta à noite. Aqueles eram os tempos em que pregar peças e usar vocabulário chulo eram parte integral das tarefas matinais. Donald Steinhice, um investigador no turno de Stanton que muito tempo atrás aprendeu ventriloquismo, era responsável por alguns feitos notáveis, e muitos legistas ou assistentes se detiveram no início de uma autópsia ao acreditarem ter ouvido o morto reclamar das mãos frias do médico.

Por outro lado, a casualidade daqueles anos também tinha um lado negativo. Worden, por exemplo, se lembrava de visitar a sala de autópsia e perceber um bocado de entulho e desorganização; às vezes, quando a loucura do fim de semana deixava todas as mesas de metal ocupadas, os corpos ficavam no chão. Também não era incomum provas serem perdidas, e a integridade de indícios residuais era por vezes suspeita, com os investigadores incertos com relação aos cabelos e fibras encontrados nos corpos terem vindo da cena do crime ou do próprio freezer do instituto. E o mais importante, no entendimento de Worden, era que havia muito menos respeito pelos mortos.

Em uma campanha por independência investigativa e melhores condições, Smialek acabou com tudo aquilo, embora tenha feito isso de um modo que danificou a camaradagem na rua Penn e tornou o lugar bem menos divertido no processo. Como que para enfatizar o profissionalismo no instituto, insistia em ser chamado de doutor e não tolerava qualquer referência ao instituto como "necrotério". Para evitar brigas, os investigadores aprenderam a chamar o lugar — ao menos na presença de Smialek — de Instituto Médico Legal. Subordinados que estavam tão acostumados a arranjos menos formais, muitos deles patologistas talentosos, logo se desentenderam com o novo chefe, assim como os investigadores que não percebiam a mudança no ar.

Ao entrar na sala de autópsia em uma ocasião, Donald Waltemeyer cometeu o erro de desejar a todos os canibais do açougue uma boa manhã. Após isso, Smialek disse aos outros investigadores que, se Waltemeyer seguisse naquele caminho, faria isso com o rabo arregaçado. Eles não eram canibais, declarou, eram médicos; não era um açougue, era o Instituto Médico Legal. E quanto antes Waltemeyer aprendesse aquilo, mais ele se tornaria um grande guerreiro. Em última análise, o veredito do regime de Smialek era dividido: o Instituto Médico Legal certamente parecia mais organizado e mais profissional em alguns aspectos; por outro lado, eram lindas as manhãs quando se podia dividir uma gelada com o dr. Smyth escutando Steinhice fazer um morto falar.

Claro, a aplicação de critérios como conforto e diversão à sala de autópsia é — por si só — prova ampla da psicologia peculiar que ampara um investigador de homicídios. Mas, para os investigadores, as visões mais revoltantes sempre demandaram a maior dose de distanciamento, e a rua Penn, mesmo em um dia bom, era uma visão infernal. Na verdade, vários investigadores tinham chegado perto de vomitar nas primeiras vezes que passaram por lá, e uns dois ou três deles não tinham vergonha de admitir que ainda tinham problemas de vez em quando. Kincaid consegue aguentar qualquer coisa que não seja um corpo em decomposição, e nesse caso ele é o primeiro a fugir pela porta dos fundos. Bowman se sai bem até abrirem o crânio e removerem o cérebro; a visão não o incomoda tanto quanto o som entrecortado do osso se partindo. Rick James ainda fica um pouco nervoso quando vê um bebê ou uma criança pequena na mesa.

Mas, para além desses momentos difíceis ocasionais, a rotina do Instituto Médico Legal é, para um investigador, nada além disso. Qualquer investigador com mais de um ano na unidade já testemunhou o exame post mortem tantas vezes que se tornou algo extremamente familiar. Se fossem obrigados a fazer isso, é provável que metade dos homens do turno conseguiria pegar um bisturi e desmembrar o corpo em partes, mesmo que não tivesse qualquer ideia a respeito do que estava procurando.

O processo começa com um exame externo do corpo, tão importante quanto a própria autópsia. Idealmente, os cadáveres devem chegar à rua Penn nas mesmas condições em que apareceram na cena do crime. Se a vítima estava vestida, permanece vestida, e as roupas são examinadas com grande cuidado. Se há indícios de luta, as mãos da vítima são protegidas na cena do crime com sacos de papel (sacos plásticos produzem condensação quando o corpo é posteriormente removido do freezer) para preservar quaisquer cabelos, fibras, sangue ou pele sob as unhas ou entre os dedos. Da mesma forma, se a cena do crime for em uma casa ou algum outro lugar onde indícios residuais podem ser coletados, os auxiliares do legista enrolam o corpo em um lençol branco limpo antes da remoção, preservando quaisquer pelos, fibras ou outros vestígios de materiais para coleta posterior.

No começo do exame externo, cada corpo é removido do freezer e pesado, depois empurrado em uma maca metálica até uma câmera suspensa que tira fotografias de registro antes da autópsia. A seguir, o corpo é levado para a área de autópsia, uma longa extensão de ladrilho de cerâmica e metal que pode acomodar até seis examinadores simultaneamente. A instalação em Baltimore não tem, como muitas salas de autópsia, microfones suspensos que permitem aos patologistas gravarem suas descobertas para posterior transcrição. Em vez disso, os médicos fazem anotações periodicamente, usando pranchetas e canetas esferográficas em uma prateleira próxima.

Se a vítima estava vestida, o patologista tenta identificar os buracos e rasgos de cada item de vestimenta com os ferimentos correspondentes: não apenas isso ajuda a confirmar que a vítima morreu da maneira presumida — um bom patologista consegue identificar um corpo que foi vestido após ter sido baleado ou apunhalado —, mas também, em caso de tiros de espingarda, as roupas podem ser checadas visualmente ou testadas quimicamente para resíduos balísticos.

Após as roupas da vítima receberem um exame preliminar, cada item é cuidadosamente removido para preservar qualquer indício residual. Assim como na cena do crime, precisão é melhor do que velocidade. Balas e fragmentos de balas, por exemplo, muitas vezes conseguem atravessar o corpo e se alojam nas roupas da vítima, uma prova que é coletada quando o corpo é lentamente despido.

Em casos de suspeita de violência sexual, o exame externo inclui uma busca cuidadosa por qualquer trauma interno, assim como os testes vaginal, oral e anal para resíduo de sêmen, pois o sêmen recolhido no momento da autópsia pode, depois, ser comparado com o do suspeito do crime.

Outros indícios residuais podem ser extraídos das mãos da vítima. Em um assassinato que ocorre após uma luta ou um estupro, as unhas podem fornecer fragmentos de pele, cabelo ou mesmo sangue do agressor. Se o confronto envolveu uma faca, ferimentos de defesa — um padrão de incisões retilíneas, com frequência relativamente pequenas — podem estar visíveis nas mãos da vítima. Do mesmo modo, se em algum momento a vítima disparou uma arma, principalmente uma arma de mão de grosso calibre, testes químicos para depósitos de bário, antimônio e chumbo nas costas de cada mão podem provar isso. O exame das mãos da vítima também pode significar a diferença entre um veredito de homicídio ou suicídio; em cerca de 10% de todos os ferimentos com espingarda autoinfligidos, a mão do disparo fica salpicada com sangue e partículas de tecido vivo — "respingo" do disparo.

Assim como o investigador olha a cena de um crime e vê coisas que parecem fora de lugar ou ausentes, o patologista realiza a autópsia com um olhar similar. Qualquer marca, qualquer lesão, qualquer ferimento não explicado no corpo é cuidadosamente notado e examinado. Por esse motivo, as equipes de emergência de hospitais são instruídas a deixar cateteres, incisões e outras ferramentas de intervenção médica intactas para que o patologista possa diferenciar entre alterações físicas decorridas de um esforço para salvar a vítima e aquelas ocorridas antes da sala de emergência.

Depois do término do exame externo, a autópsia de verdade começa: o patologista faz uma incisão em formato de Y no peito com um bisturi e usa uma serra elétrica para serrar as costelas e remover a proteção do peito. No caso de ferimentos penetrantes, o médico precisa encontrar a trajetória da perfuração em cada nível da estrutura do corpo, observando a trajetória da bala ou a direção da lâmina da faca. O processo continua até que a extensão completa do ferimento seja conhecida e, no caso de ferimentos à bala, até que o ferimento de entrada encontre o de saída, ou até o projétil ser retirado do corpo.

Os ferimentos são avaliados novamente em termos de seu provável efeito na vítima. Um ferimento perfurante na cabeça provavelmente causou colapso imediato, mas outro ferimento, um tiro no peito que perfurou um pulmão e a veia cava, poderia não ter resultado em morte em cinco ou dez minutos, embora fossem, em última análise, igualmente letais. Por meio desse processo, o patologista pode especular quais ações teriam sido fisiologicamente possíveis após o ferimento. No entanto, esse é sempre um jogo de adivinhação complicado, porque vítimas de tiros não demonstram o mesmo comportamento consistente e confiável mostrado na televisão e nos filmes. Infelizmente, para investigadores de homicídios, uma pessoa gravemente ferida, por vezes, se recusa a delimitar a cena do crime tombando ao primeiro ferimento e esperando a ambulância ou o rabecão.

A distorção da televisão e da cultura popular não é tão aparente em nenhuma outra coisa quanto na íntima relação entre balas e corpos. Hollywood nos diz que um Especial de Sábado à Noite pode derrubar um sujeito na calçada, mas qualquer especialista em balística sabe que nenhum projétil menor do que um cartucho de artilharia é capaz de jogar um ser humano para trás. Independentemente do peso, da forma e da velocidade da bala e independentemente do tamanho da arma de mão que a dispara, o projétil é pequeno demais para derrubar uma pessoa com o impacto de sua massa. Se balas realmente tivessem essa força, as leis da física exigiriam que o atirador fosse derrubado de modo similar ao disparar a arma. Mesmo com as maiores armas de mão, isso não acontece.

Na verdade, uma bala consegue parar o ser humano de um desses dois modos: atingindo o cérebro, o tronco cerebral ou a medula espinhal, causando dano imediato ao sistema nervoso central; ou danificando o sistema cardiovascular o suficiente para causar perda de sangue imediata no cérebro e o derradeiro colapso. A primeira hipótese tem um resultado imediato, embora a habilidade do atirador médio de atingir o cérebro ou a medula de um alvo dependa muito da sorte. A segunda hipótese leva mais tempo para se desenrolar porque tem um bocado de sangue para o corpo humano perder. Mesmo um disparo de espingarda, que na prática destrói o coração da vítima, deixa sangue o suficiente para suprir o cérebro com oxigênio de dez a quinze segundos. Embora a crença de que a maioria das pessoas tomba ao ser baleada em geral seja verdade, especialistas determinaram que isso ocorre não por razões fisiológicas, mas como uma resposta adquirida. As pessoas que levam tiros acreditam que devem cair imediatamente no chão e, então, elas fazem isso. Prova do fenômeno fica evidente quando se observa quando isso não acontece: há incontáveis casos nos quais pessoas — com frequência pessoas cujos processos mentais estavam prejudicados por drogas ou álcool — levam diversos tiros, recebendo ferimentos letais; no entanto, elas fogem ou resistem por longos períodos de tempo. Um exemplo disso é o tiroteio ocorrido entre agentes do FBI e dois suspeitos de assalto a banco em Miami em 1986, uma extensa batalha armada na qual os dois suspeitos e dois agentes federais foram mortos, e cinco outros agentes ficaram feridos. Patologistas, mais tarde, descobriram que um dos atiradores tinha sofrido um ferimento letal no coração nos primeiros minutos do incidente, mas conseguiu continuar se movendo por quase quinze minutos, disparando contra os agentes e tentando dar partida em dois carros antes de finalmente entrar em colapso. Pessoas que levam tiros, mesmo um número considerável de tiros, nem sempre agem como o esperado.

E, por falar nisso, nem as próprias balas. Uma vez disparadas contra as entranhas de um ser humano, essas pequenas porções de chumbo tendem a ser imprevisíveis. Por exemplo, balas frequentemente perdem a forma. Balas de ponta oca ou canto-vivo tendem a se achatar quando atingem os tecidos, e qualquer tipo de munição pode se estilhaçar caso atinja um osso. Do mesmo modo, a maioria dos projéteis para de girar e perfurar após encontrar resistência no interior do corpo; em vez disso, eles mudam de direção e rodopiam, ferindo tecido e órgãos em sua trajetória. Quando balas penetram um corpo, elas também se tornam menos direcionais, desviando em ossos ou tendões, e seguem as trajetórias determinadas por suas deformações. Isso acontece tanto com balas pequenas quanto grandes. Na rua, armas grandes — .38, .44 e .45 — ainda impõem respeito, mas a modesta pistola .22 também desfruta de reputação própria. Qualquer cara da zona oeste de Baltimore diria a você que quando uma bala de .22 fura a pele de um sujeito, ela ricocheteia feito uma bola de pinball. E todo patologista parece ter alguma história relacionada a uma bala de .22 que entrou pela porção inferior esquerda das costas, acertou os dois pulmões, a aorta e o fígado e, então, quebrou uma ou duas costelas antes de sair no alto do ombro direito. É verdade que um sujeito que leva um tiro de .45 tem que se preocupar com um pedaço mais graúdo de chumbo o destruindo por dentro, mas, com uma boa bala de .22, ele precisa se preocupar com a desgraçada dando um passeio dentro dele.

A maioria dos legistas dos grandes centros urbanos usa um fluoroscópio ou um raio X para achar os pequenos fragmentos de liga metálica, que se deslocam para todo tipo de local inesperado. Em Baltimore, essa tecnologia se encontra prontamente disponível e é ocasionalmente usada pelo legista em situações nas quais múltiplos tiros ou projéteis estilhaçados dificultam a extração. No entanto, a maioria dos veteranos da rua Penn se orgulha de conseguir localizar a maioria das balas e fragmentos sem recorrer ao aparelho, empregando, em vez disso, uma análise cuidadosa da trajetória do ferimento e conhecimento da dinâmica de projéteis dentro de um corpo. Por exemplo, uma bala disparada no crânio da vítima pode não atravessar a cabeça, mas, sim, ricochetear na parte interna do crânio até um ponto mais ou menos oposto ao ferimento de entrada; isso fica evidente na ausência de qualquer ferimento de saída. Mas um patologista experiente começa a busca sabendo que projéteis que ricocheteiam dentro do crânio raramente ricocheteiam em ângulos agudos. Pelo contrário, esse tipo de bala costuma atingir o osso e, então, deslizar por dentro do crânio em um longo arco, por vezes se alojando dentro do osso e a uma boa distância de qualquer ponto em sua trajetória inicial. É um conhecimento esotérico, e, em um mundo perfeito, nada que um ser humano algum dia deveria precisar saber. Assim é o conhecimento cumulativo da sala de autópsia.

O processo continua com a remoção das costelas na altura do peito e o exame dos órgãos internos. Reunido na cavidade central do corpo está o conjunto de órgãos, que é removido como uma coisa só e depositado em pias metálicas do outro lado da sala. Uma vivissecção cuidadosa do coração, dos pulmões, do fígado e dos demais órgãos é, então, feita, com o patologista checando quaisquer sinais de doença ou deformidade enquanto segue verificando a trajetória dos ferimentos pelos órgãos afetados. Com os órgãos removidos, os ferimentos restantes podem ser verificados nos tecidos posteriores do corpo, e projéteis alojados nesses músculos podem ser removidos. Balas e fragmentos de balas, uma categoria crítica de prova, são, é claro, manuseados com grande cuidado e são removidos à mão ou com implementos flexíveis que não arranhem a superfície externa e, portanto, não interfiram na posterior comparação balística das marcas de disparo.

Na fase final do exame interno, o patologista usa uma serra elétrica para cortar ao longo da circunferência do crânio, cujo topo é removido com uma alavanca. Começando por trás das orelhas, a pele do escalpo da vítima é dobrada sobre o rosto para que qualquer ferimento na cabeça possa ser identificado e o próprio cérebro possa ser removido, pesado e examinado em busca de ferimentos. Para observadores, investigadores inclusos, esse último estágio da autópsia é talvez o mais difícil. O som da serra, o ruído que o crânio faz quando a alavanca remove o topo, a visão da pele do rosto coberta pelo escalpo — nada faz um morto parecer mais anônimo do que o momento em que o rosto do indivíduo é enrolado feito um elástico retorcido, como se todos vagássemos pela terra usando uma máscara fajuta de Halloween, removida de modo tão fácil e indiferente.

O exame é concluído com uma amostra de fluidos corpóreos — sangue do coração, bile do fígado, urina da bexiga — para ser usada em exames toxicológicos que podem identificar venenos, ou então medir o consumo de álcool e drogas. Na maioria das vezes, um investigador requisita uma segunda amostra de sangue para identificar sangue na cena do crime ou em qualquer item manchado de sangue confiscado em alguma apreensão posterior. Exames toxicológicos levam várias semanas, assim como testes de ativação de nêutrons para resíduo de pólvora, que é analisado no laboratório do FBI, em Washington. Outra ferramenta de identificação, a testagem de DNA, foi introduzida no final dos anos 1980 e identifica com credibilidade amostras do código genético humano, empregando amostras de sangue, pele ou cabelo, e, portanto, se tornou a nova fronteira para a ciência laboratorial forense. Mas o processo se encontra além das capacidades tanto do Instituto Médico Legal quanto do Departamento de Polícia de Baltimore. Quando relevante para um caso e requisitada pelo investigador, uma amostra é enviada para um dos laboratórios privados usados pelas autoridades de Maryland, mas a espera pode levar até seis meses — um bocado de tempo para uma prova tão importante.

Uma única autópsia pode levar menos de meia hora, dependendo da complexidade do caso e da extensão dos ferimentos. Quando concluída, o assistente devolve os órgãos internos à cavidade torácica, repõe o cérebro e o topo do crânio e sutura as incisões. O corpo é, então, levado de volta ao freezer para aguardar sua retirada pela funerária. As provas reunidas — amostras de sangue, cotonetes com material, amostras de unhas, balas, fragmentos de balas — são identificadas e ensacadas para o investigador, que leva tudo para o setor de controle de provas do laboratório de balística, assegurando uma cadeia de custódia clara.

Graças à sua eficiência, o processo se torna de algum modo cada vez menos extraordinário. Mas o que ainda tem força emocional, até mesmo para um investigador veterano da sala de autópsia, é a autópsia como visão panorâmica, uma espécie de Estação Terminal Central da ausência de vida, na qual corpos humanos se encontram em diferentes etapas na linha de desmonte. Em uma manhã agitada de sábado, o corredor do lado de fora da sala cirúrgica pode estar abarrotado com oito ou nove mesas de metal com corpos, e o freezer com mais meia dúzia. Ficar parado em meio a vítimas de homicídios, acidentes de carro, afogamentos, incêndios, choques elétricos, suicídios, overdoses e convulsões que se acumulam da noite para o dia é sempre um pouco opressivo. Brancos e negros, homens e mulheres, jovens e velhos, todos vão para a rua Penn com um denominador em comum, a não ser que suas mortes sejam oficialmente incidentes sem explicação, ocorridos dentro dos confins do Velho Estado da Coluna.* Mais do que qualquer outra imagem, o desfile de fim de semana naquela sala azulejada relembra a um investigador de homicídios que ele trabalha em um grande mercado atacadista.

Cada visita à sala de autópsia reafirma a necessidade de algum anteparo psicológico entre vida e morte, entre os corpos deitados nas macas e os corpos eretos se deslocando entre o metal. A estratégia dos investigadores é simples e pode ser resumida como um argumento: Nós estamos vivos; você, não.

É uma filosofia em si, uma religião digna de seus próprios ritos e rituais. Sim, ainda que andemos pelo vale da sombra da morte, nós estamos aqui respirando, rindo e tomando café em um copo de isopor, enquanto você está sendo despido e esvaziado de seus órgãos vitais. Nós estamos vestidos em azul e marrom, batendo boca com o plantonista a respeito do jogo do Orioles da noite passada, insistindo que os Pássaros** não vão vencer sem algum batedor mais eficiente e veloz. Suas roupas estão rasgadas e empapadas de sangue, e, felizmente, você não pode dar nenhuma opinião a respeito. Nós estamos pensando em tomar café da manhã, em horário de trabalho; você está tendo o conteúdo de seu estômago examinado.

Por essa lógica, nós temos direito a um pouco de arrogância, um pouco de distância, mesmo nas dependências mínimas da sala de autópsia. Temos direito a caminhar entre os mortos com uma falsa confiança, com

---

* "Old Line State", apelido dado ao estado de Maryland durante a Guerra de Independência dos EUA (1775-1783). O termo é atribuído ao presidente norte-americano George Washington, embora sua origem seja disputada. O apelido é uma referência ao papel desempenhado pela coluna militar do estado durante a guerra, que conseguiu barrar o avanço das forças britânicas que lutavam contra o Exército Continental.
** Apelido do time de beisebol Baltimore Orioles, em referência a sua mascote, o corrupião-de-baltimore.

uma sabedoria traiçoeira, com a segurança autogerada de que o maior dos abismos ainda nos separa deles. Nós não vamos rir dos mortos, esparramados sobre uma maca com rodinhas; mas também não vamos humanizá-los, nos tornar solenes e mórbidos a cada vez que vemos um deles. Nós podemos rir, fazer piada e servir de testemunhas nesse lugar apenas porque vamos viver para sempre e, se não vivermos, vamos ao menos evitar deixar este plano como um cadáver abandonado no estado de Maryland. Na segurança de nossa imaginação, vamos partir apenas quando tivermos a pele enrugada, em uma cama macia, com uma certidão de óbito assinada por um médico licenciado. Nós não vamos ser ensacados, pesados e fotografados do alto, para que Kim, Linda ou alguma outra secretária na seção de crimes contra pessoas possa olhar a fotografia e afirmar que Landsman parecia melhor de roupa. Nós não vamos ser abertos, fatiados e amostrados apenas para um funcionário público anotar em uma prancheta fornecida pelo governo que nosso coração estava moderadamente inchado, ou que nosso sistema gastrointestinal não tinha nada de excepcional.

"Mesa para um", diz o auxiliar, deslizando o cadáver até um espaço vazio na sala de autópsia. Uma piada velha, mas ele também está vivo e, portanto, tem direito a fazer uma velha piada ou duas.

O mesmo pode ser dito de Rich Garvey, observando um cadáver humano deveras bem-dotado: "Caramba, odiaria ver esse cara zangado".

Ou Roger Nolan, observando uma configuração racial aleatória: "Aí, doutor, como é que o sujeito branco descola uma mesa logo de cara e os sujeitos negros ficam todos esperando no corredor?".

"Acho que essa é uma ocasião", responde o perito, "em que os caras negros preferem deixar os brancos irem primeiro."

Apenas em raras ocasiões esse véu é levantado, e os vivos se sentem impelidos a tratar os mortos com honestidade. Isso tinha acontecido a McAllister cinco anos antes, quando o corpo na mesa de metal era Marty Ward, um investigador de narcóticos morto em um ponto de drogas na rua Frederick quando uma transação acabou mal. Ward era o parceiro de Gary Childs na época e era um dos investigadores mais populares do sexto andar. McAllister foi escolhido para acompanhar a autópsia porque alguém da unidade precisava fazer isso, e os outros investigadores eram mais próximos de Ward. Isso não tornou nada mais fácil, é claro.

Para os investigadores, a regra de ouro é que, se você pensar a respeito, caso permita que a imagem se torne um ser humano, em vez de prova, aquilo tudo levará você a lugares estranhos e deprimentes. Persistir no distanciamento é um dom adquirido e, para investigadores iniciantes, um rito de passagem estabelecido. Os novos policiais são avaliados de acordo com sua capacidade de ver um corpo ser desmontado e, então, ir até o Restaurante Penn, do outro lado da rua Pratt, para o especial de café da manhã com três ovos acompanhados de uma cerveja.

"O verdadeiro teste para um sujeito", declara Donald Worden, lendo o cardápio certa manhã, "é ver se ele consegue comer bacon em vez daquela mortadela nojenta."

Mesmo Terry McLarney, o que se tem de mais parecido com um filósofo na divisão de homicídios, tem problemas em encontrar algo além de humor ácido na sala de autópsia. Quando chega sua vez de adentrar aquele pequeno espaço entre os vivos e os mortos, sua empatia pelas formas dispostas sobre as mesas de metal é amplamente limitada a sua contínua e completamente não científica pesquisa relacionada a fígados.

"Eu gosto de achar os sujeitos de aparência mais acabada, os que parecem ter tido uma vida dura", explica McLarney, sério. "Se abrem ele e o fígado é todo duro e cinzento, fico deprimido. Mas se é rosa e fofinho, aí passo o dia feliz."

Em uma ocasião desconcertante, McLarney estava na sala de autópsia quando um caso apareceu na planilha, com a explicação de que, embora a vítima não tivesse histórico de doença, ela bebia cerveja todos os dias. "Eu li aquilo e pensei, Mas que porra?", explicou McLarney. "Eu mesmo poderia achar uma mesa vaga, deitar e tirar a camisa."

Claro, McLarney sabe muito bem que nem sempre se consegue rir. A linha entre vida e morte não é nem grande, nem reta o suficiente para um sujeito poder se equilibrar nela todas as manhãs, fazendo piadas impunemente enquanto os médicos empunham bisturis e facas. Certa vez, em um raro momento, McLarney até mesmo tentou achar palavras para algo mais profundo.

"Não sei vocês", afirma ele, oferecendo uma platitude aos demais no escritório da homicídios certa tarde, "mas, quando vou lá para uma autópsia, basicamente consigo me convencer de que Deus existe e o paraíso também."

"O necrotério te faz acreditar em Deus?", pergunta Nolan, incrédulo.

"Sim, bom, se não em paraíso, então em algum lugar para o qual sua mente ou alma vai depois que você morre."

"Não existe paraíso", retruca Nolan para o resto do grupo. "Você olha em volta da sala e sabe que é só um monte de carne."

"Não", diz McLarney, balançando a cabeça. "Acredito que a gente vai pra algum lugar."

"E por quê?", pergunta Nolan.

"Porque, quando os corpos estão deitados lá daquele jeito, toda a vida se foi e você sabe que não restou nada. Eles ficam tão vazios. A gente vê aqueles rostos e sabe que estão totalmente vazios..."

"E daí?"

"Daí que tem que ir pra algum lugar, correto? Não desaparece assim do nada. Tem que existir um lugar para onde todos eles vão."

"E aí as almas vão pro paraíso?"

"Aí, cara", fala McLarney, rindo, "por que não?"

Nolan sorri e acena em desaprovação, dando tempo para que McLarney se afaste com suas teologias seminais intactas. Afinal de contas, apenas os vivos podem argumentar pelos mortos, e McLarney está vivo; os mortos não estão. Por virtude desse fato inegável, ele tem direito mesmo ao mais fraco dos argumentos.

Sexta-feira, 19 de agosto

Dave Brown dirige seu Cavalier até cerca de uma quadra das luzes azuis de emergência, perto o suficiente para observar os contornos gerais da cena.

"Vou ficar com esse", declara.

"Você é mesmo um merda", responde Worden, no banco do carona. "Por que não vai até lá e dá uma olhadinha antes de decidir?"

"Aí, tô decidindo agora."

"Quem sabe dar uma olhada se houve alguma prisão, primeiro?"

"Aí", repete Brown. "Já tá decidido."

Worden faz um gesto negativo. O protocolo dita que, quando dois investigadores estão em um carro se dirigindo para alguma cena de crime, um dos investigadores assume como o principal do caso antes de saber qualquer coisa ligada ao assassinato. Por essa regra tácita, são evitados bate-bocas horríveis, nos quais investigadores acusam uns aos outros de só pegarem as barbadas, deixando os casos mais difíceis de lado. Ao aguardar até que a cena esteja visível, Dave Brown está pisando nas margens da regra, e Worden, de hábito, deixa isso claro para ele.

"O que quer que aconteça", anuncia Worden, "não vou te ajudar neste caso."

"E eu pedi a sua ajuda, caralho?"

Worden dá de ombros.

"Não é como se eu tivesse visto corpo."

"Boa sorte", resmunga Worden.

Brown quer esse homicídio pelo motivo exclusivo da localização da cena do crime, mas, em se tratando de motivos, esse até que é bem bom. Para começar, o Cavalier está agora estacionado no quarteirão 1900 da rua Johnson, no fim da zona sul de Baltimore, e essa região fica nas entranhas de Billyland.* Estendendo-se da baía Curtis até o Brooklyn, e a partir do sul de Baltimore, passando por Pigtown e Morrell Park, Billyland é uma entidade geográfica reconhecida entre os policiais de Baltimore, uma subcultura que serve de hábitat natural aos descendentes de moradores da Virgínia e da Virgínia Ocidental que deixaram as minas de carvão e as montanhas para trabalhar nas fábricas da cidade durante a Segunda Guerra Mundial. Para pesar dos grupos étnicos brancos já estabelecidos, "os caipiras" vieram em massa para os prédios de tijolos vermelhos e estuque nos limites ao sul da cidade — um êxodo que definiu Baltimore tanto quanto a migração de negros para o norte da Virgínia e das Carolinas durante o mesmo período. Billyland tem sua própria lógica e língua, sua própria estrutura social. Eles não moram em Baltimore, moram em Bawlmer; a influência do entorno das Apalaches** nas partes brancas da cidade confere à língua boa parte de sua cadência. E, embora o advento do flúor tenha permitido que mesmo o mais autêntico caipira preserve cada vez mais de seus dentes a cada geração, nada pode impedir que eles entreguem seus corpos feito telas em branco para tatuadores da rua Baltimore Leste. Do mesmo modo, uma garota caipira pode até chamar a polícia quando o namorado joga uma garrafa de cerveja na cabeça dela, mas com certeza vai pular nas costas do uniformizado do Distrito Sul com as garras de fora no momento em que ele chegar para levar o homem dela.

Para os policiais de Baltimore, a caipirice é geralmente vista com tanto desprezo e piada quanto a cultura intensa das periferias. Se nada mais, essa atitude fornece alguma evidência de que é a consciência de classe, mais do que o racismo, que impulsiona um policial em direção a um desprezo pelas massas aglomeradas. E na divisão de homicídios em

---

* Termo utilizado pelos policiais para se referir ao bairro na região sudoeste da cidade, oficialmente conhecida como Pigtown ou Washington Village. O termo pode ser traduzido como "Caipirópolis".
** Cordilheira dos Apalaches, cadeia montanhosa que se estende do extremo leste do Canadá até o estado do Alabama, no sudeste dos EUA.

particular, a coalizão ativa de detetives negros e brancos tende a reforçar esse ponto. Assim como Bert Silver é poupada da típica desaprovação a policiais mulheres, Eddie Brown, Harry Edgerton e Roger Nolan também são considerados casos especiais pelos investigadores brancos. Se você for pobre, negro e seu nome aparecer em um computador do departamento de identificação, então você é um trombadinha, nóia, malandro, bola oito e até coisa pior. Mas se você é Eddie Brown, do escritório ao lado, ou Greg Gaskins, do Ministério Público, ou Cliff Gordy, do Tribunal Estadual, ou qualquer outro membro da classe pagadora de impostos, você é um homem negro.

Uma lógica similar se aplica em Billyland.

Talvez você tenha a mesma origem nas montanhas que o resto de Pigtown, mas, pelo raciocínio de um investigador, isso por si só não torna você um verdadeiro caipira. Talvez você seja só mais um branquelo; talvez você tenha concluído o ensino médio e arranjado um emprego decente, se mudado para Glen Burnie ou Linthicum. Ou talvez você seja como Donald Worden, que cresceu em Hampden, ou como Donald Kincaid, que fala com sotaque da montanha e tem uma tatuagem nas costas da mão. Por outro lado, se você passou metade da vida bebendo na Taverna B&O na rua Pratt Oeste, e a outra metade indo e voltando do Fórum do Distrito Sul por roubo, conduta desordeira, resistência à prisão ou posse de fenciclidina,[*] então, para um investigador de Baltimore, você certamente é um jeca, um caipira, lixo branco, o beco sem saída doente mental de uma linhagem incestuosa, parido na parte rasa, digamos assim, de uma piscina de genes em decadência. E, no caso de você se meter no caminho de um policial de Baltimore, ele provavelmente não vai ter problema nenhum em dizer isso a você.

Quaisquer que sejam suas opiniões a respeito da cultura caipira, todos os investigadores de Baltimore concordam que a melhor coisa de se trabalhar em um assassinato em uma zona branca — para além do quão raro isso é — é que os caipiras falam. Eles falam na cena do crime, nas salas de interrogatório, eles descobrem o número do escritório da homicídios para falar ao telefone. E, quando questionado se prefere se manter anônimo, um bom caipira pergunta por que diabos. Ele dá o nome verdadeiro, endereço completo. Oferece o número do trabalho, o nome da namorada e o número dela, o número da mãe da namorada

---

[*] Droga de efeitos neurotóxicos conhecida por causar alucinações, popularmente chama nos anos 1980 e 1990 de "pó de anjo".

e todos os pensamentos que cruzaram a cabeça dele desde o nono ano da escola. O código das ruas — a regra da periferia que diz que, em nenhuma circunstância imaginável, um sujeito deve falar com a polícia — não significa muito em Billyland. Talvez porque os policiais tivessem uma alma de cidadão de bem,** talvez porque os caipiras espirituosos de Baltimore nunca tenham incorporado a mentira como uma forma de arte. Qualquer que seja o caso, o investigador trabalhando em um assassinato branco nos Distritos Sul ou Sudoeste normalmente consegue mais informação do que é capaz de usar.

Dave Brown sabe de tudo isso, é claro. Enquanto observa o rodopiar das luzes azuis em torno da cena do crime, sabe também que precisa resolver um caso para balancear todo aquele vermelho horrendo no quadro. Ele carrega dois casos em aberto, o mais importante deles o assassinato de Clayvon Jones, que não pode ser resolvido sem uma testemunha, por mais que várias ligações anônimas sugiram o nome do suspeito. Normalmente, poderia descontar o caso do jovem Clayvon como má sorte, mas o retorno de Corey Belt do Distrito Oeste para a investigação de Geraldine Parrish é, na cabeça de Brown, motivo de angústia genuína. Sem dúvida, Belt tinha obviamente impressionado McLarney na investigação de Cassidy, e agora Belt está com Donald Waltemeyer, o parceiro regular de Brown, na investigação dos assassinatos relacionados à fraude de seguro de Parrish, o que pode levar meses.

Na noite anterior mesmo, Brown tinha chegado a ponto de fazer piada com seu próprio status. Sentado em frente a uma máquina de escrever do escritório administrativo no começo do turno da noite, ele criou um memorando curto e queixoso para McLarney e deixou na caixa postal do sargento:

> Com o Policial Corey (Sou uma estrela) Belt despontando no horizonte, resolvi tirar um momento para me reapresentar a você.
>
> Antes de chegar a seu esquadrão, eu era apenas mais um completo homossexual de cabelo comprido entupido de drogas. Trabalhando sob seu conhecimento, talento, habilidade, bondade e amor, me tornei um investigador de habilidades

** A expressão original em inglês norte-americano, "good old boy", codifica supostos valores caros aos sulistas brancos dos EUA, como simplicidade, sociabilidade e fraternidade, bem como conservadorismo e eventual intolerância.

apenas parcialmente questionáveis. Com isso em mente, e para incluir também os sentimentos generosos de meu esquadrão em relação a mim (Worden: "Ele é um merda inútil"... James: "Ele nunca paga a porra da conta no bar"... Ed Brown: "Eu nem conheço esse filho da puta".), me questiono quais seus planos para a CONTINUIDADE de meu trabalho com você.

Permanecerei sempre vigilante, aguardo sua resposta. Respeitosamente (todos se aproveitam de mim),

David John Brown, Investigador
Departamento de Investigação Criminal? De Homicídios? (Para sempre, por favor, meu Deus)

McLarney encontrou o memorando cerca de uma hora após o começo do turno da meia-noite e o leu em voz alta na sala do café, dando risadas nas passagens mais obsequiosas.

"Divertido", declarou ao concluir. "De um modo verdadeiramente patético."

Os problemas de Fred Ceruti não tinham passado despercebidos, e Dave Brown, ao menos em seu próprio cérebro febril, estava sentindo um pouco da mesma pressão. Na ida para a rua Johnson, ele tinha argumentado que uma incursão investigativa em Billyland poderia ser a cura.

"É, Brown", diz Worden, deixando o banco do carona, "vamos ver o que você conseguiu."

Ela está de bruços em cima das pedras e barro seco, uma figura pálida emoldurada por um semicírculo de carros-patrulha. Uma mulher baixa, de cabelo liso castanho-avermelhado, a regata de listras brancas e vermelhas puxada para cima e expondo a maior parte das costas; os shorts de veludo branco estão rasgados de um lado, expondo as nádegas. Uma calcinha creme, também rasgada no lado esquerdo, está entre os joelhos, e um único chinelo repousa a alguns metros do pé direito. Ao redor do pescoço há uma fina corrente de ouro, e um par de brincos de argola dourados estão no cascalho, cada um de um lado da cabeça. Olhando com mais atenção, um dos brincos está ensanguentado, aparentemente porque foi arrancado do lóbulo da orelha esquerda da mulher, que apresenta uma laceração e um pouco de sangue seco. Espalhadas próximas ao corpo, há algumas moedas; com cuidado, Worden consegue tirar 27 dólares em cédulas de um dos bolsos traseiros. Joias, dinheiro — se foi um assalto, não foi muito longe.

Dave Brown olha para Worden, consciente do fato de que o Grandão participa da cena de modo relutante.

"Que idade você acha, Donald?"

"Vinte e cinco anos. Talvez um pouco mais velha. Só dá pra ter certeza depois que virar ela."

"Eu diria que vinte e cinco é muito."

"Talvez", pondera Worden, se inclinando sobre a mulher. "Mas vou dizer qual é minha primeira dúvida."

"Deixa eu adivinhar. Você quer saber onde tá o outro chinelo."

"Acertou."

O local é um estacionamento coberto de cascalho que serve como local de carga e descarga de caminhões semirreboque e como doca de carregamento de um decrépito depósito de tijolo, no fim dos trilhos do Sistema Chessie. Três caminhões estão estacionados no limite leste do terreno, mas todos os motoristas estavam dormindo na parte de trás das cabines antes de o depósito abrir e não viram ou ouviram nada; o que quer que tenha acontecido no terreno aconteceu rápido e de modo discreto o suficiente para que não os acordasse. O corpo está no limite oeste do terreno, perto do depósito em si, a uns três ou quatro metros da parede de concreto da doca de carregamento. No limite da doca está estacionado um semirreboque que bloqueia qualquer visão do corpo da rua Johnson.

Ela foi encontrada por dois adolescentes que moram a poucas quadras e estavam levando o cachorro para passear no começo da manhã. Os dois já tinham sido mandados para a central pelos patrulheiros, e McLarney logo estaria ocupado colhendo depoimentos. Os dois são caipiras de primeira estirpe, com tatuagens Harley-Davidson e antecedentes por pequenos incidentes, mas nada na versão deles despertaria qualquer suspeita.

Enquanto Worden fala com o técnico do laboratório, Dave Brown começa a caminhar por toda a extensão do terreno de cascalho, da doca de carregamento até a grama alta no fim dos trilhos. Ele pula para a doca de concreto e anda pelos dois lados do depósito. Nada do chinelo. Brown anda uma quadra e meia descendo a rua Johnson, checando a sarjeta e, então, volta para o limite sul do terreno, onde pula para os trilhos e procura por algumas centenas de metros. Nada.

Quando volta, o técnico do laboratório já tinha recolhido o dinheiro e as joias, fotografado o corpo na posição original e feito um esboço da cena. Os auxiliares do legista também tinham chegado e tirado fotos, seguidos por dois câmeras de noticiário televisivo, que estão posicionados na entrada do terreno, filmando alguns segundos para o noticiário do meio-dia.

"Eles conseguem ver o corpo daqui?", pergunta Worden, se virando para o sargento de setor.

"Não. A caçamba bloqueia a visão."

Worden assente.

"Tudo pronto então?", pergunta Brown.

"Vamos lá", responde o auxiliar principal do legista, colocando as luvas. "Devagar e sempre."

Com calma, os dois assistentes viram o corpo, lentamente deitando a mulher morta de costas. O rosto se revela uma polpa ensanguentada de carne. Mais surpreendente, marcas escuras de pneu cruzam a porção superior do torso e da cabeça em uma diagonal consistente.

"Uou", exclama Dave Brown. "Atropelamento."

"Caramba, olha só", declara Worden. "Acho que isso muda totalmente a conjuntura."

O investigador vai até o Cavalier pegar o rádio portátil e abre o canal para toda cidade.

"Sessenta e quatro quarenta", anuncia Worden.

"Sessenta e quatro quarenta."

"Estou no local de um homicídio na rua Johnson e preciso que mandem aqui algum supervisor do setor de investigação de tráfego."

"Positivo."

Meio minuto depois, um sargento do Setor de Investigação de Tráfego está na frequência, explicando ao atendente que ele não é necessário na rua Johnson porque o incidente é um homicídio, não um acidente automobilístico. Worden ouve a conversa com crescente irritação.

"Sessenta e quatro quarenta", interrompe Worden.

"Sessenta e quatro quarenta."

"Eu sei que é um homicídio. Eu quero alguém do SIT aqui para consultar um especialista."

"Positivo", responde o sujeito do tráfego, voltando à conversa. "Chego aí em alguns minutos."

Inacreditável, pensa Worden, um retrato perfeito do impulso "isso não é o meu trabalho". O setor de tráfego lida com todas as mortes ligadas a automóveis, inclusive atropelamento seguido de fuga, então está relutante em mandar um homem para cá caso isso signifique que ele possa ficar preso a algum caso. McAllister e Bowman se depararam com algo similar em março, quando solicitaram a unidade ao investigarem um corpo que tinham encontrado todo machucado no acostamento da avenida Bayonne, no Nordeste. Os investigadores andavam pela cena procurando fragmentos de cromo e lascas de tinta; o policial do setor de tráfego procurava cartuchos de projéteis.

"Você ouviu essa?", pergunta Worden, quase achando engraçado. "Aquele cara só resolveu vir pra cá quando me ouviu dizer que era um homicídio."

Dave Brown não responde, preocupado com a mudança de cenário. Morte por atropelamento requer uma perspectiva inteiramente diferente, embora nenhum dos investigadores acredite se tratar de um acidente. Por exemplo, o corpo está em um terreno de cascalho vazio e foi atropelado a menos de 3 m da parede de concreto da doca de carregamento: é difícil imaginar um carro zanzando em um espaço fechado sem motivo. O mais importante é o chinelo desaparecido. Se a mulher era uma pedestre, se tinha meramente sido vítima de um atropelamento seguido de fuga, então por que o outro chinelo não estava no terreno? Não, os investigadores raciocinam, ela não era uma pedestre; ela chegou ao local no carro que a matou e provavelmente saiu do carro com pressa, deixando pra trás um dos calçados.

Em uma averiguação mais cuidadosa do corpo, Worden também nota lesões que parecem ter o formato de dedos nos dois antebraços. Teria sido agarrada? Foi atacada antes de o assassino voltar para o carro e acabar com ela? E os brincos: foram arrancados quando o pneu passou por cima da cabeça, ou arrancados das orelhas em um confronto anterior?

Livre do temor de ficar encalhado no caso, o sargento do SIT chega em seguida e, após examinar as marcas de pneu na mulher morta, começa um monólogo a respeito do design radial de pneus e a miríade de diferenças entre fabricantes. Antes que seu cérebro vire iogurte, Dave Brown interrompe o monólogo.

"O que você acha que atropelou ela?"

"Difícil dizer. Mas esse tipo de marca é mais comum em carros esportivos. Um Datsun 280Z. Um Camaro. Algo do tipo."

"Nada maior que isso?"

"Talvez um pouco maior, mas o que quero dizer é que teria que ser desse tipo de carro esportivo. Essas marcas parecem de pneu de alta performance, do tipo que você precisa quando o carro se desloca a uma pequena altura do solo."

"Obrigado", agradece Worden.

"De nada."

Dave Brown se agacha para avaliar as marcas de perto.

"Certeza que é um assassinato, Donald", afirma. "Na minha cabeça não resta dúvida."

Worden concorda.

Mas os motoristas dormindo nas cabines dos caminhões no lado oposto do terreno não ouviram nada; nem os trabalhadores da estrada de ferro, no escritório do outro lado dos trilhos, se lembravam de faróis ou qualquer barulho. Worden fala com o sargento de setor e descobre que, por volta das 4h — pouco mais de duas horas antes da descoberta do corpo —, soou o alarme de incêndio no depósito. Caminhões de bombeiro de estações próximas foram até o terreno de cascalho, confirmaram a ausência de qualquer fogo ou fumaça e foram embora — ao que tudo indica, sem notar o corpo. Ou tinha sido morta após as 4h, ou metade do corpo de bombeiros tinha passado por cima do cadáver. Pensando bem, ponderou Worden, quem sabe não foi isso mesmo que aconteceu.

A história do alarme de incêndio faz com que os dois investigadores percebam que metade da cena do crime já era. Se a arma é um automóvel, as marcas de pneu são importantes, e, em um terreno de lama e pedras, deveria ser fácil encontrar essas marcas — contanto, claro, que um comboio de caminhões de bombeiro não tivesse tido a chance de zanzar pelo local, sem falar em meia dúzia de carros-patrulha, cada um deles estacionado a poucos metros do corpo. Dave Brown poderia passar um mês conferindo marcas para eliminar cada veículo que tinha passado pelo terreno. Ansiando por algo um pouco melhor, checa o cimento branco da doca de carga e o metal cheio de marcas de uma lixeira, procurando arranhões e amassados novos.

"É estreito aqui", diz, esperançoso. "Seria ótimo se o cara tivesse raspado o para-choque enquanto manobrava aqui."

Seria o próprio milagre dos céus, mas, mesmo enquanto diz nisso, Brown sabe que a única prova material que tem é o próprio corpo. E, dependendo do que acontecer na sala de autópsia, em duas horas, talvez não seja prova suficiente. Ao contrário de sua expectativa inicial, a rua Johnson se revelava o local de um mistério sem pistas; Billyland estava se mostrando nada divertida.

Após o corpo ser colocado na traseira da van preta, os dois investigadores caminham até a entrada do terreno situada na rua Johnson, onde uma multidão de curiosos se reuniu nas duas últimas horas. Uma mulher jovem acena para chamar a atenção de Dave Brown para um canto e pergunta o nome da vítima.

"Não sabemos ainda. Não tinha nenhum documento."

"Ela tinha uns 40 anos?"

"Mais jovem. Muito mais jovem, acho."

Enquanto o investigador luta para se manter paciente, a mulher lentamente explica que a tia dela saiu de casa na rua Light Sul na noite anterior e não foi mais vista.

"Ainda não sabemos quem é", repete Brown, entregando a ela seu cartão. "Se quiser me ligar mais tarde, provavelmente vou ter mais informações."

A mulher pega o cartão e abre a boca para mais uma pergunta, mas Brown já está no banco do motorista do Cavalier. Se o caso fosse uma típica morte por arma de fogo, os investigadores se dividiriam para trabalhar na identificação e colher depoimentos de familiares. Mas a chave desse caso, mais do que em outros, estava na autópsia.

Brown acelera o motor e rasga a rua Charles Sul com o Cavalier; a oitenta quilômetros por hora, por nenhum motivo aparente. Worden olha para ele.

"Que foi?", pergunta Brown.

A resposta é um gesto de reprovação.

"Qual é seu problema? Sou policial. Posso dirigir assim."

"Não comigo no carro."

Brown revira os olhos.

"Passa na Rite Aid* na rua Baltimore", pede Worden. "Preciso de charutos."

Como que para reforçar, Brown acelera de novo e pega todos os semáforos abertos em direção ao centro. Na Calvert com a Baltimore, estaciona em fila dupla na frente da farmácia e desce do carro antes que Worden possa reagir. Ele acena para o investigador mais experiente e volta um minuto depois com uma carteira de cigarros para si e um maço de Backwoods.

"Trouxe até um daqueles isqueiros rosa que você tanto gosta. Trouxe do grande."

Uma oferta de paz. Worden olha para o isqueiro e, então, de volta para Dave Brown. Ambos são sujeitos grandes, ambos espremidos de modo indigno no interior reduzido de um sedan duas portas econômico. Eles são carne sob pressão dentro daquele carro, uma visão de humanidade desordenada que, de algum modo, amplia a possibilidade de humor.

"Dizem que precisa ser muito macho pra usar um isqueiro rosa", diz Brown. "Precisa ser um grande homem, ou ao menos um homem familiarizado com certos estilos de vida."

"Você sabe por que preciso do isqueiro grande", responde Worden, acendendo um charuto.

---

* Rede de farmácias dos EUA que vendeu cigarros e derivados de tabaco desde sua fundação, em 1962, até 2022, quando começou a descontinuar a prática.

"Porque não consegue segurar o pequeno com esses dedos gordos."

"Isso mesmo", concorda Worden.

O Cavalier se sacode pelos buracos e placas de metal da rua Lombard no tráfego do fim da manhã. Worden sopra fumaça para fora da janela e observa secretárias e executivos saindo de prédios de escritórios para almoçar cedo.

"Valeu pelos charutos", agradece ele, depois de um quarteirão ou dois.

"De nada."

"E pelo isqueiro."

"Foi um prazer."

"Mesmo assim não vou te ajudar nesse caso."

"Eu sei, Donald."

"E você ainda é um motorista de merda."

"Tá, Donald."

"E você ainda é um merda."

"Valeu, Donald."

"Dra. Goodin", chama Worden, apontando para a mesa de metal do lado de fora da sala de autópsia, "esse aqui é seu?"

"Esse aí?", pergunta Julia Goodin. "É o seu caso?"

"Bom, na verdade, o investigador Brown aqui é o investigador principal. Eu estou aqui mais para dar apoio moral."

A médica sorri. Ela é uma mulher pequena, minúscula, na verdade, com cabelo loiro bem curto e óculos com armação de arame. E, apesar da autoridade adicional conferida por um jaleco branco de laboratório, ela é uma mulher jovem que lembra, ao menos um pouco, Sandy Duncan, a atriz de TV. Para colocar em termos crassos, Julie Goodin não parece nem um pouco com uma legista, e, considerando o estereótipo, isso provavelmente é um elogio.

"E também", continua Worden, "porque Brown prometeu que vai pagar pra mim o café da manhã do outro lado da rua."

Dave Brown lança um olhar para Worden. Charutos. Isqueiros. Café da manhã. Seu pau no cu desgraçado, pensa, por que não me traz logo a porra do carnê da hipoteca?

Worden responde com um largo sorriso e dirige sua atenção à patologista, que naquele momento está de costas para os dois homens. Ela está na pia de metal, cortando o conjunto de órgãos do cliente da hora, um homem negro de meia-idade cujo torso vazio parece bocejar na maca atrás da doutora.

"Eu acho", arrisca Worden, "que você está superfeliz de estar trabalhando comigo de novo, né?"

Julia Goodin sorri. "É sempre interessante trabalhar nos seus casos, investigador Worden."

"Interessante, hein?"

"Sempre", ressalta ela, sorrindo de novo. "Mas vou precisar de mais uma meia hora pra poder abrir ela."

Worden assente e volta à sala de pesagem com Dave Brown.

"Aposto que ela está supercontente de me ver."

"E por quê?"

"Tiffany Woodhous. O caso do bebê."

"Ah, é."

A dra. Goodin tinha chegado à rua Penn fazia poucos meses, mas já havia um histórico entre ela e Worden. Tinha sido meio que uma bagunça, três semanas antes, em uma chamada envolvendo suspeita de abuso infantil em Bon Secours, onde o corpo quebrado de uma menina de dois anos de idade recepcionou Worden e Rick James na sala de autópsia dos fundos. Tiffany Woodhous tinha chegado ao hospital como um caso de parada cardíaca, mas, quando os técnicos da emergência enfiaram um tubo até o estômago da criança, o único líquido que tiraram foi sangue de um ferimento anterior. Os médicos, então, perceberam que o *rigor mortis* já começava a se instaurar no rosto e nas extremidades. Os dois investigadores notaram um ferimento grande no lado direito da testa, além de outros nos ombros, nas costas e no abdômen.

Supondo o pior, os investigadores levaram os pais até a divisão de homicídios e, quando descobriram que havia mais três crianças na casa da família na rua Hollins, contataram o Departamento de Serviços Sociais. Mas, após extensos depoimentos, tanto a mãe quanto o pai insistiam não fazer ideia do que poderia ter causado os ferimentos. Então, a filha de 13 anos do casal levantou uma nova suspeita ao mencionar um incidente que tinha ocorrido quando o primo dela, de 10 anos de idade, tinha ficado cuidando do bebê. A filha disse que estava no segundo andar da casa quando ouviu o barulho de um tapa, e, ao descer e perguntar a respeito, o garoto explicou que só tinha batido palmas. Depois daquilo, disse a Worden, ela levou Tiffany para o andar de cima, mas a garotinha estava calada e inquieta. Ela colocou a menina no sofá e a observou pegar no sono.

Worden e James ficaram compreensivelmente ansiosos para interrogar o garoto, mas o menino sumiu. Ele morava com uma tia, porque já tinha fugido da casa da avó em Bennett Place e, agora, tinha fugido da rua Hollins também. Consequentemente, quando Julia Goodin deu a primeira olhada naquele corpo minúsculo durante a autópsia da manhã seguinte, tudo que tinha para se basear era o depoimento da filha do casal e o claro trauma causado ao corpo, que incluía um poderoso golpe na cabeça que tinha causado uma enorme hemorragia. Tudo aquilo levava a uma conclusão preliminar de homicídio — uma conclusão que foi prontamente passada a repórteres.

No entanto, no fim daquela mesma manhã, o garoto de 10 anos de idade foi finalmente apanhado por policiais no beco atrás da casa da avó e levado para a divisão de homicídios. Na presença da mãe e de um promotor da divisão juvenil, ele deu um depoimento completo. Disse aos investigadores que tinha ficado sozinho com Tiffany pouco antes das 13h, quando a menina começou a chorar. Ele a pegou, e começou a brincar até ela se acalmar e a sentou no braço da cadeira de reclinar da sala de estar. Porém, enquanto o garoto assistia à TV, a criança caiu de costas, batendo a cabeça em uma bicicleta que estava largada atrás da cadeira. A menina chorava incontrolavelmente, e o garoto correu para fora da casa, procurando a prima. Não conseguia achá-la e começou a entrar em pânico. Foi só quando a garota de 13 anos voltou que os dois notaram que Tiffany revirava os olhos. Colocaram a criança em um colchonete no meio da sala e ouviram um som gorgolejante vindo da garganta dela. Então perceberam que Tiffany não estava respirando.

Tentaram ressuscitá-la, em um esforço desesperado e desastrado que explicava as lesões no peito, nas costas e no abdômen. A garotinha começou a respirar de novo, e a colocaram de volta no sofá. Ela parou de respirar novamente e, mais uma vez, tentaram revivê-la, dessa vez jogando água gelada nela. Então levaram Tiffany para o meio da sala e a deitaram do lado do irmãozinho de um mês de idade. Eles não chamaram uma ambulância.

Quando a garota de 13 anos foi interrogada de novo no mesmo dia, desmentiu sua versão anterior. Tinha mentido por medo dos pais, e os dois adolescentes tinham relutado em buscar ajuda médica pelo mesmo motivo. Apenas quando os pais voltaram para casa, às 20h, que a ambulância foi finalmente chamada. O comportamento das crianças tinha sido tolo, e o resultado era trágico, mas, na opinião de Worden, esse não era, em hipótese alguma, um caso de homicídio.

Mas o Instituto Médico Legal, sobretudo Julia Goodin, não estava inteiramente convencido. Como patologista-chefe, John Smialek observou que os ferimentos na cabeça eram severos, muito mais, na verdade, do que uma criança provavelmente machucaria na queda de uma cadeira. Porém, Worden acreditava na jovem testemunha, que tinha descrito a queda da garotinha como um mergulho de costas do braço da cadeira, caindo direto no guidão metálico da bicicleta. E, quando os investigadores convenceram Tim Doory, do Ministério Público, a não validar a acusação, Smialek insistiu em uma reunião. O Instituto Médico Legal não mudaria o parecer, disse ao promotor, e com isso manifestou sua preocupação de que o caso parecesse, a um leigo, um acobertamento feito por investigadores relutantes em acusar um réu de 10 anos de idade por um crime que nunca poderia ser vencido em juízo.

Era uma espécie de impasse, e o problema para Goodin era simples: um patologista forense não pode estar errado. Nem uma vez, nunca. Nem mesmo em uma conclusão preliminar. Isso porque é uma regra escrita em pedra que qualquer erro cometido por um especialista profissional, em qualquer campo criminal — patologia, análise de resíduos, balística, análise de DNA —, uma vez publicamente admitido, se torna material para todos os advogados de defesa da cidade. Dê a um bom advogado um único caso no qual a opinião de um especialista esteja aberta a criticismos, e ele pode levar o caso até o território da dúvida razoável. E, mais do que em outros casos, a morte de uma menina de 2 anos sempre produz manchetes.

"Morte de garota é apontada como homicídio; ninguém é acusado", noticiou o *Sun*. O jornal citou D'Addario: "Nós temos a base para um caso, mas não podemos dizer definitivamente o que aconteceu na casa... Precisamos nos ater ao parecer do legista."

Smialek ofereceu algum contrapeso com a declaração de que a explicação dos adolescentes que cuidavam do bebê "não é consistente com os ferimentos... a criança morreu como resultado de uma ação por parte de outra pessoa". O legista concedeu, no entanto, que a morte poderia, supostamente, ter resultado de intervenção humana acidental, mas não havia modo de dizer. Tentando muito encontrar um meio-termo, Smialek tentou explicar cuidadosamente que um parecer médico de homicídio não necessita de uma acusação criminal de homicídio. Enquanto isso, a porta-voz do departamento de polícia resumiu tudo de modo convincente, dizendo aos repórteres: "Ela não foi assassinada. Isso é tudo que tenho a dizer".

Por fim, a investigação do caso Tiffany Woodhous terminou de modo desajeitado para Worden, com um laudo pericial indicativo de homicídio que não gerou o indiciamento criminal. Aquilo também fez a divisão de homicídios e o Instituto Médico Legal lutarem por um meio-termo publicamente, e aquilo era, em retrospecto, apropriado ao tipo de ano que Worden estava tendo.

Três semanas depois, o Grandão está de novo na rua Penn, com outro corpo. E quem, senão Julia Goodin, o aguarda na sala de autópsia.

Os dois investigadores assistem à Jane Doe* de Billyland ser posicionada sob a câmera suspensa na sala da frente, com Worden pedindo à médica atenção especial às marcas de pneu no braço esquerdo e na porção superior do torso. Quinze minutos depois, eles se juntam à vítima na sala de autópsia, onde o exame externo começa no primeiro espaço disponível, entre a vítima de um incêndio na Prince George e uma vítima de um acidente de carro na Frederick.

A dra. Goodin é extremamente cautelosa. E, após a bagunça do caso Tiffany Woodhous, ela agora trabalha de modo ainda mais deliberado. Circunda lentamente o cadáver, notando os locais das marcas de pneu, das lesões e contusões, e de cada ferimento visível. Anota tudo isso no alto da folha na prancheta, que tem o formato de uma silhueta feminina deitada. Confere cuidadosamente as mãos em busca de indícios residuais, então raspa amostras das unhas, embora não veja nada nas amostras que indique que a vítima lutou contra o agressor. Dra. Goodin presta particular atenção às canelas e coxas da vítima, procurando marcas que indiquem que foi atingida em pé e então atropelada. Nada também.

Worden aponta para os ferimentos em formato de dedos nos braços. "É como se ela tivesse sido agarrada primeiro?", pergunta.

Goodin discorda. "Na verdade", esclarece, "são contusões que podem ter sido causadas quando o veículo passou em cima dela."

Worden menciona os brincos, ambos encontrados um de cada lado da cabeça, juntos a pequenos tufos de cabelo. Será que podem ter sido arrancados por um agressor zangado?

"O mais provável é que tenham sido arrancados quando o carro passou sobre a cabeça."

---

* Nome genérico dado a cadáveres do sexo feminino não identificados nos EUA, algo como "Maria Ninguém".

E os shorts rasgados? A calcinha rasgada? Não, diz Goodin, segurando ambos juntos, para mostrar que tinham rasgado do mesmo lado, no ponto mais frágil, quando as rodas passaram por cima.

"Os pneus podem ter feito isso."

Worden suspira, se afasta e olha para Brown. Os dois investigadores já conseguem enxergar onde isso vai dar; é melhor deixar a médica trabalhando e ir até o Restaurante Penn.

"Tá", diz Worden, "a gente vai dar um pulo do outro lado da rua e volta daqui a uma meia hora."

"Pode ser uma hora."

Worden acena em concordância.

O Restaurante Penn é basicamente um estabelecimento que serve almoço, um estabelecimento pertencente a uma família grega cujos clientes são em sua maioria o pessoal do complexo hospitalar do outro lado da rua. A decoração é em azul e branco, com bastante fórmica, e os indispensáveis murais nas paredes retratam a Acrópoles e a costa do mar Egeu. O gyros é excepcional; os cafés da manhã, aceitáveis; e a cerveja, gelada. Brown pede um bife com ovos; Worden, uma cerveja.

"Como você quer o bife?", pergunta a garçonete.

"Ele quer malpassado", responde Worden, sorrindo.

Brown olha para ele.

"Vai lá, David, pega com sangue pra mostrar pra gente que você não se incomoda."

"Ao ponto", corrige Brown.

Worden sorri, e a garçonete volta para a cozinha. Brown olha para o outro investigador. "O que você acha?"

"Diria que o mais provável é ela não considerar como assassinato", responde Worden.

"Não depois do que você fez ela passar", retruca Brown, seco. "Você foi lá e estragou ela para todos nós."

"É, bom..."

Eles comem e bebem em silêncio. Ao terminar o bife, Brown olha de novo para Worden.

"Sabe o que eu vou ter que fazer?", declara. "Vou ter que ir com ela até lá e mostrar a cena do crime."

Worden concorda.

"Você acha que isso vai ajudar?"

Worden dá de ombros.

"Eu sei que é um assassinato, Donald."

Brown termina o café e apaga o segundo cigarro. Em maio, ele tinha conseguido reduzir para dois cigarros ao dia, usando o plano da clínica Johns Hopkins. Mas agora, quando tossia, soava como um triturador de lixo mastigando uma colher.

"Tá pronto?"

"A-hã."

Eles atravessam a rua, descem a rampa e sobem pela entrada da doca de carga, depois da porta de compensado que marca a entrada da sala dos cadáveres em decomposição; lá, os casos mais nojentos são examinados separados dos demais, para manter a vida na rua Penn o mais suportável possível. Mesmo na doca de descarregamento há a sugestão de um fedor inacreditável.

Dentro da sala de autópsia, Julian Goodin está terminando o exame. Como esperado, afirma aos investigadores que nada no corpo aponta de forma conclusiva para um homicídio. Merece destaque, diz, a ausência de qualquer contusão visível nas pernas da vítima. É provável, explica, que a mulher já estivesse deitada quando foi atropelada. O exame toxicológico levaria semanas, mas tanto Goodin quanto os investigadores podiam adivinhar que o resultado daria positivo para álcool e talvez drogas. Afinal, é uma garota caipira achada morta em um domingo de manhã; provável que tenha passado por um ou dois bares na noite anterior. Não há sêmen, nenhuma prova direta de agressão sexual.

Como podemos saber, argumenta Goodin, que ela simplesmente não caiu bêbada antes de alguém passar por cima dela? E se um daqueles caminhões semirreboque não a viu deitada lá e deu marcha à ré até a doca de carregamento?

Worden lhe conta a opinião do sujeito do setor de tráfego quanto aos pneus, sugerindo que é um carro esporte em vez de algum tipo de caminhão.

"Se um semirreboque tivesse passado em cima dela", afirma Worden, "o estrago seria bem maior, né?"

"Difícil dizer."

Dave Brown menciona o chinelo sumido. Se ela caiu bêbada, o chinelo não estaria por perto? Goodin concorda que é uma questão intrigante, mas não se sente convencida, argumentando que, se a vítima estava bêbada, podia ter perdido o outro chinelo duas quadras antes de onde finalmente caiu.

"Olha, pessoal, se vocês me trouxerem algo conclusivo, vou considerar um homicídio", ela declara. "Neste momento, não tenho escolha a não ser deixar em aberto."

Naquela tarde, Dave Brown volta à rua Penn e leva a médica para dar uma olhada na cena do crime, argumentando mais uma vez que o terreno isolado não era o tipo de lugar propício a um típico atropelamento seguido de fuga. Goodin ouve com atenção, observa o local e assente, mas ainda assim se recusa a considerar a morte um assassinato.

"Ainda assim preciso de alguma prova concreta, insiste. "Me traga algo definitivo."

Brown aceita a derrota de modo sereno e, embora ainda tenha certeza de que se trata de um homicídio, entende que, em algum nível, o caso precisa ficar em aberto. Afinal, três semanas antes, Goodin tinha determinado um homicídio e sido desmentida por provas posteriores; agora, o mesmo bando de caubóis pedia que ela determinasse outro, sem provas definitivas. Provavelmente é um homicídio, pensa Brown, mas precisa ficar indefinido por enquanto.

No entanto, o parecer de Goodin cria outro tipo de problema: um caso no qual o parecer do patologista é inconclusivo não é, dentro da lógica do departamento de polícia, um homicídio. E, se não é um homicídio, não vai parar no quadro. E, se não vai para o quadro, é como se não existisse de verdade. A menos que o investigador principal decida investigar um caso pendente por escolha própria, é provável que ele seja posto de lado assim que o investigador receber uma ligação que seja um homicídio de verdade. Se esse caso vai ser resolvido, vai ser porque Dave Brown de algum modo insistiu nele, e Worden, por exemplo, tem dúvidas quanto à capacidade de Brown de fazer isso.

Ao voltarem ao escritório da homicídios, os dois homens descobrem que McLarney já tinha completado as etapas preliminares. A papelada já foi iniciada, e os dois caipiras que acharam o corpo estão dormindo no aquário, seus depoimentos já concluídos. A mulher com quem Brown falou na cena do crime ligou de volta; ela ouviu a descrição da vítima pela rede de fofocas da vizinhança, e parece ser a tia dela. Brown pergunta das joias que a tia usava, e a mulher descreve tanto o colar quanto os brincos. Ele explica que não há necessidade de a família visitar a rua Penn para a identificação; os ferimentos faciais tornam isso impossível. Mais ou menos uma hora depois, a análise de digitais identifica a morta como Carol Ann Wright, uma mulher de 43 anos de aparência bastante jovem, que morava a menos de dois quarteirões de onde morreu. Era mãe de cinco filhos, e a última vez que foi vista pela família foi pouco antes das 23h de sábado, quando foi até a rua Hanover pegar uma carona até o Distrito Sul, onde um amigo dela fora preso.

No começo da tarde, Brown confirma que a vítima tinha, de fato, feito uma breve visita a um preso no Distrito Sul antes de rumar para local desconhecido. E, no fim da tarde, a família liga com o resto da história. Correspondendo às ferventes expectativas de Brown, o bom povo da zona rural ao sul de Baltimore está falando entre si e com a polícia, entregando absolutamente todos os fatos e rumores relevantes.

Fazendo o caminho inverso da história toda, Brown descobre que, pouco tempo depois de as emissoras de TV identificarem a vítima, a sobrinha da morta recebeu um telefonema de amigos no Bar Hollywood da Helen, na Broadway, em Fell's Point. O bartender e o gerente conheciam Carol e ambos lembram que ela apareceu perto da uma hora da manhã com um sujeito chamado Rick, que tinha cabelo longo, loiro e sujo, e dirigia um carro esporte preto.

Pouco tempo depois, a família liga novamente com mais informação: antes de ir ao bar naquela noite, Carol foi à casa de uma amiga em Pigtown, pouco depois da meia-noite, para comprar um pouco de maconha. De carro, Brown e Worden deixam a garagem da central e vão até a rua Stricker Sul, onde a amiga confirma a visita e diz não ter olhado com atenção o sujeito que trouxe Carol porque ele ficou no carro. Ela acredita que era um jovem e tinha uma aparência meio ensebada, com cabelo loiro comprido. O carro dele era azul ou verde. Talvez um verde azulado. Sem dúvida, não era preto.

Mais tarde naquela noite, no Bar da Helen na Broadway, os dois investigadores descobrem pouco mais através dos clientes regulares e funcionários da noite. O cara tinha cabelo loiro, comprido e meio oleoso, mas levemente ondulado. E tinha um bigode também. Meio fino.

"Qual a altura?", pergunta Brown a uma bartender. "Do meu tamanho?"

"Não", responde ela. "Mais baixo."

"Mais ou menos da altura *dele*?", retruca, apontado para um cliente.

"Talvez um pouco mais baixo que ele."

"E o carro?"

O carro. Nada é mais frustrante para Brown e Worden do que ouvir aquelas pessoas tentando descrever o carro que atropelou Carol Ann Wright. A mulher na rua Stricker diz que era um carro compacto azul ou verde. O gerente do bar diz que era um carro esportivo preto com teto removível e um emblema redondo no capô, como um Datsun 280Z. Não, a bartender diz, tinha daquelas portas que abrem pra cima.

"Aquelas portas estilo asa de gaivota?", pergunta Brown, incrédulo. "Como um Lotus?"

"Não sei como chama."

"Tem certeza?"

"Acho que sim."

É difícil não levar em conta o depoimento da funcionária, porque ela chegou a sair do bar no horário de fechamento e ouviu o sujeito falando que era mecânico, especialista em transmissão, e ele mesmo consertava o carro.

"Ele estava orgulhoso disso", conta a Brown.

Mas é mais difícil acreditar nela quando diz que algum fanático por carros seboso chamado Rick está zanzando pela zona sul de Baltimore em um Lotus customizado que custa 60 mil dólares, dando carona para uma caipira até o Distrito Sul. Sim, claro, pensa Brown, e Donald Worden é meu escravo sexual.

O que é especialmente irritante para os investigadores é que, se essas testemunhas não conseguem descrever o carro — sendo que um carro é um objeto claro, com o fabricante e o modelo escritos em cromo em seu exterior —, então, com certeza, não se pode confiar nelas quanto à descrição do sujeito. Todos mencionam o cabelo até os ombros, mas alguns dizem que é liso e seboso, outros que é ondulado. Apenas metade das descrições menciona o bigode fino, e ninguém concorda a respeito da altura e do peso do homem. Cor dos olhos? Sem chance. Traços particulares? Ah, sim, ele estava dirigindo um Lotus.

Normalmente, uma descrição ruim faz parte do processo. Qualquer bom investigador ou promotor sabe que a identificação de um estranho é o tipo de indício mais tênue; em um mundo abarrotado, as pessoas não se lembram com facilidade de um novo rosto. Muitos investigadores veteranos nem incluem descrições preliminares em seus relatórios por esse motivo: a descrição de um sujeito como tendo 1,80 m e 100 quilos pode atrapalhar no julgamento se o cara, no fim das contas, tem 1,70 m e menos de 70 quilos. Confirmando estereótipos, estudos feitos pela polícia também demonstram que identificação interracial — negros identificando brancos, e vice-versa — tende a ser o tipo mais fraco porque, à primeira vista, tanto negros quanto brancos têm dificuldade de distinguir entre os membros de outro grupo étnico. Ao menos em Baltimore, a reputação de piores identificações fica com os coreanos, que são donos da maioria dos mercadinhos na periferia. "Tudo parecido", é a única frase que sempre dizem a um investigador de roubos.

Mas esse caso deveria ter sido diferente. Para começar, a identificação é de um suspeito branco por uma testemunha branca. Além disso, o sujeito ficou mais de uma hora no bar, sempre ao redor de Carol, puxando papo com os outros clientes e funcionários. Em conjunto, as pessoas conseguem lembrar que o cara afirmou ser mecânico, na verdade um especialista em transmissão, que ele bebeu Budweiser, mencionou que um bar em particular em Parkville estava à venda e que o tio dele era dono de um bar em Highlandtown que tinha um nome que soava alemão, que ninguém consegue lembrar. Lembram até que o cara ficou puto quando Carol levantou para dançar ao som da jukebox com outra garota. Tudo isso foi memorizado pelas pessoas que estavam no bar, mas, mesmo assim, Brown não tem nada além de uma descrição parcial.

Frustrado, Brown interroga a bartender uma segunda vez para conferir sua versão e, então, conversa com Worden ao fundo do bar, perto da mesa de bilhar.

"Essas são nossas melhores testemunhas?", indaga Brown. "A gente não tem porra nenhuma."

Escorado no telefone público da parede dos fundos, Worden olha para Brown com cara de "como assim nossas, cara pálida?".

"O problema é que foi perto da hora de fechar, e todo mundo já tava embriagado", continua Brown. "Eles não se lembram do sujeito bem o suficiente pra um retrato falado."

Worden não diz nada.

"Você acha que vale a pena chamar um desenhista?"

Worden olha para ele com descrença. Mesmo com boas testemunhas oculares, os retratos falados acabam nunca ficando parecidos com o suspeito. De algum modo, todos os sujeitos negros parecem Eddie Brown, e, dependendo da cor do cabelo, todos os caras brancos se parecem ou com Dunnigan, ou com Landsman.

Brown insiste. "Não tem o suficiente aqui pra um retrato falado, né?"

Worden estende a mão. "Me dá 25 centavos."

Brown cata uma moeda, pensando que Worden quer usar o telefone, ou talvez colocar uma música no jukebox.

"Brown, você é um merda", xinga Worden, colocando a moeda no bolso. "Termina sua cerveja e vamos nessa."

Eles voltam com o pior tipo de investigação, uma busca estilo agulha no palheiro por Rick, seu longo cabelo loiro e seu carro esporte verde azulado ou talvez preto. Relutantemente, Worden passa a descrição via teletipo para as delegacias. Ele tinha pensado em manter aquela informação em relativo segredo, porque, se de algum modo chegasse ao suspeito a notícia de que estão de posse de uma descrição parcial do carro, o sujeito iria pintar, dar um fim nele ou esconder em uma garagem em algum lugar por meses. Os dois investigadores sabem que o carro é uma prova essencial.

Idealmente, os teletipos são lidos durante as chamadas diárias das delegacias de toda cidade, e talvez em alguns outros lugares do estado, se um investigador usa o sistema de computador MILES. Diabo, se o investigador acha que o suspeito se escondeu em outro estado, ele pode chegar ao extremo de dar entrada no Centro Nacional de Informação Criminal. Mas tanto as linhas de teletipo local quanto nacional — assim como quase tudo no sistema de justiça criminal — são congestionadas ao ponto do absurdo. Normalmente, os únicos itens que policiais lembram das chamadas são os casos prioritários — policiais assassinados, crianças mortas — e, eventualmente, alguma piada. No começo de um turno recente das oito às dezesseis, Jay Landsman fez questão de ler um teletipo relatando um arrombamento no Condado de Baltimore no qual a propriedade roubada consistia em mais de dois mil litros de sorvete.

"Estima-se que os suspeitos tenham engordado um bocado desde o roubo..."

Ao menos nas delegacias de Baltimore, a descrição de um caso de homicídio tem uma boa chance de ser lida na chamada, mas, se alguém de fato escuta, é algo aberto a debate. No entanto, o fato de a mulher ter sido atropelada no Distrito Sul favorece Brown e Worden. Na cabeça do investigador, os policiais de rua de certos distritos são conhecidos por certos hábitos: os policiais da Leste sabem preservar uma cena de crime melhor do que ninguém, os da Oeste têm informantes decentes, nos distritos Sul e Sudeste ainda existem caras que vão para as ruas e trabalham com base em descrições.

Durante vários dias, os uniformizados desses distritos param motoristas que se encaixam na descrição. A papelada chega à mesa de Brown na central, onde nomes e números de placa estão listados, junto a registros de chassi e fotos do departamento de investigação. Há um bocado de informação, e Brown olha cada relatório cuidadosamente. Nada parece bater: um sujeito tem um 280Z com capota removível, mas ele tem cabelo castanho e começa a ficar calvo. Outro sujeito tem um Mustang com algum tipo de dano, mas o cabelo dele é preto. Outro tem cabelo loiro comprido, mas o Trans Am que dirige é cor de cobre claro.

Além das barreiras de trânsito no distrito, Brown e Worden passam os dias e noites após o assassinato enfiados dentro do Cavalier, averiguando tudo que a família da vítima conta a eles. E, a cada dia que passa, a família oferece um novo suspeito. Primeiro, é um cara em Middle River, cujo nome definitivamente é Rick e que ligou para Carol cerca de uma semana antes de ela morrer. A família ainda tem o número do telefone do sujeito.

Quando Brown e McLarney vão ao endereço em Middle River, um sujeito de cabelo loiro, curto e escasso atende a porta. Bom, pensa Brown, esperançoso, ele pode ter cortado. Mas, na central, na sala de interrogatório grande, os investigadores descobrem que ele trabalha em uma fábrica de açúcar em Locust Point, e não como mecânico. Pior que isso, o único carro que ele tem é um Toyota amarelo; Brown averigua que o carro esteve no estacionamento da fábrica naquele dia. O homem prontamente admite ter dado a Carol Wright uma carona até a avenida Fort em sua moto, mas fica genuinamente surpreso ao saber da morte da mulher.

Outro rapaz parado nas barreiras policiais tem cabelo longo e comprido e o tipo de carro certo, registrado no endereço da mãe na avenida Washington, mas o álibi dele parece sólido. Um terceiro caipira é um mecânico chamado Rick que vive em Anne Arundel: ele conhecia alguns dos amigos de Carol, de acordo com a família. Brown faz campanha na casa por dois dias, atento à chegada do carro esporte preto, apenas para o sujeito aparecer e contar que a família já ligou para ele.

"Eles me disseram que talvez você viesse", assegura a Brown. "O que você quer saber?"

Billyland. Não apenas falam com a polícia, mas tagarelam uns com os outros — tanto que não tem como um investigador trabalhar de modo eficiente. Assim que um membro da família fica sabendo de um suspeito em potencial, outro membro da família fala pra um amigo de um amigo perguntar ao sujeito se ele tem um carro esporte preto e, se tiver, se o usou para atropelar Carol Wright. Brown volta duas vezes à zona sul para implorar à família que não discuta o caso com ninguém. Nas duas vezes, lhe asseguram que vão calar a boca.

Dois dias depois, Brown está sozinho em um Cavalier, observando uma rua que sai da avenida Dundalk, à espreita de outro suspeito. Ele fica lá por horas, bebendo café da loja de conveniência, alimentando sua tosse de fumante e observando a rapaziada caipira entrar e sair dos carros. Raramente um investigador de homicídios tem tempo para esse tipo de tocaia sem fim, mesmo que tenha paciência. Mas, até esse momento, nenhum novo assassinato chegou à mesa de Brown, permitindo que ele fique horas sentado com o ar-condicionado ligado.

Com açúcar de uma rosquinha no bigode e música bluegrass tocando no rádio AM, ele logo se dá conta de que não passava tanto tempo de tocaia desde a época na divisão de narcóticos. E, no final do dia, se sente bastante orgulhoso por ser cuidadoso, paciente e determinado — como qualquer investigador de verdade.

Finalmente, após apenas dois dias consecutivos em um Cavalier, quando fica claro que não há um carro preto em nenhum lugar próximo da casa, Brown apanha o cara para um interrogatório. "Isso", confirma o suspeito. "Me disseram que tinham dado meu nome pra você uns dias atrás. Mas não sei por que fizeram isso."

Brown volta ao escritório da divisão de homicídios, pronto para jogar o arquivo do caso na gaveta vazia mais próxima. "Me passem um assassinato na zona oeste", pede a Worden. "Não consigo mais lidar com esse povo branco."

De sua parte, Worden permaneceu no caso, mas manteve certa distância. Junto a Brown, ele tinha cruzado Highlandtown em busca de um bar com qualquer nome que parecesse alemão. E também tinha passado horas com Brown espreitando aquelas casas e estacionamentos, procurando o misterioso carro preto. Apesar disso, há uma mensagem na presença de Worden no caso, algo que Brown entende instintivamente.

"Tá a fim de ir embora?", pergunta Brown após três longas horas observando um condomínio em Marlen Neck.

"O caso é seu", responde Worden, mascarando seu método socrático com indiferença. "O que você quer fazer?"

"Vamos esperar", retruca Brown.

Ainda assim, ao fim de uma semana, não chegam mais perto do assassino, e o caso Carol Ann Wright permanece sendo uma morte indeterminada, nem sequer é um assassinato. E os dois homens sabem que, sem uma nova pista, a tarefa deles é hercúlea. Três dias antes, uma lista impressa pelo Departamento de Veículos Automotivos chegou à divisão de homicídios com os nomes e endereços de proprietários de Datsuns 280Z na região central de Maryland. Ainda que as melhores testemunhas estejam certas com relação à marca do carro, mesmo se o suspeito deles tiver o carro registrado em seu nome, a lista do computador tem mais de cem páginas.

Em 30 de agosto, Worden pega um caso de fato urgente, um garoto de 14 anos morto com uma espingarda na noroeste, sem motivo aparente, enquanto voltava para casa de seu emprego em uma lanchonete.

Cinco dias depois, Dave Brown e McLarney trabalham no desaparecimento de uma mulher de 26 anos da zona oeste que não era vista fazia uma semana, embora dois viciados tenham sido presos dirigindo o carro dela.

Novos corpos. Novas pistas. Da mesa de Brown, dá quase pra ouvir o barulho lento e estridente do câmbio do caso Carol Wright arranhando.

Quinta-feira, 15 de setembro

A cena é o porão de uma casa geminada, um lugar úmido e sem mobília na rua Preston Leste, onde um velho branco está estirado no piso em *rigor mortis* completo, coberto por algumas lonas plásticas e três magos de sessenta centímetros de altura, moldados em ferro. Isso mesmo: os três reis magos, aquelas boas almas que levam mirra, incenso e visitam manjedouras abençoadas nos pátios de igrejas todos os Natais. Um belo toque bizarro, pensa Rich Garvey. Alguém abriu um enorme buraco à bala na cabeça do velho, roubou o dinheiro dele, arrastou o corpo até o porão e, então, jogou a lona plástica e os três reis magos sobre o corpo. Um presépio, ao estilo da zona leste de Baltimore.

O sujeito morto é Henry Plumer, e fica imediatamente claro para Garvey e Bob McAllister que o velho se deparou com algo bem grande — uma .44 ou, provavelmente, uma .45, que além de tudo foi disparada à queima-roupa, o que pode ser notado pelas queimaduras de pólvora. Plumer tinha quase setenta anos e, por ao menos metade de sua vida, tinha sido coletor das Mobílias Littlepage, vagando pela periferia, cobrando as prestações de móveis e eletrodomésticos. Era um modelo de crédito sem entrada que seduzia pobres a pagar 10 dólares por semana, até que a sala de estar acabava custando mais do que uma faculdade, mas o velho sr. Plumer tinha feito aquilo por tanto tempo que as pessoas o conheciam e gostavam dele. Ele tinha meio que se tornado uma instituição local da zona leste de Baltimore, andando o dia todo com seu livreto de prestações. Donald Kincaid chegou a conhecer o sujeito, porque sua mãe morava na quadra 900 da Collington e se recusava a sair de sua casa no bairro, mesmo com o entorno reduzido a ruínas.

Garvey já sabe tudo a respeito do sr. Plumer, ou ao menos sabe tudo que está listado no teletipo de ontem relatando o desaparecimento, quando o velho e seu carro sumiram na selva de Baltimore e a família dele começou a entrar em pânico. Garvey já está bastante convencido de que sabe quem matou o sr. Plumer — um convencimento fácil, considerando que o proprietário do porão em questão é um usuário de drogas com uma extensa folha corrida.

Pelo que se descobriu até o momento, o viciado chamado Jerry Jackson, o dono dessa pilha de tijolos de dois andares, foi uma das últimas pessoas a ver Henry Plumer com vida e, pelo visto, saiu de casa para seu trabalho de faxineiro no Hospital Rosewood enquanto o corpo de Plumer ainda sangrava no piso do porão. Como pistas, esses fatos são evidentemente nada sutis e sugerem uma certa falta de intelecto por parte do proprietário em questão — uma sugestão praticamente confirmada quando o telefone começa a tocar no andar térreo alguns minutos após a chegada dos investigadores. Garvey sobe as escadas e pega o telefone ao terceiro toque.

"Alô!"

"Quem é?", pergunta o sujeito que liga.

"Aqui é o investigador Garvey, da divisão de homicídios", ele se apresenta. "Quem fala?"

"Aqui é o Jerry."

Quanta consideração, pensa Garvey. Um suspeito que liga para sua própria cena do crime.

"Jerry", diz Garvey, "em quanto tempo você chega aqui?"

"Em uns vinte minutos, mais ou menos."

"Vou ficar esperando."

Em sua primeira declaração dada, Jerry Jackson nem sequer se dá ao trabalho de perguntar ao investigador de homicídios o que ele está fazendo em sua casa, não tenta negar nada, nem mesmo demonstra choque ou descrença. Apenas desliga o telefone, sem, em momento algum, expressar surpresa ou preocupação com um cadáver sendo examinado em seu porão. Também não expressa qualquer curiosidade imediata do porquê do corpo estar lá. Garvey espera até que a linha de telefone fique muda, fascinado por estar lidando com um mentecapto tão honesto e cooperativo.

"Aí, Mac", chama Garvey, colocando o telefone no gancho e indo até o alto da escada do porão. "Era o Jerry no telefone."

"Sério?", pergunta McAllister no porão.

"Sério. Ele tá vindo pra cá."

"Que beleza", exclama McAllister, sério.

Os investigadores continuam trabalhando na cena do crime. Duas horas depois, se cansam de esperar por Jerry Jackson, que, mesmo parecendo disposto a cooperar, não dá as caras. Mais tarde naquela noite, com um investigador do condado junto, eles dirigem até a Fullerton e dão a notícia à família Plumer. A viúva fica pálida e desmaia. Na manhã seguinte, a mulher morre de ataque cardíaco, tão vítima do homicídio quanto o marido.

É nas primeiras horas da manhã que Jerry Jackson finalmente volta para a casa na rua Preston, onde é saudado com certa consternação por sua própria esposa, uma mulher que não ficou nada satisfeita com a descoberta de um corpo no porão. Foi a esposa quem encontrou Henry Plumer e ligou para a polícia após ter ouvido de amigos na vizinhança que ele tinha sido visto pela última vez fazendo sua costumeira visita à casa dos Jackson. Rumores alusivos ao assassinato já circulavam por toda parte, e uma amiga pediu à sra. Jackson que checasse o porão cuidadosamente. As duas desceram até metade da escada e viram os sapatos despontando debaixo da lona. A esposa não continuou descendo, mas a amiga seguiu e levantou o plástico o suficiente para se convencer de que era o sr. Plumer e que ele definitivamente já tinha tido uma aparência melhor. Àquela altura, a esposa de Jerry Jackson viu onde aquilo ia dar; sem esperar o marido voltar do trabalho, foi até o telefone e discou o número da polícia.

Então, quando Jerry Jackson volta para casa e conversa com a esposa, se torna totalmente óbvio — até mesmo para ele — que, qualquer que fosse o plano para aquele assassinato, definitivamente não estava funcionando. Mas ele não some nas entranhas da zona leste de Baltimore. Nem tenta reunir dinheiro para comprar uma passagem de ônibus para algum lugar nas Carolinas. Não, senhor. Para sua última ação como um homem livre, Jerry Jackson escolhe ligar para a divisão de homicídios e perguntar por Rich Garvey. Ele quer falar sobre o corpo em seu porão. Talvez, menciona, possa ajudar a investigação de algum modo.

Mas, quando Jackson chega à sala de interrogatório, suas pupilas têm o tamanho de partículas subatômicas. Cocaína, pensa Garvey, porém acha que o suspeito talvez consiga dizer algumas frases coerentes. Após ler os direitos Miranda, a primeira pergunta do investigador é a mais óbvia de todas, claro.

"Ah, Jerry", pergunta Garvey, coçando o alto da cabeça em falsa confusão, "por que o corpo do sr. Plumer estava na sua casa?"

Calmamente, de modo quase casual, Jackson conta aos investigadores que fez seu pagamento mensal para o sr. Plumer na tarde do dia anterior; depois, o velho pegou o dinheiro e foi embora de carro.

"E eu não sabia nada sobre assassinato nenhum", continua, a voz falhando, "até que liguei do trabalho pra casa da minha mãe, e ela me contou que TINHA A PORRA DE UM CADÁVER NO MEU PORÃO!"

A primeira metade da frase é tensa, mas calma, porém a última parte é um desabafo descontrolado, um grito que atravessa a porta da sala de interrogatório e pode ser ouvido do outro lado do sexto andar.

Sentados um de cada lado do suspeito, os investigadores olham um para ou outro por um momento e, então, para a mesa. Garvey morde o lábio inferior.

"Você pode, ahm, nos dar licença por um segundo?", diz McAllister, como se fosse uma professora de etiqueta e o sujeito tivesse apenas usado o garfo errado para a salada. "A gente só precisa discutir uma coisinha e volta em um segundo, beleza?"

Jackson concorda, tendo espasmos.

Os dois investigadores caminham em silêncio para fora da sala e fecham a porta de metal atrás deles. Ele conseguem ir até o escritório anexo antes de começar a gargalhar, convulsionando com a força do riso contido.

"TEM UM CADÁVER NO MEU PORÃO", grita Garvey, sacudindo os ombros do parceiro.

"Não é só um corpo", corrige McAllister, rindo, "*a porra* de um cadáver."

"TEM A PORRA DE UM CADÁVER NO MEU PORÃO!", grita Garvey de novo. "TEM UM ASSASSINO À SOLTA!"

McAllister balança a cabeça, ainda rindo. "Não é pra odiar isso? Você sai de casa, vai pro trabalho, liga pra sua mãe e ela diz que tem um cadáver no seu porão..."

Garvey segura a mesa do escritório anexo com as duas mãos, tentando reaver a compostura.

"Aguentei o máximo que pude para não rir na cara dele", ele conta a McAllister. "Meu Deus."

"Você não acha que ele tá chapado ou coisa assim?", pergunta McAllister, sério.

"Ele? Sem chance. Ele só tá um pouco temperamental. Só isso."

"Sério mesmo, será que esse depoimento vale a pena?"

A questão é de caráter legal. Qualquer declaração colhida agora pode ser mitigada pelo fato de que Jerry Jackson está um tanto comprometido, quimicamente falando.

"Mas que diabo", reclama Garvey. "Vamos voltar lá. A gente tem que fichar ele. Ou a gente fala com ele agora, ou nunca..."

McAllister concorda e segue à frente até a sala de interrogatório. Do lado de fora da janela telada, os dois investigadores podem ver Jerry Jackson dançando um samba doido na cadeira. Garvey começa a rir de novo.

"Pera aí", pede ele a McAllister.

Garvey consegue reaver sua expressão neutra, depois começa a rir de novo e, depois, se recompõe mais uma vez. "Esse filho da puta tá me matando."

McAllister pega na maçaneta da porta, lutando para manter a compostura. "Pronto?", pergunta.

"Tô."

Os dois investigadores voltam à sala e a seus assentos. Jackson aguarda outra pergunta, mas, em vez disso, ouve um longo monólogo de McAllister, no qual ele explica que não tem motivo para estar chateado ou zangado com as circunstâncias existentes. Nenhum motivo. Afinal, eles só estão fazendo perguntas, e ele respondendo a perguntas, certo?

"Não tamos machucando você, correto?"

Não, concorda o suspeito.

"E não tamos tratando você mal, correto?"

Não, concorda o suspeito.

"Você tá sendo tratado de maneira justa, correto?"

Sim, concorda o suspeito.

"Então, tá, Jerry. Por que não conta pra nós — com calma — por que não conta com calma pra nós por que tinha um cadáver no seu porão?"

Não que importe o que Jerry diz, porque, ao nascer do dia seguinte, Garvey, McAllister e Roger Nolan já obtiveram um depoimento completo da esposa de Jackson. Também interrogaram o sobrinho que tinha ajudado Jackson a planejar o assalto e, então, se livrar do carro de Plumer. Chegaram a conversar até com o traficante do bairro, de quem Jackson tinha comprado 200 dólares em cocaína usando o dinheiro que tinha tirado dos bolsos do velho. Por conta disso tudo, a chamada da rua Preston definitivamente não é o que vem à mente de um investigador quando pensa em um assassinato perfeito. Presumivelmente, Jackson tinha planejado aparecer no trabalho para não levantar suspeita e, então, tirar o corpo do porão e desovar em algum outro lugar, nas primeiras horas da manhã. Isso se o sujeito tinha qualquer plano que fosse, além de roubar e matar um homem na sala de estar para arranjar dinheiro para passar o dia chapado.

Pouco antes da troca de turno da manhã, Garvey está em sua mesa no escritório principal, vencendo a papelada e escutando enquanto Nolan filosofa a respeito do motivo pelo qual foi possível resolver esse caso.

Quando a gente saiu e pegou o traficante que vendeu para Jackson, diz Nolan, foi isso que realmente resolveu o caso.

Nesse momento, Garvey e McAllister largam suas canetas e olham para o sargento como se ele tivesse descido de um ônibus vindo de Marte.

"Ahm, Roger", interrompe McAllister, "o que solucionou o caso foi o fato de que o assassino deixou o sujeito morto dentro de casa."

"É, sim", assente Nolan, rindo, mas um pouco desapontado. "Isso também."

E, assim, o Ano Perfeito de Rich Garvey segue adiante, uma cruzada divina aparentemente alheia ao toque da realidade, uma campanha além das regras de homicídios que de algum modo afligem todos os outros investigadores. Garvey está conseguindo testemunhas, digitais identificadas, placas de carros usados em fugas. Se você cometer um assassinato em Baltimore enquanto Rich Garvey está trabalhando, é bom arranjar um advogado para encontrar você na carceragem da delegacia uma hora depois.

Não muito tempo após Jerry Jackson voltar à terra e à cela da prisão municipal, Garvey mais uma vez atende ao telefone e anota um endereço na zona leste de Baltimore. Dessa vez, é o pior tipo de chamada que um policial que investiga assassinatos pode receber. Garvey está tão certo da unanimidade de sua opinião que pergunta aos outros investigadores no escritório que apontem o tipo de chamada que menos gostam de atender. McAllister e Kincaid precisam de meio segundo para responder "incêndio".

Para o investigador de homicídios, o assassinato envolvendo incêndio criminoso é um tipo de tortura especial, porque o departamento de polícia fica essencialmente preso a tudo que o investigador do corpo de bombeiros disser. Donald Kincaid ainda carrega um assassinato em aberto por conta de um incêndio fatal que tinha quase certeza de não ter começado com nada mais sinistro do que um curto-circuito. Na cena do crime, Kincaid pôde ver o rastro do fogo que subiu pela parede da casa onde ficava a fiação, mas algum pateta do FBI insistiu em considerar um incêndio criminoso. E aí o que ele podia fazer, prender a maldita caixa de fusíveis? Não apenas isso, mas, quando o investigador leva um caso de incêndio criminoso genuíno para o júri, quase nunca consegue convencê-lo de que o fogo não foi um acidente, não sem ao menos uma meia dúzia de testemunhas. Mesmo que a gasolina ou algum outro acelerante utilizado forme um rastro, um bom advogado pode sugerir que alguém derramou o treco por acidente e sem querer deixou um cigarro cair. Jurados gostam de pessoas mortas que têm buracos de bala, ou facas de carne enfiadas nelas; qualquer coisa menos que isso não é convincente.

Sabendo de tudo isso, Garvey e McAllister mais uma vez levam seu carro até a cena do crime, com medo e repulsa no coração. É uma espelunca de dois andares na rua Bond Norte, e, é claro, não há testemunhas — só um monte de mobília queimada e uma criatura tostada bem no meio da sala. Algum bebum, um sujeito velho, talvez 60 anos.

O pobre-diabo está jogado lá feito um pedaço de frango que alguém se esqueceu de virar no forno, e o investigador do FBI mostra a Garvey um borrão escuro que tem o padrão típico de algo que foi derramado. E, de fato, quando limpam a fuligem da sala, o borrão realmente parece mais escuro que a área em torno dele. Então, Garvey tem um sujeito morto, um padrão de derramamento e uma mulher bêbada que fugiu pela janela de trás quando o fogo começou, e agora está no Hospital Union Memorial respirando com um tanque de oxigênio. Por meio do investigador do incêndio, os investigadores descobrem que a mulher é supostamente a namorada do sujeito morto.

Tendo confirmado que a rua Bond Norte era, de fato, o pior pesadelo deles tornado realidade, Garvey e McAllister dirigem até o hospital convencidos de que seu ano abençoado finalmente chegou ao fim. Eles entram na sala de emergência do Union Memorial e cumprimentam os dois investigadores do esquadrão de incêndios criminosos que estão parados no balcão de entrada feito um par de descansos de livro, lhes dizendo que a versão da mulher ferida é bobagem. Ela diz que o fogo começou por acidente em um cinzeiro, ou alguma idiotice do tipo.

A mulher disse isso ao pessoal do esquadrão quando estava sendo tratada na emergência, mas não podia ser interrogada porque tinha inalado muita fumaça e é difícil falar. Garvey talvez já saiba quem é a incendiária, mas não tem modo algum de provar a acusação. Por conta desse conflito, a ideia de pedir a um legista-assistente que deixe o caso pendente por algum tempo — talvez uma década — se torna cada vez mais atraente na cabeça dos dois investigadores. Na autópsia da manhã seguinte, Garvey consegue conquistar tal feito, o que faz com que ele e McAllister retornem ao escritório com a sincera esperança de que, se baterem os calcanhares três vezes seguidas, o caso todo vai sumir.

Dados os eventos recentes, tais pensamentos na mente de Rich Garvey só podem sugerir uma certa falta de fé, uma certa falta de consideração por seu próprio destino. Duas semanas depois, a mulher no Union Memorial sucumbe por conta da fumaça inalada e de ferimentos relacionados; dois dias depois disso, Garvey faz uma segunda visita à rua Penn e assegura aos bons médicos que eles podem ir adiante e considerar o caso um homicídio. Se fizerem isso, ele pode imediatamente considerar o caso como resolvido por conta da morte conveniente da única suspeita. Um bom investigador, afinal de contas, nunca é orgulhoso demais para aceitar uma resolução na base da canetada.

O caso do incêndio soma dez resoluções desde o assassinato de Lena Lucas, em fevereiro. Assassinatos ligados ao tráfico, brigas de vizinhos, assaltos de rua, mortes por incêndio criminoso que não podem ser julgadas — nada importa para Rich Garvey, o desgraçado mais sortudo entre os quinze membros do esquadrão de D'Addario. Pelo visto, o Ano Perfeito, como qualquer força da natureza, não pode ser negado.

Sábado, 1º de outubro

Ele sobe e desce os degraus das casas, um investigador de homicídios batendo em portas na rua Durham Norte, em busca de um pouco de cooperação, um pouco de responsabilidade cívica.

"Não vi nada", declara a menina no 1615.

"Ouvi um estrondo alto", revela um homem no 1617.

Ninguém responde no 1619.

"Meu Deus", exclama a mulher no 1621, "não sei nada sobre isso."

Tom Pellegrini faz mais algumas perguntas adicionais às pessoas, tentando muito se interessar pelo caso, encontrar algo que possa fazer o investigador se importar com a mancha de sangue no meio do quarteirão 1600.

"Você estava em casa na hora?", pergunta a outra garota, na porta do 1616.

"Não tenho certeza."

Não tem certeza. Como podia não ter certeza? Theodore Johnson foi atingido por um disparo de espingarda à queima-roupa, no meio de uma estreita rua de casas geminadas. O barulho deve ter sido alto o bastante para ser ouvido até na avenida Norte.

"Você não sabe se estava em casa?"

"Talvez estivesse."

Assim termina a averiguação de porta em porta. Não que Pellegrini possa culpar a vizinhança por sua relutância em oferecer informações. Há o rumor de que o cara morto sacaneou um traficante local, e o traficante provou a todos que ele é um sujeito a ser respeitado. As pessoas atrás das portas têm que viver na rua Durham; Pellegrini não é nada além de um turista ocasional.

Com nada no horizonte que remotamente se assemelha a uma testemunha, Pellegrini tem um corpo a caminho da rua Penn e uma mancha de sangue no asfalto sujo. Ele tem um cartucho de espingarda, ejetado pelo atirador no beco dobrando a esquina. Ele tem uma rua tão escura que o carro da unidade de emergência foi chamado para iluminar a cena para as fotografias. Mais ou menos uma hora depois, Pellegrini estaria com a irmã da vítima sentada no escritório de Jay Landsman, fornecendo-lhe nomes de pessoas que poderiam ou não ter a ver com a morte. E ele teria uma dor de cabeça também.

Theodore Johnson se junta a Stevie Braxton e Barney Erely no quadro branco na sala do café. Braxton, o rapaz com uma extensa folha de antecedentes encontrado esfaqueado na avenida Pensilvânia. Erely, o sujeito sem-teto espancado até a morte na rua Clay. Nomes em vermelho no quadro, com a inicial de Pellegrini ao lado deles, baixas na jornada de um ano para fechar o caso Latonya Wallace. É triagem, pura e simples, mas Pellegrini pode viver com isso. Afinal de contas, ele tem uma garota de 11 anos estuprada e assassinada, e nem Theodore Johnson, nem uma dívida de drogas, que agora já foi paga, têm qualquer peso quando colocados na balança. O homem morto dessa noite receberia umas duas tentativas da divisão de homicídios, uma ou duas testemunhas relutantes levadas para a sala de interrogatório. Mas o investigador principal deixaria o caso de lado.

Meses depois, Pellegrini sentiria um pouco de culpa por conta disso, alguma preocupação com o número de casos sacrificados por conta de uma criança. Com basicamente o mesmo tipo de autorrecriminação que comanda seus pensamentos no assassinato de Latonya Wallace, Pellegrini se perguntaria se deveria ter colocado mais pressão naquele rapaz no Distrito Oeste em janeiro, aquele que tinha dito conhecer um dos atiradores do caso na Gold com a Etting. Se questionava se não deveria ter sido mais duro com a namorada de Braxton, que não pareceu muito incomodada com o assassinato. E se inquietava também com os rumores de que a irmã de Theodore Johnson traz para ele — informação que nunca seria inteiramente verificada.

É verdade, poderia deixar o caso para o investigador secundário. Vernon Holley analisou a cena do crime com ele e, provavelmente, entenderia se Pellegrini se ausentasse para focar no caso Latonya Wallace. Ainda assim, Holley é novo no esquadrão, um investigador negro veterano que foi transferido da unidade de roubos e furtos para substituir Fred Ceruti. Ele tinha investigado um assassinato com Rick Requer duas semanas antes, mas aquilo não era suficiente para qualificar como uma orientação, mesmo para um investigador tão experiente quanto Holley. E, para começo de conversa, o esquadrão estava desfalcado de um homem: Dick Fahlteich tinha voluntariamente se transferido para a unidade de crimes sexuais após seis anos em homicídios. A contagem de corpos finalmente tinha se tornado demais para Fahlteich, um investigador talentoso que, apesar disso, atendia cada vez menos chamadas a cada ano, trabalhando em um ritmo que os demais no esquadrão de Landsman comparavam ao de Harry Edgerton. A carga de trabalho e as horas — aliadas a uma irritação permanente por ser passado para trás diversas vezes nas listas do sargento — tinham, enfim, empurrado Fahlteich para a outra ponta do corredor do sexto andar, quase ao mesmo tempo que Ceruti fazia o mesmo caminho. Ao menos no caso de Fahlteich, tinha sido uma questão de escolha.

Não, raciocina Pellegrini, com o esquadrão reduzido a três homens mais um recém-transferido, o caso Theodore Johnson é todo dele. Ao menos, ele deve a Holley o compromisso de passar alguns dias com o caso. Uma demonstração chocante de esgotamento profissional não é exatamente a melhor lição a se ensinar a um novo policial.

Com bravura, Pellegrini luta contra os próprios impulsos, analisando de modo competente uma cena de crime na rua Durham e averiguando todo um quarteirão em busca de testemunhas que sabe em seu íntimo que jamais colaborarão. Holley vai embora cedo, voltando ao escritório da homicídios para iniciar o interrogatório de familiares e de dois garotos que estavam na cena do crime, mandados para a central apenas porque agiam feito esquilos quando os primeiros patrulheiros chegaram.

A súbita inversão de papéis — com Pellegrini agora um veterano cansado, treinando o mais recente prodígio — é aceita sem qualquer comentário por todos os demais no esquadrão de Landsman. Nove meses no caso Latonya Wallace tinham mudado Pellegrini: sua metamorfose, de um recruta limpinho para um velho e cansado rato das trincheiras, estava completa. Dizer que, ao olhar para Holley, via a si próprio dois anos antes seria exagero: Holley já tinha experiência como investigador na unidade de furtos e roubos do Departamento de Investigação Criminal; Pellegrini tinha chegado à homicídios sem qualquer experiência investigativa. Ainda assim, Holley está trabalhando no caso da rua Durham como se importasse, como se fosse o único assassinato na história do mundo. Começou a trabalhar agora. Ele é confiante. E faz Pellegrini sentir como se tivesse 100 anos de idade.

Os dois investigadores seguem as pistas do assassinato da rua Durham até o fim da manhã, compilando a informação da irmã e, então, tentando comparar a versão dela com a de um ex-policial que tinha familiares morando no quarteirão. A família dele não vai colaborar, mas o ex-policial, embora tenha sido demitido da força vinte anos atrás em um caso de corrupção, tinha instinto residual suficiente em si para ligar com o nome de um possível envolvido. Pellegrini e Holley encontram o garoto naquela mesma manhã, dão uma prensa nele no cubículo grande por diversas horas e conseguem bem pouco com o esforço. E então, lentamente, após mais alguns pulos em torno do arquivo do caso, Holley aceita o veredito não articulado por seu tutor. Ele se afasta, procurando melhores opções com Gary Dunnigan e Requer.

E é o que ele acha, acompanhando Requer em um incidente doméstico na rua Bruce, uma verdadeira tragédia na qual uma garota foi espancada até a morte pelo namorado viciado em cocaína, e o órfão deixado pela mãe chora no ombro de um patrulheiro, gritando para o mundo enquanto o rádio portátil do policial cospe chamadas direcionadas a toda a cidade. Depois isso, Holley vai até outro incidente doméstico em Cherry Hill, no qual trabalha até sua conclusão com Dunnigan. Os dois casos são fáceis e trazem alguma confiança. Em dezembro, Holley já atenderia a chamadas como investigador principal.

No entanto, para Pellegrini, os marcos conquistados por seu esquadrão pouco importam. A queda de Ceruti, a partida de Fahlteich, o treinamento de Holley — todas são cenas de uma peça da qual Pellegrini não faz parte de fato. O tempo parou para um dos investigadores, o deixando sozinho em um palco só seu, preso com os mesmos parcos itens cenográficos e as mesmas poucas falas da mesma cena triste.

Três semanas antes, Pellegrini e Landsman foram ao apartamento do Homem do Peixe na rua Whitelock uma segunda vez, usando um mandado de busca emitido mais para a tranquilidade de Pellegrini do que qualquer outra coisa. Meses tinham se passado, e a chance de recuperar qualquer prova adicional no apartamento era mínima. Ainda assim, Pellegrini, focado no comerciante como o melhor suspeito, está convencido de que, na pressa de visitar o muquifo de três andares na Newington em fevereiro, tinham prejudicado a busca anterior na Whitelock. Em particular, Pellegrini se lembrava vagamente de ter visto resquícios de carpete vermelho na sala de estar do Homem do Peixe naquela batida em fevereiro; meses depois, ele pensou nos cabelos e fibras colhidos do corpo da menina no necrotério e lembrou que uma das fibras era de tecido vermelho.

Carpete vermelho, fibra vermelha: Pellegrini subitamente tinha mais um motivo para se torturar. Para Pellegrini, o conteúdo do arquivo H88021 tinha se tornado nada menos do que uma paisagem em eterna mudança, no qual cada árvore, pedra e arbusto parece se mover. E não adiantava lhe explicar que isso poderia acontecer com qualquer investigador, em qualquer caso — essa sensação de buraco no estômago de que tudo estava passando despercebido, de que as provas sumiam mais rápido do que o investigador conseguia perceber. Todos os investigadores da unidade viveram a sensação de ver uma coisa importante em uma cena de crime ou durante uma busca, voltar para olhar uma segunda vez e perceber que já não estava mais lá. Diabo, talvez nunca tivesse estado lá. Ou talvez ainda estivesse lá, mas agora já não tinham a habilidade de enxergar.

Isso era a matéria-prima do Pesadelo, o Pesadelo sendo um sonho recorrente que ocasionalmente arruína o sono de todo bom investigador. Durante o Pesadelo, você se desloca pelos limites familiares de uma casa geminada — um mandado de busca, talvez, ou talvez uma busca a olhos vistos — e, com o canto do olho, você vê algo. Que diabo é isso? Algo importante, você sabe disso. Algo de que você precisa. Um respingo de sangue. Um cartucho deflagrado. Um brinco de criança em formato de estrela. Você não consegue ter certeza, mas, com cada fibra do seu ser, entende que é a sua acusação jogada ali. Mesmo assim, desvia o olhar por um instante, e quando olha de novo já era. É um espaço vazio em seu subconsciente, uma oportunidade perdida que zomba de você. O Pesadelo apavora jovens investigadores; alguns deles até mesmo revivem o sono em suas primeiras cenas de crimes, convencidos de que o caso inteiro está evaporando no éter. Quanto aos veteranos, o Pesadelo só os irrita. Eles já passaram por isso vezes o suficiente para não acreditar em cada voz que fala no fundo da cabeça deles.

Ainda assim, nesse caso o Pesadelo domina Pellegrini. É o que o faz redigir o segundo mandado para o apartamento do Homem do Peixe, exigindo que reúna causa provável suficiente para que possa entrar em uma porta que já lhe foi aberta. Previsivelmente, a batida de setembro deixou o velho tão entediado e indiferente quanto a anterior. E também não encontrou nenhuma fibra de tecido vermelha do carpete: Pellegrini encontrou os vestígios de que se lembrava no piso do quarto, mas era um tapete de fibra plástica. E um brinco azul, achado em um canto da sala de estar, também não tinha qualquer importância para a investigação. Contatados por investigadores alguns dias depois, familiares de

Latonya Wallace disseram nunca ter visto a menina usando dois brincos diferentes. Se ela usava um brinco de estrela em uma orelha, era seguro supor que um brinco de estrela tinha sumido da outra. Para ter certeza, Pellegrini pegou um Cavalier emprestado e levou o brinco azul até a mãe da garotinha; ela pareceu um pouco surpresa com o fato de que o caso ainda estivesse sendo investigado após nove meses, mas confirmou que o brinco azul não pertencia à filha.

A cada esquina dobrada dentro do labirinto, um novo corredor surgia. Uma semana após a segunda busca na rua Whitelock, Pellegrini se viu enredado em um longo encontro com um ladrão de carros preso pela polícia do Condado de Baltimore em julho. Um jovem perturbado e com histórico de doença mental, o ladrão tentou suicídio no centro de detenção do condado em três ocasiões diferentes e, depois disso, deixou escapar para um policial que sabia quem tinha cometido dois assassinatos na cidade. Um deles era um assassinato ligado ao tráfico em um bar na região noroeste de Baltimore. O outro era a morte de uma garotinha em Reservoir Hill.

Howard Corbin foi até o condado para o interrogatório inicial e voltou com uma história do encontro ocorrido por acaso em um beco atrás do quarteirão 800 da Newington, onde o ladrão de carros disse ter ido cheirar cocaína com o primo. Uma garotinha apareceu no beco, e o ladrão de carro escutou o primo dizer alguma coisa à criança. A garota — que carregava uma bolsa de livros e tinha o cabelo trançado — respondeu algo, e ao ladrão de carros pareceu como eles se conhecessem. Mas o primo dele agarrou a garota, e o ladrão de carros ficou assustado e fugiu. Quando lhe mostraram a foto de Latonya Wallace, o rapaz começou a chorar.

Lentamente, essa hipótese começou a ganhar vida. O ladrão de carros, de fato, tinha um primo que residia no número 820 da Newington, e este, de fato, possuía uma folha de antecedentes criminais considerável, embora nada em seus registros indicasse ser um criminoso sexual. De todo modo, Corbin tinha ficado impressionado com o fato de o rapaz aparentemente lembrar que a garota tinha o cabelo trançado e estava carregando uma bolsa. Esses detalhes foram revelados ao público no começo da investigação, mas ajudaram a dar alguma credibilidade à história do ladrão.

Pellegrini e Corbin cuidadosamente verificaram mais uma vez as casas geminadas vazias do quarteirão 800 da Newington e guincharam um Chevy Nova abandonado nos fundos de uma casa ocupada naquele quarteirão. O carro já foi um dia do primo do ladrão, sendo que este afirmou que seu primo costumava manter uma faca de caça e um canivete no porta-malas do carro. Esse carro e outro veículo pertencente à irmã do suspeito foram analisados pelos técnicos do laboratório, com resultados negativos. Além disso, o ladrão de carros foi levado até a central para extensos interrogatórios.

Por fim, conforme os fatos começaram a atrapalhá-lo, a história do ladrão mudou. De uma hora para outra se lembrou, por exemplo, que o próprio primo abriu o porta-malas do carro da irmã e lhe mostrou um saco plástico com zíper. E então, quando o primo dele abriu o zíper, revelou o rosto da garotinha. E então...

O ladrão de carros tinha problemas mentais, não havia dúvida em relação a isso. Mas a história tinha sido construída com detalhes o suficiente para demandar uma investigação completa. O primo deveria ser confrontado, e a história teria de ser corroborada ou descartada. E, por fim, o ladrão precisaria passar pelo detector de mentiras.

Além daquele esforço todo, Pellegrini tinha uma outra pasta em sua mesa com o nome de um morador da avenida Park no cabeçalho — uma mistura bruta de fatos e rumores ligados a um potencial suspeito que era conhecido por ter se comportado estranhamente em meses recentes e que, em determinada ocasião, havia se exposto de modo indecente para uma estudante. Havia também alguns boletins de estupros da Central, com algumas notas dos quatro ou cinco interrogatórios com amigos e ex-amigos do Homem do Peixe.

Tudo isso aguarda Pellegrini enquanto ele tira algum tempo para trabalhar no assassinato de Theodore Johnson na rua Durham. E, quando esse intervalo acaba, ele continua se perguntando se deveria ter continuado trabalhando no assassinato ligado ao tráfico, em vez de ficar obcecado com Latonya Wallace. Fala com seus botões que se trabalhar no assassinato da rua Durham o bastante, pode resolver o caso. Por outro lado, se continuar no caso da menina, não tem como saber quando o caso pode ser solucionado.

Para os demais investigadores do turno, esse é o pior tipo de otimismo. Latonya Wallace já é história; Theodore Johnson é algo recente. E, na opinião da maioria de seus colegas, Pellegrini tinha se perdido na curva com esse caso. Mandados sucessivos para o apartamento do mesmo suspeito, investigações extensas de antecedentes, longos depoimentos de um lunático suicida — tudo isso é compreensível para um investigador novato, admitem. Diabos, com uma garotinha morta envolvida, talvez seja mesmo o necessário, de certo modo. Mas, dizem uns aos outros, não nos iludamos: Tom Pellegrini pirou.

Então, uma semana após o assassinato de Theodore Johnson, essa opinião amplamente difundida é subitamente revista quando um novo relatório do laboratório chega à mesa de Pellegrini, e seu conteúdo se torna conhecido por todos no turno.

O autor do relatório: Van Gelder, do setor de análise residual. O assunto: as manchas pretas na calça da menina. O veredito: piche e fuligem misturados a farpas de madeira queimadas. Resíduos de um incêndio.

Sem pressa alguma, o laboratório de análise residual finalmente comparou as manchas escuras da calça de Latonya Wallace com as amostras colhidas por Pellegrini no mercado queimado do Homem do Peixe, dois meses antes. O relatório aponta que as duas amostras são consistentes, ainda que não idênticas.

O que podemos dizer?, perguntas Pellegrini, pressionando a equipe do laboratório. É parecida, ou exatamente igual? Podemos afirmar com alguma certeza de que ela esteve no mercado da rua Whitelock?

Van Gelder e todos os outros na divisão de análise não têm certeza. As amostras podem ser enviadas ao laboratório da divisão de álcool, tabaco e armas de fogo em Rockville — um dos melhores do país — e talvez esses peritos possam descobrir mais detalhes. Mas, em termos gerais, explica Van Gelder, as marcas na calça e as amostras do mercado incendiado têm as mesmas características em termos de classe. São muito similares, e sim, podem ter vindo do detrito da peixaria. Por outro lado, podem ter vindo do palco de outro incêndio no qual os escombros tivessem uma composição química similar.

Uma semana após a fria depressão da rua Durham, Pellegrini se vê dividido entre a euforia e o desespero. Nove meses após o início da investigação Latonya Wallace, o novo relatório é a primeira prova substancial no arquivo, e a única prova material que implica o Homem do Peixe. Mas se os técnicos de laboratório estão dispostos a dizer apenas que as duas amostras são bastante similares, então essa prova ainda se encontra nos domínios da dúvida razoável. É um começo, mas, a menos que o laboratório de Rockville possa ser mais categórico, não é nada além disso.

Alguns dias após o relatório chegar à sua mesa, Pellegrini pede ao capitão que o autorize a buscar no computador principal ocorrências entre 1° de janeiro de 1978 e 2 de fevereiro de 1988. A informação perseguida é o endereço de todos os incêndios na área de Reservoir Hill que compreende a avenida Norte, a avenida Park, a via da Druid Hill Park e a avenida Madison.

A teoria é bastante simples: se o laboratório não consegue dizer com certeza que as manchas vieram da rua Whitelock, então talvez um investigador, fazendo o caminho contrário, possa provar que elas não podem ter vindo de qualquer outro lugar.

O investigador obcecado pelo caso Latonya Wallace pode parecer perdido para todos os demais na divisão de homicídios, mas, para Pellegrini, o caos do caso H88021 lentamente se converte em ordem. Após tantos meses, o arquivo tem novas provas, um suspeito viável, uma teoria plausível.

E, o melhor de tudo, tem até certa direção.

Sexta-feira, 7 de outubro

"Bom", diz McLarney, admirando o quadro, "Worden voltou." E voltou em preto.

Três turnos da meia-noite seguidos no fim de setembro trouxeram três assassinatos para o Grandão e Rick James. Dois foram resolvidos, e o quadro do outro lado da sala do café está adornado com provas do progresso no terceiro caso: "Qualquer ligação sobre uma prostituta chamada Lenore, que trabalha na avenida Pensilvânia, ligar para Worden ou James em casa a respeito do H88160".

Lenore, a meretriz misteriosa. De acordo com todos os relatos, ela é a única testemunha do assassinato por esfaqueamento do ex-namorado, que tinha sido visto pela última vez brigando com o novo amor de Lenore na quadra 2200 da avenida, antes de tombar no chão com um horrendo buraco na parte direita superior do peito. Agora, duas semanas depois, o novo namorado morre convenientemente de câncer, e, portanto, se a misteriosa trabalhadora do sexo tiver a bondade de ir até a central e dar um depoimento sincero, o caso número três também passará de vermelho a preto. Para conseguir isso, o esquadrão de McLarney passou as duas últimas semanas aterrorizando prostitutas na avenida, aparecendo para questionar qualquer novo rosto e afugentar os clientes. A coisa tinha ficado tão feia que as garotas já os mandam embora antes mesmo de abrirem a porta do carro.

"Não sou a Lenore", gritou uma delas para Worden uma semana atrás, antes mesmo de o investigador ter a chance de falar.

"Eu sei disso, querida. Mas você viu ela?"

"Ela não tá trabalhando hoje."

"Tá, então fala pra ela que, se vier falar com a gente, a gente para de incomodar todo mundo. Você pode fazer isso por nós?"

"Se eu trombar com ela, vou falar isso."

"Valeu, queridinha."

Puro trabalho policial, do tipo que mantém você nas ruas da cidade. Nada de políticos velhacos, nada de chefes traiçoeiros, nada de policiais novatos dizendo que não sabem nada a respeito de algum moleque morto em um beco. As ruas não entregam nada além de criminosos mentirosos e larápios, mas, escuta aqui, Worden não tem nenhuma reclamação quanto a isso. É o trabalho deles. E o dele também.

A volta à rotina tinha dado a Worden alguma satisfação, não que os últimos três casos fossem repletos de desafios e complexidade. O primeiro era praticamente um acidente: três traficantes adolescentes estavam em uma casa geminada na zona oeste, admirando o Especial de Sábado à Noite novo de seu anfitrião, quando ele disparou com o cano apontado para o peito do garoto mais jovem. O segundo foi um espancamento em Highlandtown, um homicídio culposo com um garoto caipira estendido em um beco atrás da avenida Lakewood, morto após tomar um soco, cair de costas e bater a cabeça no cimento. O terceiro foi o crime com faca na avenida Pensilvânia, que ainda aguarda o reaparecimento da srta. Lenore.

Não, não foi a qualidade dos casos que anunciou o retorno de Worden, mas, sim, os números. Independentemente de os casos serem resolvidos, a qualidade estava sempre presente com o Grandão; na verdade, o caso da rua Monroe era provavelmente seu melhor trabalho em um bom tempo. Mas, um ano atrás, Worden não era nada menos do que uma máquina, McLarney se lembrava dessa época do mesmo modo que um atleta lembra a temporada de um título. À época, o esquadrão basicamente operava de acordo com um princípio simples: Passa pro Worden. Ele topa tudo. Vai lá, passa pra ele, passa mais um e, depois, o encaixa naquele caso no qual Dave Brown e Waltemeyer ainda estão quebrando a cabeça. Tá vendo? Ele curte.

Esse ano foi bem diferente. A rua Monroe, a encrenca com Larry Young, os assassinatos em aberto de março e abril — o ano tinha se desenrolado como um exercício excruciante de frustração, e no verão não havia nada que sugerisse que a rodada de azar de Worden terminaria.

No final de agosto e no começo de setembro, o golpe frio e duro da realidade foi uma vítima de disparo de espingarda de 14 anos de idade chamada Craig Rideout, estirada sob a luz do começo da manhã em um gramado em Pimlico, morta algumas horas antes de qualquer pessoa ver o corpo e chamar a polícia. Worden trabalhou por dias para ligar o assassinato a uma gangue que cometia roubos com espingardas na Noroeste usando um Mazda vermelho. Após falar com informantes em seu antigo distrito e checar outros relatórios de assaltos com uso de espingardas, uma figura sombria em particular se destacou, um cidadão não pagador de impostos residente em Cherry Hill com uma folha de antecedentes que incluía assalto à mão armada. Não apenas Worden conseguiu ligar o rapaz a um Mazda vermelho que tinha sido visto por toda parte na Noroeste, como também descobriu que o rapaz passava um bocado de tempo com outros conhecidos na parte baixa de Park Heights, próximo à cena do crime.

Por duas noites, Worden vigiou a casa do rapaz, esperando qualquer coisa que se parecesse com um grupo de assaltantes próximo a um Mazda. Sem provas materiais, Worden só podia torcer para que o homem voltasse para a rua com uma espingarda e tentasse outro assalto. Mas, então, uma atitude inexplicável por parte de outro investigador arruinou o caso: duas semanas após o assassinato de Rideout, Worden estava prestes a começar um turno das dezesseis à meia-noite quando ficou sabendo que Dave Hollingsworth, o investigador do turno de Stanton que ainda investigava outro assassinato com espingarda na Noroeste, tinha ido até Cherry Hill e interrogado o suspeito. Imediatamente, os assaltos com espingardas na Noroeste tinham chegado a um fim abrupto. Nada de Mazdas ou qualquer aparição dos suspeito em Park Heights.

Apenas muitos meses depois Worden teria notícias novamente do principal suspeito. Nessa ocasião, o nome do rapaz de Cherry Hill constaria em um relatório diário. E nessa ocasião, ele é o corpo na calçada, baleado por desconhecidos em uma rua que saía da avenida Martin Luther King. O assassinato de Rideout permaneceu em vermelho e, na opinião de Worden, tinha se tornado uma metáfora. Como tudo mais que tocava, era um trabalho policial bem feito com um final ruim e, assim como tudo mais no ano que estava tendo, não resolvido.

Mas o caso Rideout foi apenas um dos socos em uma sequência de ganchos de direita e de esquerda. Na metade de setembro, o segundo soco chegou, em um fórum lotado do Distrito Central, onde o senador Larry Young foi a julgamento por seu delito amplamente noticiado.

Julgamento talvez seja a palavra errada para o que de fato ocorreu. Na verdade, foi mais um espetáculo, uma demonstração pública de promotores e investigadores que não tinham a menor intenção de investir agressivamente no caso. Em vez disso, Tim Doory, do Ministério Público, atuou no caso pessoalmente e apenas com vigor suficiente para conseguir perder o caso por meio do veredito do juiz. Ao delinear o cenário no qual um senador tinha reportado de modo falso seu próprio sequestro, Doory fez questão de não convocar o auxiliar do senador como testemunha, intencionalmente privando o caso de um motivo para a falsa queixa e, portanto, evitando quaisquer revelações no banco das testemunhas relacionadas à vida pessoal do senador.

Foi um ato honrado e piedoso, um ato que Worden compreendeu e aceitou. O que ele não aceitou foi que essa demonstração pública fosse mesmo necessária; o enfurecia o fato de que o Ministério Público e o Departamento de Polícia estivessem tão dispostos a parecer íntegros em sua busca por um equívoco público do qual Larry Young tivesse de ser acusado, julgado e absolvido por conta de uma estupidez sem sentido. Mesmo assim, quando chegou sua vez de testemunhar, Worden se imolou com aparente indiferença. Quando questionado pelo advogado do senador a respeito da conversa-chave na qual Young admitiu que nenhum crime havia ocorrido, o investigador não hesitou em abrir um buraco enorme no argumento da acusação.

"Então me deixe entender, investigador, você disse ao senador que ele não seria acusado se admitisse para você que nenhum crime havia ocorrido?"

"Falei pra ele que ele não seria acusado por mim."

"Mas ele foi acusado."

"Não por mim."

Worden, então, reconheceu que o senador apenas tinha admitido que o relato tinha sido falso após ter ouvido que nenhuma investigação ocorreria se fizesse aquilo. Worden também descreveu de modo claro o final da conversa com Young, quando o senador declarou que não havia ocorrido nenhum crime e que ele cuidaria da questão de modo privado.

O advogado do senador concluiu a inquirição com um firme sorriso de satisfação. "Obrigado, investigador Worden."

Obrigado mesmo. Com a admissão do senador retratada como um ato de coerção e com o promotor relutante em revelar o motivo por trás da falsa queixa, o juiz precisou de pouco tempo para chegar ao veredito esperado.

Ao deixar a sala de audiência, Larry Young foi até Donald Worden e estendeu a mão. "Obrigado por não mentir", agradeceu o senador.

Worden olhou para ele, surpreso. "Por que eu mentiria?"

No contexto, era um insulto extraordinário. Afinal de contas, por que um investigador mentiria? Por que cometeria perjúrio? Por que arriscaria a própria integridade, sem falar no emprego, na pensão, para ganhar um caso desses? Para crucificar algum político? Para conquistar o respeito eterno dos inimigos políticos de Larry Young?

Assim como qualquer policial, Worden tinha uma parte cínica, mas não era do tipo estoico. Casos em aberto e mentiras óbvias — os dois temas centrais nesse ano maldito — ainda pareciam incomodá-lo mais do que a muitos investigadores menos experientes. Nem sempre era perceptível, mas sempre havia um núcleo de raiva persistente dentro de Worden, uma rebelião silenciosa contra a inércia e a política de seu próprio departamento de polícia. Raramente ele permitia que essas emoções emergissem; em vez disso, elas fermentavam nas profundezas, alimentando sua elevada e insistente hipertensão. Na verdade, apenas uma vez, Worden deixou sua raiva escapar durante toda a encrenca com Larry Young, em uma breve interação na sala do café, quando Rick James tentou melhorar o humor do parceiro.

"Aí, não depende de você", afirmou James. "Que porra você pode fazer?"

"Vou te contar o que tô prestes a fazer", trovejou Worden. "Tô prestes a enfiar minha arma na boca de alguém, e esse alguém tá bem aqui na central."

James ficou quieto depois daquilo. Afinal, o que restava a ser dito?

Ao mesmo tempo, Terry McLarney entrou em depressão profunda após ouvir o rumor de que Worden tinha expressado interesse por uma vaga aberta no Instituto Médico Legal. Worden já era, disse ao resto do esquadrão. Estamos perdendo-o pra esse ano de merda.

"Ele parece muito cansado no momento", reconheceu McLarney aos demais. "Nunca vi Donald tão cansado."

McLarney se agarrava a um fiapo de esperança: fazer Worden voltar às ruas com novos assassinatos. Bons assassinatos, boas chamadas. McLarney acreditava que, se alguma coisa poderia fazer Worden recomeçar do zero, seria trabalho de policial de verdade.

Mas a rua Monroe tinha sido trabalho policial de verdade; o caso Rideout também. Eles apenas tinham acabado mal. Mesmo Worden não tinha certeza do que tinha dado errado e não fazia ideia de onde aquele túnel iria dar, ou mesmo se havia uma luz no final. O melhor que poderia ser dito era que Donald Worden tinha se acostumado a dirigir pela escuridão.

Então, de súbito, uma pequena luz começou a surgir. O final de setembro trouxe aquela sequência de três casos no turno da meia-noite, quando Worden investigou cada corpo que tombava em seu campo de visão. E, uma semana após aqueles casos serem solucionados, ele pegou mais um crime sem pistas durante o turno diário. O caso era uma desgraça: uma mulher nua encontrada esfaqueada atrás de uma escola de ensino fundamental na avenida Greenspring, descoberta umas boas doze horas após o assassinato. Sem identificação, sem nada constando nos boletins de ocorrência de pessoas desaparecidas.

A beleza da performance de Worden naquele caso não o levaria à sua conclusão, embora, inacreditavelmente, ele descobriria um suspeito após passar mais de um ano com o arquivo do caso. A beleza era que se recusava a permitir que aquela mulher permanecesse uma Jane Doe — "um membro da família Ninguém", como ele gostava de falar — e recebesse um enterro de 200 dólares do estado sem o conhecimento de amigos ou familiares.

Por seis dias, Worden ficou na rua, procurando um nome. As emissoras de TV e os jornais se recusaram a mostrar a foto do rosto da mulher: ela parecia morta demais. As digitais dela não foram identificadas nem pelo computador local, nem pela base de dados federal disponível ao FBI. E, embora o corpo parecesse bastante limpo — um indício de que a mulher tinha moradia —, ninguém nunca foi à delegacia de polícia dizer que sua mãe, irmã ou filha não tinha voltado para casa. Worden checou o abrigo para mulheres desabrigadas na avenida Cottage, nas proximidades. Verificou os centros de desintoxicação e tratamento de drogas, porque o fígado da vítima pareceu meio acinzentado na autópsia. Averiguou as ruas ao redor da escola de ensino fundamental e ao longo da rota de ônibus mais próxima.

A pista apareceu na noite de 6 de outubro, quando ele mostrou a fotografia em cada bar e loja de conveniência de Pimlico. Finalmente, alguém no Bar Preakness lembrou que a mulher morta tinha um namorado chamado Leon Sykes, que morava na avenida Moreland. O endereço estava vazio, mas um vizinho lhe disse para tentar no número 1710 da Bentalou. Lá, uma garota ouviu a história de Worden e o levou até o número 1802 da Longwood, onde Leon Sykes olhou a foto e identificou a mulher morta como Barbara.

"Qual é o sobrenome dela?"

"Eu nunca soube."

Mas Leon lembrava onde a filha da mulher morta morava. E, portanto, através de trabalho policial puro, Jane Doe — uma mulher negra, de quase 30 anos — se tornou Barbara Womble, de 39 anos de idade, moradora da avenida Moreland número 1633.

Aqueles seis dias e noites de intenso trabalho em Pimlico tinham tirado as dúvidas de todos: Worden estava de volta, tendo sobrevivido a seu pior ano.

O retorno triunfal do Grandão foi marcado também por uma nova e incessante rodada de tormentos a Dave Brown, cujo abandono do caso Carol Wright não tinha passado exatamente despercebido pelo investigador veterano. Durante boa parte de setembro, a desculpa de Brown tinha sido a investigação do caso Nina Perry, que tinha começado com um par de viciados sendo apanhados no carro de uma mulher desaparecida de uma casa na rua Stricker, uma semana antes. Junto a McLarney, Brown trabalhou bem no caso, pressionando um dos suspeitos a confessar por completo o assassinato e levar os investigadores ao corpo já em decomposição avançada, que tinha desovado nos matagais do Condado de Carroll.

Worden assistiu ao caso Nina Perry se desenrolar e pensou que talvez, apenas talvez, houvesse um investigador perdido em algum lugar dentro de David John Brown. O caso Perry tinha sido um bom trabalho, do tipo que ensina um policial a respeito de seu ofício. Mas a generosidade de Worden não foi além disso.

"Clayvon Jones e Carol Wright", declarou Worden, no fim de setembro. "Vamos ver como ele se sai com um desses."

Mas Clayvon Jones não seria o verdadeiro teste, não depois de Eddie Brown chegar desfilando na sala do café quatro dias atrás, com uma carta do Presídio Municipal de Baltimore em sua mão direita.

"Papai chegou", disse o investigador, jogando a carta na mesa com um floreio. Dave Brown leu cerca de três linhas antes de se voltar em prece para a parede divisória verde.

"Obrigado, Jesus. Obrigado, Jesus. Obrigado, Jesus. Obrigado. Obrigado. Obrigado."

"Eu sei ou não sei cuidar de você?", perguntou Eddie Brown.

"Sabe, sim. Você é o meu papai."

A carta tinha chegado ao escritório administrativo naquela tarde, uma missiva escrita às pressas por um preso que tinha testemunhado o assassinato de Clayvon Jones em um pátio na zona leste em junho. Três meses depois, essa testemunha precisava se livrar de parte do peso de uma acusação por porte de drogas. Endereçada à divisão de homicídios, a carta incluía detalhes acerca da cena do crime que apenas uma testemunha legítima poderia saber.

Não, o assassinato de Clayvon Jones não seria um grande aprendizado. Na modesta opinião de Worden, a solução do caso era mais uma medalha sob o peso do traseiro de Brown. Assim restava o caso de Carol

Wright, a mulher atropelada no estacionamento no sul de Baltimore. Por algumas semanas, Brown tinha ao menos falado em pegar o arquivo do caso Carol Wright novamente e revisitar as pistas antigas. Mas, no que dizia respeito ao quadro, o caso Carol Wright ainda não era um assassinato e, portanto, não existia. Nos últimos tempos, ele nem mencionava o caso e, como sargento de Brown, McLarney também não estava muito preocupado a respeito disso. Na verdade, com os casos Nina Perry e Clayvon Jones convertidos para preto, McLarney tinha novo apreço pelos talentos de Dave Brown.

Na opinião de McLarney, o caso Perry em especial importava um bocado. Brown tinha dado o sangue, e um caso difícil envolvendo uma vítima genuína tinha sido resolvido. Aquela prisão tinha elevado Brown ao patamar de herói da semana, e, portanto, ele tinha direito a uma cerveja ou duas no bar do Kavanaugh com seu amado e dedicado sargento. Na verdade, McLarney estava tão satisfeito com o caso Perry que continuou auxiliando Brown mesmo após sua conclusão, ajudando com a papelada que faltava e os detalhes em termos de provas. Ele só se esquivou quando chegou o momento de ir buscar as roupas da vítima, enfestadas de vermes, no Instituto Médico Legal.

"Que se foda, Dave. Amanhã te ajudo com isso", anunciou McLarney, após sentir uma amostra do fedor. "Vamos voltar para pegar esse negócio de manhã."

Dave Brown, de pronto, concordou e voltou à central como um homem satisfeito, ao menos até se dar conta de que McLarney não estava agendado para trabalhar no dia seguinte.

"Espera um pouquinho", exclamou, estacionando o Cavalier na garagem. "Você está de folga amanhã."

McLarney riu.

"Seu irlandês cabeça de batata."

"Cabeça de batata?"

"Você me sacaneou, seu mick* safado." Aquele era o novo e melhorado Dave Brown falando, algo bem distante do investigador que tinha escrito uma carta ao estilo "por favor, me mantenha na divisão" um mês antes. Um homem tem que estar razoavelmente seguro de si antes de chamar seu supervisor imediato de irlandês cabeça de batata, mesmo no ambiente casual do escritório da divisão de homicídios. E, é claro,

---

* Termo pejorativo utilizado para se referir a pessoas da Irlanda ou de ascendência irlandesa.

McLarney adorou. Naquele mesmo fim de tarde, sentado em frente a uma máquina de escrever elétrica no escritório administrativo, ele imortalizou o feito em um memorando para o tenente:

Para: Tenente Gary D'Addario, Divisão de Homicídios
De: Sargento Terry McLarney, Divisão de Homicídios
Assunto: Comentários/xingamentos étnicos feitos pelo investigador David John Brown
Senhor:

É com pesar e decepção que trago à sua atenção o flagrante e arbitrário sofrimento emocional infligido ao supervisor que lhe fala na data de hoje. É algo com que nunca antes me defrontei neste departamento tão idôneo e algo que torcia para que nunca acontecesse. Entretanto, é necessário que saiba que, na data de hoje, o investigador David John Brown fez dois cruéis ataques verbais à minha ascendência, em um deles se referindo a mim como "seu irlandês cabeça de batata" e mais tarde como "mick safado".

O senhor, que também possui ascendência questionável, certamente consegue entender minha vergonha e meu desgosto. Como sabe, minha querida mãe nasceu e cresceu na Irlanda, e meu pai é fruto de um bom povo que foi forçado a fugir daquela ilha abençoada durante a terrível Grande Fome,** o que torna o comentário "cabeça de batata" particularmente doloroso.

Senhor, preferiria que esta questão fosse resolvida de modo interno, pois gostaria de evitar a angústia e o constrangimento que minha família teria de atravessar com a publicidade atraída por julgamentos e processos. Portanto, decidi não prestar queixa no conselho consultivo de direitos humanos, embora me reserve o direito de reportar ao Conselho Nacional de Relações de Trabalho, caso a solução encontrada de modo interno se mostre insuficiente. Brown costumava patrulhar a pé a área de Inner Harbor; ele conhece o local. Na verdade, conhece a maior parte da avenida Edmondson, também...

** Período compreendido entre 1845 e 1949, no qual uma praga afetou plantações de batata por toda a Europa. A Irlanda em especial foi severamente impactada, pois, à época, um terço de sua população subsistia exclusivamente de batatas.

Engraçado mesmo. Um pouco engraçado demais, pensou Worden, lendo a cópia do memorando. A óbvia satisfação de McLarney com Dave Brown estava ajudando a tornar Carol Wright nada mais que uma memória vaga e distante. Se o caso Nina Perry significava algo, pensou Worden, então aquele era o momento de Brown mostrar isso. Ele queria mesmo investigar assassinatos? Sabia de verdade o que aquilo significava? Ou estava aqui para cobrar horas extras e beber até o Kavanaugh fechar noite sim, noite não? Se McLarney não estava disposto a colocar o dedo na cara de Dave Brown, então o próprio Grandão assumiria a responsabilidade. Por três semanas seguidas, Worden tinha prestado total atenção ao trabalho do investigador menos experiente, esperando um movimento em algum caso que Brown gostaria que desaparecesse. Deu ao novato o tratamento Worden completo — frio, exigente e um pouco cruel. Para Dave Brown, um sujeito que não queria nada além das glórias de seu sucesso mais recente, não havia alegria, ou compaixão, ou qualquer chance de escapatória.

Agora, no turno calmo das oito às dezesseis de 7 de outubro, Brown é tolo o suficiente para ser pego lendo a edição mais recente da *Rolling Stone* na sala do café, um ato de total indolência. Worden só precisa entrar na sala e se certificar de que o arquivo de Carol Wright não está à vista na mesa de Dave Brown.

"Investigador Brown", fala Worden, ressaltando cada sílaba com desprezo.

"Quê?"

"Investigador Brown..."

"O que você quer?"

"Aposto que você gosta desse som, né?"

"Que som?"

"Investigador Brown. Investigador David John Brown."

"Vai se foder, Worden." Worden encara o investigador por tanto tempo que Brown não consegue mais se concentrar na revista.

"Para de me olhar, seu desgraçado."

"Não estou olhando pra você."

"Teu cu que não está."

"É a sua consciência." Brown olha para ele, sem entender. "Cadê o caso Carol Wright?", indaga Worden.

"Aí, eu tenho que escrever o relatório do caso Nina Perry para a promotoria..."

"Isso foi no mês passado."

"... e tenho um mandado nessa semana no caso Clayvon, então, porra, me dá uma folga!"

"Meu coração chega a doer por você", declara Worden. "Por acaso, tô perguntando de Clayvon Jones? Qual é a novidade no caso Carol Wright?"

"Nenhuma. Estou totalmente fodido nesse caso."

"Investigador Brown...", repete Worden, prolongando as sílabas.

Dave Brown abre a gaveta de cima e pega o .38, puxando metade da arma para fora do coldre. Worden não ri.

"Me dá 25 centavos", exige o investigador veterano.

"Pra quê, porra?"

"Me dá 25 centavos."

"Se eu der a moeda, vai fechar essa matraca e me deixar em paz?"

"Talvez", responde Worden. Dave Brown levanta e tira uma moeda do bolso de trás da calça. Ele a joga para Worden e se senta de novo, escondendo o rosto atrás da revista. Worden deixa passar uns bons dez segundos.

"Investigador Brown..."

⑨

QUALQUER DÚVIDA
É RAZOÁVEL

Em essência, o crime é o mesmo.

Dessa vez, ela foi baleada, não esfaqueada ou estrangulada. Dessa vez, o pequeno corpo é apenas um pouco mais pesado, e o cabelo está solto, e não puxado para trás em tranças com uma boina de cores vivas. Dessa vez, as amostras vaginais forneceriam prova de estupro na forma de fluido seminal. Dessa vez, ela não desapareceu enquanto ia para a biblioteca ou para um ponto de ônibus. E, dessa vez, a garota morta é um ano mais velha, 12 anos em vez de 11 anos. Mas, em todas as questões que importam, é igual.

Nove meses após Latonya Wallace ser descoberta nos fundos de uma casa geminada em Reservoir Hill, Harry Edgerton observa novamente um ato de maldade inequívoca em um beco de Baltimore. O corpo, inteiramente vestido, está amontoado no começo de uma velha garagem de tijolos, nos fundos de uma casa vazia no quarteirão 1800 da rua Baltimore Oeste. O único tiro foi deflagrado de perto contra a parte de trás do crânio — pela aparência, um .32 ou .38.

O nome dela é Andrea Perry.

A mãe fica sabendo do ocorrido ao assistir ao noticiário da noite, que mostra os peritos do IML carregando a maca para fora de um beco a uma quadra da casa dela, na rua Fayette. Andrea tinha desaparecido na noite anterior, e na TV dizem acreditar que a vítima é uma adolescente, talvez uma mulher jovem. Mas a mãe sabe.

O processo de identificação na rua Penn é deveras doloroso, difícil até mesmo para os peritos, que costumam fazer esse tipo de coisa quatro ou cinco vezes ao dia. Mais tarde naquele dia, no escritório da homicídios, Roger Nolan mal começa a interrogar a mãe, e ela já começa a chorar incontrolavelmente.

"Vá para casa", aconselha ele. "Amanhã a gente conversa."

Quase ao mesmo tempo, Edgerton está na sala de autópsia, observando mais um exame post mortem de uma criança assassinada. No entanto, dessa vez, Edgerton é o investigador principal. Na verdade, é o único investigador. Dessa vez, diz para si, o final vai ser diferente.

Mas, se o caso Andrea Perry agora é de propriedade exclusiva do lobo solitário mais consumado da divisão de homicídios, é também uma contradição em termos: vejam, um caso prioritário de um homem só.

O assassinato de Andrea Perry tem todas as características de um caso grande — uma criança morta, estupro e assassinato brutais, uma manchete de destaque no noticiário das seis —, mas, mesmo assim, dessa vez, não há forças-tarefa, nenhuma horda de investigadores na cena do crime, nenhuma busca no dia seguinte com auxílio de cadetes. Dessa vez, o alto escalão não está por perto.

Talvez isso aconteceria mesmo se outra pessoa que não Edgerton tivesse pegado o caso. Porque, nesse ano, isso já tinha acontecido uma vez, os homens de D'Addario tinham se esgotado em uma batalha coletiva, reunindo o turno todo para um caso absolutamente essencial. Por uma única garotinha, eles tinham chamado reforços de outros distritos. Por um único e honroso caso, tinham seguido a pista dos principais suspeitos por semanas e então meses, sacrificando outros casos em uma campanha por uma única pequena vida. E nada daquilo tinha feito diferença. O caso Latonya Wallace tinha azedado, lembrando a todos os homens do turno que todo o tempo, dinheiro e esforço não significam nada se não existem provas. No fim, era um caso aberto como qualquer outro — uma tragédia especial, com certeza —, mas ainda assim um caso em aberto sob os cuidados de um único e solitário investigador.

Sucesso gera sucesso; e o mesmo pode se dizer do fracasso. Sem nenhuma prisão no caso de uma das meninas, o mesmo turno de investigadores descobre muito pouco no caso da outra. Não haverá mobilização geral para Andrea Perry, nenhuma declaração de guerra. Já é outubro; o arsenal está vazio.

O fato de o caso ser apenas de Edgerton torna tudo mais fácil. De todos os homens no turno de D'Addario, ele é o único que nunca sequer pensaria em pedir reforço. Nolan concorda com ele, é claro; Nolan sempre concorda com ele. Mas, para além do sargento, todos os demais no esquadrão têm seus próprios casos. Mesmo que Edgerton quisesse a ajuda deles, não saberia como pedir. Do momento da cena do crime em diante, ele está sozinho; então que assim seja.

Desde os primeiros instantes na cena, Edgerton promete a si mesmo que não cometerá os mesmos erros que acredita estarem enterrados no arquivo de Latonya Wallace, e, se cometer, a responsabilidade será só dele. Ele tinha visto Tom Pellegrini desperdiçar a maior parte do ano se torturando por erros na investigação, tanto reais quanto imaginários. Boa parte disso eram as dúvidas que acompanham um caso em aberto, mas algumas delas, Edgerton sabe, têm a ver com a sensação de Pellegrini de que o status prioritário do caso roubou o controle dele. Landsman, Edgerton, Eddie Brown, os policiais do reforço — todos se tornaram elementos com os quais Tom teve que lidar, particularmente os investigadores veteranos com mais experiência do que Pellegrini que, como resultado, costumam influenciar mais o caso. Bom, pensa Edgerton, isso foi com Tom. Não vou ter esse problema.

Para começar, ele tem uma cena de crime — não apenas um local onde o corpo da criança foi desovado, mas uma cena de crime mesmo. Edgerton e Nolan atenderam à chamada sozinhos e, dessa vez, tinham tido todo o tempo do mundo com o cadáver. Certificaram-se de fazer tudo na ordem correta, deixando a garota intocada até que estivessem absolutamente prontos para movê-la. Eles protegeram as mãos dela no local e anotaram cuidadosamente a roupa, observando que, embora ela estivesse totalmente vestida, a jaqueta e a blusa tinham sido abotoadas errado.

Trabalhando próximo ao técnico do laboratório na cena, Edgerton consegue remover diversos cabelos da blusa da vítima e, diligentemente, anota mesmo as menores cicatrizes e ferimentos. Caminhando ao longo do beco, ele encontra um único cartucho de .22, embora o ferimento na cabeça pareça ser resultado de um calibre mais grosso. Quando o ferimento é em uma parte do corpo carnuda, o investigador não consegue ter certeza, porque a pele se expande no ponto de contato e retorna à sua forma original depois que a bala entra, deixando um buraco menor. Mas um tiro na cabeça mantém uma circunferência exata; o mais provável é que o cartucho de .22 não tenha nada a ver com o assassinato.

Não há qualquer rastro de sangue. Edgerton examina com cuidado a cabeça e o pescoço da vítima no local, se convencendo de que ela sangrou apenas próxima à base da fundação de tijolos. Provavelmente, ela foi levada ao beco, forçada a se ajoelhar e, então, baleada na nuca, ao estilo de uma execução. Também não havia ferimento de saída, e uma bala de .32 perfeita e sem deformações seria, posteriormente, removida na autópsia. Além disso, as amostras vaginais, mais tarde, se revelariam positivas para fluido seminal de um emissor — um homem cuja ejaculação continha sangue suficiente para que o tipo sanguíneo e DNA pudessem ser comparados ao de qualquer suspeito em potencial. Comparado ao caso Latonya Wallace, o assassino de Andrea Perry deixou para trás um bocado de provas materiais.

Mas os interrogatórios com os dois rapazes trazidos à central pelos primeiros patrulheiros fornecem pouca informação. Ao que parece, nenhum deles foi o primeiro a descobrir o corpo. Um diz ter ficado sabendo por meio de outro; o outro diz que estava andando na rua Baltimore quando uma senhora de idade lhe contou que havia um corpo no beco. Ele não foi olhar, diz a Edgerton, apenas falou pro outro rapaz, que chamou um policial. Quem era a mulher? Ele não faz ideia.

Conforme o caso se desenrola, Edgerton trabalha deliberadamente em seu próprio ritmo. A averiguação inicial pelos policiais da Oeste é feita com cuidado, mas Edgerton passa dias criando seu próprio diagrama esquemático dos quarteirões adjacentes, listando os moradores de cada casa geminada e analisando seus álibis e antecedentes criminais. É uma vizinhança pequena e violenta, próxima à divisa dos distritos Oeste e Sul, e o mercado de drogas da rua Vine, a uma quadra de distância, traz todo tipo de lixo para a área, aumentando em muito a lista de potenciais suspeitos. Esse é o tipo de investigação que desperta o melhor em Edgerton, já que requer seu ponto forte: mais do que qualquer outro investigador na unidade, ele sabe como trabalhar a vizinhança até que cada pedestre lhe dê informação.

Parte disso tem a ver com sua aparência — negro, bastante magro e asseado, com cabelo grisalho e um bigode espesso, Edgerton é atraente de um modo descontraído. Nas cenas de crimes, garotas do bairro chegam a se reunir do outro lado da faixa de isolamento, dando risadinhas. Investigador Edge é como o chamam. Ao contrário da maioria de seus colegas, Edgerton tem sua própria rede de informantes, e a maioria deles são garotas de 18 anos cujos namorados ficam pelas ruas atirando uns nos outros por drogas e correntes de ouro. Diversas vezes, algum garoto que vendia droga nas esquinas estava a caminho do pronto-socorro do Hospital Hopkins ostentando buracos no torso, e o bipe de Edgerton soava antes mesmo de a ambulância chegar, o leitor mostrava o número de algum orelhão na zona leste.

Edgerton se sente à vontade na periferia de um modo que mesmo o melhor investigador branco não se sente. E também mais do que a maioria dos investigadores negros se sentem, Edgerton de algum modo consegue conversar com uma pessoa para além do fato de ser um policial. Apenas Edgerton teria se incomodado de limpar o sangue das mãos de uma garota ferida na sala de emergência do Hospital Universitário. Apenas Edgerton dividiria um cigarro com um traficante no banco de trás de uma radiopatrulha na rua Hollins e conseguiria um depoimento completo. Em lanchonetes de esquina, em salas de espera de hospitais, em vestíbulos de casas geminadas, Edgerton criava laços súbitos e duradouros com pessoas que não tinham motivo para confiar em um investigador de homicídios. E então, no caso Andrea Perry, uma vítima de verdade, aquelas conexões são ainda mais fáceis.

A família e os vizinhos dizem a ele que a criança foi vista pela última vez às 20h da noite anterior, acompanhando sua irmã de 18 anos até o ponto de ônibus na rua Baltimore Oeste. A irmã diz que, enquanto embarcava no ônibus, viu Andrea indo em direção à casa dela, no quarteirão 1800 da Fayette. Quando a irmã voltou para casa às 23h e encontrou a mãe já deitada, também foi se deitar. Foi só no dia seguinte que os familiares se deram conta de que a criança nunca voltou para casa. Eles deram parte do desaparecimento e se agarraram à esperança até verem o noticiário mostrando o quarteirão ao lado.

Mas, dias depois do assassinato, a cobertura da mídia praticamente morre. O caso de Andrea Perry não recebe nenhum tipo de tratamento prioritário na cidade e, conforme os dias passam, Edgerton reflete sobre isso. Talvez porque a vítima fosse um ano mais velha, talvez porque a vizinhança fosse menos estável e mais afastada do centro que Reservoir Hill. Por qualquer que fosse a razão, os jornais e equipes de TV não insistem no caso, e, como resultado, não há a mesma avalanche de ligações e pistas anônimas que acompanhou a morte de Latonya Wallace.

Na verdade, a única ligação anônima chegou algumas horas após a descoberta do corpo: uma voz masculina e aguda deu o nome de uma mulher da zona oeste de Baltimore, afirmando tê-la visto sair correndo do beco após ouvir tiros. Edgerton imediatamente concluiu que a história era fajuta. Esse não era um crime cometido por uma mulher; o sêmen deixava isso claro. Assim como com Latonya Wallace, era um crime cometido por um homem, agindo sozinho por um motivo que jamais poderia partilhar com outros homens, muito menos uma mulher.

Seria a mulher misteriosa talvez uma testemunha? Mais bobagens, pensou Edgerton. O assassino escolheu o beco e a garagem em ruínas para cometer o assassinato de forma anônima. Matou a garota para que ela não o identificasse como estuprador, então por que diabos ele iria disparar a arma com mais alguém no beco? Edgerton estava totalmente convencido de que o suspeito andou com a garota pelos becos até ter certeza de que estavam sozinhos. Só então empurrou a garota contra a parede de tijolos. Só então puxou a arma.

Gary Dunnigan, que atendeu à ligação anônima, escreveu um relatório oficial e entregou a Edgerton para pôr no arquivo. Edgerton absorveu a informação e checou o nome da mulher no computador para se assegurar de que ela não era uma suspeita séria. Ele até mesmo interrogou os vizinhos e parentes da mulher, descobrindo o suficiente a respeito dela para satisfazer sua curiosidade, mas, na primeira semana de investigação, ele não foi ver a mulher.

Afinal, a história não faz sentido, e, além disso, ele tem conseguido resultados melhores com as rondas na vizinhança. Uma das histórias sugere o assassinato da garota como um ato de retaliação contra um dos parentes dela, outra que se trata de um ato predatório cometido por um traficante que simplesmente quer mostrar para a vizinhança como ele pode ser durão. Há algumas histórias relacionadas a dois traficantes de drogas na região, e nenhum dos dois sujeitos parece ter algum tipo de álibi.

Uma vez na vida, e para divertimento dos outros investigadores, Edgerton chega ao escritório da homicídios cedo todos os dias, pega as chaves do Cavalier e some na zona oeste de Baltimore. Na maioria das tardes, Edgerton trabalha durante a troca de turno, voltando apenas tarde da noite. Em alguns dias, Nolan vai com ele; em outros, ele trabalha sozinho, seu paradeiro um mistério para o restante do esquadrão. Sozinho nas ruas, Edgerton pode ser mais eficiente do que qualquer homem com um parceiro. Nas ruas, ele entende os benefícios especiais do isolamento; seus críticos não entendem. Há investigadores da divisão de homicídios que jamais chegam perto da periferia sozinhos, precisando sempre de apoio em qualquer visita investigativa à zona oeste de Baltimore.

"Você quer companhia?", perguntam os investigadores frequentemente uns aos outros. E, nas raras ocasiões em que um investigador vai para as favelas sozinho, ele é invariavelmente advertido: "Cuidado, parceiro, não deixe pegarem você".

Olhando tudo do lado de fora, Edgerton entende que a camaradagem da unidade pode ser uma muleta. Na maioria das vezes, ele se aventura nos conjuntos habitacionais sozinho e encontra testemunhas; na maioria das vezes, outros investigadores vagam pela vizinhança em grupos de dois ou três e não encontram nada. Edgerton aprendeu há muito tempo que mesmo a melhor e mais cooperativa das testemunhas sente mais facilidade em falar com um investigador do que com uma dupla. E três investigadores em um único caso parece nada menos do que um motim policial, aos olhos de uma testemunha relutante e desconfiada. Na verdade, ao fim e ao cabo de tudo, o meio mais concreto de um investigador elucidar um assassinato é gastar a sola do sapato e encontrar uma testemunha.

Todos os melhores investigadores entendem isso: Worden muitas vezes faz seu melhor trabalho sozinho em um Cavalier, dirigindo até um bairro para falar calmamente com pessoas que se escondem quando o mesmo Worden chega acompanhado de James e Brown e acampam na frente das casas delas. Mas há investigadores na unidade que genuinamente têm medo de trabalhar sozinhos.

Edgerton não tem esse medo; sua atitude é como um escudo. Dois meses antes, estava no cruzamento da Edmondson com a Payson investigando um assassinato ligado ao tráfico e, sem pensar duas vezes, deixou a cena do crime e desceu pela pior parte da Edmondson sozinho, abrindo caminho entre um bloco de moleques nas esquinas, como se fosse Charlton Heston em *Os Dez Mandamentos*. Ele procurava testemunhas ou, pelo menos, alguém disposto a sussurrar na orelha de um policial o que aconteceu de verdade na cena do crime uma hora antes. Em vez disso, tudo que conseguiu foram os olhares carrancudos e a raiva silenciosa de cinquenta rostos negros.

Mas mesmo assim ele seguiu em frente, aparentemente alheio à hostilidade até que, na esquina da Edmondson com a Brice, viu um garoto, 14 ou 15 anos, passar uma sacola de papel para outro garoto mais velho, que correu ao redor da quadra. Para Edgerton, era uma oportunidade se apresentando. Sob os olhares frios do resto da rua, ele agarrou o garoto pelo ombro e o arrastou até o Cavalier na esquina, pressionando o garoto por detalhes do assassinato.

Um uniformizado da Oeste, observando tudo da cena do crime, a dois quarteirões de distância, advertiu o investigador.

"Você não deveria ter ido lá sozinho", disse ele a Edgerton. "E se desse alguma merda?"

Um aceno de cabeça foi a resposta de Edgerton.

"Tô falando sério, cara", continuou o uniformizado. "Você só tem seis balas."

"Nem isso", riu Edgerton. "Esqueci minha arma."

"VOCÊ O QUÊ?"

"Sério. Deixei a arma na minha mesa."

Um policial no cruzamento da Edmondson com a Brice sem arma. Os patrulheiros da Oeste estavam chocados; Edgerton estava indiferente: "Esse trabalho", afirmou a eles, "é 90% atitude".

Agora, investigando o assassinato Andrea Perry, Edgerton está de volta a outro bairro da zona oeste de Baltimore, se misturando aos moradores como poucos policiais conseguem. Ele fala com todos os moradores de cada casa geminada que dá para o beco, conversa com todas as pessoas aleatórias nos arredores de restaurantes e bares. Começando do ponto de ônibus em direção à casa da vítima na rua Fayette, verifica cada endereço em busca de uma testemunha que possa ter visto a menina caminhando com alguém. Quando esse esforço não gera nenhum fruto, ele começa a checar outros boletins de crimes sexuais nos distritos Sul e Oeste.

Na verdade, Edgerton faz questão, logo no começo da investigação, de ligar para os escritórios das unidades de operações dos distritos Sul, Sudoeste e Oeste para compartilhar com todos um resumo do caso. Ele relata que está buscando informações ligadas a qualquer pessoa envolvida com algo de cunho sexual com garotas menores de idade, ou relacionada a algum boletim envolvendo sequestro ou arma de calibre .32. Edgerton solicita que os policiais das três unidades liguem para ele com qualquer informação que pareça remotamente relacionada. Isso também difere da abordagem no caso Latonya Wallace, no qual os policiais de todos os distritos foram mandados para a central para ajudar com a investigação. Para essa garotinha, Edgerton decide, os distritos não virão até o Departamento de Investigação Criminal; o Departamento irá até os distritos.

Apenas em uma ocasião, no dia seguinte à descoberta do corpo, há qualquer indício do esforço coletivo que normalmente acompanha um caso prioritário, e é um esforço iniciado por Nolan, que, para manter as aparências, pede a McAllister, Kincaid e Bowman que auxiliem, por um dia, na expansão da averiguação da área.

Olhando o arquivo do caso nesse dia, os demais investigadores no esquadrão se questionam por que Edgerton não verificou imediatamente a informação da ligação anônima. Eles debatem que ele deveria ao menos ter encontrado a mulher que o denunciante afirmou ter visto sair correndo do beco.

"Essa é a última coisa que quero fazer", declara Edgerton, explicando sua estratégia a Nolan. "Se eu trouxer ela aqui, o que vou fazer? Tenho uma pergunta pra fazer pra ela e, depois disso, mais nada."

No raciocínio de Edgerton, aquele é outro erro que muitos investigadores cometem com frequência — o mesmo erro que foi cometido com o Homem do Peixe no caso Latonya Wallace. Você leva alguém para a sala de interrogatório sem ter munição de verdade. A pessoa vai embora uma hora depois, mais confiante do que antes, e, se em algum momento você consegue a vantagem de que precisa, se torna mais difícil fazer com que ela confesse na segunda tentativa.

"Se eu perguntar pra ela por que saiu correndo do beco, ela vai me dizer que não sabe do que eu estou falando", explica Edgerton a Nolan. "E ela vai estar certa. Eu não sei do que estou falando."

Ele ainda não acredita que a mulher identificada pelo denunciante anônimo correu mesmo para fora do beco após o assassinato. Mas, mesmo que não acredite nisso, não vai arriscar um interrogatório até ter ao menos uma chance de sucesso.

"Se todo o resto falhar, aí eu trago ela aqui e faço minha única pergunta", afirma o investigador, "mas não antes disso."

Nolan concorda. "O caso é seu", reconhece a Edgerton. "Faz do seu jeito."

Após a breve ajuda do esquadrão na averiguação expandida, o isolamento de Edgerton no caso se torna completo. Até mesmo D'Addario mantém distância: ele pede a Nolan relatórios constantes informando o progresso e oferece ajuda caso seja necessário, mas, de resto, fica satisfeito em deixar Edgerton e seu sargento trabalharem no ritmo deles.

O contraste com o comportamento de D'Addario na investigação Latonya Wallace é gritante. Edgerton espera que a atitude relaxada do tenente seja, ao menos em parte, uma demonstração de confiança em seu investigador. O mais provável, pensa o investigador, é que, para o próprio D'Addario, o procedimento de prioridade total tinha azedado. Investir um monte de homens e dinheiro no caso não tinha ajudado muito em Reservoir Hill, e talvez o tenente temesse pegar a mesma estrada uma segunda vez. Ou talvez, como todos os demais no turno, o tenente simplesmente estivesse cansado demais para outra campanha de tamanha intensidade.

Mas Edgerton sabe também que nada acontece por acaso. Ele está sendo deixado sozinho para trabalhar no caso sobretudo porque D'Addario pode se dar ao luxo de deixá-lo por conta. No dia em que Andrea Perry foi descoberta, a taxa de resolução era de vistosos 74%, com cinco mandados envolvendo assassinatos ainda em andamento — uma taxa que podia ser comparada favoravelmente com à do ano anterior e à média nacional. Como resultado, D'Addario pode mais uma vez tomar decisões sem se preocupar com a opinião pública ou a percepção da equipe de comando. Edgerton sabe, por meio de suas conversas com Pellegrini, que o tenente expressou alguma insatisfação com o tsunami de investigação que sucedeu a morte de Latonya Wallace. Em vários estágios daquela investigação, D'Addario tinha escutado tanto Landsman quanto Pellegrini argumentarem que menos poderia ser mais, e o tenente pareceu concordar. Se a taxa de resolução estivesse mais alta, se o departamento não estivesse levando uma coça em público por conta dos assassinatos de todas aquelas mulheres no Noroeste, aí talvez o caso tivesse sido diferente. Agora, com mais nomes em preto do que em vermelho no quadro, o equilíbrio político da divisão de homicídios foi totalmente restaurado. Graças ao trabalho árduo, algumas manobras e um pouco de sorte, o reinado de D'Addario sobreviveu à ameaça e foi restaurado à sua justa glória. E, caso o aumento da taxa de resolução e os reais sentimentos de D'Addario em relação a casos prioritários não sejam razões suficientes para Edgerton ganhar espaço, o investigador entende também que está sozinho no caso apenas porque o assassinato caiu nas mãos do esquadrão de Nolan.

Não apenas Nolan tem absoluta confiança nos métodos de Edgerton, como também é o sargento que mais dificilmente pediria ajuda do resto do turno, principalmente de D'Addario. Dos três sargentos, apenas McLarney e Landsman são considerados verdadeiros discípulos do tenente D'Addario; Nolan ficou em cima do muro durante o conflito do tenente com o capitão ao longo do ano. Nos últimos tempos, ele tem se divertido em relembrar isso.

Duas noites atrás, os três sargentos do esquadrão estavam na sala do café quando D'Addario se preparava para ir embora, ao final de um turno das dezesseis à meia-noite.

"Notei pelo meu relógio que é quase meia-noite", declarou dramaticamente. "Tudo que sei é que, antes de o galo cantar pela terceira vez, um de vocês há de me trair.. "

Os sargentos riram nervosamente.

"... mas tudo bem, Roger, eu entendo. Você fez o que tinha que fazer."

Como subordinado de Nolan, Edgerton não tem como ter certeza de por que exatamente está sendo isolado no caso Andrea Perry. Pode ser que D'Addario confie nele, ou pode ser a nova filosofia do tenente, de confiar casos prioritários a seus investigadores principais. Por outro lado, pode ser apenas porque Roger Nolan é o único sargento que não pede nada ao tenente. Talvez, pensa Edgerton, seja um pouco de cada coisa. Para um forasteiro como ele, é sempre mais difícil entender a política do escritório.

Mas quaisquer que sejam as razões para o distanciamento de D'Addario da investigação, Edgerton entende que o efeito é o mesmo: ele trabalha de rédea solta. Como resultado, o caso Andrea Perry não será como o de Latonya Wallace, assim como Edgerton não se tornará outro Pellegrini. Dê adeus aos reforços, aos perfis psicológicos do FBI, a fotos aéreas da cena do crime, a centenas de debates infindáveis entre todo o esquadrão de investigadores de homicídios. Em vez disso, no assassinato dessa menina, será apenas um homem nas ruas, com tempo e espaço suficientes para resolver o crime. Ou, talvez, se enroscar de vez.

Aquilo que acontecer primeiro.

É uma linda sala de audiência, verdadeiramente impressionante em suas formas clássicas. As portas de bronze, os diversos mármores italianos, os detalhes em sequoia, o teto dourado — o Fórum Clarence M. Mitchell Jr. na rua Calvert Norte é um grande trabalho de arquitetura, tão belo e glorioso quanto qualquer outra estrutura já construída em Baltimore.

Se a própria justiça fosse medida pela grandeza de sua morada, então o investigador de Baltimore teria pouco a temer. Se pedras bem cortadas e madeira entalhada à mão pudessem garantir uma vingança justa, então o Fórum Mitchell e o prédio do outro lado da rua — a antiga central de correio, rebatizada como Fórum Leste — talvez fossem locais de santuário para o defensor da lei em Baltimore.

Os fundadores da cidade não economizaram ao criar aqueles dois belíssimos edifícios no coração da área central, e, nos últimos vários anos, seus descendentes têm sido igualmente generosos nos esforços contínuos para renovar e preservar a beleza de ambas as estruturas. Das salas de audiências às salas de jurados, dos saguões de entrada aos corredores aos fundos, o complexo do fórum existe para que gerações de defensores da lei possam caminhar pelos corredores da justiça e sentir seus espíritos se elevarem. Pisando leve no pórtico restaurado do edifício do correio, ou adentrando a elegância do palácio apainelado do juiz Hammerman, o investigador tem todos os motivos para erguer a cabeça, sabendo que chegou ao lugar no qual a sociedade pode obter justiça. Justiça é feita nesse local; todo o trabalho sujo e difícil realizado no coração podre da cidade, sem dúvida, será remodelado em um julgamento claro e solene. O júri composto de doze homens e mulheres respeitáveis e inteligentes se levantará para proferir o veredito, impondo a lei das pessoas de bem e valentes sobre um cidadão maligno.

Então por que todo investigador de Baltimore hoje em dia entra no fórum com a cabeça baixa, mostrando o distintivo com tédio aos seguranças que cuidam do detector de metais no saguão térreo? Como é possível que os investigadores deem passos tão pesados rumo aos elevadores, alheios à beleza ao redor deles? Como conseguem apagar os cigarros na pedra com tanta indiferença e, então, bater à porta do gabinete de algum promotor como se fosse o próprio portão do purgatório? Como é possível que o investigador de homicídios traga seus melhores esforços até o destino final com uma aparência de resignação tão completa?

Bom, para começar, ele provavelmente passou a noite trabalhando em dois novos assassinatos e um esfaqueamento no turno da meia-noite. Sem dúvida, o mesmo investigador agendado para testemunhar na sala de Bothe nessa tarde tinha acabado de concluir a papelada da noite a tempo de ouvir a chamada inicial do turno do dia. Sem dúvida, ele passou a hora seguinte bebendo quatro xícaras de café e comendo um muffin de ovo do McDonald's. Nesse momento, é provável que esteja trazendo sacolas de papelada com provas da Unidade de Crimes Financeiros para o cubículo de algum jurista no terceiro andar, onde será informado de que sua melhor testemunha ainda não apareceu no fórum e não atende aos telefonemas do oficial de justiça. Para além dessas preocupações mundanas, esse mesmo investigador — caso saiba o que está fazendo — é obrigado a adentrar a arena legal com uma mente nublada por algo que transcende visões de uma vitória moral. Em seu íntimo, um investigador veterano é inspirado não pelas glórias do fórum, mas pela Regra Número Nove do manual, ou seja:

9A.   Para um júri, qualquer dúvida é razoável.
9B.   Quanto melhor o caso, pior o júri.

E, em acréscimo às regras 9A e 9B:

9C.   É difícil achar um bom homem, mas doze bons homens, reunidos em um mesmo lugar, é um milagre.

O investigador que se aventura pelos corredores da justiça com algo menos do que um ceticismo firme e familiar quanto ao processo legal nos EUA é como um homem que se joga na direção de socos. Ver seus esforços arruinados por doze dos melhores cidadãos de Baltimore é uma coisa, mas assistir a isso tudo em um estado de incredulidade ingênua é outra bem diferente. Melhor deixar as expectativas na porta do fórum e adentrar os corredores brilhantes em total e voluntária antecipação do fiasco que se seguirá.

A rocha — aquela bela e honrada rocha — sobre a qual o sistema legal foi construído declara que os réus são inocentes até que sejam considerados culpados por voto unânime de doze de seus pares. É melhor cem homens culpados serem libertados do que um inocente ser punido. Bem, por esse parâmetro, o sistema jurídico de Baltimore está funcionado perfeitamente.

Considere o seguinte: nesse ano particular do sistema de justiça criminal de Baltimore, os nomes de duzentos perpetradores serão levados ao Ministério Público em conjunção com 170 homicídios solucionados. Entre esses duzentos suspeitos:

- Cinco casos continuarão em aberto dois anos depois. (Em dois desses casos, suspeitos possuem mandados redigidos em seu nome, mas nunca serão capturados pelos investigadores.)

- Cinco morrerão antes do julgamento ou quando forem presos. (Três suicídios, uma vítima em incêndio iniciado para matar outra pessoa, uma vítima em troca de tiros com a polícia.)

- Seis não serão julgados, após promotores determinarem que são casos de legítima defesa, ou resultado de causas acidentais.

- Dois réus serão declarados inimputáveis e serão enviados para um hospital psiquiátrico estadual.

- Três réus de 16 anos ou menos terão suas acusações de homicídio enviadas para a vara da infância e da juventude.

- Dezesseis terão suas acusações retiradas antes do indiciamento por falta de provas. (Em uma ocasião, um investigador de homicídios agressivo, com indícios insuficientes para provar o caso, mesmo assim arriscará acusar o principal suspeito, na esperança de que o encarceramento se prove uma vantagem suficiente para provocar uma confissão em interrogatórios subsequentes.)

- Vinte e quatro réus terão suas acusações consideradas *nolle prosequi* ou em aguardo. (*Nolle prosequi* representa a rejeição inequívoca de um indiciamento do grande júri; os casos em aguardo ficam inativos, embora a promotoria possa retomá-los em até um ano, caso provas adicionais sejam apresentadas. A maioria desses casos acaba sendo extinta.)

- Três réus terão suas acusações retiradas ou colocadas em aguardo quando se torna claro que são, na verdade, inocentes dos crimes de que são acusados. (O parâmetro de inocente até prova em contrário realmente tem algum significado na maior cidade de Maryland, onde não é incomum o homem errado ser acusado e até mesmo condenado por um crime violento. Isso aconteceu, por exemplo, no caso de Gene Cassidy e aconteceu de novo em três homicídios diferentes investigados pelo turno de Stanton. Nesses casos, o sujeito errado foi acusado por conta de identificações errôneas feitas por testemunhas — uma delas uma vítima moribunda, as outras duas feitas por pessoas que passavam pelo local do crime —, e os réus foram posteriormente absolvidos através de investigação adicional. Acusar a pessoa errada com base em provas medíocres não é difícil, e fazer com que o júri a condene é apenas um pouco mais complicado. Mas, depois disso, as chances de colocar a pessoa errada na cadeia se tornam mínimas. Afinal de contas, já é bastante difícil para os promotores em Baltimore condenarem os culpados; a única hipótese na qual um homem inocente pode ser efetivamente condenado com base em provas fracas é se o advogado de defesa avalia mal o caso e empurra um acordo para cima de seu cliente.)

Culpado ou inocente, vivo ou morto, inimputável ou imputável — o processo de peneiragem elimina sessenta e quatro dos duzentos réus originais, quase 30%, antes mesmo de um único caso ser levado a julgamento. E, dos 136 homens e mulheres restantes:

- Oitenta e um aceitarão acordos antes do julgamento. (Onze desses réus assumirão homicídios dolosos, 35 deles homicídios culposos, 32 deles homicídios com grau atenuado de culpa e três deles acusações menores.)

- Cinquenta e cinco réus arriscarão serem julgados por um juiz ou júri. (Desse número, 25 réus serão absolvidos. Vinte dos trinta réus restantes serão considerados culpados de homicídio doloso, seis de homicídio culposo e quatro de homicídio com grau atenuado de culpa.)

Acrescente trinta condenações em julgamentos a 81 acordos, e o efeito cumulativo do combate a assassinatos em Baltimore se torna evidente: 111 cidadãos foram condenados por cometerem um assassinato.

Na conjuntura desse ano em particular, a chance de ser de fato condenado por um crime após ser identificado pelas autoridades é de cerca de 60%. E, se você levar em conta os homicídios não resolvidos, nos quais ninguém foi preso, a chance de ser apanhado e condenado por tirar uma vida em Baltimore é de pouco mais de 40%.

Isso tudo não quer dizer que a minoria azarada sofrerá punição adequada por seus crimes. Dos 111 réus condenados por homicídio nesse ano, 22 homens e mulheres — 20% do total — serão sentenciados a menos de cinco anos de reclusão. Outros dezesseis réus — 14% do total — receberão sentenças de menos de dez anos de prisão. Considerando que as diretrizes para condicional de Maryland normalmente exigem que os presos cumpram cerca de um terço da pena, pode-se dizer que, três anos após cometerem os crimes, menos de 30% da Turma de 1988 pega pela divisão de homicídios de Baltimore continuará atrás das grades.

Promotores e investigadores entendem as estatísticas. Eles sabem que, mesmo nos melhores casos — aqueles que o promotor está disposto a levar a júri —, a chance de sucesso é de apenas três a cada cinco. Por conta disso, os processos com pequenas chances, aqueles nos quais há indícios de legítima defesa, aqueles nos quais as testemunhas não são confiáveis ou nos quais as provas materiais são ambíguas — todos esses casos são deixados ao longo da estrada, sendo extintos ou transformados em barganhas.

Mas nem todo caso que chega a um acordo é necessariamente fraco. Em Baltimore, acordos podem ocorrer em casos razoavelmente fortes — casos nos quais nenhum réu ou seu advogado arriscaria ir a julgamento nos subúrbios de Anne Arundel, ou nos Condados de Howard e Baltimore. Mas, na cidade, os promotores sabem que, se levados a julgamento, é provável que resultem em absolvições.

A diferença é a Regra Número Nove.

A lógica operante de um júri na cidade de Baltimore é um processo tão fantástico quanto qualquer outro mistério do universo. Esse deve ser inocente, porque parece tão educado e eloquente na tribuna, aquele porque não havia digitais na arma para corroborar o depoimento de quatro testemunhas. E aquele outro disse a verdade quando afirmou ter sido espancado para confessar; e, claro, sabemos disso porque de que outra forma alguém confessaria um crime, sem ser espancado?

Em uma decisão particularmente notável, o júri em Baltimore considerou o réu inocente da acusação de homicídio, mas culpado da agressão com intento de matar. Os jurados acreditaram no depoimento da testemunha ocular, que tinha visto o réu apunhalar a vítima pelas costas em uma rua bem iluminada e, então, correr para se safar. Mas também acreditaram no legista, que explicou que, de todas as punhaladas, tinha sido uma desferida no peito que tinha matado a vítima. Os jurados argumentaram que não havia como ter certeza absoluta de que o réu tinha apunhalado a vítima mais de uma vez. Possivelmente, algum outro agressor enraivecido poderia ter aparecido em seguida, pegado a faca e terminado o trabalho.

Jurados não gostam de argumentar. Não gostam de pensar. Não gostam de ficar sentados por horas a fio, navegando pelas provas, testemunhas e argumentos dos juristas. E, na visão de um investigador, um júri criminal resiste à sua obrigação de julgar outro ser humano. Afinal, é uma tarefa feia e dolorosa o processo de rotular pessoas como assassinas e criminosas. Jurados querem ir pra casa, escapar, dormir e esquecer. Nosso sistema jurídico proíbe um veredito de culpa quando há dúvida razoável a respeito da culpabilidade do réu, mas, na verdade, jurados querem duvidar e, no estresse da sala dos jurados, todas as dúvidas se tornam justificativas razoáveis para uma absolvição.

Dúvida razoável é o elo fraco da corrente da acusação, e, em um caso complexo, as dúvidas se multiplicam. Consequentemente, a maioria dos veteranos calejados do Ministério Público prefere um homicídio descomplicado com uma ou duas testemunhas: é um argumento mais fácil de apresentar e de o júri aceitar. Os jurados acreditam na testemunha ou não, mas seja como for, não é exigido que pensem demais ou que prestem atenção por muito tempo. Mas um caso com mais desdobramentos — um caso que o investigador constrói ao longo de semanas ou meses, um que apresenta uma montanha de provas não tão óbvias, um que exige que o promotor sutilmente monte o caso feito um quebra-cabeça — é nesse tipo de caso que um júri criminal pode causar verdadeira devastação.

Porque, ao menos em Baltimore, o típico jurado não quer passar tempo contemplando as inconsistências nas declarações de um réu, ou a complexa teia de depoimentos que sistematicamente destrói um álibi, ou as discrepâncias entre o testemunho do legista e a versão de legítima defesa do réu. É complicado demais, abstrato demais. O típico jurado quer três cidadãos íntegros como testemunhas do crime e outros dois para assegurar as motivações do assassino. Acrescente a arma do crime, algumas digitais e a confirmação de DNA, e aí, meu Deus, aí você tem um júri pronto a aplicar punição.

Entretanto, para o investigador, são os processos circunstancias que, na maioria das vezes, exemplificam o melhor tipo de trabalho policial, e por esse motivo a Regra 9B tem profundo significado. Em teoria, os casos fáceis administram a si mesmos em juízo. Mas os melhores casos — aqueles dos quais o investigador se orgulha — sempre parecem pegar os piores júris.

Assim como em qualquer outra parte do maquinário da justiça criminal, questões raciais permeiam o sistema de júri de Baltimore. Considerando a parcela de violência urbana cometida por negros contra negros, e levando em conta também que de 60% a 70% dos possíveis jurados são negros, os promotores de Baltimore levam quase todos os casos a julgamento sabendo que o crime vai ser visto pela ótica da comunidade negra, avaliada por um sistema jurídico controlado por brancos. O testemunho de um patrulheiro ou investigador negro é, portanto, considerado necessário em muitos casos, um contrapeso para o jovem réu que, seguindo os conselhos de seu advogado, está vestido com a roupa de ir à igreja e carrega uma Bíblia ao entrar e sair do fórum.

O efeito de questões raciais no sistema jurídico é abertamente reconhecido pelos promotores e advogados de defesa, embora a questão raramente seja mencionada em juízo. Os melhores juristas se recusam a manipular jurados com distinções raciais; já alguns outros fazem isso diante até mesmo das sugestões mais indiretas. Inegável é o fato de que raça é uma presença tácita que acompanha quase todos os júris quando entram na sala dos jurados. Certa vez, em uma demonstração rara, uma advogada de defesa negra apontou para o próprio braço enquanto fazia as alegações finais para um júri apenas de negros: "Irmãos e irmãs", disse, enquanto dois investigadores ficavam absolutamente putos na última fileira da plateia, "acho que todos nós sabemos do que se trata esse caso".

Ainda assim, é errado sugerir que os júris de Baltimore tenham se tornado lenientes apenas por conta de sua composição. A desconfiança do ordenamento jurídico dentro da comunidade negra é um fenômeno real, mas promotores veteranos dizem que alguns de seus melhores júris eram formados inteiramente por negros, ao passo que alguns dos piores e mais indiferentes eram com uma maioria branca. O que prejudicou o sistema de júri em Baltimore, na realidade, foi um fator que atravessa todas as fronteiras raciais: televisão.

Em qualquer grupo de doze pessoas em Baltimore — das áreas negras em Ashburton e Cherry Hill, e das áreas só de brancos em Highlandtown e Hamilton —, é provável que haja cidadãos inteligentes e com discernimento. Alguns terminaram o ensino médio, um ou dois podem ter terminado a faculdade. A maioria é de trabalhadores, com apenas alguns poucos profissionais especializados. Baltimore é uma cidade proletária, um trecho do Cinturão da Ferrugem* na Costa Leste que nunca se recuperou após o aço e os navios dos EUA entrarem em decadência. Sua população sofre com o desemprego, e ainda é uma das cidades com pior índice de educação. Contribuintes fogem da cidade já há duas décadas, e a vasta maioria da classe média alta branca e negra de Baltimore já não mora mais na cidade em si. Essa população proletária e com menos instrução é, em resumo, o material de que é feito um júri no interior.

Como resultado, a maior parte dos moradores da cidade entra na sala do júri com um conhecimento pouco lapidado, que lhes é transmitido por um televisor de dezenove polegadas, não conhecendo muito bem os conceitos de crime e castigo. Mais do que qualquer outra coisa, o tubo de raios catódicos — não o promotor, não o advogado de defesa e certamente não as provas — molda a mentalidade do júri em Baltimore. A televisão faz com que a justiça criminal seja cercada de expectativas ridículas. Os jurados querem ver o assassinato — vê-lo exibido na frente deles em uma fita VHS em câmera lenta ou, no mínimo, ver o culpado cair de joelhos no banco das testemunhas, implorando por piedade. Não importa que digitais sejam encontradas em menos de 10% dos casos criminais, o típico jurado quer digitais na arma, na faca, digitais em cada maçaneta, janela e chave da casa. Não importa que o laboratório quase nunca resolva o caso, o jurado mesmo assim quer ver cabelos, fibras, pegadas de sapatos e todo tipo de prova mostrada nas reprises de *Havaí 5.0*.** Quando um caso é resolvido com uma grande quantidade de testemunhas e provas materiais, aí os jurados demandam um motivo, uma razão, um significado para um assassinato que, sob todos os demais aspectos, já foi provado. E, nas raras ocasiões em que jurados ficam satisfeitos com o fato de o sujeito certo ter sido preso pelo assassinato certo, eles querem ter certeza de que o réu é de fato uma pessoa ruim e que eles próprios não são pessoas ruins por fazerem essa coisa terrível com ele.

* Território que compreende as regiões Nordeste, Meio-Oeste e dos Grandes Lagos dos EUA, conhecido até os anos 1970 como Cinturão da Manufatura.
** Série policial que foi exibida entre os anos 1968 e 1980, onde um detetive chefia a força policial local para acabar com o crime organizado no Havaí. A série ganhou um remake que foi ao ar entre 2010 e 2020.

Na vida real, ter a completa certeza dos fatos ligados ao crime e culpabilidade que dominam a televisão é impossível. E também não é fácil para o júri lidar com essas expectativas, embora promotores veteranos nunca deixem de tentar. Em Baltimore, os promotores frequentemente chamam especialistas em digitais para testemunhar em casos em que nenhuma prova relacionada a digitais existe:

Se puder, por favor, explique aos jurados com que frequência digitais são encontradas em cenas de crimes e com que frequência não são recuperadas. Explique como é possível que muitas pessoas, dependendo de sua bioquímica no momento do incidente, não deixem digitais detectáveis. Explique como digitais podem ser apagadas e borradas. Explique como as condições atmosféricas afetam impressões digitais. Explique como é raro encontrar uma digital no cabo de uma faca ou no punho de uma arma.

De modo similar, os investigadores vão testemunhar sabendo que lutam uma batalha difícil com os últimos seis episódios de *L.A. Law* * e programas do tipo, nos quais promotores — promotores, diga-se, de aparência muito melhor do que os que temos no fórum hoje — sempre desfilam em frente ao júri com armas e facas embaladas, etiquetadas e identificadas como Prova 1A.

Um bom advogado de defesa pode passar dez minutos olhando de modo penetrante para um investigador que tenta explicar que armas possuem o terrível hábito de sumir da cena do crime antes de a polícia chegar.

Quer dizer que nunca recuperou a arma do crime? Esse júri deve condenar o meu cliente sem a arma do crime? Você está querendo me dizer que após cometer o assassinato, o réu saiu correndo? E levou a arma com ele? E depois escondeu ela? Ou jogou ela da ponte da baía Curtis?

Em *Columbo*, ** a arma sempre está no armário de bebidas, perto do vermute. Mas você não procurou atrás da garrafa de vermute do réu, correto, investigador? Não, você não tem a arma do crime. Meritíssimo, demando que libertemos essa pobre criatura inocente e a devolvamos ao amor de sua família.

---

* Série dramática exibida pela emissora NBC entre 1986 e 1994, focada no trabalho de um grupo de advogados criminais na cidade de Los Angeles.
** Série policial exibida por diferentes emissoras televisivas dos EUA entre 1968 e 1998. O personagem-título foi interpretado por Pete Falk. Cada episódio começava com um crime cujo culpado era evidente ao espectador, com a narrativa focando nas habilidades dedutivas empregadas por Columbo para solucionar o mistério.

Ao menos na opinião dos promotores e investigadores de Baltimore, a televisão estilhaçou por completo a noção de um júri pensante, estrangulou isso com narrativas nas quais toda ambiguidade é obliterada e todas as dúvidas são esclarecidas. Como resultado, as pessoas encarregadas de punir o ato de homicídio em Baltimore já não acreditam em toda aquela parada de Norman Rockwell*** e *12 Homens e uma Sentença*, com roupa casual, discutindo em meio ao calor viscoso a respeito da prova essencial. No mundo real, é mais como uma dúzia de imbecis que dizem uns aos outros que o réu parece um rapaz bacana e comportado e, em seguida, fazem piada com a escolha de gravata do promotor. Os advogados de defesa são rápidos em classificar essa linha de pensamento como "algumas poucas maçãs ruins", mas, na verdade, a descrença de promotores e investigadores com o sistema de júri tem raízes mais profundas. O argumento não é que o governo deveria vencer todos os julgamentos de assassinato; o sistema não foi criado para isso. Mas alguém realmente acredita que 45% dos réus em casos de homicídio levados a julgamento — a última etapa do extenso afunilamento do ordenamento jurídico — são de fato inocentes?

Como consequência disso, os júris em cidades grandes se tornaram uma espécie de impedimento para os promotores, que estão dispostos a aceitar um acordo fraco ou tolerar casos anulados para não desperdiçar tempo e dinheiro do município em casos envolvendo réus claramente culpados, mas que tinham sido acusados por meio de provas que não eram absolutamente incontestáveis. Naturalmente, um advogado de defesa ou um defensor público competente entende que, na maioria dos casos, o tribunal do júri é a última coisa que um promotor quer, e ele usa isso em seu benefício quando barganha pelo cliente.

Para os investigadores, a decisão de prosseguir ou encerrar um caso é o ponto de fagulha na relação de amor e ódio entre eles e o Ministério Público. É verdade, pensam os investigadores, essas pessoas estão do nosso lado. É verdade, elas trabalham para botar os caras ruins na prisão por metade do salário que ganhariam em um escritório particular. É verdade, elas estão em busca do mesmo tipo de justiça que nós. Mas esse tipo de sentimento fraterno vai por água abaixo quando algum promotor-assistente

*** Referência à célebre pintura The Holdout (O Impasse), de 1959. A pintura foi a
      primeira capa produzida por Rockwell para a revista do jornal Sunday Evening
      Post e retrata uma sala de jurados em que onze homens tentam, irritados,
      persuadir a única mulher do júri a acompanhar a decisão dos demais.

novato, saído há dois anos da Faculdade de Direito de Baltimore, desiste de um assassinato ligado ao tráfico que levou três semanas para ser investigado. Quando algo assim acontece, a desconfiança retorna: eu ralei pra caramba para levar uma testemunha relutante até o júri, e para quê? Só para esse pateta com terno risca de giz e uma gravata de luxo engavetar o caso? Diabo, ele não teve nem colhões de pegar o telefone e me ligar, muito menos me perguntar como o maldito caso podia ser salvo.

Alguns desses casos são fracos e precisam ser enterrados, sem dúvida. Alguns deles chegam a julgamento como processos viáveis, apenas para se autodestruírem quando a testemunha começa a hesitar. Qualquer investigador de homicídios conhece esse fato básico: merda acontece. Mas ele também acredita que muitos casos incertos, e mesmo alguns dos casos substanciais, acabam se perdendo pelo caminho, particularmente com promotores menos experientes.

Um bom investigador aceita isso tudo como compreensível e inevitável. Assim como em todas as outras instituições, o Ministério Público de Baltimore sofre de deficiência crônica de servidores e fundos; a turma de julgamentos é tocada por veteranos competentes e alguns recém-chegados — juristas mais novos que chegam à vara criminal após alguns anos nas demais varas. Alguns se tornariam bons promotores do júri, alguns poderiam se sair bem ou não, e outros eram verdadeiramente perigosos na sala de audiência. O investigador espera um promotor competente, mas entende que o sistema funciona à base de triagem. Os homicídios são distribuídos buscando colocar os grandes casos — aqueles envolvendo vítimas de verdade, ou aqueles em que o réu é suspeito ou acusado de múltiplos crimes — nas mãos de promotores veteranos. A esperança é que, na maioria dos casos críticos, os promotores não sejam enrolados ou intimidados pelo círculo de advogados experientes que, sejam particulares, sejam apontados pelo estado, sempre gravitam para os casos de homicídio na cidade.

Todos os investigadores também entendem a necessidade de aceitar acordos em ao menos dois terços ou mais dos processos viáveis de homicídio. Embora quase todos fora do sistema jurídico considerem "delação premiada" um termo sujo, aqueles que ganham a vida no fórum reconhecem isso como uma necessidade estrutural. Sem esses acordos, o sistema simplesmente pararia, com casos esperando julgamento do mesmo modo que voos comerciais aguardam as pistas no aeroporto de Atlanta. Mesmo com a atual proporção entre processos e acordos, o intervalo entre uma denúncia de assassinato e o julgamento varia de seis a nove meses.

Mas, na opinião do investigador, há uma vasta diferença entre um bom e um mau acordo. Homicídio culposo com pena de trinta anos é sempre uma barganha respeitável, exceto para atos verdadeiramente malignos como, digamos, casos de abuso infantil ou latrocínios. Se o caso estiver na berlinda, homicídio culposo e vinte anos não é tão ruim, embora não seja exatamente o punho da justiça, quando se considera que a comissão de condicional coloca a maioria dos réus de volta nas ruas entre sete e dez anos depois. Em um caso de legítimo homicídio com grau atenuado de culpa — um assassinato doméstico que foi um ato movido por medo ou forte paixão, embora de modo algum possa ser considerado um acidente — qualquer coisa entre dois e dez anos é aceitável. Mas o que é mais difícil para o investigador engolir é que um promotor permita que um homicídio particularmente cruel não seja considerado homicídio doloso, ou então que um homicídio qualificado tenha grau atenuado, ou que um homicídio com grau atenuado seja considerado uma morte acidental. Mesmo nesses casos, a maioria dos investigadores não fala o que pensa a menos que lhes perguntem, e os promotores normalmente não perguntam. Na divisão de homicídios, a filosofia ancestral é que isso fica por conta do promotor; você fez seu trabalho, e ele que se foda se não fizer o dele. Entretanto, eventualmente algum investigador cruza o limite emocional.

Worden, por exemplo, era conhecido por dar sua opinião a jovens promotores que desistiam de um caso rápido demais, ou que pareciam ter medo de levar um caso decente a julgamento. Landsman, às vezes, faz o mesmo, e Edgerton, se lhe é dada a oportunidade, ensina o promotor a montar o caso e escrever as alegações finais. Vários dos policiais na homicídios carregam consigo um ou dois casos que ainda doem. Garvey, por exemplo, ainda não fala direito com o jovem promotor-assistente que transformou o assassinato de Myeisha Jenkins em um acordo de homicídio culposo — Myeisha tinha apenas 9 anos de idade quando o namorado de sua mãe a espancou até a morte e desovou o corpo no acostamento da Rodovia Baltimore-Washington. Garvey disse ao promotor que ele era um monte de merda por aceitar o acordo e lhe disse isso de um jeito que o homem nem sequer tentou argumentar.

Quando o investigador se importa com um caso, ele pode fazer lobby ou mesmo argumentar em favor de determinada estratégia. Contudo, no final, não é da sua alçada decidir qual será a abordagem jurídica de um caso. Da cena do crime à condenação, o julgamento é apenas parte de um processo no qual o investigador se torna um participante passivo, um ator totalmente dependente das ações de terceiros. O investigador vai ao fórum para testemunhar e auxiliar os juristas da maneira que puder. Os juristas, por sua vez, consideram o serviço com diferentes graus de apreço. Alguns promotores consultam os investigadores a respeito de provas e apresentação, pedindo a opinião de investigadores veteranos que já passaram por mais processos do que a maioria dos juristas. Outros veem os investigadores como office-boys e pontos de apoio, responsáveis apenas por aparecer na hora certa com a prova certa e as testemunhas certas.

Investigadores de homicídios são ainda mais afastados de seus casos porque, como testemunhas, ficam isolados e, portanto, proibidos de presenciar o julgamento e de ouvir as demais testemunhas. Investigadores em Baltimore passam 90% de seu tempo no fórum sentados em duros bancos de madeira nos corredores, ou levando sacolas de provas da sala de audiência para o gabinete do promotor, ou então tentando achar uma testemunha que tem depoimento marcado na sessão da tarde e não apareceu, ou talvez esteja só de papo-furado com as secretárias do andar de cima na Unidade de Crimes Violentos. O tempo passado no fórum é um estranho limbo para o investigador, um período de não existência que é apenas brevemente interrompido quando é chamado a testemunhar.

O banco das testemunhas é a última etapa no processo em que o conhecimento do investigador ainda conta. Na maioria dos casos, o depoimento de testemunhas civis — instruídas pelo promotor antes do julgamento — fornece a prova mais crítica. Mas, em todos os casos, o depoimento do investigador, no que se refere à cena do crime, à descoberta de testemunhas e às declarações feitas pelo réu, forma a base para a acusação da promotoria. Entre os promotores, existe a teoria que diz que o desempenho de um investigador na tribuna raramente ganha um caso, mas pode ser o suficiente para arruinar a acusação.

Antes de fazer o juramento, o investigador que conhece seu trabalho faz questão de ler o arquivo do caso. Afinal, existe um intervalo de seis meses e um bocado de cadáveres entre a prisão e o julgamento. Em 1987, um investigador — que depois saiu da divisão de homicídios — respondeu à pergunta do promotor com a descrição elaborada da cena do crime e da investigação posterior. Mas, após um ou dois minutos, ele viu que o promotor fazia caretas. Até o réu parecia um pouco surpreso.

"Hum, só um segundinho", disse o investigador, se dando conta do desastre. "Meritíssimo, acho que me recordei do caso errado..."

Isso é anulação de julgamento com A maiúsculo.

Muitos investigadores preferem levar o arquivo do caso junto para o banco das testemunhas, mas, com alguns juízes, isso é perigoso. O arquivo de um caso tipicamente contém anotações e relatórios de suspeitos potenciais e becos sem saída que foram, por fim, descartados, e alguns juízes permitem que o advogado de defesa, em uma inquirição, pegue o arquivo e comece a procurar algo. De posse do nome de um suspeito alternativo tirado do arquivo da polícia, e com um juiz tolerante, o advogado de defesa pode dar um espetáculo na frente dos jurados.

O investigador Mark Tomlin faz questão de copiar suas anotações para o julgamento no verso da folha de prisão do réu. Uma vez, quando Tomlin estava testemunhando, o advogado de defesa pediu para ver as anotações e começou a sugerir que fossem admitidas como provas. Então, ele virou a folha, olhou para os antecedentes de seu cliente e a devolveu sem dizer mais nada.

Investigadores veteranos também vão ao fórum cientes dos pontos fortes e fracos de seus casos; eles podem antecipar a linha de questionamento do advogado de defesa e responder de acordo. E isso não significa dar respostas extensas e difíceis, mas, sim, moldar as respostas para que elas causem o menor dano possível. Se, por exemplo, o advogado sabe que a testemunha identificou o réu em uma fila com vários homens, mas não conseguiu fazer o mesmo entre um grupo de fotos no dia anterior, é quase certo que ele vai perguntar algo a respeito disso. Tendo se antecipado, um bom investigador consegue, ao longo da resposta, inserir o fato de que a foto do suspeito incluída entre outras para identificação foi tirada seis anos antes, que o cabelo do suspeito mudou, que ele não tem bigode e o que mais conseguir dizer antes de o advogado fazê-lo parar de falar. Advogados de defesa já enfrentam testemunhas policiais velhacas e manipuladoras há gerações; uma das consequências disso é o estilo de inquirição que demanda como resposta apenas sim ou não, e que exige que o investigador aguarde até que o promotor faça sua réplica à inquirição para de fato formular as respostas.

Por outro lado, se o investigador está no banco das testemunhas sem saber ao certo aonde o advogado de defesa quer chegar, suas respostas vão se tornar mais cautelosas e um pouco menos específicas, embora não sejam falsas em qualquer sentido detectável. Uma testemunha profissional não se encurrala sem necessidade por meio de declarações amplas e arrogância, porque um bom advogado de defesa pode conseguir indicar uma exceção.

"Investigador, você afirma que, após o sr. Robinson ser preso pelo crime, os assaltos nas áreas da North e da Longwood cessaram."

"Sim, senhor."

"Investigador, quero trazer à sua atenção um relatório da polícia datado de…"

Investigadores experientes levam mais uma regra com eles para o banco das testemunhas: eles não mentem. Ou pelo menos os bons não mentem, não a respeito de algo que possa ser desmentido no julgamento. Perjúrio pode destruir uma carreira, tirar sua pensão e, talvez, se a mentira for grande e idiota o suficiente, pode levar a algum tempo de prisão. Para o investigador, a falsificação de provas e atribuições de falsas declarações a suspeitos ou testemunhas carregam um risco muito maior do que a recompensa. Quanto importa — importa de verdade — para o investigador se o suspeito é condenado por homicídio e vai para a prisão? Ele pega quatorze caras desse tipo por ano, uns duzentos ao longo da carreira. Por que razão ele começaria a acreditar que seria o fim do mundo se ele não ganhasse um caso? Se fosse um tiroteio envolvendo a polícia, se fosse alguém que o policial conhecesse, então alguns atalhos talvez fossem tomados, mas não quando algo corriqueiro tinha acontecido no quarteirão 1900 da rua Etting em uma noite de sábado do verão passado.

A única exceção notável na pronunciada honestidade de uma boa testemunha policial, o único ponto no processo legal no qual oficiais da lei costumam mentir rotineiramente, ou ao menos exagerar, é a causa provável.

Sobretudo para investigadores das divisões de narcóticos ou costumes, essa questão de estabelecer os pré-requisitos legais corretos para um mandado de busca se tornou um jogo ridículo. Compreensivelmente, não é o suficiente dizer que um suspeito ficou andando feito um esquilo pela esquina dez minutos a mais do que deveria. Não, a lei requer que o policial que efetuou a prisão tenha tido a oportunidade de observar que o réu foi visto agindo de modo suspeito em uma esquina conhecida como ponto de tráfico e que, observando com mais atenção, o policial notou um papelote despontando do bolso do moletom, assim como um volume no elástico da calça, indicativo de uma arma.

Sim. Claro.

Causa provável em uma busca na rua sempre será uma piada cósmica, uma mentira sistêmica. Em certas partes de Baltimore, causa provável significa olhar para um carro-patrulha dois segundos a mais do que um sujeito inocente olharia. Os juízes não podem reconhecer isso, mas, no mundo real, você observa um sujeito até ter certeza de que ele é sujeira, então você dá uma provocada nele, encontra a droga e a arma, então cria a justificativa legal para a prisão.

Na divisão de homicídios, onde a questão principal são mandados de busca e apreensão, com declarações juramentadas e redigidas com antecedência para um endereço específico, a causa provável normalmente é bem clara. Afinal, você precisa da assinatura do juiz no mandado só para entrar. O investigador com talento para a escrita pode conseguir fazer uma causa provável, seja ela fraca ou exagerada, passar pelo juiz de plantão, mas é, ao menos, obrigado a colocar algo na declaração juramentada.

Para um investigador de homicídios, o único momento de equívoco real ocorre não por conta de alguma questão de causa provável, mas quando o advogado de defesa pergunta se seu cliente foi coagido a dar declarações, ou se seu cliente pediu um advogado antes de fazer tais declarações. No íntimo, o bom investigador sabe que qualquer depoimento é, em certa medida, o resultado de coerção, quando não fraude. Mas, atendo-se a uma definição estritamente jurídica, ele pode responder com uma negativa e, assim, pensar em seu testemunho como algo diferente de perjúrio. Afinal, o réu teve seus direitos garantidos, ele assinou o Formulário 69. Ele teve sua chance.

"Mas ele pediu um advogado?"

Bom, o investigador poderia perguntar, como você define "pedir"? Provavelmente, metade dos suspeitos que passam pela sala de interrogatório diz que quer um advogado, ou que talvez precise de um advogado, ou que talvez devesse falar com um advogado. Se insistem nisso, se realmente querem um advogado e não querem falar, aí o interrogatório acaba. Mas qualquer investigador digno tenta — ao menos por algum tempo — convencê-los do contrário, seguros do fato de que não há um juiz da Suprema Corte parado do lado de fora da sala de interrogatório.

"Meu cliente pediu um advogado?"

"Não, ele não pediu."

Na tribuna, a última regra do investigador de homicídios é que nada é pessoal — nada entre o investigador e o réu, nada entre o investigador e os juristas. Na tribuna, a conduta importa. O policial que perde a calma por tempo o suficiente para demonstrar malícia ou desprezo pelo réu ou seu advogado fornece ao júri a imagem de um sistema malevolente, de uma cruzada em vez de um processo. Se o advogado de defesa o chama de mentiroso, você deverá, de modo impassível, negar isso. Se ele declara que sua investigação é incompetente, você nega isso também. Se o cliente dele lança um olhar de ódio da mesa de julgamento, você ignora.

Para o investigador veterano, isso tudo não tem nada de mais. Afinal, se é um caso comum de homicídio, a indiferença provavelmente é genuína. Mas, mesmo quando o caso importa, o veterano não faz nada que leve o réu a acreditar que ele se importa, ou que o resultado do caso tem qualquer relevância para o mundo. De certo modo, é uma atitude que oferece ao réu menos ainda do que malícia ou desprezo. No julgamento, a mensagem de um investigador é clara e inconfundível: ganhando ou perdendo, você continua sendo só um merda que vive nas margens. Se o júri decide pelo veredito de culpado, você fica trancafiado por alguns anos; se o júri não faz seu trabalho, você ainda assim não importa. Daqui a seis meses, você vai estar de volta por outra acusação, é o que a atitude comunica. Ou então alguém do meu turno vai estar na rua uma noite dessas, contornando seu cadáver com giz.

Estranhamente, os réus quase nunca levam para o lado pessoal. Eles entram na sala de audiência após o calor da carceragem no subsolo; acorrentados e algemados, olham em volta e encaram o investigador nos olhos. Na maioria das vezes, acenam com a cabeça em reconhecimento a seu opositor de algum modo. No decorrer de um julgamento longo, uns poucos chegam até a apertar a mão do investigador e balbuciar um agradecimento por alguma razão misteriosa, como se o investigador tivesse feito a eles algum favor por comparecer.

Mas, em raras ocasiões, quando o réu fala merda — dando um show na sala de audiência, bravateando diante do juiz e do promotor —, o investigador ultrapassa a barreira psicológica. Só então o réu é reconhecido de modo real; só então o investigador permite que alguém suspeite que ele, na verdade, se importa com o resultado do processo.

No início do ano, Dave Brown estava na sala de audiência para ouvir o veredito do júri de dois de seus réus — moradores da zona oeste, de 22 e 14 anos de idade, acusados do homicídio de um pastor idoso em um assalto de rua perto do Hospital Universitário, na última primavera. Brown se manteve em silêncio quando a presidente do júri leu os veredito de homicídio doloso, mas o réu mais velho, de repente, perdeu a calma.

"Tá feliz agora, seu bosta?", gritou, se virando para encarar o investigador.

A galeria toda ficou em silêncio.

"Tô", respondeu Brown. "Tô feliz."

Dentro do fórum, é o máximo que o investigador se permite.

Quarta-feira, 19 de outubro

Em sua mesa abarrotada no quarto andar do Fórum Oeste, Lawrence C. Doan organiza uma pilha de blocos de nota quando passa a mão em sua franja escura e, então, pelo alto da cabeça, se certificando de que tudo está em seu lugar. Nada de cabelo lambido hoje. Nada de nó da gravata torcido. Nada de fiapos nas lapelas. Nenhum problema sequer, exceto pelo fato de que hoje ele vai tentar obter uma condenação por assassinato na cidade de Baltimore, o que é mais ou menos como tentar passar um motorhome pelo buraco de uma agulha.

E agora, quando Doan só quer ficar em paz para revisar suas anotações e preparar sua fala inicial, um investigador de homicídios entra na sala para encher o saco dele por questões tanto pequenas quanto grandes — um ato deliberado de sadismo, nascido do mesmo impulso que leva uma criança a arrancar as asas de uma mosca.

"Preparado?", pergunta Garvey.

"Se tô preparado?", retruca Doan. "Você vem aqui dez minutos antes da audiência pra me perguntar isso?"

"Só não caga o meu caso, Larry."

"Como eu faria um negócio desses?", rebate Doan. "Ele já chegou aqui todo cagado."

Garvey o ignora. "Eu levo as fotos, beleza?", fala, pensando na ordem das provas.

"Não", retruca Doan, tentando se concentrar em coisas mais importantes, "eu levo elas com Wilson. Cadê o Wilson? Você ligou pro laboratório criminal?"

"E as balas?", pergunta Garvey, ignorando-o. "Você precisa das balas hoje?"

"Que balas? Cadê o Wilson, ele..."

"As balas do porta-malas do carro."

"Hum, não. Hoje não. Você pode levar de volta para o controle de provas", declara Doan, preocupado. "Wilson sabe que ele tem que vir hoje à tarde?"

"Acho que sim."

"Você acha que sim?", indaga Doan. "Você acha que sim? E o Kopera?"

"Que tem ele?"

Doan começa a mudar de cor.

"Você não vai tentar trazer o Kopera essa tarde, vai?", pergunta Garvey.

Doan esconde o rosto nas mãos, contemplando os fatos. O déficit do orçamento federal está fora de controle, a camada de ozônio está sendo arruinada, vinte países minúsculos têm armas nucleares, e eu, Lawrence Doan, estou trancado em uma sala pequena com Rich Garvey, a dez minutos de iniciar a acusação no Tribunal do Júri.

"Não, não preciso do Kopera", alega Doan, reavendo a calma. "Vou precisar do Wilson, provavelmente."

"Quer que eu ligue pra ele?", pergunta Garvey, animado.

"Quero", responde Doan. "Quero. Por favor. Liga pra ele."

"Tá, Larry, vou te ajudar a se acalmar..."

Doan lança um olhar para Garvey.

"Não olha pra mim assim, seu pau no cu", dispara o investigador, empurrando o terno para o lado para pegar no cabo de sua arma no coldre. "Te encho de bala aqui mesmo, e esse juiz vai considerar um ato justificável."

O promotor responde mostrando o dedo do meio, e o investigador puxa a arma mais alguns centímetros para fora do coldre e, então, ri.

"F. Lee Doan", fala Garvey, sorrindo. "Melhor não perder esse caso, seu pau no cu."

"Bom, se você fizesse a porra do seu trabalho e me arranjasse algumas testemunhas..."

O lamento-padrão da promotoria, ouvido mil vezes ao dia por mil oficiais de polícia em mil fóruns distantes.

"Você tem testemunhas", retruca Garvey. "Romaine Jackson, Sharon Henson, Vincent Booker..."

Ao ouvir o nome de Booker, Doan lança mais um olhar para o investigador.

"É", declara Garvey, dando de ombros, "sei lá, ele, sem dúvida, é uma testemunha..."

"Já conversamos sobre isso, caramba", afirma Doan, ficando irritado. "Não quero levar Vincent Booker para o banco das testemunhas. É a última coisa que quero fazer."

"Tá legal", assente Garvey, dando de ombros. "Mas acho que você está cometendo um erro."

"É", rebate Doan, "eu sei que você acha. E tenho certeza que, quando perdermos o caso, você vai ser o primeiro a dizer 'eu avisei'."

"Pode apostar que sim", encerra Garvey.

O promotor esfrega as têmporas e olha para a pilha de papel na mesa que representa a acusação da Promotoria contra Robert Frazier no homicídio de Lena Lucas. Só para aporrinhar Garvey, ele exagerou um pouquinho: o caso contra Frazier é sólido e, de fato, tem testemunhas. Mas, mesmo assim, é um caso circunstancial e, portanto, — como promotores gostam de apontar — está sujeito a circunstâncias que fogem ao seu controle. Sem uma testemunha ocular ou arma do crime, sem uma confissão completa ou um motivo óbvio, a teia que conecta Frazier à morte da namorada é tênue. Para Garvey, que montou o caso, Vincent Booker faz parte dessa teia; evitar o testemunho dele como tática durante o julgamento é enfraquecer o caso. Mas, para Doan, Vincent Booker é algo que pode causar enorme estrago, uma testemunha que pode ser vista como um suspeito alternativo pelos jurados.

Afinal, Vincent vendia cocaína para Frazier. Ele conhecia Lena Lucas e já tinha admitido ter conhecimento dos eventos que antecederam o assassinato de seu pai. Garvey acreditava que Vincent deveria estar presente quando Frazier mandou o velho Booker devolver as drogas que tinha tirado do quarto do filho. Vincent, é bastante provável, ficou lá atordoado enquanto Frazier usava a faca para cortar o rosto do pai repetidas vezes, exigindo saber onde estava o pacote. Ele talvez ainda estivesse lá quando Frazier, finalmente, usou a arma. Dadas essas prováveis verdades, ninguém poderia dizer aonde o depoimento de Vincent iria chegar.

Não, pensa Doan de novo, os riscos do depoimento de Vincent Booker são maiores que os benefícios, embora tentar provar esse argumento para Garvey seja inútil. O investigador está convencido de que o advogado de Frazier, Paul Polansky, usará Vincent Booker como um suspeito alternativo de qualquer modo. Na visão de Garvey, deixar Booker de lado apenas ajuda a estratégia do oponente.

Essa diferença de opinião, somada às preocupações recorrentes de logística envolvendo provas e testemunhas, é o suficiente para arruinar qualquer momento de introspecção planejado por Doan antes de iniciar a acusação nessa manhã. Em vez disso, o investigador e o promotor começam o dia dando nos nervos um do outro.

Doan sorri e, então, faz sinal com a mão para que o atormentador saia da sala para ter alguns momentos de silêncio. Veterano do fórum de Baltimore, Larry Doan é baixo e atarracado, com cabelo escuro, pele pálida, óculos de armação de arame, e um olho levemente caído, que rouba a simetria do rosto. Na sala de audiência, a aparência e a conduta de Doan, com frequência, sugerem um estado de perpétua aflição; por vezes, parece agrupar todos os estereótipos do promotor mal pago e estressado da cidade grande, com a valise atulhada de petições, respostas a petições e acordos, seus valores sobrecarregados pela maré alta de desespero humano. Se o Ministério Público de Baltimore, algum dia, precisasse de um garoto-propaganda, Doan seria o favorito.

Entre os outros promotores do júri, a reputação de Doan é razoavelmente boa. Ele é considerado justo, equilibrado e metódico tanto com provas quanto com testemunhas. Ele se prepara com afinco para seus julgamentos, e suas alegações finais são sempre competentes, por vezes engenhosas, embora não tão fortes ou emocionais como alguns acham que poderiam ser. Contudo, em um único quesito, ele é prêmio raro para qualquer investigador de homicídios que se importe com um caso: Doan luta. Quando certo de que o réu é culpado e que nenhum acordo razoável pode ser alcançado, Doan não tem medo de levar um caso fraco ou na berlinda para o júri. Como qualquer promotor do júri, ele odeia perder, mas está disposto a perder se a única outra alternativa for a anulação ou o engavetamento do caso.

Garvey conta com o seguinte: ele sabe que Doan vai lutar, assim como sabe que as provas contra Robert Frazier são suficientes, mas não esmagadoras. Brincadeiras à parte, ele está feliz de ter Doan nesse caso.

Ao deixar a sala do promotor, o investigador desce pela escada lateral até o corredor no terceiro andar do lado de fora da sala de audiência de Cliff Gordy. Há dois bancos no corredor e um terceiro na antessala acarpetada do lado de fora da sala. Por ser uma testemunha incomunicável, Garvey vai transformar os três bancos no seu escritório durante a semana seguinte, enquanto a acusação para a qual tanto tinha trabalhado se desenrola sem ele.

Para Garvey, é sempre difícil aceitar ser relegado a assistente do promotor. Doan não é um desses juristas que preferem que policiais sejam vistos, mas não ouvidos; ele se dispõe a ouvir conselhos. Por outro lado, ele ouve os conselhos, os avalia e, então, julga o caso do modo que bem entende. Garvey, que conhece o caso Lena Lucas melhor do que qualquer pessoa, não é exatamente conhecido por ser uma pessoa de tato; na verdade, ele jamais ouviu uma opinião que não estivesse disposto a rebater. Ainda assim, Doan tem que adentrar a porta dupla da sala de audiência do juiz Gordy e fazer o trabalho com base em seus méritos; Garvey tem que ficar sentado do lado de fora e bancar o guardião das provas e testemunhas. A conversa matinal no gabinete de Doan sugere uma mudança de status: em fevereiro, era Garvey quem dava duro no caso, batalhando em busca de cada prova disponível. Mas havia chegado a vez de Garvey fazer piadas e provocar. Ele já podia fingir não saber se Wilson do laboratório criminal iria aparecer no julgamento. Era capaz de criticar a estratégia de julgamento e exigir a vitória. Era a vez de Larry Doan carregar o peso.

Ainda assim, Garvey quer muito vencer o caso. Para começar, ele nunca perdeu um caso que tenha ido a um tribunal do júri e gostaria de manter esse currículo invejável intacto. Além disso, gostaria de ver Lena Lucas vingada. Ela usava cocaína e ajudava Frazier a traficar; no entanto, era uma boa mãe para as filhas e nunca tinha machucado ninguém além dela mesma. As duas filhas e a irmã de Lena estão agendadas como testemunhas da promotoria, e as três aguardam com Garvey. Os demais familiares já estão dentro da sala, mas, no começo da manhã, cumprimentaram Garvey no corredor como se ele fosse Moisés descendo o Monte Sinai. São boa gente, pensa Garvey, se acomodando no banco. Eles merecem ganhar.

O centro das atenções, Robert Frazier, já está dentro da sala de audiência sentado atrás da mesa da defesa, próximo ao advogado e, a sua frente, uma cópia de capa dura do Novo Testamento, com um pedaço de papelão marcando o Evangelho de Lucas. Frazier veste um elegante terno escuro e uma camisa branca impecável, mas, mesmo assim, não há como esquecer sua atividade profissional. Pouco antes de os jurados entrarem, Frazier espicha o longo corpo, empurra a cadeira para trás e boceja feito um homem habituado a audiências. Ele se vira para olhar os membros da família Lucas na fileira ao fundo, observa-os por um momento e, então, se volta.

A audiência preliminar foi na manhã anterior, quando Doan teve sucesso em evitar alguns esforços de rotina de Paul Polansky, que tentou fazer com que a identificação de seu cliente por parte de Romaine Jackson — a jovem que, da sua janela no terceiro andar, viu Frazier entrar no edifício de Lena — fosse considerada inadmissível. Polansky argumentou que a foto de Frazier tinha sido destacada quando o conjunto de fotos para identificação foi mostrado à garota, porque foi posicionada no canto superior esquerdo e porque os outros homens pareciam mais jovens e menos magros. Gordy negou a petição, assim como uma outra que questionava o mandado de busca redigido por Garvey e Donald Kincaid para o Chrysler de Frazier, após a prisão. Munição não usada de .38 tinha sido encontrada no porta-malas.

O resto do dia foi dedicado à escolha do júri — chamado *voir dire* —, o elaborado processo pelo qual jurados convocados são avaliados pelo juiz quanto a alguma possível parcialidade. *Voir dire* é, por si só, parte essencial da estratégia de julgamento, com promotores dispondo de um número limitado de recusas para barrar jurados que tenham sido espancados pela polícia, que possuam parentes presos, ou que de modo geral considerem varas criminais nos Estados Unidos uma fraude perpetuada pelos chacais no comando do capitalismo. Ao mesmo tempo, o advogado de defesa usa de suas recusas para remover do júri todos aqueles que possuem parentes na polícia, que já foram vítimas de algum crime, ou que verdadeiramente acreditam que, se o homem sentado à mesa foi acusado do crime, dever ser culpado. Já que a população de Baltimore normalmente se enquadra em um dos dois campos, *voir dire* no caso Lucas levou algum tempo — ao menos até os juristas exaurirem seus direitos de veto.

De seu assento na mesa de julgamento, Doan agora observa o resultado dos esforços do dia anterior chegarem da sala dos jurados. Um júri típico de Baltimore — predominantemente negro, predominantemente feminino. Polansky não tinha feito um grande esforço para encontrar jurados brancos que se esforçariam para julgar seu cliente negro; falando nisso, Larry Doan também não tinha vetado nenhum jurado branco perdido na bancada do júri. Ainda assim, assistindo aos jurados chegando, Doan está razoavelmente satisfeito. A maioria é de trabalhadores, e, com exceção de uma garota sentada na fileira da frente, todos parecem alertas e atenciosos, o que importa para um caso como esse. No entanto, a garota na fileira da frente parece um entrave. Doan a observa sentada no banco, de braços cruzados, olhando para o chão. Ela já está entediada; só Deus sabe como estará após quatro dias de depoimentos.

O juiz Clifton Gordy inicia a audiência explicando o funcionamento da sessão de julgamento aos jurados. Alto, quieto, sério, Gordy inspira admiração. Sua linguagem é precisa, seu humor afiado, e sua atitude com frequência parece, ao menos para os juristas, propensa à tirania. Juristas que não ficam de pé ao declararem suas objeções na sala de Gordy normalmente são ignorados. Gordy conhece bem a lei e também os juristas; Doan, por exemplo, trabalhou para Gordy quando o juiz liderou a turma de julgamentos. Outra coisa a respeito do juiz agrada a Doan nesse caso: Cliff Gordy é negro, e isso aliviava um pouco o fato de que dois judeus brancos argumentarão a respeito da liberdade ou não de um homem negro. Aquilo certamente ajudaria os jurados negros a acreditar que o sistema de justiça criminal, de fato, os representava.

Enquanto Gordy termina sua introdução e Doan se levanta para iniciar a acusação, Garvey está sentado na antessala, lutando com as palavras cruzadas do jornal.

"Arma britânica", fala Garvey. "Quatro letras."

"S-T-E-N", * responde Dave Brown da outra ponta do banco, onde ele aguarda, no caso de os depoimentos do julgamento apontarem para Purnell Booker. "Uma arma britânica é sempre uma Sten nas palavras cruzadas."

---

* Submetralhadora desenvolvida como arma de emergência para o exército britânico no começo da Segunda Guerra Mundial.

"Você tem razão", afirma Garvey.

Eles não presenciam a saudação de Doan ao júri, seu aviso de que esse é um caso de homicídio, um caso de homicídio asqueroso, feio e sangrento que envolve o extermínio consciente de vidas humanas. Com isso posto, Doan começa o longo e trabalhoso processo pelo qual os jurados são despidos de seus preconceitos.

"Isso aqui não é televisão", assegura ele ao júri. "Ao contrário de programas de TV, a motivação do crime não configura o homicídio doloso. Você não sabe exatamente o que aconteceu. É algo que você gostaria de saber, é algo que a pessoa julgando o caso gostaria de saber, mas não é necessário saber isso para provar o crime."

E então, seguindo o roteiro padrão, Doan fala de um quebra-cabeça, a metáfora jurídica usada por quase todos os promotores dos EUA para ganhar a vida. Percebam, diz Doan ao júri, esse caso é como um quebra-cabeça. E, assim como um quebra-cabeça que está na casa faz algum tempo, algumas peças podem estar faltando. "Mas, senhoras e senhores, mesmo com peças faltando, você monta esse quebra-cabeça e consegue determinar do que se trata, aquilo que mostra."

Doan inicia a história de Charlene Lucas. Ele menciona todos os fatos essenciais: o relacionamento com Robert Frazier, o envolvimento com drogas, a própria cena do crime e a investigação que se seguiu. Doan conta aos jurados a respeito de Romaine Jackson, que identificou Frazier como o homem que foi para casa com Lena Lucas na noite do crime; fala do interrogatório inicial com Garvey, em que o réu forneceu um álibi e prometeu entregar voluntariamente seu .38; lhes relata que Sharon Denise Henson, "Nee-Cee", desmentiu o álibi de Frazier. Menciona as roupas deixadas em um único monte, e que a nudez corrobora a falta de indícios de uma entrada forçada — indicativos de que Lena foi assassinada por alguém que a conhecia intimamente.

"Julguem o sr. Frazier com justiça", pede Doan ao júri. "Deem a ele um julgamento justo, mas façam também justiça por Charlene Lucas e a família dela, que está aqui hoje. E, depois que juntarem tudo e terminarem o quebra-cabeça, vocês verão a imagem, a imagem do réu assassinando Charlene Lucas. Obrigado."

O promotor não menciona o assassinato de Purnell Booker e o fato de o relatório de balística ter vinculado o assassinato ao de Lucas. Nada fala de Vincent Booker, que admitiu ter fornecido a Frazier o .38 com balas canto-vivo antes dos dois assassinatos e que disse aos investigadores que o pai foi morto por ter pegado as drogas de Frazier. Por conta de uma decisão do juiz a respeito de uma petição pré-julgamento, o homicídio de Booker ainda está em estágio pré-judicial e não deve ser mencionado na presença do júri — uma decisão que agrada a ambos os juristas. Assim como Doan sabe que Vincent Booker é um risco, Polansky também sabe. Um bom advogado nunca pergunta qualquer coisa sem saber a resposta, e, com Vincent Booker, Polansky não tinha como ter certeza de quais seriam as respostas. Como advogado de Frazier, ele precisa tocar no nome de Vincent Booker apenas o suficiente para sugerir um suspeito alternativo ao júri. Mas ele também decidiu não arriscar chamar Booker como testemunha no julgamento. Figuras imprevisíveis podem gerar estragos para ambos os lados.

Durante as alegações iniciais, Polansky assegura aos jurados que Robert Frazier "tem lutado no Presídio Municipal de Baltimore nos últimos oito meses para vir aqui e contar sua versão da morte de Lena, para dizer a vocês que, talvez por conta de uma investigação policial malconduzida, pegaram o sujeito errado, para dizer a vocês que, em hipótese alguma, ele é culpado desse crime".

Meu cliente não é um santo, Polansky reconhece ao júri. Drogas? Sim, ele vendia drogas. Uma arma calibre .38. Sim, ele tinha uma arma. Vocês vão ouvir coisas boas e coisas ruins a respeito de Robert Frazier, declara Polansky, mas alguma delas o torna culpado de assassinato?

"Em diversas ocasiões nesse caso", afirma Polansky, "surge um sujeito chamado Vincent Booker, que tinha envolvimento com Charlene Lucas e acesso ao apartamento... Bom, isso aqui não é *Perry Mason*,[*] e as pessoas não vão vir correndo ao fórum para confessar um assassinato. Mas a história que Robert Frazier vai contar a vocês vai indicar que Vincent Booker cometeu o crime."

Polansky prossegue com sua defesa, explicando como Frazier colaborou com a investigação policial, que se apresentou voluntariamente, mas que logo se tornou claro que os investigadores focavam nele como suspeito, a despeito de todo o resto. Verdade, ele não tinha entregado a arma; temia uma acusação por porte de arma, e os investigadores estavam obviamente tentando culpá-lo pelo homicídio. E faziam isso após ele tentar ajudá-los a encontrar o assassino de Lena.

---

[*] Originalmente exibido entre 1957 e 1966, Perry Mason foi uma das primeiras séries televisivas a explorar o mundo jurídico e era protagonizada pelo advogado homônimo, interpretado pelo ator Raymond Burr. Ganhou um reboot em 2020, ficando no ar por duas temporadas, até 2023. Na nova série, Perry Mason é interpretado por Matthew Rhys.

"O sr. Doan falou para vocês de um quebra-cabeça, e ele está certo", alega Polansky, achando terreno em comum. "A gente consegue ver uma imagem se estiverem faltando três, quatro, cinco peças. Mas, se faltam peças demais..."

À tarde, Garvey está irritado com outro tipo de enigma. Quando a audiência é suspensa para o almoço, está entranhado nas palavras cruzadas do *Evening Sun*, tendo resolvido parcialmente as da edição da manhã. Dave Brown dorme sentado, com o arquivo do caso Booker no colo.

A justiça faz uma pausa para o almoço. Os investigadores saem, comem e voltam ao banco para assistir a um constante desfile de testemunhas da promotoria entrando e saindo da sessão da tarde: a filha mais velha de Lena Lucas presta testemunho a respeito do relacionamento de Frazier com a mãe e também para dissipar a noção de que Vincent Booker tinha acesso ao apartamento; o vizinho do andar de cima na rua Gilmor Norte, número 17, que dá seu testemunho relacionado à descoberta do corpo, para estabelecer o horário da morte; o primeiro policial do Distrito Oeste a chegar ao local testemunhou a respeito da preservação da cena e coleta de provas; Wilson, do laboratório criminal, foi chamado para mostrar fotos da cena e testemunhar como foi a tentativa de coleta de digitais; Purvis, da seção de análise residual, compareceu para testemunhar a respeito da comparação das digitais colhidas e a impossibilidade de identificar qualquer das digitais na rua Gilmor como sendo de outra pessoa a não ser Charlene Lucas.

Quando Garvey é finalmente chamado, ele já se cansou do *Evening Sun*, tendo empacado em um rio na França com cinco letras. Deixando o jornal no banco, Garvey caminha em direção ao banco das testemunhas vestido em um terno risca de giz azul-escuro, a elegância do traje confere a ele a confiança necessária. A gravata republicana, os óculos — senhoras e senhores do júri, saúdem o vice-presidente do departamento de vendas e marketing do departamento de polícia.

"Boa tarde", cumprimenta Doan em uma voz dramática. "Há quanto tempo trabalha no Departamento de Polícia de Baltimore?"

"Há mais de treze anos", revela Garvey, ajeitando a gravata.

"E, desses treze anos, quanto tempo na divisão de homicídios?"

"Os últimos três anos e meio."

"Você poderia contar às senhoras e senhores jurados quantos casos de homicídio você investigou durante esse período?"

"Fui especificamente designado para mais de cinquenta casos."

"E", prossegue Doan, "suponho que você tenha atuado de uma maneira ou de outra em partes de outros casos."

"Em numerosas investigações", conta Garvey.

Lentamente, Doan começa a conduzir o investigador pela cena do crime na Gilmor Norte, número 17. Garvey descreve o apartamento, dando atenção especial ao aparato de segurança que o local possui, incluindo um alarme antifurto que tinha sido desligado. Fornece uma descrição detalhada da cena, e o júri novamente é informado da falta de indícios de arrombamento, das roupas empilhadas, dos arranhões na cabeceira que sugeriam que a mulher tinha sido apunhalada deitada na cama. E então, por direcionamento de Doan, Garvey vai até a bancada do júri, onde Doan o faz explicar aos jurados as fotos da cena do crime já admitidas como provas.

As fotos em si são sempre uma fonte de considerável conflito na sala de audiência, com os advogados de defesa argumentando que a visualização da vítima ensanguentada é desnecessariamente prejudicial, e com os promotores argumentando que as fotos são de valor probatório para um júri. Promotores normalmente ganham a discussão, como Doan nesse caso. Assim, Lena Lucas e seus ferimentos são exibidos para os jurados em fotos brilhantes tiradas de ângulos variados, enquanto Polansky continua a fazer objeções. Os jurados parecem impressionados.

Garvey passa dez minutos junto aos jurados antes de voltar ao banco das testemunhas, onde Doan o inquire com relação à busca na cena do crime e o interrogatório de vizinhos. O promotor faz questão de perguntar a respeito da iluminação da rua do lado de fora da casa, e Garvey descreve um poste com lâmpada de vapor de sódio no meio do quarteirão — uma das bases essenciais para o depoimento que Romaine Jackson ainda estava por dar.

"Por ora, sem mais perguntas para o investigador Garvey", anuncia Doan após 25 minutos de depoimento. "Mas gostaria de chamá-lo novamente depois."

"Pedido concedido", declara Gordy. "A testemunha é sua, sr. Polansky."

"Pelo mesmo motivo, vou restringir minha inquirição apenas aos temas abordados no depoimento."

Por mim tudo bem, pensa Garvey, calmo e seguro na tribuna. Com apenas a explicação padrão da cena do crime para me preocupar, ele pensa, não vai haver qualquer controvérsia nessa tarde.

Polansky se aprofunda um pouco na questão do formato dos ferimentos, levando o investigador a concordar que os cortes de faca foram feitos antes do tiro na cabeça; os ferimentos de defesa nas mãos provavam isso. O advogado de defesa passa também algum tempo questionando a respeito da bolsa vazia, o pacote de arroz estourado e as cápsulas gelatinosas vazias no chão do quarto. "Não seria de se esperar, investigador, que quem quer que seja a pessoa que atacou e matou a sra. Lucas provavelmente teria levado as drogas que estavam naquela carteira?"

"Pela ordem", diz Doan.

O juiz concorda que a pergunta do advogado de defesa é muito especulativa, mas a imagem de Vincent Booker assombra o julgamento. Por que, afinal de contas, Frazier mataria alguém para pegar drogas que já eram dele? Não havia razão a menos que, é claro, ele quisesse fazer com que as mortes parecessem um roubo de drogas.

Polansky prossegue, relatando toda parafernália de drogas espalhada pela cena do crime, tentando provar seu argumento de outra forma. Ele menciona as roupas empilhadas para Garvey. O apartamento era muito organizado, correto? Muito organizado, Garvey concorda.

"O tipo de pessoa que não tiraria suas roupas e jogaria no chão, mas sim dobraria elas e então guardaria. Você concorda?"

Ai, meu Deus, pensa Garvey, seu desgraçado ardiloso. "Não", retruca o investigador. "Não concordo."

Polansky deixa aquela aparente contradição para os jurados e passa à prova 2U da acusação, uma fotografia do chão do quarto tirada após a cama ser levantada. O advogado de defesa aponta para um maço de cigarros Newport visível no chão.

"Havia também um cinzeiro?", pergunta ele.

"Sim, senhor", responde Garvey.

"Você chegou a determinar se a sra. Lucas era fumante?"

Ai, merda, pensa Garvey. Ele vai insistir nessa palhaçada. "Não lembro se cheguei a fazer isso."

"Você acha que isso poderia ter alguma relevância?"

"Tenho certeza de que a questão foi mencionada durante a investigação", alega Garvey, tentando dançar em volta do campo minado. "Obviamente, a resposta não tinha qualquer relevância."

"Você perguntou às filhas dela ou a alguém próximo se ela era fumante?"

"Não me recordo de ter feito isso especificamente."

"Se ela não fumava, você concorda que encontrar um maço de cigarros seria algo digno de investigação?"

"Concordo que o maço seria", disse Garvey, sua voz entrecortada.

"Para descobrir quem próximo a ela é fumante", continua Polansky. "Porque você presumiu que alguém próximo a ela esteve lá porque a entrada não havia sido forçada, correto?"

"Correto", concorda Garvey.

"Então talvez fosse significante descobrir se alguém próximo a ela, ou qualquer um dos possíveis suspeitos, dos quais falaremos mais tarde, é fumante, especificamente fumante de Newport."

"Pela ordem", intervém Doan, tentando deter o adversário. "Qual é a sua pergunta?"

"Claro", assente Polansky. "Você concordaria que seria significativo?"

"Não", retruca Garvey, se reorganizando. "Porque não sabemos quando o maço de cigarros foi parar lá. Estava embaixo da cama. Certamente seria algo a ser investigado, mas não seria algo em que eu basearia a investigação."

"Bom", rebate Polansky, "exceto pelo fato, senhor, de que, como confirmou, a sra. Lucas era uma pessoa bastante organizada e não é provável que ela deixaria um maço de cigarros no chão por um longo período de tempo, não concorda?"

"Pela ordem", intervém Doan.

"Não é muito mais provável que o maço tenha sido deixado lá na noite do assassinato?"

"Pela ordem."

Gordy intervém. "Você pode responder à questão com razoável grau de certeza? Sim ou não?"

Da mesa da acusação, Doan olha para o investigador, fazendo um gesto afirmativo discreto e quase imperceptível com a cabeça. Aproveite a escapatória, ele quer dizer. Aproveite a escapatória.

"Eu posso responder", diz Garvey.

"Negada."

"Debaixo da cama parecia ter um bocado de sujeira. As áreas visíveis da casa estavam organizadas, mas eu não diria que era limpo e organizado debaixo da cama."

"O telefone estava debaixo da cama?", pergunta Polansky.

"Estava", responde Garvey, olhando a foto. "Nós puxamos a cama para poder tirar fotos."

"É seguro dizer que o telefone não tinha estado lá por um longo período de tempo?"

"Não sei quando o telefone foi colocado lá", alega Garvey.

Uma defesa parcial do investigador veterano. Polansky conta suas vitórias e segue adiante, perguntando a respeito dos cabelos humanos encontrados no lençol pelo técnico de laboratório e enviados à seção de análise de resíduos. Eles chegaram a ser comparados aos cabelos de alguém?

"Não é possível dizer a quem pertence um fio de cabelo", afirma Garvey, agora preparado.

"Os peritos não podem dizer nada mais sobre cabelos? Não existe nenhum teste científico que ajude em uma investigação criminal?"

"Não há como dizer se determinado cabelo veio de determinada pessoa."

"Eles podem determinar se pertencia a um homem branco ou negro?", pergunta Polansky.

Garvey cede ao argumento: "Mas não muito mais do que isso".

O investigador e o advogado de defesa se enfrentam por diversas outras questões, até que Polansky deixa seu argumento claro: o cabelo encontrado na cena do crime nunca foi comparado ao de ninguém. Mesmo que uma comparação dessas seja inútil, Polansky dá a impressão de que a investigação de Garvey foi incompleta.

Até agora, Polansky se mostra digno do valor que cobra. Garvey confirma isso quando, ao fim da inquirição, o advogado de defesa lhe pergunta a respeito do horário da morte.

"O *rigor mortis* já tinha se instaurado completamente e começava a se dissipar", explica o investigador. "Além disso, com as manchas de sangue secas sob a cama — o sangue era espesso, e as bordas da poça já tinham secado no carpete —, me pareceu que ela ficou lá por provavelmente vinte e quatro horas."

Polansky e Doan ambos erguem os olhos. Vinte quatro horas significaria que o horário da morte foi no fim da tarde do dia anterior.

"Ela estava morta havia vinte e quatro horas?", pergunta Polansky.

"Correto", confirma Garvey.

Doan lança um olhar duro para a testemunha, tentando fazer com que Garvey pense melhor sua resposta.

"Então a sua conclusão seria de que ela foi morta a partir das 17h do dia 21?", indaga Polansky.

Garvey se dá conta. "Retiro o que disse. Não, sinto muito. Me confundi. Quis dizer ao menos doze horas."

"Foi o que pensei que queria ter dito", concorda Polansky. "Obrigado. Sem mais perguntas."

Quando a testemunha lhe é devolvida, Doan menciona novamente os cabelos encontrados, mas aquilo só possibilita que Polansky, em suas perguntas subsequentes, sugira novamente que o investigador não investigou todas as provas: "Se você tivesse analisado os cabelos, teria sido capaz de determinar se pertenciam ao sr. Frazier, ou à sra. Lucas, ou a outra pessoa. Não é verdade?".

"Se tivéssemos comparado os cabelos, poderíamos dizer se eram parecidos", repete Garvey, cansado.

"O que você poderia ter feito, mas não fez", ralha Polansky.

"Não vi necessidade para isso", esclarece Garvey.

"É uma pena, senhor. Obrigado."

O último comentário incomoda Doan, que se vira em sua cadeira para olhar para Polansky. "Que foi?", diz com sarcasmo. Então Doan olha para o juiz. "Não tenho mais perguntas."

"Você está dispensado, senhor", declara Gordy.

O primeiro dia chega ao fim. No corredor, cinco minutos depois, Garvey encontra Polansky e finge estar bravo, erguendo um punho como se estivesse pronto para dar um soco. "Seu vigarista miserável", exclama, sorrindo.

"Ei, calma aí", retruca Polansky, um pouco na defensiva. "Não foi nada pessoal, Rich. Só estou fazendo meu trabalho."

"Ah, eu sei disso", responde Garvey, acertando o ombro do advogado de defesa. "Não tenho do que reclamar."

Mas Doan não é tão facilmente apaziguado. Ao voltar para seu gabinete com Garvey, profere alguns seletos palavrões direcionados a seu digno adversário.

Os cabelos, os cigarros — aquilo foi uma cortina de fumaça, a matéria bruta de qualquer advogado de defesa. Fumaça é a teoria que diz: quando você não quer contestar as provas da promotoria, você cria as suas próprias. Sem dúvida, Robert Frazier está pronto para subir à tribuna e declarar que Vincent Booker fuma cigarros Newport.

Garvey sabe que o maço de cigarros pode ser um problema e se desculpa com Doan. "Tenho certeza que vi eles na cena. Mas não me lembrava de nada específico."

"Não se preocupe com isso", responde Doan, caridoso. "Mas será que podemos..."

"Vou confirmar com Jackie e Henrietta agora mesmo", se adianta Garvey. "Larry, tenho certeza de que os cigarros eram de Lena, só não lembro quem foi que me disse isso."

"Tá legal", assente Doan. "Aquela palhaçada do cabelo não me interessa, mas ele ganhou terreno com os cigarros. Temos que impedir isso."

Quinta-feira, 20 de outubro

No segundo dia de julgamento, Larry Doan age rápido para reaver o terreno perdido.

"Meritíssimo", exclama Doan, ao início da audiência. "A promotoria gostaria de chamar novamente Henrietta Lucas para duas perguntas."

Polansky consegue prever o que está por vir.

"Srta. Lucas", pergunta o promotor, "você sabe se, quando sua mãe morreu, ela era fumante?"

"Sim", revela a filha mais velha de Lena.

"Você sabe quando, mais ou menos, ela começou a fumar?"

"Por volta do começo deste ano."

"E que marca de cigarros ela fumava, sabe dizer?"

"Newport."

Polansky, sentado na mesa da defesa, balança a cabeça. Mas ele ainda não está inteiramente preparado para se entregar. Na inquirição, ele se esforça para sugerir que Robert Frazier passava mais tempo com a namorada do que a própria filha e que estaria em melhor posição de saber se Lena fumava ou não. Ele tenta sugerir que é uma estranha coincidência que uma mulher de 40 anos comece a fumar dois meses antes de morrer. Ele pergunta à filha se tinha discutido o depoimento em detalhes com o promotor, sugerindo ao júri que ela pode ter sido instruída a responder desse modo. Foi um bom esforço; mais uma vez, Polansky se mostrou digno de seus honorários. Ainda assim, Henrietta Lucas deixa o banco das testemunhas em cinco minutos, e o maço de cigarros não é mais uma ameaça.

Doan, logo em seguida, chama John Smialek, que descreve a autópsia e a natureza dos ferimentos e traz como prova uma série de fotografias em preto e branco mostrando os danos em detalhes. Mais que as fotos da cena do crime, as capturas antissépticas tiradas com uma câmera suspensa na rua Penn registram o excesso de violência: três tiros de arma de fogo — um com densas manchas de pólvora no lado esquerdo do rosto, um no peito, um no braço esquerdo, onze facadas nas costas, mais cortes superficiais no pescoço e na mandíbula inferior; ferimentos defensivos na palma da mão direita. Na forma de dez fotos chocantes, admitidas a despeito das repetidas objeções do advogado de Robert Frazier, Lena Lucas faz sua aparição na sala de audiência.

Mas os depoimentos da manhã são apenas o prelúdio para a verdadeira batalha — uma guerra de credibilidade que começa mais tarde naquele dia, quando uma estudante de 17 anos, obviamente aterrorizada, passa em frente a Robert Frazier e sobe na tribuna.

Romaine Jackson literalmente treme quando faz o juramento; os jurados podem ver isso. Ela se senta de modo recatado, com as mãos no colo, o rosto fixo em Doan, os olhos incapazes de encarar o homem alto sentado na mesa do réu. No pior pesadelo de Doan, ele vê sua testemunha — essa testemunha essencial — implodir de medo. Ele a vê incapaz de falar, incapaz de dizer a verdade do que viu daquela janela na rua Gilmor naquela noite, incapaz de se lembrar das coisas que falou a respeito nas entrevistas anteriores ao julgamento. Tudo isso seria compreensível, até mesmo perdoável: o estado de Maryland não permite que ela vote ou compre uma cerveja, mas o promotor ainda assim pede que ela identifique um suspeito de assassinato em julgamento público.

"Meu nome é Romaine Jackson", murmura, respondendo às perguntas do escrevente. "Eu moro no número 1606 da rua Pratt Oeste."

"Srta. Jackson", exclama Doan, de modo terno, "tente falar mais alto para que as senhoras e senhores do júri possam ouvir você."

"Sim, senhor."

Do modo mais lento e calmo possível, Doan a conduz às questões fundamentais e de volta àquela noite na rua Gilmor, de volta ao momento quando ela olhava para fora de sua janela no terceiro andar, antes de ir dormir. As respostas da garota são quase monossilábicas; o escrevente a lembra mais uma vez de falar junto ao microfone.

"Em certo momento, você teve a chance de ver sua vizinha Charlene Lucas do lado de fora do apartamento?", pergunta Doan.

"Sim."

"Você poderia dizer às senhoras e senhores do júri em aproximadamente qual horário a viu?"

"Entre onze e meia-noite."

"Ela estava sozinha ou com alguém?"

"Sim", responde a garota. "Com um homem."

"Você vê esse indivíduo nesta sala hoje?"

"Sim, senhor", retruca a garota.

"Poderia apontar para o indivíduo?"

Os olhos de Romaine Jackson desgrudam do promotor por meio segundo, tempo suficiente apenas para acompanharem sua mão direita apontada em direção a Robert Frazier.

"Ele", murmura, os olhos novamente firmes em Doan.

O promotor lentamente prossegue. "Poderia descrever a aparência do réu naquela noite?"

"Alto, escuro, magro", descreve ela.

"O que ele vestia naquela noite?"

"Um casaco preto. Um terno preto que nem esse."

"Ele usava alguma coisa na cabeça?"

"Um chapéu."

"De que cor?"

"Um chapéu branco", revela, "com um botão na aba."

Ela agora chora, apenas o suficiente para que se perceba, mas não o suficiente para que Doan pense em parar. Elaborando a resposta ao promotor, ela conta como Lena e o homem alto caminharam em direção à casa geminada de Lena, logo ao lado, e então desapareceram da vista dela, conta como adormeceu ouvindo uma briga vinda de um andar inferior na casa adjacente, conta como depois ficou sabendo do assassinato.

"Srta. Jackson", pergunta Doan, "depois que ficou sabendo que Charlene Lucas tinha morrido, você foi até a polícia apresentar a informação que tinha?"

"Não", responde, chorando de novo.

"E por que fez isso?"

Polansky faz uma objeção.

"Recusada", anuncia Gordy.

"Medo", revela a garota. "Não queria me envolver."

"Ainda sente medo?"

"Sim", confirma, a voz pouco mais que um sussurro.

Amedrontada, mas firme, Romaine Jackson mantém sua versão durante toda a inquirição de Polansky. O advogado de defesa trabalha pelas bordas da história dela: a luz na rua naquela noite; o horário que ela estava olhando pela janela; os motivos para ela olhar pela janela; sua habilidade de ouvir uma briga na casa ao lado. Polansky não pode descer a lenha nessa garota; mesmo que táticas duras possam balançar a versão dela, os jurados se ressentiriam com um tratamento desses. Em vez disso, ele só pode sugerir que ela está enganada, que talvez ela não tenha como ter certeza de que viu Robert Frazier quando diz que viu. Polansky trabalha pelos cantos do depoimento da garota por meia hora, prolongando a agonia dela, mas fazendo muito pouco para mudar os fatos essenciais de sua versão. Quando ela deixa o banco das testemunhas no fim da tarde, o calmo abraçar da verdade por parte de Romaine Jackson é uma força poderosa.

"Uou... Romaine, querida", exclama Garvey, a acompanhando enquanto ela saía pela porta dos fundos do fórum. "Aí, me diz uma coisa. Não foi tão ruim assim, né?"

"Foi", diz ela, chorando e rindo no mesmo fôlego. "Foi, sim."

"Ah, qual é", retruca o investigador, colocando um braço em torno dela. "Aposto que no final você já estava gostando um pouco, não é?"

"Não", responde, rindo. "Não gostei, não."

Meia hora depois, quando Doan sai da sala de audiência, Garvey o pressiona no corredor do terceiro piso: "Como nossa garota se saiu lá?".

"Ela foi ótima", elogia Doan, sem exagero. "Assustada, mas ótima."

Mas está longe de terminar. O testemunho do dia seguinte encerraria a etapa da acusação, com os dois juristas debatendo a prova balística e a munição de .38 encontrada no caso. Com Dave Brown no banco das testemunhas, Doan tenta limitar o depoimento às balas de .38 encontradas no carro de Frazier após a prisão; Polansky, se esforçando para não violar as determinações pré-julgamento que proibiam qualquer menção ao assassinato de Purnell Booker, inquire Brown a respeito da questão do primeiro mandado de busca, quando os investigadores recuperaram a munição .38 de canto-vivo e as facas debaixo da cama de Vincent Booker. É um tópico sensível — nenhum dos juristas quer cruzar a linha que trará o assassinato de Booker ao depoimento — e são necessárias quatro reuniões em privado com Gordy antes que o depoimento de Brown seja negociado com sucesso. Quando a testemunha é devolvida a ele, Doan faz questão de fazer Brown declarar que as facas encontradas com Vincent Booker foram testadas e nenhum sangue foi encontrado, mas, mais uma vez, Polansky consegue erguer o espectro do suspeito alternativo com umas poucas perguntas.

Ele faz isso mais uma vez quando Joe Kopera, da unidade de armas de fogo, substitui Brown na tribuna. Doan faz com que Kopera conte a respeito da análise das balas usadas para matar a vítima, assim como os projéteis de .38 encontrados no carro de Frazier após a prisão. As balas são todas do mesmo calibre, Kopera concorda. Mas aquele depoimento, embora limitado, abre portas para Polansky, que em seguida observa que as balas que mataram Lena Lucas são .38 canto-vivo e que as balas encontradas no carro de seu cliente são .38 de ponta redonda.

"Então você está dizendo", afirma Polansky, "que, embora as balas achadas no carro de Robert Frazier sejam de fato de .38, elas não são do mesmo tipo que as balas encontradas na cena do crime."

"Sim, senhor, correto."

"E algumas das balas — doze balas encontradas na residência de Vincent Booker — eram não só de calibre .38, mas também de canto--vivo. Correto?"

"Correto", concorda Kopera.

Se Rich Garvey pudesse ouvir isso, se pudesse ouvir Polansky insinuando a figura sombria de Vincent Booker diante do júri, ele talvez se sentisse inclinado a torcer o pescoço de Doan. O único jeito de refutar Polansky é fazer a conexão entre as balas encontradas com Vincent Booker e Robert Frazier, e o único jeito de fazer isso é colocando Vincent Booker no banco das testemunhas. Booker poderia testemunhar que tinha entregado as balas canto-vivo a Frazier na noite do assassinato; que Frazier tinha dito a ele que iriam pegar as drogas de volta do pai dele e que ele pediu munição. Mas esse tipo de depoimento poderia levantar mais dúvidas do que responder; na opinião de Doan, a única alternativa razoável é cortar a linha.

Conforme a exposição da acusação se aproxima do fim, os observadores na sala de audiência estão divididos em sua opinião a respeito de que lado está ganhando. Doan assentou a base e conduziu Romaine Jackson com sucesso em um bem-sucedido depoimento. Mas Polansky também se saiu bem em alguns momentos, seu uso hábil de Vincent Booker pode ser o suficiente para dividir o júri. Mas Doan ainda não terminou. Ele surpreende Polansky com uma última testemunha, uma testemunha que o advogado de defesa não esperava ver usada contra seu cliente.

"Meritíssimo", exclama Doan, após os jurados serem dispensados para o intervalo de almoço, "gostaria de solicitar que, quando Sharon Denise Henson for chamada, seja chamada como testemunha do juízo."

"Pela ordem!", diz Polansky, quase gritando.

"Quais são suas razões, sr. Doan", pergunta Gordy, "em face da objeção?"

O promotor relembra a tentativa de Robert Frazier de usar a segunda namorada como álibi no assassinato da primeira, assim como o subsequente interrogatório feito pelos investigadores com Nee-Cee Henson, no qual ela admitiu que Frazier tinha ido embora do jantar cedo e não voltou antes do amanhecer. Henson assinou seu depoimento confirmando e deu depoimento similar diante do grande júri; agora, com Frazier contemplando a possibilidade de prisão perpétua sem liberdade condicional, ela está se retraindo, dizendo a Doan que agora se lembra do jantar com mais clareza. Ela diz que Frazier saiu apenas por alguns momentos e, depois, ficou com ela até o amanhecer.

A mulher começou a renegar seu depoimento semanas antes, quando assinou uma declaração para um investigador particular contratado por Polansky. O comportamento dela não surpreende Doan, que ficou sabendo que ela visitou Frazier diversas vezes no presídio. E agora ele pede a Gordy que a chame à tribuna como uma testemunha hostil. Para o promotor, Sharon Henson é valiosa justamente porque o depoimento dela não tem credibilidade.

"Seria uma injustiça esse júri ser privado de ver ela e ouvir ela falar", alega Doan, "e seria impossível convocar ela como testemunha da acusação."

"Sr. Polansky?", pergunta Gordy.

"Meritíssimo, seria possível responder... responder ao argumento do sr. Doan após o intervalo, para que eu possa ter a oportunidade de assimilar isso?"

"Negativo."

"Posso ter um minuto para olhar isso?", pede ele, lendo uma cópia da petição da acusação.

"Pode", assente Gordy, o próprio retrato da irritação entediada. "Enquanto o sr. Polansky olha, vou anotar para fins de registro que essa questão tinha sido antecipada nesse julgamento, de acordo com conversas entre os juristas e o juiz, desde o começo."

Polansky leva mais alguns minutos, então tenta responder, argumentar que a versão atual da srta. Henson não difere dramaticamente do depoimento anterior. Não parece, argumenta Polansky, que as declarações sejam inconsistentes o suficiente para chamá-la como testemunha do juízo.

"Você pretende chamá-la como testemunha de defesa?"

"Bom, não sei", revela Polansky. "Não posso prometer isso a essa altura, meritíssimo."

"Porque, se fosse chamar, essas questões não fariam diferença."

"Concordo", diz o advogado de defesa. "Acho que provavelmente não vou chamar ela."

Gordy então anuncia sua decisão: mesmo que ela esteja mentindo para salvar seu homem, Sharon Henson testemunhará contra ele. A mulher sobe à tribuna depois do intervalo do almoço e começa uma jornada que se estende por mais de uma hora. Se a liberdade de um homem não estivesse em jogo, se não houvesse uma família sentada na galeria, clamando por vingança, a performance de Henson em favor do namorado talvez fosse uma comédia. Com um vestido preto de veludo, chapéu estilo Jackie Kennedy e estola de pele, a aparência dela, por si só, tornava difícil levar seu depoimento a sério. Ciente de seu grande momento naquele drama, ela faz o juramento e cruza as pernas na tribuna das testemunhas, como que para emular as mulheres fatais dos filmes noir B. Até o juiz dá uma risadinha.

"Quantos anos a senhora tem?", pergunta Doan.

"Vinte e cinco."

"Você conhece alguém chamado Robert Frazier?"

"Conheço, sim."

"Esse indivíduo está aqui nesta sala hoje?"

"Está."

"Aponte para ele, por favor."

A mulher aponta para a mesa da defesa e, por apenas um momento, sorri ternamente para o réu. Frazier olha de volta, impassível.

Doan explica a relação de Sharon Henson com Frazier para o benefício do júri e, então, a inquire a respeito da noite da festa dela e do assassinato. Em seus depoimentos a Garvey e para o grande júri, Henson admitiu que tinha bebido e usado drogas, mas ela declarou, de modo definitivo, que Frazier tinha saído da festa tarde naquela noite e voltado apenas pela manhã. Agora, porém, ela se lembra de algo bem diferente.

"Você ainda se considera a namorada do sr. Frazier hoje?", pergunta Doan.

"Eu realmente preciso responder isso?"

"Precisa", afirma Gordy. "Responda à pergunta."

"Sim, me considero."

"E durante o tempo em que o sr. Frazier esteve encarcerado, você visitou ele na cadeia, não é mesmo?"

"Visitei, sim."

"E quantas vezes você visitou ele lá?"

"Três vezes."

Doan aproveita, pedindo a Henson que liste os presentes de Dia dos Namorados que ela ganhou de Frazier antes do assassinato. Então, ele abruptamente passa à questão do revólver .38 que Frazier tinha pedido que ela guardasse depois do assassinato, a arma que Frazier pegou de volta quatro dias antes de Garvey e Kincaid aparecerem para interrogá-la.

"E quando ele te perguntou da arma", indaga Doan, sua voz calma, "ele disse por que precisava dela?"

"Disse, sim."

"O que ele disse?"

"Que a polícia viria falar comigo e que ele tinha dito pra eles que eu tava com a arma dele, mas ele não pediu ela pra mim."

"E?", pergunta Doan, erguendo os olhos de suas anotações.

Sharon Henson lança um olhar furioso para Doan antes de responder. "Para não entregar a arma pra eles", revela, olhando então de modo culposo para o namorado.

"Ele falou pra você que a polícia viria atrás da arma. Ele não queria que você entregasse para eles?", repete Doan.

"Sim, lembro disso."

Até aqui, tudo bem. Doan passa à noite da festa. Ele faz a mulher recitar a lista de convidados e o cardápio, e, quando ela afirma ter memória ruim, Doan a relembra de que eles conversaram apenas dez dias antes no gabinete dele.

"Naquela ocasião, você me disse que tinha comido presunto e queijo, couve galega, espigas de milho, lagosta e vinho?"

"Correto", confirma, sem se abalar.

Doan a conduz até os eventos da festa: a chegada de Frazier, a saída dele para buscar lagosta, o que vestia na noite da festa.

"Como o sr. Frazier estava vestido?"

"De bege."

"Bege?"

"Bege", repete ela.

"Ele usava calça bege?"

"A-hã."

"Camisa bege?"

"A-hã."

"Ele estava usando um terno?"

"Casaco", ela corrige ela.

"Que tipo de casaco?", pergunta Doan.

"Bege", responde.

"Ele vestia mais alguma coisa bege?"

O júri dá risada. Henson olha para eles.

"E o chapéu dele?", continua Doan.

"É tipo um boné de golfe."

"O tipo com uma aba na frente?", pergunta Doan.

"Tem um botão na aba", revela, com um aceno afirmativo da cabeça.

De repente, Larry Doan passa para o ponto mais crítico com Sharon Henson. Ele põe em pauta o depoimento dela aos investigadores e também o que foi dado ao grande júri.

"Quando você falou com a polícia, você não afirmou que ele usava um terno preto que ia até a cintura?"

"Eu falei com a polícia", responde, a mudança de tom na voz de Doan a deixa desconfiada.

"Senhora, a resposta é sim ou não?"

"Eu não lembro."

"Você não lembra?"

"Não."

"Você lembra de dizer ao grande júri o que ele estava vestindo?"

"Pela ordem, meritíssimo", interrompe Polansky.

Gordy nega. "Sim ou não?", pergunta o juiz.

"Talvez tenham perguntado pra mim", responde de modo amargo. "Eu não lembro."

E assim foi por meia hora, com Doan lendo as transcrições e com Sharon Henson afirmando não se lembrar de nada.

"Não é verdade que durante a festa você brigou com o sr. Frazier?"

"É verdade."

"E depois da briga ele saiu do apartamento?"

"Não."

"Ele nunca saiu do apartamento?"

"Sim, ele saiu por uns vinte minutos."

"E, quando ele voltou, o que ele fez?"

"Ele continuou de papo com os convidados."

"E ele ficou a noite toda. É isso que você está dizendo às senhoras e senhores do júri?"

"Isso", confirma a jovem.

"E você quer que eles acreditem nisso, correto?"

Polansky se levanta e faz uma objeção.

"Negada", diz Gordy.

Nesse ponto, Sharon Henson olha para Larry Doan e sorri de forma gentil. É como se ela, de fato, acreditasse que estava destruindo o argumento da acusação; na verdade, ela está transformando todos os esforços advocatícios de Paul Polansky em poeira.

"Está correto?", insiste Doan. "Você quer que eles acreditem que ele passou a noite inteira com você. Correto?"

"Bom, ele passou."

"Sua memória dos eventos de 22 de fevereiro está melhor hoje do que estava em 17 de março ou 10 de março deste ano?"

"Março? Não. Sim."

"Está melhor hoje?", repete Doan, demonstrando irritação.

"Quer dizer, falei com pessoas que estavam na festa."

Doan olha para o júri, lhes dando um olhar honesto. "Tá legal", exclama, gesticulando afirmativamente. "Você conversou com algumas das pessoas da festa, e isso tornou sua memória mais clara?"

"Me fez ver melhor algumas coisas sobre aquela noite que não tinha me dado conta na noite em si."

"Você está falando do tempo que seu namorado passou no seu apartamento? Você precisou que alguém te contasse quanto tempo seu namorado passou no seu apartamento?"

"Perdão, senhor", sibila a mulher. "Eu estava sob os efeitos de álcool e drogas naquela noite."

"Então como", pergunta Doan, pronunciando cada palavra lentamente, "você se lembra disso agora?"

Na mesa da defesa, Polansky está sentado com a mão na testa, presumivelmente imaginando como o caso poderia ter sido. Estratégias sutis foram subitamente tornadas obsoletas diante daquele legítimo cabaré. Os cigarros Newport, os cabelos não analisados e o fantasma de Vincent Booker — tudo foi por água abaixo, agora que Doan desmantela Sharon Henson para o divertimento da plateia na sala de audiência. Por vezes, os jurados riem tão alto que Gordy usa o martelo.

Do lado de fora da sala de audiência, Rich Garvey vai ficando inquieto conforme o tempo de Henson na tribuna se estende. Apenas quando Doan sai é que o verdadeiro escopo da vitória se faz claro para ele.

"Como foi com a Nee-Cee?", pergunta ele ao promotor enquanto andam pelo corredor do terceiro andar. "Como ela se saiu?"

Doan sorri como se tivesse uma barbatana pendurada nas costas de seu terno risca de giz. "Acabei com ela. Destruí ela", conta ao investigador. "Tá tudo cheio de sangue por lá."

"Ela foi horrível?"

"Ela foi a porra duma piada. O júri estava rindo dela", revela Doan, incapaz de esconder a satisfação. "É sério. Eu acabei com ela."

Desse ponto em diante, é ladeira abaixo. Se Sharon Henson tivesse se agarrado à verdade, se tivesse se disposto a lhes dar o mesmo depoimento que deu em março, poderia ter sido nada além de uma peça no quebra-cabeça de provas. Em vez disso, decidiu cometer perjúrio e, como resultado, passa a existir na cabeça de todos os jurados como uma prova do desespero de Robert Frazier.

Na segunda, os depoimentos começam de novo com o retorno de Rich Garvey à tribuna para um passo a passo de todas as etapas da investigação que levaram à prisão de Frazier. Na inquirição, Polansky se esforça para enfatizar a colaboração inicial de seu cliente com a investigação, a disposição de Frazier de ir até a central para ser interrogado sem um advogado. Em um momento particularmente marcante, Polansky pergunta dos ferimentos por lâmina e bala, sugerindo que o uso de duas armas indica que dois suspeitos estão envolvidos.

"Há quantos anos você é policial?", pergunta o advogado a Garvey.

"Treze."

"E você já investigou muitos, muitos casos de homicídio, tanto diretamente quanto..."

"Isso mesmo", interrompe Garvey.

"Você já teve um caso em que a vítima morreu a facadas e tiros, tendo um único agressor?", indaga Polansky.

"Já", responde Garvey, calmo.

"Quantos casos? Qual caso? Diga o nome."

"Tivemos indícios no caso Purnell Booker de que havia um agressor."

Toma essa, pensa Garvey. Com uma pequena resposta, o mesmo júri que foi incitado a se preocupar com o misterioso Vincent Booker agora pode se perguntar a respeito do fato de que, em algum lugar daquele caso, outro Booker existe como vítima. Polansky pede para se aproximar da tribuna.

"Nem sei bem o que fazer, se peço a anulação do julgamento ou não", diz a Gordy.

O juiz sorri, balançando a cabeça. "Você não vai pedir coisa nenhuma, já que foi você quem fez a pergunta."

"Eu não perguntei isso para ele", protesta Polansky.

"Ele respondeu à sua pergunta", retruca Gordy. "Qual é sua requisição? O que quer que eu faça? Por que veio até aqui?"

"Eu não sei", fala Polansky. "Agora estou me perguntando se devo revelar tudo."

"Não vou deixar que fale tudo apenas com base nessa resposta."

"Obrigado", agradece Polansky, ainda um pouco atordoado. "Eu não... Não tenho nenhum pedido."

A segunda visita de Garvey à tribuna é uma obra cuidadosamente elaborada, e uma espécie de redenção de sua performance no primeiro dia do julgamento, mas é quase desnecessária. Assim como o testemunho de Robert Frazier, que vai para a tribuna no dia seguinte se explicar para o júri e dizer que não tinha motivo ou desejo de matar Charlene Lucas. O dia de Frazier já tinha sido nublado por Sharon Henson; ela definiu tudo aquilo a que o júri foi posteriormente exposto. Mais do que isso, o depoimento de Henson forneceu um contraste claro com as outras testemunhas-chave no caso: Romaine Jackson era jovem e estava amedrontada e relutante quando identificou Robert Frazier como o homem que ela viu com Lena na noite do assassinato; Sharon Henson foi dura, amarga e insolente quando foi para a tribuna renegar as próprias palavras.

Essa é precisamente a comparação que Doan faz em suas alegações finais para o júri. Rich Garvey, agora possibilitado de entrar na sala de audiência como observador, assiste a diversos jurados gesticularem em concordância enquanto Doan pinta um retrato vívido de cada mulher — uma delas, uma inocente que falava a verdade; a outra, uma prevaricadora corrupta. Mais uma vez, ele retorna ao depoimento de Henson a respeito das roupas do namorado. Ele dá especial atenção a um pequeno trecho do depoimento, um pequeno fragmento pinçado de toda uma semana de discussão jurídica. Quando Romaine Jackson testemunhou, lhe foi pedido que descrevesse o chapéu do réu. Um chapéu, disse, um chapéu branco.

"Ela ergueu a mão e disse que a aba era encurvada", lembra Doan, levando a mão à cabeça. "Aba encurvada... E quando foi que isso se tornou importante?"

Sharon Henson, ele diz ao júri. Um dia depois, Sharon Henson foi à tribuna tentar ajudar o namorado. Ah, imita Doan, ele estava vestido de bege. Casaco bege. Calça bege. Sapato bege. Provavelmente a roupa de baixo era bege, e um boné de golfe bege...

O promotor faz uma pausa.

"... com um botão na aba."

A essa altura, até mesmo a jurada na fileira da frente — aquela com quem Doan se preocupou no começo do julgamento — gesticula em concordância.

"Senhoras e senhores, após ver e ouvir Romaine Jackson e, então, ouvir a versão da mulher que se esforçava para ajudar o réu, há alguma dúvida de que a pessoa que Romaine Jackson disse que tinha visto era o réu?"

Uma ótima conexão, pensa Garvey, enquanto Doan menciona o resto das provas, apelando para o bom-senso do júri. "Quando vocês reunirem tudo, aquele quebra-cabeça de que falamos ficará claro. Vocês vão ver claramente que esse homem..."

Doan se vira e aponta para a mesa da defesa.

"... a despeito de todos seus protestos em contrário, é o homem que assassinou brutalmente Charlene Lucas nas primeiras horas da manhã de 22 de fevereiro de 1988."

Polansky responde com seus argumentos mais fortes, escrevendo as provas da acusação em um quadro próximo e, então, riscando cada item enquanto tenta explicar as circunstâncias. Ele se empenha ao máximo para desacreditar Romaine Jackson e para ressuscitar Vincent Booker como a alternativa lógica. No entanto, ele evita mencionar Sharon Henson.

Em sua resposta final ao júri, Larry Doan comete a temeridade de ir até o quadro e começar a escrever seus próprios comentários relacionados ao auxílio visual de seu oponente.

"Pela ordem, meritíssimo", exclama Polansky, cansado e bravo. "Gostaria que o sr. Doan escrevesse em seu próprio quadro."

Doan dá de ombros simulando constrangimento. O júri ri.

"Negada", diz Gordy.

Polansky balança a cabeça; ele sabe que o jogo acabou. E ninguém fica surpreso quando, apenas duas horas após as alegações finais, as pessoas se reúnem novamente na sala, e os jurados retornam à sua bancada.

"Sr. presidente do júri, por favor, se levante", solicita o escrevente. "Qual é o veredito para o réu Robert Frazier na denúncia de número 18809625, no que se refere a homicídio doloso? Culpado ou inocente?"

"Culpado", responde o presidente.

Na galeria, apenas a família Lucas reage. Garvey tem o olhar perdido enquanto os jurados revelam seus votos. Doan olha para Polansky, mas o advogado de defesa continua fazendo anotações. Robert Frazier olha fixo para a frente.

Dez minutos depois, no corredor do terceiro andar, Jackie Lucas, a filha mais nova, encontra Garvey e coloca o braço sobre o ombro dele.

Garvey fica momentaneamente surpreso. Há ocasiões como essa, momentos nos quais os sobreviventes e os investigadores compartilham qualquer que seja o tipo de vitória tardia que resulta do julgamento. No entanto, com frequência, a família não comparece ao fórum ou, se comparece, trata o réu e as autoridades com igual medida de desprezo.

"Nós conseguimos", comemora Jackie Lucas, beijando Garvey de leve na bochecha.

"É, conseguimos", concorda Garvey, rindo.

"Ele vai pra cadeia, certo?"

"Pode crer", responde. "Gordy vai trancafiar ele."

Doan acompanha a família para fora do fórum, e Garvey e Dave Brown o cumprimentam de novo pelas alegações finais. Escrever no quadro de Polansky, dizem a Doan, foi um belo toque.

"Vocês gostaram?", pergunta Doan.

"Mas é claro", retruca Garvey, rindo. "Aquilo foi épico."

Suas vozes ecoam pelo corredor enquanto rememoram os pontos altos. Pela primeira vez, Garvey e Brown ouvem o relato completo do desastre que foi Sharon Henson. Eles riem alto quando Robert Frazier chega ao corredor, as mãos algemadas para trás, com dois guardas caminhando atrás dele.

"Pssssiu", exclama Brown. "O homem do momento."

"Estamos prontos para receber o olhar maligno cerimonial?", pergunta Garvey. "Eu, com certeza, acho que merecemos."

Brown concorda.

Larry Doan balança a cabeça e, então, vai em silêncio até a escadaria e sobe para seu gabinete. Os investigadores aguardam mais alguns segundos enquanto Frazier e os guardas se aproximam. Lentamente, em silêncio, o réu passa com a cabeça abaixada, as mãos segurando uma pilha de papéis enrolados atrás dele. Não há contato visual. Não há palavras raivosas.

"Foda-se", diz Garvey, pegando a valise de cima do banco do corredor. "Ele não foi nada divertido."

Sexta-feira, 21 de outubro

Mais uma vez naquele velho chão, mais uma vez a tarefa impossível. Mais uma vez na garganta profunda do beco, aquele pedaço de calçada infernal que nunca fez nada de bom por ele no passado.

Tom Pellegrini estaciona o carro na Newington e atravessa um beco repleto de lixo e folhas mortas. A primavera alterou a parte de trás da avenida Newington mais uma vez, fazendo com que ela adquirisse um pouco mais o aspecto que deveria ter. Para Pellegrini, o beco parece apropriado ao clima frio — a visão pálida e sombria com a qual ele se acostumou meses antes. As estações não deveriam mudar nesse beco, pensa. Nada deveria mudar até que eu saiba o que aconteceu aqui.

Pellegrini, então, vai até o beco coletivo e entra pelo portão dos fundos no número 718 da Newington. Se mantém parado no local onde o corpo foi achado, olhando mais uma vez para os fundos da casa, para a porta da cozinha, para a janela e para a escada de incêndio metálica que desce desde o teto.

Laranja-avermelhado. Laranja-avermelhado.

As cores do dia. Pellegrini vasculha as cantoneiras de madeira nos fundos da casa com cuidado, procurando algo, qualquer coisa, que possa ser classificada como laranja-avermelhada.

Nada.

Olhando sobre a cerca de arame, Pellegrini avalia a casa ao lado. O quintal do número 716 está vazio; Andrew e seu Lincoln marrom-caganeira sumiram faz tempo, o carro foi tomado por falta de pagamento; e Andrew, chutado para fora de casa por sua esposa beata e cansada.

Laranja-avermelhado. Laranja-avermelhado.

A porta dos fundos do 716 está pintada de vermelho, e a tonalidade parece bater. Pellegrini vai até o quintal adjacente para olhar mais de perto. E, de fato, a tinta vermelha é a camada mais externa, com tinha laranja por baixo.

Filho da puta, pensa Pellegrini, tirando uma amostra da porta. A combinação de vermelho e laranja é distinta o suficiente para o investigador acreditar que encontrou o que procurava. Oito meses após o interrogatório inicial, Andrew está no páreo de novo, e ninguém está mais surpreso do que Pellegrini.

Se não fosse pela tinta na porta dos fundos do número 716 da Newington, o investigador não acreditaria. Andrew é uma figura, com certeza, e a teoria original de Jay Landsman a respeito de Lincoln ter sido usado para guardar o corpo tinha seus méritos. Mas não há nada na folha corrida de Andrew que indique um criminoso sexual, e o longo interrogatório do sujeito não levantou nenhuma suspeita. Da sua parte, Pellegrini tinha pegado leve com Andrew assim que o porta-malas do Lincoln não indicou nada. E depois, quando Andrew passou no teste do polígrafo com seu depoimento, Pellegrini praticamente se esqueceu do sujeito. Mas a lasca de tinta laranja-avermelhada era uma prova material e, de algum modo, precisava ser explicada. Por conta disso, Andrew está de volta ao cenário.

A lasca de tinta era novidade, uma prova tardia que pareceria engraçada para Pellegrini se as circunstâncias não fossem tão exasperantes. Essa porcaria esteve na sala de controle de provas desde o primeiro dia da investigação e ainda estaria lá se Landsman não tivesse ido dar uma última olhada no conjunto de provas.

As visitas ao controle de provas eram rotineiras. Por semanas, Pellegrini tinha revisado o arquivo do caso Latonya Wallace e as provas reunidas, tentando achar algo novo. Inicialmente, Pellegrini esperava encontrar alguma coisa que levasse a um novo suspeito, algo que tivesse sido ignorado na primeira e segunda passada do caso. Então, após a análise química das manchas na calça da menina serem tenuemente ligadas ao mercado incendiado do Homem do Peixe, Pellegrini voltou às provas existentes na esperança mais concreta de que algo pudesse vincular o comerciante ao assassinato.

Em vez disso, ele achou a lasca de tinta. Com Landsman, a descobriram na tarde anterior, após as roupas da menina terem sido mandadas para o laboratório de análise residual para outro exame. Van Gelder, do laboratório, estava com eles e, na verdade, foi o primeiro a notar o floco colorido preso à meia-calça amarela.

Parecia ser tinta semibrilhante em camadas distintas, vermelho sobre laranja. Uma única cor teria sido mais difícil de localizar, mas quantos objetos em Reservoir Hill tinham sido pintados de laranja e, depois, de vermelho? E o que a lasca de tinta fazia dentro da meia-calça da menina? E como diabos eles não tinham visto isso nas duas primeiras vezes?

Mesmo que Pellegrini estivesse empolgado com a nova prova, ficou bravo por não tê-la descoberto logo no início. Van Gelder não tinha uma explicação, e Pellegrini não queria uma. O assassinato de Latonya Wallace era a investigação mais importante do ano; como a análise de resíduos podia ter sido menos que impecável?

Agora, parado na parte de trás da avenida Newington, a frustração de Pellegrini é completa. Porque tudo indica que a lasca de tinta não tem nada a ver com o Homem do Peixe — e é na direção do Homem do Peixe que Pellegrini quer seguir. Era o Homem do Peixe quem tinha falhado no teste do polígrafo, era o Homem do Peixe quem conhecia Latonya Wallace e tinha pagado para que ela trabalhasse em seu mercado, e era o Homem do Peixe quem nunca tinha apresentado qualquer tipo de álibi na noite do desaparecimento da criança. O Homem do Peixe: quem mais poderia ser o assassino?

Por meses, Pellegrini tinha passado cada momento disponível investigando a vida do comerciante, se preparando para o último confronto com seu melhor suspeito. De certo modo, era quase engraçado, o Homem do Peixe tinha se acostumado à investigação fazia muito tempo. A cada passo de sua vida, havia um investigador de polícia obcecado — buscando dados, reunindo provas, esperando. Em cada detalhe da calma existência do sujeito, Tom Pellegrini pairava, procurando informações.

Eles já se conheciam a essa altura. Pellegrini sabia mais a respeito do Homem do Peixe do que gostaria, possuía mais informações a respeito dele do que tinha de qualquer outra pessoa que não fosse de sua família. O Homem do Peixe conhecia o nome de seu algoz; sabia como era o jeito e a voz de Pellegrini, assim como o modo com o qual o investigador começava uma conversa ou formulava uma pergunta. Mais do que tudo, sabia — ele tinha que saber — com precisão o que Pellegrini procurava.

Qualquer outro sujeito teria feito um escândalo. Fosse outra pessoa naquela situação chamaria um advogado, o qual ligaria imediatamente para o departamento de polícia reclamando de intimidação. Caso isso ocorresse com alguém, que não aquele homem, raciocinava Pellegrini, essa pessoa o olharia nos olhos para lhe dizer o que estaria esperando ouvir: você e seu distintivo podem ir se foder se acha que eu mato garotinhas. Mas nada disso jamais aconteceu.

Desde o segundo interrogatório no escritório da homicídios, os dois homens tiveram uma série de estranhas conversas, cada uma mais amigável que a outra, sempre marcadas pelas asserções iniciais do Homem do Peixe de que não sabia nada a respeito do assassinato. Pellegrini terminava cada discussão lembrando o comerciante de que a investigação continuaria e que os investigadores provavelmente precisariam falar com ele novamente. Sem falha, o Homem do Peixe lhe assegurava que continuaria cooperando. Mais cedo, nesse mesmo mês, Pellegrini mencionou a ideia de mais uma visita ao escritório da homicídios em um futuro próximo. O suspeito obviamente não ficou nada empolgado com a ideia, mas não tentou recusar.

Quanto mais o investigador descobria a respeito do Homem do Peixe, mais o velho parecia capaz de ser o assassino da menina. Não havia nada definitivo em sua história, nada para que se pudesse apontar o dedo como prova de que o homem era perigoso ou psicótico. Em vez disso, o passado do velho revelava um padrão bastante comum de relacionamentos fracassados com mulheres. Ao longo das semanas, o investigador tinha localizado e interrogado parentes, antigas namoradas e a ex-esposa do Homem do Peixe — todos concordavam que o sujeito tinha problemas em relação a mulheres. Alguns até mesmo sugeriam que ele tinha interesse por garotas jovens, mas as histórias tinham poucos fatos específicos. Pellegrini também tinha interrogado os colegas de Latonya Wallace novamente, assim como as crianças que tinham trabalhado para o Homem do Peixe ou que tinham passado por seu mercado após a escola. E, de fato, todas mencionaram o olhar de tarado do Homem do Peixe. Ele era esperto, elas disseram ao investigador, é preciso ficar esperta com ele.

A única mulher que Pellegrini não conseguiu encontrar foi a suposta vítima na antiga acusação de estupro do Homem do Peixe, nos anos 1950. Pellegrini achou esses relatórios em microfilmes e digeriu cada página, mas a adolescente que supostamente foi atacada nunca depôs em juízo, e as acusações foram, pelo visto, abandonadas. Usando de tudo, da lista telefônica aos arquivos de serviços sociais, Pellegrini fez uma busca febril para localizar a mulher, que deveria ter quase 50 anos a essa altura e que, se ainda morasse em Baltimore, provavelmente estava listada com um nome diferente de seu nome de solteira. Porém a busca não deu nenhum fruto, e finalmente Pellegrini se permitiu ser entrevistado por um programa de TV local, para que pudesse mencionar o nome da mulher e seu último endereço conhecido, e pedir a todos que tivessem alguma informação para se apresentarem ou fazer uma ligação para a divisão de homicídios.

Durante a transmissão, Pellegrini teve o cuidado de não explicar a relação da mulher com o caso, nem de mencionar o nome do Homem do Peixe. Mas ele admitiu ao apresentador do programa que investigava um suspeito no caso. Pellegrini imediatamente percebeu seu erro quando o apresentador olhou para a câmera e declarou: "Os investigadores de homicídios da cidade acreditam saber quem matou Latonya Wallace...". Aquela breve incursão sob o olhar do público obrigou Pellegrini a redigir memorandos se explicando por dias, e o departamento de polícia foi forçado a emitir um comunicado de imprensa de um parágrafo observando que, embora o investigador Pellegrini tivesse identificado um possível suspeito do assassinato, outros investigadores investigavam outras pistas. O pior de tudo foi que a vítima do antigo estupro nunca se apresentou.

Além de tudo que Pellegrini havia descoberto do principal suspeito, um item em particular ficou em sua cabeça. Talvez fosse uma coincidência, mas era um detalhe do tipo perturbador que Pellegrini encontrou ao examinar dez anos de relatórios de meninas desaparecidas. Em fevereiro, os investigadores tinham comparado o caso Latonya Wallace a outros assassinatos infantis em aberto, mas apenas recentemente ocorreu a Pellegrini que os boletins de crianças desaparecidas também deveriam ser examinados. Ao olhar o boletim de um caso em 1979, ele descobriu que uma garota de 9 anos de idade desapareceu da casa dos pais na rua Montpelier e nunca mais foi vista. A rua Montpelier soou um alerta: Pellegrini tinha acabado de interrogar um homem cuja família uma vez foi sócia do Homem do Peixe em um comércio anterior. A família tinha morado na rua Montpelier nos últimos vinte anos; o Homem do Peixe os visitava com frequência.

O antigo boletim de pessoa desaparecida não continha fotografias, mas, dois dias depois, Pellegrini foi até o edifício do *Baltimore Sun* e pediu permissão para pesquisar o arquivo de fotos do jornal. O jornal ainda tinha duas fotos da menina desaparecida, duas cópias em preto e branco de retratos tirados para o anuário escolar. Na biblioteca do jornal, Pellegrini olhou as fotos e sentiu uma sensação muito estranha. De todos os ângulos, a garota era uma sósia perfeita de Latonya Wallace.

Talvez a impressionante semelhança fosse uma coincidência; talvez cada detalhe aparentemente insignificante se destacasse, sem qualquer relação com todo o resto. Mas a pesquisa prolongada do histórico do Homem do Peixe tinha sido suficiente para convencer Pellegrini de que ele precisava questionar o sujeito uma última vez. Afinal, foram oferecidas ao velho diversas oportunidades de se tornar menos suspeito, que fracassou nesse quesito. Pellegrini achava que devia a si mesmo uma última prensa no homem. Enquanto Pellegrini se preparava para o último interrogatório, uma lasca de tinta se materializou na meia-calça da menina morta, provocando-o com outro suspeito e uma nova direção.

A tentação aumenta quando Pellegrini volta de Reservoir Hill e visita o laboratório de análise residual com amostras frescas da porta dos fundos do número 716 da Newington. E, de fato, Van Gelder não tem dificuldade em vincular as amostras à lasca encontrada na meia-calça. Andrew acotovela o Homem do Peixe e passa à sua frente.

Uma breve conversa com a ex-esposa de Andrew naquela mesma tarde rende a informação de que o suspeito ainda trabalha no Departamento de Rodovias da cidade, e então Pellegrini visita a garagem em Fallsway, chegando ao local quando o turno do suspeito termina. Quando o investigador pergunta se Andrew se importaria de ir até a divisão de homicídios para novos questionamentos, o suspeito fica visivelmente incomodado, quase hostil.

Não, diz a Pellegrini. Eu quero um advogado.

Mais tarde naquela mesma semana, o investigador retorna a Reservoir Hill com um técnico do laboratório para uma busca de três horas no número 716 da Newington, se concentrando no porão onde Andrew tinha seu bar, seu televisor e onde passava a maior parte do tempo livre. Noves meses são um bocado de tempo para indícios permanecerem intocados; por fim, Pellegrini não consegue nada além de uma amostra de carpete em algo que talvez seja uma mancha de sangue.

Ainda assim, Andrew começa a agir como um suspeito com coisas a esconder, e aquela lasca de tinta parecia a Pellegrini um pequeno fragmento de uma verdade irrevogável: em algum momento, Latonya Wallace ficou com um pedaço da porta dos fundos alojado entre a perna e a meia-calça.

Por um curto período, é difícil não ficar um pouco animado com os desdobramentos. Mas, menos de uma semana depois, Pellegrini faz outra visita à avenida Newington e, quando novamente anda pelo beco, percebe que há lascas de tinta laranja-avermelhada espalhadas por todos os pátios adjacentes. Na última visita, ele notou que a tinta da porta estava descascando bastante, mas, naquele momento, olhando com cuidado o calçamento atrás dos números 716, 718 e 720 da Newington, ele vê lascas laranja-avermelhadas espalhadas por todo o lugar pela chuva e pelo vento, reluzindo para ele feito ouro de tolo. A lasca encontrada na meia-calça já devia estar no chão quando a menina foi largada nos fundos do número 718. Mas Pellegrini ainda não está pronto para desistir. Como, ele se pergunta, a lasca foi parar do lado de dentro da meia-calça? Como poderia estar entre a perna dela e o tecido, a menos que tivesse ido parar lá após a menina ser despida?

Van Gelder logo fornece uma resposta. Examinando a prova mais uma vez, o analista do laboratório percebe que a meia está do avesso, assim como certamente estava durante a recente análise feita por Landsman e Pellegrini. O mais provável é que a meia tivesse sido tirada do corpo da menina durante a autópsia e permanecido daquele modo desde então. Embora por algum tempo não parecesse, a lasca de tinta tinha estado o tempo todo na parte externa da meia-calça.

Com a explicação de Van Gelder, Pellegrini imediatamente entende o resto da história de verdade: Andrew ficou nervoso, mas quem não ficaria nervoso ao ser interrogado pela segunda vez por um investigador de homicídios? Quanto à amostra de carpete, Pellegrini sabe que não há a menor chance de dar positivo para sangue humano. Andrew que se dane, ele pensa. Ele não é um suspeito, é uma semana desperdiçada.

O Homem do Peixe, um suspeito de homicídio tão longevo quanto qualquer outro, mais uma vez volta ao centro do palco.

Sexta-feira, 28 de outubro

Donald Waltemeyer segura os braços da garota morta, tentando sentir qualquer tensão nas mãos e dedos. As mãos da garota acompanham as dele livremente, dando a impressão de uma esquisita dança horizontal.

"Ela ainda tá molhada", afirma.

Milton, o viciado sentado no sofá, responde com um aceno.

"O que você fez? Colocou ela na água fria?"

Milton gesticula novamente.

"Onde? Na banheira?"

"Não. Só joguei água nela."

"De onde? Daquela banheira?"

"Isso."

Waltemeyer vai até o banheiro, onde se dá por satisfeito ao ver que a banheira ainda está coberta de gotículas. É uma lenda antiga entre viciados: a overdose pode ser revertida colocando a pessoa em água fria, como se um banho pudesse limpar o que quer que estivesse nas veias da pessoa.

"Me conta uma coisa, Milton", diz Waltemeyer. "Vocês usaram a mesma seringa ou você injetou sua parada com outra?"

Milton levanta e vai em direção ao guarda-roupa.

"Não mostra pra mim, porra", troveja Waltemeyer. "Se me mostrar, vou precisar te prender."

"Ah!"

"Só responde à pergunta. Vocês usaram a mesma agulha?"

"Não. Tenho uma só pra mim."

"Tá certo. Senta aí e me conta de novo o que rolou."

Milton conta a história novamente, sem deixar nenhum pormenor de fora. Waltemeyer ouve mais uma vez da garota branca que apareceu para se drogar, e como ela vinha com frequência aqui se picar porque o marido não gostava que ela usasse.

"Como eu te disse, ela colou aqui com aquele pacote de macarrão porque ela usou um desse da última vez que teve aqui."

"Esse macarrão aqui?"

"Sim. Foi ela que trouxe."

"Ela trouxe a própria droga?"

"Isso. Eu tinha a minha, e ela colou aqui com a dela."

"Onde ela tava sentada quando se picou?"

"Naquela cadeira ali. Ela injetou e apagou. Olhei pra ela um tempo depois, e ela não tava respirando."

Waltemeyer acena em concordância. É uma chamada simples, e, por esse único motivo, ele se sente bem. Após três meses investigando Geraldine Parrish e os parentes desaparecidos, mesmo uma simples overdose é como uma folga. Waltemeyer disse a si mesmo que, se não voltasse à circulação nesse turno da meia-noite, ele ficaria doido. McLarney concordou.

"Seus relatórios estão cada vez mais bagunçados", disse-lhe o sargento uma semana atrás. "É como um grito de socorro."

Talvez. Waltemeyer levou o caso Parrish até onde podia, embora fosse haver mais trabalho conforme a preparação para o julgamento iniciasse. E ele ainda não tinha descoberto exatamente o que tinha acontecido ao último marido de Geraldine, o idoso reverendo Rayfield Gilliard, que morreu após apenas algumas semanas de casamento. Um parente anda dizendo que a sra. Geraldine triturou duas dúzias de comprimidos de Valium, colocou no sanduíche de atum do reverendo Gilliard e ficou vendo o velho lentamente sucumbir a uma convulsão. A história era sólida o suficiente para que o dr. Smialek e o promotor Marc Cohen estivessem dispostos a encaminhar um pedido de exumação. Em alguns dias, Waltemeyer chegava a acreditar que o caso não tinha fim.

Tudo isso torna essa pequena overdose algo bastante prazeroso. Um corpo, uma testemunha, uma página no relatório diário mandada para a mesa do tenente administrativo — é trabalho policial do jeito que Waltemeyer lembra. O técnico do laboratório já está trabalhando com afinco, e o legista está a caminho. A testemunha coopera e aparentemente diz a verdade. Tudo se desdobra graciosamente rumo a uma resolução até que o policial que chegou primeiro à cena do crime aparece na porta, dizendo que o marido da garota morta está lá embaixo.

"Precisamos dele para identificar ela?", pergunta o uniformizado.

"Precisamos", responde Waltemeyer, "mas não se ele for subir aqui e pirar. Não quero isso."

"Vou falar com ele sobre isso."

O marido vai até o fim da escada, com uma expressão de dor absurda. Ele é um sujeito de boa aparência, de uns 30 anos, alto e com cabelo castanho-claro comprido.

"Se você subir lá, precisa ficar calmo", avisa o policial.

"Entendi."

Ao ouvir os passos na escada, Waltemeyer se vira para a jovem e nota que a tira esquerda do sutiã e parte do bojo estão expostos, com a manga do blusão puxada em busca de uma veia nova. Inclinando-se sobre ela no último segundo possível, ele puxa o blusão gentilmente para cima do ombro.

Para o investigador, é um ato pequeno, mas extraordinário — extraordinário porque a noção de privacidade perde a maior parte de seu sentido após apenas alguns meses investigando assassinatos. Afinal de contas, o que poderia ser menos privado do que um estranho, um intruso, avaliar os últimos momentos de um ser humano na terra? O que poderia ser menos privado do que um corpo desmontado durante a autópsia, ou que uma cama esvaziada durante o cumprimento de um mandado de busca, ou que uma carta suicida lida, xerocada e grampeada ao boletim de ocorrência? Após um ou dois anos nas trincheiras da homicídios, privacidade é algo que um investigador aprende a ridicularizar.

Mais do que compaixão, sinceridade ou empatia, essa é a primeira baixa no trabalho policial.

Dois meses antes, Mark Tomlin pegou a primeira e única morte autoerótica do ano. Foi um engenheiro de quase 40 anos, amarrado à cama com roupas íntimas de couro, sufocado por um saco plástico no qual a vítima tinha enfiado a cabeça. Havia polias e alavancas que controlavam as cordas que prendiam a vítima, e, movendo um braço em determinada direção, o sujeito poderia ter se libertado. Mas, antes de poder fazer isso, ele desmaiou por falta de oxigênio — consequência do saco plástico, que tinha induzido hipóxia, um estado etéreo da falta de oxigênio no qual a masturbação supostamente se torna mais prazerosa. Aquele quarto era um cenário estranho, e Tomlin, é claro, não pôde evitar o ímpeto de mostrar as polaroides para uns mil policiais. Afinal, o pobre-diabo parecia ridículo pra caramba se decompondo em sua cueca de couro, os braços amarrados acima da cabeça, os dedos do pé presos por uma algema chinesa, revistas de sadomasoquismo jogadas na penteadeira. Uma parada bizarra, na qual ninguém acreditaria sem as fotos. Privacidade e dignidade nunca tiveram chance naquele caso.

Quase todos os investigadores encontraram umas duas ou três cenas de crime onde algum parente tentou, por motivos mais de propriedade do que de enganação, vestir um corpo morto. Da mesma forma, quase todos os investigadores já lidaram com uma dúzia de overdoses nas quais mães ou pais se sentiram impelidos a esconder a agulha e a colher antes de a ambulância chegar. Um suicídio levou um pai a cuidadosamente reescrever a carta da vítima, tentando excluir uma admissão particularmente constrangedora. O mundo nunca deixa de insistir em valores e parâmetros, embora tais coisas não importem para os mortos. O mundo nunca deixa de clamar por um pouco de dignidade, um pouco de propriedade, mas os policiais nunca deixam de chamar a van do necrotério; entre os dois, há um abismo que nunca pode ser transposto.

No escritório de homicídios de Baltimore, privacidade é uma ideia natimorta. Afinal, a unidade é como um vestiário, um purgatório masculino no qual trinta e seis investigadores e sargentos entram e saem das vidas uns dos outros, fazendo piadas enquanto o casamento de um investigador implode e outro demonstra inconfundíveis sinais de alcoolismo.

O investigador de homicídios não é mais nem menos degenerado que qualquer outro cidadão dos EUA de meia-idade, mas, devido ao fato de passar a vida espionando os segredos de outros homens, se importa pouco em preservar seus próprios segredos. E, em um mundo no qual o ato premeditado de assassinato faz parte da rotina, qualquer pecado mais sutil tem dificuldade em competir. Qualquer sujeito pode encher a cara e bater sua caminhonete em uma estrada no interior, mas apenas o investigador de homicídios consegue contar a história para o resto de seu esquadrão em um tom de voz que demonstra iguais medidas de bravata e constrangimento. Qualquer sujeito pode catar uma mulher em um bar no centro, mas o investigador de homicídios vai mais tarde divertir seu parceiro com um solilóquio cômico que descreve em detalhes toda a ação no motel. Qualquer sujeito pode mentir para a esposa, mas apenas o investigador de homicídios se senta na mesa de café gritando ao telefone que tem que trabalhar até tarde em um caso, e, caso ela não acredite, que vá pro inferno. E então, após convencê-la, ele bate o telefone e vai até o cabide dos casacos.

"Vou pro Bar do Mercado", avisa ele a cinco outros investigadores, todos tentando segurar a risada. "Mas, se ela ligar de novo, estou na rua."

O investigador entende que existe outro mundo lá fora, outro universo no qual discrição e privacidade ainda possuem significado. Em algum lugar longe de Baltimore, ele sabe, existem cidadãos pagadores de impostos afeitos à ideia de uma morte boa e secreta — uma vida bem vivida, encerrada serenamente em algum lugar privativo e confortável, com iguais medidas de graça e solidão. Eles já ouviram falar um bocado desse tipo de morte, mas raramente veem isso. Para eles, morte e violência significam erros de cálculo, estupidez e crueldade. E um investigador se pergunta, de que vale privacidade em meio a esse tipo de carnificina?

Meses atrás, Danny Shea, do turno de Stanton, foi até um conjunto de prédios próximo ao campus da Universidade Hopkins verificar um cadáver encontrado. Era uma professora de música de certa idade, em *rigor mortis* completo em sua cama, com a partitura de um concerto de Mozart ainda aberta no piano. O rádio FM tocava baixo na sala de estar, sintonizado em uma estação de música clássica no fim do dia. Shea reconheceu a música.

"Sabe o que é isso?", perguntou ao uniformizado, um sujeito jovem escrevendo seu relatório na mesa da cozinha.

"O quê?"

"A música no rádio."

"Não."

"Ravel", contou Shea. "'Pavana para uma Infanta Morta'."

Foi uma morte linda, natural, perturbadora em sua perfeição. Shea subitamente se sentiu um intruso no apartamento da mulher, uma violação de um ato genuinamente privado.

Uma sensação familiar agora atinge Donald Waltemeyer enquanto ele olha para a dependente química morta e ouve o marido dela subindo as escadas. Não há nada de belo ou tocante na morte de Lisa Turner: Waltemeyer sabe que a mulher tinha 28 anos, que era da Carolina do Norte e que era casada. E, por razões além de sua compreensão, tinha ido até o segundo andar daquele pardieiro injetar heroína até morrer. Fim da história.

Ainda assim, algo clica por um momento, algum gatilho há muito tempo perdido no cérebro de Waltemeyer é subitamente acionado. Talvez porque seja jovem, quem sabe se não é por que ela pareça bonita no blusão azul-claro. Ou ainda por um preço que deva ser pago por essa privacidade, porque você só pode ser um espectador por algum tempo antes de começar a pagar você mesmo o preço.

Waltemeyer olha para a garota, ouvindo o marido lutar contra os degraus, e de súbito, quase sem pensar, puxa o blusão caído para cima do ombro da mulher morta.

Quando o marido surge na porta, Waltemeyer pergunta imediatamente: "É ela?".

"Ai, meu Deus", exclama o homem. "Ai, meu Deus."

"Tá legal, já tá bom", retruca Waltemeyer, fazendo sinal para o uniformizado. "Muito obrigado, senhor."

"Quem é esse cara, porra?", pergunta o marido, olhando para Milton. "Que porra ele tá fazendo aqui?"

"Tira ele daqui", ordena Waltemeyer, bloqueando o campo de visão do marido. "Leva ele lá pra baixo, já."

"Quero saber quem é ele, porra."

Os dois uniformizados agarram o marido e começam a empurrá-lo para fora do apartamento. Calma aí, eles dizem. Relaxa.

"Eu tô bem. Tô legal", responde ele no corredor. "Tô bem."

Eles o conduzem até a outra ponta do corredor, parando junto quando ele se encosta no reboco para recuperar o fôlego.

"Só quero saber o que aquele cara tava fazendo lá com ela."

"O apartamento é dele", revela um dos uniformizados.

A dor do marido é evidente, e os uniformizados falam o óbvio: "Ela só foi lá para se picar. Ela não tinha um caso com o cara nem nada do tipo".

Outro pequeno ato de caridade, mas o marido não parece ligar.

"Eu sei disso", replica o marido rapidamente. "Só queria saber se foi aquele cara que deu as drogas pra ela, só isso."

"Não, ela trouxe a droga."

O marido assente. "Não consegui fazer ela parar", lamenta ao policial. "Eu amava ela, mas não consegui fazer ela parar. Ela não ouvia. Ela me disse onde tava indo hoje porque sabia que não tinha como eu deter ela..."

"É", responde o policial, desconfortável.

"Ela era uma garota bonita."

O policial não diz nada.

"Eu amava ela."

"A-hã", concorda o policial.

Waltemeyer encerra a análise da cena e dirige de volta para o escritório em silêncio, todo o evento agora relegado a uma página e meia no bloco de notas. Ele pega todos os semáforos abertos na rua St. Paul.

"O que foi que você pegou?", pergunta McLarney.

"Nada de mais. Uma overdose."

"Viciado?"

"Era uma garota."

"Ah, é?"

"Bonita."

Muito bonita, pensa Waltemeyer. Dava para ver como ela poderia ter sido especial, se tivesse conseguido se limpar. Cabelo escuro e comprido. Grandes olhos verdes.

"Que idade?", pergunta McLarney.

"Vinte e oito. Era casada. No começo, achei que ela era bem mais nova."

Waltemeyer vai até a máquina de escrever. Em cinco minutos, vai ser apenas mais um relatório de vinte e quatro horas. Em cinco minutos, você pode lhe perguntar do blusão caído e ele nem vai se lembrar do que você está falando. Mas, nesse momento, nesse exato momento, é real.

"Sabe", desabafa a seu sargento. "Outro dia meu filho voltou da escola, sentou na sala comigo e falou, 'Ei, papai, me ofereceram coca na escola hoje...'"

McLarney assente.

"E fiquei pensando, porra, lá vamos nós. Aí ele sorriu e disse, 'Mas eu pedi uma Pepsi'."

McLarney ri baixo.

"Algumas noites a gente sai por aí e vê umas merdas que não são boas pra gente", diz Waltemeyer subitamente. "Sabe o que quero dizer? Caralho, não são nada boas."

Terça-feira, primeiro de novembro

Roger Nolan atende ao telefone e começa a vasculhar o arquivo do escritório administrativo em busca do telefone residencial de Joe Kopera. O melhor técnico em balística do departamento trabalha até tarde essa noite.

Do corredor, vem o som alto de batidas na porta da sala de interrogatório.

"Aí, Roger", chama um dos investigadores de Stanton, "é o cara que você trouxe que tá fazendo esse barulho todo?"

"É. Já vou lá."

Nolan acha o número e contata Kopera, explicando a situação rapidamente. Ele termina a ligação, e o barulho aumenta.

"Aí, Roger, manda esse merda calar a boca."

Nolan atravessa o aquário e chega ao corredor. O próprio demônio tem o rosto prensado contra a janela da porta, as mãos encurvadas emoldurando os olhos, tentando enxergar pelo espelho de face única.

"Qual é seu problema?"

"Preciso ir no banheiro."

"Banheiro, é? Aposto que também quer um copo d'água."

O demônio precisa tirar água do joelho. O mal encarnado quer um copo d'água. Nolan balança a cabeça e abre a porta de metal. "Caramba", reclama ao suspeito. "Toda vez que coloco um desgraçado no caixote, ele perde o controle da bexiga e começa a se sentir tonto e com sede... Tá legal, vamos logo com isso..."

O suspeito sai devagar da sala, um homem negro de 31 anos, magro, com cabelo curto, ficando calvo, e olhos castanhos. O rosto é arredondado, a boca larga e marcada por dentes separados e uma mordida cruzada. Seu moletom é grande demais, o tênis de cano alto muito puído. Nada na aparência dele indica o feito abominável: não há nada no rosto que inspire medo, nada nos olhos que se possa chamar de extraordinário. Ele é totalmente comum e, também por esse motivo, inspira desprezo.

Seu nome é Eugene Dale, e a folha impressa sobre a mesa de Harry Edgerton contém história suficiente para dois assassinos. A maioria das prisões envolve estupros, tentativas de estupro e porte irregular de armas; na verdade, Dale está em condicional, liberado pelo departamento de estado de administração penitenciária após cumprir nove anos por agressão sexual.

"Se você não voltar em três minutos", avisa Nolan na entrada do banheiro, "vou entrar pra te pegar. Entendeu?"

Eugene Dale sai do banheiro masculino dois minutos depois, parecendo envergonhado. Nolan aponta pelo corredor.

"Minha água", pede o suspeito.

"E daí?", rebate Nolan. "Bebe aí."

Dale para no bebedouro e enxuga o rosto com a manga. O suspeito é devolvido ao cubículo, onde aguarda Edgerton, que, nesse momento, está em outra sala de interrogatório, falando com pessoas que conhecem Dale melhor, absorvendo todos os detalhes para o interrogatório vindouro.

Teria sido mais dramático se um ato de raro gênio investigativo tivesse encontrado Eugene Dale. Para os investigadores, que sofreram durante o caso Latonya Wallace, seria um momento de justiça se alguma conexão sutil no caso Andrea Perry tivesse feito aquele homem se materializar na sala de interrogatório. E, para Harry Edgerton, significaria a desforra pura se alguma descoberta brilhante em sua busca solitária e metódica tivesse fornecido o nome a ele.

Mas, como de costume, justiça poética não tem espaço por aqui. Edgerton fez todo o possível para encontrar o suspeito, mas, no final, foi o suspeito quem o encontrou. Procurado pelo assassinato a sangue-frio de uma criança, o homem inquieto esperou apenas uma semana para estuprar outra.

Ainda assim, quando o segundo relatório de estupro chegou, todos na unidade souberam imediatamente o que isso significava. Edgerton tinha preparado o terreno, se reunindo com o pessoal das operações de três distritos e avisando a todos que ficassem atentos a qualquer coisa de cunho sexual ou envolvendo uma arma calibre .32. Então, quando uma cópia do boletim do segundo estupro foi enviada para a unidade de operações do Distrito Sul, uma policial de lá, Rita Cohen, soube exatamente o que era aquilo. A segunda vítima era uma menina de 13 anos que tinha sido atraída por Dale até uma casa geminada vazia na rua Mount Sul e ameaçada com uma arma "de aspecto prateado" e estuprada. Dale deixou a garota viva, embora tivesse avisado que, se contasse a alguém a respeito da agressão, ele a encontraria e lhe daria um tiro na nuca. A jovem vítima prometeu não contar, porém fez exatamente o contrário ao voltar para casa e encontrar sua mãe. Ela conhecia tanto o nome quanto o endereço do agressor — a melhor amiga dela era a filha mais nova da namorada de Dale.

O crime foi tão estúpido quanto maligno. A filha da namorada viu Dale caminhando com a vítima para casa antes da agressão, talvez o motivo pelo qual ele não matou a adolescente após estuprá-la. Ele sabia que havia uma testemunha, mas, mesmo assim, abandonou toda cautela para satisfazer sua compulsão com outra criança.

Após ligar para a divisão de homicídios e colher o depoimento da vítima do estupro, os patrulheiros da Sul redigiram um mandado para o endereço de Dale na rua Gilmor, a poucos quarteirões de onde Andrea Perry tinha sido morta. A batida estava agendada para aquele dia, e, embora Edgerton estivesse de folga, Nolan acompanhou os policiais do Distrito Sul até a casa e assegurou a Edgerton que, se o mandado produzisse provas suficientes ou um suspeito viável, ele teria que voltar ao trabalho.

Menos de meia hora após chegar ao endereço na rua Gilmor, Nolan estava ao telefone com seu investigador, lhe dizendo, assim como diria a Kopera mais tarde, para voltar à central. Eugene Dale não estava em casa quando os policiais entraram pela porta da frente, mas, em um guarda-roupa no andar de cima, um policial do Distrito Sul encontrou um revólver calibre .32 carregado com balas de pistola automática. Aquilo era tudo que Nolan precisava saber: não apenas Andrea Perry tinha sido assassinada com um .32, como o relatório de balística tinha mostrado um leve estriamento no projétil, sugerindo munição de automática sendo disparada de um revólver. E, quando Nolan falou com os demais moradores da casa na rua Gilmor, eles também confirmaram as descobertas do caso.

A namorada de Dale, Rosalind, foi estranhamente cooperativa quando entrevistada por Nolan, assim como a amiga dela, Michelle, que namorava o ex-namorado de Rosalind. Ambas expressaram alguma surpresa inicial diante da possibilidade de Eugene estar envolvido tanto com estupro quanto com assassinato; no entanto, em interrogatório posterior com Edgerton, elas admitiriam que Dale podia ser o tipo de cara que faria algo daquela natureza. E, quando o investigador descobriu um pouco mais da vida de Rosalind, se convenceu de que estava no caminho certo. Ao se lembrar da ligação anônima que chegou ao escritório da homicídios pouco após o assassinato de Andrea Perry — a ligação na qual uma voz masculina afirmou ter visto uma mulher sair correndo da cena do crime após o som de disparos —, Edgerton mencionou o nome da mulher misteriosa para Michelle e Rosalind.

"Loretta?", disse Rosalind. "Ela é irmã do meu ex-namorado. Nós somos bem amigas."

Mas Loretta Langley não era muito amiga de Eugene Dale; desde o começo não gostavam um do outro, explicou Rosalind. Naquele momento, Edgerton tinha poucas dúvidas de que o homem anônimo que ligou era ninguém menos do que Eugene Dale, tentando, do modo mais desastrado possível, culpar a melhor amiga de sua namorada pelo estupro seguido de morte.

Dias depois, para se certificar de que tinha feito a coisa certa em não levar Loretta Langley para ser interrogada apenas por conta da ligação anônima, Edgerton iria entrevistá-la e contar, pela primeira vez, da denúncia recebida nas primeiras horas da investigação. Quando questionada se suspeitaria do namorado de sua melhor amiga como autor da ligação, ela diria que não. Se tivesse falado com ela três semanas antes, Loretta Langley não teria sido nada além de outro beco sem saída; mas ela agora é mais um elo entre Eugene Dale e o assassinato de uma criança.

Edgerton chegou à divisão de homicídios bem antes de Nolan e começou a ler o relatório do Distrito Sul descrevendo o caso de estupro. Naquela mesma tarde, bem depois de Nolan ter voltado da batida para o escritório, Eugene Dale apareceu no endereço na rua Gilmor. Antes de ser apanhado por um policial da unidade de operações que tinha ficado de tocaia, teve tempo de ser informado do mandado de busca e apreensão e de fazer à sua namorada uma pergunta bastante emblemática: "Eles acharam a arma?".

Ele foi colocado na sala de interrogatório grande e lá permaneceu, ignorado por horas, enquanto Edgerton interrogava Michelle e Rosalind. Foi deixado lá até bem depois de Kopera aparecer e levar o revólver — um H&R .32, número de série AB 18407, uma arma agora coberta de pó para coleta de digitais — para seu laboratório no andar de baixo.

Muito tempo depois de Roger Nolan escoltá-lo até o banheiro, Eugene Dale ainda está sentado na sala, entediado e irritado. Tempo suficiente passou de modo que, quando Edgerton finalmente entra na sala, o suspeito — confirmando a regra — está prestes a pegar no sono. Quando o interrogatório começa, pouco após as 22h, não há qualquer conversa mole ou convencimento; na verdade, Edgerton trata o suspeito com desprezo ostensivo.

"Se você quiser falar comigo, eu escuto", avisa o investigador, empurrando o formulário de direitos em direção a Dale. "Se você não quiser falar nada, eu apenas ficho você por homicídio e vou pra casa. De verdade, estou pouco me lixando."

"Como assim?", pergunta Dale.

Edgerton sopra fumaça de cigarro pela mesa. Em qualquer outro assassinato, toda aquela estupidez talvez fosse engraçada. Com Andrea Perry, fica atravessada na garganta.

"Olha pra mim", ordena Edgerton, erguendo a voz. "Lembra daquela arma no seu guarda-roupa?"

Dale responde com um aceno lento.

"Onde você acha que tá agora?"

Dale não diz nada.

"Onde ela tá? Pensa bem, Eugene."

"Vocês pegaram ela."

"Nós pegamos", concorda Edgerton. "Isso mesmo. E, nesse instante, enquanto falo com você, especialistas no andar de baixo estão ligando aquela arma à bala que tiramos da cabeça daquela garota."

Eugene Dale balança a cabeça ao acompanhar o raciocínio. De repente, os dois sentem um baque ruidoso. No andar de baixo, quase imediatamente abaixo deles, Joe Kopera dispara o .32 em um recipiente profundo com água, para gerar as balas necessárias para comparação.

"É a sua arma", afirma Edgerton. "Escutou? Estão testando ela agora."

"Não é minha."

"Era a porra da arma guardada no seu guarda-roupa. De quem é a arma? Da Rosalind? Se mostrarmos aquela arma para a outra menina que você machucou, ela vai falar que é sua arma, não é mesmo?"

"A arma não é minha."

Edgerton se levanta, sua paciência inteiramente consumida por cinco minutos na sala com o sujeito. Dale ergue os olhos para o investigador, o rosto um misto de medo e sinceridade.

"Você está desperdiçando a porra do meu tempo, Eugene."

"Eu não..."

"Com quem você acha que tá lidando aqui, porra?", pergunta Edgerton, elevando a voz. "Não tenho tempo para ouvir sua palhaçada."

"Por que tá gritando comigo?"

Por que estou gritando com você? Edgerton se sente tentado a dizer a verdade ao homem, tentado a explicar um pouco sobre o mundo civilizado a alguém que vive à margem dele. Mas seria um desperdício de fôlego.

"Você não gosta que gritem com você?"

Dale não responde.

Edgerton sai da sala de interrogatório com uma pequena pepita de raiva crescendo dentro de si, um calor que poucos assassinos tinham conseguido instigar dentro de um investigador. Parte disso é a estupidez da primeira tentativa de declaração de Dale, parte é a negativa infantil, mas, no fim, o que mais enfurece Harry Edgerton é a magnitude do crime. Ele vê as fotos escolares de Andrea Perry dentro do arquivo, e a raiva cresce; como uma vida assim pode ter sido destruída por alguém como Eugene Dale?

A reação típica de Edgerton em relação a um homem culpado era de leve desprezo, beirando a indiferença. Na maioria dos casos, não se dava ao trabalho de importunar os suspeitos; diabos, eles já tinham muitos problemas. Como a maioria dos investigadores, Edgerton acreditava que você pode falar com um assassino. Pode até dividir cigarros com ele, levá-lo ao banheiro e dar risada de suas piadas quando fossem engraçadas. Você pode até lhe comprar uma lata de Pepsi caso ele se disponha a rubricar cada página do depoimento.

Mas isso é diferente. Dessa vez, Edgerton não quer nem respirar o mesmo ar que o suspeito. Edgerton era negro, e Eugene Dale era negro, e Andrea Perry também, as possíveis barreiras de raça haviam sido removidas. Edgerton conseguia falar com as pessoas na rua e descobrir coisas, podia entrar nos conjuntos habitacionais da zona oeste de Baltimore e sair de lá sabendo de coisas que investigadores brancos jamais saberiam. Mesmo o melhor policial branco sente uma distância quando trabalha com vítimas e suspeitos negros; para ele, pertencem a outro mundo, como se a tragédia deles fosse resultado de uma patologia do beco contra a qual ele estava imunizado. Trabalhando em uma cidade onde 90% dos assassinatos envolvem criminosos e vítimas negras, um investigador branco pode entender a natureza da tragédia de uma vítima negra, mas nunca responde com a mesma intensidade. As vítimas mais inocentes instigam empatia, não angústia; os suspeitos mais impiedosos instigam desprezo, não raiva. No entanto, Edgerton não se deixa levar por essas distinções. Eugene Dale conseguia ser intensamente real para ele, assim como Andrea Perry conseguia ser real; a raiva em relação ao crime podia ser pessoal.

A reação de Edgerton a Dale o distinguia do resto de seu esquadrão, mas, dessa vez, não havia nada de único em relação àquilo — ser um investigador negro na divisão de homicídios demanda um tipo de equilíbrio especial, uma disposição para tolerar os excessos de muitos colegas brancos, ignorar as análises cínicas e o humor ferino de homens para os quais a violência entre negros representa uma ordem natural. Para eles, a classe média negra é apenas um mito. Ouviram falar, leram a respeito, mas, caramba, não conseguem encontrar isso em Baltimore. Edgerton, Requer, Eddie Brown — eram negros e eram essencialmente classe média —, mas não provavam nada. Eram policiais e, portanto, soubessem eles ou não, eram todos irlandeses honorários. Essa lógica permite que o mesmo investigador que consegue trabalhar confortavelmente tendo Eddie Brown como parceiro veja uma família negra se mudando para a casa ao lado da sua e, então, vá até o computador da polícia no dia seguinte checar se seus vizinhos têm antecedentes criminais.

O preconceito é profundo. Um homem só precisava ficar na sala do café e ouvir a análise científica de um investigador branco veterano a respeito dos formatos da cabeça dos caras da vizinhança: "... Os que têm cabeça pontuda, esses são assassinos frios, são perigosos. Mas os com cabeça de amendoim, esses são só traficantes e ladrões de tênis. Agora, se eles têm uma corcunda...".

Investigadores negros viviam e trabalhavam em torno desses obstáculos, tacitamente se oferecendo como contradições às cenas da periferia com que seus colegas brancos se deparavam todas as noites. Se um sujeito branco ainda assim insiste em não entender, que se foda. O que um policial negro poderia fazer? Ligar para a Associação Nacional para o Progresso de Pessoas de Cor? Para Edgerton e os outros investigadores negros, não poderia ter um jeito de ganhar a discussão e, consequentemente, não tinha discussão.

Mas Edgerton tem uma rixa com Eugene Dale, uma que sabe que pode vencer. E, quando ele sai da sala de interrogatório pela primeira vez, está disposto a fazer um intervalo para que Dale cozinhe um pouco antes de tentar um segundo e completo depoimento.

No andar de baixo, no laboratório de balística, Joe "Sem Comparação" Kopera, o decano dos analistas de armas em Baltimore, tem duas balas no microscópio e lentamente move cada projétil na argila, alinhando as estrias e marcas no visor duplo do microscópio. Avaliando as marcas mais proeminentes em cada bala, Kopera determina quase imediatamente que ambas são projéteis de calibre .32 da mesma classe de arma — no caso, uma arma de seis tiros com giro para a esquerda. Isso quer dizer que as ranhuras no interior do cano da arma — que são diferentes em cada tipo — criam um total de seis sulcos profundos em torno da porção traseira do projétil, cada sulco girando para a esquerda.

Sabendo disso, Kopera pode dizer que a bala que matou Andrea Perry foi disparada por uma arma similar, ou pelo próprio revólver .32 encontrado na busca daquela tarde na casa de Dale. Mas, para afirmar que as balas foram disparadas por aquela arma, é necessário mais; as marcas estriadas — arranhões finos causados por imperfeições e detrito no interior do cano da arma — também precisam ser idênticas. Deixando o microscópio ligado, Kopera sobe as escadas em busca de café e de uma conferência com os investigadores.

"Qual é o veredito?", pergunta Nolan.

"Mesmo tipo de arma, mesma munição. Mas vai levar um tempinho pra ter certeza."

"Ajudaria se te disséssemos que ele é culpado?"

Kopera sorri e entra na sala do café. Edgerton já está na sala de interrogatório, amargando o segundo depoimento de Dale. Dessa vez, Edgerton menciona a possibilidade de digitais na arma, embora, na verdade, o técnico do laboratório não tenha conseguido colher nenhuma digital antes da arma ser mandada para o andar de baixo para Kopera.

"Se a arma não é sua, então o que você vai dizer quando encontrarmos suas digitais nela toda?"

"A arma é minha", declara Dale.

"A arma é sua."

"A-hã."

Edgerton quase consegue ouvir o som do cérebro de Dale titubeando no escuro. A escapatória. A escapatória. Onde está minha escapatória? Edgerton já sabe qual janela seu suspeito vai tentar alcançar.

"Quer dizer, a arma é minha. Mas eu não matei ninguém."

"A arma é sua, mas você não matou ninguém."

"Não. Eu emprestei pra dois caras naquela noite. Eles disseram que precisavam do cano pra dar um susto em um cara aí."

"Você emprestou pra dois caras. Tinha a impressão de que você ia dizer isso."

"Eu não sabia pra quê que precisavam dele..."

"E esses caras saíram e estupraram a garotinha", sugere Edgerton, encarando o suspeito, "daí levaram ela para um beco e atiraram nela, correto?"

Dale dá de ombros. "Sei lá o que aprontaram com o cano."

Edgerton olha para ele friamente. "Quais os nomes dos seus amigos?"

"Nomes?"

"Isso. Eles têm nome, correto? Você emprestou sua arma pra eles, então, no mínimo, você sabe quem eles são."

"Se eu te disser, eles vão tá encrencados."

"Pode crer, porra, eles vão estar encrencados mesmo. Eles vão ser acusados de homicídio, não é? Mas é você ou eles, Eugene, então quais são os nomes?"

"Não posso contar."

Edgerton já está farto. "Você está prestes a ser acusado de homicídio e pode pegar pena de morte", vocifera ele, o tom de voz aumenta pela raiva, "mas você não vai me contar o nome dos seus amigos misteriosos que pegaram sua arma emprestada, porque, senão, eles vão arranjar pra cabeça. É essa a sua versão?"

"Não posso contar."

"Porque eles não existem."

"Não."

"Você não tem nenhum amigo. Você não tem nenhum amigo nessa porra de mundo."

"Se eu te disser, vão me matar."

"Se você não me contar", grita Edgerton, "eu vou te mandar pro Corredor da Morte. A escolha é sua..."

Eugene Dale olha para mesa e, então, de volta para o investigador. Ele balança a cabeça e ergue os braços, um gesto de rendição, um apelo lamurioso.

"Foda-se", exclama Edgerton, se levantando de novo. "Nem sei por que estou perdendo tempo com você."

Edgerton bate a porta da sala de interrogatórios e, então, cumprimenta seu sargento com um meio-sorriso. "Ele é inocente."

"Ah, é?"

"É. Uns amigos aí pegaram a arma emprestada e aí esqueceram de contar pra ele que estupraram e mataram uma menina."

Nolan ri. "Você não odeia quando isso acontece?"

"Juro que tô prestes a bater nesse cara."

"Tão ruim assim, é?"

Edgerton vai até a sala do café em busca de uma xícara fresca, mas, após cinco minutos, Eugene Dale tem algo mais a dizer. Ele bate ruidosamente na porta, mas Edgerton o ignora. Por fim, Jay Landsman sai de seu escritório para averiguar o barulho.

"Investigador, senhor, posso falar com você?"

"Comigo?"

"Sim, senhor. O outro policial não quer me escutar, e eu..."

Landsman balança a cabeça. "Você não quer falar comigo", ele responde. "A única coisa que quero é arrebentar você na porrada pelo que fez com aquela menina. Você não..."

"Mas não fui eu..."

"Aí", avisa Landsman. "Se quiser falar comigo, vai fazer isso sem os dentes, entendeu? Você vai ficar melhor com o outro investigador."

Dale se encolhe na sala de interrogatório enquanto Landsman bate a porta e volta a seu escritório, seu dia está consideravelmente mais leve.

Cinco minutos depois, Edgerton volta ao corredor do lado de fora da sala de interrogatório, calmo o suficiente para mais uma rodada. Enquanto abre a porta de metal, Kopera passa por ele a caminho da escada.

"Confirmado, Harry."

"Aí sim, dr. K."

"As estrias são um pouco fracas, mas não vejo problema."

"Tá legal. Valeu."

Edgerton bate a porta atrás de si e explica para Dale uma última vez: há uma vítima de estupro viva que irá identificá-lo e a arma também. A análise balística identificou a arma do crime. E, ah, sim, tem as digitais por toda a arma...

"Gostaria de contar pra você o nome do meu amigo."

"Tá legal", retruca Edgerton. "Pode falar."

"Mas eu não sei o nome dele."

"Você não sabe o nome dele."

"Não. Ele me disse, mas eu esqueci. Mas o apelido é Beiço. Ele mora na zona oeste de Baltimore."

"Você não sabe o nome dele, mas emprestou a arma."

"A-hã."

"Beiço, da zona oeste de Baltimore."

"É assim que chamam ele."

"E o nome do outro cara?"

Dale dá de ombros.

"Eugene, sabe o que eu acho?"

Dale olha para ele, o próprio retrato da cooperação sincera.

"Acho que você vai pra cadeia."

Mesmo assim, Edgerton trabalha com a história sem sentido, concluindo nas primeiras horas da manhã um depoimento de onze páginas segundo o qual Dale, em uma versão quase definitiva dos eventos, emprestou a arma do crime para Beiço e outro cara da zona leste, cujo nome Dale acaba lembrando. É provável que o segundo sujeito seja alguém que sacaneou Eugene Dale em algum momento no passado. Dale admite ter visto Andrea Perry brincando com a prima dele, ter estado na rua e ouvido o tiro vindo do beco. Ele ainda vai mais longe ao sugerir que, embora seus amigos tenham devolvido a arma com uma bala a menos e ele acredite que eles estupraram e mataram a garota, ele só deixou de informar isso à polícia porque não queria se envolver.

"Eu tô em condicional", lembra a Edgerton.

Durante o amanhecer no escritório de homicídios, Edgerton está na máquina de escrever do escritório administrativo, trabalhando no documento de acusação de duas páginas de seu suspeito. Mas quando ele leva os papéis para a sala de interrogatório para mostrar a Dale, o suspeito lê rapidamente e então os rasga em pedaços, irritando ainda mais Edgerton, cujos dons datilográficos são parcos.

"Você não vai precisar disso", declara Dale, "porque vou te contar a verdade. Eu não matei a garota. Na verdade, não sei quem matou ela."

Edgerton ouve a terceira versão.

"Não sei quem matou ela. O motivo de eu falar as outras coisas pra você foi pra proteger minha namorada e a família dela. Eu trampo o dia inteiro enquanto os parentes dela entram e saem do apartamento o tempo todo. Todas as irmãs e irmãos dela usam o apartamento enquanto eu fico dormindo no meu quarto."

Edgerton não diz nada. A essa altura, por que se dar ao trabalho de dizer qualquer coisa?

"Um deles dever ter botado o cano no guarda-roupa. Um deles deve ter matado a garota."

"Você sabia que a arma estava guardada no guarda-roupa?", pergunta Edgerton, quase aborrecido.

"Não, não sabia. Sei que você pode pegar cinco anos por ter um cano. Não sei quem tinha esse cano em casa. Não sei mesmo."

Edgerton assente e sai da sala de interrogatório, de volta à máquina de escrever do escritório administrativo.

"Aí, Roger, olha o que esse cuzão fez", esbraveja ele, mostrando o relatório picotado. "Levei quarenta minutos pra redigir isso."

"Foi ele que fez isso?"

"Foi", confirma Edgerton, rindo. "Ele disse que eu não precisava disso porque ele ia me contar a verdade."

Nolan acena em reprovação. "É isso que você ganha por deixar ele segurar seu relatório."

"Talvez eu consiga colar com fita", replica Edgerton, mais cansado do que esperançoso.

O último depoimento de Eugene Dale é concluído durante a chamada dos investigadores do turno diurno no escritório principal, e muitos dos policiais já estão na rua antes de Edgerton datilografar de novo o formulário de prisão.

O camburão do Distrito Sul chega mais ou menos uma hora depois, e Dale é algemado para ser levado de volta ao distrito para a audiência de fiança. Caminhando pelo corredor, mais uma vez pede a Edgerton uma chance de dar outro depoimento. Dessa vez, é ignorado.

Contudo há um último encontro. Mais ou menos uma semana após a prisão, Edgerton entrega sua arma na entrada rua Eager do Presídio Municipal de Baltimore e segue o guarda até o buraco do inferno no segundo andar que os administradores da prisão chamam de enfermaria. É um longo trajeto subindo uma escada de metal e descendo por um corredor abarrotado de fracasso humano. Os apenados ficam em silêncio, encarando Edgerton enquanto ele passa pela área administrativa da unidade médica.

Uma enfermeira corpulenta lhe acena. "Ele tá no fim do corredor."

Edgerton lhe mostra o mandado, mas ela nem olha para ele direito. "Cabelos da cabeça, do peito, da região púbica e sangue", declara o investigador. "Acho que você já fez isso antes."

"A-hã."

Eugene Dale dobra a esquina do corredor lentamente e, então, se detém ao ver Edgerton. Enquanto a enfermeira dirige o preso rumo à sala de exame, Dale chega perto o suficiente para que Edgerton perceba os machucados e as contusões, sinais claros de um espancamento sério. Mesmo dentro do presídio municipal, os crimes do sujeito atraem atenção especial.

Edgerton acompanha o suspeito até a sala de exame e observa a enfermeira preparar uma agulha.

Dale olha para a seringa e, então, para Edgerton de novo. "Pra que isso?"

"Um mandado de busca e apreensão pessoal", explica Edgerton. "Vamos comparar seu sangue e seus cabelos com o sêmen e os cabelos encontrados na garota."

"Já dei sangue pra eles."

"Agora é diferente. É uma ordem judicial."

"Eu não quero."

"Você não tem escolha."

"Quero falar com um advogado."

Edgerton entrega o papel a Dale e aponta para a assinatura do juiz no fim da folha. "Você não tem que falar com um advogado para isso. Foi assinado por um juiz — viu? Temos direito a seu sangue e cabelo."

Eugene Dale balança a cabeça. "Pra que precisam do meu sangue?"

"Para exame de DNA. Vamos comparar com o material encontrado na garota", esclarece Edgerton.

"Quero falar com um advogado."

Edgerton se aproxima do suspeito, sua voz baixa. "Ou você deixa ela pegar um pouco de sangue e cabelo sem problemas, ou eu mesmo vou pegar, porque o mandado diz que posso fazer isso. E, com certeza, você vai preferir que ela faça isso."

Eugene Dale senta em silêncio, quase chorando quando a enfermeira leva a agulha até o braço direito. Edgerton observa da parede oposta enquanto o sangue é colhido e fios de cabelo são pinçados da cabeça e do corpo do suspeito. O investigador já está saindo com as amostras na mão, quando Eugene Dale fala novamente.

"Você não tá a fim de falar comigo de novo?", pergunta. "Quero contar a verdade."

Edgerton o ignora.

"Tá a fim de ouvir a verdade?"

"Não", responde Edgerton. "Não de você."

Quarta-feira, 9 de novembro

Rich Garvey treme parado no vazio pré-alvorada da avenida Fremont, olhando para uma pilha de roupas empapadas de sangue, dois cartuchos de .38 disparados e uma lancheira plástica azul com dois sanduíches envoltos em papel alumínio. Essas eram as provas materiais.

Robert McAllister treme parado próximo a Garvey, vasculhando com cuidado ao longo da avenida Fremont e suas ruas transversais em busca de qualquer traço de atividade humana. Não basta que as ruas estejam vazias, também não há qualquer luz acesa nas casas geminadas. Nada de testemunhas.

Nos segundos antes de qualquer um dos dois falar, Garvey olha para McAllister, e McAllister olha para Garvey, os dois comunicam em silêncio o mesmo pensamento:

Que baita caso você pegou, Mac.

Uou, você pegou um caso casca-grossa, Garv.

Mas, antes que algo impublicável possa ser dito pelos parceiros, o primeiro policial a chegar ao local — um rapaz de nome Miranda, um jovem e honesto soldado, ainda surpreso com tudo — se aproxima deles e menciona um pequeno detalhe: "Ele estava falando quando a gente chegou aqui".

"Falando?"

"Isso mesmo."

"O que ele falou?"

"Bom, ele falou pra nós quem atirou nele..."

Se esse universo é realmente equilibrado, se há positivos e negativos na ordem das coisas, então em algum lugar existe um yin para compensar o yang de Rich Garvey. Em algum lugar, existe um policial experiente, sem dúvida irlandês, com óculos de armação de arame, bigode escuro e problema de coluna. E ele está parado junto ao décimo primeiro homicídio ligado ao tráfico em sofrimento silencioso, barganhando junto a um Deus indiferente por uma mísera prova material, por uma testemunha ignorante e evasiva. O antiGarvey é um bom policial, um bom investigador, mas ultimamente tem tido algumas dúvidas quanto a suas habilidades. Ele tem bebido um pouco demais e gritado com seus filhos. Desconhece qualquer coisa relacionada a equilíbrio e ordem, a lógica do Tao, ou ao seu alter ego na cidade de Baltimore, que resolve homicídios de modo desenfreado, com a boa sorte de dois homens.

"Ah, não me diga", exclama Garvey.

"Ele falou que Warren Waddell atirou nele."

"Warren Waddell?"

"Isso, ele disse que o amigo dele, Warren, atirou nas costas dele sem motivo. Ele ficou repetindo, 'Não acredito que ele atirou em mim. Não acredito'."

"Você ouviu isso tudo?"

"Eu estava parado do lado dele. Eu e meu parceiro ouvimos tudo. Ele disse que esse tal Warren trabalha com ele em um lugar chamado Concreto Precision."

É isso aí, cara! É isso aí! As coisas iam de mal a pior dentro da ambulância, mas você conseguiu, disse o que precisava dizer. Deixou para trás algo para que um investigador de homicídios se lembrasse de você, e por isso Rich Garvey é grato.

Uma declaração moribunda, como os advogados chamam — uma prova admissível no sistema jurídico de Maryland se a vítima é informada por médicos habilitados que está morrendo, ou se a própria vítima indica saber que está morrendo. E, embora não seja incomum vítimas de homicídio darem declarações moribundas, são raras e especiais as ocasiões nas quais essas declarações auxiliam de algum modo o investigador.

Todos os investigadores de homicídios têm uma história predileta envolvendo as palavras finais de um homem. Muitas dessas histórias envolvem o código das ruas e sua obediência, mesmo no fim da vida. Uma delas envolvia os momentos finais de um viciado, que ainda falava quando os policiais chegaram.

"Quem atirou em você?"

"Já te digo", declarou a vítima, provavelmente alheia ao fato de que tinha cerca de quarenta segundos restantes de vida.

Com punhaladas profundas no peito e no rosto, um sujeito agonizante afirmou ter se cortado ao se barbear. Outra vítima, baleada cinco vezes no peito e nas costas, assegurou aos policiais em seu último fôlego que ele resolveria o problema sozinho.

Mas talvez a história de declaração moribunda mais clássica pertença a Bob McAllister. Em 1982, durante suas primeiras semanas como investigador de homicídios, Mac trabalhava em uma longa força-tarefa com outros investigadores e tinha atuado como investigador secundário em algumas chamadas, mas, de modo geral, ainda era bem inexperiente. Na esperança de que ele aprendesse algo com um veterano, foi escalado como parceiro de Jake "Cobra" Coleman, também conhecido como o Príncipe de Poliéster, um investigador peso-leve de voz grave e proporções lendárias. Quando a chamada relatando um crime na avenida Pensilvânia chegou, Jake Coleman saiu com McAllister.

O sujeito morto no cruzamento da Pennsie com a Gold se chamava Frank Gupton. McAllister consegue se lembrar do nome sem hesitação; ele também lembra que o caso ainda está em aberto.

"Ele tava vivo quando a gente chegou", afirmou o primeiro policial a chegar ao local.

"Ah, é?", exclamou Coleman, encorajado.

"É. Perguntamos quem atirou nele."

"E?"

"Ele disse: 'Vai se foder'."

Coleman deu um tapinha nas costas de McAllister. "Bom, parceiro", resmungou, ensinando uma lição inicial ao investigador novato, "parece que você pegou seu primeiro assassinato."

Agora, parados na avenida Fremont, Garvey e McAllister sabem o suficiente a respeito de sua vítima, um certo Carlton Robinson, para afirmar que esse não é do mesmo tipo que Frank Gupton. Ele quer ser vingado.

Uma hora após liberar a cena do crime, os dois investigadores estão em uma casa geminada na zona oeste, falando com a namorada de Carlton, que tinha preparado a lancheira da vítima e dado um beijo de despedida nele quando ele saiu para pegar carona para o serviço, no começo da manhã.

O interrogatório é difícil. A namorada está grávida de Carlton, e ele a sustentava e falava em casamento. Ela sabe que ele pegava carona para o trabalho na Pensilvânia com a North e ela conhece Warren Waddell como um colega de trabalho que, às vezes, pegava carona junto. Mas Garvey e McAllister falam com ela apenas alguns minutos antes do som de um telefone tocando preencher o pequeno apartamento. É do hospital, pensa Garvey, já ciente de qual será a notícia.

"Não", urra a mulher, deixando o telefone cair e se segurando nos braços de uma amiga. "Não, droga. Não..."

Garvey é o primeiro a se levantar.

"Por que isso está acontecendo comigo?"

E então McAllister.

"Por quê..."

Os dois investigadores deixam seus cartões de contato na cozinha e se dirigem à porta. Tudo até agora — da lancheira à disposição de Carlton de nomear o assassino às lágrimas da namorada — lhes diz que têm uma vítima de verdade.

Algumas horas depois, em uma loja de donuts na estrada Filadélfia, na parte leste do Condado de Baltimore, o gerente da planta da Concreto Precision confirma isso: "Carlton era um sujeito incrível, realmente incrível. Ele era um dos meus melhores funcionários".

"E Waddell?", pergunta Garvey.

O gerente revira os olhos. "Quer dizer, estou impressionado que tenha matado ele. Impressionado, mas não surpreso, entende?"

Warren é doido, afirma o gerente. Ele vem trabalhar dia sim, dia não com uma pistola semiautomática enfiada na calça jeans, mostrando dinheiro e contando para todo mundo como seus contatos com traficantes são bons.

"Ele está envolvido com drogas?"

"Pode crer."

Era difícil fazer Waddell trabalhar em uma obra, diz o gerente. Ele preferia ficar contando para todo mundo na equipe como era um homem perigoso, que já tinha matado gente.

Bom, pensa Garvey ouvindo o gerente, isso ao menos é verdade. Uma hora antes, no escritório, os investigadores pesquisaram o nome de Waddell e encontraram uma folha corrida considerável que culminou em uma condenação por homicídio culposo doze anos atrás. Na verdade, Waddell tinha acabado de ser solto em condicional.

"Ele é doido", alega o gerente, um caipira baixinho de cabelo loiro-escuro. "Sabe, às vezes, eu tinha medo de ter que lidar com ele... Nem acredito que ele matou o Carlton."

Para os clientes habituais na correria matinal do balcão do Dunkin' Donuts, a conversa é uma distração sensacional. O gerente escolheu o local porque era perto da obra daquele dia; agora, empresários no balcão pedem mais café e espiam sobre seus jornais o espetáculo de dois investigadores à paisana investigando um assassinato.

"Como era o Carlton?"

"Carlton era um funcionário muito bom", afirma o gerente. "Não tenho certeza, mas acho que foi o Carlton quem trouxe Waddell pra trabalhar com a gente. Sei que eles sempre vinham juntos pro trabalho."

"Me diga o que aconteceu no trabalho ontem", pede Garvey.

"Ontem", suspira o gerente, balançando a cabeça. "Ontem foi uma piada. Eles ficaram de brincadeira, sabe, provocando Warren."

"Por quê?"

"Diferentes motivos. O jeito como agia e como ele nunca trabalhava."

"Carlton tava provocando ele?"

"Todo mundo tava. Chamaram ele de cabeça-oca, e ele não gostou disso."

"Por que chamaram ele de cabeça-oca?"

"Porque, sabe", desabafa o gerente, dando de ombros diante da pergunta, "ele é um cabeça-oca."

Garvey ri.

A certa altura, o gerente conta a eles, Waddell puxou sua semiautomática e declarou, de modo enigmático, que o dia seguinte era de eleição e que pessoas sempre eram mortas em dia de eleição. Garvey já tinha ouvido teorias relacionadas à onda de calor do verão e à lua cheia, no que se referia a mortes na periferia, mas nunca uma ligada a dia de eleição. Essa é nova.

"Me fala dessa arma."

O gerente descreve a arma como uma 9 mm semiautomática com pente de dezoito balas. Os cartuchos na cena do crime eram de .38, mas Garvey e McAllister sabem que a maioria das pessoas não sabe a diferença entre .38 e 9 mm à primeira vista. O gerente diz que Warren tinha orgulho da arma e lembrou que Waddell tinha explicado que sempre colocava munição de ponta oca e de ponta redonda misturada no carregador, alternando os dois tipos. "É assim que se mata um homem", disse Waddell a todos.

Isso também é confirmado quando os investigadores voltam à cidade para assistir ao legista-assistente tirando as balas do corpo de Carlton Robinson. É uma manhã lenta na rua Penn — um suicídio duplo, ou assassinato seguido de suicídio, no Condado de Montgomery; outro suicídio em Anne Arundel; duas prováveis overdoses; um colapso inexplicado;

e uma garota de 10 anos de idade atropelada por um caminhão. Os investigadores não precisam aguardar mais de uma hora para confirmar que metade das balas extraídas é de ponta oca, e o resto, munição comum de ponta redonda.

A prova balística é marcada por ironia: 9 de novembro 1988 não só é dia de eleição em Maryland, como também é a data em que a alardeada lei estadual para os "Especiais de Sábado à Noite" entra em vigor. Aprovada pela legislatura estadual durante a primavera, apesar de um lobby de 6,7 milhões de dólares por parte Associação Nacional de Rifles da América, a lei cria uma comissão avaliadora para identificar e proibir a venda de armas de fogo baratas em Maryland. Exaltada como uma vitória contra os oponentes do controle de armas de fogo e como uma medida contra a violência relacionada a armas de fogo, a lei, na verdade, é um exercício em irrelevância. Desde pelos menos a década de 1970, pistolas e revólveres baratos não são responsáveis por mais do que um punhado dos homicídios na cidade; nos dias atuais, até mesmo adolescentes andam com semiautomáticas enfiadas no elástico da calça. Smith & Wesson, Glock, Baretta, Sig Sauer — até os cabeças-ocas do mundo, inclusive Warren Waddell, usam armas de qualidade. E, embora esse marco do controle de armas de fogo em Maryland orgulhe líderes políticos, ele chega uns quinze anos atrasado.

No dia após o assassinato de Carlton Robinson, Warren Waddell liga para o gerente avisando que não vai trabalhar. Ele pergunta também se seu empregador pode levar o pagamento para ele, do outro lado da cidade. Prevendo um pedido como esse, os investigadores orientaram o supervisor na companhia de construção a explicar a Waddell que ele precisava ir até o escritório em Essex e assinar o cheque pessoalmente. O gerente diz isso e pergunta se ele matou mesmo Carlton.

"Não posso falar agora", afirma Waddell.

E então, para surpresa de todos os envolvidos, Waddell aparece no dia seguinte atrás de seu contracheque, olha para a secretária de modo desconfiado e, de repente, vai embora. Ele e o amigo que o tinha levado de carro até lá são presos pela polícia do condado em um bloqueio mais ou menos um quilômetro adiante. Revistado pelos policiais do condado, Waddell carrega uma grande quantidade de dinheiro, um cartão American Express e um passaporte dos EUA. Ao ser preso, ele não dá qualquer declaração e consegue irritar Garvey e McAllister ao fingir problemas estomacais no trajeto para a central, desperdiçando duas horas do tempo dos investigadores no Hospital Sinai.

Tudo no caso coloca a assinatura de Waddell no assassinato — as últimas palavras da vítima, a briga e as ameaças no trabalho no dia anterior, a mistura de munições de ponta oca e comum, a atitude do suspeito após o assassinato. Mesmo assim, quando Garvey leva o caso ao Ministério Público, é informado de que é uma acusação fácil, mas difícil de vencer no júri.

A peça-chave do caso — as últimas palavras de Carlton Robinson — pode ser considerada inadmissível simplesmente porque os policiais no local não informaram à vítima que ela estava morrendo. E Robinson também não disse especificamente aos policiais que acreditava que sua vida estava terminando. Em vez disso, os policiais fizeram o que era natural. Chamaram a ambulância e ficaram próximos à vítima, falando para Robinson aguentar firme, lhe assegurando que, se mantivesse a consciência, sobreviveria.

Sem a informação de morte iminente nem por parte da vítima, nem dos policiais, a acusação feita por Robinson poderia muito bem ser inviabilizada por um advogado de defesa que conhecesse o código de Maryland.

E, sem a declaração moribunda, eles têm provas circunstanciais fracas e pouco além disso. Já tendo passado pela rotina do assassinato antes, Waddell não demonstra interesse pelo processo de interrogatório, e, no mandado de busca posterior, a arma do crime não é encontrada.

Garvey, é claro, não tem escolha a não ser redigir a acusação de assassinato. Para começo de conversa, ele sabe que Warren Waddell assassinou Carlton Robinson. Além disso, ele deve a si mesmo o fechamento do caso nesse Ano Perfeito. Mas, mesmo com Waddell sendo levado para o Presídio Municipal para detenção até o julgamento, o investigador sabe que esse é um caso para advogados resolverem.

Frustrado com a reação inicial do Ministério Público, Garvey pede a Don Giblin, seu parceiro de golfe na unidade de crimes violentos, que tente achar um promotor veterano. Garvey conhece a turma de julgamento o suficiente para saber que metade dos promotores-assistentes olha um arquivo como aquele e imediatamente declara o empecilho legal incontornável. Assim como no caso de Lena Lucas, ele precisa de um lutador.

"Me arranja um bom, Don", diz ele a Giblin pelo telefone. "É tudo que peço."

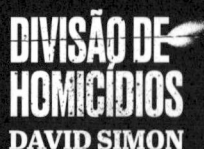

10

O CRIME PERFEITO EXISTE

Enfeita os corredores com galhos santos,
La-la-la-la-la-la-la-la-la!
Joga o presunto na maca,
La-la-la-la-la-la-la-la-la!
Fala com a gente se quiser,
La-la-la-la-la-la-la-la-la!
Conta quem matou toda essa gente,
La-la-la-la-la-la-la-la-la!
Diga pra nós que quer piedade,
La-la-la-la-la-la-la-la-la!
Você não sabe que temos uma testemunha,
La-la-la-la-la-la-la-la-la!
Fala com a gente, não tem nada a perder,
La-la-la-la-la-la-la-la-la!
Por que tem sangue no seu tênis?
La-la-la-la-la-la-la-la-la!
Quer causar boa impressão?
La-la-la-la-la-la-la-la-la!
Confessa rápido,
La-la-la-la-la-la-la-la-la!

— Canção de Natal da Divisão de Homicídios

Sexta-feira, 2 de dezembro

Sobretudo para sua própria diversão, Donald Waltemeyer contempla Mark Cohen observando o buraco se tornar mais fundo. O processo — para o bem ou para o mal — consiste em duas etapas distintas, e o humor de Cohen muda perceptivelmente entre as duas. O primeiro metro, com a retroescavadeira, foi rápido e indolor, e Cohen mal piscou; os 40 cm seguintes exigem pás, e Waltemeyer vê o rosto do jurista franzir por conta de algo além da expectativa.

Pálido e magro feito um palito, de óculos e cabelo loiro encaracolado, Cohen parece um sujeito comum e inocente parado próximo ao enorme pedaço de carne que é Waltemeyer, como um Magro de ar professoral posicionado ao lado de um Gordo proletário e musculoso. Cohen é um bom sujeito, um dos melhores promotores, e Waltemeyer não consegue imaginar um jurista melhor para o colosso em expansão que tinha começado como o caso de assassinatos encomendados por Geraldine Parrish. Mas Cohen é um jurista, não um policial, e, conforme a pá começa a descer mais na lama, ele começa a ficar cada vez mais desconfortável. Caridosamente, Waltemeyer lhe dá uma chance.

"Meio frio aqui fora", o investigador puxa conversa.

"Frio mesmo", concorda Cohen, a gola do casaco levantada pelo vento invernal. "Vou voltar pro carro um pouco."

"Quer as chaves pro aquecedor?"

"Não, tudo bem."

Waltemeyer observa Cohen se movendo pelo campo enlameado, que ficou ainda pior por uma camada de alguns centímetros de neve que recentemente derreteu. O jurista pisa leve com as botas impermeáveis, as duas mãos erguendo a barra da calça alguns centímetros para cima. Waltemeyer sabe que o frio não é a única coisa que ele sente: o fedor — fraco, mas péssimo no ar gelado — surgiu após cerca de um metro de escavação. Não tinha como Cohen não ter sentido.

Ao som de algo sólido, o investigador se volta para o buraco, dando um passo à frente para olhar por cima da borda. "Que foi isso?"

"A tampa", responde o gerente do cemitério. "É a tampa do caixão logo ali."

Os dois homens dentro do buraco concentram as pás nas bordas da madeira, tentando livrar a tampa do caixão da terra ao redor. Mas, ao primeiro atrito de verdade, a madeira compensada racha e se despedaça.

"Só tira essa merda de cima", pede o gerente. "Nem fica mexendo."

"Não é lá um grande caixão", afirma Waltemeyer.

"Tô te dizendo", concorda o gerente, um sujeito grande de voz rouca. "Ela enterrou o cara do jeito mais barato possível."

Aposto que sim, pensa Waltemeyer. A sra. Geraldine não era de gastar seu dinheiro suado em funerais, ainda mais com todos os falecidos que tinha que lidar. De dentro do presídio municipal, Geraldine Parrish ainda batalhava para continuar sendo a única herdeira do dinheiro e das propriedades do reverendo Rayfield Gilliard, com a ação civil da família do reverendo ainda aguardando a decisão de um juiz.

Quanto ao próprio bom reverendo, ele está em algum lugar desse lamaçal esquecido, um cemitério para pobres e indigentes pouco depois do limite sul da cidade. Monte Sião era como o chamavam. Um cemitério consagrado; terreno santificado.

Bobagem, pensa Waltemeyer. O local é um pequeno pedaço de umidade infértil que começa na estrada Hollins Ferry e é de propriedade e administração de uma das maiores funerárias da periferia, um negócio que opera em grandes números e que, mesmo com os funerais mais baratos, ainda tem lucro. Ao sul, há um conjunto habitacional para pessoas de baixa renda; ao norte, a Escola de Ensino Médio Lansdowne. No alto da colina, perto da entrada do cemitério, há uma loja de conveniência; ao fundo, um riacho poluído — 250 dólares dão ao cliente um caixão de compensado simples e dois metros de lama. Se o corpo é de um indigente e o estado de Maryland tem que pagar, o preço cai para meros 200 dólares. Diabo, pensa Waltemeyer, Monte Sião nem parece um cemitério — apenas algumas lápides demarcam o que devem ser milhares de covas.

Não, Geraldine não tinha exatamente oferecido o melhor a seu último marido, mas, por outro lado, tinha mais dois morando com ela na rua Kennedy. A última conquista da Viúva-Negra tinha ganhado um caixão barato, sem túmulo e sem lápide. Ainda assim, o gerente do cemitério pareceu não ter dificuldade para encontrar o local meia hora antes, caminhando pela planície estéril com um ar de certeza advindo da prática.

"Bem aqui", disse.

Fileira 78, cova 17.

"Tem certeza que é ele?", perguntou Waltemeyer.

"Tem que ser", respondeu o gerente, surpreso com a pergunta. "Quando você coloca eles lá embaixo, é para eles ficarem no mesmo lugar."

Se, de fato, a cova guardava os restos mortais do reverendo Rayfield Gilliard, de 78 anos, então os doutores na rua Penn ainda poderiam fazer algo pelo caso. Mesmo em um corpo enterrado dez meses antes, um adulterante ainda seria detectável. Vinte comprimidos de Valium triturados na última refeição com atum — sim, claro, Smialek disse a Waltemeyer, quando concordaram em encaminhar um pedido de exumação, se é isso que estamos procurando, é isso que vamos achar.

Ainda assim, o reverendo Gilliard estava enterrado desde fevereiro, e Waltemeyer se perguntava o que restava lá embaixo. O gerente do cemitério disse que os enterrados no inverno congelam no solo, então se decompõem mais lentamente que os enterrados em clima quente. Fazia algum sentido para o investigador, mas quem pensa em uma coisa dessas? Não Waltemeyer, se pudesse evitar. Por mais que se divertisse observando Mark Cohen sofrer, ele tinha que admitir uma verdade íntima: isso o incomodava.

Você encontra um corpo na rua, e é um assassinato. Você faz um esboço, tira fotos, confere os bolsos, vira ele. Naquele instante e durante algumas horas depois, ele é todo seu, tanto que, depois de uns dois anos, você nem se lembra mais dele. Mas, depois que ele é enterrado, depois que o pastor diz algumas palavras, e a terra é jogada em cima dele, tudo é diferente. Não importa que isso não seja nada além de um campo enlameado, não importa que a exumação é um ato investigativo necessário — para Waltemeyer, ainda é difícil acreditar que tenha qualquer direito de mexer no corpo em seu repouso final.

Naturalmente, seus colegas reagiram a essas dúvidas com toda a sinceridade amistosa pela qual os policiais de Baltimore são conhecidos e admirados. Durante toda a chamada matinal, eles provocaram em grupo: Nossa, Waltemeyer, que tipo de babaca você é? Como se a gente não tivesse assassinatos suficientes pra resolver, você vai em um cemitério de merda desenterrar esqueletos feito a porra do Béla Lugosi?

E Waltemeyer sabia que tinham razão: em termos de culpabilidade criminal, a exumação parecia um pouco redundante. Já pegaram Geraldine e seu assassino de aluguel, Edwin, por três homicídios e repetidas tentativas contra Dollie Brown. Acusaram Geraldine e outro matador de um quarto assassinato, a morte de Albert Robinson, o velhote bêbado de New Jersey encontrado perto dos trilhos em Clifton Park, em 1986. Waltemeyer levou Corey Belt e Mark Cohen até o Condado de Bergen para interrogar algumas testemunhas por alguns dias e fechar a acusação. Quatro assassinatos, cinco assassinatos — a que altura uma acusação extra deixa de importar?

Assistindo aos coveiros tirarem com uma alavanca os pedaços quebrados da tampa do caixão, Waltemeyer se pergunta se vale a pena. A sra. Geraldine vai para a prisão de qualquer modo, e o que quer que aconteça hoje certamente não trará nenhuma paz de espírito à família Gilliard. Por outro lado, o investigador precisa admitir que, assim como os médicos na rua Penn, ele também está um pouco curioso.

Jogando a madeira deformada e apodrecida para fora do buraco, os coveiros se apoiam nas bordas do caixão. Waltemeyer se inclina para a frente e olha para baixo.

"E aí?", exclama o gerente.

Waltemeyer olha para a fotografia de Gilliard e, então, para o caixão. O sujeito morto parece muito bem, considerando as circunstâncias.

"É um pouco pequeno", responde o investigador. "Na foto, parece um homem maior."

"Eles emagrecem depois de enterrados", explica o gerente, impaciente. "Os desgraçados não continuam gordos lá embaixo."

Não, pensa Waltemeyer. Imagino que não.

É uma luta tentar erguer o fundo do caixão para fora da lama, e, após dez minutos, os coveiros desistem, deixando a tarefa para os assistentes do legista, que simplesmente tiram os restos para fora usando uma lona plástica.

"Muito bom, Waltemeyer", fala o assistente, enquanto sai da cova coberto de lama. "Você agora está no topo da minha lista."

Com o corpo removido, Waltemeyer e os coveiros começam o longo e enlameado percurso de volta à estrada de terra que corta o Monte Sião. Caminhando com cuidado em direção ao Cavalier, o investigador observa os assistentes carregarem a van preta e olha pelo para-brisa do carro para Mark Cohen. O promotor olha para baixo, aparentemente preocupado.

"Viu ele?", pergunta a Cohen no carro.

Cohen mal ergue os olhos, o rosto enterrado em sua valise, as mãos mexendo nos arquivos dela.

"Mark, você viu ele?"

"Vi", responde Cohen. "Eu vi ele."

"Bem macabro, hein?", replica Waltemeyer. "Até parece que tô em um filme de terror ou coisa do tipo."

"Vamos pro centro", pede Cohen. "Tenho que voltar pro gabinete."

Ah, sim, pensou Waltemeyer. Ele viu.

O investigador decide não acompanhar a autópsia em si, mas tudo transcorre sem problemas — os legistas extraem amostras de tecido e de órgãos para o exame toxicológico e, então, examinam os restos mortais em busca de sinais evidentes de trauma. Um trabalho médico perfeitamente descomplicado, o exame poderia ser uma aula para testes de patologia forense. Ou ao menos é o que parece até que um dos auxiliares está costurando a cavidade torácica e percebe a pulseira de identificação do hospital no pulso do cadáver. A tinta está desbotada, mas o nome, claramente legível, não é Rayfield Gilliard.

Vinte minutos depois, o telefone da divisão de homicídios toca. Um investigador atende e grita para a sala de café: "Waltemeyer, legista na linha um".

Sentado na mesa de Dave Brown, Waltemeyer pega o telefone e se inclina para a frente. Após um ou dois segundos, leva a mão ao rosto e os dedos beliscam a pele da ponte nasal.

"Você não tá brincando, não é?" Diz, se inclina na cadeira e olha para o teto de placas amareladas. O rosto está contorcido, cômico em sua aparência caricata de dor. Pega um lápis na mesa de Brown e começa a escrever no verso do cartão de uma loja de penhores, repetindo cada palavra conforme escreve: "Pulseira do hospital... Eugene... Dale... homem, negro...".

Fantástico.

"Ninguém notou isso até depois da autópsia?", pergunta o investigador.

Simplesmente fantástico.

Waltemeyer desliga o telefone e se reserva um minuto antes de apertar o botão do ramal do telefone.

"Capitão!"

"Pois não", responde a voz ao telefone.

"Aqui é Waltemeyer, senhor", fala o investigador, ainda apertando o alto do nariz. "Capitão, você está sentado?"

"Por quê?"

"Capitão, tenho uma boa e uma má notícia."

"A boa primeiro."

"A autópsia ocorreu bem."

"E a má?"

"Desenterramos o cara errado."

"Você não tá falando sério."

"Ah, é sério."

"Jesus."

Eugene Dale. Alguma pobre alma que teve o azar de ser jogada no mesmo cemitério praticamente ao mesmo tempo que o reverendo Gilliard. Ela está em uma maca na rua Penn, sua aparência um pouco prejudicada pelas ocorrências do dia. Não existe muita coisa que consiga aborrecer de verdade um investigador de homicídios, mas, para

Waltemeyer, perturbar o sono de um morto inocente chega bem perto. Waltemeyer se pergunta se Dale tem parentes. E esse nome: por que parece familiar?

"Vocês pegaram o cara errado?", pergunta um investigador do turno de Stanton, que tinha feito hora extra em um julgamento. "Quem vocês pegaram?"

"Algum pobre-diabo chamado Eugene Dale."

"Eugene Dale?"

"Isso."

"D-A-L-E?"

Waltemeyer confirma que sim.

O outro investigador aponta para o quadro e para os últimos dois nomes na seção de Roger Nolan. "É o mesmo nome do suspeito de Edgerton."

"Quem?"

"Eugene Dale."

"Quem é esse?", pergunta Waltemeyer, ainda confuso.

"O cara que Edgerton prendeu por matar aquela menina", conta o investigador. "Ele tem o mesmo nome que o cara que vocês desenterraram."

Waltemeyer olha para o quadro. "Eugene Dale", fala, lendo a tinta preta. "Puta que pariu."

"Onde tá o Edgerton agora?", indaga o outro investigador.

"Tá de folga hoje", responde Waltemeyer, absorto em pensamentos. Que diabo importa quem eles desenterraram? Não é Rayfield Gilliard; disso eles sabem. Waltemeyer ouve impassivelmente enquanto o outro investigador liga para Edgerton e, então, explica a situação.

"Harry, o seu suspeito é um 'júnior'? O nome dele é Eugene Dale Jr., Eugene Dale Neto, ou algo assim?"

O outro investigador gesticula ao escutar a resposta. Sem ouvir nada, Waltemeyer só pode imaginar a confusão de Edgerton.

"E o pai do Dale morreu recentemente?... Sim, por volta de fevereiro... Tá, beleza... Bom, adivinha só, Harry, você não vai acreditar nisso, mas Waltemeyer acabou de desenterrar o pai do suspeito e pediu pros caras do necrotério abrirem ele... Não, tô falando sério."

Já chega, pensa Waltemeyer, saindo da sala do café. Não vou ficar o dia todo sentado aqui ouvindo essa bobagem. Não importa que Edgerton esteja do outro lado da linha absorvendo essa coincidência bizarra e fantasiando uma nova visita ao presídio municipal. Tampouco interessa que Edgerton se imagine confrontando o Dale filho com a informação de que o Departamento de Polícia de Baltimore desenterrou o pai e brincou com ele por nenhum outro motivo além do fato de que o filho matou uma menina e mentiu a respeito disso. É insignificante que o investigador de Stanton corra até a mesa de Mark Tomlin durante a troca de turno para dizer como foi a manhã de Waltemeyer, para que Tomlin possa desenhar um dos cartuns que frequentemente agraciam a parede da sala do café. Nada disso importa.

Aquilo, para Waltemeyer, não é engraçado.

Deixando o outro investigador ao telefone com Edgerton, Waltemeyer pega um Cavalier e vai novamente até o Monte Sião.

"Voltou?", pergunta o coveiro na entrada da Hollins Ferry.

"Voltei", responde Waltemeyer. "Cadê o sr. Brown?"

"Tá no escritório."

Waltemeyer atravessa a entrada da garagem em direção à pequena cabana de um quarto do zelador. O gerente do cemitério, ao sair pela porta, o encontra na metade do caminho.

"Sr. Brown, a gente precisa conversar", fala Waltemeyer, olhando para o chão.

"E por quê?"

"Porque o corpo que vocês desenterraram e entregaram pra gente de manhã..."

"Quê que tem ele?"

"Era o cara errado."

O gerente não titubeia. "Cara errado?", indaga. "Como descobriram?"

Waltemeyer ouve aquilo e pensa em esganar o velho. Como descobriram? O mais provável é que o gerente imaginou que, após ficar enterrado no solo por dez meses, um cadáver se parece com qualquer outro. Desde que, ao abrir a tampa, o corpo não esteja usando um vestido, certo?

"Ele tinha uma pulseira de identificação do hospital", revela Waltemeyer, controlando a raiva. "Dizia que era Eugene Dale, não Rayfield Gilliard."

"Jesus", exclama o gerente, com um gesto de desaprovação.

"Vamos entrar e olhar os registros que você tem."

Waltemeyer segue o velho de volta à cabana e, então, o observa puxar três pilhas de cartões retangulares do arquivo de metal — os enterros de janeiro, fevereiro e março — e começar a folheá-los.

"Como você disse que era o nome?"

"Dale. D-A-L-E."

"Não foi em fevereiro", declara o gerente. Ele começa a checar os enterros de março, parando no quarto cartão da pilha. Eugene Dale. Morto em 10 de março. Enterrado em 14 de março. Seção DD, Fileira

83, Cova 11. Waltemeyer pega os cartões de fevereiro e encontra Rayfield Gilliard. Morto em 2 de fevereiro. Enterrado em 8 de fevereiro. Seção DD, Fileira 78, Cova 17.

Nem perto. Waltemeyer lança um duro olhar para o gerente.

"Você cavou a cinco fileiras de distância."

"Ué, ele não tá no lugar certo."

"Eu sei disso", exaspera Waltemeyer, com o tom de voz elevado.

"Quer dizer, ele tava no lugar certo, mas não era onde devia estar."

Waltemeyer olha para o chão.

"Eu não trabalhei nesse dia", alega o velho. "Foi outra pessoa que fez a cagada."

"Outra pessoa?"

"Isso."

"Você acha que, se cavarmos onde Eugene Dale deveria estar, vamos encontrar Gilliard?"

"Talvez."

"E por quê? Foram enterrados com um mês de diferença."

"Talvez não", concorda o gerente.

Waltemeyer pega os cartões dos enterros e começa a vasculhar a pilha, procurando enterros no dia 8 de fevereiro, ou próximos disso. Para sua surpresa, os nomes são estranhamente familiares. Metade dos cartões parece ter relação com algum relatório policial.

James Brown, o assassino de Gilbert, o rapaz que foi esfaqueado até a morte no Ano-Novo. E Barney Erely, o bêbado idoso que Pellegrini achou espancado no beco saindo da rua Clay poucas semanas após Latonya Wallace, o desabrigado que morreu pois escolheu o lugar errado para defecar. E Orlando Felton, aquele cadáver em decomposição da rua Calvert Norte, a overdose que McAllister e McLarney investigaram em janeiro. E o assassinato ligado ao tráfico que Keller pegou em março, o cara com o improvável nome de Ireland [Irlanda] que fez um rio de dinheiro vendendo drogas na zona leste. Nossa, toda aquela grana e a família dele simplesmente o desovou nesse cemitério. O assassinato ligado a drogas que Dunnigan pegou nos conjuntos de Lafayette Court... os três bebezinhos mortos no incêndio criminoso investigado por Steinhice... A morte a tiros pega por Eddie Brown na rua Vine. Waltemeyer continua lendo, admirado e absorto. Esse aqui é do Dave Brown, esse aqui do Shea. Tomlin investigou esse...

"Você não sabe mesmo onde ele tá", diz Waltemeyer, baixando os cartões, "não é verdade, sr. Brown?"

"Não. Não exatamente. Não nesse momento."

"Foi o que pensei."

Nesse momento, Waltemeyer está disposto a reduzir suas perdas e desistir de Rayfield Gilliard; os legistas, no entanto, ainda insistem. Eles têm um provável homicídio e uma ordem de exumação assinada por um juiz do Condado de Baltimore, e, portanto, o Monte Sião é obrigado a achar o corpo.

Três semanas depois, tentam mais uma vez, cavando a lama a seis fileiras do lugar onde o estado enterrou novamente Eugene Dale Pai, em um caixão melhor do que aquele que se despedaçou. Dessa vez, Waltemeyer não questiona a lógica por trás da insistência do gerente na nova localização, em parte por temer que não há qualquer lógica. Usam a mesma retroescavadeira, os mesmos coveiros, os mesmos peritos do IML, que trazem um segundo e mais pesado cadáver à superfície e, então, checam os pulsos cuidadosamente em busca de qualquer identificação.

"Esse se parece mais com ele", declara Waltemeyer com esperança, conferindo a fotografia.

"Falei pra você", retruca o gerente, orgulhoso.

Então, o perito do IML baixa a meia do pé esquerdo, que revela metade de uma etiqueta de hospital ainda pendurada no dedão. W-I-L são as únicas letras visíveis. Wilson? Williams? Wilmer? Quem sabe e quem diabos se importa, se não é Rayfield Gilliard?

"Sr. Brown", Waltemeyer se dirige ao gerente, com um gesto de genuína perplexidade, "você é uma figura mesmo."

O gerente dá de ombros, dizendo que parece ser o cara certo. "Talvez a etiqueta esteja errada", acrescenta.

"Minha nossa", exclama Waltemeyer. "Me tira daqui antes que eu pire de vez."

Ao deixar o cemitério, Waltemeyer se vê andando junto a um dos coveiros. O homem confirma em voz baixa seus piores medos, explicando que, em fevereiro, quando o terreno estava congelado e a neve alta, o gerente fez com que cavassem uma cova coletiva perto do riacho; eles conseguiram levar a escavadeira até lá sem que ela atolasse. E, então, botaram oito ou nove caixões naquele mesmo buraco. É mais fácil assim, lhes disse o gerente.

Waltemeyer franze os olhos sob a luz da manhã enquanto o coveiro termina a história, os olhos se estreitam ante o cenário desolado. Da entrada do cemitério até o alto da colina, boa parte do horizonte da cidade pode ser vista: o centro comercial, o edifício da USF&G,* a torre do banco de Maryland. Os pináculos da cidade-tumulto,** a cidade portuária, a terra do viver agradável. Os habitantes gostam de dizer uns aos outros que se você não consegue viver em Bawlmer, não consegue viver em lugar nenhum.

Mas, então, e quanto a Barney Erely? E Orlando Felton? E Maurice Ireland? O que havia de tão errado, tão irrelevante neles que podiam terminar aqui, sob essa porção funesta de lama, almas desperdiçadas, com os brilhantes arranha-céus próximos o suficiente para zombar deles? Bêbados, viciados, traficantes, corretores de apostas ilegais, crianças nascidas com os pais errados, esposas espancadas, maridos odiados, vítimas de assalto, um transeunte inocente ou dois, filhos de Caim, vítimas de Caim — aquelas eram as vidas perdidas pela cidade em um único ano, os homens e mulheres que abarrotavam cenas de crimes e lotavam os freezers da rua Penn, deixando pouco além de tinta vermelha ou preta em um quadro de números do departamento de polícia. Nascimento, pobreza, morte violenta e, então, um enterro anônimo no barro do Monte Sião. Durante a vida, a cidade não conseguiu encontrar propósito para aquelas almas perdidas; na morte, a cidade os tinha perdido por completo.

Gilliard, Dale, Erely e Ireland — todos estavam além do alcance. Mesmo que alguém quisesse resgatar um ente querido e preservar sua memória com uma lápide de verdade, em um cemitério de verdade, já não era possível. As covas sem identificação e o patético arquivo de cartões do gerente tinham se encarregado disso. Pelo certo, a cidade deveria construir algum tipo de monumento à sua própria indiferença — a Tumba da Vítima Desconhecida, poderia ser o nome. Colocá-lo na Gold com a Etting, com um policial da guarda de honra. Largar alguns cartuchos de balas na frente e, então, riscar uma nova silhueta de corpo humano com giz a cada meia hora. Colocar a banda da Escola de Ensino Médio Edmondson para tocar marchas fúnebres no clarim e cobrar um dólar e 25 centavos dos turistas.

---

* United States Fidelity and Guaranty Company, seguradora norte-americana que existiu entre 1896 e 1998. O edifício de quarenta andares é um dos mais altos da cidade e se tornou, em 2010, a sede da Transamerica Corporation, uma companhia de seguros e investimentos, e foi rebatizado como Edifício Transamerica.

** Mobtown é outro apelido de Baltimore.

Perdidos em vida, perdidos na morte. Os idiotas no comando do Monte Sião tinham se certificado disso, pensa Waltemeyer, dando uma última olhada na encosta enlameada. Por 200 dólares, esse suposto gerente estava disposto a usar qualquer buraco que pudesse encontrar, porque, que diabos, era ridículo pensar que alguém algum dia voltaria e pediria algum deles de volta. Waltemeyer pensa em quando conheceu o gerente do cemitério. O pobre-diabo deve ter cagado sangue quando ele apareceu com a ordem de exumação.

Após a segunda tentativa, não haveria mais escavações em busca do desaparecido reverendo Gilliard. Com uma sequência de acusações de assassinato já arquivadas com o nome da sra. Geraldine, esse teria de ficar de lado. Os patologistas, os juristas, os policiais — ninguém tem estômago para arriscar perturbar outras covas. No entanto, para Waltemeyer, essa sensibilidade chega tarde demais. É verdade, a investigação de Geraldine Parrish foi o grande caso de sua carreira, e sua busca irrestrita assegurou sua reputação como um dos veteranos experientes da divisão de homicídios. Contudo, a aventura no Monte Sião lhe rendeu uma reputação de um tipo diferente.

Como se desenterrar um corpo inocente não fosse ruim o suficiente para sua consciência católica, ele retornaria ao escritório certo dia em janeiro e encontraria uma placa com um novo nome em sua mesa, o tipo de coisa que você pode encomendar em qualquer loja de suprimentos de escritório.

"Investigador Escavador Waltemeyer", está escrito.

Segunda-feira, 5 de dezembro

"Não gosto do jeito que ele está deitado", anuncia Donald Worden, se inclinando sobre a cama. "Meio de lado desse jeito... como se alguém tivesse rolado ele."

Waltemeyer assente.

"Eu acho", acrescenta Worden, olhando para o resto do quarto, "que esse vai voltar do legista como assassinato."

"Acho que você tem razão", concorda Waltemeyer.

Não há qualquer trauma evidente no corpo, nada de buracos de bala, ferimentos de faca, abrasões ou contusões. Um pouco de sangue seco é visível em torno da boca, mas isso pode ser resultado da decomposição.

Também não há sinais de luta, e o quarto do motel não foi revirado. Mas o velho está deitado sobre o lado direito debaixo do lençol, a coluna encurvada em um ângulo estranho, como se alguém o tivesse empurrado naquela posição para conferir os sinais vitais.

Ele é branco e tinha 65 anos, um homem da região sul de Maryland conhecido dos funcionários do Motel Eastgate, uma coleção de quartos de camas duplas e papéis de parede feios a 25 dólares por noite, na velha Rota 40 na zona leste de Baltimore. Uma vez por semana, Robert Wallace Yergin dirigia de sua casa em Leonardtown até Baltimore, dava entrada no Eastgate por uma noite e, então, passava a noite entrando e saindo com rapazes jovens.

Ao menos para esse propósito, o Eastgate possui uma localização perfeita. A poucas quadras de distância de onde a Pulaski termina em ruas sem saída na rua Fayette Leste, o motel fica a poucos quarteirões dos limites do parque Patterson, onde uma nota de 20 dólares paga pelos serviços de algum garoto caipira loiro com idade entre 12 e 18 anos. O comércio de pedofilia ao longo da avenida Eastern é um fenômeno antigo, conhecido por homens de toda a Costa Leste. Alguns anos antes, quando o esquadrão de costumes emitiu um mandado contra uma rede de pornografia infantil, chegaram a encontrar alguns manuais para prostituição homossexual em grandes cidades dos EUA. Em Baltimore, o manual observava, os locais mais promissores eram a Wilkens, perto da rua Monroe e o parque Patterson, ao longo da avenida Eastern.

Não apenas a afinidade de Robert Yergin por garotos menores de idade é conhecida pelos atendentes e pela equipe de limpeza do Eastgate, como também os funcionários sabem identificar e descrever o garoto de 16 anos que foi o acompanhante constante de Yergin durante os últimos meses. O garoto é habitante de Baltimore, os funcionários contam a Worden, um menor de rua que, através de um acordo degradante com um velho pervertido no interior, encontrou um lar. Quando Yergin vinha a Baltimore para catar adolescentes, levava o rapaz, que passava o tempo visitando amigos em seu antigo bairro.

"Talvez tenha sido o rapaz que pegou o carro", diz o funcionário de 25 anos da limpeza que encontrou o corpo. "Ele pode só ter pegado emprestado ou coisa assim."

"Talvez", replica Worden.

"Quando você veio aqui e achou ele", pergunta Waltemeyer, "você tocou nele, virou ele ou coisa assim para ver se ele tava bem?"

"Nem a pau", responde o funcionário. "Eu vi logo de cara que ele tava morto e deixei ele quieto."

"Você mexeu em alguma coisa no quarto?", indaga Worden. "Em qualquer coisa?"

"Não, senhor."

Worden gesticula para o jovem, o conduzindo pelo quarto para uma conversa em particular. Calmamente, de um modo que o funcionário imediatamente reconhece como verdadeiro, Worden explica que essa morte vai ser considerada um homicídio. Worden tenta tranquilizá-lo: Só homicídio nos interessa.

"Não se ofenda", pede o investigador, "mas, se você mexeu em qualquer coisa no quarto, se pegou qualquer coisa, se contar isso pra gente agora, não vai haver nenhum problema..."

O funcionário entende. "Não", repete. "Não roubei nada."

"Tá bom, então", encerra Worden.

Waltemeyer espera o rapaz sair e olha para Worden. "Tá, se ele não pegou a carteira", afirma Waltemeyer, "então outra pessoa deve ter pegado."

O cenário que começa a se apresentar é este: homem e garoto se encontram, homem tira a roupa, garoto o estrangula, rouba o dinheiro, os cartões e o carro e ruma em direção ao sol poente de Baltimore. A menos, é claro, que o garoto que morava com ele tivesse feito isso. Nesse caso, seria: homem e garoto se encontram, homem vai morar com garoto, garoto se cansa das mãos bobas e estrangula o senhorio. Isso também parece viável, pensa Worden.

O técnico do laboratório de plantão é Bernie Magsamen — um bom homem, um dos melhores —, então analisam a cena com cuidado, colhendo digitais do criado mudo, dos copos usados próximos à cama e da pia do banheiro. Fazem um belo esboço e tiram diversas fotos do corpo naquela posição esquisita. Eles vasculham os pertences do velho com cuidado, procurando o que está faltando, o que pode estar faltando, ou aquilo que está lá, mas não deveria.

Eles fazem isso, pois sabem que pegaram um assassinato; sabem disso e agem com a mesma certeza de que outras pessoas diriam que o local é um quarto de motel, ou que seu ocupante está morto. Para Worden e Waltemeyer, a morte de Robert Yergin é um assassinato, embora a vítima tivesse 65 anos e estivesse acima do peso, condições perfeitas para um ataque cardíaco, um infarto ou alguma outra morte natural. Para eles, é um assassinato, embora não haja qualquer vestígio de luta, ou qualquer trauma no corpo; é um assassinato, mesmo que não haja qualquer indício de hemorragia petequial na parte branca dos olhos — o detalhe post mortem que normalmente indica estrangulamento. Para eles, é um assassinato mesmo depois que Worden encontra a carteira da vítima, ainda estufada com dinheiro e cartões de crédito no bolso do terno, sugerindo que quem matou o velho fez um péssimo trabalho ao roubá-lo. É um caso de assassinato porque Robert Yergin, que levava para a cama garotinhos que mal conhecia, está deitado ali em posição estranha, sem seu Ford Thunderbird 1988. O que mais um bom investigador precisa saber?

Pouco mais de três horas depois, Donald Worden está parado próximo a Donald Kincaid do outro lado da cidade, olhando para um borrão de quase dez metros de sangue quase seco, que termina em um lago de cor vermelha-arroxeada após se estender por boa parte do comprimento de uma casa geminada vazia na rua Lexington Oeste. E, embora o homem cuja artéria carótida pintou a cena esteja lutando pela vida em Bon Secours, esse também se tornaria um assassinato. Worden sabe disso, não apenas por conta de todo aquele sangue derramado nos azulejos do corredor imundo, mas também porque não há qualquer suspeito viável.

Dois crimes sem testemunhas em uma noite — o novo parâmetro pelo qual um investigador de Baltimore pode ser julgado. Qualquer profissional pode investigar uma sequência de crimes misteriosos em noites sucessivas, ou lidar com crimes óbvios simultaneamente em um turno da meia-noite agitado. Mas o que leva um sujeito que pegou um caso em aberto a atender ao telefone três horas depois, pegar um par de luvas novas e uma lanterna e atender a uma chamada na zona oeste de Baltimore?

"Ora, ora", reflete McLarney na manhã seguinte, enquanto olha os novos nomes no quadro, "acho que finalmente chegou o ponto em que Donald não confia em mais ninguém para resolver assassinatos."

Esse é o Donald Worden em torno do qual Terry McLarney montou seu esquadrão, o Worden a quem Dave Brown nunca consegue agradar, o Worden que Rick James adora chamar de parceiro. Duas cenas de crimes, duas autópsias, duas famílias notificadas, dois conjuntos de interrogatórios, dois lotes de papelada, duas visitas ao computador da polícia em busca das folhas corridas de dois grupos diferentes de envolvidos — e nenhuma reclamação vinda do Grandão. Nem mesmo a mais vaga sugestão de que Waltemeyer talvez deva investigar sozinho o assassinato no motel, ou que Kincaid vai ter que se virar sem um investigador secundário na rua Lexington.

Não, senhor, Worden arranja um novo maço de cigarros, uma jarra cheia de café e a assinatura de McLarney aprovando horas extras. Ele não dorme há vinte e quatro horas e, se conseguir uma pista em qualquer um dos casos, não vai chegar nem perto da cama por mais doze horas. É uma estrada difícil e uma longa jornada — um modo ridículo de um sujeito adulto ganhar a vida. É também o mais próximo da sensação de imortalidade que um policial de carreira chega.

No fim das contas, ressuscitou a si próprio. No final, se limitou a esperar sua raiva passar, esperou o telefone tocar com a cura que sabia que viria. Simples assassinatos, um após o outro, cada um apenas uma variação única do mesmo mal eterno; apenas crime e castigo, entregues a um policial em iguais medidas. Deus sabe que Worden tinha falado muito em desistir; nesse trabalho, gostava de dizer aos colegas, você come o urso até o urso comer você, e vou cair fora antes que esse sacana sinta fome.

Papo de cara durão. Mas ninguém acreditava de fato que Donald Worden soltaria o distintivo prateado. Teria que acontecer o contrário.

Três dias após Worden pegar os dois assassinatos no mesmo turno, os dois casos já estão em preto no quadro. A solução do caso Yergin é resultado direto do extenso interrogatório que Worden fez com o companheiro adolescente da vítima, uma conversa que deixa claro o suficiente que, na ausência de qualquer outro suspeito, o companheiro de casa do velho permaneceria no topo da lista de Worden. Dois dias depois, o garoto — ainda assustado — liga para a divisão de homicídios para falar que ouviu dizer que alguns garotos brancos andam dirigindo o Thunderbird do sujeito morto em Pigtown e Carroll Park.

Worden e Waltemeyer vão até o começo do Distrito Sul, onde Waltemeyer fala com alguns dos veteranos com quem por tanto tempo trabalhou. Os policiais do Sul são conhecidos por lerem os homicídios comunicados por teletipo, mas, para ajudar o velho Waltemeyer, eles se dispõem até a guinchar cada Thunderbird no distrito até a central. Uma hora após a visita do investigador, dois policiais do Distrito Sul param o carro certo na Pratt com a Carey e apreendem o motorista, um michê de 17 anos. Worden e Waltemeyer pressionam em conjunto o suspeito na sala de interrogatório grande, até que o rapaz admite ter estado no quarto de motel; alheio ao fato de que a autópsia tinha provado morte por sufocamento, afirma que o velho morreu por causa de uma convulsão. Quando os dois investigadores terminam de transcrever o depoimento e saem da sala, o garoto se levanta e usa o espelho de face única na porta para espremer espinhas e reclamar da pele, como se ainda fosse um adolescente comum pensando em um encontro de sexta à noite.

O assassinato da rua Lexington, uma briga causada por uma pequena venda de drogas, é elucidado em uma segunda averiguação da cena do crime, quando a memória fotográfica de Worden reconhece o velho que atende a porta no quarteirão 1500 como uma das pessoas presentes em uma esquina próxima na noite do assassinato. E, de fato, o velho admite ter testemunhado o crime e identifica o atirador em um conjunto de fotos. Mas ainda é um caso fraco, com apenas uma testemunha, até que o suspeito chega à central, quando Worden coloca em ação o tratamento estilo "figura paterna de cabelo branco e olhos azuis" e consegue persuadir o atirador a contar tudo. O método de Worden é tão eficiente que o suspeito chega a ligar para o investigador da cadeia duas semanas depois, contando do boato que ouviu a respeito de um outro assassinato.

"Investigador Worden, quis ligar também para desejar a você um Feliz Natal", diz ao homem que o mandou para a cadeia. "Para você e sua família."

"Muito obrigado, Timmy", agradece Worden, um pouco tocado. "Desejo o melhor para você e seus familiares nas festas."

Dois casos, duas conclusões. Para Worden, transcorrem sem problemas as últimas semanas desse ano que foi tão absolutamente frustrante, como se tivessem sido roteirizadas por algum programa policial de TV, no qual todos os crimes são resolvidos e explicados antes do intervalo comercial.

Três dias antes do Natal, o Grandão e Rick James atendem a uma chamada na zona leste de Baltimore, deixando a central em uma noite de dezembro tão atipicamente úmida para aquela época do ano que a cidade está imersa em um nevoeiro espesso e cegante. Quando o Cavalier entra na rua Fayette, os dois investigadores tentam enxergar através da névoa até mesmo a mais vaga silhueta das casas geminadas, em qualquer um dos lados da rua.

"Não dá pra ver porra nenhuma", reclama James.

"Sempre quis investigar uma morte no nevoeiro", declara Worden, quase melancólico. "Tipo Sherlock Holmes."

"É", concorda James. "Ele sempre encontrava os corpos em meio a essa porra..."

"Porque é em Londres", explica Worden, passando devagar pelo semáforo na Broadway.

"E era sempre algum filho da puta chamado Murray o culpado. Murray alguma coisa..."

"Murray?", indaga Worden, confuso.

"É, o assassino sempre se chamava Murray."

"Você quer dizer Moriarty. Professor Moriarty."

"Isso", assente James. "Isso aí. Moriarty. Se a gente pegar um assassinato nessa noite, temos que tentar encontrar um moleque chamado Moriarty."

Eles pegam um assassinato, um homicídio com arma de fogo que é um mistério apenas até Worden adentrar um mar de rostos negros, um andarilho branco que aguarda a hostilidade natural da multidão se dissipar, um policial cordial e paciente que presta atenção a uma menção anônima ao nome do criminoso.

Pouco antes do amanhecer naquele mesmo turno da meia-noite, quando a papelada está completa e o televisor do escritório exibe apenas barras de cor, Donald Worden, estranhamente aceso, vaga pela quietude em busca de algo mais para ocupar seu tempo. James dorme na sala do café; Waltemeyer trabalha no relatório diário no escritório administrativo.

Enquanto prepara uma nova jarra de café, o Grandão tira a tampa plástica de uma lata de pó ainda não aberta. E então, com um olhar de pura ciência no rosto, manda o disco girando pelo ar estagnado do escritório principal.

"Olha só", fala, indo buscar seu novo brinquedo. E, mais uma vez, lança o disco pela sala, que dessa vez ricocheteia de modo perfeito no piso do chão.

"Para o próximo número", anuncia, preparando outro arremesso, "vamos atingir o teto."

Worden manda o plástico rodopiando. No escritório administrativo, Waltemeyer ergue os olhos da máquina de escrever, momentaneamente distraído pelo que parece ser um borrão flutuante captado pelo canto do olho. Ele olha para Worden, curioso, e então de volta para o relatório, como se tivesse sido uma ilusão.

"Qualé, Donald", grita Worden. "Chega mais, porra..."

Waltemeyer ergue a cabeça.

"Qualé, Donald! Bora, vem jogar."

Waltemeyer continua datilografando.

"Oi, sra. Waltemeyer, o Donald pode sair pra brincar hoje?"

Worden manda o disco voando em direção à chapa de vidro que separa os dois escritórios no momento em que o tenente administrativo, uma hora adiantado para o turno, passa pelo aquário, em direção ao escritório. O plástico raspa no vidro e segue graciosamente, passando a coluna da parede e entrando pela porta aberta do escritório de Nolan. O tenente para na entrada, impressionado com a rara e extraordinária visão de Donald Worden feliz.

"E aí!", cumprimenta o tenente, atônito.

"É o pulso, tenente", responde Worden, sorrindo. "O segredo está todo no pulso."

Sexta-feira, 9 de dezembro

A Regra Dez no manual da divisão homicídios: o crime perfeito existe. Sempre existiu, e quem quer que tente provar o contrário acaba meramente se provando um ingênuo e um romântico, um tolo que ignora as regras de um a nove.

Um exemplo: aqui jaz um homem negro de nome Anthony Morris, 21 anos, baleado na cabeça na área oeste de Baltimore, Maryland. Um jovem de status em declínio no comércio de drogas local, o sr. Morris foi encontrado por patrulheiros do Distrito Oeste em um pátio vazio do Lar Gilmor, onde uma pessoa, ou várias pessoas, apertou repetidas vezes o gatilho de uma arma de calibre .38, fazendo, assim, com que diversos pequenos pedaços de liga metálica esburacassem o corpo do sr. Morris.

Quando removidos do cadáver na manhã seguinte, cada um desses pedaços de metal se revelam deformados e fragmentados, se tornando inúteis para fins de comparação. E, pelo fato da arma ser um revólver, nenhum cartucho foi encontrado na cena. Mesmo em tais circunstâncias, sem uma arma, uma bala ou um cartucho relacionado ao crime — qualquer coisa que possa render uma comparação balística —, esses problemas são meramente acadêmicos. Além disso, a cena do crime é um pátio de asfalto em pleno inverno, sem nada de digitais, cabelos, fibras sintéticas, pegadas ou qualquer outra coisa que possa ser confundida com uma prova. E também não há nos bolsos da vítima nada que constitua uma pista. E o sr. Morris também não disse nada de esclarecedor aos primeiros policiais e paramédicos — o que não é uma surpresa, sendo que estava morto quando chegaram.

Testemunhas? Na verdade, naquele turno da meia-noite, não havia qualquer ser humano que fosse naquele setor do projeto habitacional Lar Gilmor. Evacuado de seus habitantes por conta de um projeto de renovação iminente, o pátio no qual Anthony Morris adentrou era escuro, frio e totalmente isento de atividade humana. Nenhuma luz na rua, nenhuma luz nos prédios lacrados, nada de pedestres, vizinhos, nenhum mercado de esquina ou bar.

Um puta lugar para se matar alguém, pensa Rich Garvey, contemplando todo o pátio deserto. Um lugar perfeito, na verdade. Anthony Morris foi baleado em uma cidade de 730 mil habitantes, e, para todos os propósitos práticos, a cena do crime poderia ser o deserto de Nevada ou a tundra do Ártico, ou algum outro território inexplorado.

A ligação original, anônima, alertava a respeito dos tiros disparados. Nem sequer relatava alguém baleado ou um corpo, não havia nem a chance de falar com alguém que tivesse encontrado a vítima. Nada de transeuntes, parentes abalados ou caras espiando das esquinas. Enquanto McAllister analisa a cena do crime, Garvey fica lá batendo queixo nas primeiras horas de uma manhã de inverno, esperando qualquer sugestão remota de vida da cidade ao redor — qualquer lugar aquecido e iluminado onde um investigador possa fazer sua primeira pergunta.

Nada. O silêncio é completo; a cena, vazia. Há apenas Garvey, seu parceiro e os rostos habituais do Distrito Oeste em um redemoinho de luzes azuis de emergência, sozinhos com um cadáver na cidade que dorme. Garvey diz a si mesmo que não importa, que alguém, em algum lugar, está pronto para falar com ele, para lhe contar o que sabe de Anthony Morris e seus inimigos. Quem sabe familiares, ou uma namorada, ou algum amigo de infância do outro lado dos conjuntos. Talvez uma ligação anônima ao escritório de homicídios, ou uma carta de algum informante preso por alguma bobagem.

Porque, quando você é um homem com um ano perfeito, nenhum cenário é desalentador o suficiente. Afinal, o que teria restado para ele no caso da rua Winchester se Biemiller não tivesse apanhado a namorada na cena do crime? Ou no assalto ao bar em Fairfield, se aquele garoto não tivesse memorizado a placa do carro de fuga? Ou do caso Langley, em Pimlico, aquele em que os patrulheiros efetuaram uma prisão por tráfico a meia quadra de distância e o sujeito se revelou uma testemunha ocular?

É, diz Garvey a si mesmo, não tem porra nenhuma nesse aqui. Mas qual é a novidade? Mesmo os casos mais simples parecem sempre um patinho feio quando se chega à cena do crime.

"Quem sabe alguém liga", arrisca um uniformizado do Oeste.

"Quem sabe", concorda Garvey.

Fazendo jus a essa esperança, ele e McAllister, uma hora depois, estão na sala de estar de uma casa geminada, uma sala cheia de sobreviventes. A mãe da vítima, as irmãs, irmãos e primos estão todos parados junto às paredes da sala, com o investigador ao centro, exercendo um tipo de força centrípeta.

No calor seco da sala lotada, Garvey observa McAllister iniciar sua exposição padrão do que a família enlutada deve ou não fazer nesse momento, o Período de Perda. Garvey nunca deixa de se impressionar com a habilidade de Mac com famílias: a cabeça levemente inclinada, as mãos juntas sobre o baixo ventre, feito o padre da paróquia, expressando sua mais profunda condolência em tom lento e comedido. Mac tem até mesmo uma leve e cativante gagueira, que surge em momentos de estresse e acrescenta um toque de vulnerabilidade. Na cena do crime, uma hora antes, parado junto ao homem morto, McAllister foi rápido, como todos os demais sempre eram, em fazer piada. Depois, com a mãe do morto, era o próprio sr. Compartilhar e Cuidar. Como Phil Donahue* de capote.

"Neste momento, não há nenhuma necessidade de irem ao Instituto Médico Legal. Na verdade, mesmo que quisessem ir lá, não deixariam vocês entrarem..."

"Onde é isso?", pergunta a mãe.

"Onde o médico-legista trabalha", explica McAllister, lentamente. "Mas não precisam se preocupar com isso. Vocês só precisam ligar pra funerária de sua escolha e dizer que o corpo está no IML, na esquina das ruas Penn e Lombard. O pessoal sabe exatamente o que fazer. Tudo bem?"

A mãe apenas gesticula em concordância.

"Vamos tentar descobrir quem fez isso, mas vamos precisar da ajuda da família... Foi isso que viemos aqui pedir..."

A proposta de venda. McAllister dá o melhor de si, o velho monólogo "vocês não podem trazer ele de volta, mas podem vingar ele", que faz a mãe gesticular a cabeça em concordância. Garvey olha pela sala em busca de algum sinal na multidão, algum pequeno desconforto exibido por um membro da família que mostre algum conhecimento. Os garotos e as garotas parecem distantes, desconectados, mas alguns pegam os cartões de contato, assegurando aos investigadores que não sabem de nada, mas que ligariam se ouvissem qualquer boato pela vizinhança.

"Mais uma vez", afirma McAllister na porta, "gostaria de expressar nossos sentimentos pela perda de vocês..."

Garvey olha para a sala repleta de rostos vazios. Mãe, irmãos, irmãs, primos, amigos — todos parecem ignorantes quanto a qualquer razão para o assassinato. O telefone do escritório de homicídios não vai tocar neste aqui, admite.

"E, repito, podem ligar pra gente se tiverem alguma dúvida ou informação", encerra McAllister.

Garvey começa a andar em direção à porta, seguido de McAllister. Quando os dois investigadores saem, Garvey olha para o parceiro e se prepara para explicar por que McAllister deve se tornar o investigador principal nesse caso perdido. Mas não diz nada; pelo contrário, olha por sobre o ombro de Mac para um rapaz, um primo da vítima, que furtivamente os acompanhou até a porta.

---

* Personalidade midiática e apresentador de talk show norte-americano, conhecido por dar espaço em seu programa para ativistas de direitos humanos.

"Com licença, policial..."

McAllister também se vira, aumentando o evidente desconforto do primo. O rapaz tem algo a dizer e será ouvido.

"Com licença", sussurra ele.

"Pois não?", responde Garvey.

"Eu posso... hum..."

Lá vem, pensa Garvey. Lá vem o momento em que um parente enlutado se afasta da família e compartilha algumas verdades. O primo estende a mão, e McAllister a aperta primeiro; Garvey o cumprimenta em seguida, se aclimatando à ideia de que, de fato, ele é um investigador valioso, que, de algum modo, transcendeu a realidade e se tornou o Midas dos homicídios na periferia.

"Posso..."

Claro que pode, pensa Garvey. Com certeza, você pode nos contar tudo, cada pequeno detalhe que sabe de seu primo Anthony. Falar a respeito das drogas que ele injetava, ou das que vendia, ou da briga que teve com um cliente na noite anterior. Nos diga algo a respeito da dívida que fez um fornecedor ameaçá-lo, jurando vingança. Fale acerca das garotas com quem estava metido, e dos namorados delas que prometeram enchê-lo de chumbo. Relate para nós o que ouviu nas ruas após o assassinato; talvez o nome do sujeito que possa ter ouvido se gabando do crime em algum bar. Você pode desabafar conosco.

"Eu posso... hum... Fazer uma pergunta?"

Uma pergunta? Claro que pode. Aposto que vai querer se manter anônimo. Diabos, a menos que você seja uma testemunha ocular ou coisa assim, você pode até se manter "sinônimo", se fizer questão. Somos todos amigos. Gostamos de você. Vamos levar você pra central e te dar café e rosquinhas grátis. Nós somos policiais. Confia na gente. Conta tudo pra gente.

"O quê?", pergunta McAllister.

"O que vocês estão me dizendo é..."

"Sim?"

"Vocês estão me dizendo que meu primo Anthony morreu?"

Garvey olha para McAllister, e McAllister olha para os sapatos para não rir alto.

"Hum, sim", balbucia McAllister. "Acho que ele foi fatalmente ferido. Foi isso que a gente falou lá dentro..."

"Caramba", exclama o primo, verdadeiramente impressionado.

"Tem mais alguma coisa que queria dizer pra gente?"

"Não", replica o primo. "Na real, não."

"Tá, novamente, sinto muito."

"Beleza."

"Vamos manter contato."

"Beleza."

Já era. É passado. Tinha sido uma sequência dos diabos — dez casos seguidos, começando com Lena Lucas e o velho Booker em fevereiro. Mas agora, Garvey entende com todas as fibras do seu ser que o gênio parado na varanda não é nada além de um mensageiro — um sinal ambulante de tudo que é verdadeiro para um investigador de homicídios.

As palavras saídas da boca do primo indócil eram todas espessas e incoerentes, mas, para Garvey, confirmam cada regra no livro. Não há suspeito, então é óbvio que a vítima não sobreviveu. E, sem suspeito, é improvável que haja qualquer prova para o laboratório, ou qualquer chance da vítima sobreviver aos ferimentos. Se Garvey encontrar uma testemunha do crime, a testemunha mentirá, pois todos mentem. E, se em algum momento ele colocar as mãos em algum suspeito, o sujeito, sem dúvida, dormirá na sala de interrogatório. E, se esse caso fraco algum dia conseguir chegar perto do júri, todas as dúvidas parecerão razoáveis. E, em especial: é bom ser bom, mas é melhor ter sorte.

O imbecil na varanda é um anúncio inconfundível, um lembrete de que as regras ainda se aplicam — mesmo para alguém como Rich Garvey. Não importa que, dali a dez dias, estará trabalhando em um novo homicídio ligado ao tráfico na zona leste, entrando correndo pela porta de uma casa geminada para apanhar o atirador sob as luzes coloridas de uma árvore de Natal decorada. Não importa que o ano seguinte será uma cruzada tão bem-sucedida quanto jamais houve. Nesse momento, Garvey pode observar o primo de Anthony Morris entrar pela porta e ter certeza, com a fé de uma religião, que nenhuma pista surgirá nesse caso — nenhuma ligação para o escritório de homicídios, nenhuma delação vinda de dentro do presídio municipal, nenhuma conversa nas ruas da zona oeste. O caso nunca passará de vermelho para preto; ele continuará em aberto muito tempo depois de Garvey começar a desfrutar da aposentadoria.

"Mac, aquela conversa foi fruto da minha imaginação?", pergunta, rindo, durante o trajeto para o escritório. "Ou aconteceu de verdade?"

"Não, não", responde McAllister. "Você deve ter imaginado. Esquece isso."

"In-vestigador", fala Garvey, em uma má imitação. "Você tá dizendo que meu primo morreu?"

McAllister ri.

"Próximo caso", exclama Garvey.

No trabalho de qualquer homem, perfeição é um objetivo fugidio e etéreo, uma ideia em constante luta com a correria diária. Mas, para um investigador de homicídios, a perfeição nem sequer é uma possibilidade. Nas ruas da cidade, o Ano Perfeito é um mero esboço de algo, um fragmento moribundo de esperança, pálido, faminto e enfraquecido.

E o Assassinato Perfeito acaba com a raça dele o tempo todo.

Domingo, 11 de dezembro

"Olha", diz Terry McLarney, observando as esquinas da rua Bloom com falsa inocência. "Um criminoso."

Meio quarteirão à frente deles, o rapaz na esquina parece ouvir isso. De modo abrupto ele se esquiva dos faróis do Cavalier, descendo a rua, uma das mãos puxando um jornal enrolado de um bolso de trás da calça. McLarney e Dave Brown veem o papel caindo lentamente na sarjeta.

"A patrulha era tão fácil", desabafa McLarney, nostálgico. "Tá ligado?"

Dave Brown está ligado. Se o Chevy sem identificação fosse um carro-patrulha, se estivessem usando uniformes, se as ruas Bloom e Division fossem parte do setor deles, teriam facilmente efetuado uma prisão. Teriam jogado o safado contra o muro, o algemado muito bem e o arrastado até aquele jornal enrolado, aquele estojo caseiro enrolado em uma faca, ou seringa, ou ambos.

"Tinha dois caras no meu esquadrão quando eu estava no Distrito Oeste", relembra McLarney, saudoso. "Eles costumavam apostar quem conseguia prender alguém no menor tempo possível."

"No Oeste", afirma Brown, "cinco minutos."

"Menos", replica McLarney. "Depois de um tempo, eu falei que eles precisavam deixar aquilo mais desafiador. Sabe, algo melhor do que uma prisão de Parte II.* Mas eles não gostaram disso... trabalho demais."

---

* No direito criminal norte-americano, delitos Parte II se referem a crimes menores, que não sejam: homicídio, agressão grave, estupro, invasão domiciliar, assalto, incêndio criminoso e roubo de carros (todos esses, considerados crimes Parte I).

Brown dobra na Bloom e, então, dobra de novo na Etting. Eles observam mais moleques nas esquinas se desfazendo de papelotes ou entrando correndo em casas geminadas.

"Olha aquela casa lá", fala McLarney, apontando para um amontoado de dois andares de tijolos pintados. "Eu tomei uma coça ali. Bem no corredor... Já contei essa história?"

"Acho que não", responde Brown, sendo educado.

"A chamada era por causa se um sujeito com uma faca, e quando estacionei o sujeito só olhou pra mim e correu pra dentro de casa..."

"Bem comum, na minha opinião", afirma Brown, dobrando à direita e voltando em direção à avenida Pensilvânia.

"Aí saí correndo atrás dele, e tinha um bando de homens negros bastante saudáveis na sala de estar. Foi bizarro; a gente meio que só se olhou por um segundo."

Dave Brown ri.

"Aí eu peguei minha arma, e vieram todos eles pra cima de mim. Tipo, uns cinco ou seis malucos."

"O que você fez?"

"Apanhei", conta McLarney, rindo. "Mas também não soltei o meu sujeito. Quando meus colegas atenderam à ocorrência, todos tinham fugido menos o meu sujeito, que acabou levando uma sova por todos seus amigos fujões. Meio que me senti mal por ele."

"E você?", pergunta Brown.

"Levei uns pontos na cabeça."

"Isso foi antes ou depois de você ser baleado?"

"Antes", replica McLarney. "Isso foi quando eu estava na Central."

Terry McLarney se lembra de uma história após a outra, seu humor melhorado por uma noite nas ruas da zona oeste de Baltimore. Um passeio de carro pela região sempre tem esse efeito em McLarney, que consegue dirigir pela periferia e se lembrar de uma coisa estranha que aconteceu em uma esquina, um comentário engraçado ouvido em outra rua. Na superfície, tudo parece um pesadelo, mas, escavando um pouco mais, McLarney é capaz de mostrar a você a perversa eloquência da coisa toda, a comédia infindável de crime e castigo na periferia.

Aquela esquina ali, por exemplo, foi onde Snot Boogie foi morto.

"Snot Boogie?"*, pergunta Brown, descrente.

---

* Os termos "snot" e "boogie" são duas gírias intercambiáveis, que designam a secreção das cavidades nasais. Em português, poderiam ser traduzidas como "tatu" e "ranho".

"Isso", confirma McLarney. "E era assim que os amigos chamavam ele."

"Bacana."

McLarney ri e se lança à parábola de Snot Boogie, que entrou em um jogo de dados na vizinhança, esperou as apostas se acumularem, catou a grana e saiu correndo rua abaixo, apenas para ser baleado e morto por um dos jogadores furiosos.

"Aí a gente tava interrogando as testemunhas lá no escritório, e disseram que Snot Boogie sempre participava do jogo de dados e fugia com as apostas e aí finalmente ficaram com o saco cheio daquilo..."

Dave Brown dirige em silêncio, mal acompanhando a digressão histórica.

"E, sabe, perguntei pra um deles por que eles ainda deixavam Snot Boogie participar do jogo, se ele sempre tentava fugir com a grana."

McLarney faz uma pausa dramática.

"E aí?", pergunta Brown.

"Ele só olhou pra mim de um jeito bem esquisito", narra McLarney. "E ele disse, 'Tem que deixar ele jogá... Aqui é os Estados Unidos'."

Brown ri alto.

"Adoro isso", declara McLarney.

"Grande história. Aconteceu mesmo?"

"Pode crer, porra."

Brown ri de novo. O humor de McLarney é contagioso, mesmo que os motivos para esse passeio noturno estivessem se dissipando.

"Acho que ela não tá na rua hoje", anuncia Brown, subindo a avenida Pensilvânia pela quinta ou sexta vez.

"Ela nunca tá na rua", responde McLarney.

"Essa chupadora de pica que se foda", exaspera Brown, dando um tapa no volante. "Tô cansado dessa palhaçada de merda."

McLarney olha para seu investigador com fascínio renovado, como que para instigar aquela explosão súbita.

"Quer dizer, somos a divisão de homicídios, a polícia dos assassinatos, uma elite investigativa altamente treinada, que sempre pega os culpados..."

"Cuidado", avisa McLarney. "Tô tendo uma ereção."

"E quem caralhos ela é? Ela é uma viciada cheia de doenças da avenida Pensilvânia que cobra vinte contos por uma trepada e que conseguiu despistar a gente por três meses. É constrangedor pra caralho, isso sim..."

Lenore, a Vadia Misteriosa. A única testemunha do esfaqueamento que Worden pegou em setembro na avenida Pensilvânia; a mulher que pode encerrar o caso ao declarar que seu namorado, agora falecido, matou o outro namorado em uma disputa por seu afeto. Para Brown,

Worden e todos os demais no esquadrão, está se tornando um pouco constrangedor esse trabalho de subir e descer a avenida todas as noites, achacando prostitutas e viciados sem conseguir chegar mais perto da srta. Nore, que sempre está fora do alcance dos investigadores. A essa altura, já ouviram todas as desculpas:

"Ela tava aqui na noite passada..."

"A Nore? Ela tava na rua Division não faz muito tempo..."

"Ela saiu do lanchonete e foi embora..."

Jesus, pensa Brown. Como se já não fosse ruim o suficiente aquela vaca viciada não ter um endereço fixo. Não, ela tem que se mover como a porra do vento. Como diabos os clientes encontram ela?

"Talvez ela não seja real", sugere McLarney. "Talvez ela seja um trote, e todos os vagabundos daqui tenham inventado ela. É um teste pra ver quanto tempo vamos dirigir por aí procurando."

McLarney sorri, reconfortado com a ideia de uma viciada de 20 dólares desafiando todas as leis metafísicas. Uma aparição translúcida, ela caminha pelas ruas da zona oeste de Baltimore imune às forças das autoridades. Alguns pagaram 20 dólares e juram que ela é real, mas, para gerações de investigadores de homicídios, ela é matéria de sonho, destinada a ser a contribuição de Baltimore ao acervo de folclore dos EUA: Paul Bunyan,* o Cavaleiro Sem Cabeça de Tarrytown,** o Mary Celeste;*** e Lenore, a Vadia Misteriosa.

"Então como é que James tem a folha dela no arquivo?", argumenta Brown. "E como é que eu tenho a foto de identificação dela no meu bolso?"

"Uou", exclama McLarney. "Um trote elaborado."

"Essa vaca que se foda", troveja Brown, ainda irritado. "Ela não tá aqui."

"Que merda", reclama McLarney. "Vamos dar mais uma volta e encerrar a noite."

Eles não têm a menor chance de encontrá-la, é claro. Mas McLarney adora estar na rua, vagando pela Oeste e investigando um caso que nem importa mais. Não para Worden, ou James, ou Brown. Não para o sujeito morto e, nesse caso, nem para o assassino. Nem mesmo para

---

* Mítico lenhador gigante do folclore dos EUA e Canadá, sua história de feitos sobre-humanos tem origem na tradição oral de madeireiros da América do Norte.

** O cavaleiro teria sido um dos soldados hessianos contratados por tropas inglesas para reprimir os revolucionários dos EUA. Sua cabeça teria sido decepada numa batalha em Tarrytown, um vilarejo na cidade de Greenburgh, no estado de Nova York.

*** Navio mercante norte-americano encontrado à deriva e sem tripulação no oceano Atlântico em 1872. O incidente deu origem a diversos mitos e relatos na cultura popular do país.

McLarney. Essa é uma noite de trabalho policial sem dor ou pressão, conduzida sem custos emocionais por homens que não se importam de fato com o resultado.

Para McLarney em especial, a caça a Lenore é uma distração agradável, assim como o assassinato que investigou com Waltemeyer no mês anterior foi agradável. O que poderia ser menos importante que um roubo de drogas em um beco em Pimlico, sendo a vítima um viciado e a testemunha uma mentirosa? E o jovem suspeito, conhecido como Fat Danny, que afirmava total inocência, chorando por justiça na sala de estar dos avós enquanto os investigadores vasculhavam a casa em busca da arma do crime?

"Ah, qualé, para de chorar", disse McLarney ao suspeito, um garoto forte e ao menos quinze centímetros mais alto que ele. "Calma aí…"

"EU NÃO MATEI NINGUÉM!", gritou Fat Danny, se afastando, até que McLarney o imprensou contra a pia da cozinha, com a mão na garganta do garoto.

"Já chega", exasperou McLarney. "Você vai acabar obrigando a gente a te machucar."

"EU NÃO…"

"Olha pra mim", ordenou McLarney, furioso. "Você tá preso. Você quer que a gente machuque você?"

Então, um policial da divisão antidrogas do Distrito Noroeste, um dos policiais na batida, fez o suspeito agitado e inquieto ficar quieto com um comentário casual: "Pelo amor de Deus, moleque, você cometeu um crime de homem. Agora age que nem homem".

Mais tarde naquela noite, depois de McLarney levar uma Coca e uma barra de chocolate para a sala de interrogatório e fazer amizade com o garoto, sentou em sua mesa e pensou como tudo aquilo era tão simples e estranhamente agradável. Quando nada importava, disse McLarney a si mesmo, ele conseguia amar seu emprego.

Essa noite é a mesma coisa, pensa. Se nunca encontrarmos Lenore, caso continue a ser um mistério, então podemos viver para sempre, zanzando pela zona oeste de Baltimore em um carro de quatro cilindros, contando histórias e piadas, observando uns caras cretinos se livrarem de suas drogas. Mas, se, de algum modo, a encontrarmos, teremos que voltar. Voltar e atender ao telefone em algum outro caso, alguma coisa que pode ser de verdade: uma mulher estuprada e retalhada, uma criança espancada, um policial com quem você trabalhou e considera um amigo baleado duas vezes na cabeça.

Aquele caso tinha sido tudo, menos agradável. Foi algo verdadeiro, brutal e imperdoável. O atentando contra Cassidy permaneceu com McLarney como nenhum outro caso poderia, fazendo com que sangrasse um pouco mais cada vez que pensasse a respeito. Todo seu esforço tinha sido recompensado com o resultado adequado; Butchie Frazier em uma audiência de sentenciamento na sala da juíza Bothe dois meses atrás, algemado e sarcástico pela última vez, condenado à prisão perpétua mais vinte anos, com condicional não antes de vinte e cinco anos. O veredito e a condenação significavam algo importante na cabeça de McLarney; só Deus sabia como ele estaria se o resultado tivesse sido diferente. Mas perpétua mais vinte anos era uma vitória no tribunal, uma que parecia suficiente apenas enquanto Gene Cassidy estava no fórum.

Não, no fim não foi o suficiente — não para McLarney e, é claro, não para Gene. Após aprender a comandar seu cão-guia em uma escola em New Jersey, Cassidy voltou para sua antiga faculdade, se matriculando na Faculdade York em um programa de pós-graduação. Aqueles eram os primeiros passos firmes em uma longa estrada, e mesmo assim sua recuperação era prejudicada continuamente, quase rotineiramente, por uma cidade que de algum modo acha possível tratar um policial cego como se fosse mais um entre centenas. As despesas com especialistas e fisioterapia ficavam pendentes por meses às vezes, com os médicos se queixando para Cassidy, e Cassidy se vendo incapaz de fazer qualquer coisa além de direcioná-los para a administração municipal. Requisições para equipamentos especiais — como um computador equipado com software de leitura para auxiliar Cassidy nos estudos — atravessavam a burocracia em um rastejar artrítico. A certa altura, uma amiga de Patti Cassidy chegou a ligar para o talk show de uma rádio para confrontar o prefeito, que era convidado do programa, perguntando se o computador seria ou não comprado antes das aulas do semestre seguinte.

Na verdade, levou mais de um ano para que Cassidy fosse premiado em uma cerimônia, algo que McLarney achava que deveria ter acontecido semanas após seu retorno do hospital. Um policial morto teria recebido o esplendor das honras militares completas — o guarda das cores,* a salva de vinte e um tiros, a bandeira dobrada entregue à viúva

---

* Oficial encarregado de carregar as "cores" (bandeiras) do estado ou do país do falecido em funerais com honrarias militares.

pelo comissário de polícia. Mas um policial ferido parecia paralisar o departamento; a chefia achava difícil decidir o que dizer, quanto mais diminuir a própria burocracia.

Para McLarney, a resposta do departamento às dificuldades de Cassidy era um pouco obscena, e, nos meses após o crime, ele fez uma promessa para si mesmo. Se algum dia eu for morto no cumprimento do dever, disse McLarney a diversos outros investigadores, não pode haver ninguém ranqueado acima de sargento no funeral — exceto talvez D'Addario, que era amigo. É, o Dee pode ir. Mas nada de guardas das cores, gaitas de fole, equipe de comando, nenhuma delegação enviada por uma dúzia de departamentos diferentes. Apenas Jay Landsman chamando a atenção dos homens ao gritar "Apresentar armas", quando uma centena de policiais de Baltimore puxaria latas geladas de Miller Lite e, simultaneamente, romperia os lacres.

A cerimônia de Gene Cassidy, quando finalmente ocorre, é apenas levemente mais formal do que isso. Na noite após a busca mais recente pela sumida Lenore, McLarney mais uma vez se vê no Distrito Oeste, dessa vez na sala de chamada da delegacia da avenida Riggs, observando do canto da sala enquanto o turno das dezesseis à meia-noite se reúne em frente a vinte e quatro cadeiras cuidadosamente dispostas. O próprio Gene pediu que a cerimônia ocorresse aqui no distrito, justamente quando seu antigo turno se preparava para sair para as ruas. McLarney dá uma olhada nos uniformizados e se dá conta de que a maioria dos policiais que trabalharam com Cassidy já não está mais ali — alguns foram para outros turnos e distritos, outros para departamentos de polícia que pagam melhor, nos condados ao redor. Ainda assim, há certa força no momento em que o tenente de turno grita atenção e todos param, rígidos; Cassidy, sentado na fileira da frente com Patti a seu lado, se levanta também.

McLarney observa a chefia e os repórteres de televisão amontoados ao redor da sala quando o comissário de polícia diz algumas palavras e desce do pódio para dar a Cassidy as medalhas de Valor e de Honra, as mais altas honras concedidas pelo departamento.

E, então, os majores e coronéis se afastam, até que Gene está sozinho na sala de recreação com sua família e seus amigos do distrito. McLarney, Belt, Biemiller, Tuggle, Wilhelm, Bowen, tenente Bennett e talvez mais uma dúzia de outros rondando duas bandejas de frios, ouvindo rock antigo em um toca-fitas. Piadas são contadas, histórias são trocadas, e logo Cassidy e seu cachorro vagam pela festa, levando uma jovem, sobrinha de Cassidy, para um tour pela delegacia que termina, curiosamente, nas celas de detenção.

"E aí, Gene", cumprimenta o carcereiro, abrindo a cela da frente, "como é que tá?"

"Tudo bem. Muito trabalho nessa noite?"

"Na real, não."

Cassidy para com o cachorro bem na entrada da cela enquanto o carcereiro tira as digitais da sobrinha e mostra a ela uma cela vazia. A demonstração é interrompida por um barulho na última fileira de celas.

"Aí, alguém tira minhas algemas!"

"Quem é?", grita Cassidy, virando a cabeça na direção do barulho.

"Por que preciso ficar algemado, porra, se tô dentro dessa cela do caralho?"

"Quem está falando?"

"Eu que tô falando, pô."

"Quem é você?"

"Sou a porra de um preso."

"O que você fez?", pergunta Cassidy, intrigado.

"Não fiz merda nenhuma. Quem é você?"

"Eu sou Gene Cassidy. Eu trabalhava aqui."

"Então vai se foder."

E Gene Cassidy ri alto. Por um último momento, ele está em casa.

Quinta-feira, 15 de dezembro

Eles formam um círculo na sala azulejada, em uniformes azuis novinhos, os rostos ainda lisos, sem marcas. Eles têm 19, 20, talvez 22 anos, por aí. A devoção deles é completa; e a inocência, imaculada. Proteger e Servir ecoa pelo território desobstruído de suas mentes. São cadetes, uma turma do Condado de Anne Arundel próximo. Vinte e cinco quase policiais, polidos e preparados para a visita de campo dessa manhã, de uma sala de aula na academia para o círculo mais profundo do inferno.

"Vocês gostam do que veem?", pergunta Rick James, falando da galeria. Os cadetes riem nervosos nos cantos da sala de autópsia — alguns olhando, outros tentando não olhar, uns poucos olhando e não conseguindo acreditar.

"Você é investigador?", pergunta um garoto na fileira da frente.

James faz que sim.

"De homicídios?"

"Isso. Cidade de Baltimore."

"E tem um caso seu aqui?"

Não, pensa James, eu passo todas as manhãs na sala de autópsia. Os cheiros, os sons, o ambiente — eu amo isso tudo. James fica tentado a se divertir com a turma, mas desiste.

"Tem", responde ele. "Um deles é meu."

"Qual?", indaga o rapaz.

"Ele tá no corredor."

Um perito, terminando um cadáver, ergue a cabeça. "Qual é o seu, Rick?"

"O pequeno."

O perito olha para o corredor e, então, se concentra novamente no trabalho que faz. "Ele é o próximo, beleza?"

"Claro, de boa."

James passa entre dois corpos abertos para dizer "olá" a Ann Dixon, legista adjunta e uma heroína para todos os investigadores em atividade. Dixie tem sotaque britânico pausado e a visão de mundo do investigador dos EUA. Não apenas isso, ela sabe se virar no Pub da Cher ou no Bar do Kavanaugh. Se um corpo precisa ser aberto no estado de Maryland, não há ninguém melhor que Dixie.

"Dra. Dixon, como vai nessa bela manhã?"

"Bem, obrigada", ela responde da mesa de vivissecção.

"O que você tem aí?"

Dixie se vira segurando uma longa faca em uma das mãos e um afiador na outra. "Você me conhece", retruca, esfregando um contra o outro. "Só estou procurando o cara certo."

James sorri e volta ao escritório do fundo para pegar café. Ao voltar, encontra sua vítima na mesa cirúrgica no centro da sala de autópsia, o corpo despido e rijo no centro da bandeja.

"Vou dizer uma coisa pra vocês", anuncia o auxiliar, encostando o bisturi na pele. "Eu gostaria de passar a faca no filho da puta que fez isso."

James olha para a turma de cadetes e vê duas dúzias de rostos aturdidos e em silêncio. Após cerca de meia hora na sala de autópsia, acharam que já estavam prontos, que devagar estavam se aclimatando às visões, sons e cheiros da rua Penn. E, então, os legistas puxam um cadáver para fora do freezer, e se dão conta de que não estão nem perto disso. Do centro da sala, James pode ver alguns dos garotos tentando muito não olhar, outros tentando olhar, mas sem conseguir esconder seu horror. No canto da sala, uma cadete esconde o rosto atrás das costas de um colega mais alto, incapaz de espiar mesmo por um momento.

E não é de se admirar. O pequeno corpo é pouco mais que uma pequena ilha negra situada no meio de um oceano de aço inoxidável, uma forma infantil com as mãozinhas estendidas para cima, os dedos encurvados. Um menino de 2 anos, espancado até a morte pelo namorado da mãe, que ainda conseguiu vestir o corpo inchado e sem vida e, então, levar até a emergência do Hospital Bon Secours.

"O que aconteceu?", perguntaram os médicos no hospital ao namorado.

"Ele tava brincando na banheira e caiu."

Disse isso com uma calma que beirava a bravata e continuou repetindo a mesma coisa quando James e Eddie Brown chegaram ao hospital. Durante toda aquela noite, ele repetiu as mesmas palavras feito um mantra na sala de interrogatório. Michael estava na banheira. Michael caiu.

"Por que você vestiu ele? Por que não correu com ele pro hospital?"

Não queria que ele passasse frio.

"Se ele estava tomando banho, por que não havia água na banheira?"

Eu esvaziei.

"Esvaziou? A criança estava inconsciente, mas você parou para esvaziar a banheira?"

Isso.

"Você bateu nele até matar."

Não. Michael caiu.

Mas os médicos no hospital não se deixaram enganar; o pequeno corpo de Michael Shaw era mais preto e azul do que negro, os ferimentos eram equivalentes aos de uma criança atingida por um carro a cinquenta quilômetros por hora. Os legistas na rua Penn também não tinham dúvidas: morte por trauma contundente repetido. A criança tinha tido a vida literalmente socada para fora de si.

Mas, ainda assim, apenas quando o patologista começa o exame externo da criança, Rick James sente verdadeira revolta.

"Você viu?", pergunta o doutor, erguendo as pequenas pernas. "Ele está todo rasgado."

Um verdadeiro horror. O corpo do menino de 2 anos tinha tido hemorragia interna, com o ânus rasgado pelo sujeito de 20 anos encarregado de cuidar da criança, que era o namorado da mãe da vítima.

Bocas abertas, olhos vidrados, os cadetes de Anne Arundel estão presos, forçados a assistir ao desmonte da criança do canto da sala de autópsia. A lição de um dia.

Na volta à sede, James não diz nada; o que diabos há para ser dito? O filho não é meu, ele tenta dizer a si mesmo. Não é onde eu moro. Não significa nada pra mim.

A defesa padrão, o refúgio estabelecido do investigador de homicídios. Só que dessa vez não é o suficiente. Dessa vez, não há um buraco onde enterrar a raiva.

Ao voltar ao escritório da homicídios, James atravessa o longo corredor azul até os elevadores e olha pela tela de metal na janela na porta da sala de interrogatório. O namorado está sozinho lá dentro, reclinado na cadeira do meio, o tênis na borda da mesa.

"Olha pra ele", fala James, olhando para um uniformizado próximo, trazido à central para transportar o réu. "Olha só pra ele."

O namorado assobiava com suavidade, trocando de posição os pés de modo preciso na beirada da mesa, o alcance limitado pelas algemas prateadas. Ele ajeita os cadarços novos — verde e amarelo —, dois para cada um de seus tênis de cano alto, ao estilo da periferia. Duas horas depois, o carcereiro na prisão do Distrito Sudoeste tiraria aqueles mesmos cadarços como uma medida de prevenção ao suicídio, mas, nesse momento, eles são o único foco do universo cada vez menor do namorado.

"Olha pra ele", desabafa James. "Não dá vontade de arrebentar ele?"

"É", responde o uniformizado. "Concordo com você."

James olha para o patrulheiro e, então, de volta para dentro da sala de interrogatório. O namorado nota a sombra no espelho de face única e se vira na cadeira.

"Aí, cara", diz em um sotaque caribenho. "Preciso ir no banheiro, beleza?"

"Olha pra ele", repete James.

Ele poderia espancá-lo. Poderia espancar aquele monte de merda até deixá-lo todo machucado e ensanguentado, e ninguém no escritório diria coisa alguma. Os uniformizados continuariam com sua papelada, os outros investigadores bloqueariam o corredor ou talvez até resolvessem dar uns socos também. E, se o coronel fosse ao corredor conferir a comoção, só teria que lhe contar a respeito de Michael Shaw, sozinho e silencioso em meio ao aço.

E alguém poderia dizer que é errado? Será que alguém acreditaria que uma desforra tão simples e rápida poderia ser menos do que justa? Para um policial, honra significa não bater em um sujeito algemado ou incapaz de revidar, não bater em alguém para obter uma confissão e não bater em alguém que não merece. Mas a situação é aterradora. O trabalho policial sempre foi brutal; já o bom trabalho policial, discretamente brutal.

Um ano antes, na mesma sala de interrogatório, Jay Landsman era o supervisor investigando um caso de agressão contra um policial, uma briga de bêbados na qual vários suspeitos usaram um cano de chumbo para espancar um patrulheiro do Sudeste que tentava intervir, até quase o matarem.

"Olha", anunciou Landsman, levando o principal agressor até a sala de interrogatório, "enquanto você estiver aqui dentro, vou tirar as algemas porque, sabe, não sou um cara durão nem coisa assim, mas sei que você é um cagão de merda e não vai criar confusão, certo?"

Landsman tirou as algemas, e o suspeito esfregou os pulsos.

"Viu, sabia que você era cagão..."

O sujeito levantou da cadeira com um gancho brutal que acertou o lado da cabeça do sargento, e, depois disso, Landsman o pisoteou de modo tão intenso que mais tarde guardou a polaroide do suspeito ensanguentado na gaveta de cima da escrivaninha, como lembrança. Landsman saiu da sala de interrogatório no momento em que o capitão de plantão vinha pelo corredor.

"Que porra tá acontecendo aqui?"

"Aí, sei lá!", Landsman respondeu ao capitão, dando de ombros. "O filho da puta me deu um soco."

James poderia alegar a mesma coisa: esse desgraçado sodomizou e assassinou uma criança de 2 anos de idade, e aí tentou me acertar, e aí arregacei ele pra valer. Fim do relatório.

"Vai lá", incentiva o uniformizado, pensando a mesma coisa. "Te dou cobertura, cara. Adoraria ver isso."

James olha de um jeito estranho para o uniformizado, então deixa escapar um sorriso esquisito, de constrangimento. Seria bom tirar as algemas daquele moleque e fazê-lo sofrer um pouco. Diabo, sem as algemas o sujeito ainda teria uma chance melhor do que a que deu ao menino. Justiça simples demandava mais do que a prisão perpétua que seria dada a Alvin Clement Richardson; justiça simples demandava que ele ficasse desamparado, imobilizado, incapaz de se esquivar dos golpes.

E depois disso? Após um sádico ser reduzido a uma polpa sangrenta na sala de interrogatório, para onde isso levaria Rick James? O menino está morto. Nada pode trazê-lo de volta. A mãe? A julgar pela atitude dela durante o interrogatório da manhã, não está nem aí. Foi um assassinato, disseram a ela. Ele bateu tanto no seu filho que os médicos disseram que parecia ter sido atingido por um carro. Ele matou seu filho.

"Não acho que ele faria isso", respondeu ela. "Ele ama o Michael."

James poderia espancá-lo, mas por que diabos? Para tranquilizar sua alma? Para se satisfazer? Alvin Richardson era só um sádico desgraçado em uma cidade cheia de sádicos desgraçados, e o crime dele também era comum. Keller e Crutchfield tinham investigado o sufocamento de uma menina de 2 anos em agosto; naquele mesmo mês,

Shea e Hagin pegaram uma criança de 1 ano escaldada até a morte pela babá. Em setembro, Hollingsworth tinha investigado um bebê de 9 meses estrangulado pela mãe.

Não, pensa James. Eu poderia bater nesse merda até quase matar e jogá-lo na enfermaria do presídio e não faria diferença nenhuma. Na segunda, ele estaria de volta ao trabalho, olhando pela malha da janela na porta para algum outro sociopata. James sorri de novo para o uniformizado, balança a cabeça e volta ao escritório principal.

"Eddie Brown", chama, indo em direção à máquina de café, "você leva o cara pra mijar? Se eu fizer isso, provavelmente vou arrebentar ele."

Brown faz que sim, vai até as caixas postais e tira a chave da sala de interrogatório do gancho.

Terça-feira, 20 de dezembro

Jay Landsman anda de um lado para outro pelo escritório da divisão de homicídios, comparando três versões diferentes de três esquilos diferentes. Ele tinha torcido por uma noite tranquila, talvez até pela chance de ir ao bar com Pellegrini após o final do turno, mas ele está com a casa cheia: um na sala de interrogatório grande, um na pequena, um no sofá do aquário, esperando sua vez. Aos olhos de Landsman, cada um parece mais culpado e consumido pelo remorso que o outro.

Donald Kincaid sai da sala maior com algumas páginas de anotações do interrogatório na mão. Ele fecha a porta antes de falar com Landsman.

"Ele parece estar colaborando", afirma Kincaid.

"Você acha?"

"É. Até agora."

"Também acho que ele tá colaborando", declara Landsman. "Colaborando em foder a gente."

Kincaid sorri. Boa, Jay.

"Bom, o amiguinho dele ali no sofá é quem tá acusando ele, certo?", diz Kincaid. "E ele definitivamente era quem tava interessado na garota, sabe? Será que ela deixou ele puto?"

Landsman assente com um gesto afirmativo.

A garota não diz nada. Está toda cortada dentro do banheiro masculino na fábrica de detergentes Irmãos Lever, na rodovia Broening. Além de tudo, os ferimentos nela são excessivos, o que faz o assassinato parecer uma questão pessoal, como em um homicídio doméstico. Mas isso seria fácil demais; além disso, o marido da vítima logo foi encontrado — estava aguardando no estacionamento, escutando o rádio no carro, esperando a esposa encerrar o turno. Os vigias da fábrica tiveram que ir lá avisá-lo depois que encontraram o corpo.

Então, pensa Landsman, descarto o marido e avanço na lista. Namorado? Ex-namorado? Alguém que queria ser namorado? Ela era jovem e bonita o suficiente para isso, casada fazia cerca de um ano, mas isso não significa muito; ainda assim poderia estar se divertindo com alguém da fábrica. Talvez tenha fugido do controle.

"Fala sério, que porra ela tava fazendo no banheiro masculino?", pergunta Kincaid. "Entende o que eu quero dizer?"

"Claro", retruca Landsman. "Também tava pensando nisso, Donald."

Landsman olha de novo para dentro da sala de interrogatório grande e vê Chris Graul sentado na mesa em frente ao Esquilo N° 1, fazendo algumas anotações, passando a versão fajuta dele mais uma vez. Graul é novato no esquadrão de Landsman, vindo da unidade de crimes financeiros, um substituto para Fahlteich, que já trabalha na unidade de crimes sexuais faz alguns meses. Após dois anos correndo atrás de cheques voadores pela cidade, Graul queria tentar a investigação de homicídios; após seis anos no esquadrão de Landsman, Dick Fahlteich tinha visto homicídios o suficiente para a carreira toda. Com sua rotina das nove às dezessete horas e de segunda a sexta, a unidade de estupros era, para Fahlteich, quase como uma aposentadoria remunerada.

Landsman observa pela tela de metal da janela enquanto seu novo investigador trabalha pelas bordas da versão do rapaz. Graul no lugar de Fahlteich, Vernon Holley no de Fred Ceruti — foi um ano de mudanças para seu esquadrão, mas Landsman não reclama. Com toda a experiência na unidade de furtos, Holley começou bem e já cuida de alguns casos sozinho. Graul também foi uma boa descoberta, embora Landsman entenda que, como Graul é próximo do tenente Stanton graças ao tempo que trabalharam juntos na divisão de narcóticos, o novo investigador provavelmente passará para o outro turno na primeira oportunidade. Ainda assim, se isso acontecer depois de Graul provar seu valor, Landsman pode pedir a Stanton um bom investigador em troca.

Suspeitos, vítimas, investigadores — os jogadores continuam mudando, mas a máquina de algum jeito ainda faz barulho e avança. Na verdade, os policiais de D'Addario têm consistentemente melhorado suas taxas de resolução e, a essa altura, estão praticamente no mesmo patamar do outro turno. A unidade como um todo tem 72%, pouco acima da média nacional de resolução de assassinatos. Todas as reclamações relativas ao índice no começo do ano, toda aquela histeria ligada ao limite de horas extras e assassinatos no Noroeste e o caso Latonya Wallace não ser resolvido — nada disso importa muito no fim do ano. De algum modo, os números sempre fecham em dezembro.

E Landsman é grande parte dessa história: o índice de seu esquadrão está acima de 75%, o mais alto no turno de D'Addario. O esquadrão de Nolan e os homens de McLarney tiveram momentos de sorte no começo da primavera; a equipe de Landsman encerra o ano fechando um caso após o outro.

Na verdade, durante dois meses, era como se não pudessem errar. Dunnigan abriu a temporada resolvendo uma emboscada ligada ao tráfico na praça Johnston, e Pellegrini deu sequência com um caso de homicídio culposo em Alameda, um tiro acidental no qual algum imbecil matou um garoto de 14 anos enquanto fazia truques com sua nova semiautomática. E, então, Holley, Requer e Dunnigan uniram forças para resolver dois assassinatos domésticos uma semana depois, e Requer ainda conseguiu a árdua resolução de um assassinato ligado ao tráfico no mercado da Gold com a Etting. Durante o mês seguinte, todos no esquadrão resolveram pelo menos mais um caso, encerrando o arquivo em um dia ou dois. Com tanta sorte no encalço do esquadrão, sobrou um pouco dela até para Pellegrini, que atendeu ao telefone no começo de uma noite de inverno e foi agraciado com a segunda morte consecutiva por tiro acidental. Era como se o próprio destino se sentisse obrigado a oferecer uma retratação.

Nessa noite, caso tenha tempo, Landsman pode ir até sua parte do quadro e olhar para ela satisfeito, uma coluna espessa em tinta preta. Doze casos resolvidos em sequência, e esse último — um esfaqueamento bizarro em uma fábrica na rodovia Broening, enquanto trezentos funcionários trabalhavam no turno da noite , bom, ele não vai permitir que um caso besta como esse encerre seu período de sorte. Uma mulher morta dentro de uma fábrica durante o horário de trabalho, e de repente isso é um mistério? Nem fodendo, pensa Landsman. Tem uma barbada aqui, em algum lugar; só preciso encontrar.

Quando chegaram à fábrica Irmãos Lever no começo da noite, Graul e Kincaid foram conduzidos até o segundo andar no prédio principal e encontraram o corpo de Ernestine Haskins, a gerente de 30 anos do refeitório, caído sem vida no banheiro masculino próximo. Uma série de ferimentos cobria o torso, mas o corte mais letal tinha sido na jugular. A blusa e o sutiã estavam puxados para cima, sugerindo um motivo sexual, assim como os respingos de sangue em uma divisória e os ferimentos nas mãos sugeriam uma breve luta. A arma, provavelmente uma faca de cozinha longa, estava desaparecida.

O refeitório estava fechado após servir a janta, embora a área não estivesse trancada e fosse acessível a todos no prédio. Pouco antes da descoberta do crime, Haskins e dois outros funcionários estavam fazendo a limpeza e se preparando para ir embora; só por esse motivo, os funcionários da cafeteria mereciam atenção especial. Um deles descobriu o corpo, o outro esteve na cozinha com Haskins apenas alguns minutos antes.

Aguardando o fim do turno na fábrica, os dois investigadores registraram a cena do crime, caminharam ao longo do refeitório e vasculharam o restante do segundo andar, procurando um rastro de sangue ou qualquer outra coisa fora do comum. Durante a troca de turno, pouco antes da meia-noite, Kincaid foi até o portão externo da fábrica para ver toda a força de trabalho bater ponto na guarita de segurança e passar por ele. Ele observou cada funcionário direto no rosto e, então, os sapatos e calças, torcendo por algumas manchas de um vermelho amarronzado.

Enquanto isso, Graul investigava uma pista dada por um dos funcionários do refeitório durante o interrogatório inicial no local. Quando questionado se Ernestine Haskins tinha algum namorado ou pretendente na fábrica, o funcionário mencionou o nome de outro sujeito que, de fato, trabalhava no turno naquele momento. Convocado pelos seguranças, o sujeito apareceu no refeitório e não expressou surpresa imediata ao ser informado do assassinato. Aquilo, por si só, não significava muito: o boato do assassinato tinha se espalhado pela fábrica antes mesmo da chegada dos investigadores. No entanto, o mais intrigante era sua disposição em admitir que tinha tido interesse por Ernestine Haskins. Ele sabia que a mulher assassinada era casada; ainda assim, tinha parecido mais do que apenas simpática, o que o fez pensar que talvez pudesse rolar algo.

Kincaid e Graul inspecionaram de perto a roupa do homem, mas não encontraram manchas ou rasgos. As mãos estavam limpas e sem cortes, o rosto sem arranhões. De todo modo, ele teria tido tempo para se limpar antes de o corpo ser encontrado. Um carro-patrulha foi chamado; o pretendente e os funcionários do refeitório foram mandados para a central.

Após mais de duas horas na cena do crime, os dois investigadores dirigiram de volta para o escritório. Landsman tinha colocado os três recém-chegados em salas separadas, onde, segundo a ponderada opinião de Landsman, todos tinham apresentado comportamento típico de roedores.

O Esquilo Nº 1, o funcionário do refeitório que tinha dado a Graul a pista do pretendente da mulher, continuava solícito com os investigadores e oferecia todo tipo de motivo que poderia ter inspirado o sujeito a matar. O segundo funcionário do refeitório, o Esquilo Nº 2, parecia saber quase nada do assassinato de sua chefe, exceto que tinha acontecido. E o Esquilo Nº 3, o funcionário da fábrica que tinha nutrido desejo por Ernestine, estava estranhamente indiferente à sua morte violenta, como se tivesse sido só mais uma coisa que aconteceu no trabalho naquele dia.

Após passar uma hora se deslocando entre escritórios e salas de interrogatório, confrontando uma história com a outra, Landsman já tinha formado algumas opiniões. O Esquilo Nº 2, na sala de interrogatório grande? Um imbecil, pensa Landsman. Talvez imbecil e culpado. O Esquilo Nº 1, na sala pequena? Solícito demais. Possivelmente solícito e culpado. E o Esquilo Nº 3, esperando no aquário, é um babaca e, provavelmente, um babaca culpado.

Agora, passadas três horas do início da investigação, Landsman observa Kincaid voltar à sala onde Graul continua pacientemente ouvindo mentiras. Já é começo da manhã, e até agora Landsman foi a própria imagem da verdadeira paciência. Sem gritos. Sem monólogos enlouquecidos. Sem o humor perverso da divisão de homicídios em meio ao caos da investigação criminal.

O controle de Landsman se dá em parte porque esse é o segundo caso de Graul, e Landsman se esforça para não passar por cima do novo investigador, em parte porque Ernestine Haskins — assim como Latonya Wallace — parece ser uma vítima de verdade. E, quaisquer que tenham sido os efeitos sobre Landsman de duas décadas passadas no departamento, isso ao menos lhe ensinou a diferença entre matar e assassinar. Afinal, um investigador fazer piadas com os uniformizados enquanto estão reunidos em volta de um cara que não parecia ser bom sujeito morto é uma coisa; agora, se comportar do mesmo jeito no caso de uma jovem esposa que teve a blusa puxada para cima e a garganta rasgada enquanto o marido a esperava no estacionamento da fábrica é outra. Mesmo para Landsman, certas coisas são decididamente nada engraçadas. E, apesar de sua reputação, ele entende que há momentos em que um discurso mais atrapalha do que ajuda. Por horas, deixou Graul e Kincaid puxarem a frente, aguardando que esgotassem suas perguntas antes de começar a própria busca. Apenas nas primeiras horas da manhã, quando os representantes do refeitório ligam para a divisão de homicídios para informar que o faturamento do dia sumiu do cofre da cozinha — apenas então Landsman retorna à forma.

"Que merda é essa toda que eu escutei?", resmunga, pisando firme pelo corredor.

O Esquilo Nº 1 olha descrente quando Landsman irrompe na pequena sala de interrogatório.

"Aí, que merda é essa que você tá contando pra gente?"

"Quê?"

"Foi um roubo."

"O quê?"

"Essa porra desse assassinato. O caixa sumiu."

O funcionário balança a cabeça. Não fui eu, assegura a Landsman, mas talvez você queira conversar com aquele outro rapaz que trabalha na cozinha. Ele sempre falava em roubar o dinheiro. Tentou me convencer a roubar com ele.

Landsman absorve isso, dá meia-volta e passa pela sala grande de interrogatório onde o pretendente da mulher morta — agora subitamente esquecido — bate à porta, pedindo para ir ao banheiro.

"Ei, policial..."

"Um minutinho", diz Landsman, chegando ao aquário, onde o segundo funcionário do refeitório ficou sentado durante os interrogatórios.

"Você", diz e se dirige ao Esquilo Nº 2. "Levanta."

O homem segue Landsman pelo corredor até a sala de interrogatório pequena, vazia após Graul levar o funcionário para o aquário pelo escritório principal. Uma sinfonia de testemunhas.

"O que aconteceu com a grana?", indaga Landsman, cheio de ameaça.

"Que grana?"

Pergunta errada.

Landsman salta para perto do rosto do Esquilo Nº 2, gritando que já sabem tudo a respeito do roubo, que é um crime grave, que sabem que ele falava em roubar o cofre, que Ernestine Haskins descobriu o roubo e confrontou o ladrão no banheiro masculino, sendo morta por conta disso.

"Eu não peguei a grana."

"Não é o que o seu amigo tá falando."

O homem olha ao redor da sala em busca de conforto. Kincaid e Graul olham de volta, impassíveis.

"Você é o quê? Idiota?", pergunta Landsman. "Ele entregou você."

"Quê?"

"Ele disse que você matou ela."

"Eu... o quê?"

Mas que porra, pensa Landsman. Precisamos desenhar pra ele? Lenta e dolorosamente, o Esquilo N° 2 entende.

"Ele tá falando isso?"

"Tá, sim", assegura Kincaid.

"Foi ele que fez isso", retruca o homem com raiva. "Foi ele."

Ótimo, pensa Landsman, voltando depressa pelo corredor. Por mim, tudo bem. Afinal, um crime sem testemunhas acabou de ser reduzido a dois possíveis resultados. Agora não há nada mais eficaz para um investigador do que colocar os Esquilos N° 1 e N° 2 em uma mesma jaula.

Mas, ao dobrar no fim do corredor e entrar no aquário, Landsman chega depressa demais no Esquilo N° 1, no exato momento em que o sujeito está enfiando maço após maço de dinheiro no forro da jaqueta de inverno de seu colega.

"MAS QUE... QUE PORRA VOCÊ TÁ FAZENDO?"

O rapaz congela, pego com a mão totalmente enfiada na cumbuca.

"MAS QUE PORRA... ME DÁ ISSO AQUI!", berra Landsman, agarrando o sujeito pelo braço e o jogando no corredor.

O forro da jaqueta está estufado com notas de cinco, dez e vinte; o restante do dinheiro ainda está nos bolsos da própria jaqueta do homem. Ele olha para Landsman arrependido quando Graul e Kincaid chegam correndo, após escutarem a comoção.

Landsman balança a cabeça, impressionado. "Enquanto a gente tava lá falando com um cara, esse comédia desgraçado tava aqui no sofá, metendo o dinheiro no casaco do outro cara. Eu cheguei, e ele estava enfiando a porra da grana no forro, assim..."

"Isso foi agora?", pergunta Kincaid.

"Foi, cheguei aqui, e ele tava enfiando as notas no forro."

"Puta que pariu."

"É", exclama Landsman, rindo pela primeira vez na noite. "Dá pra acreditar?"

Horas depois, após o sujeito culpado confessar o assassinato a seu modo ("Eu coloquei a faca na garganta dela, mas não cortei ela. Ela deve ter se mexido ou algo assim"), Landsman está sentado no escritório principal, dissecando o caso enquanto Graul datilografa o mandado.

"Toda aquela palhaçada de contar pra gente sobre o outro cara", diz Landsman a Kincaid. "Eu devia ter percebido isso antes."

Talvez, e talvez houvesse uma lição naquilo. Quando você investiga assassinatos, preparação, paciência e sutileza só levam você até certo ponto; às vezes, qualquer coisa além da precisão conscienciosa típica se torna um fardo paralisante. Vide Tom Pellegrini, que passa a noite do assassinato de Ernestine Haskins do mesmo modo que tinha passado muitas outras noites nos dois meses anteriores — buscando uma abordagem racional para algo inabordável, exatidão científica em locais onde nada nunca é exato. O método por trás da loucura de Landsman é uma lógica dura e firme, formada em um caldeirão de impulso e raiva súbita. A loucura de Pellegrini, por outro lado, se manifesta como uma busca obsessivamente racional pela Resposta.

No escritório anexo, a mesa de Pellegrini é adornada por uma dúzia de marcos de sua busca quixotesca e solitária. Material de leitura de novas técnicas de interrogatório, currículos de interrogadores profissionais e de companhias privadas especializadas em planejamento de interrogatório criminal, livros a respeito de mensagens subliminares e linguagem corporal, até mesmo alguns relatórios de um encontro com um médium que Pellegrini tinha arrumado na esperança de que técnicas investigativas extrassensoriais pudessem render mais que as estratégias rotineiras — tudo isso agora misturado à tempestade de papel do arquivo do caso Latonya Wallace.

Na cabeça de Pellegrini, o argumento em contrário tem validade: instinto não é o suficiente; a emoção desafia a precisão. Por duas vezes, tinham colocado o Homem do Peixe em uma daquelas salas à prova de som; por duas vezes, resolveram confiar em seus próprios talentos e instintos; e, por duas vezes, ele foi levado de volta para casa por um carro-patrulha do Distrito Central. E Pellegrini sabe que, sem uma confissão, não resta nada para essa investigação de homicídio. As testemunhas nunca se apresentariam, ou talvez nem existissem. A prova material nunca seria encontrada.

Para sua última chance com o Homem do Peixe, o investigador principal no caso Latonya Wallace deposita toda sua esperança no raciocínio e na ciência. Landsman pode fazer vinte outros suspeitos desmoronarem do mesmo jeito que fez com o assassino de Ernestine Haskin, mas para Pellegrini não importa. Ele tinha lido, estudado e revisado cuidadosamente os interrogatórios anteriores de seu melhor suspeito. E, em seu íntimo, acredita que precisa haver alguma certeza nisso, algum método pelo qual a confissão de um homem culpado pode ser obtida através de uma equação que os investigadores de Baltimore ainda não aprenderam.

Mesmo assim, um mês antes, quando Pellegrini ainda investigava aquela segunda morte por tiro acidental, Landsman mais uma vez provou que racionalidade cautelosa era, muitas vezes, inútil para um investigador. Naquela ocasião, Landsman também tinha se contido por algum tempo, aguardando calmamente nos bastidores enquanto seu investigador ouvia três testemunhas separadas oferecerem suas versões da morte de um adolescente indígena Lumbee.* As testemunhas afirmaram que estavam bebendo cerveja e jogando videogame na sala de estar. De repente, uma batida à porta do apartamento. E, então, a mão de alguém aparece dentro da porta. E, então, há uma arma na mão. E, então, um único e inexplicável disparo.

Pellegrini fez com que os dois adolescentes repetissem suas versões diversas vezes, observando cada testemunha em busca de indícios subliminares de inverdade, do jeito que os manuais de interrogatório ensinam. Notou que um dos sujeitos interrompia o contato visual enquanto respondia; de acordo com o manual, o mais provável é que estivesse mentindo. Outro cara mudou sua história quando Pellegrini chegou perto dele; segundo o livro, era um introvertido, uma testemunha que não deveria ser pressionada com pressa.

Com o sargento a seu lado, Pellegrini trabalhou as versões dos rapazes por mais de uma hora, identificando algumas contradições e pressionando até descobrir algumas mentiras óbvias. Era algo paciente e metódico. E também não estava levando a lugar nenhum.

Em algum momento após a meia-noite, Landsman, finalmente, entendeu que já tinha aturado o suficiente. Arrastou um rapaz branco, gordo e cheio de espinhas até seu escritório, bateu a porta e se virou enraivecido, derrubando uma luminária de cima da escrivaninha. A lâmpada fluorescente se estilhaçou contra o linóleo e o garoto se encolheu, esperando uma chuva de socos que nunca veio.

"PRA MIM, JÁ CHEGA DA SUA PALHAÇADA!"

O garoto olhou para a parede, aterrorizado.

"TÁ ME OUVINDO? PRA MIM, JÁ CHEGA DA SUA PALHAÇADA. QUEM ATIROU NELE?"

---

* Maior povo indígena da Carolina do Norte.

"Eu não sei. A gente não conseguiu ver..."

"MENTIRA! NÃO MENTE PRA MIM!"

"Não..."

"CARALHO! TÔ TE AVISANDO!"

"Não me bate."

No aquário, o amigo do rapaz e a terceira testemunha, um adolescente negro dos conjuntos do Distrito Sudeste, podiam ouvir tudo. E, quando Landsman, em meio ao seu ataque-relâmpago, desceu pelo corredor, o pior medo do garoto negro se apossou dele. O investigador agarrou o garoto, o jogou no escritório do tenente administrativo e começou a cuspir todo tipo de obscenidade. Tudo terminou em trinta segundos.

Ao voltar ao escritório administrativo vinte minutos depois, Landsman confrontou o primeiro garoto de novo. "Você tá mentindo. Seu amigo acabou de te entregar."

E ele concordou, quase aliviado. "Eu não queria atirar no Jimmy. A arma disparou na minha mão. Eu juro, ela disparou sozinha."

Landsman sorriu de modo sombrio.

"Você quebrou sua luminária", disse o garoto.

"É", retrucou Landsman, saindo da sala. "E você curtiu?"

Do lado de fora, no escritório anexo, Pellegrini recebeu seu sargento com um sorriso e uma expressão que sugeriam arrependimento. "Valeu, sarja."

Landsman deu de ombros e sorriu.

"Sabe", desabafou Pellegrini, "eu ainda estaria falando com eles se você não tivesse feito aquilo."

"Foda-se, Tom, no fim você teria feito a mesma coisa", disse Landsman a ele. "Você tava chegando lá."

Mas Pellegrini não disse nada, incerto. De vez em quando, Landsman ensina alguma verdade que é uma contradição, um contrapeso enervante à busca metódica de Pellegrini por respostas empíricas. A lição de Landsman diz que ciência e deliberação não são o suficiente. Goste disso ou não, um bom investigador, às vezes, precisa puxar o gatilho.

Quinta-feira, 22 de dezembro

Boas Festas da divisão de homicídios de Baltimore, onde um Papai Noel de isopor é colado no escritório anexo, o rosto arruinado por um enorme e sangrento tiro à queima-roupa no meio da testa do bom velhinho. O ferimento foi feito com um canivete; e o sangue, com uma canetinha vermelha, mas a mensagem é clara: aí, Noel. Aqui é Baltimore. Cuidado onde pisa.

Ao longo das divisórias de metal do escritório principal, Kim, Linda e as outras secretárias do sexto andar colocaram algumas poucas tiras vermelhas e douradas, uma rena de papelão e algumas bengalas doces. No canto nordeste do escritório, fica a árvore da unidade, nesse ano com pouca decoração, mas sem as típicas demonstrações de cinismo que marcaram o feriado no passado. Alguns anos antes, alguns investigadores pegaram algumas fotos do necrotério no arquivo — a maioria de traficantes e assassinos de aluguel, alguns dos quais tinham se livrado de acusações de homicídio. Os investigadores cortaram cuidadosamente o fundo das fotos e, tomados pelo espírito natalino, colaram asas desenhadas à mão nos ombros dos mortos. De certo modo, era tocante: criminosos barra-pesada como Squeaky Jordan e Abraham Partlow pareciam angelicais enquanto balançavam nos galhos de poliuretano.

Mesmo as decorações que começaram como gestos sinceros parecem pequenas e derrotadas nesse lugar, onde uma frase como "paz na terra aos homens de boa vontade" não tem nenhuma conexão aparente com o trabalho a ser feito. No aniversário do salvador, os sujeitos que investigam homicídios se sentem decididamente não salvos, presos como de costume à rotina normal de tiros, facadas e casos de overdose. Ainda assim, a data é reconhecida, ainda que não celebrada, pelos esquadrões trabalhando das dezesseis à meia-noite e na virada da véspera de Natal. Que diabos, essa ironia toda precisa ser reconhecida de algum modo significativo.

Um ano atrás, não houve quase nenhuma correria de Natal, apenas uma morte ou duas na zona oeste. Mas, dois anos atrás, as linhas telefônicas estavam todas ocupadas, e, no ano anterior, também tinha sido uma trabalheira infernal, com dois homicídios domésticos e um tiroteio sério que manteve o esquadrão de Nolan correndo até o raiar do dia. Naquele Natal, o turno da manhã chegou e encontrou os homens de Nolan sofrendo de uma estranha febre natalina, reencenando homicídios natalinos no escritório principal.

"Seu puto", berrou Nolan, apontando o dedo para Hollingsworth. "Você me deu o mesmo presente que no ano passado... BANG!"

"Filho da puta, eu já tenho uma torradeira", trovejou Hollingsworth, apontando o dedo para Requer. "POU!"

"Ah, é?", retrucou Requer, disparando um tiro na direção de Nolan. "Toma essa, você queimou o recheio do peru de novo."

Aqueles pequenos dramas nem sequer eram improváveis: em um lendário turno de Natal no começo da década de 1970, um pai matou o filho em uma discussão relacionada ao ponto da carne na mesa de jantar da família, enfiando a faca no peito do rapaz para garantir para si a primeira fatia do prato.

É verdade, o capitão sempre se lembra de trazer um patê respeitável da padaria para a equipe da noite. Também é verdade que o turno de Natal é a única noite no ano na qual o investigador pode puxar uma garrafa de sua escrivaninha sem se preocupar em ser pego por algum outro oficial rondando. Mesmo assim, o turno dessa data na divisão de homicídios é a tarefa mais deprimente que se possa imaginar. E, por coincidência, a mudança de horário do turno para o pessoal de D'Addario cai na manhã de 25 de dezembro. Landsman e McLarney vão trabalhar com seus esquadrões no turno das dezesseis à meia-noite da véspera de Natal, seguidos pelos homens de Nolan no turno da meia-noite, seguidos pelos homens de McLarney novamente, assumindo na manhã de Natal.

Ninguém nunca fica feliz com o cronograma, mas Dave Brown achou um modo de contornar sua inflexibilidade. Ele sempre faz questão de requisitar com antecedência férias durante as festas de fim de ano e, nesse ano, com uma filhinha de 1 ano e sonhos fervorosos de felicidade doméstica, planeja passar a manhã de Natal bem longe da central. Naturalmente, essa ideia absurda de Brown entra para a lista de Donald Worden de coisas pelas quais o investigador mais jovem deve ser atormentado, ou seja:

1. Brown ainda não fez merda nenhuma no caso Carol Wright, que ainda não é nada mais do que uma morte questionável causada por um automóvel.

2. Ele acaba de concluir cinco semanas de licença médica para uma operação na perna no Hospital Hopkins, um procedimento alegadamente necessário por conta de um nervo misterioso machucado ou espasmos musculares que qualquer homem de verdade ignoraria após duas cervejas.

3. Suas habilidades como investigador de homicídios ainda precisam ser verdadeiramente testadas.

4. Ele não vai estar por perto para dirigir até Pikesville e buscar bagels de alho no turno do domingo, já que esse é o dia do Natal.

5. Pior ainda, ele tem a cara de pau de folgar durante o feriado enquanto o resto do seu esquadrão tem que trabalhar o turno de ponta a ponta.

6. Ele é um monte de merda, pra começo de conversa.

Worden, com sua memória incrível, não precisa anotar essa pequena e saudável lista. Pelo contrário, a mantém na ponta da língua, de modo a reaclimatar o jovem investigador aos fatos essenciais da vida.

"Brown, você é um monte de merda", declarou Worden no elevador certa noite, uma semana atrás. "Desde que comecei a trabalhar aqui, sabe quantos dias perdi por razões médicas?"

"Eu sei, sim, seu desgraçado", rebateu Brown, a voz se levantando. "Você nunca perdeu nenhum único miserável dia por licença. Você só me contou isso umas mil vezes..."

"Nenhum dia", reafirma Worden, sorrindo.

"Nenhum dia", repete Brown, em uma imitação em falsete. "Larga do meu pé, porra."

"Mas sua perna estava doendo um pouco, aí você..."

"Era uma doença grave", gritou Brown, perdendo toda a paciência. "Fiz uma operação — uma operação perigosa, com risco de vida..."

Worden apenas sorriu. Conseguiu exatamente o que queria com o pobre-diabo; na verdade, isso já durava três semanas. Worden se tornou tão completamente insuportável que, no dia após aquele encontro no elevador, a pasta do caso Carol Wright súbita e magicamente voltou do esquecimento nos arquivos para ocupar um lugar mais preeminente na mesa de David Brown.

"Não teve nada a ver com Worden", insistiu Brown. "Esse caso tem me incomodado pra caralho por meses, e sempre planejei voltar a ele assim que terminasse minha licença."

Provavelmente. Mas, do outro lado da sala do café, Worden agora observa com certa medida de satisfação pessoal enquanto o investigador passa mais um dia se familiarizando com a garota caipira morta no estacionamento.

Brown analisa as partes do caso, se aclimatando com os relatórios, fotos do local, desdobramentos e fotos de identificação de uma dúzia de suspeitos que nunca deram em nada. Ele lê, mais uma vez, os depoimentos das testemunhas no Bar da Helen, as declarações sinuosas de bêbados que queriam acreditar que o assassino dirigia um Lotus customizado pelas ruas de Baltimore. Mais uma vez, olha os relatórios de todos aqueles carros esportivos pretos e modelos compactos parados aleatoriamente nas ruas do sul da cidade.

Não existe nada pior que um assassinato caipira, pensa Brown, contradizendo suas declarações anteriores. Odeio caipiras: falam quando não devem, cagam a investigação, gastam nosso tempo tagarelando tudo que sabem. Esse caso que se foda, diz a si mesmo. Me dá um assassinato com drogas nos conjuntos habitacionais onde ninguém viu nada, pensa. Me dá uma coisa na qual eu possa trabalhar.

Brown relê as várias descrições do suspeito fornecidas pelos fregueses do bar, as declarações contraditórias a respeito do tipo de cabelo e seu comprimento, a cor dos olhos e tudo mais. Ele perfila todas as fotos de cada antiga pista e procura alguma coisa compatível, mas, sem uma descrição melhor, é inútil. Não apenas isso, mas todas as fotos de identificação parecem perturbadoramente familiares. Todos os garotos caipiras parecem olhar com aquela expressão de "ah, então é assim que a polícia tira fotos"; todos parecem ter tatuagens, dentes estragados e uma regata tão suja que poderia ficar de pé sozinha.

Olha esse figura, pensa Brown, puxando uma foto da pilha — um caipira legítimo. O garoto obviamente é um viciado em anfetaminas, com o cabelo preto e liso repartido ao meio, chegando quase até o traseiro. E tem os dentes zoados também — que surpresa — e sobrancelhas loiras esquisitas. Jesus, o garoto tem uma expressão tão vazia que poderia ser considerada causa provável para uma busca de drogas...

Uou! Ele tem sobrancelha loira. A mais loira possível, pensa Brown, impressionado.

O investigador segura a foto mais perto, os olhos pulando entre o cabelo e as sobrancelhas do garoto. Preto, loiro. Preto, loiro. Puta que me pariu; está bem aqui, na foto, claro feito o dia. Como diabos não vi isso na primeira vez?, se pergunta, procurando o relatório que um dia esteve grampeado à foto.

De fato, o nome do rapaz veio de uma barreira policial em Pigtown, trazido por um policial do Distrito Sul como desdobramento do teletipo que mandaram aos patrulheiros na época da busca, em agosto. Brown encontra o relatório e lembra imediatamente: o cara dirigia um Mustang preto com teto solar. Não era exatamente um teto removível, e não exatamente um Lotus. Mas chegava perto. Um Mustang poderia ter aqueles pneus de alta performance de carros rebaixados, exatamente como sujeito do setor de trânsito descreveu. Mas, na primeira vez que Brown leu o relatório, não levou aquilo em conta. O policial do distrito afirmou sem ressalvas que o motorista tinha cabelo preto, e a única coisa na qual as testemunhas concordavam era que o acompanhante de Carol Wright era loiro. Apenas uma semana antes, após reabrir o arquivo, ele se deu ao trabalho de pedir ao setor de identificação fotos dos suspeitos mais improváveis, como esse. E só agora se dava conta de que as sobrancelhas destoavam.

"Donald, olha isso."

Worden dá um passo à frente, esperando alguma bobagem.

"Essa foto é de uma prisão feita umas duas semanas depois daquele meu assassinato. Dá uma olhada nas sobrancelhas."

O investigador veterano olha a foto de identificação e ele próprio ergue uma sobrancelha. Por que diabos um moleque caipira loiro pintaria o cabelo de preto? O contrário faria sentido, mas de loiro para preto? Quantas vezes um garoto faz isso?

Uma boa sacada, Worden admite para si mesmo. Uma ótima sacada.

Dado o intervalo de quatro meses, não há muita esperança de encontrar qualquer prova material, e só depois dos feriados Brown e Worden voltariam às ruas para trabalhar naquele caso. Mas, quando pegam o rapaz na casa da namorada dele em Pigtown, em uma manhã de janeiro, Jimmy Lee Shrout tem o cabelo pintado de ruivo e age como se estivesse esperando por eles desde agosto. O Mustang detonado, encontrado em frente à casa da namorada naquele mesmo dia, é guinchado para a garagem Fallsway, onde Worden aguarda com um técnico do laboratório. Com o carro suspenso, o investigador e o técnico começam a remover detrito oleoso da parte de baixo e, durante os dez primeiros minutos, retiram poeira e pedaços de papel e folhas, até que o técnico já acha ridícula a ideia de encontrar qualquer coisa na parte de baixo após tanto tempo.

"Ué", retruca Worden, puxando a ponta de um fiapo que tenta liberar da haste da frente do bagageiro, "então como você chama isso?"

"Não posso crer."

Worden, calmamente, desenrosca o fio da haste, dando três voltas no metal. Finalmente, a mão remove um fio de cabelo avermelhado.

"Qual era a cor do cabelo dela?", pergunta o técnico.

"Ruivo", responde Worden. "Ela tinha cabelo ruivo."

Mais tarde naquele dia, Jimmy Lee Shrout ainda aguarda os investigadores na sala de interrogatório grande e, quando a espera se torna um pouco longa demais, ele pega no sono. Ainda mais tarde, lhe seria mostrada a foto de Carol Wright, e ele diria a Brown e Worden que se lembrava de ter dado carona para ela na rua Hanover. Lembrava também que a mulher tinha ido ver alguém no Distrito Sul, e que, depois, a levou até um bar em Fell's Point. Isso, o Bar da Helen — esse era o nome. Beberam um pouco, ela dançou. E, então, ele lhe ofereceu uma carona para casa, mas, em vez disso, ela o levou até um estacionamento no sul de Baltimore, onde fumou a droga dele. Ele queria ir para casa dormir e lhe disse isso. A mulher ficou brava e saiu do carro, e, depois disso, ele pegou no sono atrás do volante. Acordou pouco tempo depois e foi embora.

"Jimmy, ela foi atropelada naquele estacionamento."

"Não fui eu."

"Jimmy, você passou por cima dela."

"Eu tinha bebido. Não consigo lembrar."

Depois, em um segundo interrogatório, Jimmy Shrout admite lembrar que passou por cima de uma pequena ondulação quando saía do pátio coberto de cascalho. Ele diz aos investigadores que achou que tinha batido no meio-fio ou algo do tipo.

"Jimmy, não tem meio-fio naquele terreno."

"Eu não lembro", insiste o rapaz.

Brown está particularmente curioso com um detalhe em especial: "Depois disso, você encontrou um chinelo perdido em algum lugar no seu carro?".

"Chinelo?"

"Um chinelo de mulher."

"Sim, algumas semanas depois. Encontrei algo assim. Achei que era da minha namorada e joguei fora."

No fim, não era nada além de um homicídio culposo na direção de veículo automotor que não rende mais de dois ou três anos de prisão, no máximo. O problema com homicídio no trânsito é o mesmo de incêndio criminoso: sem testemunhas, nenhum júri pode ser convencido de que alguém morto desse modo não foi vítima de um acidente.

Tanto Worden quanto Brown entendem isso, mas a versão de Shrout tornaria claro para eles o que de fato aconteceu naquele estacionamento. Não era Shrout que queria ir embora, era Carol Wright. Ela queria ir para casa, e Shrout ficou bravo. Afinal, tinha cruzado Baltimore com ele, tinha fumado a droga dele e, de repente, não queria mais nada. Eles brigaram, e ela ficou brava, ou talvez com medo; seja como for, Brown e Worden não conseguem imaginar que Carol Wright tenha saído do carro por vontade própria e caminhado pelo estacionamento de cascalho com apenas um chinelo. Não há dúvida: ela saiu do carro com pressa.

Tudo isso ocorreria depois, mas, no momento em que Dave Brown percebe o tingimento porco na foto de Jimmy Lee Shrout, o caso está resolvido e resolvido como um assassinato, não um homicídio culposo na direção de veículo automotor, não como um caso pendente do legista. Dave Brown tem todos os motivos para estar satisfeito: independentemente do que qualquer promotor ou juiz queira dizer a respeito disso depois, hoje a morte de Carol Brown foi solucionada como um assassinato. Cabelo preto, sobrancelhas loiras, caso encerrado.

Outro caso também é encerrado. Poucas horas após Brown lhe mostrar a foto, dizendo para olhar a cor do cabelo, Worden observa Brown arrumar a mesa e ir até o cabide de casacos na sala do café.

"Sargento", Brown chama McLarney, que está sentado do outro lado do corredor, "a menos que precise de mim para alguma coisa, vou começar meu Natal."

"Não, vai nessa, Dave", concorda McLarney.

"Donald", exclama Brown, olhando para o investigador veterano, "divirta-se."

"Você também, David", responde Worden. "Feliz Natal para você e sua família."

Brown congela. David? E não Brown? E Feliz Natal? Não "Boas Festas, seu monte de merda"? Ou mesmo, "Bom feriado, seu merda inútil"?

"Só isso?", pergunta Brown, se virando para Worden. "Feliz Natal, David? Não vai dizer alguma merda? No mês passado, quando fui embora, foi 'Feliz Ação de Graças, seu bosta'."

"Feliz Natal, David", deseja Worden novamente.

Brown balança a cabeça, e McLarney começa a rir.

"Se quiser que eu chame você de monte de merda", declara Worden, "eu chamo você de monte de merda."

"Aí, não. Só tô confuso."

"Ah, você tá confuso", afirma Worden, sorrindo. "Nesse caso, me dá 25 centavos."

"Você sempre dá moedas pra ele", se intromete McLarney. "Por que Worden sempre pede 25 centavos pra você?"

Dave Brown dá de ombros.

"Você não sabe?", pergunta Worden.

"Caralho, não faço a menor ideia", rebate Brown, puxando uma moeda e a atirando para o investigador. "Ele é Donald Worden. Se ele quer 25 centavos, eu dou 25 centavos."

Worden sorri estranhamente diante daquela lacuna específica na educação de Dave Brown.

"Ué, mas existe um motivo?", pergunta Brown, olhando para Worden.

Ainda sorrindo, Worden segura a contribuição mais recente de Brown entre o polegar e o indicador, o braço estendido para cima para que a moeda brilhe um pouco sob a luz fluorescente.

"Vinte e cinco centavos", diz Worden.

"Tá. E daí?"

"Há quantos anos sou policial?", pergunta Worden, caprichando no sotaque de Hampden.

E, finalmente, Dave Brown entende: 25 centavos, vinte e cinco anos. A pequena afirmação simbólica de Worden.

"E em breve", avisa Worden, sorrindo, "você vai ter que me dar mais uma moeda de um centavo junto."

Brown sorri conforme assimila o raciocínio. Ele aprendeu algo que nunca tinha se perguntado, a resposta a uma pergunta que ele nunca pensou em formular. Se Worden queria 25 centavos, você lhe dava 25 centavos. Ele é o Grandão, pelo amor de Deus, o último investigador de homicídios nato dos Estados Unidos.

"Toma, Brown", fala Worden, jogando a moeda de 25 centavos de volta para o investigador. "Feliz Natal pra você."

Brown fica parado no centro da sala do café, segurando a moeda na mão direita, o rosto marcado pela confusão.

"Se precisa de 25 centavos, Donald, pode pegar", afirma ele, jogando a moeda de volta.

Worden a pega e joga de volta em um movimento fluido. "Não quero seu dinheiro. Não hoje."

"Pode pegar."

"David", retruca Worden, se cansando, "fica com a porra da moeda. Um Feliz Natal para você e sua família, e a gente se vê depois das festas."

Brown olha para Worden de um jeito esquisito, como se todo o conteúdo de seu cérebro tivesse sido subitamente redistribuído, feito mobília. Ele hesita na entrada, esperando Deus sabe o quê.

"Por que você tá aqui ainda?", pergunta Worden.

"Por nada", Brown, finalmente, responde. "Feliz Natal, Donald."

Ele parte como um homem livre, os débitos cancelados e as dívidas pagas.

Sexta-feira, 23 de dezembro

Tom Pellegrini está sentado como o próprio Ahab[*] em um canto da mesa de conferência do coronel, no sexto andar, olhando para a baleia branca que ele mesmo criou.

Do outro lado da mesa, está, em sua opinião, o assassino de Latonya Wallace, mas o Homem do Peixe não parece um assassino de crianças; nunca pareceu, na verdade. O comerciante, já com certa idade, é um sujeito comum da zona oeste de Baltimore, a jaqueta escura e indistinta, a calça larga e as botas dele são como uma declaração de rendição silenciosa, compreendida por qualquer trabalhador. O cachimbo que carrega no bolso da jaqueta é menos típico, um item que nunca fez muito sentido para Pellegrini. Para um morador da rua Whitelock, parece algo meio afetado, uma pequena ilha de rebelião pontuando aquele mar de conformismo humano. Em diversas ocasiões durante o ano anterior, Pellegrini ficou tentado a pegar aquele troço fumegante e fedorento e jogar longe.

Hoje, foi isso que ele fez.

Entre tantas outras questões mais importantes a resolver, é algo pequeno, mas, para Pellegrini, mesmo as coisas pequenas importam nesse momento. O Homem do Peixe gosta de seu cachimbo e, por esse simples motivo, não pode ficar com ele. Durante os interrogatórios anteriores, em momentos críticos, o comerciante tinha tragado no cachimbo como se isso fosse uma resposta em si, e Pellegrini passou a associar o cheiro do fumo do Homem do Peixe com a indiferença calma e inabalável do sujeito. Deste modo, quando o suspeito enfia a mão no bolso após menos de cinco minutos depois de se sentar à mesa, Pellegrini o manda guardar o cachimbo.

Dessa vez, tudo tem que ser diferente. Dessa vez, o velho comerciante tem que acreditar que está verdadeiramente derrotado, que eles sabem o seu segredo mais obscuro antes mesmo que ele o revele. É preciso que esqueça todas as outras visitas à central; precisa ser negado a ele o conforto desse histórico, e, sendo o cachimbo parte desse histórico, tem que ser negado também.

---

[*] Um dos protagonistas do clássico Moby Dick (1851), de autoria de Herman Melville. No romance, Ahab é o capitão de um barco baleeiro, consumido pela obsessão de capturar a baleia-branca do título.

E as demais coisas, Pellegrini diz a si mesmo, serão diferentes. O homem sentado do outro lado da mesa, em frente ao Homem do Peixe, é prova disso.

Durante os meses de preparação para esse confronto final, a ideia de interrogatório como uma ciência clínica se tornou uma religião para Pellegrini, e a firma Interrotec Associados, de modo especial, se tornou sua escola sacerdotal. Pellegrini digeriu todo o material impresso da firma, além de seu histórico de interrogatórios bem-sucedidos em uma variedade de investigações militares e governamentais de segurança, assim como em investigações criminais. A empresa era boa; era o que os departamentos de polícia que trabalharam com interrogadores disseram quando Pellegrini pediu referências. Os funcionários da firma se descrevem como "especialistas em interrogatório, consultores e editores dedicados à pesquisa, desenvolvimento e melhoria da arte do interrogatório". É um bocado, com certeza, mas Pellegrini argumentava que, no caso Latonya Wallace, como em nenhum outro, a qualidade e a precisão do último interrogatório era crucial.

Pellegrini explorou esse argumento como tese central ao redigir o memorando requisitando o investigador, e ele teve o cuidado de explicar a reputação da firma em vez de sugerir que a unidade de Baltimore não dispunha da especialização necessária. O uso dos interrogadores da empresa por uma semana custaria cerca de mil dólares, e, para um departamento tão empobrecido quanto a força de Baltimore — onde nenhum dinheiro é alocado de fato para o pagamento de informantes, muito menos para contratar talento investigativo externo —, o pedido de Pellegrini era extraordinário.

Landsman o apoiou, é claro. Não por conta de alguma crença profunda na ciência por trás disso, mas simplesmente porque Pellegrini era o investigador principal. O caso era dele, e esse era um suspeito que ele tinha seguido e investigado por dez meses. Na cabeça de Landsman, a questão era clara: seu investigador tinha o direito de resolver aquilo do jeito que achasse adequado.

O capitão também apoiou a proposta, e, conforme o memorando de Pellegrini viajava de figurão em figurão no oitavo andar, era recebida com surpreendentemente pouca resistência. Mais do que qualquer outra coisa nesse ano, o caso Latonya Wallace foi uma verdadeira cruzada para o departamento como um todo, e, nessa rara ocasião, os chefes pareciam sentir o mesmo a respeito do caso que seus investigadores.

O dinheiro foi alocado. O pessoal da Interrotec foi contatado, e a data, definida. Uma semana antes, e também no dia anterior, Pellegrini visitou a rua Whitelock e o Homem do Peixe, lembrando ao suspeito que provavelmente precisaria falar com ele de novo na sexta e sugerindo que a cooperação do comerciante era absolutamente necessária.

E agora eles começam.

"Você sabe por que está aqui", diz o homem do outro lado da mesa. As palavras são calmas, mas duras, e a voz as dizendo, de algum modo, consegue transmitir emoções conflitantes em cada sílaba — por trás da voz, há raiva e empatia, paciência total e impulsividade completa.

Aos olhos de Pellegrini, Glenn Foster tem um verdadeiro talento para interrogatórios, e o investigador está satisfeito em deixar o sujeito conduzir essa última tentativa. Como vice-presidente da Interrotec e especialista reconhecido na técnica de interrogatório criminal, Foster foi oferecido a Pellegrini como uma espécie de bala de prata — um interrogador que foi empregado por agências policiais em dezoito investigações criminais e mostrou resultados todas as vezes. O Pentágono usou Foster para interrogatórios em questões de segurança delicadas; promotores veteranos que trabalharam com o pessoal da Interrotec colocavam a mão no fogo por ele.

Além da ajuda contratada, Pellegrini conta com um trunfo que não tinha antes. Dessa vez, ele tem o piche e as amostras de madeira queimada — a grande semelhança entre as manchas na calça da menina morta e o detrito do mercado destruído do Homem do Peixe na rua Whitelock. É uma prova, com certeza, e muito mais do que tinha nos dois primeiros interrogatórios do comerciante.

Por outro lado, a tentativa de delimitar o mercado como a única fonte lógica do material tinha se mostrado inútil. A pesquisa no computador que ele requisitou dois meses atrás, averiguando incêndios criminosos ou não em Reservoir Hill nos últimos anos, indicou cem ou mais endereços diferentes danificados por fogo. Agora, meses após o assassinato, não havia um jeito concebível de Pellegrini descartar boa parte desses locais, ou de ter certeza de quais prédios queimados foram de fato esvaziados em fevereiro. Alguns dos locais já estão reparados; outros, vazios há anos; e outros, ainda — pequenas estruturas ou partes de estruturas queimadas em pequenos incêndios não relatados —, podem nem estar na lista do computador. A análise é útil para esse interrogatório e nada mais. Ainda assim, um trunfo usado corretamente pode fazer toda a diferença.

Após a solicitação de um especialista em interrogatório ser atendida, Pellegrini disse a si mesmo que, se seu último confronto falhasse, ele poderia fechar o arquivo sabendo que tinha feito tudo aquilo que era imaginável. Disse a si mesmo que não haveria mais recriminações, que deixaria aquele caso desgraçado em uma gaveta e voltaria à circulação — voltaria mesmo, dessa vez — e investigaria assassinatos com afinco. Nada mais de Theodore Johnsons. Nada mais de Barney Erelys. Seus pensamentos eram sinceros e a Landsman também, mas Pellegrini estava mais confiante do que deixava transparecer; na verdade, ele tinha dificuldade de imaginar que sua última investida contra o Homem do Peixe poderia fracassar. Havia um interrogador de qualidade a postos, um homem que ensinou criminologia em universidades e lecionou em academias de polícia do mundo todo. Eles tinham a análise química. E ainda assim, após todos esses meses, tinham um suspeito que conhecia a vítima, que tinha fracassado no teste do detector de mentiras, que não tinha álibi, que se encaixava no perfil psicológico do assassino feito pelo FBI, com um histórico de crimes sexuais e disposição, como ficou provado, para se submeter a interrogatórios duros e prolongados. Dessa vez, Pellegrini acreditava que poderia vencer. Sim, ele poderia vencer.

Do outro lado da mesa de conferência, Pellegrini ouve Foster rondando feito um predador calculista, checando todas as fraquezas.

"Escuta", fala Foster.

"Hummm", resmunga o Homem do Peixe, erguendo os olhos.

"Você sabe por que está aqui."

"Vocês me trouxeram pra cá."

"Mas você sabe por quê, correto?"

O Homem do Peixe não diz nada.

"Por que você está aqui?", pergunta Foster.

"Por causa da garota", responde o Homem do Peixe, desconfortável.

"A garota", repete Foster.

"Isso", confirma o Homem do Peixe após uma pausa.

"Diga o nome dela", ordena Foster.

O Homem do Peixe olha pela mesa.

"Diga o nome dela."

"O nome dela?", indaga o Homem do Peixe, visivelmente incomodado.

"Você sabe o nome dela."

"Latonya." O comerciante fala o nome como se fosse a própria confissão. A cada resposta, Pellegrini consegue sentir o Homem do Peixe perdendo um pouco do controle. Foster é bom, pensa Pellegrini. Bom pra caramba. Quando faz o Homem do Peixe dizer o nome da menina, por exemplo: que técnica seria melhor para fazer um introvertido como o velho comerciante sair de sua toca?

Nascido e criado nas profundezas do Cinturão Bíblico,[*] Foster começou a trabalhar com a polícia após um breve período como pastor batista, uma experiência que moldou a dicção e o ritmo de fala. Sua voz conseguia, em dado momento, ser como um instrumento contundente, repleta de acusação, e no momento seguinte ser um fraco suspiro, insinuando segredos descobertos.

"Deixa eu dizer por que estou aqui", conta Foster ao interrogando. "Estou aqui porque já vi tipos que nem você antes. Eu conheço a sua laia..."

O Homem do Peixe ergue os olhos, curioso.

"Já vi uns mil que nem você."

Pellegrini observa o suspeito, tentando decifrar a linguagem corporal. O olhar cabisbaixo do velho para a mesa ou para o chão é um sinal claro de mentira, de acordo com os textos que analisam Interrogatório Cinésico, assim como os braços cruzados e o modo como se espicha na cadeira sugerem um introvertido incapaz de aceitar controle. Para Pellegrini, toda a leitura e preparo dos últimos três meses parecem relevantes ao momento — toda aquela ciência seria agora colocada à prova.

"... e você nunca conheceu alguém que nem eu", afirma Foster ao Homem do Peixe. "Não, nunca conheceu. Talvez pessoas já tenham falado com você antes, mas não do jeito que eu vou falar. Eu te conheço, senhor..."

Pellegrini ouve enquanto o interrogador principal começa um monólogo interminável, um discurso por meio do qual Foster se transforma de um mero mortal em uma figura de autoridade onipotente. Esse é o prelúdio padrão para qualquer interrogatório extenso, o começo do solilóquio no qual um investigador estabelece suas próprias credenciais míticas. Para os investigadores de Baltimore, o discurso normalmente consiste em mostrar ao suspeito que ele está lidando com a própria reencarnação de Eliot Ness[**] e que todos que foram idiotas o suficiente de sentar naquela sala e mentir para o investigador, apontado por Deus

---

*   Região no sul dos EUA em que o cristianismo protestante conservador
    influencia profundamente a sociedade e a política.
** Policial responsável por comandar a força-tarefa que colocou o
    mafioso Al Capone na cadeia, na década de 1930.

em pessoa, agora aguardam no Corredor da Morte. Mas, para Pellegrini, Foster parece estar dando a palestra padrão, com um pouco mais de intensidade dramática.

"... sei tudo sobre você."

Foster é bom, com certeza, mas ele é apenas uma das armas do arsenal. Olhando pela sala de conferência, Pellegrini se sente satisfeito de estar usando todas as armas que tem.

Assim como no segundo interrogatório do Homem do Peixe — o encontro em fevereiro ocorrido no escritório do capitão —, esse confronto também tinha sido coreografado. Mais uma vez, fotografias da garota morta foram posicionadas bem em frente ao suspeito. Mas, dessa vez, Pellegrini usa tudo no arquivo do caso — não apenas as fotografias coloridas da cena do crime, mas também as fotografias em preto e branco maiores da câmera suspensa na rua Penn. Cada insulto cometido contra Latonya Wallace — a marca no pescoço; a perfuração fina e profunda; o longo e irregular corte final do estripamento — está posicionado em frente ao homem que Pellegrini acredita ser o assassino. As fotografias foram selecionadas para obter o máximo efeito, mas Pellegrini sabe que um artifício psicológico tão brutal pode por si só apresentar um risco a qualquer confissão.

É um risco que todo investigador corre quando expõe muito do caso na sala de interrogatório, e, nesse caso, o risco é duplo. O advogado de defesa não só poderia alegar posteriormente que o Homem do Peixe ficou chocado e aterrorizado pelo horror das fotografias, como também poderia alegar que o interrogatório em si não incluía qualquer corroboração feita de modo independente. Afinal, mesmo os fatos que os investigadores mantiveram em segredo em fevereiro — a marca de estrangulamento, a laceração vaginal — estão nesse momento afixados a uma parede da sala de conferência. Mesmo que o Homem do Peixe desmorone e conte como foi o assassinato da criança, ninguém pode provar além de qualquer dúvida razoável que essa confissão é genuína — a menos que o depoimento do Homem do Peixe inclua detalhes adicionais que possam ser externamente corroborados.

Pellegrini sabe disso tudo; ainda assim, as fotografias foram colocadas nos murais de aviso, uma obscenidade impressa em papel brilhante após a outra, cada uma delas encarando o comerciante, cada uma como um terrível apelo à consciência. Não haverá interrogatórios após esse, o investigador raciocina, nenhuma outra oportunidade para a qual os últimos segredos do assassinato precisem ser preservados.

No centro do quadro de avisos, Pellegrini colocou sua principal cartada. Primeiro, há a análise química do piche e das lascas de madeira queimados, tanto da calça da menina quanto do mercado do Homem do Peixe. Cada amostra é representada por um longo gráfico de barras, e os dois gráficos são bastante similares. Preparada pelo laboratório de análises do Departamento de Álcool, Tabaco e Armas de Fogo, a análise das amostras é um trabalho preciso, e o laboratório incluiu um analista veterano no relatório. Se Pellegrini precisasse de alguma opinião instantânea, o sujeito estava do lado de fora da sala, aguardando a postos. Assim como Jay Landsman e Tim Doory, o promotor principal do caso na Unidade de Crimes Violentos, que avaliaria os resultados do interrogatório e tomaria a decisão final quanto à acusação de assassinato.

Acima dos gráficos no quadro de avisos, Pellegrini fixou uma planta baixa da área de Reservoir Hill, com algo entre oitenta e cem propriedades destacadas em amarelo — cada uma marcando a localização de uma chamada de incêndio nos últimos cinco anos. O mercado do Homem do Peixe na rua Whitelock, no entanto, está assinalado com um laranja mais escuro. O mapa, em todos os aspectos, é uma fraude — uma mentira que Pellegrini pode usar sem qualquer medo de ser descoberto. Na verdade, não conseguiu descartar a maioria das áreas amarelas do mapa; cada uma delas poderia, em teoria, ser o local onde a calça da menina foi manchada. Mas, mesmo assim, para propósitos de interrogatório, nenhuma delas poderia ser o verdadeiro local. Para esse interrogatório, Pellegrini dirá ao Homem do Peixe que a análise química não deixa dúvidas: as manchas escuras na calça da menina morta vieram do quadrado laranja na esquina da rua Whitelock.

A análise química — a pedra angular desse interrogatório — lhes dá uma vantagem real, mas também uma Escapatória. Talvez você não a tenha matado, Foster pode lhe dizer. Talvez você não tenha tocado nela, abusado dela e, depois, a estrangulado. Talvez não tenha sido você que enfiou uma faca de cozinha nela, a esvaziando até ter certeza de que estava morta. Mas, Foster pode dizer, você sabe quem fez isso. Sabe disso porque ela foi morta na noite daquela terça-feira e, então, deixada no seu mercado incendiado durante toda a quarta. Ela foi deixada lá para aguardar até a escuridão chuvosa do começo da manhã de quinta. A menina esteve no mercado, e a fuligem e madeira queimada na calça dela provam isso. Se você não a matou, talvez outra pessoa — alguém que você conhece, ou alguém cujo nome você não lembra — tenha escondido a garota dentro do seu mercado.

Para além do ardil da análise química, Pellegrini tem muito pouco: o fracasso no teste do polígrafo, o fato de ele ter conhecido a menina morta, a ausência de um álibi comprovado. A acusação é composta apenas de motivo, oportunidade e aparente acobertamento, auxiliada por uma única e solitária prova material. Uma última cartada a ser usada no momento-chave se encontra dentro do bolso do paletó de Pellegrini, uma última fotografia. Mas essa foto não pode ser chamada de prova; o investigador sabe que ela não é nada além de um palpite.

Foster se estende pelo monólogo inicial. Após meia hora estabelecendo suas credenciais, o interrogador veterano começa a exaltar Pellegrini também. Foster menciona que o Homem do Peixe e seu principal perseguidor já se encontraram antes, mas, explica, Pellegrini não desistiu do caso após aqueles confrontos iniciais. Não, diz Foster, ele continuou a investigar você. Ele continuou reunindo provas.

O Homem do Peixe se mantém impassível.

"O que vai acontecer hoje é diferente do que aconteceu quando você falou com o investigador Pellegrini antes", declara Foster.

O comerciante responde com um leve aceno afirmativo de cabeça. Um gesto estranho, pensa Pellegrini.

"Você já esteve aqui antes, mas não nos contou a verdade", afirma Foster, seguindo adiante e se lançando ao primeiro confronto. "Nós sabemos disso."

O Homem do Peixe gesticula em negação.

"Estou te dizendo que temos certeza disso."

"Não sei de nada."

"Sim", fala Foster calmamente. "Você sabe, sim."

De modo lento e deliberado, Foster começa a explicar a comparação química feita entre a calça da menina e as amostras do mercado na rua Whitelock. No momento apropriado, Pellegrini puxa a calça suja de um saco marrom e, então, coloca a peça de roupa sobre a mesa, apontando para as manchas pretas perto dos joelhos.

O Homem do Peixe não reage.

Foster continua pressionando, apontando para uma fotografia da garota morta na parte de trás da avenida Newington, mostrando ao comerciante que as manchas escuras estavam na calça dela quando a encontraram.

"Agora olha isso", diz, apontando para o relatório do laboratório. "Essas linhas indicam a composição das manchas, e essas aqui mostram o que o investigador Pellegrini coletou no seu mercado."

Nada. Nenhuma reação.

"Olha esse mapa", ordena Pellegrini, apontando para o mural. "Nós checamos cada prédio em Reservoir Hill onde já houve um incêndio, e nenhum deles bate com as manchas."

"Nenhum, exceto o do seu mercado", acrescenta Foster.

O Homem do Peixe balança a cabeça. Ele não está bravo. Ele não está na defensiva. Para Pellegrini, sua falta de reação é enervante.

"Ela esteve no seu mercado, e foi onde a calça dela foi manchada", afirma Foster. "Pouco antes ou pouco depois de ser morta, esse negócio foi parar na calça dela, do seu mercado."

"Não sei nada sobre isso", rebate o Homem do Peixe.

"Sabe, sim", retruca Foster.

O Homem do Peixe nega, balançando a cabeça.

"Ué, e então como esse material vindo do seu mercado foi parar na calça dela?"

"Impossível. Não faço ideia de como isso poderia acontecer."

De algum modo, eles não estão fazendo progresso. Os interrogadores voltam a recorrer ao auxílio visual, repassando tudo uma segunda vez. Foster guia o comerciante por tudo de modo lento o suficiente para que não haja como não compreender seu raciocínio.

"Olha essas linhas aqui", ordena Foster, apontando para o parecer do laboratório. "São exatamente iguais. Como você explica isso?"

"Eu não... Não sei."

"Você sabe", exaspera Foster. "Não minta pra mim."

"Não estou mentindo."

"Ué, e então como você explica isso?"

O suspeito dá de ombros.

"Talvez", sugere Foster, "talvez você não tenha matado ela. Mas você sabe quem fez isso. Talvez você tenha deixado alguém esconder ela no seu mercado. É isso que você está escondendo?"

O velho então levanta os olhos.

"Talvez outra pessoa tenha pedido pra guardar alguma coisa no seu mercado, e você nem soubesse o que era", propõe Foster, pressionando. "Tem que haver uma explicação, porque Latonya passou pelo seu mercado."

O Homem do Peixe balança a cabeça, a princípio pouco, depois com firmeza. Ele se ajeita na cadeira, cruzando os braços. Ele não vai morder a isca. "Ela não pode ter estado no meu mercado."

"Mas ela esteve. Foi outra pessoa que levou ela lá?"

O comerciante hesita.

"Qual é o nome dele?"

"Não. Ninguém levou ela lá."

"Ué, ela esteve lá. Esse relatório diz isso."

"Não", afirma o Homem do Peixe.

Um beco sem saída. Instintivamente, Foster para de confrontá-lo, e os dois investigadores começam a conduzir o suspeito por uma declaração completa. Pellegrini, em especial, pressiona por qualquer tipo de álibi e faz todas as perguntas básicas de novo. Lenta e dolorosamente, as mesmas respostas — a respeito de sua relação com Latonya, seu álibi vago, seus sentimentos em relação a mulheres — cruzam a mesa, e, pela primeira vez em dez meses, o Homem do Peixe começa a demonstrar alguma impaciência. E sua resposta a uma das perguntas muda.

"Quando você viu Latonya pela última vez?", pergunta Pellegrini, talvez pela décima vez.

"Quando vi ela por último?"

"Antes dela morrer."

"No domingo. Ela passou no mercado."

"Domingo?", indaga Pellegrini, agitado.

O Homem do Peixe faz que sim.

"No domingo antes de desaparecer?"

O Homem do Peixe faz que sim de novo.

É uma rachadura na muralha. Em interrogatórios anteriores, o comerciante tinha jurado que não tinha visto a menina nas duas semanas anteriores ao assassinato, e Pellegrini não encontrou nenhuma testemunha que pudesse refutar a afirmação de modo definitivo. Agora, por conta própria, o próprio suspeito menciona a garotinha em seu mercado dois dias antes do assassinato e poucos dias após o incêndio destruir seu comércio na rua Whitelock.

"Por que ela foi até o mercado?"

"Ela veio ver se podia ajudar em algo depois do incêndio."

Pellegrini se pergunta: Será que está mentindo para compensar as provas da análise química, imaginando que uma visita anterior a seu comércio queimado explicaria as manchas na calça? Ou será que mentiu nas vezes anteriores, quando tentava se distanciar de qualquer contato com a menina morta? Estará dizendo a verdade, sem se lembrar de suas respostas anteriores? Ou está confuso? Terá se lembrado disso pela primeira vez?

"Quando conversamos com você nas outras vezes, você disse que não tinha visto Latonya nas duas semanas anteriores ao desaparecimento dela", declara Pellegrini. "Agora você diz que viu ela no domingo anterior."

"Duas semanas?"

"Você disse que não via ela fazia duas semanas."

O Homem do Peixe balança a cabeça.

"Foi isso que você disse nas outras vezes. Nós anotamos."

"Não lembro."

Algo está acontecendo aqui. Lentamente e com cuidado, Foster conduz o comerciante novamente à beira do penhasco, de volta à análise do laboratório e à lógica insistente das amostras químicas.

"Se você não levou ela no mercado", pergunta o interrogador, "então quem levou?"

O Homem do Peixe balança a cabeça. Pellegrini olha para o relógio e se dá conta que já se passaram cinco horas. O tempo é importante: uma confissão obtida nas primeiras seis ou sete horas tem valor maior como prova do que uma obtida ao longo de dez ou doze horas de interrogatório.

É agora ou nunca, pensa Pellegrini ao puxar o último truque da manga. De um bolso do paletó, ele tira a foto da garotinha da rua Montpelier, a sósia de Latonya que desapareceu no final da década de 1970. Ele tinha guardado uma cópia da foto que encontrou na biblioteca do jornal meses antes; tinha guardado especialmente para esse momento.

"Me conta", diz Pellegrini, entregando a antiga foto ao suspeito. "Sabe quem é essa?"

Já um tanto desconfortável por conta dos questionamentos de Foster, o Homem do Peixe olha para a fotografia e subitamente parece implodir. Pellegrini o observa se inclinar para a frente; a cabeça baixa, as mãos seguram as bordas da mesa de conferência.

"Conhece essa menina?"

"Conheço", revela o Homem do Peixe, calmamente. "Conheço ela." Um aceno de cabeça marca a resposta, sua dor aparente. Ele está se desmantelando na frente deles, esse homem pareceu feito de pedra em cada um dos encontros anteriores. Nesse momento, está no limite do penhasco, olhando para baixo, pronto para saltar.

"Como você conhece essa garota?"

O Homem do Peixe hesita por um momento, as mãos ainda segurando a borda da mesa.

"Como você conhece ela?"

E então, de modo igualmente súbito, o momento passa. Qualquer que seja o choque causado por aquela antiga fotografia, ele abruptamente se dissipa. O suspeito se ajeita na cadeira, cruza os braços e, por apenas um momento, olha Pellegrini nos olhos, com ameaça inegável. Se me quiser mesmo, o olhar parece dizer, vai precisar de mais do que isso. Se me quiser mesmo, vai ter que me pegar de verdade.

"Eu achei", responde o Homem do Peixe, "que você estava me mostrando uma foto de Latonya."

Achou o caralho, pensa Pellegrini. Os dois interrogadores se olham, e Foster começa mais um ataque, dessa vez em uma voz que é pouco mais do que um sussurro, o rosto a poucos centímetros do comerciante.

"Escuta. Está me ouvindo?", pergunta Foster. "Vou te dizer a verdade agora. Vou te dizer o que eu sei..."

O Homem do Peixe olha com atenção.

"Já vi tipos que nem você antes — muitas, muitas vezes. Sei do que se trata; nós todos sabemos. O Tom aqui sabe. Todos nós sabemos porque já vimos sua laia antes. Você gosta de menininhas, e elas gostam de você, não é verdade? E tá tudo bem até certo ponto, e, contanto que elas mantenham segredo, você não se mete em problema algum..."

Pellegrini olha para o suspeito, atordoado. O Homem do Peixe parece fazer lentamente um aceno em concordância.

"Mas tem uma única regra, não é? Tem essa regra que você tem que seguir, a única regra que tem que ser obedecida, e nós dois sabemos que regra é essa, não é?"

Mais uma vez, o Homem do Peixe faz que sim.

"Se gritar, você morre", fala Foster. "Se gritar, você morre."

O Homem do Peixe fica calado.

"É a única regra que você tem, não é? Se elas gritam, então precisam morrer. Você gosta um bocado delas e gosta de quando elas gostam de você, mas, se gritam, aí elas morrem. Foi isso que aconteceu com Latonya e foi isso que aconteceu com essa garota aqui", afirma Foster, apontando para a fotografia antiga. "Ela gritou e morreu."

Para Pellegrini, parece uma eternidade antes de o suspeito reaver a compostura, antes que consiga parar de gesticular a cabeça e responder. Quando finalmente faz isso, é de modo definitivo e inabalável.

"Não", declara firmemente. "Não machuquei Latonya."

O aço na voz do Homem do Peixe obriga Pellegrini a fazer sua própria confissão: já era. Perderam. Chegaram perto; Pellegrini sabia disso. Os métodos, talentos e segredos de Foster eram poderosos, e o plano deles tinha sido cuidadosamente executado, mas, no final, a acusação é o que é. Pellegrini agora sabe que não existe uma bala de prata, ou uma ciência oculta a ser descoberta. No fim das contas, o importante mesmo é ter provas.

Na verdade, antes de o interrogatório começar, Foster tinha tentado convencer Tim Doory a formalizar a acusação de homicídio com base apenas na análise química, argumentando que, com a acusação já estabelecida, o Homem do Peixe estaria mais inclinado a confessar. Possivelmente, mas e se ele não confessasse? E aí o que fariam com a acusação? Retirar antes do indiciamento? Deixar em aberto? Aquele era um caso de grande repercussão, do tipo que nenhum promotor quer perder. Não, lhe disse Doory, nós vamos processá-lo quando houver provas. Foster aceitou a decisão, mas a questão em si tinha enervado tanto Pellegrini quanto Landsman; era a primeira sugestão de que o interrogador era incapaz de milagres. Agora, Doory anda de um lado para outro no corredor externo à sala de conferência com Landsman, periodicamente checando o relógio. Seis horas e contando.

"Aí, Jay", diz o promotor. "Mais de seis horas. Vou esperar mais ou menos uma hora, mas, se ele não ceder depois disso, não sei o que podemos fazer."

Landsman assente e, então, vai até a sala de conferência para escutar as vozes. Ele sabe pelos longos silêncios que as coisas já não andam bem.

Após sete horas ininterruptas de interrogatório, Pellegrini e Foster saem para um cigarro e uma pausa de vinte minutos. Doory pega o casaco e vai com Pellegrini em direção ao elevador, pedindo que o investigador ligue para a casa dele se algo surgir.

Landsman e os analistas do Departamento de Álcool, Tabaco e Armas de Fogo substituem os dois interrogadores principais na sala de conferência, tentando muito dar continuidade ao processo.

"Deixa eu perguntar um negócio", começa Landsman.

"O quê?"

"Você acredita em Deus?"

"Se acredito em Deus?", pergunta o Homem do Peixe.

"É. Não estou falando de religião. Quero saber se você acredita em Deus."

"Ah, sim. Eu acredito que Deus existe."

"É", retruca Landsman. "Eu também."

O Homem do Peixe gesticula em concordância.

"O que você acha que Deus vai fazer com a pessoa que matou Latonya?"

É um tiro no escuro para Landsman, mas o Homem do Peixe já é um veterano da sala de interrogatório e vê, de modo claro, a tática.

"Não sei", rebate o Homem do Peixe.

"Você acha que Deus vai punir ele pelo que fez com aquela menina?"

"Não sei", insiste o Homem do Peixe, de modo frio. "Você teria que perguntar pra ele."

Quando Pellegrini e Foster voltam à sala de conferência, Landsman ainda dispara perguntas aleatórias. Mas qualquer tensão criada nas primeiras seis horas se dissipou por completo. Pellegrini fica incomodado ao ver que Landsman fuma um cigarro; pior ainda, o Homem do Peixe fuma o cachimbo dele.

Ainda assim, eles passam o restante da tarde e o começo da noite — quatorze horas no total — pressionando o suspeito por mais tempo e com mais intensidade que a maioria dos juízes permitiria. Eles sabem disso, mas graças à frustração, à raiva, à certeza de que não teriam outra chance, continuam mesmo assim. Quando o interrogatório finalmente se esgota, o Homem do Peixe é primeiro colocado no aquário, depois em uma escrivaninha no escritório da homicídios, onde assiste com olhar vazio à tela da TV, aguardando um carro-patrulha do Distrito Central levá-lo de volta para a rua Whitelock.

"Você está assistindo isso?", pergunta a Howard Corbin, que levanta os olhos para ver a sitcom na TV.

"Não estou, não", responde Corbin.

"Então tudo bem se eu mudar de canal?"

"Claro. Pode mudar."

Corbin está à vontade com o sujeito; ele sempre esteve. Durante os longos meses investigando o caso Latonya Wallace, o investigador veterano nunca tinha acreditado que o Homem do Peixe tinha qualquer coisa a ver com o assassinato. Eddie Brown também não acreditava, e mesmo Landsman tinha durante algum tempo expressado dúvidas. No fim, aquele suspeito era uma obsessão apenas de Pellegrini.

"Tudo bem se eu fumar meu cachimbo?", pergunta o comerciante.

"Não me importo", responde Corbin, olhando para Jack Barrick do outro lado da sala. "Sargento, você se importa se ele fumar?"

"Nah", exclama Barrick. "Tô pouco me lixando."

Não há uma cena final entre Tom Pellegrini e o Homem do Peixe, nada de últimas palavras, nada de avisos. Na vitória, um investigador pode ser divertido e gracioso, até mesmo generoso; na derrota, faz o possível para fingir que já foi embora. O longo dia conclui com cenas separadas, em salas separadas. Em uma delas, um homem celebra sua liberdade mudando canais de TV e enchendo o cachimbo de tabaco barato. Em outra, o investigador livra sua mesa de arquivos inchados e maltratados, pega a arma, a valise e o paletó, e sai pisando firme pelo corredor, que conduz apenas a um elevador e a uma rua escura da cidade.

Sábado, 31 de dezembro

Eles são seus donos.

A partir do momento que teve aquele pensamento, você já era propriedade deles. Você não consegue acreditar; diabo, você nem imaginou isso. Você tinha certeza de que eles nunca pegariam você, convencido de que poderia derramar sangue duas vezes e simplesmente se mandar. Mas deveria era ter poupado trabalho e discado você mesmo o número da polícia. Desde o começo, você era um presente.

Mas, ei, parecia uma boa jogada na hora, não é mesmo? Você pegou Ronnie no quarto dos fundos, o acertou em uns bons doze lugares com aquela faca de cozinha antes de ele entender o que estava acontecendo. Ronnie gritou um pouco, mas o irmão dele não ouviu nada por causa da música alta no outro quarto. Sim, você ficou com Ronnie todo pra você e, quando desceu o corredor em direção ao outro quarto, você pensou que o irmão de Ronnie merecia o mesmo. O garoto ainda estava na cama quando você se aproximou, ele olhou para a lâmina como se não entendesse para que ela servia.

Então você matou os dois. Você matou Ronnie e o irmão de Ronnie, e se livrar dos dois significava pôr as mãos no pacote. É, você descolou essa porra à moda antiga, pô, você matou por ela, e você agora deveria era estar livre, na metade do caminho para Pimlico, fumando um pouco do produto pelo qual deu seu suor.

Mas não, você ainda está aqui, olhando para sua própria mão assassina. Você cagou geral, cortou a mão feio enquanto Ronnie jorrava sangue e a faca ficou molhada e escorregadia. Você estava enfiando ela nele quando a mão subiu demais pelo cabo e a lâmina cortou fundo a palma da sua mão. Então, agora, quando você deveria estar do outro lado da cidade, praticando seu discurso "eu não sei de nada", você está sentado em uma casa cheia de mortos, esperando que a mão pare de sangrar.

Você tenta se limpar no banheiro, deixando água fria correr em cima do corte. Mas isso não ajuda muito, apenas torna o sangramento mais lento. Você tenta enrolar a mão em uma toalha do banheiro, mas a toalha se torna uma maçaroca escarlate jogada no chão do banheiro. Você vai até a sala de estar, a mão mancha de vermelho a parede junto à escadaria, e também a escadaria e o interruptor de luz. Então, você enrola a mão direita na manga do moletom, coloca o casaco de inverno e foge.

Durante todo o caminho até a casa da namorada, a mão latejante avisa que não há escolha, que você vai sangrar até a morte se não se arriscar. Você esconde o pacote e até troca de roupa, mas o sangue não para. Quando você chega a Belvedere Oeste pouco antes do amanhecer, você começa a correr em direção ao hospital, tentando pensar em uma versão.

Mas não importa. Eles são seus donos, parceiro.

Você ainda não sabe, mas você já era deles quando eles chegaram um pouco antes da troca de turno na madrugada daquela sexta-feira, quando o sol começava a raiar no último dia daquele ano maldito. Eles nem tinham passado o café ainda quando o telefone tocou, e foi o mais velho, o policial de cabelo branco, quem escreveu os detalhes no verso de um cartão de loja de penhores. Duplo, o atendente lhes disse, então os três resolveram ir até Pimlico dar uma olhada na sua obra.

Para o sujeito italiano, pálido e de cabelo escuro, o mais jovem, você é como uma benção. Ele analisa a cena desse crime do jeito que queria ter investigado uma outra: ele segue cada rastro de sangue e coleta amostras em todos os cômodos; ele passa bastante tempo com os corpos antes de envolvê-los com lençóis, preservando as provas residuais. Ele investiga a cena como se fosse a última da terra, como se aqueles não fossem os irmãos Fullard, mas duas vítimas que importam. Ele está faminto de novo, parceiro, e precisa solucionar um caso do mesmo modo que você precisava daquela cocaína.

Você está prestes a se tornar propriedade do outro também, aquele policial de cabelo branco e olhos azuis, grande feito um urso. Ele assume como investigador secundário, ajuda com a cena do crime e depois sai para questionar a multidão. Ele está feliz de estar investigando assassinatos, contente por estar de novo em um caso no Distrito Noroeste. O Grandão começou o ano em um buraco e o escalou para fugir, então é uma pena você estar do lado errado da curva.

E não se esqueça do sargento, o piadista de jaqueta de couro, metido em uma maré de sorte desde o final de outubro. Ele anda por toda a cena do seu crime, analisando seus feitos e encaixando as primeiras peças desse seu pequeno quebra-cabeça deprimente. Ele leva para o lado pessoal, declarando que não há a menor chance de o esquadrão dele terminar o ano com um homicídio duplo em aberto.

Eis o resumo da manhã, parceiro: os três já cravaram os anzóis bem fundo em você e ainda nem te conhecem. A essa altura, encontraram seu rastro de sangue saindo do banheiro e descendo os dois lances de escadas. Já estão falando no rádio de um carro-patrulha da Noroeste, pedindo que todas as unidades solicitem aos hospitais de suas respectivas áreas informações ligadas a entrada de vítimas com cortes ou facadas. Estão investigando o histórico dos irmãos Fullard, descobrindo com quem andavam, e quem andava com eles. Te pegaram direitinho.

Se entendesse isso, se compreendesse qualquer coisa a respeito do modo como eles trabalham, você talvez tivesse pegado um táxi e ido para algum hospital fora da cidade. No mínimo, teria ao menos inventado uma história melhor que as bobagens que disse para a enfermeira. Cortei a mão subindo uma cerca, contou a ela. Uma daquelas com arame farpado, perto da escola em Park Heights. Sim, claro: você escorregou.

Mas qualquer um pode ver que o corte não veio de cerca nenhuma. Não um corte tão fundo e reto. Você achou que ia colar? Você acha que os policiais, que acabam de se dirigir ao balcão da emergência, vão acreditar em uma merda ridícula dessas?

"Landsman, divisão de homicídios", diz o policial à enfermeira-chefe, olhando na sua direção. "É aquele ali?"

Você não está prestes a entrar em pânico nem nada assim. Eles ainda não sabem de porra nenhuma: você tem certeza de que matou os dois malandros. Você se livrou da faca. Não deixou testemunhas. Está de boa.

"Deixa eu ver sua mão", ordena o policial de jaqueta de couro.

"Cortei em uma cerca."

Ele olha a palma da sua mão durante uns bons dez segundos. Então, ele olha para o sangue na manga do seu casaco.

"Cortou porra nenhuma."

"Não tô mentindo."

"Cortou em uma cerca?"

"Isso."

"Que cerca?"

Você conta que cerca foi. Filho da puta, pensa, não acredita que eu seja esperto o suficiente pra dizer que cerca foi.

"Tá", responde ele, olhando direto para você. "Sei onde fica. Vamos lá dar uma olhada."

Olhada? Olhada no quê?

"Você tá sangrando que nem um porco", afirma o policial. "Deve ter sangue em volta da cerca, correto?"

Sangue em volta da cerca? Você não pensou nisso, e ele sabe que você não pensou nisso.

"Não", você fala sem querer. "Peraí."

Sim, ele espera. Ele fica parado na sala da emergência do Monte Sinai ouvindo seu mundinho ruir. Então ele chama você de filho da puta mentiroso, lhe diz que levaria menos de duas horas para terem certeza de que o sangue das manchas na escadaria é o mesmo que mancha a bandagem na sua mão. Você também não tinha pensado nisso, não é mesmo?

"Tá legal, eu tava lá", confessa. "Mas eu não matei eles."

"Ah, é?", rebate o policial. "Quem matou?"

"Um jamaicano."

"Como é o nome dele?"

Pensa bem, parceiro. Pensa bem. "Não sei o nome dele. Ele também me cortou. Ele disse que ia me matar também se eu dissesse qualquer coisa sobre ele."

"Ele falou isso pra você? Quando ele falou isso pra você?"

"Ele me trouxe de carro pro hospital."

"Ele te trouxe pra cá?", pergunta o policial. "Ele matou os caras, mas fez só um corte em você e aí te trouxe pro hospital."

"É. Primeiro eu fugi, mas..."

Ele olha para o lado, perguntando ao residente se ele está pronto para liberar você. O policial olha de novo para você, sorrindo de modo estranho. Se você o conhecesse, se soubesse de alguma coisa, então saberia que ele já ria da sua cara. Ele já tinha te identificado como um bostinha assassino e jogado você em uma pilha, com uma centena de outros. Os irmãos Fullard, avermelhados e endurecidos na luz matinal de seus quartos, já eram nomes escritos em preto na seção de Jay Landsman no quadro.

Você é levado em um carro-cela até a central, ainda agarrado à sua versão, pensando que ainda vai conseguir se livrar. Você pensa — se é que isso pode ser chamado de pensar — que, de algum modo, você vai fazê-los acreditar em um jamaicano misterioso que cortou sua mão e levou você ao hospital.

"Me fala desse jamaicano", ordena o investigador mais velho e de cabelo branco, após empurrar você para dentro de uma das salas de interrogatório. "Como é o nome dele?"

Ele está sentado na mesa de frente pra você, olhando para você com aqueles olhos azuis como se fosse uma espécie de morsa.

"Só sei o apelido dele."

"Tá, e qual é?"

E você diz. Um apelido real, de um jamaicano real, um carinha de quase 30 anos que você sabe que mora a mais ou menos uma quadra dos Fullards. Sim, agora você está pensando, parceiro. Você está entregando a eles apenas o suficiente para ser verdade, mas não o suficiente para descobrirem.

"Aí, Tom", diz o investigador grisalho, falando com o investigador mais jovem que veio para a sala com ele. "Deixa eu falar com você um minuto."

Você consegue ver as sombras dos dois vindas do lado de fora da janela espelhada da sala de interrogatório, eles estão conversando no corredor externo. A morsa velha se afasta. A maçaneta gira, e o policial mais novo, o italiano, volta com papel e caneta.

"Vou anotar o seu depoimento", anuncia. "Mas antes, preciso falar dos seus direitos..."

O policial fala e escreve lentamente, dando a você tempo de organizar a história. Você conta que estava lá, se chapando com Ronnie e o irmão dele. Aí eles convidaram o jamaicano, e um pouco depois rolou uma briga. Ninguém viu o jamaicano ir até a cozinha e sair com a faca. Mas você o viu usando a faca para matar Ronnie e, então, o irmão de Ronnie. Você tentou pegar a faca, mas foi cortado e fugiu. Depois, quando estava indo pra casa, o jamaicano apareceu e mandou você entrar no carro dele. Ele disse que a briga tinha sido com os outros dois e que não faria nada com você se ficasse de boca fechada.

"Foi por isso que menti sobre a cerca no começo", alega você, olhando para o chão.

"Hummm", resmunga o policial, ainda escrevendo.

Então a morsa grisalha volta para a sala, trazendo um retrato em preto e branco — a fotografia do rapaz jamaicano cujo nome você entregou nem dez minutos atrás.

"É esse o cara?", pergunta a você.

Minha nossa. Caralho. Você não consegue acreditar.

"É ele, não é?"

"Não."

"Seu monte de merda mentiroso", exaspera a morsa. "Esse aqui é o cara que você descreveu, e ele mora na casa de esquina que você descreveu. Você tá me sacaneando aqui."

"Não, não é esse, não. É outro cara parecido com ele..."

"Você achou que a gente nem saberia de quem você tava falando, não é mesmo?", declara. "Mas eu trabalhava naquela área. Eu conheço a família que você mencionou há anos."

O sujeito pega um apelido e volta dez minutos depois com a porra de uma fotografia. Você não consegue acreditar, mas você não conhece a morsa e a memória que carrega feito uma arma. Você não conhece, do contrário, não teria dito uma palavra.

Meses depois, quando a promotora-assistente finalmente colocar as mãos em você, ela será informada pelo líder da equipe de julgamentos de que o caso é uma derrota certa, que tudo não passa de prospectos circunstanciais. Isso talvez pudesse dar uma pequena esperança a você, isso se os nomes no relatório da promotoria não fossem Worden, Landsman e Pellegrini. Isso porque Worden vai apelar diretamente ao líder da turma de julgamentos, e Pellegrini informará a promotora diretamente do quanto aquele caso precisa ser ganho. E, no fim, seria Landsman quem compareceria à sala de Bothe, dando um baile no seu advogado de defesa, enchendo cada resposta com tantos detalhes, especulações e boatos, que, a certa altura, você olharia para seu advogado, incrédulo. No fim, não importaria que o laboratório de análise residual tivesse deixado as amostras apodrecerem antes do julgamento, e não importaria que os promotores tivessem argumentado contra a acusação, e não importaria quando você fosse para a tribuna e contasse aquela palhaçada relacionada a um jamaicano assassino. Não importaria, porque, a partir do momento em que você pegou aquela faca de cozinha, eles eram seus donos. E, se você não entende isso agora, vai entender quando seu advogado fechar a valise dele, mandá-lo ficar de pé e engolir uma condenação de duas prisões perpétuas consecutivas proferidas pela irritada Elsbeth Bothe.

Mas agora, nesse instante, você ainda luta com isso; você luta para manter a própria imagem de inocência atormentada na sala de interrogatório. Eu não matei eles, você diz, quando o sujeito do camburão vem com as algemas, foi o jamaicano. Ele matou os dois; ele cortou minha mão. A caminho do elevador, você olha pelo corredor e para dentro do escritório, olha para os homens que estão fazendo aquilo com você: o policial de cabelo branco; o policial mais novo, de cabelo preto; o sargento que tinha pressionado você no hospital — os três estão seguros de si. Você continua balançando a cabeça, implorando, tentando muito parecer uma vítima. Mas o que você poderia saber a respeito de como é ser uma vítima?

Em quatro meses, você será só uma nota de rodapé para esses sujeitos. Em quatro meses, quando as intimações para o julgamento aparecerem nas caixas postais, os homens que tiraram sua liberdade olharão seu nome escrito em uma fonte de computador e se perguntarão quem diabos é você: Wilson, David. Tribunal do júri no setor seis. Jesus, eles pensarão, qual deles é o Wilson? Ah, é, o duplo homicídio em Pimlico. É aquele imbecil com a história do jamaicano.

No devido tempo, sua tragédia será relegada a uma gaveta no arquivo do escritório administrativo e, mais tarde, a uma faixa de microfilme em algum lugar nas entranhas do edifício da central. No devido tempo, você não será nada mais do que um cartão no arquivo de nomes de suspeitos, enfiado na gaveta T-Z com cerca de dez mil outros. No devido tempo, você não significará nada.

Mas hoje, enquanto o homem do camburão checa suas algemas e sua papelada, você é o precioso espólio de um dia de guerra, o Santo Graal de mais uma cruzada na periferia. Para os investigadores que observavam você indo embora, você é testemunho vivo de uma devoção a que o mundo nunca assiste. Para eles, você é a validação de vidas honrosas vividas a serviço de uma causa perdida. No fim dessa tarde de dezembro, você é motivo de orgulho.

Se o turno tivesse sido calmo, eles poderiam ter ido direto para casa, comido um pouco da ceia e dormido até a manhã. Mas agora não seria uma noite curta; você matou duas pessoas e mentiu a respeito, provando para Donald Worden que ele nasceu para não ser nada além de um investigador de homicídios. Você é o primeiro passo de Tom Pellegrini em uma longa estrada de volta, a primeira oportunidade de redenção de um jovem investigador. Você se tornou dois nomes escritos em preto abaixo do nome de Jay Landsman, as últimas entradas do ano para um sargento veterano que, mais uma vez, tem o melhor índice de seu turno.

E agora, com a papelada encerrada, eles talvez vão para o Kavanaugh ou para o Bar do Mercado, ou algum outro buraco onde um policial possa beber para esquecer um assassinato. É véspera de Ano-Novo, e talvez eles ergam um copo ou dois brindando a si mesmos, ou uns aos outros, ou ao que quer que reste da verdadeira irmandade. Mas eles não erguerão um copo a você nessa noite. Você é um merda assassino; por que eles iriam querer beber a isso? Mas, mesmo assim, pensarão em você. Recordarão da perfeição com que analisaram a cena do seu crime, e o modo como fizeram você desmentir a história que contou no hospital, irão se lembrar como encontraram a foto do jamaicano que você tentou entregar e como fizeram você engolir aquela história também. Pensarão em você e saberão, como apenas um investigador pode saber, que o trabalho policial bem-feito pode ser uma coisa boa e bela. Quando se lembrarem de você, beberão mais um pouco, talvez rindo um pouco mais alto quando Landsman contar da vez em que fingiu que uma caixa de aveia era um radar de medição de velocidade, ou sobre Phyllis Pellegrini na Ilha Riker.

Diabo, talvez eles até fiquem até o Kavanaugh fechar e passem o resto da noite no estacionamento, contando histórias da batalha, tentando ficar sóbrios antes do nascer do dia e do trajeto para casa, onde a esposa já estará de pé e se maquiando, com as crianças correndo pela casa. Um lar com cheiro de café da manhã na cozinha, com um quarto de cortinas fechadas, com lençóis revirados pelo sono de outra pessoa. Mais uma manhã na qual o mundo gira sem eles, mais um dia de mais um ano, ao alcance daqueles que caminham à luz do dia e lidam com os vivos.

Eles dormem até o anoitecer.

EPÍLOGO

Os limites desta narrativa — de 1° de janeiro de 1988 até 31 de dezembro de 1988 — são arbitrários, uma escala artificial de dias, semanas e meses imposta à longa e verdadeira trajetória de vida desses homens. Os investigadores de homicídios do turno de Gary D'Addario viviam sua trajetória coletiva quando este relato começou; e eles continuam nela. Os nomes, rostos, cenas, casos, veredictos — esses mudam. Mas, mesmo assim, a violência diária de qualquer grande cidade dos EUA fornece um cenário constante no qual um investigador de homicídios parece trabalhar com destemor atemporal. Uns poucos homens são transferidos, uns poucos se aposentam, uns poucos se agarram a alguma investigação extensa, mas a divisão de homicídios permanece essencialmente a mesma.

Os corpos ainda tombam. O telefone ainda toca. Os rapazes na sala do café preenchem as folhas do relatório diário e batem boca a respeito das horas extras. O tenente administrativo ainda calcula a taxa de resolução diariamente. O quadro ainda goteja nomes em vermelho e preto. Muito tempo depois de os casos ficarem distantes ou totalmente esquecidos na memória de um investigador, o trabalho em si mantém seu brilho de algum modo.

Todos os anos, a divisão de homicídios de Baltimore dá um jantar para os ex-funcionários no salão de bailes do corpo de bombeiros em Canton, onde cem ou mais antigos e atuais investigadores de homicídios comem, bebem e festejam uns com os outros em celebração e lembrança de tudo que foi visto, feito e dito por esses homens, que passam a maior parte da vida investigando assassinatos. Jimmy Oz, Howard Corbin, Rod Brandner, Jake Coleman — todos os anos o auditório se enche de homens que se agarram às memórias do emprego mais duro que já tiveram. Nem todos os reunidos foram grandes investigadores; na verdade, alguns foram bem medíocres em sua época. Mas mesmo o pior deles pertence a uma irmandade especial e tem lugar especial por ter vivido durante algum tempo no canto mais obscuro da vida nos EUA.

Estranhamente, eles não falam muito a respeito dos casos, e, quando fazem isso, os assassinatos em si são pouco mais do que o cenário. Em vez disso, as histórias que contam dizem respeito a outros personagens — falam das piadas contadas em cenas de crimes e coisas vistas pelo para-brisa de carros à paisana; ou de um coronel cretino, ou daquele promotor intrépido e lendário, ou de alguma enfermeira de pernas compridas no Hopkins, aquela jovem que gosta de policiais. Que fim levou ela?

Na reunião da divisão de homicídios de 1988, as histórias falavam de Joe Segretti, que, em uma cena de crime nos conjuntos da zona leste em Waddy Court, certa vez, tirou um trapo ensanguentado de cima da cabeça de uma vítima e, ao observar a impressão no rosto do morto, declarou que aquele era o Sudário de Waddy: "Um milagre em Baltimore", assegurou seu parceiro. "Precisamos chamar o papa."

Havia histórias relacionadas a Ed Halligan, que foi parceiro de Terry McLarney e que, em uma ocasião, ficou tão bêbado que largou o arquivo de um caso em aberto em um bueiro cheio de chuva a caminho de casa. Quando McLarney foi resgatá-lo na manhã seguinte, encontrou o arquivo disposto em ordem perfeita no piso da sala de estar de Halligan, cada página secando lentamente. E todos se lembravam do lendário Jimmy Ozazewski — "Jimmy Oz" — uma verdadeira figura que, certa vez, resolveu um caso prioritário e, então, deu entrevistas para a televisão em seu próprio quarto, usando um smoking e fumando cachimbo importado.

E se lembravam também dos homens que já não estavam lá, como John Kurinij, o ucraniano doido que nunca aprendeu a falar palavrões direito, que chamava os suspeitos de "desgracidos" e reclamava de seu trabalho "fodado". Foram Jay Landsman e Gary D'Addario que receberam o chamado para ir até a casa de Kurinij no condado, onde encontraram o distintivo e o coldre dele perfeitamente arranjados na mesa. Kurinij estava no banheiro, ajoelhado sobre a banheira com um tapete de banheiro dobrado embaixo dele, o sangue descendo pelo ralo. O suicídio de um investigador, limpo e metódico: Landsman só precisou abrir a torneira para a água lavar o sangue, deixando a bala.

"Ele que se foda", disse D'Addario quando Landsman começou a perder o controle. "Quando ele fez isso, sabia que a gente ia achar ele assim."

Contos do santuário da delegacia, as páginas finais de um Livro de Ferimentos sem começo nem fim. Em 1988, trinta investigadores, seis sargentos e dois tenentes redigiram algumas novas histórias de punho próprio — comédias, tragédias, melodramas, sátiras —, histórias a serem ouvidas em muitas reuniões futuras.

O aumento na taxa de resoluções encerrou qualquer risco substancial ao período de Gary D'Addario como tenente de turno, mas a intriga política de 1988 cobrou seu preço. Para poupar a si mesmo e a seus homens de qualquer consequência real, ele engoliu muitos sapos para agradar à chefia. Ele diminuiu horas extras, pressionou alguns investigadores a trabalharem em mais casos, escreveu alguns memorandos pedindo continuidade em diversos casos. A maior parte daquilo podia ser classificada como um mal necessário e normal.

É verdade que o relacionamento de D'Addario com o capitão nunca tinha sido próximo, mas os eventos de 1988 deixaram ambos com poucas ilusões. Para D'Addario, parecia que o capitão buscava a lealdade inequívoca de seus subordinados oferecendo pouco em troca. Ele insinuou ter pouca disposição para proteger Donald Worden durante o fiasco Larry Young e não se dispôs a proteger D'Addario quando cada novo caso chegava em aberto. Na opinião do tenente, o padrão tinha se tornado familiar demais.

D'Addario resistiu a isso: oito anos como comandante da divisão de homicídios torna qualquer sujeito um especialista em sobrevivência. Ao longo do caminho, ele obteve de seus homens trabalho policial bom, por vezes espetacular. Mas D'Addario era um homem orgulhoso, e o preço de permanecer na divisão de homicídios finalmente se tornou alto demais. Certa noite, em 1989, quando D'Addario foi chamado à central no começo da manhã por conta de um tiroteio envolvendo a polícia, ele ouviu falar de uma vaga para tenente na unidade de costumes e, quanto mais pensava na ideia, mais gostava dela. Nessa unidade, ele trabalharia das 9 às 5, teria o próprio carro e comando. Ele foi até o coronel naquela mesma semana, e a transferência foi imediatamente aprovada. Um mês depois, a divisão de homicídios tinha um novo tenente de turno — também era um sujeito decente, justo e simpático com seus homens. Mas ele teria que traba-lhar muito. Como um investigador expôs de modo sucinto, "Ele não é nenhum D'Addario".

Na data em que escrevo este texto, D'Addario é o comandante da se-ção da delegacia de costumes do Departamento de Polícia de Baltimore. Um de seus melhores investigadores lá é Fred Ceruti, que ainda tem alguns ressentimentos quanto aos eventos de 1988, mas promete que voltará à divisão de homicídios. "Aí", diz, sorrindo, "ainda sou jovem."

Tecnicamente, Harry Edgerton continua sendo um investigador de homicídios, embora os últimos dois anos possam sugerir o contrário.

Ed Burns, o único investigador que Edgerton tinha chamado de par-ceiro, brevemente voltou à divisão de homicídios no começo de 1989, após completar sua investigação de dois anos para o FBI a respeito da organização de drogas de Warren Boardley, nos conjuntos de Lexing-ton Terrace. Como principais protagonistas de uma sangrenta guerra por território em 1986 nos conjuntos, acreditava-se que Boardley e seus capangas fossem responsáveis por diversos homicídios não resolvidos e quatorze tiroteios. A investigação federal, por fim, mandou os principais envolvidos para a prisão com penas variando de prisão perpétua dupla a dezoito anos sem possibilidade de condicional. Edgerton, que foi re-movido da investigação por conta de uma disputa orçamentária entre as agências federal e municipal, estava presente na prisão de Boardley e seus homens em novembro de 1988, junto a Burns e outros agentes das equipes de busca.

Quase imediatamente após o caso Broadley ser fechado, Burns e Ed-gerton foram destacados para uma investigação da Agência Antidrogas de outro traficante de narcóticos violento. Linwood "Rudy" Williams já tinha se livrado de duas acusações de homicídio, de uma acusação por porte de metralhadora e de duas acusações de tráfico em tribunais es-taduais, quando a agência começou a investigação na metade de 1989; ele também era suspeito em quatro homicídios na área de Baltimore ocorridos em 1989 e 1990. Em março de 1991, Williams e seis outros réus foram condenados como parte da denúncia por formação de qua-drilha para tráfico de drogas em nível federal. O investigador principal na missão de um ano foi Ed Burns; Edgerton foi uma das duas princi-pais testemunhas de acusação.

O sucesso na investigação Williams, que envolveu escutas, microfones em salas, investigação de bens e extensivo uso do grande júri federal, foi tamanho que os críticos de Harry Edgerton na divisão de homicídios tiveram que sentar e prestar atenção. A opinião geral era que, com Rudy Williams em uma prisão federal, os investigadores de homicídios na cidade tinham três ou quatro casos a menos por ano. Porém, dentro do departamento de Baltimore, o debate a respeito do valor de investigações prolongadas continua; tanto Edgerton quanto Burns ficaram sabendo que deviam retornar à circulação normal da divisão de homicídios após o julgamento de Williams.

Edgerton conseguiu se satisfazer um pouco no caso Andrea Perry. Seu suspeito no caso de estupro e assassinato, Eugene Dale, se tornou o único, entre duzentos réus em casos de homicídios em 1988, a ser julgado sob o estatuto de pena de morte de Baltimore. (Os promotores decidiram tentar obter a pena capital quando o resultado do teste de DNA no sangue de Dale confirmou que o sêmen encontrado no corpo da menina de 12 anos era dele.) Embora o esforço para obter a pena de morte tenha falhado, Dale foi condenado por assassinato qualificado e estupro e foi sentenciado à prisão perpétua sem possibilidade de condicional.

Se e quando Edgerton voltar à divisão de homicídios, sua função é incerta; o esquadrão que ele deixou em 1989 — o de Roger Nolan — não existe mais.

O esquadrão começou a se dissolver no começo de 1989, com a perda de Edgerton para a investigação Williams. Logo depois, Donald Kincaid partiu em meio a uma troca entre quatro esquadrões que levou dois dos homens de Stanton para a equipe de Nolan. Kincaid, então, foi trabalhar para Jay Landsman e, ao menos por um tempo, ficou contente — e Landsman estava bastante satisfeito por ter adquirido um investigador experiente. Mas, em poucos meses, Kincaid tinha uma nova briga em andamento — dessa vez com o novo tenente, que tentou manter alguns dos veteranos da unidade, Kincaid incluso, em rédeas curtas. A raiva de Kincaid finalmente prevaleceu e, no verão de 1990, ele se aposentou após vinte e quatro anos no departamento.

Sua guerra com Edgerton, e depois com o tenente, aponta para uma das verdades legítimas ligadas à vida em qualquer departamento de polícia. Para um investigador ou policial de rua, a única satisfação verdadeira está no trabalho em si; quando um policial passa mais tempo se irritando com detalhes, ele já era. A atitude dos colegas de trabalho, a indiferença dos superiores, a baixa qualidade do equipamento — tudo isso não importa se você ainda ama o trabalho; tudo isso importa se não ama.

O assassinato de Latonya Kim Wallace — o Anjo de Reservoir Hill, como se tornou conhecida em Baltimore — permanece sem solução. Os arquivos do caso foram retornados a uma gaveta do arquivo; investigadores no esquadrão de Landsman não trabalham mais no caso de modo ativo, embora ainda investiguem qualquer nova informação que chega.

Quanto a Tom Pellegrini, o caso lhe deixou um legado de frustração e dúvida que precisou de mais um ano para superar. Ainda em 1989, ele continuava trabalhando nas margens do caso, em detrimento de outros. No fim, ele encontrou pouco conforto no fato de que a investigação foi conduzida com maior diligência e perseverança que qualquer outra na memória recente; quanto maior o esforço, maior a frustração.

Meses após o último interrogatório com o Homem do Peixe, Pellegrini retornou ao arquivo mais uma vez, olhando as provas existentes, compilando informações e, então, datilografando um elaborado memorando para o Ministério Público. Nele, argumentou que existia um caso circunstancial contra o comerciante — um caso forte o suficiente para levar a um grande júri. Mas Pellegrini não ficou surpreso quando Tim Doory se recusou a levar o caso adiante. O assassinato da menina era conhecido demais e digno demais da atenção da mídia para arriscarem um julgamento tendo uma fraca teia de provas, ou blefarem acusando o suspeito na esperança de provocar uma confissão. E diversos investigadores que também trabalharam no caso ainda não acreditavam que o velho era o assassino. Se ele fosse mesmo culpado, eles argumentavam, três longos interrogatórios teriam conseguido ao menos criar alguns buracos na versão dele.

Pellegrini aprendeu a viver com a ambiguidade. Dois anos após entrar naquele pátio da avenida Newington, ele podia, finalmente, dizer que tinha deixado a pior parte do caso Latonya Wallace para trás — e não doeu fazer isso. Ele começou 1990 com oito casos resolvidos em sequência.

No começo de 1991, ele assumiu uma tarefa pequena, mas indicativa. Lenta e metodicamente, começou a organizar o conteúdo dos arquivos Latonya Wallace, os tornando mais acessíveis e compreensíveis para qualquer investigador que mais tarde venha a usá-los. Esse foi um reconhecimento discreto, mas necessário, do fato que Tom Pellegrini já pode ter ido embora muito tempo antes de a verdade ser descoberta, isso se um dia de fato for.

• • •

Rich Garvey continua sendo Rich Garvey, um investigador para quem cada ano é basicamente igual ao anterior. Sua campanha de 1989 foi tão bem-sucedida quanto seu esforço de 1988, e sua taxa de resolução em 1990 era uma das melhores.

Mas uma olhada nos casos de 1988 revela o Ano Perfeito como uma ilusão sob mais de um aspecto. Por exemplo, o assassinato no verão daquele bartender em Fairfield, o caso de roubo que tinha começado quando um dos clientes se lembrou da placa do carro de fuga, terminou desastrosamente. Apesar dos depoimentos de dois réus, que confessaram e aceitaram acordos para penas de vinte e trinta anos, os dois réus restantes foram absolvidos pelo júri após dois julgamentos anulados. O atirador acusado, Westley Branch, foi absolvido mesmo com suas digitais tendo sido encontradas em uma lata de Colt 45 que estava perto da registradora. Garvey não estava no fórum quando o júri leu o veredito, o que foi bom: os réus absolvidos marcaram a ocasião com gritos e saudações, cumprimentando-se com toques de mão.

Foi a primeira derrota de Garvey no veredito de um julgamento, e outras frustrações se seguiram. Outro caso de assassinato no qual tinha trabalhado com Bob Bowman, em dezembro de 1988, subitamente implodiu no fórum quando um membro da própria família da vítima exonerou o assassino na tribuna; Garvey mais tarde descobriu que a família teve contato com o réu antes do julgamento e recebeu algum dinheiro. Da mesma forma, a morte de Cornelius Langley, a vítima de um assassinato ligado ao tráfico ocorrido à luz do dia na avenida Woodland em agosto, também permaneceu sem justiça. Esse caso foi abandonado após Michael Langley, a principal testemunha da acusação e irmão da vítima, ser morto em um outro crime ligado a drogas, em 1989.

Entretanto, houve também vitórias. A condenação de Robert Frazier pelo assassinato de Lena Lucas resultou em prisão perpétua sem chance de condicional; o mesmo aconteceu no julgamento de Jerry Jackson, o morador da zona leste que assassinou Henry Plumer e então deixou o corpo no porão de sua casa. Talvez o resultado mais satisfatório tenha sido no caso de Carlton Robinson, o jovem trabalhador de construção morto a tiros quando saía de casa para trabalhar em uma gélida manhã de novembro, assassinado por chamar seu amigo e colega de trabalho, Warren Waddell, de cabeça-oca durante o expediente no dia anterior. A peça central da acusação foram as palavras moribundas de Robinson, ditas aos primeiros policiais que chegaram ao local, uma declaração final em que nomeou Waddell como o atirador. De todo modo, não estava claro se Robinson acreditava estar morrendo, ou se os policiais e paramédicos disseram isso a ele — colocando a validade legal da declaração em questão.

Garvey tinha pedido um promotor de qualidade para aquele caso e conseguiu. Bill McCollum, um promotor experiente da unidade de criminosos reincidentes do Ministério Público, interrogou novamente os paramédicos que atenderam à chamada e descobriu que Carlton Robinson, a caminho do hospital, admitiu abertamente que estava morrendo. Meses depois, os paramédicos se lembravam do crime de 9 de novembro por conta da data — eles também lembravam ter ocorrido no dia em que a anunciada lei de controle de armas de fogo do estado entrou em vigor.

No final, o tribunal do júri presidido pela juíza Bothe considerou Warren Waddell culpado de homicídio doloso, um veredito que resultou em prisão perpétua sem chance de condicional, por conta do fato de Waddell, pouco tempo antes, ter recebido liberdade condicional por outra condenação por homicídio. Todavia, o veredito foi revertido na segunda instância de Maryland por conta de comentários prejudiciais feitos pela juíza Bothe na presença do júri; até o final da escrita deste epílogo, a nova data de julgamento ainda não foi marcada.

Ainda assim, o caso contra Waddell segue sendo uma acusação viável, uma vitória salva das mandíbulas da derrota por bom trabalho jurídico, e Garvey, de sua parte, se permitiu certa medida de satisfação ao fim do primeiro julgamento.

Enquanto um guarda conduzia Warren Waddell na descida da escada de mármore para a carceragem do subsolo, o réu olhou mal-humorado para o investigador por um segundo a mais do que deveria. Garvey respondeu se inclinando sobre o corrimão e falando com o homem em um sussurro dramático: "Falou, cabeça-oca".

McCollum, que falava com outro jurista a poucos metros de distância, subitamente fez a conexão. "Você disse o que eu acho que disse?"

"Pode crer, porra", vangloriou-se Garvey. "Alguém precisava."

O único dos três esquadrões comandados por D'Addario em 1988 a continuar intacto é o de Terry McLarney.

Eddie Brown passa rapidamente de um caso a outro, aparentemente alheio à passagem do tempo. Rick James, que investigou com muito afinco e por muito tempo o assassinato da motorista de táxi Karen

Renee Smith ocorrido em março, já se afastou o suficiente da sombra de Worden para ser chamado de veterano. Na verdade, o desempenho de James em 1988 foi quase tão bom quanto o de Rich Garvey: Alvin Richardson, que estuprou e matou aquele menino de 2 anos de idade em novembro, foi condenado no tribunal do júri e sentenciado à prisão perpétua, e Dennis Wahls, que levou a polícia às joias roubadas e implicou a si mesmo no assassinato da taxista, se declarou culpado de homicídio doloso e aceitou a prisão perpétua. Clinton Butler, apontado por Wahls como o homem que de fato espancou Karen Smith até a morte, foi julgado duas vezes em Baltimore. Apesar do depoimento de Wahls e de outras provas corroborantes, o primeiro júri não chegou a um resultado unânime, e o segundo considerou Butler inocente.

O caso mais importante da carreira de Donald Waltemeyer foi a julgamento em 1989, quando os promotores denunciaram Geraldine Parrish à juíza Bothe pelo homicídio de Albert Robinson, o alcoólatra de Plainfield, New Jersey, encontrado morto perto dos trilhos em Clifton Park, em 1986. Geraldine conhecia Albert Robinson da igreja que frequentava em Plainfield e, anos antes, ela o tinha convencido a assinar uma apólice de seguro de vida que a nomeava como beneficiária. Dos quatro assassinatos dos quais foi acusada, a morte de Robinson se revelou aquela com mais provas corroborantes. Um trio de promotores contou aos jurados uma história incrível, por vezes quase cômica, na qual Geraldine e um punhado de outros membros de sua quadrilha dirigiram até New Jersey e atraíram Robinson para o carro com a promessa de álcool. Horas depois, eles deram um tiro nele e largaram o que achavam ser um cadáver em um bosque perto de Atlantic City. Robinson sobreviveu com apenas ferimentos superficiais, contudo estava tão bêbado que não lembrava nada do incidente. Alguns meses depois, o grupo voltou a New Jersey, atraiu o bêbado para o carro novamente e, dessa vez, dirigiu com ele até Baltimore, onde o amigo adolescente de uma das sobrinhas de Geraldine terminou o serviço na ferrovia, deixando Rick James com um mistério sem testemunhas.

Geraldine não decepcionou ninguém no julgamento. A certa altura, ela teve um acesso de raiva na frente do júri, se sacudindo na cadeira, com espuma nos cantos da boca. Entediada, Elsbeth Bothe ordenou que a ré se comportasse e parasse com aquele showzinho. Depois disso, no banco das testemunhas, Geraldine afirmou que tinha sido enganada por homens que a tinham feito entregar as apólices de seguro e identificar novas vítimas para eles.

Ela não foi convincente, e nessa ocasião o júri não teve problemas em concordar em um veredito. Geraldine Parrish foi condenada à prisão perpétua e, depois disso, se declarou culpada e foi condenada pelos três assassinatos restantes, recebendo mais três condenações perpétuas. Ninguém estava mais aliviado em ver o fim desse caso do que Donald Waltemeyer, que voltou à circulação em tempo integral após o julgamento.

O parceiro de Waltemeyer, Dave Brown, já não vivia mais em um estado de tormento perpétuo. Nos últimos dois anos, Donald Worden passou a tratar o investigador mais novo com certa aceitação relutante, se não com algo que se aproxima do respeito. No entanto, no verão de 1989, o Grandão começou a cobrar de Brown 25 centavos pelas mensagens telefônicas que anotava.

Quanto a Terry McLarney, ele ainda está na irmandade. Em 1989, ele ignorou uma tosse persistente que mal conseguia suportar e, então, passou meses se recuperando de uma infecção bacteriana no coração. Ninguém esperava que ele voltasse à divisão, e por isso ele voltou em quatro meses, mais esbelto e saudável do que nos anos anteriores.

Com 28 anos de serviço e contando, Donald Worden ainda é um policial em Baltimore, ainda o centro do esquadrão de McLarney. Ele é um homem casado agora. O casamento foi no verão de 1989, e a maioria do turno compareceu. Brinde sucedeu brinde, e todos os convidados do casamento concluíram as festividades no Kavanaugh, com Diane sentada em um tamborete em seu vestido de casamento e o Grandão entretendo a todos em seu smoking sob medida.

O casamento significava que Worden tinha que trabalhar ao menos mais um ano para poder qualificar sua noiva aos benefícios integrais, mas essa data já passou, e ele continua investigando assassinatos. Ele se manteve próximo ao caso da rua Monroe e investigou as poucas pistas que chegaram à unidade nos últimos dois anos. Ainda assim, a morte de John Randolph Scott em um beco que saía da rua Monroe permanece uma investigação em aberto — a única morte envolvendo um policial não resolvida na história do departamento até então. Os policiais envolvidos permanecem, em sua maioria, nas ruas, embora alguns, incluindo o sargento John Wiley, tenham sido posteriormente transferidos para funções administrativas dentro do departamento.

Mas outros resultados são mais satisfatórios. Certa vez, em 1990, Worden estava indo de carro para o local de um crime nas primeiras horas da manhã, quando passou por um ponto de ônibus no centro e percebeu um soldado da marinha de aparência impecável caminhando com um cara de aparência suja na rua Fayette Oeste. A combinação pareceu estranha para Worden; ele arquivou aquilo na memória e, quando o marinheiro apareceu morto mais tarde naquela manhã, espancado até a morte durante um assalto em um estacionamento-garagem próximo, Worden procurou Kevin Davis, o investigador principal do caso. Worden deu a Davis uma descrição completa do suspeito; os dois homens entraram em um Cavalier e acharam o sujeito em poucas horas.

Os jornais disseram que o crime foi resolvido por pura sorte, provando mais uma vez como esse mundo entende tão pouco a respeito do que significa ser investigador.

• • •

Um *postscriptum* final: em 1988, 234 homens e mulheres morreram mortes violentas na cidade de Baltimore. Em 1989, 262 pessoas foram assassinadas. Em 1990, a taxa de homicídios cresceu novamente, deixando 305 mortos — o pior número para a cidade em quase vinte anos.

No primeiro mês de 1991, a cidade tem a média de um assassinato por dia.

DIVISÃO DE HOMICÍDIOS
DAVID SIMON

NOTAS DO AUTOR

Este livro é um trabalho de jornalismo. Os nomes dos investigadores, réus, vítimas, promotores, oficiais de polícia, patologistas e outros identificados no texto são, de fato, nomes reais. Os eventos descritos no livro ocorreram do modo descrito.

Minha pesquisa começou em janeiro de 1988, quando me juntei à divisão de homicídios do Departamento de Polícia de Baltimore com o título improvável de "estagiário policial". Como acontece às vezes quando jornalistas passam muito tempo em um lugar, me tornei parte da mobília da unidade, uma parte benigna do cenário diário de um investigador. Em semanas, eles agiam como se permitir que um repórter espiasse o caos da investigação criminal fosse inteiramente natural.

Para que minha presença não interferisse nas investigações, concordei em me vestir de acordo. Isso significava cortar o cabelo, comprar diversos paletós esportivos, gravatas e calças e me livrar de um brinco de diamante que não tinha ajudado muito a ganhar a simpatia dos investigadores. Durante o ano que passei na unidade, nunca me identifiquei para ninguém como policial. Mas minha aparência, aliada à presença de outros policiais, com frequência levava civis e mesmos outros policiais a presumirem que eu era, na verdade, um investigador. Para jornalistas treinados a se identificarem quando em serviço, isso pode parecer um crime de omissão. Mas ter me identificado em cenas de crimes, durante interrogatórios ou dentro de sala de emergência em hospitais teria dramaticamente afetado as investigações. Em resumo, não havia outro modo de fazer a pesquisa para este livro.

Ainda assim, a ambiguidade ética estava presente cada vez que citava uma testemunha, um médico de pronto-socorro, um guarda de prisão ou algum parente de uma vítima que tinha presumido que eu era um oficial da lei. Por essa razão, tentei conceder a essas pessoas tanto anonimato quanto possível, equilibrando questões de equidade e privacidade com a necessidade de factualidade.

Todos os investigadores do turno do tenente D'Addario assinaram formulários de liberação antes de ver qualquer parte do manuscrito. Outros personagens centrais do livro também deram aprovação para que seus nomes fossem usados. De modo a obter outras liberações, prometi aos investigadores e a outras pessoas que poderiam ler partes relevantes do manuscrito e sugerir mudanças para propósito de factualidade. Eu também disse aos investigadores que, se houvesse algo no manuscrito que não fosse essencial à história, mas que de algum modo pudesse prejudicar suas carreiras ou vidas pessoais, eles poderiam sugerir que se apagasse isso, e eu consideraria a sugestão. No fim, os investigadores pediram poucas mudanças, e as poucas com que concordei envolviam itens mundanos, como um comentário de um investigador relacionado a uma mulher em um bar, ou as críticas de outro a um supervisor específico. Não permiti mudanças que envolvessem a maneira como tinham lidado com um caso, ou que de algum modo alterassem ou diluíssem a mensagem do livro.

Além dos investigadores, o próprio departamento de polícia tinha um direito limitado de rever o manuscrito — mas apenas para assegurar que provas confidenciais em casos em aberto (calibre de balas, maneira da morte, roupas da vítima) não fossem divulgadas em casos em que esses fatos, se mantidos em segredo, pudessem ajudar a identificar um suspeito. Nenhuma mudança ou omissão resultou da avaliação do departamento.

Representantes do Ministério Público e do Instituto Médico Legal de Baltimore também avaliaram porções relevantes do manuscrito, apenas para propósitos de factualidade. Assim como os investigadores, eles puderam sugerir, mas não impor, alterações.

A maioria dos diálogos nesta narrativa — talvez 90% — veio de cenas e conversas que testemunhei pessoalmente. Em alguns poucos casos, no entanto, eventos importantes ocorreram em turnos em que eu não estava trabalhando, ou quando estava ocupado reportando as atividades de outros investigadores. Nesses casos, tomei cuidado para não usar frases literais por longas porções de texto e tentei usar apenas frases que foram especificamente lembradas pelos investigadores. E, quando um personagem aparece pensando algo, não é mera presunção: em cada um dos casos, ações subsequentes deixaram aqueles pensamentos claros, ou então discuti a questão com a pessoa posteriormente. E, ao revisar o material com os investigadores, tentei me assegurar de que seus pensamentos tinham sido retratados do modo mais apurado possível.

Pela cooperação sem precedentes nem paralelos do Departamento de Polícia de Baltimore, preciso agradecer ao falecido comissário de polícia Edward J. Tilghman, além do atual comissário, Edward V. Woods. Também sou grato ao comissário adjunto de Operações Ronald J. Mullen; ao já aposentado coronel Richard A. Lanham e ao comissário adjunto Joseph W. Nixon, tendo ambos comandado o Departamento de Investigação Criminal durante períodos de 1988; ao capitão John J. MacGillivary, comandante da seção de crimes contra pessoas; ao tenente Stewart Oliver, tenente administrativo da divisão; assim como a multidão de comandantes do departamento, policiais e técnicos que se esforçaram para me dar assistência.

Este projeto também não teria sido possível sem a valiosa assistência do diretor Dennis S. Hill, oficial-chefe de informação pública no departamento de Baltimore, do tenente Rick Puller e do sargento Michael A. Fry, da unidade de questões jurídicas do departamento.

Eu gostaria também de agradecer ao médico-legista-chefe, dr. John E. Smialek, e aos demais do Instituto Médico Legal, pelos conselhos e pela ajuda; e ao dr. Smialek e Michael Golden, porta-voz do departamento de saúde do estado, por fornecer acesso ao IML. No Ministério Público da cidade, preciso agradecer ao promotor Stuart O. Simms, ao chefe da Unidade de Crimes Violentos, Timothy V. Doory, e ao chefe da Turma de Julgamentos, Ara Crowe.

No campo editorial, este livro chega ao mundo apenas por meio dos esforços determinados e devotados de John Sterling, editor-chefe da editora Houghton Mifflin, que viu as possibilidades logo no começo e se recusou a deixar que alguma delas escapasse. Sua paciência, talento e experiência são responsáveis por muito daquilo que pode ser chamado de boa escrita nestas páginas; me declaro culpado do resto. Este livro também se beneficiou imensamente dos esforços de Luise M. Erdmann, que provou que a edição de um manuscrito, quando bem-feita, é mais uma arte do que um ofício. Muitos agradecimentos também a Rebecca Saikia-Wilson e todos os demais na Houghton Mifflin, que deram a esse projeto um apoio tão grande.

Também sou grato a meus editores no *Baltimore Sun*, que me concederam a licença para completar meu trabalho e que foram inabalavelmente solidários ao projeto, mesmo após eu perder um prazo ou três. Meu agradecimento a James I. Houck, editor; a Tom Linthicum, editor metropolitano; a Anthony F. Barbieri, editor de cidades; e à guia de redação Rebecca Corbett, que tem sido fonte de conselhos e encorajamento desde que comecei a trabalhar no turno policial da noite para o *Sun* há oito anos.

Gostaria de agradecer a Bernard e Dorothy Simon, meus pais, cuja ajuda nos últimos três anos foi essencial, assim como Kayle Tucker, cujo amor e insistente apoio foram de igual valor.

Mais importante, este livro não existiria sem a assistência dos tenentes de turno da divisão de homicídios, Gary D'Addario e Robert Stanton, e aos quarenta investigadores e sargentos investigadores que serviram sob seu comando em 1988. Eles assumiram o verdadeiro risco nesse caso, e espero que agora sintam que, de algum modo, valeu a pena.

Finalmente, uma observação a respeito de um último dilema ético. No decorrer do tempo, familiaridade e mesmo amizade podem, por vezes, complicar a relação entre um jornalista e aqueles reportados em suas matérias. Sabendo disso, iniciei meu período na divisão de homicídios comprometido com uma política de total não intervencionismo. Se o telefone no escritório principal tocava e não havia ninguém além de mim para responder, então tinha como destino não ser atendido. Mas os próprios investigadores ajudaram a me corromper. Começou com mensagens telefônicas, e então passou a revisões e correções. ("Você é escritor. Dá uma olhada nesse mandado.") E também tive um ano todo de visitas a lanchonetes, discussões de bar e piadas de delegacia: mesmo para um observador treinado, era difícil me manter à parte.

Em retrospecto, é bom que o ano tenha terminado quando terminou, antes que os investigadores me obrigassem a intervir de algum modo verdadeiramente nocivo. Uma vez, em dezembro, me vi cruzando o limite — "me tornando local", como jornalistas dizem. Eu estava no banco de trás de um carro à paisana que cruzava a avenida Pensilvânia, acompanhando Terry McLarney e Dave Brown na busca de uma testemunha. A certa altura, Brown subitamente estacionou junto ao meio-fio para confrontar uma mulher que batia com a descrição. Ela caminhava com dois rapazes. McLarney saltou do carro e agarrou um dos homens, mas o cinto do capote de Brown ficou preso no cinto do carro, e ele caiu sentado de novo no banco do motorista. "Vai", berrou pra mim, ainda lutando com o cinto. "Ajuda o Terry."

Armado com minha esferográfica, fui até McLarney, que lutava para colocar um homem contra um carro estacionado, enquanto o segundo o olhava com raiva.

"PEGA ELE!", gritou McLarney para mim, gesticulando para o segundo homem.

E então, em um momento de fraqueza, um repórter jornalístico empurrou um cidadão de sua cidade contra o carro estacionado e realizou uma das revistas corporais mais patéticas e incompetentes já vistas. Quando cheguei nos tornozelos do sujeito, olhei por cima de meu ombro para McLarney.

Ele, é claro, ria um bocado.

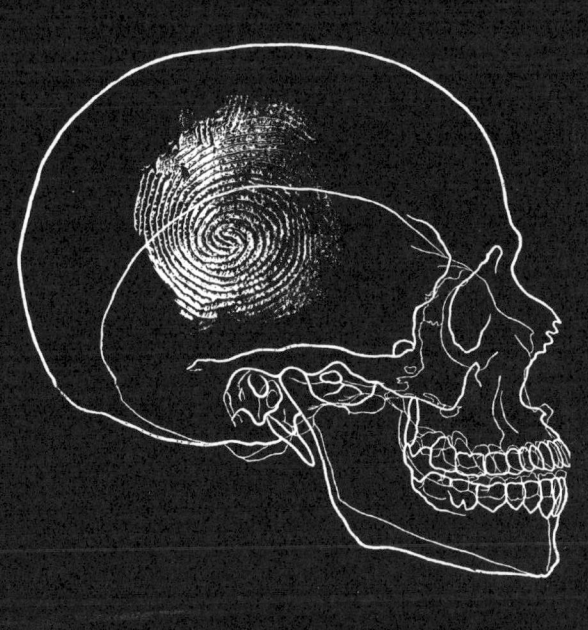

POST MORTEM

por David Simon

Para dar crédito adequado pela ideia deste livro, precisamos voltar vinte anos, até uma véspera de Natal que passei com Roger Nolan, Russ Carney, Donald Kincaid e Bill Lansey, observando um pouco de tumulto de rotina e me preparando para escrever um breve artigo relatando os rituais durante as festas daqueles incumbidos de investigar assassinatos. De minha parte, gosto da perversidade de uma noite sagrada e silenciosa interrompida por um esfaqueamento duplo em Pimlico e pensei que poderia haver alguns leitores do *Baltimore Sun* que apreciariam o humor da coisa.

Então, levei uma garrafa até a central, passei pela mesa do segurança e me juntei ao esquadrão da divisão que trabalhava no turno da madrugada, enquanto eles atendiam a um homicídio de rua, uma overdose de drogas e a já mencionada briga de faca. Mais tarde, com a maior parte do trabalho feita, e com um concerto de um coral natalino passando na televisão do escritório no começo da manhã, me sentei com os investigadores enquanto Carney servia um drinque.

A porta do elevador apitou, e Kincaid apareceu, voltando do último crime da noite — um incidente desconexo que mandou a vítima para o leito da sala de emergência com um tiro de espingarda na coxa. Ele acabou sobrevivendo para ver o Ano-Novo.

"A maioria das pessoas está levantando agora, indo até a árvore e achando algum presente. Uma gravata, uma nova carteira ou coisa assim", disse Kincaid. "Aquele pobre-diabo ganhou uma bala de Natal."

Nós rimos. E então — nunca vou esquecer esse momento — Bill Lansey disse: "As merdas que a gente vê por aí... Se alguém anotasse o que acontece nesse lugar por um ano, teria uma porra dum livro".

Dois anos depois, Bill Lansey, que Deus o abençoe, morreu por conta de um ataque cardíaco, e eu mesmo não estava me sentindo muito bem com tudo. Apesar dos lucros, meu jornal estava desafiando o sindicato local com um contrato que incluía ressarcimentos pelo plano de saúde e por provocar uma greve — uma visão de finanças que se tornaria central ao jornalismo nas duas décadas seguintes. Eu odiava meus chefes na época e, sendo do tipo que nutre ressentimentos, senti que seria bom entrar em licença, algo que preservaria meu emprego em um jornal diário, mas me permitiria evitar a sala de redação por algum tempo.

Ao me lembrar do comentário de Lansey, escrevi para o comissário de polícia Edward J. Tilghman. Seria possível, eu perguntei com falsa inocência, acompanhar seus investigadores por um ano?

Sim, ele respondeu, seria.

Até hoje, não tenho uma explicação clara para sua decisão. O capitão no comando da divisão de homicídios se opunha à ideia, assim como o comissário adjunto de operações, o número dois do departamento. E uma votação informal entre os investigadores da unidade rapidamente revelou que a maioria achava uma ideia terrível permitir um repórter na unidade. Minha sorte foi que um departamento de polícia é uma organização paramilitar com uma rígida cadeia de comando. Não é, em qualquer sentido, uma democracia.

Eu nunca consegui perguntar a Tilghman a respeito de sua decisão. Ele morreu antes de o livro ser publicado — na verdade, antes mesmo de eu terminar minha pesquisa. "Você precisa perguntar a ele por que ele lhe permitiu acesso?", disse Rich Garvey mais tarde. "O sujeito tinha um tumor no cérebro. Que outra explicação você precisa?"

Talvez. Mas, anos depois, o comandante do Departamento de Investigação Criminal, Dick Lanham, me disse que havia algo mais sutil em jogo. Em resposta a perguntas quanto à minha presença, Tilghman disse que os anos que passou como investigador de homicídios foram os melhores e mais gratificantes de sua carreira. Acho que prefiro acreditar que a motivação dele para me permitir acesso tinha sido simples assim, embora Garvey provavelmente também tivesse alguma razão.

De todo modo, eu adentrei a unidade em janeiro de 1988 com o título improvável de estagiário policial, trabalhando no dia do Ano-Novo com os homens — e todos os dezenove investigadores e supervisores eram homens — do turno do tenente Gary D'Addario.

As regras eram bastante simples. Eu não podia comunicar o que testemunhava ao meu jornal e tinha que obedecer às ordens dos supervisores e investigadores que eu acompanhava. Eu não poderia citar ninguém por nome, a menos que a pessoa concordasse. E quando meu manuscrito estivesse concluído, ele poderia ser analisado pela divisão de questões jurídicas do departamento — não para censurar meu trabalho em termos de conteúdo geral, mas para assegurar que eu não havia revelado provas-chave de casos ainda pendentes. No final, essa análise não resultou em nenhuma alteração.

Turno após turno, enquanto os investigadores olhavam desconfiados, eu enchia blocos de notas com o que parecia para mim um fantástico fluxo de frases, detalhes dos casos, dados biográficos e impressões gerais. Eu tinha lido todos os arquivos de casos investigados no ano anterior, assim como os arquivos da divisão de homicídios de alguns dos maiores casos que investiguei como repórter policial: as mortes no Lar Warren, os assassinatos de Bronstein, a guerra causada por Barksdale no Lar Murphy em 1982, o caso do assassinato por uma jaqueta em Harlem Park em 1983. Eu não conseguia acreditar que podia apenas ir até o escritório administrativo e pegar os arquivos completos dos casos, sentar em uma mesa e ler tudo que quisesse. Não conseguia acreditar que não me chutavam das cenas de crimes ou de salas de interrogatório. Eu não conseguia acreditar que a chefia do departamento não iria mudar de ideia coletivamente, confiscar meu cartão de identificação e me jogar na rua Frederick.

Mas os dias se tornaram semanas, e os investigadores — mesmo os cautelosos, que mudavam de tom quando eu aparecia no meio de uma conversa — logo perderam o ímpeto da atuação, de fingir serem alguém que não eles.

Eu aprendi a beber. De vez em quando eu tinha que usar meu cartão de crédito, e os investigadores me acompanhavam a cada rodada, provando que eu ainda tinha muito a aprender. Tropeçando para fora do Bar do Mercado após ele fechar certa noite, Donald Worden — que permitiu que eu o acompanhasse nas chamadas e ao longo de casos, mas sempre com certo desprezo velado — olhou para mim como se fosse a primeira vez e falou: "Beleza, Simon. Que porra você quer ver? Que porra você acha que vamos mostrar pra você?".

Eu não tinha resposta. Blocos de nota estavam empilhados em minha mesa, uma torre de folhas maltratadas, cheias de detalhes aleatórios, que me confundiam e me intimidavam. Eu tentei trabalhar seis dias por semana, mas meu casamento estava acabando, e, às vezes, eu trabalhava sete. Se os investigadores iam beber depois do trabalho, eu geralmente ia junto.

Em turnos da noite, chegava às quatro, passava pela troca de turno à meia-noite e ficava até o começo da manhã. Algumas vezes, ao sair à meia-noite, bebíamos até o amanhecer, e eu me arrastava para casa para dormir até a noite. Eu aprendi, para meu assombro, que, se você se força a beber na manhã após um porre pesado, de algum modo se sente melhor.

Em uma manhã de fevereiro, eu estava de ressaca e atrasado para a chamada da manhã, quando Worden telefonou para me acordar com a notícia de que uma garota morta tinha sido encontrada em um beco em Reservoir Hill. Cheguei à cena do crime dez minutos depois e vi o corpo esviscerado de Latonya Wallace e o começo de uma investigação que se tornaria a espinha dorsal do livro.

Comecei a focar nesse caso. Em Pellegrini, o sujeito novo. Em Edgerton, o lobo solitário que era o investigador secundário do caso, e em Worden, a consciência rabugenta da unidade. Eu falava menos, escutava mais e aprendi a puxar o bloco e a caneta discretamente, de modo a não perturbar os delicados momentos da vida em comum de um esquadrão.

Após algum tempo, por ter lido a documentação do caso de modo voraz e acompanhado múltiplos turnos para observar as idas e vindas dos investigadores, me tornei um pouco como um ponto de checagem de informações básicas:

"Cadê o Barlow?"

"No fórum. Setor dezoito."

"Kevin tá com ele?"

"Não, ele tá no bar."

"Com quem?"

"Rick James e Linda. E Garvey também foi."

"Quem foi que pegou o caso da Payson noite passada?"

"Edgerton. Ele foi pra casa depois de passar no necrotério e volta às seis."

Mas, acima de tudo, eu era algo engraçado para aqueles homens, uma interessante distração de vinte e tantos anos — "um rato colocado em uma sala cheia de gatos", segundo a descrição de Terry McLarney. "Você tem sorte de sentirmos tanto tédio uns com os outros."

Se eu fosse a uma autópsia matinal, Donald Steinhice projetava a voz e me observava olhando os cadáveres com espanto, assim como Dave Brown me levava ao Restaurante Penn para comer o nojento prato de ovo com linguiça, para medir a fortitude do novato. Se eu acompanhasse um interrogatório bem-sucedido, no final, Rich Garvey me olhava e perguntava se eu tinha alguma questão e ria de qualquer que fosse a questão jornalística resultante. E, se eu pegasse no sono durante o turno da meia-noite, acordava e via polaroides de mim mesmo, com a cabeça encostada na cadeira, a boca aberta, cercado por investigadores sorridentes simulando felação, com os polegares enfiados nas braguilhas abertas.

McLarney redigiu meu formulário verde, a avaliação semianual tão detestada pelos policiais ativos em Baltimore. "Palpiteiro profissional", escreveu como resumo de minha atuação. "Não estão claras quais são as reais responsabilidades do estagiário Simon, no entanto, sua higiene é satisfatória e ele parece saber um bocado sobre nossas atividades. Seus apetites sexuais, no entanto, permanecem suspeitos."

Em casa, com apenas um colchão no chão do quarto e a maioria de meus pertences em posse de minha ex-esposa, passava horas enchendo o computador com fluxos de consciência erráticos, esvaziando os blocos de notas, tentando organizar o que estava testemunhando em casos separados, biografias e cronologias.

O caso Latonya Wallace permaneceu em aberto. Eu fiquei aflito com isso — e não porque um assassino continuava vagando pelas ruas e a morte de uma criança não tinha sido punida. Não, eu estava sobrecarregado demais pelo manuscrito que logo teria que escrever para perder um momento que fosse pensando em termos morais. Em vez disso, eu me preocupei com o fato de que o livro não teria um clímax, que sua conclusão seria aberta, vazia e imperfeita.

Bebi mais um bocado, embora por volta do verão os investigadores, talvez sentindo pena de mim, já comprassem para mim o mesmo número de rodadas que eu tinha pagado para eles no cartão. Para evitar a real questão — começar a escrever de verdade —, passei uma ou duas semanas entrevistando os investigadores em profundidade com um gravador, produzindo o tipo de entrevista em que pessoas que por meses foram sinceras e abertas falam ao microfone com certo conhecimento de que a posteridade está em jogo.

Edgerton prendeu um segundo assassino de crianças e resolveu o caso, e, sem que eu soubesse, tinha descoberto na mãe da menina morta um dos personagens centrais de meu livro seguinte, *The Corner* [A Esquina]. Ella Thompson primeiro surgiu para mim na porta de uma casa geminada na rua Fayette, um rosto de mãe contorcido pela dor. Quatro anos depois, ao entrar em um centro recreativo na rua Vincent, a encontrei de novo — por coincidência — quando começava a investigar uma narrativa diferente, uma que mesmo os melhores investigadores só conseguiam vislumbrar.

Durante aquele ano na divisão de homicídios, nunca senti de fato que tinha me tornado um local. Não em qualquer aspecto que importasse. Não na minha cabeça, pelo menos. Eu me vestia de modo apropriado e, nas cenas de crimes e no fórum, fiz o que supervisores e investigadores mandaram. Em última análise, me diverti imensamente na companhia dos investigadores. Por quatro anos, eu havia escrito a respeito de assassinatos na cidade de modo atrofiado e bidimensional — preenchendo as colunas da parte de trás da seção metropolitana do jornal com o tipo de jornalismo que reduz toda a tragédia humana, em especial aquela envolvendo vítimas não brancas, a petiscos insípidos e facilmente digeríveis:

> Um morador de 22 anos da zona oeste de Baltimore foi morto a tiros ontem em uma intersecção *próxima à* sua casa, em um aparente incidente relacionado ao tráfico. Segundo a polícia, os investigadores ainda não sabem o motivo do crime e não possuem testemunhas no caso.
> Antwon Thompson, residente da quadra 1400 da rua Stricker, foi encontrado por patrulheiros chamados ao local...

De repente, tinham me concedido acesso a um mundo escondido, quando não intencionalmente ignorado, por todo aquele jornalismo imparcial. Aqueles não eram assassinatos que marcavam os eventos do dia. Nem era a matéria-prima para dramas morais perfeitamente redigidos. No verão, com a contagem de corpos crescendo no calor de Baltimore, comecei a me dar conta de que estava no piso de uma fábrica. Aquilo era investigação de assassinatos como processo industrial, uma indústria em crescimento no Cinturão da Ferrugem, que havia muito tinha parado de manufaturar qualquer coisa em massa, a não ser tristeza. Talvez, eu disse a mim mesmo, seja a banalidade disso tudo que torne tudo tão... bem, extraordinário.

Eles foram atrás do Homem do Peixe pela última vez em dezembro. Ele não cedeu. Latonya Wallace não seria vingada. Mas, àquela altura, eu já tinha visto o suficiente para saber que o final vazio e ambíguo seria o correto. Liguei para John Sterling, meu editor em Nova York, e lhe disse que era melhor desse jeito.

"É real", afirmei. "É como o mundo funciona, ou como não funciona."

Ele concordou. Na verdade, ele tinha se dado conta disso antes de mim. Ele me mandou começar a escrever, e, depois de duas semanas olhando para a tela do computador, me perguntando como se escreve a porra da primeira página de uma porra de um livro, me vi novamente no Bar do Mercado com McLarney, que balançava ao ritmo de sua nona Miller Lite e me olhava, bastante surpreso com minha dificuldade.

"Não é isso que você faz pra ganhar a vida?"

Mais ou menos. Só que não algo tão grande quanto um livro.

"Eu sei o que você vai escrever."

Diga.

"Não é sobre os casos. Os assassinatos. Quer dizer, você vai escrever sobre assassinatos para ter algo a escrever. Mas essa parte toda é pura bobagem."

Eu ouvia. Com atenção.

"Você vai escrever sobre nós. Sobre o pessoal. Sobre como agimos e as merdas que dizemos uns pros outros, sobre como a gente fica puto e como a gente é engraçado às vezes, e sobre as coisas que acontecem no escritório."

Eu concordei. Como se soubesse disso o tempo todo.

"Eu vi você anotando coisas enquanto a gente só falava merda, quando a gente não tinha nada a fazer a não ser encher o saco uns dos outros. A gente resmungava, e lá estava você anotando. A gente contava uma piada suja, e lá estava você anotando. Se a gente dissesse ou fizesse qualquer coisa, você estava lá com a caneta, o bloco e uma cara esquisita. E, caralho, a gente deixou você fazer isso."

E então ele riu. Não sei se para ou de mim — eu nunca soube ao certo.

O livro vendeu alguns exemplares. Não o suficiente para entrar nas listas de mais vendidos, mas o suficiente para Sterling estar disposto a me pagar se eu conseguisse apresentar mais uma ideia para um novo livro. Roger Nolan confiscou minha carteira de estagiário policial, e eu voltei para o *Sun*. Os investigadores voltaram ao seu mundo sem intromissão externa. E, exceto por uma reação imediata e cheia de pânico da chefia do departamento, na qual ameaças foram feitas de punir toda a unidade por conduta inadequada a policiais — o humor cru e as obscenidades incessantes de seus subordinados deixaram os coronéis e comissários adjuntos chocados, chocados mesmo, juro a vocês —, a reação geral à *Divisão de Homicídios* pareceu tão discreta quanto costuma ser a maioria das narrativas de não ficção.

Certamente, não ajudava o fato de a história vir de Baltimore. O editor da seção literária do *New York Times* se recusou a resenhar o livro inicialmente, declarando ser um livro regional. Uns poucos repórteres policiais e outros jornais teceram bons elogios. Certa noite, enquanto fazia revisão, assinalando as temperaturas de locais fora da cidade no gráfico do clima, William Friedkin ligou de Los Angeles para dizer quanto tinha gostado do livro.

"William do quê?"

"Friedkin. Eu dirigi *Operação França, Viver e Morrer em Los Angeles*¼"

"Alvarez, para de sacanagem. Tô atrasado com essa porra de gráfico."

Depois de algum tempo, as cópias de capa dura saíram das vitrines e foram relegadas à seção de crimes reais das livrarias. Eu me acomodei novamente no *Sun*, retomei minha antiga rotina e comecei a encontrar os investigadores do outro lado da faixa de isolamento da polícia. Certa vez, em um triplo homicídio na zona norte de Baltimore, perdi a paciência com Terry McLarney quando ele não saiu da cena do crime dentro de uma casa para me resumir o caso, mesmo sabendo que o prazo final estava acabando. Na sala do esquadrão no dia seguinte, enquanto eu discursava com provavelmente um pouco de indignação demais, Donald Waltemeyer saltou da cadeira feito uma bala de .45.

"Puta que pariu, Simon. Olha pra você. Tá parecendo um daqueles advogados de defesa de merda que começam a perguntar no fórum, é verdade, investigador Waltemeyer, que você comeu alguma piranha em 1929? Quem se importa? McLarney estava na cena e estava cagando pro seu prazo de merda. Então, vai se foder e fala pro seu jornal ir se foder, e para de bancar a porra do advogado com a gente."

Olhei para o lado e vi McLarney dando risadinhas, escondendo o rosto com o paletó.

"Um ano inteiro aqui dentro", concluiu Waltemeyer, "e você ainda não passa de um merdinha arrogante."

Ah, normalidade.

E tudo teria continuado naquele pé se Barry Levinson não tivesse comprado o livro e espalhado a coisa toda em uma série dramática para a emissora NBC,* virando nosso pequeno e autocontido mundo de

---

* Homicide: Life on the Street foi originalmente exibida nos Estados Unidos pela NBC entre 31 de janeiro de 1993 e 21 de maio de 1999. No Brasil, recebeu o nome de Homicídio e teve seis temporadas exibidas nas noites de domingo pela Rede Manchete, e as duas últimas foram exibidas exclusivamente na TV paga pelo canal USA (atualmente Universal Channel). A série contava com Richard Belzer, Clark Johnson, Andre Braugher, Kyle Secor, Yaphet Kotto e Melissa Leo no elenco e ganhou inúmeros prêmios ao longo de suas temporadas, como o Emmy, Writers e Directors Guild of America, Peabody, entre outros.

cabeça para baixo. De repente, Edgerton tinha se transformado em um tipo de investigador orgulhoso, exibido e totalmente intelectualizado chamado Pembleton. E McLarney era careca, tinha um bigode ridículo e era obcecado pelo assassinato de Lincoln. E Worden era aquele ator — como era o nome dele? —, o que foi comido em *Amargo Pesadelo*. E Garvey? Caramba, deram a Garvey cabelo ruivo e seios. Ele era uma mulher, pelo amor de Deus.

Para mim, o livro *Divisão de Homicídios* era, no começo, como uma espécie de enteado estranho. Eu admirava o drama e a concepção toda — e, para os próprios investigadores, cheguei a defender a disposição do show de ficcionalizar o mundo deles como uma licença necessária para se criar uma narrativa longa. Eu certamente fiquei feliz pelo livro ser redescoberto; antes de a série da NBC terminar, 250 mil exemplares foram vendidos. Mas, na verdade, me sentia dividido.

Após ler os três primeiros scripts, escrevi um longo memorando para Barry Levinson e Tom Fontana no qual expliquei os pormenores de várias técnicas de investigação e as exigências jurídicas. Não, você não pode revistar a casa de um suspeito porque um investigador sonhou que a arma estava lá. Uma causa provável é o elemento necessário para qualquer mandado de busca e apreensão ser assinado por um juiz, e assim por diante, et cetera, et cetera...

"O rapaz da não ficção", foi como Fontana passou a me chamar depois daquilo, e não de modo carinhoso.

Eu fui ao set de filmagem umas duas vezes, parado lá como qualquer outro turista. Os próprios investigadores, às vezes, apareciam, normalmente com esposas ou namoradas que queriam conhecer Danny Baldwin ou Kyle Secor. Alguns trabalharam como consultores técnicos, sentados próximos a monitores de vídeo e dando conselhos quando consultados e, às vezes, para pesar da companhia de filmagem, quando não eram também.

Um momento especial nesse quesito pertence a Harry Edgerton que, ao ver Frank Pembleton — seu alter ego televisivo — pedir uísque com leite em um bar, gritou, "Corta!".

Barry Levinson se virou para olhar o consultor técnico como se examinasse uma nova espécie. Os diretores assistentes e os produtores correram para imediatamente corrigir o erro.

"Eu nunca beberia um treco desse tipo", me disse Edgerton depois. "Uísque com leite? Fala sério, Dave, as pessoas vão ver aquilo e pensar o quê?"

Por fim, Gary D'Addario — um homem conhecido pelo tato e pela discrição — se tornou o único consultor e, depois, ganhou o papel de comandante tático no elenco. E conforme as filmagens deixaram de ser novidade, os outros investigadores foram se afastando. E eu fiz o mesmo, me sentindo, como todos os escritores provavelmente se sentem em um set de filmagem, totalmente desnecessário.

Para ser justo, uma das produtoras, Gail Mutrux, tinha me perguntado se eu queria tentar escrever o episódio-piloto do show. Ridiculamente alheio ao dinheiro envolvido, eu recusei, dizendo a Gail — que foi a primeira ler *Divisão de Homicídios* e chamar a atenção de Levinson quanto a seu possível potencial televisivo — que ela deveria encontrar alguém que soubesse o que fazer, ao menos para dar ao projeto alguma chance de sucesso. Se eles quisessem, eu escreveria um episódio mais adiante, quando a estrutura do show já estivesse estabelecida.

Fontana e Levinson concordaram. E esse script posterior, que escrevi em parceria com David Mills, um amigo da época da faculdade de jornalismo, se revelou tão deprimente e brutal que os executivos da NCB não quiseram filmar o roteiro naquela primeira temporada da série. Foi apenas um ano depois, durante a truncada segunda temporada de quatro episódios, que ele foi filmado, e apenas porque Robin Williams concordou em estrelar como ator convidado.

Ainda tenho a primeira versão do roteiro — cheio de anotações em vermelho de Tom Fontana. Nossas cenas eram longas e os diálogos mais longos ainda, e as partes descritivas eram estragadas pelo tipo de direção de câmera que denota um esforço amadorístico. Após Tom e Jim Yoshimura terem acrescentado cenas adicionais para o astro convidado — e cortado o diálogo de outros personagens —, talvez metade do roteiro pudesse ser creditado a mim e a Mills.

Considerei isso um fracasso pessoal — mesmo após o episódio ganhar o prêmio de roteiro da Associação de Roteiristas da América — e eu aproveitei a oportunidade para lembrar a mim mesmo onde era meu lugar de verdade. De volta ao *Sun*, trabalhando na minha rotina, comecei a planejar o segundo livro, um ano passado em uma esquina de comércio de drogas na zona oeste de Baltimore. No entanto, Mills tinha deixado seu emprego no *Washington Post* por Hollywood e, após trabalhar em *Nova York Contra o Crime*, ligou para me convencer de que qualquer freelancer que, em seu primeiro script, consegue manter metade de suas palavras em um episódio está se saindo bem.

Então, após um segundo roteiro para a série — este, filmado com poucas alterações — eu caí fora. Contribuiu para isso o fato de que meu jornal — outrora um diário de tradições veneráveis, ainda que estreitas — tinha se tornado o playground de dois aproveitadores da Filadélfia, dois amadores alheios para os quais o apogeu de todo o jornalismo era uma série de cinco reportagens que declaravam que "o *Baltimore Sun* recebeu informações" no segundo parágrafo e então oferecia um par de páginas cheias de dados excessivos contendo pequenos ultrajes e soluções ainda mais simplistas.

Havia uma atmosfera de busca febril por um prêmio Pulitzer no lugar e uma mitologia cuidadosamente criada que dizia que ninguém fazia seu trabalho direito antes do atual regime descer com as tábuas dos mandamentos do Sinai. Quando voltei de minha pesquisa para *The Corner*, a sala de redação era um lugar deprimido e deprimente, ainda mais depois que uma série de vendas de ações começou a empurrar veteranos talentosos para outros jornais. Por fim, a redução de gastos e o fato de os donos serem gente de fora da cidade destruiriam o lugar, mas, mesmo na metade da década de 1990, havia fraudes intelectuais e sede por prêmios o suficiente no *Sun* para que me desse conta de que tudo aquilo que eu tinha amado no jornal estava desaparecendo e que, no fim, o artifício do drama televisivo era, se comparado aos artifícios de uma campanha por um Pulitzer, não mais um pecado notável.

Me contrataram, com aquele enteado, e Tom Fontana e sua equipe me ensinaram a escrever para a televisão, até o ponto em que fiquei orgulhoso de trabalhar para o sujeito. E quando *The Corner* foi publicado, eu estava pronto para contar aquela história na HBO com Mills.

Quanto aos investigadores, a maioria aceitou *The Corner* como uma história legítima, contada de modo justo. Após um assassinato, certo dia, na esquina da Monroe com a Fayette, Frank Barlow chegou a sair da cena do crime isolada com fita amarela para conversar comigo a respeito dos velhos tempos e perguntar como o novo projeto estava indo — um ato de confraternização pelo qual tive que me explicar por dias a fio para informantes, traficantes e viciados. Mas outros investigadores consideraram o segundo livro um tipo de traição — uma narrativa escrita não do ponto de vista da exemplar polícia de Baltimore, mas na voz daqueles que eles perseguiam.

•   •   •

No começo dos anos 1990, aquela busca tinha se tornado brutal e inclemente. Cinco anos após minha pesquisa para a série, a epidemia de cocaína tinha sobreaquecido a economia do tráfico em Baltimore e transformado a periferia. Enquanto antes havia umas duas dúzias de pontos de drogas, agora havia mais de duzentas esquinas. E enquanto a divisão de homicídios da cidade antes investigava 240 mortes por ano, subitamente começou a lidar com mais de 300. A taxa de resolução tinha caído um pouco, os chefes ficaram nervosos com isso e, por fim, entraram em pânico.

Desde a época de Donald Pomerleau no comando, o gerenciamento interno do departamento de Baltimore tinha se tornado medíocre, mas foi apenas em meio à guerra da cocaína que o custo disso se revelou. Uma coisa era ter um comissário quase senil cuidando de um departamento viável em 1981, quando bocas de fumo que vendiam crack e speedballs* eram só um rumor em Baltimore. Uma década depois, a liderança verdadeira era uma necessidade fundamental, e, pela primeira vez desde 1966, a cidade chamou um comissário vindo de fora, dando a ele a ordem de limpar a casa.

Foi o que ele fez. Mas do pior modo possível, porque Thomas Frazier, ao chegar com um ar de suprema confiança de San Jose, conseguiu quase sozinho destruir a divisão de homicídios do Departamento de Polícia de Baltimore no processo.

Para começar, Frazier se mostrou indiferente ao fato de que, dentro de cada agência policial dos EUA, existem duas hierarquias. A primeira é a cadeia de comando, onde a hierarquia em si é o fator determinante; sargentos aprendem a implorar diante de tenentes, que se ajoelham diante de majores, que se prostram diante de coronéis, que beijam as ancas dos comissários adjuntos. A hierarquia é necessária nesse modelo e nunca pode ser inteiramente desrespeitada.

Mas a hierarquia alternativa — igualmente essencial — é a da experiência, e ela existe para os técnicos do departamento, cujas habilidades em determinado trabalho requerem a deferência necessária.

Isso define o investigador de homicídios.

Mas, incrivelmente, Frazier veio para Baltimore e, imediatamente, declarou que a rotação de oficiais de polícia de um cargo para outro seria seu plano para revitalizar o departamento na cidade. Nenhum policial, declarou ele, deveria permanecer em um mesmo cargo por mais de três anos.

---

* Coquetel injetável que mistura cocaína e heroína.

Não importa que um investigador de homicídios — sem falar em outros investigadores e técnicos do departamento — leve ao menos esse tempo para aprender completamente seu trabalho e se tornar eficiente. E não importa que a rotação afete o desempenho profissional de todos os homens na divisão de homicídios. Frazier mencionou sua própria carreira como justificativa, declarando que ele tinha, após três anos em cada posição, ficado entediado e ansioso por novos desafios.

A rotação afastou alguns dos melhores policiais da cidade, e eles partiram para tarefas investigativas no governo federal e nos condados ao redor. Quando, por exemplo, Gary Childs e Kevin Davis decidiram ir embora antes de terem que acatar a nova política, eu entrevistei Frazier e perguntei como ele se sentia a respeito dessas perdas.

"Eles são sujeitos que conseguem levar um esquadrão nas costas", afirmei.

"E por que alguém precisaria ser carregado? Por que cada sujeito na divisão não pode ser o melhor?"

Como hipérbole, soa ótimo. Mas a verdade a respeito da divisão de homicídios de Baltimore — mesmo quando esteve no auge, nos anos 1970 e 1980, quando as taxas de resolução estavam todas acima das médias nacionais — é que alguns investigadores são brilhantes, alguns são competentes, e outros são notoriamente ineficientes.

Ainda assim, em cada esquadrão, parece haver um Worden, um Childs, um Davis ou um Garvey, que centraliza meia dúzia de homens e supervisiona os colegas mais fracos. Com trinta investigadores e seis sargentos, é possível para os supervisores de esquadrões monitorar os investigadores com dificuldades, colocá-los em duplas com veteranos, assegurar que os casos não se percam pelo caminho tão facilmente.

A outra estratégia de Frazier — fora afugentar os talentos do departamento — foi colocar mais investigadores no sexto andar. Mais esquadrões. Mais investigadores novos. Por fim, a força-tarefa de crimes violentos foi ligada com a de homicídios no sexto andar, e mais trinta homens começaram a investigar casos.

Mais investigadores, menos responsabilidade. E agora, quando um investigador atende à chamada de um assassinato, é provável que ele não saiba qual esquadrão investiga o caso ou quais são, de fato, as capacidades dos novos investigadores. Sempre houve novatos — um ou dois por esquadrão —, e os veteranos cuidavam deles, fazendo questão de que não recebessem casos difíceis antes de terem lidado com uma dúzia de casos na condição de investigadores secundários, ou talvez até mesmo antes de terem lidado com alguma barbada ou duas por conta própria. Agora, esquadrões inteiros eram constituídos por homens em seus primeiros anos de trabalho, e, com a contínua saída de veteranos, a taxa de resolução caiu drasticamente.

Uns poucos anos depois, a taxa já estava bem abaixo de 50% e com metade disso em termos de condenações reais. E, como em qualquer empreitada institucional, uma vez que o conhecimento vai embora, ele não volta mais.

"Eles acabaram com a gente", me disse Garvey antes de encaminhar sua transferência. "Essa foi uma grande unidade, e era como se tivessem um plano pra arruinar ela."

De minha parte, eu tinha passado a me sentir da mesma forma quanto ao meu velho mundo, tendo visto alguns dos melhores repórteres no meu jornal partirem para o *New York Times*, para o *Washington Post* e outros jornais — acuados por uma arrogância institucional absolutamente idêntica à do departamento de polícia.

Struck, Wooten, Alvarez, Zorzi, Littwin, Thompson, Lippman, Hyman — alguns dos melhores repórteres do *Baltimore Sun* foram marginalizados e, então, compensados, despachados e substituídos por puxa-sacos de vinte e poucos anos que, pelo menos, nunca cometeriam o erro de ter uma discussão sincera com a gerência da sala de redação. Em uma época de crescimento, quando a chance de verdadeiramente ampliar a instituição era possível, o novo regime no *Sun* contratou tanto talento quanto dispensou. E, no final, quando os aproveitadores finalmente foram embora, com sua heroica renovação mitológica intacta, tinham conseguido conquistar três prêmios Pulitzer em cerca de doze anos. Durante os doze anos anteriores, as edições da manhã e da noite tinham conquistado exatamente o mesmo número.

Ao escutar Garvey enquanto bebíamos naquele dia, me dei conta de que havia algo emblemático naquilo: que, nos EUA da pós-modernidade, qualquer instituição à qual você serve, ou então que serve a você — um departamento de polícia ou um jornal, um partido político ou uma igreja, Enron ou Worldcom — vai, no fim, acabar traindo você.

Quanto mais eu pensava, mais parecia uma tragédia grega. Coisa digna de Ésquilo e Sófocles, com a diferença de que os deuses não eram olimpianos, mas corporativos e institucionais. Em todos os aspectos, nosso mundo parece um lugar em que seres humanos — sejam eles investigadores treinados ou repórteres informados, traficantes de esquina calejados, estivadores de terceira geração, ou escravas sexuais trazidas da Europa — estão destinados a importar cada vez menos.

Após ver o que foi feito ao meu jornal e à divisão de homicídios de Baltimore, comecei a escrever o piloto de um novo drama para a HBO. *A Escuta* tem, para o bem e para o mal, ocupado meu tempo desde então.

．　．　．

Logo após ler o manuscrito de *Divisão de Homicídios*, Terry McLarney me enviou pelo correio uma única folha de papel branco. No alto da página solitária:

"O Livro. Volume II."

E então a frase, "Meu Deus. Eles foram todos transferidos. Acho que agora entendo o que eles estavam tentando me dizer."

Aquele foi o único tiro de advertência que recebi antes da publicação, o único aviso — mesmo que leve — de que o livro poderia se mostrar problemático para aqueles que retratava.

E, em face da política de rotação de Frazier, e também da partida de investigadores veteranos que não tinha a ver com a política em si, o cômico e seco lamento de McLarney certamente parecia profético.

Mas há uma verdade equivalente, uma que merece ser observada: em 1998, olhando para trás exatamente uma década após acompanhar aqueles homens com caneta em uma das mãos e bloco de notas na outra, era correto dizer que mais de três quartos deles não trabalhavam mais na divisão de homicídios da cidade de Baltimore. Mas, voltando dez anos antes do meu período como estagiário policial, era também verdade que três quartos dos investigadores que trabalhavam na unidade em 1978 tinham ido embora. E eles partiram, é claro, sem que um livro tivesse sido escrito a respeito deles.

O próprio tempo é causa de atrito.

E, com o passar do tempo, Baltimore se tornou confortável com sua descrição tanto em *Divisão de Homicídios* quanto no drama televisivo que o sucedeu. O prefeito apareceu no programa; o governador de Maryland também. Os próprios atores passaram a ser considerados cidadãos honorários de Baltimore, ou Baltimorons,* como alguns de nós preferimos ser chamados. Na última década e meia, autografei exemplares do livro para políticos, líderes cívicos, advogados, policiais, criminosos.

No entanto, em determinados círculos, o acolhimento logo acabou, talvez porque tanto *The Corner* quanto *A Escuta* oferecem uma visão muito mais obscura dos problemas que confrontam a cidade. Há consternação com o efeito conjunto de toda essa narrativa mortal sobre a imagem de

---

* Trocadilho com o nome da cidade e o termo "moron", que significa "idiota".

Baltimore, e sua viabilidade como um destino turístico, com certeza. Ao mesmo tempo, há também um orgulho peculiar em ser parte de uma cidade que resiste apesar de um índice tão revoltante e persistente de violência.

Eu sei que parece ridículo — a velha história de transformar limões em limonada —, mas tem um fundo de verdade nisso. Desde o começo, *Divisão de Homicídios* era, creio, uma resposta obtusa, mas focada à negligência nacional de problemas urbanos, demonstrando, se não nossa habilidade cívica de resolver esses problemas, ao menos nosso humor e honestidade ao confrontá-los.

A propaganda da cerveja Natty Boh declarava que Maryland era "A Terra da Vida Aprazível", ecoando a visão oficial de Baltimore, onde dizem, orgulhosos de sua cidade, que "Se você não consegue viver aqui, não consegue viver em nenhum lugar".

Esse sentimento parece ser ridicularizado pelo conteúdo de *Divisão de Homicídios* e *The Corner*, ou então, dado seu tom político raivoso, pelo de *A Escuta*. Mas não há intenção de qualquer sarcasmo, e, entre os residentes da cidade, não me parece que muitos se sentiram particularmente usados. Caso more aqui, você conhece as coisas boas, e ainda pode sentir o ideal cívico que, de algum modo, conseguiu sobreviver a tanta pobreza, violência e desperdício, a tanta indiferença e falta de liderança.

Recentemente, a cidade pagou meio milhão de dólares para uma consultoria, em busca de um novo slogan para si: "Baltimore — Envolva-se".

Eu gostei. A sugestão de um segredo. Como se você precisasse andar por estas ruas por algum tempo antes de saber com certeza o que está em jogo na sobrevivência desta cidade e por que tantas pessoas ainda se importam.

Mas eu confesso que meu slogan favorito veio de um pequeno concurso divulgado no site do jornal, no qual os leitores ofereceram suas próprias sugestões de graça a consultores de imagem extremamente bem pagos, e um morador ironicamente escreveu: "Aqui é Baltimore, meu bem... se abaixa!".

Os investigadores teriam reconhecido o senso de humor e, mais do que isso, o temperamento que gera esse tipo de humor. Diabos, se eles pudessem comprar esse adesivo, provavelmente teriam colado na parte de trás de todos os carros à paisana.

Esses homens viveram e trabalharam sem ilusões, e, tarde da noite, enquanto reescrevia partes do livro pela terceira ou quarta vez, me dei conta de que tentava alcançar uma voz, ou mesmo uma tese, que eles reconheceriam como verdadeira.

Não importava o público leitor, ou as sensibilidades de outros jornalistas ou, Deus me livre, quem quer que julgue livros para premiações em algum lugar. Quinze anos atrás, quando estava preso a meu computador, o único julgamento que importava para mim era o daqueles investigadores. Se eles lessem o livro e declarassem que era honesto, eu não sentiria a vergonha que nos acompanha quando capturamos pedaços de vidas humanas e as exibimos para todos verem.

Isso não quer dizer que tudo que escrevi foi elogioso ou enobrecedor. Há páginas no livro em que esses homens parecem insensíveis, racistas, machistas ou homofóbicos, nas quais as piadas deles aludem à pobreza e à tragédia de terceiros. Porém, mesmo assim, com um cadáver no chão — não branco ou, em raras ocasiões, branco —, eles davam o melhor de si, independentemente de quem fosse. E, então, os leitores aprenderam a perdoar, assim como o escritor aprendeu a perdoar e, quinhentas páginas depois, a própria sinceridade dos investigadores era uma qualidade, em vez de constrangimento.

No prefácio de *Let Us Now Praise Famous Men,*[*] James Agee pediu absolvição por suas transgressões jornalísticas, declarando "esses sobre quem escreverei são seres humanos, que vivem neste mundo, inocentes quanto às reviravoltas que ocorrem acima de suas cabeças; e viveram entre eles, os espionaram, os reverenciaram e os amaram outros seres humanos deveras monstruosos, a serviço de outros ainda mais estranhos; e que agora são investigados por outros ainda, que pegaram sua vida tão casualmente, como se fosse um livro".

Há muitos jornalistas que acreditam que seu trabalho deve conter um tom concordante e analítico, que eles devem reportar e escrever com uma objetividade falsa e ensaiada e a presunção de onipresença. Muitos são consumidos na busca por escândalos e falhas humanas e acreditam ser insuficiente olhar para os seres humanos com um olhar cético, mas ainda assim compassivo. O trabalho deles é, claro, factual e justificável — e nem por isso mais próximo da verdade do que qualquer outra forma de narrativa.

Anos atrás, li uma entrevista com Richard Ben Cramer na qual ele era acusado por um colega jornalista de se engajar em um tipo de "amor que não ousa dizer o nome" — ao menos não no estúdio de um noticiário. No

---

[*] "Louvemos agora homens famosos", em tradução literal. Livro publicado originalmente em 1941 que retrata a vida de agricultores pobres durante a Grande Depressão nos EUA, na década de 1930.

que se refere aos candidatos que ele acompanhou para *What It Takes*,[*] em sua incrível narrativa da política presidencial, Cramer foi questionado se, na verdade, gostava dos homens a respeito dos quais escrevia.

"Se eu gosto deles?", respondeu. "Eu os amo."

Como ele poderia escrever um tomo de novecentas páginas usando as vozes deles se de fato não amasse cada um, com seus defeitos e tudo mais? E que tipo de jornalista acompanha seres humanos por anos a fio, registrando seus melhores e piores momentos, sem adquirir um apreço básico por sua individualidade, sua dignidade, seu valor?

Eu admito. Eu amo esses caras.

Na data em que escrevo este texto, Richard Fahlteich — um investigador que atuava no esquadrão de Landsman em 1988 — é o maior e comandante da divisão de homicídios, embora ele planeje se aposentar em menos de um mês, após mais de trinta anos de serviço.

O tenente Terrence Patrick McLarney, que comandou um esquadrão no turno de D'Addario quinze anos atrás, é um dos comandantes de turno, tendo batalhado por seu retorno à unidade após anos exilado nos distritos Oeste e Central, para onde foi banido após seu comandante de turno educadamente declinar um convite para uma briga na garagem da central.

A razão pela qual McLarney sentiu necessidade de fazer o tal convite foi que seu comandante de turno não era mais Gary D'Addario, que tinha primeiro sido promovido a capitão, mais tarde, a major e, então, a comandante do Distrito Nordeste. Na opinião de muitos, o homem que substituiu D'Addario não compreendia a divisão de homicídios. Ele certamente não compreendia McLarney, que, apesar dos protestos, de sua aparência e comportamento em geral, é uma das almas mais espertas, engraçadas e honestas que já tive o privilégio de conhecer.

Por sua vez, D'Addario prosperou não apenas como comandante distrital, mas também como consultor técnico para *Homicídio* e outras produções. Sua atuação como o tenente Jasper, o comandante tático da série, mesmo não dando a ele aclamação irrestrita, deu a muitos dos

---

[*] "O que é necessário", em tradução literal. O livro narra a corrida dos candidatos presidenciais à Casa Branca na eleição de 1988.

comandantes subordinados a oportunidade de aconselhá-lo a não abandonar seu verdadeiro emprego.

Ele foi forçado a se exonerar abruptamente três anos atrás por um comissário de polícia que nunca ofereceu um motivo, simplesmente convocou D'Addario a seu gabinete e expressou a demanda.

O fato de isso ter ocorrido dois dias após D'Addario aparecer pela primeira vez em uma breve cena em *A Escuta*, fazendo o papel de um promotor do grande júri, talvez seja relevante. A atual administração da cidade sabidamente não gosta da série da HBO, e, embora D'Addario não tenha sido o único veterano do departamento a aparecer na série, ele foi o único comandante a fazer isso na época. Eu escrevi uma carta ao prefeito, observando que o papel tinha sido neutro e que as falas de D'Addario não traziam descrédito ao departamento. Sugeri que, se o descontentamento com o major tinha ocorrido por sua aparição na série, então a decisão deveria ser reconsiderada e, mais do que isso, que a administração deveria nos informar, de um modo ou de outro, se tinha preocupações quanto a policiais aparecerem no programa.

Nenhuma resposta foi recebida.

Em 1995, Donald Worden se aposentou nos seus próprios termos, após mais de três décadas de serviço. Kevin Davis — o Worden do turno de Stanton — se aposentou no mesmo dia. Fiz questão de acompanhar os dois veteranos em seu último turno, quando pegaram um suspeito no presídio municipal e tentaram sem sucesso fazê-lo assumir um antigo assassinato. A história do último dia de trabalho deles foi minha última matéria assinada como funcionário do *Sun* — uma metáfora pessoal de algum tipo, não que alguém fosse notar.

Um ano depois, quando o número de assassinatos aumentou e a taxa de resolução caiu, o departamento empregou Worden novamente como contratado civil para ajudar a solucionar antigos crimes sem solução. Ele ainda está resolvendo esses crimes, com seu supervisor de casos "frios", sargento Roger Nolan, escrevendo nomes em azul no Quadro, mesmo sem carregar distintivo nem arma.

Quando ocasionalmente vejo Worden, normalmente para um copo ou dois de cerveja ou em um boteco irlandês na rua O'Donnell, sempre lhe ofereço 25 centavos. Ele educadamente recusa, embora não pudesse deixar de apontar que agora deveriam ser 45 centavos.

Contando com Fahlteich e McLarney, Worden e Nolan são os únicos membros remanescentes do turno de D'Addario ainda na ativa. A maior parte do restante daquele turno está espalhada pelas forças policiais do

Médio Atlântico,* a maioria já deu entrada nos papéis de aposentadoria para poder assumir cargos de investigação com remuneração melhor em outras agências.

O parceiro de Worden, Rick James, foi trabalhar para a Agência de Inteligência da Defesa dos EUA. Rich Garvey e Bob McAllister assumiram posições como investigadores na defensoria pública federal, com Garvey trabalhando na filial de Harrisburg, Pensilvânia, e McAllister empregado em Baltimore.

Gary Childs se tornou investigador no Ministério Público do Condado de Carroll e, posteriormente, investigador de homicídios no Condado de Baltimore. Logo, ele começou a trabalhar com Jay Landsman, que, por sua vez, começou a trabalhar com o próprio filho. E, com duas gerações de Landsmans trabalhando na mesma delegacia, naturalmente gargalhadas se sucederam.

Durante uma campana, Jay usou o rádio para perguntar se seu filho, que está acima dele na hierarquia, enxergava o carro que estavam seguindo.

"Tô vendo ele, papai", foi a lacônica resposta no rádio, sucedida pelo riso maravilhado do resto da equipe de vigilância.

Sem Roger Nolan para protegê-lo, Harry Edgerton logo entrou em atrito com um departamento que tinha pouca tolerância a iconoclastas.

Em 1990, seu parceiro de longa data, Ed Burns, tinha voltado de uma bem-sucedida operação conjunta do FBI com a polícia de Baltimore para pegar a rede de tráfico chefiada por Warren Boardley e imediatamente escreveu uma proposta para uma unidade especializada que poderia conduzir investigações proativas de longa duração junto a organizações de tráfico violentas. Quando essa proposta sumiu no oitavo andar sem nenhuma resposta, Burns decidiu contar suas fichas, se aposentando em 1992 para dar início a uma carreira como professor em escolas de Baltimore — uma carreira que eu encurtei um ano ou dois ao convencer Ed a vir comigo para Baltimore Oeste para pesquisar e escrever *The Corner*. A parceria continua — Ed, atualmente, é roteirista e produtor em *A Escuta*.

Por conta própria, Edgerton deixou o conforto do esquadrão de Nolan — onde seu sargento sempre o protegia e onde as reclamações de seus colegas de trabalho sempre eram recebidas com ressalvas. Ele se transferiu da divisão de homicídios para um novo esquadrão de investigação

---

* Região dos EUA que abrange os estados de Nova York, New Jersey, Pensilvânia, Delaware, Maryland, Washington D.C., Virgínia e Virgínia Ocidental.

— a força-tarefa de crimes violentos — que Edgerton acreditava que poderia se tornar o esquadrão de grandes casos que ele e Burns imaginavam há tanto tempo.

No entanto, a unidade provou não ser nada do tipo, e, conforme começou a se concentrar em abordagens de rua e batidas em esquinas, Edgerton iniciou uma rebelião singular, fazendo as coisas a seu modo, ignorando as ordens de superiores e alienando colegas investigadores do jeito que apenas Harry Edgerton consegue.

Um comissário, então, o incumbiu da tarefa quixotesca e existencial de recuperar a arma de um patrulheiro que tinha sido ferido na zona leste de Baltimore. Em algumas semanas, Edgerton já estava em negociações com um traficante da zona leste para conseguir exatamente isso. Sua moeda de troca era uma coleção de vídeos pornôs caseiros, todos guardados em um estojo de couro que tinha sido apreendido em uma batida de drogas. Esclarecendo ao traficante que as fitas eram de natureza pessoal, Edgerton as ofereceu em troca da arma do policial. Porém, nesse ínterim, enquanto as negociações evoluíam, um supervisor o denunciou por não ter dado entrada das fitas e do estojo de couro junto ao controle de provas, e, no aguardo da decisão de um comitê interno a respeito de sua conduta, Edgerton foi suspenso com direito a continuar recebendo. E então, antes que ele pudesse apresentar sua versão a respeito do caso, foi flagrado na zona oeste de Baltimore, armado com seu revólver de serviço suspenso, se encontrando com um homem que Edgerton descreveu como um informante.

Donald Worden, um sábio entre os policiais que investigam mortes, gosta de apontar para a enorme pasta que contém o Código de Conduta do Departamento de Polícia de Baltimore e dizer: "Se eles quiserem pegar você, eles pegam você".

O departamento queria Edgerton, tinha se cansado de sua indiferença à cadeia de comando e seu desprezo calculado por qualquer coisa que não fosse trabalho investigativo. Ele foi convencido, antes que qualquer comissão julgadora pudesse se reunir, a trabalhar até fechar vinte anos de carreira e, então, se aposentar com a pensão integral. Ele hoje faz trabalhos de segurança para diversas companhias.

O parceiro de Edgerton no caso Latonya Wallace, Tom Pellegrini, continuou a checar o caso da menina morta por anos a fio, mas com pouco sucesso. Ele visitou o Homem do Peixe uma última vez e incentivou seu melhor suspeito a escrever em um bilhete se era culpado ou inocente, e a então esconder o documento.

"Assim, se você morrer", explicou Pellegrini, "vou achar o papel e ao menos vou saber."

Quando o Homem do Peixe de fato partiu deste plano, há vários anos, nenhum documento do tipo foi encontrado em seus pertences. Às vezes, a mágica funciona; às vezes, não.

Após se aposentar do departamento em Baltimore, Pellegrini passou algum tempo em uma missão das Nações Unidas a Kosovo, ensinando investigação de homicídios para os novos investigadores de lá. No momento em que este texto é escrito, ele comanda uma empresa de investigação particular em Maryland.

Assim como outros, Gary Dunnigan hoje é investigador de seguros. Eddie Brown foi trabalhar no centro como segurança para os Baltimore Ravens, assim como Bertina Silver, do turno de Stanton. Rick "Parceiro" Requer foi trabalhar no departamento de aposentadorias da polícia, embora sua versão de investigador de homicídios ainda viva por meio da interpretação de Wendell Pierce do lendário Bunk Moreland em *A Escuta*, incluindo seu onipresente charuto. Os investigadores restantes do turno de D'Addario — Donald Kincaid, Bob Bowman e David John Brown — também se aposentaram, embora Dave Brown tenha saído de modo frustrante, ao machucar seriamente uma perna durante uma busca a uma casa desabitada.

Danny Shea morreu de câncer em 1991. Eu não o acompanhei em muitos casos, já que ele era um veterano do turno de Stanton, mas tenho a distinta memória de estar com ele diante da mais natural das mortes, em um apartamento em Charles Village, onde uma professora de piano morreu na cama com o rádio tocando baixinho.

A "Pavana para uma Infanta Morta" de Ravel tocava naquele momento, e Shea, um sujeito de conhecimento profundo e variado, sabia disso, e eu não.

"Uma morte calma e perfeita", disse, gesticulando para o cadáver e me dando um momento que sempre lembrarei ao pensar em Danny Shea.

Donald Waltemeyer também morreu de câncer em 2005, após ter se aposentado da polícia de Baltimore e se tornado investigador no Departamento de Polícia de Aberdeen, no nordeste de Maryland.

Quando McLarney e os outros membros de seu velho esquadrão se reuniram com os veteranos de Aberdeen no funeral, eles rapidamente se deram conta de que Escavador Waltemeyer tinha conseguido irritar e encantar os dois departamentos exatamente da mesma maneira. No funeral, homens com diferentes uniformes asseguravam uns aos outros que eram privilegiados de terem conhecido e trabalhado com um investigador consumado, além de renomado pé no saco.

Entrementes, o estagiário policial daquele ano longínquo continua à solta, seu paradeiro sujeito a rumores e às cruas conjecturas de certos veteranos na unidade. Ele é visto ocasionalmente em sets de filmagem de Baltimore e avistado em escritórios de produtoras abarrotados e salas de roteiristas. Às vezes, ele vai às reuniões da divisão de homicídios em Parkville, onde investigadores aposentados nunca deixam de falar alguma merda para ele e perguntar, com uma piscadinha, quando a NBC vai finalmente botar aqueles cheques graúdos no correio.

Nada a declarar. Mas o estagiário e seu cartão de crédito estão a postos, sabendo que, por vários motivos, e talvez por toda sua carreira, ele deva a esses sujeitos — cada um deles — mais do que algumas rodadas.

David Simon
Baltimore
Maio de 2006

DIVISÃO DE HOMICÍDIOS
DAVID SIMON

CASO ENCERRADO

por Terry McLarney

Na década e meia após David Simon terminar de escrever este livro, ele se transformou de um jornalista novato com talento questionável, que usava camiseta, brinco de diamante e carregava um bloco de notas, em um autor premiado, roteirista aclamado e produtor de televisão talentoso. Durante esses mesmos quinze anos, eu recebi exatamente uma promoção.

Os anos se passaram, e pouco vi Dave, exceto por um ou dois encontros da divisão de homicídios e nas festas de aposentadoria de Gary D'Addario e Eugene Cassidy. E, então, certo dia, meu filho me ligou da Carolina do Norte, "Pai, tem uma série na HBO que é toda sobre o seu departamento de polícia". Respondi que conhecia *A Escuta* e perguntei a Brian se ele tinha de fato assistido ao programa. Sua resposta foi quase reverente, "Pai, todo mundo na marinha assiste *A Escuta*".

Simon tinha conseguido de novo.

Em 1988, quando um confuso comandante permitiu que Dave passasse um ano conosco, meus colegas e eu demos risada e brincamos com ele feito crianças que descobriram um novo brinquedo em seus berços. Para nossa alegria, Dave, um jovem abstêmio, ficava notavelmente embriagado após umas poucas cervejas. Ele se juntava a nós após o trabalho, talvez esperando vislumbrar o Santo Graal da divisão, mas, no fim, nos demos conta de que apenas queríamos nos maravilhar com o espetáculo que é alguém ficar bêbado após três pequenas latas de bebida.

Dave aceitou as provocações bem-humoradas e logo operava de modo imperceptível entre nós. Ele se tornou a proverbial barata na parede, absorvendo tudo enquanto estávamos muito ocupados resolvendo assassinatos para calcular nosso comportamento na presença dele. A princípio, estávamos preocupados com o que acontecia na frente de Dave. Nós nos controlávamos, tomando cuidado com nossa linguagem e até mesmo nossa metodologia. Mas, após algum tempo, estávamos ocupados demais para nos importarmos; quanto mais ocupados, mais ele escrevia. Embora tenhamos permitido que estivesse presente durante interrogatórios de rotina, questões legais por vezes o impediam que estivesse fisicamente conosco em certos interrogatórios. Na época, não tínhamos as câmaras e os microfones que agora são comumente usados nas salas de interrogatório de cada departamento de polícia. Nós aprendemos a abrir a porta devagar, para não acertá-la na cara de Dave. Ele ouvia pelas rachaduras da porta e tinha um ouvido excelente, a julgar pela precisão com que mais tarde detalharia investigações inteiras. Quando *Divisão de Homicídios* foi lançado, ficamos gratos pela clareza com que Dave tinha capturado o caos controlado que permeia cada divisão de homicídios urbana: o ritmo de montanha-russa de algumas investigações, as frustrações, os triunfos, o fluxo constante de violência incomensurável.

A equipe de comando, novamente sóbria, reagiu ao trabalho inovador perguntando ao consultor jurídico do departamento se poderíamos ser acusados de exibirmos uma conduta inadequada a um policial. Cabeças menos quentes prevaleceram, e nenhuma acusação foi feita, embora muitos de nós tenhamos assistido a nossas avaliações de desempenho afundarem feito chumbo em um lago poluído. Mas, então, veio a série da NBC baseada no livro, e o tempo de Dave com a gente foi visto sob uma luz mais positiva e hollywoodiana.

Nós policiais somos obcecados em descrever outros homens: homem hispânico, homem negro, homem branco, todos categoricamente definidos. Nós nos sentamos no banco das testemunhas e dizemos, "O homem negro entrou pela porta de frente e, então, o homem negro saiu pela porta de trás", como se o homem negro subitamente fosse se tornar o homem branco ou roxo caso não ficássemos de olho nele. Tendo admitido essa limitação, eis como me lembro de David Simon, do modo como ele era quinze anos atrás.

Era um cara branco. Quando apareceu pela primeira vez, dava pra saber, com uma olhada, que ninguém nunca, nunca pediria pra trocar amostra de urina com ele. Embora afirmasse ser repórter de jornal antes de seu período conosco, não consegui confirmar isso. Não me lembrava de tê-lo visto por perto antes, embora talvez ele tenha ficado por perto e eu tivesse olhado diretamente pra ele, mas não lembrava. Era fácil não notá-lo. De altura média, seu físico não era memorável. Na verdade, não era bem um "físico". Havia um corpo, com certeza, mas era desprovido de coisas que normalmente associamos com um corpo, como músculos. Os que existiam, estavam de modo inteligente escondidos entre os ossos e a carne. Nunca entendi como um cara que carregava o dia inteiro um bloco de notas em uma das mãos e uma caneta na outra não tinha braços mais fortes. O cabelo dele era ruivo na época, embora do tipo fino, que parece ter os dias contados. Desde então ele sumiu, revelando um domo reluzente, a maioria do cabelo agora restrito às sobrancelhas. Abaixo dessas sobrancelhas, ficam olhos de cor indeterminada, talvez verdes ou castanhos. Tudo se resume a isso:

"Homem branco, 1,82 metro, 77 quilos, calvo, malvestido, expressão confusa, cheirando a cerveja, de posse de um bloco de notas esfarrapado, visto pela última vez..."

Para mim, uma das passagens mais tocantes de *Divisão de Homicídios* foi Donald Waltemeyer ajeitando a roupa de uma viciada morta de overdose para deixá-la mais apresentável antes de o marido chegar para identificar o corpo. Dave chamou isso de um "pequeno ato de caridade", e era típico de Waltemeyer. Eu fui o sargento de Donald por um bom tempo e nunca o entendi por completo, mas o meu respeito por ele era imenso.

Waltemeyer e eu viajamos juntos duas vezes para uma área rural em Indiana. Um incendiário tinha posto fogo por lá, matando a namorada e os dois filhos dela. Ele, em seguida, foi para Baltimore, iniciou outro incêndio, foi preso e se sentiu impelido a confessar o crime anterior à sua companheira de cela transexual, que imediatamente nos ligou. Nós voamos para lá para uma audiência preliminar, mas, quando o julgamento em si chegou, Donald, um claustrofóbico notório, sugeriu uma viagem de carro. Ele afirmava que o Cadillac rosa que alugou era cor de vinho.

Certa manhã, enquanto comíamos em uma lanchonete, diversos moradores pararam para perguntar se éramos investigadores de Baltimore e para nos agradecer. Nós ficamos contentes por sermos apreciados, e Donald, reluzente, se declarou surpreso por as pessoas saberem quem éramos. Com o Cadillac do outro lado da janela de vidro, lembrei a Donald de que estávamos em uma cidade pequena e conservadora, desfilando com uma transexual e rodando em um Cadillac rosa. Ele continuou mastigando pensativo, e respondeu, "Eu disse pra você que é cor de vinho".

A morte de Donald entristeceu a todos nós.

O trabalho mudou um bocado nos últimos quinze anos. O chamado "efeito *CSI*" elevou as expectativas do júri a níveis impraticáveis e se tornou uma cruz para promotores por toda parte. Existe mais intimidação de testemunhas e, portanto, uma diminuição correspondente na cooperação dos cidadãos. As gangues descobriram Baltimore. O problema das drogas não diminuiu. Existem mais mistérios e menos barbadas. O lado positivo é que existem as células epiteliais. (Adoro dizer essa palavra.) Elas chegaram com tudo apenas alguns anos atrás, feito uma droga miraculosa, gerada por avanços nos métodos de coleta e o progresso geral da análise de DNA. Você pode usar uma máscara, lavar as mãos e jogar a arma no rio, mas não pode evitar que sua pele deixe resquícios de DNA. Ainda assim, no esquema geral das coisas, essas mudanças são mínimas, e o trabalho permanece em boa parte como foi capturado por David Simon. Tudo se trata de cenas de crimes, entrevistas e interrogatórios, tendo como pano de fundo os defeitos da humanidade.

Sempre será assim.

Terry McLarney
Tenente, Homicídios
Baltimore
Maio de 2006

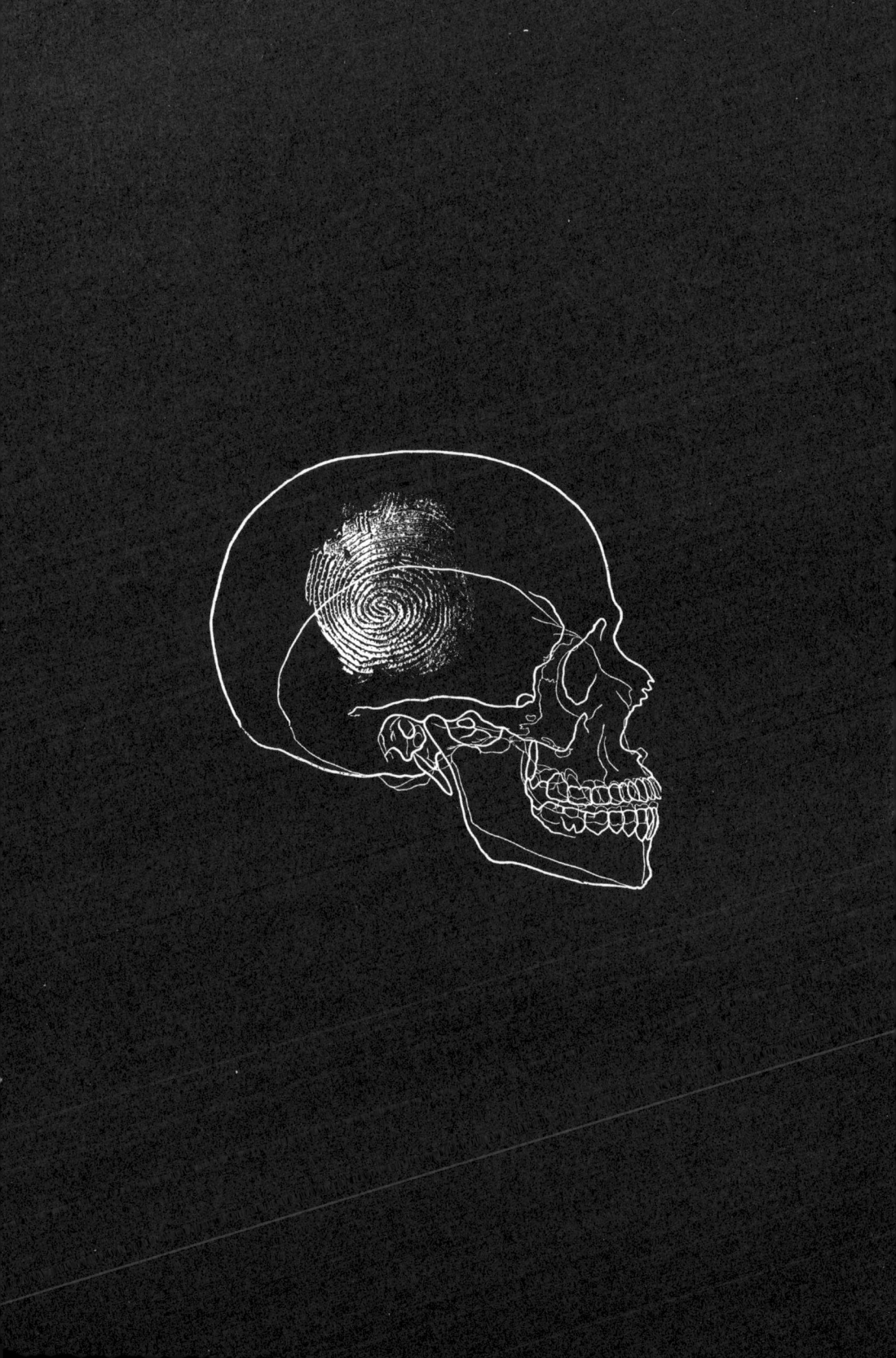

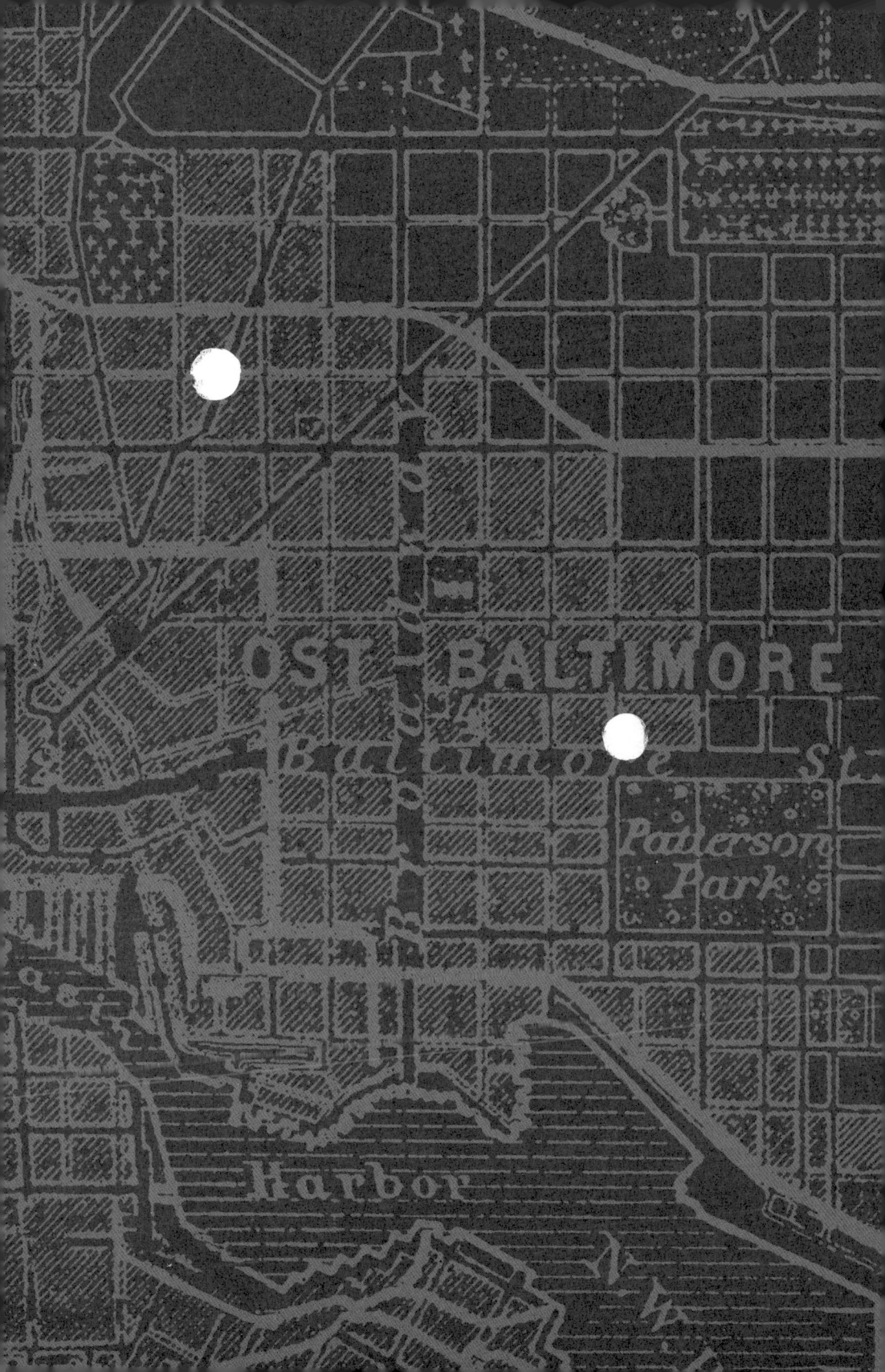